守护与创新：教育的理性与校园的诗意

——大学文化履思录

章仁彪 著

·上海·

图书在版编目(CIP)数据

守护与创新：教育的理性与校园的诗意：大学文化履思录 / 章仁彪著. -- 上海：同济大学出版社，2022.11
ISBN 978-7-5765-0474-3

Ⅰ.①守… Ⅱ.①章… Ⅲ.①高等教育-教育管理-文集 Ⅳ.①G640-53

中国版本图书馆 CIP 数据核字(2022)第 214432 号

守护与创新：教育的理性与校园的诗意——大学文化履思录
章仁彪 著

| 责任编辑 | 尚来彬 | 责任校对 | 徐春莲 | 封面设计 | 张 微 |

出版发行	同济大学出版社　www.tongjipress.com.cn
	（地址：上海市四平路1239号　邮编：200092　电话：021-65985622）
经　销	全国各地新华书店
制　作	南京月叶图文制作有限公司
印　刷	常熟市大宏印刷有限公司
开　本	710 mm×1000 mm　1/16
印　张	35
字　数	700 000
版　次	2022年11月第1版
印　次	2022年11月第1次印刷
书　号	ISBN 978-7-5765-0474-3
定　价	158.00元

本书若有印装质量问题，请向本社发行部调换　　版权所有　侵权必究

前　言

之所以取了一个冗长的三段式的书名，是因为这大多是历年来发表于《同济教育研究》上的论文（曾列入 2017 年同济大学 110 年校庆出版计划中，因故担搁）。但滴水可映阳光，这些形成于世纪之交、全球瞩目的中国高教改革中的探索性思考与研究，再现了在"科教兴国"国策下先后推出的从"211 工程"到"985 工程"，再到"双一流"建设等一系列国家大学发展战略实施的历史进程。汇编这些基于参与高教改革实务之"履"迹而又不断思考、探索积淀下的文字，唯有"大学文化"才能包罗其繁多选题于共同宏旨之中，故谓"大学文化履思录"。"守护与创新"既是我在大学理念与功能研究中所获之最深体会，也是我对大学文化所持之基本认知与态度，而"教育的理性与校园的诗意"则曾是我给校内外大学生所作演讲的主题，也是我对大学文化的一种解读。

大学文化究竟何谓？也许首先得缕析"大学"与"文化"概念各自的所指与能指。现代中文的"大学"翻译自欧洲中世纪指代师生学术共同体的 university，这本没错（以区别于最早的"官学"之称"太学"），但中文的"大学"原指相对于识字断句的"小学"（指包括文字学、音韵学、训诂学在内的中国传统语文学）而言的解经释道之"大学问"（经学），故本人认为用 Great Learning 翻译儒家经典"四书"之首的《大学》更为达意（当然也可以直接用 DA XUE 音译）。而"文化"何谓则一直众说纷纭，据说有数百个定义，本人更倾向于"文化即人化"说。而对文化之分类或分层一般认同"器物—制度—精神"之"三分法"，为此在 2012 年同济大学"大学文化研究会"（系由时任校党委书记兼校务委员会主任周祖翼教授倡导）成立时，本人曾提出了一个"器物—环境—制度—行为—精神"的"五分法"大学文化说。2022 年在有关如何表述"同济文化"的研讨会上本人则更强调，大学文化建设中校本传统的文化积淀之"实有（然）"与前瞻未来以止于至善的理想之"应有（然）"间的辩证统一问题。

而"履思录"所录的正是基于同济大学百年办学历史与中国跨世纪高教改革实践的"大学之思"，其中不乏对高教思想的创新探索：提出把"交往"作为大学的自觉使命与第四功能(包括促进不同文明的对话互鉴和科技—人文"两种文化"的相融相通),努力建设"教学—科研—服务—交往"(TRSC)四大功能并举的多功能型现代大学;大力倡导"科技教育与人文教育的协调发展"的现代办学理念,推进"有所不为有所为"的新综合性大学学科建设;通过辨析"依法治教"与"办学自主权"中政府与大学、行政与学术等的"权界",以厘清现代大学制度规章建设之实施路径;在素质教育中努力建构"知识—能力—人格"(KAP)三位一体的创新人才培养模式,倡导通过"开发右脑"促进思维创新的"学习革命",以"学会学习"为旨统揽现代教育四个"学会"(认知、做事、共生、成人)之"四大支柱";通过反复呼吁回归"学而时习之,不亦说乎"的孔学原道,尝试用"趣学"悦读,转换并替代传统教育中悬梁刺股与寒窗苦读,并尝试荟萃中外先贤慧智的"转识成智、化性为德、以业为志、由技入道"16字诀,以图华夏教育传统与教育哲学的现代重构。所有这些对教育理念和现代大学的研究性探索,也凝聚着许多同济人共同的智慧付出与实践创新,这也是对名誉校长李国豪院士敢为天下先的通过"两个恢复"推进"两个转变",建设国际化综合性的"社会主义新同济大学"的战略决策精神的继承(参见拙作《我心目中的教育大师李国豪》)。

本书以大学文化之"精神、制度、教学(育人)、校园"四维分篇编排,以见证历史,不忘初心,在祖国大地建设世界一流大学之踔厉奋进中,扬弃创新,继往开来。因原文皆发表于不同的时空背景下,故难免有重复交叉处,还望读者谅解。

目 录

精神文化篇　理念与使命 / 001

守护与创新：现代大学理念与功能研究（代导论）　/ 003
更新教育发展理念　探索新型办学模式　/ 018
"全球化"时代的现代大学理念和制度创新　/ 024
科技教育和人文教育的协调发展何以可能　/ 034
"交往"："全球化"时代大学的第四大功能　/ 044
　　附：新世纪大学使命——中外大学校长圆桌论坛主持者言　/ 054
再谈"交往"作为现代大学的第四大功能　/ 063
传播科技：现代大学的公共使命　/ 071
关于文化传播与文化认同的一点思考　/ 077
"走出象牙塔"之后：大学的功能与责任　/ 081
　　附：百年同济：大学的使命与责任
　　　　——万钢校长、章仁彪所长做客"世纪讲坛"　/ 089
文化的认同、传播、宽容：全球化时代的"软实力"博弈　/ 104
"同济魂"：李国豪与洪堡的大学理念　/ 110

制度文化篇　管理与战略 / 127

现代大学管理："大学市场化"辨析（代引论）　/ 129

建设面向新世纪的多功能型现代大学 / 140

高教体制改革是中国政治体制改革的重要组成部分 / 150

依法治教与自主办学：教育部直属高校管理的现状及对策研究 / 157

参加国际高校排名榜调查：利多弊少 / 179

关于中外合作办学之我见 / 183

和衷共济、追求卓越，自强不息、止于至善 / 187

  附：同舟共济振雄威，严谨求实创辉煌——同济大学发展战略研究论纲 / 195

"有所为、有所不为"：试论新综合性大学的文科发展战略 / 200

战略思维、战略时空与战略规划 / 208

集聚与辐射：大学城功能规划及人才战略之我见 / 221

创意城市与现代大学：从3T理论到三区联动 / 229

大学与城市互动：矛盾与对策分析 / 237

依法治校：大学章程何以谓"宪法"与"总纲" / 245

教学文化篇　人才与学科 / 253

"转识成智"：创新人才的培养何以可能（代引论） / 255

试论素质教育和现代人格的建构与培养 / 267

请给理论教科书多一点美感 / 277

关于"知识、能力、人格"的统一 / 281

以职为志，转识为智，由技入道 / 287

"由技入道"：让课程教学洋溢智慧之美 / 293

  附：由"灌输型"教育向"理解型"教育的转换 / 296

"全球化"与中国高等工程教育论纲 / 302

构建科技理性和人文精神相通融的高等工程教育 / 317

专业评估与资质鉴定：中国工程教育的"国际接轨" / 322

试论工程教育质量保证体系的构建 / 330

"全球化"语境下的马克思主义理论学科建设 / 340

评估的形而上纬度何以必要与可能 / 349

精彩"世博"的启示与高校的"学科建设" / 355

中国高校，何以能"教而得天下之英才" / 362

转识成智、化性为德、以业为志、由技入道 / 373

"全球共同善业"：人类命运共同体时代的教育反思 / 378

校园文化篇　理性与诗意

《同济教育研究》卷首语及主编手记集 / 387

2002年卷首语 / 389

文明何往，教育何为 / 391

校庆随感：学会感恩 / 394

教师节话师德：立我同济志，扬我同济魂 / 397

为同济走向世界喝彩，为大学回归本色祝福 / 400

2003年卷首语 / 403

知识、科技、"转识为技"与"转识为智" / 405

灾难、危机与大学的责任 / 408

科技人文两相兼　续脉传薪奔一流 / 411

教育质量、"大学城"与"大学经营"漫议 / 414

2004年卷首语 / 417

文科发展何谓繁荣，何以评价，何以规划 / 419

同济文科何以"突出重围" / 421

大学理念、大学功能与大学责任 / 424

"后象牙塔"时代的大学…… / 426

2005 年卷首语 / 429

缅怀名誉校长,弘扬同济之魂 / 431

"艰难困苦,玉汝于成"的"李庄精神" / 434

"生均成本":一个引人注目的"关键词" / 438

"空间"的跨接——从地理到文化心理 / 440

2006 年卷首语 / 445

建设创新型国家:创新何谓,大学何为 / 447

大学校庆何以成为大众的节日 / 450

"关键是要有定力":从"工程软化"说起 / 454

教育质量、教育评估与大学精神 / 458

2007 年卷首语 / 462

百年沧桑,"同济人"何以自豪 / 464

守护大学之道:"仰望天空"才能"止于至善" / 467

大学之道,何以为"大" / 471

大学的理想主义何以必要 / 475

2008 年卷首语 / 480

大学,何以能"教而得天下之英才" / 482

同舟共济,多难兴邦;扬善抑恶,教育之本 / 485

奥运竞技:游戏、运动何以谓"体育" / 489

"日新之德":大学文化的自觉与自信 / 494

附录　　文化随笔三篇 / 497

文化与文明：人的本质力量的对象化　　/ 499

"道法自然"：人，诗意地栖居在大地上　　/ 502

感悟"9·11"：生命中不可承受之轻　　/ 514

代跋　/ 529

我和国庆有个约：与共和国一起成长……　　/ 529

后记　/ 547

精神文化篇

理念与使命

自20世纪60年代东西方大学几乎同时爆发的校园骚动造反（中国的"文革"与西方的"六八学运"）并引爆了大规模的社会动乱后，从"学会生存"（1972）到"学习，内在的财富"（1996），UNESCO对教育特别是"后象牙塔"时代大学教育的反思渐趋深入而广泛。守护与创新首先是对大学理念与功能的再思考，而"全球化"时代自觉促进人类文明对话互鉴、科技—人文"两种文化"沟通融合的"交往"无疑已成为继教学、科研、服务之后现代大学最重要的功能或使命之一……

守护与创新：现代大学理念与功能研究(代导论)①
——"关键词"解析与大学研究

现代大学指 20 世纪末在欧美兴起的一种以引进企业管理方法为特征、更具灵活性与竞争力的新的办学模式，应该是一种具有多种解释的泛指。大学理念首先是包括大学的原则、价值、观念、宗旨、目标、愿景（Vision）、责任、使命（Mission）等一系列反映大学存在的价值观、目的论的理论和概念体系的总和与概括，是大学精神的集中体现，以"育人"为根本目的，"转识成智""化性为德"应是大学育人的基本目标。但大学理念和大学功能的研究都应该是一个现实与理想的双重视角的统一。现代大学的实际"功能"应该超出大学的原有"职能"范围。大学功能的扩张是历史的必然，继教学、科研、社会服务之后，当代高科技与低情感的交错、高效率与高风险的并存呼唤着大学教育的多视角、多方面地发挥促进人类文明与文化"交往"（Communication）的第四功能。现代大学制度建设是大学理念实施与功能发挥的保障。在中国坚持"学术自由""自主办学""面向社会""民主管理"是具有法理依据的，是建立现代大学制度的四大要素。

一、引言：解铃还须系铃人——"关键词"缕析

本研究课题的题目是自报的，要"结题"还得从"破题"开始，这可也得有一番反思的功夫——对已有思考的再思考。正如人们所常见的情形一样，许多人们耳熟能详的概念恰恰是未经思考而人云亦云、熟视无睹的。"现代大学""大学理念""大学功能"等不都是如此吗？何谓现代大学？是现存的所有大学？现存的大学中是否有"传统大学"？或者说是否有"古代大学""近代大学"之别？还有，当我们大声呼唤建立"现代大学制度"——显然这是从"现代企业制度"转借来

---

① 本文是 2001 年上海市教育科学规划研究课题"现代大学理念及功能研究"的结题报告之一，原刊于《同济教育研究》2004 年第 3 期(本文的二、四、五部分内容曾在《中国高教研究》2008 年第 1 期上刊发)。该课题曾于 2005 年获上海市第八届教育科学研究理论创新类成果奖。特选为本书首篇以代导论。

的——时,是否意味着还存在一种"古代大学制度"?且慢,这6个字该如何作语词的结构分析又是一个问题(构词法上是2+4还是4+2呢?):是现代的"企业制度"?还是"现代企业"的制度?同样,"现代大学"是一个不可分的单纯词?还是一个偏正结构的合成词?"大学理念"是一个一成不变的教条还是也应该是"与时俱进"的?"大学功能"又是该从何入手展开?……语言分析(解释)是理解的必要条件?还是理解的产物?这样,一波未平,一波又起,我们正在掉进"解释学的循环"?……有挑战才能激发起我们的应战热情,面对这些充满歧争的概念,我们必须理出尽可能清晰的逻辑。

对于哲学专业出身的我来说,对于概念的清晰确定一直是我所执意追求的,读过我的文章的朋友们一般还责怪我过分追求概念的准确,以至于有过分"咬文嚼字"之嫌,反而会羁绊自己的思辨自由和限制了自己的论辩空间(作为担任过20世纪90年代大学辩论赛的教练的我,当然知道定义域的模棱两可对于辩论赛的重要——不要画地为牢、自陷囹圄),但是,为了能在一个基本的学术平台上展开真正的学术讨论,对概念的缕析还是必要的基础。

此外,讨论大学理念和功能的一个关键维度是对大学与社会关系的把握。而教育与社会的关系则是一个古老而常新的话题。马克思的《关于费尔巴哈的提纲》就曾经评论过"教育万能论"。纵观历史,教育与社会的关系上的各种学派林林总总。按照联合国教科文组织(United Nations Educational, Scientific and Cultural Organization, UNESCO)的重要报告《学会生存》中的归纳,主要有4个学派:理想主义认为,教育是为它本身而独立存在的;意志论者深信,教育不受社会结构可能发生的任何变化的影响,能够而且必须改变世界;机械决定论主张,教育的形式和前途直接为周围环境中与之发展的各种因素所控制;等等。最后由这4种观点派生出来的学说则假定,教育必然重演,甚至加深和延续社会上遗留下来的坏事……他们主张,不彻底改变社会,就不可能解救教育。……(参见《学会生存》第84页,教育科学出版社1996年版)这4种观点基本上也是我们经常会遇到的、有时亦在不知不觉中落入其中某一派的偏颇中。而这4个学派的确如该报告指出的那样,都有些逻辑上的道理,但又都没有对现实提出完整的说明、或能够激起具体而明确的行动。我想,我们的研究能否跳出这点呢?

二、现代大学:历史与现实、传统与现代、"近代"与"当代"的交织

现代大学何谓?我们认为,现代大学本身是一个带有多义性的日常概念。有案可查的"现代大学"概念的首次提出者大概曾是赫赫有名的美国普林斯顿高

级研究所创始人的弗莱克斯纳（Abraham Flexner，1866—1959），他在1916年就提出了"现代学校(modern school)"的概念，1930年又在 Universities: American, English, German（中文译名为《现代大学》）中明确现代大学的概念，用以守护大学除了教学科研外不受社会干扰的"象牙塔"传统。也许在今人看来，弗氏的"现代大学"远不够"现代"。从历史走向现实，时间的一维性断定了历史不会重演。但人类的族类存在以及人作为文化存在的特征决定了人类文化的遗传性与继承性。历史远比逻辑更为精彩纷呈、丰富多彩，但是逻辑更比历史精炼和准确地揭示规律，因而研究的需要必须是历史与逻辑的统一。但一般而言，人们把诞生于中世纪、以意大利的波隆那(Bologna)大学和法国的巴黎大学为代表的、以原修道院、神学院为前身而逐渐走向师生自治模式的学校，作为现代大学诞生的标志（这里，我认为西方的学者还是比较明智的，尽管追述起西方高等教育的历史时，都把其起源溯及古希腊的雅典时代，但论及大学，则还是以11—12世纪诞生的这两所大学为源头。不像国内有的学者动辄溯及春秋战国的"百家争鸣"时期，以证中国文化之源远流长，故大学也有两千年历史）。但又根据大学的历史变革，有时又将19世纪前的传统大学称为"古典大学"，而把19世纪初开始的"新大学运动"（英国的说法）中新建的大学称为"近代大学"。而在法国，则可以18世纪的大革命尤其是拿破仑对法国高等教育的改造为界，在德国则以19世纪初柏林大学诞生为标志，美国则可以1862年国会通过的"莫里尔法案"开始的"赠地学院"为转折，尤以1876年仿效洪堡大学（柏林大学）教学研究相结合的模式建立的霍普金斯大学为标志，开始了美国的研究型大学的发展阶段。也有人把20世纪"二战"后、特别是经历了60年代校园和社会的激烈互动、大学以历史从未见过的广度与深度全面介入社会的当代大学称为"现代大学"阶段。

值得指出的是，关于"近代"与"现代"的区别主要出于国内史学界对历史阶段的分期，因为中国有一个从传统社会向现代社会转型的特殊过渡期，即从鸦片战争（1840年）开始的"近代史"，而又有一个以五四新文化运动（1919年）为标志的"现代史"，这也许是受马克思列宁主义学术界关于时代分期理论的影响——对于世界史则以英国的资产阶级革命到俄国的十月革命（1917年）为近代史。而在国际学术界并不像我们那么加以明确区别。比如在日文中的"近代化"就是我们的"现代化"，在英语中就是同一个词"modern times"，当然，英语中还有另一个词也可以表示"现代"，即"the contemporary age"，在中文中，这个词更多地译成"当代"。此外，国际学术界一般以文艺复兴时期为古代、包括"中古代"(the middle ancient times, 又称 Middle Age，"中世纪"）与"现代（近代）"的分界，而以

20世纪或者更近的时期称为当代。

综上所述,根据我们的分析,"现代大学"是多种理解的交织:

首先,通常,现代大学可以泛指中世纪诞生于欧洲的大学(University)传统以区别于古希腊柏拉图开始的"学院"(Academy),从而包括现存的所有大学(正式的大学而不是那些打着"大学"牌子招摇撞骗的"学商"或干脆称之为"学贩"——可不是正儿八经贩学问,而是贩假文凭、假证书)。包括美国立国前就已建校的哈佛、耶鲁等"常青藤"大学,也包括诞生于中世纪的如巴黎、牛津、剑桥那一批"古典大学",因为这些古老的大学能香火延续、历经数百年乃至近千年而不衰,证明它们也完全适应了时代的变迁,薪火传承,历久常青。当然也包括了19世纪以来、一直到"二战"后新建的各种各样的新大学。

其次,现代大学作为特指主要指近代启蒙以降、强调教学与科研并重、由19世纪初德国洪堡的柏林大学理念为代表的近代大学。也就是说要与那些历史悠久的以教学为中心的古典大学,或和传统大学加以特意区别,包括在此之前法国革命后建立的、被德国人视为样板的法国巴黎高等理工等大学,以及以洪堡理念为范本的美国的麻省理工、霍普金斯等研究型大学。这种以研究为中心、教学与研究并重的大学就是美国著名教育学家弗莱克斯纳称为"现代大学"的由来。

再次,现代大学又可以特指以服务于社会和经济发展需要的新大学,为适应"二战"后迅速扩大的社会对大学的需求(现代工业对大批拥有现代科技知识和技能人才的需求),特别是为适应战后生育高峰期出生的青年求学和就业需求而新建的大批新大学(也包括为适应需求而转型走出传统"象牙塔"的一批老大学)。这批以更贴近社会为标志的多功能的大学,就构成了美国前加州大学校长克拉克·克尔(Clark Kerr)所说的"Multiversity"(一般译为"巨型大学",我认为译作"多元大学"更为切当)。也许这已经是当代大学不可回避的时代潮流。

最后,现代大学又被用以指在欧美兴起的一种以引进企业管理方法为特征,更具灵活性与竞争力的新的办学模式。伴随着20世纪80年代西方"私有化"浪潮和"新公共管理"思潮的兴起,各国普遍削减政府公共开支,大学首当其冲。为此,现代大学纷纷借鉴现代企业制度实行改革,这就是美国退休教育社会学教授伯顿·克拉克称之为的"Entrepreneurial University"(1998),传来中国后给译成了一个很时髦的名字——"自主创新型大学"(其实,按照它的英语名的本意,应该译成"企业家型大学"或者可以译作"创业型大学")。这能否也算作现代大学的一种呢?当我们借鉴"现代企业制度"的概念探讨建立"现代大学制度"时,这类大学也许不失为一种值得研究的大学,特别是在已经快速完成高等教育由精英化向大众化过渡、仍在继续扩大高等教育规模、大批新学校如雨后春笋般起来之际,办大学又在何种意义和程度上可以借鉴办企业的模式呢?

此外,现代大学就其可能性而言,是否还存在更新的形式呢?在这信息社会、终身教育时代,"公司大学""无边界大学"等各种新型大学层出不穷,还有这网络时代,"虚拟大学"是否可能?"全球化""新经济"(知识经济),使得一度被边缘化的大学重返社会中心,成为现代经济和社会发展的发动机,大学也已经被赋予了越来越多新的功能。有一个新概念已经出现,这就是"Omniversity",如何翻译?还得费思忖,是译作"公共大学"?有一定的道理,大学已越来越不得为任何私人所独占,它将越来越扩大它的公共服务职能。还是译作"全能大学"?全面参与社会发展已经成了现代大学无法逃避也不可推卸的使命,但是否有点太过张扬,"全能"何以可能?依我之见,大概译作"总体大学"是可以考虑的一个译名。"Omniversity"是否会像"Multiversity"一样为大家普遍所接受,看来还有待于再出一个克拉克·克尔式的教育家来给予"正名"。

不管怎样,现代大学仍处于发展之中,这是毫无疑问的。21世纪的大学还会有多大的变化?这一人类最古老而常新的组织形式与机构,无疑是人类最伟大的创造。谁说中世纪只能被称为"黑暗时代"?大学,就是中世纪传给人类最伟大的遗产!作为大学的传人,我们这一代大学人有责任为之更多地奉献我们的智慧与力量。

三、大学理念:"观念"与"理想""应然"与"实然"之间的张力

"破题"的第二个问题无疑是关于大学理念的界定,我们的主报告中对此有较多的分析,我就不再狗尾续貂、画蛇添足了。我想,首先要弄明白的是一般意义上的大学理念是什么,是"观念"还是"理想"?才有可能进一步讨论现代大学理念应该怎么样,"应然"与"实然"?最后还有一个"守护"与"创新"的关系。这里也同样存在一些语义的歧变,或者说是解释的分歧。

首先,现代大学源于西方,"大学理念"亦源于西方(中国的"大学之道"应该说与西方传统的大学理念可谓异出同源:源于对人类"至善"的渴望。要不,我们的前人为何要把"University"翻译成"大学"呢?)牛津出身、曾任爱尔兰大学校长的英国红衣主教纽曼的《大学的理念》(*The Idea of University*)可以被认为是一本最出名的讨论大学理念的经典。但是,这英语中的 Idea 译成中文一般有 2 个对应词,即"观念"或"理想",在中文中,这两个概念的区别还是比较明显的。而

现在人们爱谈的"理念"恰恰是上述两词中各取其一，也正好把 Idea 的两个含义都吸收进去了。这对于我们关于大学理念的讨论是很重要而有益的，因为大学理念包含的内容是比较丰富的。大学的理念是包括大学的原则、价值、观念、宗旨、目标、愿景（Vision）、责任、使命（Mission）等一系列反映大学存在的价值观、目的论的理论和概念体系的总和与概括，也就是中国传统文化中表述的"大学之道"。

其次，大学理念是大学精神的体现，是人们对"大学"这一特殊的社会组织所"应然"形成的共识，所以也可以称之为"大学的理想"。但大学理念也是人们对大学的一种理解，一种观念和概念的集成，所以又可以也应该体现在各所大学各具特色的具体办学理念的"实然"的不同表述中，这也是可以被认同的，因为这些观念和原则、宗旨和目标都应是与大学的理念相一致的。比如，在此"全球化"、高科技时代，科技教育与人文教育的协调发展就应该是现代大学理念的最重要组成部分，这里的要义一是两者缺一不可，二是两者必须协调（参见拙文《科技教育与人文教育的协调发展何以可能》）。如果说，在传统的大学理念下，纽曼的理想是培养"绅士"（gentlemen），洪堡的目标是造就"学者"（scholar），那么今日的大学则应培养的是当今时代需要的全面发展的人，我们的培养目标应该是既反对轻视科技、侈谈人文的"边缘人"，也反对只懂技术、没有灵魂的"空心人"，舍此就不是一所能应对时代挑战和导引社会进步的现代大学。

最后，大学理念是大学之根本的质的规定性，亦可视为大学之魂所系，大学之本所在，必须坚定不移地加以守护，就像联合国教科文组织的 21 世纪教育委员会报告所告诫的，"教育——财富蕴藏其中"，大学，人类最为宝贵的文化遗产，千万不可失落其精神。但是，大学理念的落实又是需要通过大学的制度保证和教育实践来贯彻的，脱离了实践中的大学活动，理念也就成了空中楼阁。现代大学理念仍然应该以"育人"为根本目的，"转识成智""化性为德"应是大学育人的基本目标。（参见拙文《"转识成智"：创新人才的培养何以可能？》）当然人类的实践总是不断地在提供着新的经验、创造着新的需要，于是，大学理念的创新也是不可避免的。适应新的社会需求、回应新的时代精神永远是大学精神的题中应有之义，"与时俱进"正是大学历经千年薪火相传的根本原因。大学也是时代精神的策源地、倡导者和实践推动者的统一，大学肩负着适应和引导社会变革的双重使命，这也是大学理念不朽的根源所在。只是大学精神的魂魄总是一脉相系的，大学的变革一旦与大学的理念相悖，空有漂亮的校园与校舍，也只能是徒具外壳的一堆物质而已，就像失去了通灵宝玉的贾宝玉一样失魂落魄。

"理念"是历史的承续,又是现实的理想;理想不是现实,但又要基于现实;现实不尽理想,人类为此就需要理想,以理想来改造现实;大学理念是这样,大学功能也同样如此。大学理念和大学功能都应该是有一个现实与理想的双重视角,一种理想和现实的统一视野。大学理念上的"应然"与"实然"之间的张力存在已久,但大学就是在此基础上不断发展、改革、反思、前进,延续着香火,承继着传统,立足于现在,创造着未来!因此,"守护大学之道,创新大学理念",这就是我们的基本结论。

对大学理念的讨论,归根结底离不开对大学本质,也同时涉及对教育本质的理解:"总之,值此'全球化'和'新经济'的时代,现代教育尤其是高等教育必须坚持'全球意识'与文化认同的统一,潜能开发与本能改造的统一,知能传授和人格塑造的统一,文化传承和文明创新的统一,才能真正实现科技教育与人文教育的协调发展,现代大学也才能真正做到守护'大学之道'和创新大学理念相结合,为传承人类历史文化和光大世界多样文明做出更大贡献。"(摘自《科技教育与人文教育的协调发展何以可能?》)

四、大学功能(上):"职能"与"功能"辨——"应有"与"实有"

大学功能研究一直是颇多争议的领域,大学功能何谓? 首先涉及的是对"功能"与"职能"的同异的辨析。

在中文中,"职能"与"功能"的区别还是比较清楚的。按照《现代汉语词典》的解释,"功能"是指"事物或方法所发挥的有利的作用;效能",而"职能"则是指"人、事物、机构应有的作用;功能"。两者都是一种"作用",但两者的主要区别是"功能"之"功"含有"功效"之意,特别是表示其对外界、对他物所实际产生的("所发挥的")有利的作用,带有一定的价值评判上的肯定;而"职能"之"职"则是一种带有"职责"性质的,含有一种须"尽职"的职业或职务责任在里面,也就是讲,并不在乎其实际产生的作用效果是正面还是负面的。就如人们常听说的"军人以服从命令为天职"中的"天职"一说,是其"职"之所在和所"应(有)"的,强调"应有的作用",也就是必须履行的,否则就是"失职"。此外,"功能"重在强调对外产生的效用,是一种"实然"的效能,"职能"重在表示组织内在的规定和要求,是一种"应然"的职责。

按照中文的语义要求,我们在使用"职能"时,应该更为严谨和规范一些。比如,讲"大学的职能"必须严格限制在大学的职责范围内,也就是一切"大学"所必须履行和完成的共性的职能,否则就有可能导致"失职"之嫌了。比如,说教学是大学的职能是完全可以和应该的，或者进一步界定专业教学是大学不可推卸的基本职能是可以的，因为大学与基础教育、普通教育的根本区别就是大学必设有专业学科，读大学必有所学学科专业的区分，也就是说，没有专业设置、不进行专业教学的就不是大学。同时，不同类型的大学的职能又是有区别的，比如，学术研究可以被确定为研究型大学的职能之一，否则就是名不副实。但不能反过来要求所有的大学（如美国的社区大学）都把研究列入自己的基本职能，当然教学型大学需要也应该从事学术研究，否则也无法保证教学职能的良好运行，当然也可以产生研究创新的"功能"，但一般不作为"职能"要求。所以，任何组织或机构，在其建立之时就必须有其基本职能规定，但不等于不可以有衍生的其他职能，但这些职能在开始时还不是明文规定"应有的作用"，严格地说还不是"职能"，但可以说是该组织（机构）发挥的一些作用，如果是对社会或某个（类）对象发生了"有利的作用"，我们一般就叫该组织的"功能"。随着这种组织或机构慢慢地发展，有的"功能"会被该组织自觉认可而慢慢固定下来，逐步成为无此不足以显示自身的存在与作用，于是也就可以称之为自己的应有的"职能"了：从外显的有利作用到内化为自觉的职责。所以，"功能"要比"职能"更宽泛，且主要是从其实际产生的正面效应、积极作用上加以界定的；而"职能"的使用则应有较为严格的限定，一般不对其产生效果给予价值评判（有利还是不利，甚至有害都不妨碍其的存在和作用显示）。产生正面效果的"职能"一般也被人们称为"功能"，因为这已经是"发挥出的有利作用"了。所以大学的"职能"应该被包括在大学的"功能"中，大学的实际"功能"应该超出大学的"职能"所限范围。

综上所述，当我们同时使用两个概念时，就应该区分开其各自含义中的存异之处，也无非是要表示自己对其作用是否做出了一定的肯定的评判（功能）和对这种作用是否认为是其必须履行、不可与缺的"题中应有之义"（职能）。"职能"与"功能"两者间并不存在本质的差别，尤其是对于"大学"这种人们总体给予积极肯定评判的组织机构，也就是对其"应有的作用"（职能）自身是支持和肯定的，那么，把大学的职能称之为"功能"也是完全可以和应该的。比如，上述大学的"教学活动"本身是大学的"职能"之"应然"，因为教书育人是一切可以称之为"学校"的最基本职能，但这种"应有的作用"总体上难道不是一种"有利的作用"吗？我们当然可以问心无愧地说，教学，是所有学校（包括大学）的一种"职能"，也是当之无愧的"功能"所在。

我的基本观点是，现代大学的职能与功能的讨论既要注意两者间的区别，更要关注两者间的联系与转化，即大学职能的圆满完成也将是大学功能的良好发挥,而大学功能的社会认同将在一定程度上扩大大学职能的内涵,条件成熟时将有可能逐步内化为大学的职能。总之,大学基本职能定位的准确与明晰是必要的,但大学职能的设定却应注意"尽力而为"与"量力而行"的统一,因为大学职能的定位本身很可能是一把"双刃剑",一旦确定就是一种承诺、一种不可推卸的义务和责任。所以大学不必也不该自我设定太高、太大、太多的"职能"目标,以至于引起社会各界对大学提出过高的期望值,以为大学具有无所不能的"点金术"。而现代大学功能的扩张是历史的必然,现代大学实际上已经发挥着传统大学所没有的更多的社会功能也已是不争的事实,对于大学实际上发挥出来的"有利作用"即"功能(用)",则应该逐渐主动加强之,使之逐步经由自发到自为,一旦条件成熟时,即大学对此已经从初时的"偶尔为之"变成习以为常、驾轻就熟的日常工作,或者已经明确意识到其对自身发展的至关重要性而也已有相当的把握和能胜任之际,则可以也应该适时地将这种"功能"确认为自己的使命和责任,成为自己的"职能"的组成部分,从而起到激励全体成员自觉为之奋斗的促进作用。这时,原来的"功能"就能被接受认同为"职能"了。总之,"职能"应该谨慎设定以经得起社会问责与检验,"功能"则应大力发挥以获社会公认和支持,这就是大学功能之我见。

其实,就《现代汉语词典》中对"功能"与"职能"两个概念的释义的严密和准确性而言也是值得斟酌的。比如关于"功能"的释义中的"有利的"一说也具有模糊性:对谁有利?何谓有利?这本身是一个会产生歧义的地方。再如对"职能"的解说中至少有两点可以讨论:其一,是关于具有"职能"的主体到底有哪些?是否所有的"事物"都有"职能"一说?("机构"是否也应该归属在广义的"事物"概念中?)自然事物是否有"职能"?无"职"何来"职能"说?自然事物之本质就在于它是自然而然的、"自在"的存在,何来"应有的"与"不应有的"作用可言?(其实对自然人来说也不存在所谓的"职能"一说。)所以我认为"职能"一般应该用来表述人为设置的组织、机构、部门(或事物?)的"应有的作用",也就是说在该组织、机构、部门设立之时,就应该确定其应有的作用范围之所在,非人为之事物无"职能"之说。其二,这个词条中本身已经用"功能"来释"职能",也就把两个概念作为同义词了,但这恰恰说明两者的区别是十分有限的。所以大可不必过分迷信,也不必过分纠缠于词典的释义,概念的确定性与不确定性本身是具有相对性的,"功能"与"职能"的区别也不是绝对的。(奇怪的是同样具有权威性的《辞海》中有"职能机构""职能管理制"等条目,就是恰恰找不到"职能"词条,是无意间的疏忽?还是有意的回避?也许是一个小小的聪明的"遗漏"。)

因此，我认为对于大学的职能与功能大可不必区分得泾渭分明，一般情况下可以通用。当前，教育界基本认可的现代大学"教学、研究、服务"的"三大功能"说和"三大职能"说长期并存也就是证明。当然，我更倾向于把这三者称之为"功能"，因为我认为"功能"比"职能"更具宽泛性，我基本同意杜作润教授在《大学论》一书中的主张，不必严格区别两者之异，只要加以"约定，'职能'和'功能'具有相似的意义与内含（原文如此——引者注），而不计较它们在汉语语义学和日常社会生活中的那些微妙的差异。有时，我们甚至使用作用、用处、价值、使命、任务等虽与功能的概念相近但绝不完全等同的词汇……"（杜作润等著《大学论》，第247页，四川教育出版社，成都，2000年）

之所以在大学的"功能"和"职能"上持这样主张，除了上述对此两个概念的语义分析外，我还考虑到概念的国际通用性问题。众所周知，汉语的丰富性和它的多义性是交织在一起的，而英语相对没有那么复杂。而且语言间的翻译的空间是既大又窄的。比如在英语中，"功能"和"职能"两者却是一个词："function"。当然，这个英语单词包含了"机能（官能）"和"功用"，"机能"更接近"职能"之义（如前所述，我认为所谓的"职能"主要是就一个人为的机构、组织或事物"应有的作用"，而对于自然事物是很难说存在什么"应有的"与"不应有的"作用的区别的），"功用"更接近"用途、用处"之义，英语中还可以用"use"来表述，如提出"Multiversity"（多元大学），论述大学"服务"为第三功用的克拉克·克尔的名著《大学的功用》用的就是"use"，其英语书名为 *The Uses of the University*，国内一般也可译为《大学的功能》。在大学的"职能"与"功能"之争中，我们必须考虑西语的对应性，因为我们讨论的"大学"起源是在欧洲，是 University，讨论大学的功能与职能当然要考虑到国际间的可交流性。实际上，国内高教理论界在大多数情况下也并未加严格区分的原因之一，也是由于翻译上的两者通用。随便找一本这方面的译著就可以发现这样的例子。如联合国教科文组织国际教育发展委员会编著、教育科学出版社出版的教育丛书中，我们就可以发现大量的两者通用的"function"译法。如联合国教科文组织总部中文科译的那份最著名的国际21世纪教育委员会的报告《教育——财富酝酿其中》（*Learning: The Treasure Within*）中的就有"高等教育的功能"一节，但在行文中用的却是"职能"。

五、大学功能（下）：从单功能到多功能——"第四功能"何谓

至于大学功能的具体设定和表述，又有广义和狭义之分。广义的大学功能讨论往往关注的是指高等教育整体的功能，也就是高等教育的社会功能，这种社

会功能又可以分为政治功能、经济功能、文化功能（当代人们热衷讨论的还有教育的生态功能，其实这也是一种社会功能，因为人们对自然生态的态度和行为总是通过社会实施的）。还可以分为教育对社会整体的功能和教育对社会成员个体的功能、教育在把个体人变为社会人过程中的功能和为个体人提供个人发展的知识与才能方面的功能等等。有关这些都已经有许许多多的高见，本课题组成员也有较为系统的论证，见仁见智，在此就不展开了，我认为这类讨论更多是涉及大学理念的范围。而另一头是关于大学的微观层面的具体功能的讨论，如大学的管理功能、大学的群落的功能、大学校园的功能等，这些讨论涉及的许多问题其实是具体的不同部门的职能问题，当然试图以系统论的结构与功能的关系的分析中来缕析大学作为一个自组织系统具有的多种功能，也是一个很有意思的角度。而研究大学功能最重要的恰恰是中间环节、或者说是中观层面的大学功能考察，即大学所特有的、既区别于其他社会组织与机构又有别于其他类型的教育机构的功能，这就是人们讨论最多的，也是我最感兴趣的有关大学"两功能说"还是"三功能说"，或者有没有，如果有，什么是大学的"第四功能"？

有关大学功能的探讨历来是与大学理念的讨论结合在一起的。一般的意见认为，传统的古典大学是以"传授知识、造就绅士"为目的的"单功能"大学，但维护大学的"单功能说"的纽曼的《大学的理想》问世之时（1852年），已经是洪堡（Wilhelm von Humboldt, 1767—1835）强调"发展知识"、以科研为大学核心的柏林大学正成为一种大学的新模式办得红红火火、大学的教学、科研"两功能说"日益高涨之际。所以我认为这种"单功能说"不只是一定历史阶段大学现实的反映，也是人们对守护大学理念的一种执着，纽曼坚守的正是自亚里士多德开始倡导的古典人文主义传统的"自由教育"（liberal education）理念。而"两功能说"的主要阐述者也是"现代大学"概念的始作俑者的美国的弗莱克斯纳于1930年大声疾呼要维护现代大学不受社会干扰而专注于"教学、科研"的"象牙塔"传统时，不仅研究型大学在美国蓬勃发展，而更新的全面介入社会活动的大学已经出现，在弗氏看来，大学因"参与了不可思议的谬误举动，承担了一系列无足轻重的小事"而"贬值了、落伍了"，"最坏的是，大学成了大众服务性机构"。但恰恰是大学的"服务"成了另一种新大学的雏形——克拉克·克尔的"Multiversity"（巨型大学，我认为应译为"多元大学"）正是以社会"服务"宣告了大学"第三功能（用）"的确立。

"三功能说"至今仍然是国内高教学界的主流意见。但是这就是大学功能的"终结"吗？大学有没有"第四功能"？何谓大学的"第四功能"？如果大学的"三功能说"能够成立,那么什么才是可以和"教学、研究、服务"并立,并的确是反映了现代大学趋势的"第四功能"呢? 我们认为这就是现代大学的文明与文化"交往"(Communication)功能。据此,我们提出了现代大学 TRSC 的"四大功能"说。这既是基于对大学现实作用的"实然"状况作出的判断,也是基于对大学理念和当今时代大学"应然"的使命的理解作出的判断。"文明的冲突"阴影不散,"全球化"背景下的文化认同困惑着多元文化共处下的世界,"交往"是当今时代精神的要求。大学有何可为? 大学的特殊性正应该无可替代地承担起这一最重要也是大学最具魅力的方面所在,大学历来是不同文化和文明交流的殿堂,大学又是在某种程度上最富有交往传统又最能影响未来的场所,它又具有可以超越政治观点歧见、经济利益竞争而能充分展开深入坦诚对话的场所,所以,大学责无旁贷、义不容辞(详见《"交往":全球化时代大学的第四大功能》《关于中国高教国际化的思考与实践》等)。前述国际21世纪教育委员会的报告《教育——财富酝酿其中》在论述高等教育的功能,强调大学在继续研究与教学、专业化培训和终身教育的同时,也把"国际合作"作为最近变得越来越重要的另一项大学的职能(功能)。

同时,"全球化"与"现代性""知识经济"与"信息社会"背景下的高科技与低情感的交错、高效率与高风险的并存也呼唤着大学教育的多视角多方面地发挥"交往"的现代功能,特别是人文教育与科技教育的协调发展需要全面的"交往",多方位的对话与沟通:科技与人文、理论与实践、感性与理性、自我与他人、个体与社会、人类与自然……这也符合现代教育要"学会共处"的要求,"交往"是"共处"的前提(参见《科技教育与人文教育协调发展何以可能》《再谈"交往"作为现代大学的第四大功能》)。

六、关于现代大学制度建设:理念实施与功能发挥的保障

这个问题也许会超出我们的讨论范围。但随着高教体制改革的深入,现代大学的制度建设已逐渐提上了议事日程。而大学理念与功能的讨论及其贯彻落实,也必须有制度创新为保障,所以,对大学理念与制度的思考实际上是同步进行的。而且在一定程度上也是关于现代大学制度的思考引发大学理念与功能研究的。在本课题立项之前 2001 年的春天,由上海市高教学会和复旦大学、上海交通大学、上海市教育科学研究院的高教所协办的"'全球化'背景下的现代大学制度研究"学术研讨会在同济大学举行,我们在会上报告了教育部委托的有关高教体制改革后的政府与大学关系研究课题的进行情况,已经涉及大学制度与理

念的关系。在本课题研究的相关论文中,我们提出了一些建立现代大学制度的基本原则和方向。我们坚持的是在社会主义宪政和法制的框架内构建现代大学制度,我们的法理依据是"高教法"。"学术自由""自主办学""面向社会""民主管理"是建立现代大学制度的四大要素,这实际上正是作为传统大学理念核心"学术自由""大学自治""教授治校"等原则的现代转型或曰中国特色。现代大学制度的建设是与现代法治政府建设相同步的,相信随着政府治理的改革,大学才能获得更为广阔的制度建设空间(参见《依法治教与自主办学》《高教体制改革是中国政治体制改革的重要组成部分》)。

同时,现代大学制度建设也必然是一个与社会、与教育的大环境密切相关的问题。有关"教育产业化""大学市场化"的讨论正是关系到中国的现代大学制度何以可能的大问题,自在《中国高等教育》上刊发《中外合作办学之我见》后引来了较大的反响(该刊曾经编发过一篇来自香港读者王香生的文章支持了我对"教育产业化""教育拉动内需"说的质疑),《大学"市场化"辨析》一文是对此问题的进一步剖析和批判。而红红火火的"大学城"建设也是中国大学发展史上的一大奇观与热点,它同样涉及人们对大学理念与功能的理解和实践,大哄大上是"发高烧",一概叫停也未必就对,还是得因地制宜、以求真务实精神进行具体情况具体分析,借鉴一下历史与国际经验,重温一下大学理念,清理一下过热头脑,"大学城"非一律不可为也,而是要多想一想"何以为?为何而为?"的问题,回归大学理念,"大学城"还是"可以为"的一个新课题和新实践(参见有关大学城的论文成果)。

最后,大学理念和功能的贯彻实施除了必须有强有力的制度建设与环境保障外,还离不开各个大学的自我发展规划的制订,关于学校的发展战略以及学科发展规划、校区建设规划也是制约或促进大学的关键环节,本课题推进中结合同济大学的实践进行了这些方面的探索,《"有所为,有所不为":试论新综合性大学的文科发展战略》与《和衷共济、追求卓越,自强不息、止于至善》正是结合同济大学的规划的实际,把对大学理念和大学功能的理解贯彻于学校的办学实践中的一种努力。而应邀为教育部直属高校发展规划工作研讨会所作的专题报告《战略思维、战略时空与战略规划》,也同样应该视为本课题研究的一个重要成果,它也是我们在现代大学理念与功能研究中得到的基本观点的集中汇聚。

七、结语:"大学之道"——言未尽、情难解……

尽管很不满意,但还得结题交账。结题报告言有尽,"大学之道"意未穷,情难解。20世纪90年代,因工作关系,本人开始涉足高等教育研究,一晃已近8年。也许是我的哲学专业背景使然,当我徜徉在高教研究领域门口之际,我即对大学理念情有独钟。这不仅因为有曾经担任过英国牛津大学校长的纽曼的那本著名的《大学的理念》(The Idea of University),而且还因为有不少我所熟悉的哲学家谈过这个话题,如促成被誉为现代大学、也是研究型大学首创者的洪堡大学的费希特,还有雅斯贝尔斯等人都曾经写过关于大学理念的重要文章。而申报本课题的直接起因是在当时的校长吴启迪教授领导下、由我主持同济大学的高等教育和学校发展战略研究期间,吴校长对学校办学思想和理念的重视,激起了我对大学办学理念和现代大学功能的思考。记得1997年,同济大学校庆90周年,参与撰写校长的大会致辞稿时,重读了《四书》中的《大学》篇,即对"大学之道"的英语翻译产生了浓厚的兴趣:中国古人讲的"大学"可不能想当然地译成"University",那么是否能译成"大的学问"?中国古代把学问分成"小学"和"大学",并不是现代意义上的时间意义上的初级启蒙教育和高等专业教育阶段的不同,而是指作为识文断字的文字学和谈经论道的修齐治平之学的区分(记得当时经过推敲还是译成了"Great Learning",即"大的学问"。后来,我比较倾向于直接用音译,因为如将古代的"小学"译成"小的学问"也是有问题的)。而当时策划的中外大学校长校庆论坛也就是以"世纪之交:大学与未来"为题,让校长们可以任意展开想象的翅膀,驰骋发挥他们平时少有机会发散的想象力,可是事实上并不像我主观设想的那样随意,面对即将到来的新世纪,校长们似乎总是感到面对的挑战严峻、肩头的责任重大,而难以完全放开、轻松自如。但不管怎样,自1998年的北大百年校庆开始,"校长论坛"成了许多高校的校庆经典节目,也许同济大学90周年校庆是"吃螃蟹"。于是乎,95周年校庆时,我们将论坛改为了更加自由的"沙龙",并以柏拉图的"会饮篇"取名Symposium,以图成为一次清茶共品、精神会餐。当然,沙龙的主题是宏大的:"大学的使命",因为这既是大学理念的组成部分,也是大学功能的目的所在,讨论为我们课题的深入思考提供了不少新的视点(详见《"交往":"全球化"时代大学的第四大功能》一文)。

老实说,我是一个教育学的"门外汉",如今有幸到教育学界来舞文弄墨,常常有一种新鲜兴奋和自惭内愧交织的心理——不少人视教育为人人可入之"门",尽管也许他们对教育学一窍不通,甚至"嗤之以鼻",但因为除了文盲,几乎人人都进过学校、个个都受过教育,于是乎,人人都可以谈教育,每年各地各级的"两会"上,教育总是最热门的话题。想起曾经读到过的一篇教育学博士的文章,好像题目是《教育学的悲哀》,说的是作者一次参加一个青年才俊的聚会,各人自报家门,"某某学博士"? 噢,当今的"显学"!"某某学博士"? 噢,这可是人人羡慕的"肥学"……唯独报到作者学门,全场哑然,突兀冒出:"教育学博士? 那研究些什么?"言外之意就是:"教育学? 那有什么用?"

但是,教育学的确是一门大学问。刚入此"门"——严格地说,我至今还是一个徜徉在真正的高教研究大门口的"张望者"、一个不得其门而入的"门外汉",尽管曾经兼任过、卸任过、近来又奉命再次兼任了高教研究所的所长,但我从不敢斗胆说我是此领域的"专家",当然,有时窥得一孔之见,也就斗胆抛出——抛砖引玉嘛! 行内有人士称:章老师常常有新观点引起共鸣或省悟。我戏答:无知者无畏,"外行"胆更大嘛! 其实,稍稍留心者,即可发现,我的"所见"根本上是蕴涵着"所问",我的"新见"只不过是一个"门外汉"的"新问"而已,而且经常提了一些在行内人士早已解决的问题,或者更多的是一些"旧问",至多不过是"老问新提"罢了。但常能引起新的反响说明也还没有完全白费口舌,是大家也愿意"温故而知新"? 还是大家原谅了我的鲁莽与无知:不知者不怪嘛!——这正是我要衷心感谢高教界的诸多朋友的。

古人咏:"关关雎鸠,在河之洲,""嘤其鸣矣,求其友声。"今人呼:理解万岁! 渴望交流……这也是我在此把一些很不成熟的意见献丑于众人面前之缘故:为获取批评之回应。知我? 恕我?

更新教育发展理念　探索新型办学模式①

——学习十五大精神，加快改革与发展步伐

人类即将跨进21世纪，全球化的科技、人才竞争空前激烈。中国高教如何迎接新世纪的挑战？作为中国高教"国家队"的重点大学如何肩负起迎接挑战的主力军重任？这已是摆在我们面前的重要课题。正在经受着打破条块分割管理体制改革考验的同济大学，更有一个把在改革中诞生的"同济模式"建设成面向新世纪的中国高教发展新模式的重任。我们在实践中深深体会到：只有高举邓小平理论的旗帜，进一步解放思想，更新观念，大胆探索，勇于实践，才能抓住机遇，深化改革，克服困难，开拓前进。

一、解放思想，转变观念，确立高教改革发展的新理念

我们认为中国高教发展的跨世纪战略必须以党的十五大精神为指导，这就是要解放思想，转变观念，坚持邓小平同志关于教育"三个面向"的思想和江泽民同志关于教育要实现"两个重要转变"的指示，并以"三个有利于"为标准，通过深化改革来推进发展。

1. 坚持教育的"三个面向"，实施"两个重要转变"

党的十五大精神的核心就是高举邓小平理论的伟大旗帜，深入改革开放，把有中国特色的社会主义事业全面推向21世纪。教育的"三个面向"是邓小平理论的重要组成部分，也是邓小平教育思想的集中体现。这是邓小平同志根据国际国内形势变化而提出的中国教育发展战略。江泽民同志针对当前中国教育面临的艰巨任务和发展现状提出的教育要实现"两个重要转变"的指示，则正是为实现教育"三个面向"的重要战略部署。教育要"面向现代化"，首要的就是应全

---

① 原载《教育发展研究》1998（4）期，时刊名为《上海高教研究》，作者署名吴启迪，章仁彪。

本文发表于1998年初的2月，时值一场跨世纪的中国高教改革正风起云涌，对现代大学的反思亦成为世界性的热点。本文第一次将同济大学关于现代大学的"四大功能"（教书育人、科研创新、服务社会、交流世界）的探索与思考正式公开发表。

面适应社会主义现代化事业对各类人才的需要,教育也只有实现了办学质量和效益的全面提高,才能真正"面向世界,面向未来"。我们认为,"三个面向"和"两个转变"正是中国教育改革和发展的战略理念。

2. 坚持"三个有利于"标准,深化高教管理体制改革

十五大再次肯定了中国目前处于社会主义初级阶段的基本国情,强调要以邓小平同志关于"三个有利于"的标准来检查衡量我们的工作。"三个有利于"坚持实事求是原则,也同样是衡量高教改革和发展的重要标准。只有确立了这一标准,我们才能勇于探索,大胆实践,突破高教改革中的难点和重点,为中国高教事业的未来发展创造良好的机遇。

当前高校改革要解决体制、机制、投资诸问题,首先要解放思想,更新观念。如在高校管理体制上,可采用合作、共建、联合、归并、转制等多种方式,并行而不拘一格;在办学运行机制上,可探索校内管理、后勤改革、教学评估、人才激励等多种机制的完善;在投资渠道方面,除了可以进行资产重组、优化配置等方式盘活存量,开源节流,多方筹资外,还可试验多元办学模式,吸收社会游资,实行成本收费等各种尝试。总之,只要以"三个有利于"为标准,允许试,大胆试,在实践中不断探索,及时总结,就一定可以走出困境。

3. 坚持重点高校"两个中心",发挥现代教育"四大功能"

成为教育和科研"两个中心",这是对中国高校,特别是重点大学基本职能的功能定位。"创收"不能也不应该是重点大学的主要任务。保障国家和政府的重点投入是必不可少的。但是现代社会和经济发展的需要,使得为社会服务已日益成为现代大学的第三种重要功能。同时这也为弥补教育经费不足提供了重要渠道。服务社会面向经济建设主战场,积极参与经济建设和社会的全面发展,也已经成为中国高校的重要职能之一。这是现代化大学最重要的功能之一。世界上的许多著名高校无不都是如此。我国产学研结合的迅猛发展也是如此。这也是解决现代教育仅靠政府投资而正处于经费严重不足窘境的重要途径。同济大学科研经费的连年增长中相当部分是来自横向的非政府渠道,这在一定程度上支持了学校"两个中心"的建设。

此外,在全球化和知识经济时代,现代教育的国际交流作用日益突出,各民族科学文化的交往是人类文明发展的必然,绝不会导致所谓"文明的冲突",而中华文化重视"和合"的特征应对人类有更大的贡献。现代大学在国际科技文化和政治经济的交流中担任着重要的角色。所以我们认为,现代化大学在坚持两个中心的同时,应大力拓展服务(社会经济发展)、交流(国际文化科技)的功能。作为"国家队"的重点高校更应积极发挥教育、科研、服务、交流这四大功能,为人类的科学和文明,为经济和社会的全面进步作出应有的贡献。

二、深化改革,调整"面向",探索重点大学建设的新模式

正是基于上述认识,作为国家教委直属高校的同济大学在近年坚持体制改革的同时,始终把发展目标定位在"三个面向""四大功能"的社会主义现代化大学上。我们在并校改革中坚持以团结和改革促发展,正确处理了改革、发展与稳定的关系,稳中有变,稳中求进。在中央和地方政府的关心支持下,我们已经初步实现了交接顺利、过渡平稳,并通过实施"安居乐教"工程等贯彻"以共同目标团结人,以事业发展凝聚人"的并校指导方针。当前学校正以此为契机,深化内部改革,调整校内机构,努力提高办学质量和效益。这也是中央领导对我们的希望。最近,李岚清同志再次为同济大学"安居乐教"工程作出重要批示:"希望你们精心设计,精心施工,确保质量,按时完成建设任务,为改善教职工的居住条件作贡献。同时希望体制改革后的新的同济大学进一步深化内部各项改革,达到合理配置和充分利用教育资源,以及提高教学质量的目的。"

为了把"同济模式"真正培育成中国高教的一种新的发展模式。我们在坚持"两个中心"的同时,着重于拓展重点高校服务社会经济发展和加强国际科技文化交流这两方面的功能。

1. 调整直属高校"面向",大力服务于区域经济和社会发展

作为国家教委的直属高校,同济大学历来立足上海,面向全国。改革开放以来,同济大学以自己的人才、科技及专业优势服务于经济建设主战场,为上海和全国的经济建设作出了重要贡献,特别是在上海的基本建设和城市发展中作出了很大的成绩。同济大学是以对地方的"贡献"获得地方的"共建"支持的。

(1)调整学科专业设置,支持地方支柱产业发展。如加强对环境、汽车、材料、信息技术等专业的建设和发展,并新增金融、商贸、会计等专业,以配合地方支柱产业的发展和满足地方经济发展的需要。

(2)扩大属地招生名额,满足地方对人才的需求。"共建"以来,我们已逐步扩大在地方的招生名额,现已达到50%。1998年计划再增加200名招生名额以满足地方需要。新建的高等技术学院则基本以招收本地学生为主,并加强与上海城市建设和支柱产业部门的合作,培养企业急需的高级应用型人才。

(3)开展多形式"共建",全面实现与区域经济的紧密型联系。如与上海市城乡建设和管理委员会签订加强培训、科研方面的合作协定;与上海市科学技术

委员会共建"CIMS培训中心"和"建设机器人中心";与上海市汽车集团总公司共建四个汽车工程中心。

(4) 组建科技"集团军",直接参与经济建设。如通过学校控股公司——同济科技实业股份有限公司和新组建的规划建筑设计研究总院(集中管理全校的设计资源、扶优汰劣。此项改革受到了国家有关部委的支持和肯定,也为学校的教学科研提供了一个重要的实习基地)及企业发展总公司等,以上海"安居工程"建设为契机推进住宅产业化发展,开拓现代物业管理、生物技术和软件产业等新兴领域,加速环保技术的推广应用和产业化进程。

2. 引进外智、外资,扩大国际教育科研文化交流渠道

十五大提出要积极引进国外智力,鼓励留学人员回国工作或以适当方式为祖国服务。我们认为,作为国家重点大学,在这方面的贡献理应更大一点。

为了适应全球化知识经济的发展,各国的高校都在扩大对外交往,吸引国外智力。美国的高科技发展在很大程度上依赖于世界性的人才汇聚;德国也在近年内调整高教战略,大力招收海外留学生。在这种激烈竞争的挑战面前,中国高教应该作出有力回应。扩大国际教育领域的合作,发展多种类、多形式的对外合作办学,是当前参与国际教育竞争的重要对策。同济大学近年来充分利用与德国及欧陆国家的传统联系,并开拓更多的国际交往,探索合作办学的新尝试。如广泛开展与德、法、英、澳、日等国的教育和科技合作,合作培养各类具有国际注册资格的工程、设计、监理等领域的国际性的高级专业技术人员;合作培养 MBA(工商硕士)、MEA(工程硕士)。正投入运行的中德学院已成为中德两国政府文化交流的项目,促进了中德关系的发展。其意义在于:(1)立足于国内培养高层次人才,实现不出国门的"留学";(2)聘请外国专家直接来校教学和鼓励外国企业投入,有利于吸引外智、外资发展我国教育;(3)与德国优势学科合作有利于借鉴国际教育经验,促进学科发展;(4)国际招聘师资有利于吸引海外留学人才回国服务;(5)也有利于发展民间对外交往。

三、实事求是,正视困难,开创直属高校工作的新局面

直属高校发展正遇到严峻挑战。我们必须实事求是分析形势,正视困难。高教发展的关键是人才和资金,高校中直属高校本来具有这两方面的优势,但目前都遇到了危机。挑战不仅来自海外高校、跨国公司、科研机构对人才的吸引,也同样来自国内竞争。直属高校人才流失现象严重(隐性流失尚未计算在内),办学经费拮据,中央财政拨款部分大都只够维持工资,暂时恐难有根本改观。就

"211工程"而言，也是僧多粥少，一些"国家队"的重点大学也未能获得专项资助，除个别学校外，就是已进入立项的学校也面临杯水车薪之患。相比较而言，非直属高校的"211工程"建设却能从相关部委和地方政府获得更为有力的支持。

当前直属高校发展正到了一个新的转折关头，面临的危机不容忽视。为此，按照党的十五大精神，必须加快高教体制改革步伐，可以参照经济体制改革的经验，学习国有企业改造办法，采取有力措施，推进高教改革。

1. 加大对高校人才的投入，保护国家的重要"人才库"

高教改革光靠政府的投入，经费有限，但有限的经费更应用在"刀口"上。高校危机首要的是人才流失危机，加大投入首先要加大对人才的投入。34所直属高校汇聚了国家大量的宝贵人才，是国家重要的"人才库"。但目前教育专项投资（包括"211工程"建设）往往重"硬件"轻"软件"。如果参照经济规律计算投入产出比的话，对人才的投资其回报率最高。由于在衡量学校综合实力及各种评估中，"硬件"所占比重权数较大，因此往往造成不少重复、低效的硬件投资，而对人才的投入难度却极大。最近政府对教师住房建设的投入适当加大，已经获得了广大教师，特别是中青年教师的热烈拥护。安居才能乐教，乐教才能兴教，尊师重教才能兴国安邦。

2. 调整教育收费政策，鼓励社会各界对教育的投入

作为非义务教育的高等教育，已经开始实施收费改革，但力度不大。我们认为，应在全社会中树立教育投资观念。现代社会高等教育已经成为一种重要的产业，现代家庭也已把教育投资作为最重要的投资领域，因此试行成本性收费可以提到议事日程上，只要妥善考虑相应配套措施，如奖学金、贷学金等，就不会造成学生因学费原因的辍学。对高等职业教育等回报较快、投资较大（实训基地设备和技能训练要求高）的不同种类高教也可试行更高一些的收费标准，逐步增加对教育成本的回收和周转。

3. 扩大高校依法办学自主权，逐步实行"宽进严出"

此乃议论已久、争议颇多的老话题，只要有了教育投资核算、投入产出分析以及成本收费等配套措施，再配之以后勤社会化改革（降低成本、减少"瓶颈"制约），就完全可以试行"宽进严出"。这既有利于改变应试教育的现状，有利于青少年的全面发展，增加国民受教育的时限和机会，也有利于国民素质的提高和人力资源的开发，同时更有利于形成高校面向社会依法自主办学权的落实，进一步调动各级办学的积极性。当然，国家教委可通过必要的立法督学、评估检查等加大宏观调控力度,让高教走更加注重办学质量和效益的内涵式发展道路。

总之,直属高校乃至整个中国高教面临的挑战是严峻的,但正在深化的高教改革也正在创造良好的发展机遇。实现教育的"两个重要转变"任务艰巨,关键在于贯彻十五大精神,以邓小平理论为指导,以"三个有利于"为标准。思想再解放一点,如能否突破传统的教育定性论,确立教育性质的两重性(既作为上层建筑、具有意识形态功能,又作为经济基础、具有重要产业功能);胆子再大一点,突破传统计划经济下形成的高教模式,改变单一政府投资,试行多元办学模式(实践已经走在理论前面);步子再快一点,鼓励竞争,支持创新,参照国企改革经验,解决"钱从何处来?人往哪里去?"的问题。只要我们进一步深化改革,大胆探索,开拓进取,中国高校就一定能走出有自己特色的跨世纪发展的新路来。中国高教改革和发展的春天就一定会早日到来。中国也一定能在人类大学未来发展中涌现出一批世界知名的现代化大学来。

"全球化"时代的现代大学理念和制度创新[①]

摘要：本文主要论述多功能型现代大学理念的守护和创新。分析了高等教育面对"全球化"和"知识经济"交织的时空变迁出现的一系列新的发展趋势。论述了当代教育战略的双重视域、中国高教的双重使命和高教改革的双重策略。从"适应需要与导引变革""高技术和高情感的统一""知识-能力-人格的协调发展"等三方面，分析了现代教育的发展方向。提出了"学术自由和办学自主——现代大学理念和制度的标志""社会服务和文明交往——现代大学的功能扩展"和"教学、研究、服务、交往——现代大学的四大基本功能"等观点，并结合同济大学的情况加以论述。

关键词： Glocal，KAP 模式，TRSC 理念

引言："全球化""知识经济"与高教发展趋势

（一）"全球化"：一把利弊共存的"双刃剑"

"全球化"已成为世纪之交人类关注的中心。联合国千年首脑大会的主题之一，正是人类如何争取一种"共赢"的"全球化"。讨论现代高教发展战略也必须以此为基本背景。

何谓"全球化"？一种普世性？跨国化？总体化？一体化？……

"普世性"的宗教本在两千年前即已雏形粗就，"跨国化"的殖民浪潮则在500年前就已铺天盖地，最具"总体化"的联合国的权威却一再遭到超级大国的藐视，而美式文化的"一体化"恰在其故乡欧罗巴也遇到了抵制……

所以真正的"全球化"只是"经济全球化"：市场经济的全面推进，科学技术特别是交通—通信技术的全球互联，以及随之而来的生态环境的全球联动，这三者可以视作"全球化"的主要特征——本质上又都是利弊并存的"双刃剑"。

[①] 本文系与吴启迪合作发表于2000年"海峡两岸面向21世纪科技教育创新研讨会"（武汉），后刊于《教育发展研究》2001年第1期。

伴随于同时的是"政治多极化"和"文化多样化"的现实：国家主权、民族利益、综合国力竞争，都无疑是当今国际格局的基本态势；尽管"文明的冲突"的预警似乎更带有危言耸听的意味，但民族文化的"不可通约性"已为越来越多的学者所共识，不同宗教间的矛盾、族裔的冲突等，已成了令当代国际社会颇为担忧的现实，就是在"民族大熔炉"的美国，"多元文化"的并存也已越来越为人们所公认……

所以，与"经济全球化"并存的这种民族国情、文化的多样化将是当代人类教育发展的基本背景。

(二) "知识经济"：机遇和挑战共在

"知识经济"正和"全球化"一道，构成当代人类生活世界的一道炫目的风景线。这无疑是充满诱惑的。但是传统教育，特别是高等教育面临的"合法性危机"将更为突出，这种危机早在20世纪60年代就曾经爆发：中国的"教育革命"成了"文化革命"的导火索之一，而西方的学生造反则引发了世界范围的社会动荡。20世纪70年代以来，人们对教育特别是高等教育进行了大量的反思，联合国教科文组织（UNESCO）为此组织了大量的论坛和专题报告。但是，正如其前总干事马约尔所说："全世界几乎所有国家，高等教育都处于危机之中。"

当然，"知识经济"的兴起，也同时为高等教育的振兴提供了良好的机遇，作为"知识经济"的发动机，高等教育、特别是现代大学正在走出曾一度难以逆转的"边缘化"趋势而重返社会中心。诞生于上一个千年之初的古老的大学正在重新焕发出青春和吸引着全人类的关心……

(三) 现代高教趋势：国际化、大众化、网络化、终身化……

新的千年更替、世纪之交，高等教育面对着上述"全球化"和"知识经济"交织出的时空变迁，正出现一系列新的发展趋势：

"国际化"已成为当代高教发展中的一个重要趋势。教育的国际化不仅是一种科技的交流与分享，更是一种文化的交往与合作，值此"经济全球化"成为不可阻挡的客观进程之际，教育的国际化不仅得到了巨大的推动，更面临着崭新的使命。

"大众化"正成为当代高教改革中的世界性趋势。从精英教育走向大众教育，本是"知识经济"时代教育发展的必然，值得注意的是，高等教育不仅在发达国家已由"大众化"走向"普及化"，在发展中国家的高等教育大众化速度也大大超过了人们的预计，作为世界人口第一大国的中国，高等教育的毛入学率已一举跨过了10%这一关口，而这无疑将对全人类的文明进展发生重大影响。

"网络化"则是近几年方兴未艾、甚至被视作是"终结"传统高等教育和大学的最新动态,网络教育不仅极大地促进了高教的大众化、普及化,加快知识传播更新的速度,也为教育国际化提供了新的强劲动力,更带来了全新的教育理念和手段,互动式的网络技术是对传统远距离教育的一场革命,即时的师生"在线"沟通正在形成一种新的无距离教育(distance free education)。已经有人在议论,"网络大学""虚拟大学"将取代传统的大学校园而成为"未来大学"的雏形。

"终身化"的高等教育已是"知识经济"时代的必然。"知识半衰"周期的加快和"信息爆炸"的现实以及职业岗位变动的频繁,都使得职前教育的有限性更加暴露无遗,"学习型社会"的要求和网络技术的发达已使高等教育的终身化不再是一种难以企及的梦想,而成为走进千家万户日常生活的现实,这无疑为现代大学提供了又一个发展的机遇和广阔的空间……

一、"全球-本土":教育国际化时代的战略选择

(一)立足国情和面向世界:当代教育战略的双重视域

"经济全球化"的必然趋势和文化多样化的客观现实正使现代人处于两难,正如联合国教科文组织 21 世纪委员会的报告中指出,"现代人有一种头晕目眩的感觉:一方面是世界化,他们看到而且有时承受着这种世界化的多种表现;另一方面是他们在寻根、寻找参照点和归属感。他们在这两者之间左右为难"。

教育应面对这个问题,因为在一个世界性社会将在阵痛中诞生的时候,教育比任何时候都更处于人和社区发展的关键位置。

"经济全球化"与"教育国际化"的并行,使得任何教育发展战略的选择都变得更为艰巨。"国际化"不等于"全球化":"全球化"更凸显的是一种总体性或一体化的倾向,而国际化则是以民族国家的国情、文化的丰富多样性为前提的(inter,是一种不同主体间的交际性),各民族国家的教育战略必须兼及这双重视域——立足国情和面向世界。这就是一种"全球-本土"(Glocal)的视域,即"全球化思考"与"本土化实践"的结合。借助新造的英语单词 glocal,正是为了表明这一基本立场的双重视域特性:外显"全球化"(global)之形,内含"本土化"(local)之实,惟妙惟肖、形似神合。其实,企业战略的全球化、企业文化的本土化,这也是一切跨国公司成功的诀窍所在。

教育又何尝不是如此呢?尊重教育规律的共性和民族文化的个性是一切教育都必须坚持的基本原则和成功的必要条件,因为教育终不只是一种知识和能

力的传授,更是一种文化的承继和人格的"锻造"。

(二)工业经济和知识经济:当代中国高教的双重使命

"知识经济"初露端倪,对中国来说亦非遥不可及,信息通信、新型材料、生物医药都是方兴未艾的新兴产业,将为中国的经济发展和综合国力提升带来巨大拉动。放眼世界,美国"新经济"对于后发现代化国家的启迪是巨大的,但是否真的已"站在同一条起跑线"上了呢?工业经济在中国是否真已成了明日黄花?传统工业(第二产业)是否也都已是"夕阳工业"了呢?这就必须正视中国的现实国情。工业化实在是中国尚未完成的现代化:"西部大开发"中的城乡改造、交通基建等;支撑中国现代经济的支柱产业中,制造业仍将是最大的产业。看看世界经济复兴的启示吧!欧洲传统制造业的复兴给我们的启示不应小于美国"新经济"的诱惑。中国传统制造业的现代化改造,特别是现代的光机电一体化的发展都将是前途无量的重要产业。中国高教的改革和发展必须注意到这一基本事实。

总之,"比特"(信息的计量单位)毕竟取代不了"物质"这一人类生存与发展的根本前提。要知道发达国家的产业结构调整和第三产业的迅猛崛起,是以不合理的国际经济格局为背景的。当代中国高等教育要承担的正是完成中国的工业化和迎接"知识经济"挑战的双重使命。

(三)交流引进和自主创新:中国大陆高教改革的双重策略

"经济全球化"的竞争离不开科技的竞争,而科技的竞争依赖于人才的竞争。教育直接担负着人力资源的开发,无疑是充满竞争的。中国作为最大的发展中国家,教育面临的竞争十分激烈。当前国际教育展络绎不绝,各种留学中介层出不穷,不仅是教育市场的竞争,更是将对未来人才的竞争前期化、低龄化了。发达国家特别是美国科技与综合国力的独领风骚,在很大程度上是依赖于全世界的人才汇聚,除了"二战"带来的大批欧洲人才的"进账"外,近年"新经济"的繁荣又在相当大程度上依赖于发展中国家特别是亚裔人才的流入。正如有一位美国科学家指出的,美国应该为发展中国家支付一大笔教育经费。面对竞争,为了使中国的大学更具有世界性的水平和声誉,加快中国高教走向世界的改革是十分必要的,其策略应是多方面的:

(1)高教评估的国际接轨:首先可在专业鉴定、资格认证方面取得国际互认;

(2)引进外资与"外智"结合:可举办多种类、多形式、多层次的中外合作办

学,实行不出国门的"留学",培养国际化人才(如上海的"中欧学院"、同济大学的"中德学院"等);

(3)参与国际大学排名榜调查:在参与中熟悉规则,扩大影响,让中国大学早日走向世界;

(4)扩大留学生交流:派出与吸引并举,科技与人文兼及,学校与企业联手(包括跨国公司),长期留学与短期"游学"(进修)相结合,加大师生交流力度。

在扩大教育的国际交流的同时,注重创新精神的培养尤为重要。特别是具有自主知识产权的创新,已成为国家综合竞争力的重要指标。"教育国际化"时代的中国大学要加速走向世界,必须在交往中学习、在引进中创新。

二、科技教育和人文教育的协调:现代教育的发展方向

(一)适应需要与导引变革:教育的双重职责

任何教育都是一种知识的传播和文化的推广。因此,教育是离不开传统的,是人类文明的承继;但任何教育又是培育人才以促进文明的发展的,因此教育又总是指向未来的。教育任何时候都要在适应社会需要的同时肩负起导引社会变革的职责。这在以"后喻文化"为主干的知识经济时代尤为重要。面对变幻莫测的世界,基于历史的经验和资历已不再是值得骄傲的资本,面向未来的高新科技才是最能引领时代和社会变迁的"知本",为此,教育任务空前繁重。

由于社会的迅变特别是知识经济的发展使得传统教育的滞后性暴露无遗,难以适应变化迅速的就业市场,常常成为缠绕高教的一大难题。现代教育不得不经常需要为自我存在的合理性作出辩护。"学会生存"不仅是受教育者最重要的本领,也成了现代教育自身面临的严峻挑战。知识经济一方面使传统的就业岗位大量衰减,另一方面又在不断创造新的就业需求,如信息产业、网络技术不正是如此吗?因此,教育的使命已经不再是被动地适应劳动力市场的需要,单纯培养"就业者",而应是积极主动地导引社会转型,大力造就"创业者",也就是要实现"就业—创业"的双赢。因此"学会生存"不能理解为片面地为谋生而学"一技之长",而是要学会更好地生存和发展的根本能力。值此变革的时代,现代高教尤其不能忘了自己"导引"社会的重任,这才是人类生存和发展的根本,也是教育的根本宗旨之所在。

(二)高技术和高情感的统一:实现人的潜能革命

"现代性"的不断扩张正在造成一种高技术与低情感的悖论和混乱,现代人

才对情感的呼唤日益急迫和强烈。教育同样应走在前面。因为教育使命的双重性还表现为，教育在任何时候都是维系社会进步和开发个人潜能的统一。据称人脑的能力只开发使用了20%，还有80%的巨大潜能未被开发。正如有人指出的：世界上最大的未开发领域是我们两耳之间的空间。当代脑科学研究揭示，人的大脑的两半球具有相互联系又相互分工的职能，即左脑主要司职语言、逻辑、数学、顺序等功能，即通常所说的"学习"功能。而右脑则更多地主管着人的韵律、节奏、音乐、美术（空间）、想象的能力，也就是"创造"的功能。传统的教育特别是工业经济时代的教育，更多着眼于人脑左半球的开发，而忽视对右脑潜能的开发。为此，"右脑革命"已成为开发人类巨大潜能的重要途径。教育无疑担当着重要的使命。在当前，"知识经济"被称为是一种以人造智能开发为基础的经济，但"智能"的理解不能片面化，这里的"智"应是一种智慧之"智"，而非单纯的知识之"智"。因此，促进人的数理逻辑智能与审美情感智能的协调发展尤为重要。"情商（EQ）热"的兴起固然有一定的商业炒作的嫌疑，但重视"情商"的开发的确是现代人才成功的重要方面。在人的潜能开发中，艺术、人文教育具有不可替代的巨大作用。科学巨匠爱因斯坦始终对数学和音乐的相通抱有坚定的信心和巨大的热忱，而李政道则大力倡导科学与艺术的结盟。加强人文、艺术教育将不仅是开发人脑的重要手段，也是培养热爱自然、热爱生活的人类健康精神的重要手段。因为在疲于应付高技术发展的巨大压力的同时，人们必须更注重于情感的呵护与陶冶。

（三）"知识—能力—人格"的协调发展：素质教育的目标

"素质教育"可以讲是当代中国的一种自由教育（liberal education，又可译为"博雅教育"）——马克思倡导的理想人格是一种全面发展的自由人格，《共产党宣言》中的"每个人的自由发展是一切人的自由发展的前提条件"的名言是恩格斯最为推崇的理想——这绝不是一般的重视教育质量而已，而是一种全面发展的教育观。中国的"素质教育"是继20世纪70年代末提出尊重知识、尊重人才到80年代中强调重视实践、重视能力之后于90年代提出的。从"知识"到"能力"再到综合"素质"的提出，反映了中国当代教育"拨乱反正"以来的发展轨迹，也是教育目标和宗旨的提升。

"知识（knowledge）—能力（ability）—人格（personality）"三位一体的协调发展，是同济大学推进素质教育中提出的人才模式（简称KAP模式），KAP模式突出的正是现代人才最基本的三项素质要求，其基本内涵包括：

"知识"——最重要的是指人文、自然、社会、数学、艺术等基础知识(也就通常所说的"通识教育"),当然还包括作为专业人才所需要的本学科的扎实基础和发展前沿的专业知识。现代人才的知识结构应是"博"与"专"的结合。

"能力"——主要包括思维能力和实践能力。前者包括分析、综合、鉴别、判断、选择等逻辑和直觉思维能力,这在"信息爆炸"时代尤为重要;而后者包括动手操作的实验能力、专业技能及人际交往能力(含组织、协调等团队工作能力),这也是现代人才的基本要求。

"人格"——教育的根本目标之一。人格教育既要倡导中国优秀文化传统中的理想人格,又应加强对现代人格的培育。理想人格的培养应以"思想、品德、理想、情操"为核心,而现代人格教育则应以"独立、创新、敬业、诚信"等为基础,两者的结合将是现代人应对各种挑战,安身立业、待人处世的基本素质。

总之,化知识为能力,化理论为德行,"转识为智",这正是教育的本质。

三、多功能型现代大学:大学理念的守护和创新

(一)学术自由和办学自主:现代大学理念和制度的标志

"现代大学"的概念使用甚广,"所指"未定,众说纷纭,这是因为"现代"的时间概念本具有模糊性。何谓"现代大学"?首先,泛指当代存在并运作中的"大学"这种高等教育组织形式,所以广义的可指代一切大学。诞生于中世纪的以师生自治为特征的"大学(University)"实在是人类文明的伟大创造。历经千年沧桑,多少王朝轰然倒塌,多少豪族"五世而斩",可大学的寿命却超越了这千年时空,延续至今,成为一种最古老的非血缘性人类组织。欧洲的古老大学不断在历史变迁中顽强地薪火相承,美国的哈佛、耶鲁等创建于美国独立前的"常青藤"大学至今生机盎然。现代大学制度中的学术自由、大学自治正是源于大学的理念和传统。

随着中国高教改革的深化,建立"现代大学制度"的呼声日高。1998年诞生的《中华人民共和国高等教育法》已经为中国现代大学制度提供了基本的法理依据,这就是:"国家依法保障高等学校中的科学研究,文学艺术创作和其他活动的自由。"(第10条)和"高等学校应当面向社会,依法自主办学,实行民主管理。"(第11条)。学术自由和办学自主,这正是中国现代大学制度的基本标志。

此外,"现代大学"作为一种特指,其所指又是有所时空和内涵限定的,一般而言是指启蒙运动以降、经过理性主义改造、特别是指以德国洪堡创办的柏林大学为代表的新型大学,即以发展学术为中心,不只是知识的传授,更在于从事"创

造性学问"的发现和创造。这也是美国的"研究型大学"的起源,人们总是把1876年成立的霍布金斯大学作为美国现代大学的开始,就像国人以北京大学(前身即京师大学堂)为中国现代大学的发轫一样。

(二) 社会服务和文明交往:现代大学的功能扩展

值得注意的是,"二战"以后随着科学技术的迅猛发展和军事竞争、工业改造的需要,一种具时代特色的新型大学模式开始出现,这就是更多地参与经济建设和社会发展之中的多元化、多功能的现代大学。美国加州大学前校长克尔在他的《大学的功用》一书中详细讨论了这种新型的非单一权力中心、非单一目标、非单一委托人的 multiversity(中文译为"巨型大学"),传统大学所鄙视的"服务"恰是这种新型大学的重要功用,是现代大学继教学、研究之后的第三大功能。这里的"巨型大学"并非单指其庞大的机构和规模,更是指其多元化的功能,因此,笔者以为"巨型大学"的译法值得推敲,克尔创造这个词主要是针对传统的单一性、一元化大学,也许译作"多元大学"更合其本意,功能多元化是其基本特征。这是"现代大学"的又一形态。

但是,值此"全球化"加速推进之际,现代大学的第四大功能正在显现并强化中,这就是人类不同文明之间的沟通与"交往"功能。这是现代大学在"全球化"时代最为突出的功能。如果说"服务"成为现代大学的第三大功能已逐渐为世人所接受的话,那么,确立"交往"作为现代大学的第四大功能实在是十分必要而意义深远的。"经济全球化"的趋势不可逆转,但经济利益的竞争是不可避免的,人类争取建立平等、公正的国际新秩序还有很长一段路要走;政治多极化的现状也不是短期内会消失的,民族主权国家的存在依然是真正的"世界大同"实现前相当长的历史阶段;文化的多样化导致所谓的"文明的冲突"的可能性也未必完全是空穴来风,关键在于人类需要更好的沟通与理解,而在未来文化与文明的交往中,大学的作用实在是任何其他的组织所不可替代的。

(三) 教学、研究、服务、交往:现代大学的四大基本功能

自确定了建设一流的多功能现代大学的目标后,同济大学提出并制定了自己的"教学(Teaching)、研究(Research)、服务(Service)、交往(Communication)"四大功能并举的 TRSC 发展理念,其基本框架是:

教学育人——坚持本科和研究生教育并重。本科教育是立校之本,研究生教育是强校之路。构建以全日制的学位教育为主体,以积极发展面向社会的多种类教育和面向世界的多形式合作办学为两翼的大学教学模式。发展网络教

学是正在开始的一个崭新尝试。

研究出成果——坚持基础研究和应用、开发研究并重。以探索和发现未知世界为目标的基础研究是现代科技发展的基础,也是大学的传统使命,但现代科学研究中传统的上、中、下游的界限正在被打破,加强产学研合作,推动科技成果产业化已成为知识经济时代现代大学"研究"功能的重要延伸和扩展,同济大学正为此继续努力着。

服务创效益——坚持科技攻关服务和参与决策咨询服务并重,已成为同济大学发展战略的重要组成部分。大学在继续做好各种科技攻关服务的同时,发挥"智囊团"的作用已日益为社会和政府所重视。这两种服务的并举,也将是经济效益和社会效益的"双赢"。

交往促文明——作为一所走向国际化的大学,同济大学以发挥传统对德(欧)"窗口"优势与面向亚太及全世界并重作为学校的外事努力目标。诞生于20世纪初的同济大学本是东西方文化冲撞和交汇的产物,在新的世纪到来之际,同济大学将继续为人类文化的交往和沟通作出自己最大的贡献。"和衷共济,自强不息"的同济精神中包含的正是这么一种与各行各业的海内外朋友团结互助,共创未来的理想。

人类即将迈入新的世纪,大学也将迎来第二个千年。1998年,联合国在巴黎召开世界高教大会,通过了《展望和行动宣言》,为人类描述了面向21世纪大学面临的挑战和机遇,发出了警惕"经济主义"侵袭,捍卫大学理想的号召。中国古圣贤曰:"大学之道在明明德,在新民,在止于至善。"(《大学》)坚持理想,塑造新人,追求卓越的确是人类精神最为宝贵的本质,大学正是为此而设。从教学型的大学理想,到教学科研并重的研究型大学模式,从"教学、研究、服务"三大功能并举的多元大学(multiversity)的提出,再到今日的"教学、研究、服务、交往"四大功能并举的多功能大学的渐趋成型(已经出现一个新的英语单词:omniversity,中文是该译成"全能大学"? 还是"总体大学"? 还有待翻译家们去琢磨),现代大学的"综合性"更重要的是功能的综合、人才素质的综合,现代大学的"研究型"也应该是全方位(从方法到内容)的研究。可能会有人担忧,大学怎么能像个"杂货铺""大杂烩"而失去她的原始淳朴和理想主义? ——这不是大学的"堕落",而恰恰是大学的进步。因为世界在变化着,人类在进步着,古老的大学岂能"以不变应万变"? 大学(university)早期努力追求独立主要是为了捍卫学术的自由,大学今日积极参与社会则是为了更好发挥知识和智慧的功能,大学早就不再是也不应再是"象牙塔"!

歌德有诗曰:

> 只有能把遗产运用于生活的人,
> 才配得上继承。
> 而那些只是堆积僵死废物的人,
> 只不过是可怜虫。

的确,教育是人类最宝贵的财富之源。守护大学理想,创新大学之道,这是全人类的共同责任,也是全人类的福祉所在。

科技教育和人文教育的协调发展何以可能[①]

摘要:"科技教育与人文教育的协调发展何以可能?"这是人类面对"全球化"带给民族—国家的"离心力"和"新经济"带来高效率与高风险并存两大挑战所想要回答的问题。现代教育尤其是现代大学只有坚持"全球意识"和文化认同、潜能开发与本能改造、知能传授和人格塑造的统一,才是真正实现科技教育与人文教育的协调发展,走出高校科技与低情感的悖论,为人类文明的对话与进步、文化的传承与创新做出更大贡献。

关键词:现代大学;两种文化;科技教育;人文教育;协调发展

引言:科技何能? 大学何为

值此经济全球化和政治多极化的 21 世纪之初,人类的文明和文化正经历着新的考验:科技的迅猛发展在给人类带来了巨大的希望的同时,也提出了空前严峻的挑战。特别是发生在新世纪第一年的"9·11"事件,可以说是一个巨大的警示——使数千无辜生命在瞬间毁于一旦的恐怖主义的罪恶阴谋何以能如此轻而易举地得逞? 喷气客机、摩天大厦,这些高新科技的结晶、现代文明的象征何以会如此脆弱、不堪一击,乃至于成为现代人生灵涂炭的坟场? 人性中的血腥暴戾、残酷杀戮之恶何以会酿就如此巨大的惨祸? 2001 年,作为人类满怀希望跨入新世纪的第一年,曾经是联合国确定的"文明对话年",却因为"9·11"的悲剧而凸现其巨大的反讽,人们不禁要问,科技何为? 文明何往? 难道 21 世纪人类"文明的冲突"果真是难以避免的吗? 难道现代科技这把"双刃剑"真会自戕人类、毁灭地球吗? ⋯⋯据查,策划恐怖袭击的犯罪分子还曾经是注册于欧洲某高校的学生——尽管这无涉于学校本身,却值得我们反思:作为现代科技的创造

[①] 本文首刊于《同济教育研究》2002 年第 2 期,正式发表于《煤炭高等教育》2002 年第 5 期,收录于胡显章主编《人文教育与科学教育的融合》,清华大学出版社,2003 年 6 月出版和国家教育行政学院编著《国际视野中的高等教育管理》,广西师范大学出版社,2006 年 10 月出版。

性源头和担负完善人性的基本使命的教育,特别是在影响人类文明进程、塑造人类未来方面始终占有极为重要的地位的高等教育,面对与人类命运攸关的种种挑战,是否应该、又完全可以有所作为呢？教育何往？大学何为？在科技教育无疑已成为现代教育特别是以培养高级专业人才为旨的高等教育最重要的使命之际,教育又何以肩负其人格塑造和文化传承的重任呢？现代大学的科技教育与人文教育的协调发展何以必要？又何以可能？

一、科技教育与人文教育的协调何以必要

1."全球化"的"离心力"与现代人的两难

任何教育发展战略的选择都必须关注其特定的时空背景的确定性及其变化的可能性所提供的条件,因为教育既是一种人类最古老的基本实践活动之一(与任何其他动物物种主要依存于本能而进行种的延续和生存活动所不同,人类更多的是通过教育的传承而进行种的延续和族类进化的),又是一种始终处于不断变化中的理论和实践。强调科技教育与人文教育的协调发展正是现代教育发展的必然。传统教育为了自我族类整体的协和与文化的传承,往往更多地重视教育的人文方面,因为传统生存和生产技术仍然处于以手把手的经验性传授为主的阶段,还不是也不需要作为学校教育的基本内容。而近代科技的迅猛发展大大突破了经验科学的狭隘视域,空前加大了教育在人类的职业培训方面的责任和作用,亦使得传统教育的内容大大扩展,科技教育已无可替代地成为现代教育最主要的内容和任务。特别是当今之世,"全球化"无疑已经成为人类跨进新世纪之际最为热门的话语,有关"全球化"的著述汗牛充栋,有关"全球化"的定义亦多种多样,而对"全球化"之评价更是褒贬迥异,有人颂之为人类新纪元的曙光初现,有人斥之为世界大祸害的万恶之源。有人认为这只不过是人类新概念崇拜的幼稚病的表现,"全球化"与早已耳熟能详的"国际化"只不过是话语之别,异曲同工;有人则视之谓开天辟地人类处境的大变更的象征。经济学家认为这是"贸易自由化"的别名,社会学家认为这是"文化同质化"的威胁……但毋庸置疑的是市场经济的全球扩张、科技信息的全球联网和生态环境的全球同步这三者构就了"全球化"的基本趋势。"只有一个地球"无疑是当代人类最基本的共识,现代教育必须正视这一现实,努力促进不同文明的对话与沟通,努力培养现代人的"全球意识"。

但"全球化"始终是一把利弊并存的"双刃剑"。"市场万能论"的崇拜、"技术至上论"的执迷以及生存环境的危机,无不给对"全球化"盲目乐观者以当头棒

喝。而"全球化"所带来的对民族国家的"离心力"的增大又无疑与当代世界多极化的现实发生着矛盾:"爱国主义"是否已经"过时"应予抛弃？但"9·11"事件发生后的美国——这一"全球化"最积极的鼓吹者——的反应表明,这只是一厢情愿的"单相思",民族—国家的存在恐怕在一个相当长的时期内是不容忽视的客观现实。于是,现代人发现自己经常处于一种尴尬的境地:一方面为"全球化"扩展着的跨越传统民族国界的自由交往的巨大空间而欢欣鼓舞,另一方面则为新时代文化认同的困惑和文明前途的叵测而感到痛苦,基于不同的文化和宗教背景下的"文明对话"又何以可能？"9·11"事件发生后,不仅是在伊斯兰世界,在广大的发展中国家的人民中也引起了一种难以名状的复杂心理,现代人的自我认同的焦虑正从发达国家扩散到了全球,而"文明的冲突"的阴霾不散更使得现代人的文化认同处于尖锐的两难之中。

2. "新经济"的高风险性与"科技以人为本"

"新经济"也许是当前人类与之同欢喜共悲伤的又一个高点击率的词语。(采用这个概念而不是那个在国人心目中更具知名度的"知识经济",只是为了更便于"国际接轨"罢了,孰不见,某年在上海召开的 APEC 首脑会议的主题不就是"新经济和人力资源的开发"吗？)当然,"新经济"的神奇力量无疑就是国人趋之若鹜的"知识经济"。本人认为,所谓"知识经济"的实质是一种"智能经济",即通过人工智能的开发(计算机以及脑科学与基因技术)以延伸和扩展人的智能实现的,这也是一个以高科技为驱动力的人类社会发展的新形态。以高科技为动力的"新经济"的巨大魔力令所有的国家都难以拒绝它的诱惑,但高科技所释放出来的巨大能量及其快速突进,在某种程度上超出了人类现有的判断力和控制力。"新经济"所依赖的高科技在带来高效率的同时却增加了现代社会的风险性,高科技与低情感的悖论已困扰人类不止数十载,高效率和高风险的齐头并进也许使"全球化"时代的现代人又面临了一种的新的严峻挑战——"9·11"事件的发生不正是借力于现代科技扩大灾难性后果的恐怖主义全球化的突出标志吗？所以,"现代人的困惑"即源自"全球化"时代文化多样性受到的挑战,也源自现代科技迅猛发展的现实。

毋庸讳言,"全球化"和"新经济"的基本动力都是科学技术,尽管人们对"现代科技以人为本"早已耳熟能详,但现代科技的高速突破已经打乱了人类情感世界的稳定和平衡,更不用说"新经济"引发的产业结构调整所难以避免会带来的巨大风险和阵痛——包括社会结构和人类心理的震荡,以及高智商、高技术犯罪带来的许多新问题。传统的伦理道德信条受到冲击,适应现代社会和科技发展的新型健全人格有待重构。现代教育正处于两难之中,尤其是现代大学作为现代科技的最重要的策源地和孵化器,在不断加强现代教育的科技含量的同时,重新思考人文教育的价值及其意义,呼唤人文教育的回归和创新,强调科技教育与人文教育的协调,尤其是新人文教育的加强将是新世纪东西方高教的共同目标与必然趋势。教育的使命任重而道远。

3. 教育本质的被遮蔽与现代大学的职责

何谓教育?自18世纪法国启蒙运动极度弘扬"教育万能"而最终遭到尖锐批评以来,教育的本质及其功能一直处于不断的探讨中。教育在被赋予了各种各样外在的职能和社会任务后,教育的本性常常被遮蔽。"教育"(education)不是"训练"(training),"育人"而非"制器"乃是教育的根本使命。虽然教育总含有一定的培训的成分,但教育绝不能等同于培训,其根本区别就在于教育始终以育人为本,"止于至善";培训则完全可以以"授渔(技)"为目的,以掌握一技之长,适应就业市场需求。现代科技发展迅猛、更新极快,现代教育在传授日新月异的知识的同时,重视能力培养、加大技能训练,这本无可厚非,也完全应该。值此科技进步神速、"全球化"浪潮滚滚之际,教育的这一任务空前突出。特别是大学作为现代科技最重要的创造源,必须加强实践环节、培养创新精神和提升创业能力。现代大学的科技创新功能(包含科技创新能力培训)不可忽视。"科教兴国"离不开知识创新和技术创新,尽管现代技术创新的主体是企业,但现代高教强调产学研相结合,积极参与科技创新的理论探索和企业的技术创新实践,无疑对于现代高教的发展具有积极的促进意义。但绝不能因此而遗忘了教育是以"成人"为根本宗旨的本质。教育是对人的本能的改造和潜能的开发的统一,人性的塑造和文化的认同是各级教育的共同任务。

现代大学这种组织形式诞生于中世纪,神学曾经长期居统治地位,但在人类的科学与文化的传承和创造中作出过无可替代的贡献。传统大学曾以传授知识、造就"绅士"为宗旨,人文教育为主干。在经历了英国工业革命和法国大革命以后,近代大学渐以科技教育居主导,拿破仑时代把教育作为其推行帝国政治的工具,在扩散资产阶级革命意识形态的同时,也把科技纳入教育的主要内容。德国的洪堡在创立柏林大学的同时,开创了教、学、研相结合、大学同时承担起教育和科研双重使命的新传统。而随着"二战"以后的"冷战"时期的需要,大学教育的重心向科技倾向的趋势愈发强劲,苏联高等教育重理轻文的倾向在中国20世纪50年代的"院系调整"中达到了登峰造极的地步(尽管不能否定在新中国经济的恢复和发展中,这种高教模式曾经发挥过巨大的作用,但其对中国高教文理结构的失衡和人文教育的滞后带来的负面影响不可低估)。兴起于美国的直接参与为经济、军事和科技竞争的"巨型大学"(multiversity)所突出的仍然是大学的科技"服务"功能。

自20世纪70年代以来,在反思传统高教"合法性危机"的基础上,联合国教科文组织力倡"学会生存"和"终身学习"理念,大声疾呼"教育,内在的财富",千万不要把人类进步的这一祖传财富丢失,重视人文教育渐成世界高教改革中的一大热点。在经济全球化和世界多极化共存,现代科技迅猛发展、知识经济方兴未艾的时代背景下,更加强调大学的综合性和公共性使命的"总体大学"(omniversity)渐趋成型。这是21世纪现代大学的基本趋势,因为在经历了20世纪下半叶曾一度出现的大学"边沿化"后,作为知识经济的"发动机"的现代大学正重新回到现代社会的中心。而随着"全球化"浪潮的铺天盖地,高技术与低情感的矛盾加剧、"文明的冲突"阴霾渐起,现代大学当义不容辞地承担起人类文明对话和文化沟通的使命。因此,"交往"(Communication)完全应该、也正在成为继"教学—研究—服务"之后现代大学的第四大功能。这种"交往"即包括东西方文明的对话沟通,也包括科技和人文"两种文化"之间的交汇融和。"全球意识"与文化认同的统一、科技教育与人文教育的协调将是现代高等教育发展的根本目标之一。

二、科技教育与人文教育的协调发展何以可能

1. 现代教育与培养"科技人文主义"精神

提高现代人的科学(技)素养和人文素养是现代教育的基本使命和任务。20世纪末首先在中国高等教育体系中占有绝对多数的理工科大学兴起的文化素质教育热绝非偶然,它想解决的其实是培育兼具科技才能和人文精神的"科技人文主义"何以可能的问题。

何谓科学(技)素养?所谓科学(技)素养应该包括科学(技)知识、科学(技)方法、科学态度及科学精神等丰富的内涵,尤以科学精神为核心。科学是人对世界的认识,人类探索未知世界向以"求真"为旨,不以任何功利为鹄的;技术则是人类用以改造世界的手段,其"谋利"之功用当以人类良知予以驾驭。现代生产力之发达、"人化自然"之绚丽,无不凝聚着科技之伟力。现代科技是知识经济的强大推力,是人的科技理性的伟大产物。继承和开发科技知识中所体现的科技理性正是现代教育的基本任务。但科技理性既不是人类的全部理性,更不是人类的全部智慧。就是在科技理性中,还有科学理性和技术理性之别,前者体现的

是一种科学精神和科学态度的统一,是与人的价值理性相交织的？后者则完全可能只是一种工具理性,一种可以为驯器所模拟、以技术手段来实现的操作理性。"以知识为基础的经济"表征上是一种以人类智能的开发为基础的经济,实质上是充分发挥人的智慧的结果。而人类的智慧所具有的丰富的感性和理性的统一是任何机器都无法模拟的。直到目前,人工智能还只是对人的部分理性即逻辑思维的模拟。科技本身是中性的,无所谓善与恶之分。所谓现代科技的"双刃剑"是因为技术的工具性而带来的,实质上仍是源于人性的两重性。中国古人不仅将"技"与"学"区分开,还将"术"划出"道"。虽然庄子对由"机事"而生"机心"的批判有一种反科学主义的味道,但与现代人对"科技至上论"和科学主义的批判仍有异曲同工之妙。而他那脍炙人口的寓言故事"庖丁解牛"之所以能长期为中外学者津津乐道,正是因为那种化"技"为"艺"、由"技"入"道"的精神栩栩如生。当然,现在讲"学术乃社会之公器",视科技为强国之本,已经大大拓宽了"技"与"术"的范畴,但不管怎样说,科技知识并不等于科学精神,科技教育必须将科技知识传授和科学精神培养相结合,才能真正"由技进道"。

何谓人文素养？人文教育旨在人格塑造和人性完善,当然其直接的结果是提高受教育者的人文素养,而这同样是一种开发潜能和改造本能的结合。人文素养中也包含着人文社科知识和人文态度、人道立场和人文精神。高校文化素质教育的根本目的在于促进人才的全面发展,而非只是为过早实行文理分家的当代大学生"补课"增加一些文化知识。人文社科知识不等于人文精神,人文教育同样要将人文知识(包括社会科学知识)传授和人文精神(对人的价值和尊严的肯定,以及对生活意义的探索等)培养相统一。在市场经济的背景下,高校文化素质教育的深入持久和健康发展更应该关注人道精神及责任感、使命感等人文精神的熏陶和养成。现代科技之伟力不可忽视,否则我们必将为历史所淘汰。但现代科技之风险亦绝不可忽视,否则将很可能会导致人类灭顶之灾。因为人类是唯一能够毁灭地球这颗"蓝精灵"的存在。所以,对于现代大学生尤其是对于将掌握威力无比的现代科技的大批理工科大学生来讲,成为"科技人文主义者"应该是义不容辞的选择。因此,加强人文教育(包括科技伦理教育)是高等教育刻不容缓的当务之急,也将是人类实现可持续发展理想的根本保障。"化性为德"同样是人文教育的不可遗忘的根本宗旨所在。

2. 超越"两种文化"的对立和推进"两种教育"的协调

当前,要能真正自觉地推进科技和人文"两种教育"的协调,在理论和实践中都还有许多问题值得探讨。这与对"两种文化"的解读和教育本质及其任务的理解密切相关。

首先,当破除将科技与人文截然对立的误解。自从斯诺的《两种文化》诞生以来,科学和人文的"两种文化"之间的差异被人为地扩大了。科技知识(主要指自然科学和工程技术科学)和人文知识的区别是客观存在的,但以严谨、求实、开拓、创新等为特征的科学精神和以自强、厚德、热忱、正义、关爱、责任等为特征的人文精神从来是不可割裂的。而作为教育,更应该超越"两种文化"的对立以成就人的全面发展。事实上,在教育领域,科技教育与人文教育本是不可分割的统一整体,从小学开始的学龄教育就是兼有数理自然知识和语文社会(历史)知识的"两种教育"兼施。所谓的"科技以人为本"不应该仅仅视为科技产品对人的有用性,更应该强调的是现代科技发展本质上的"属人性",即基于人性和人的发展的需要而存在和发展的,马克思当初对劳动"异化"所作批判的精神实质也完全可供我们今天作为超越"两种文化"的对立,回归科技的"属人性"的指导。

其次,当超越教育的市场逻辑和公益逻辑的人为对立。适应市场需求和导引社会发展是现代教育两位一体的基本使命。现代大学不是职业培训所,但又确实需要对社会需求和劳动力就业市场作出相应的反应,以满足日新月异的科技、经济和社会发展,市场逻辑的功利性是必然存在的,"教育产业化""大学市场化"的思潮在国内外的流行的确有它的一定的合理性,高等教育成本实施一定比率的个人分担也是合情合理的,特别是不同专业的投资回报率是有着明显差异的。但是,教育尤其是高等教育对于国民素质的提高和国家竞争力的提升所具有的公益性更为显要。人文教育的被轻视往往同教育的公益逻辑被遗忘联系在一起的。在"全球化"科技经济竞争日趋激烈的背景下,不仅重视科技教育具有重大的意义,而且加强人文教育同样是至关重要的,特别是人文教育在个体人格塑造和民族文化认同方面具有科技教育所不可替代的价值。

最后,当深化对教育本质的认识与贯彻。科技教育在开发人的潜能上具有得天独厚的优势是十分显然的,而人文教育在改造人的本能上的作用也是成效卓著的。这主要是指人文教育在弘扬人文精神方面所具有的潜移默化、"润物细无声"之效果,而非只是介绍一些相关知识而已。当然,由于人文社科学科本身的内在逻辑和充分体现个性化的发散性思维方式,对于现代人的创造性思维的启迪也是有目共睹的。广义的人文教育包括音乐、美术等艺术教育,而这对于推进现代人的"右脑革命",开发潜能,努力实现高技术和高情感的统一,也是意义巨大和影响深远的。

总之,科技与人文"两种文化"应通过对话互补而相得益彰,潜能开发与本能改造应齐头并进而尽教育之本职。

三、科技教育与人文教育的协调发展何以推进

1. "通识教育"与"广博教育"的启示

近年来,笔者参加了几次海峡两岸高等教育的学术研讨会,对于两岸的"素质教育"和"通识教育"的同异比较颇感兴趣,亦颇得启发。就推进科技教育与人文教育的协调发展而言,两者之间颇多共同语言。就概念而论,"通识教育"源于美国,是相对于"专业教育"而言,我国港台地区于20世纪七八十年代引进,主要针对现代教育科技至上、"科学主义"单兵突进,现代人文教育相形式微、传统文化面临断裂无继等问题。"素质教育"初起于中国大陆的基础教育时则主要是针对"应试教育"而言,继而扩展为一种教育的理念和指导思想。(对"应试教育"不能一概而论,教育教学总是离不开必要的考试以检验其效果的,恢复高考曾经是中国历经"文革"动乱后"拨乱反正"的重要举措和迎来"科学的春天"的重要标志。就是中国古代首创的"科举考试"亦对打破门阀世族对权力的世袭垄断和人才的公开选拔任用具有积极意义,只是逐渐的僵化和各种作弊的盛行而日益衰败下去成为中国封建社会的一大积弊。)高等教育的素质教育则始于90年代开始实施的高校文化素质教育,这是继70年代末提出"重视知识、重视人才"、80年代中强调"重视实践、重视能力"后,中国高教观念的不断更新与教育思想的逐渐完善的产物。文化素质教育的提出和实施的更长远的背景则与纠正苏联模式的重理轻文、重工轻理传统有关,就高等教育而言,无疑也是对专业教育的一种补充,就这点而言,与通识教育所旨相似。通识教育和文化素质教育要"转识为智""化性为德",就不能以"通识课程"和"文化选修课"为限。值得提出的是,中国高校囿于任选课的短缺,对所开课程的审核颇松,有待改进。同样,通识课程的开设也不能满足于知识和技能的传授,要在科学精神和人文精神的贯通和提炼上多下功夫。

近闻美国哈佛大学的"核心课程"所倡导的"广博教育"(broadly educated)有感。人们常说美国教育倚重个性,似乎更偏重于教育的潜能开发一面,好像对教育的本能改造方面比较忽视。其实不然,哈佛的"核心课程"恰恰强调学生对人类文化、历史和社会的认知的必要性,所设6大类都是每个哈佛学生不可或缺的。这与港台学生视"通识课程"为"营养学分"和大陆学生以拿到"选修学分"为目的完全不同。科技教育与人文教育的协调发展不能仅仅以开一些选修课程作

为点缀或"摆设",而应该通过以精心研究和精心设计的课程体系为手段,注重于必要的知识结构的整合和精神素养的提炼熏陶,并将之贯穿于自然、数理、生物、人文、艺术、社科等所有的学科与课程之中。台湾有一大学校长认为,没有哲学系的高校是不能称之为完整的大学的,这也许有一些过分绝对化了。但我认为,没有哲理思维的学科是不能称之为真正的"大学"的(这里取我国古代文献《大学》意义上相对于"小学"的"大学"之意),因为正如苏格拉底所云,没有经过思考的生活是不能称之为真正人的生活,只不过是如其他动物一样的活着而已。也正如爱因斯坦所言:"人们没有形而上学毕竟是不行的!"没有科学精神和人文精神的教育的大学至多只能算是一所高级工匠的培训所。

2. 素质教育与现代人才"知识—能力—人格"的三位一体

要真正落实素质教育的宗旨,加强科技教育与人文教育的协调,必须与现代人才的培养目标相关联。现代人才当以"知识—能力—人格"的三位一体协调发展为本,这是现代人必备的三项基本素质。"知识经济"时代,知识为最大资本,科技知识尤为"吃香",能力亦是成功之本,能者必有机遇。但现代社会的复杂性呼唤着现代人才的复合性,现代教育的"四大支柱"是"学会学习、学会做事、学会共处、学会生存"(UNESCO),所以教育不仅是知识和技能的传授,更是人格的塑造和人性的完善,人文教育旨在于此,科技教育同样如此。"知识(knowledge)—能力(ability)—人格(personality)"三位一体协调发展(简称素质教育的KAP模式)是贯彻科技教育与人文教育协调发展理念的重要举措。所谓"知识"应该包括"博"与"专"两方面,前者指自然科学、工程技术和人文历史、社科艺术的一般性知识,也就是通常讲的"通识教育";后者指所学专业的专门知识,包括该专业领域的基础和前沿知识。所谓"能力"亦可分为"知"(或曰"思")与"行"两方面,一是指思维能力,包括形象思维与逻辑思维,灵感、直觉乃至"幻想"等原创性思维和归纳、演绎、分析、综合等推理思维能力,知识爆炸时代,对信息的选择、辨别、判断能力尤为重要,这也是一种"终身学习"的能力;二是指实践能力,包括实验、操作等动手技能和协作共事、社会交际等团队组织(teamwork)能力,这是现代科学和现代社会发展的必然要求。所谓"人格"则既指坚持思想、品德、理想、情操等传统的理想人格教育(这是教育作为"成人之道"而非职业培训的本质要求),也指更加突出自立、自强、敬业、诚信等精神的现代独立人格的培养,这是现代教育回应时代精神的重要体现。

重视人格塑造,也是我国大学教育的传统,如许多年前以医工见长的同济大学就已提出过"养成健全人格,发展共和精神"的教育宗旨(1919年)。但窃以为,人格教育切忌空洞说教,首当以师德师风为表率,以教师的人格魅力为楷模。不能要求所有学有专长的大学教师都是文理兼通的"通才"(我以为,随着现代科学不断的分化整合,现代"通才"实际是指在"专家"的基础上具有较为广博的知识面,并能融会贯通运用相关的多种知识以达到"做事"与"做人"相统一的人才),但科学精神与人文精神相统一却是必需的,因为真正的科学家都是具有广博的人道胸怀和深切的人类关怀的人文主义者,而真正的人文社科工作者也同样是具有严谨的科学态度和求实的科学精神的学者。伟大的科学家所具有的人格魅力是无穷的。大学教师"学高为师、身正为范",只有"知识、能力、人格"三者兼具,才能真正做到言传身教、为人师表。集知能传授与人格塑造于一体,现代教育将为人类高科技与高情感之统一而奠基。

总之,值此"全球化"和"新经济"的时代,现代教育尤其是高等教育必须坚持"全球意识"与文化认同的统一,潜能开发与本能改造的统一,知能传授和人格塑造的统一,才能真正实现科技教育与人文教育的协调发展,现代大学也才能真正做到守护"大学之道"和创新大学理念相结合,为传承人类历史文化和光大世界多样文明做贡献。

"交往":"全球化"时代大学的第四大功能[①]

摘要:现代教育正面临"全球化"和"知识经济"的挑战,现代大学的理念和制度建设正日益引起关注,在分析"现代大学"的4种"所指"和中国建立现代大学制度的4项原则的法理依据后,着重阐释了继教学、研究、服务之后,"交往"作为现代大学第四大功能的内涵及其意义。

关键词:全球化;现代大学;交往

人类的大学即将跨入第二个千年。传统的大学是以传授学问、造就绅士为宗旨,"教学"曾是大学的唯一功能。自德国的洪堡提出大学要努力去从事"发现学问"的工作以来,"研究"成为近代大学的重要职能。20世纪60年代以降,直接参与经济和社会发展的"多元大学"(multiversity)问世后,"服务"成为现代大学的第三大功能(用)的观点渐被认可。那么,何谓大学的第四大功能?众说纷纭,难下定论。笔者几年前曾经提出把国际交往作为现代大学的第四大功能(参见吴启迪、章仁彪:《更新教育发展理念,探索新型办学模式》,载《上海高教研究》1998年第4期),引起一些不同的反应。值此"全球化"时代,文化沟通和文明对话的重要性愈加凸显,不仅是不同的民族、宗教之间,而且在科技与人文的"两种文化"之间都亟须交往。因此,"交往"应该成为现代大学的第四大功能[②]。

一、"全球化"和"知识经济":现代教育面临挑战

1. "全球化"与"多极化"——现代教育的基本背景

大学功能的定位必须以时代的发展和人类的境况为依据。毫无疑问,人类

[①] 本文曾收于《国际视野中的高等教育》,浙江大学出版社,2002年5月。
[②] 中文"功能"一词含义较广,既包含了英语中的function(机能、功能、职责),又含有英语中的use(使用、效用、用途、用法等)之意。克尔提出大学的第三大功用时用的是use,本文不用"功用"而用"功能"一词表述大学的作用和职责,兼含双意,而更强调大学要自觉地担负起文化与文明"交往"的重任。

跨入的新世纪是一个更为"全球化"的世纪。这并不意味着民族国家和主权的消失（如某些"人权警察"所鼓吹的超霸逻辑那样），也不意味着人类价值观的"一体化"趋同（这是又一个超级意识形态的谎言）。

但"全球化"确已成为新世纪到来之际"点击率"最高的一个话语，"我们只有一个地球"，诞生于20世纪60年代的"地球村"也许到90年代才真正为世人所体认：人类的确已经进入了一个更加相互依存、相互影响、相互促进、相互制约的时代。"市场跨国化""信息网络化""科技同步化""环境一体化"等趋势越发明显。市场经济的全球扩张，信息技术的全球联网，生态环境的全球互动，这三者可以视作"经济全球化"时代的主要特征，其本质上都是利弊并存的"双刃剑"："市场乌托邦"和"市场原教旨主义"间往往仅一步之遥，"信息爆炸"和"信息垃圾"相伴而行，"网络犯罪"亦常使现代防范手段顾此失彼，而"生态危机"更带来人类自身的"伦理危机"和"生存危机"的交织出现。

伴随于"经济全球化"的是"世界多极化"和"文化多元化"的现实：国家主权、民族利益、综合国力竞争，都无疑构成了当今国际格局"政治多极化"的基本态势，而霸权主义逻辑的横行很可能使"后冷战"的缓和成为一枕黄粱；尽管"文明的冲突"的预警似乎更带有危言耸听的意味，但民族文化的"不可通约性"已为越来越多的学者所共识。不同宗教间的矛盾、族裔的冲突等，已成了令当代国际社会颇为担忧的现实，恐怖主义的猖獗更使得人类以两度狂欢迎来的新世纪再次升腾起战争的阴云：就是在"民族大熔炉"的美国，"多元文化"的并存也日益为人们所接受……所以，与"经济全球化"并存的这种民族国情、文化的多样化将是当代人类教育发展的基本背景。但是，"全球化"已带来了对民族国家"向心力"的挑战。正如美国学者罗·赖克早在"全球化"大潮兴起之初就已经指出的：

> 每个国家的基本资产将是其公民的技能与洞察力。每个国家的基本任务将是对付割断把公民联系在一起的纽带的全球经济的离心力……
>
> （《国家的作用》，1991）

民族国家何以应对此种"离心力"的挑战？特别是发展中国家何以应对少数发达国家的掠夺性的人才竞争？教育正首当其冲。

2."现代性的扩张"与现代人的两难——教育正处于关键

同时，"全球化"的推进带来的是一种"现代性的扩张"。"现代性"和"全球化"一起，构成了对现代人巨大的冲击力。"现代性"以其高度的求新、求异、求变的锋锐性摧毁着一切古老的传统，并以其巨大的"实用理性"和"工具理性"窒息着人类的丰富而有时又难免是脆弱的感性和感情世界。同时，"现代性"又以其难以抗拒的"同质性"瓦解着现代人的自我认同，复制着"单向面"的躯壳和灵魂，致使产生一种莫名的"浮躁"和深层的焦虑。诚如英国社会学家安·吉登斯所指出那样：

> 现代性完全改变了正常社会生活的实质，影响到了我们的经历中最为个人化的那些方面。……事实上，现代性的显著特征之一在外延性和意向性这两"极"之间不断增长的交互关联：一极是全球化的诸多影响，另一极是个人素质的改变。
>
> （《现代性与自我认同》，1991）

"全球化"和"现代性"不仅带来了现代人意向性的失范，更带来了现代人一种时空错位的尴尬。"全球化"不仅仅是一个空间概念，"现代性"也不仅仅是一个时间概念。特别是"现代性"基本特征正是其无所不在的多变性，这是一个"唯一有效的预言就是没有有效预言的时代"，这也是一个不定性成为最普遍性、嬗变具有全方位性的时代。现代人正处于一种前所未有的"时空压缩"和"时空分延"的交织中，天涯比邻、千古一刹？瞬间永恒、咫尺天涯？一切都是可能的。"在场"感和"缺场"感的交织？"过去—现在—未来"之间的分离和延续？同质化和异质化的并进？整体性和个体性的共存？……几乎是无所不能的现代科技一方面使得人类的欲望不可抑制地膨胀起来，另一方面却使得人类的自我认知出现巨大的"黑洞"：现代人正处于何方？人类一方面惊诧于层出不穷的新事物，另一方面又惋惜着一个熟悉的世界的离散，困惑于巨大的张力和空前的陌生感之中。

总之，"全球化"和"现代性"的互动构成了对现代人和现代民族国家的巨大挑战和压力。这就是联合国教科文组织的著名报告《教育：内在的财富》（1996）一书的序言："教育：必要的乌托邦"所指出的：

> 现代人有一种头晕目眩的感觉：一方面是世界化，他们看到而且有时承受着这种世界化的多种表现；另一方面是他们在寻根、寻找参照点和归属感。他们在这两者之间左右为难。
>
> 教育应面对这个问题，因为在一个世界性社会将在阵痛中诞生的时候，教育比任何时候都更处于人和社区发展的关键位置。……

3. "知识经济"——挑战和机遇的并存

"知识经济"正和"全球化"一道,构成当代人类生活世界的一道炫目的风景线。何谓"知识经济"?"知识就是力量",弗朗西斯·培根的名言早已为人熟知。"以知识为基础的经济"最为鲜明的特征是人类智能的拓展和延伸,是人工智能的开发和利用。笔者以为,"知识经济"在某种意义上是一种"智能经济"。在此意义上,教育的重点将不再是现有知识的传承,而是人类智能的开发。因而,对于人类充满诱惑的知识经济的到来同样是对传统教育的严峻挑战,她带来的是危险和机遇的并存。

其实,人类传统教育的危机,特别是高等教育面临的"合法性危机"早在20世纪60年代就曾经爆发:中国高校的"教育革命"成了"文化革命"十年动乱的导火索之一,西方的大学生造反则引发了"后工业社会"的世界性动荡。人们突然发现,理想中的"接班人""乖孩子"一夜之间变成了现存秩序的叛逆者。是教育的失败?抑或是社会的差错?或者是两者兼而有之?但传统教育的"合法性危机"则是不可回避的了。

当然,"知识经济"的兴起,也同时为高等教育的振兴提供了良好的机遇,作为"知识经济"的发动机,高等教育特别是现代大学正在走出曾一度难以逆转的"边缘化"趋势而重返社会中心。面对着上述"全球化""现代性"和"知识经济"交织出的时空变迁,高等教育正以一系列新的变革回应着上述挑战——

"大众化"正成为当代高教改革中的世界性趋势,从精英教育走向大众教育,本是"知识经济"时代教育发展的必然。高等教育不仅在发达国家已由"大众化"走向"普及化",在发展中国家的高等教育大众化速度也大大超过了人们的预计。

"终身化"的高等教育已是"知识经济"时代的必然,"知识半衰"周期的加快和"信息爆炸"的现实以及职业岗位变动的频繁,都使得职前教育的有限性更加暴露无遗,"学习型社会"的要求对日益"专业化"的教育提出了严肃的质疑。

"国际化"已成为当代高教发展中的一个重要趋势,"经济全球化"正为此推波助澜,教育市场的跨国竞争已不可阻挡,而教育资源的跨国配置能否得到同步的发展呢?教育的国际化不仅是一种科技的交流与分享,更是一种文化的交往与合作。

"网络化"的方兴未艾被视作是"终结"传统大学的最新动态,网络不仅极大地促进了高教的大众化、普及化,加快知识传播更新的速度,也为教育国际化和终身化提供了新的手段,互动式的网络技术是对传统远距离高等教育的一场革命,即时的师生"在线"沟通正在形成一种新的无距离教育(distance free education)。"伊托邦"(Etopia)未必不是人类智能的高度张扬的象征。

此外,高教的"产业化"、大学的"市场化"、专业的"模糊化"、人才的"复合化"等也正在成为一波又一波的高教改革的主题词而回旋于不再宁静的校园里。变革中的世界与变革中的大学互相激荡着跨入新世纪,现代大学的理念和制度再次成为人们关注的中心。

二、现代大学:大学理念的守护和创新

1. 何谓"现代大学"?——概念的四种"所指"

何谓"现代大学"?"现代大学"的概念使用甚广,"能指"丰富,"所指"未定,众说纷纭,见仁见智。这是因为"现代"作为时间概念本具有模糊性,难下定论,而"现代大学"之概念内涵更趋多样。依笔者分析,现代大学约有四种"所指"。

首先,泛指当代存在并运作中的"大学"这种高等教育组织形式,所以广义的可指代一切现存的大学。诞生于中世纪的以师生自治为特征的"大学"(University)实在是人类文明的伟大创造。历经千年沧桑,多少王朝轰然倒塌,多少豪族"五世而斩",可大学的寿命却超越了这千年时空,延续至今,成为一种最古老的非血缘性人类组织。欧洲的古老大学不断在历史变迁中顽强地薪火相承,美国的哈佛、耶鲁等创建于美国独立前的"常青藤"大学至今生机盎然。学术自由、大学自治正是源于大学的理念和传统。从这个意义上说,长盛不衰的"传统大学"也可以是一种具有现代精神的现代大学。

其次,"现代大学"作为一种特指,其所指又是有时空和内涵限定的,一般而言是指启蒙运动以降、经过理性主义改造,特别是指以德国洪堡创办的柏林大学为代表的新型大学,即以发展学术为中心,不只是知识的传授,更在于从事"创造性学问"的发现和创造。这也就是美国的"研究型大学"的起源。这种有别于中世纪大学的"近代大学",也可以称之为现代大学。

再次,"二战"以后随着科学技术的迅猛发展和军事竞争、工业改造的需要,一种具时代特色的新型大学模式开始出现,这就是更多地参与经济建设和社会发展之中的多元化、多功能的现代大学。20世纪60年代,美国加州大学前校长克拉克·克尔在他的《大学的功用》一书中详细讨论了这种新型的非单一权力中心、非单一目标、非单一委托人的 multiversity(中文译为"多元大学"),传统大学所鄙视的"服务"恰是这种新型大学的重要功用,是现代大学继教学、研究之后的

第三大功能。这里的"巨型大学"并非单指其庞大的机构和规模,更是指其多元化的功能,因此,笔者以为"巨型大学"的译法值得推敲,克尔创造这个词主要是针对传统的单一性、一元化大学,也许译作"多元大学"更合其本意,功能多元化是其基本特征。这是"现代大学"的又一形态。

最后,20世纪末随着"知识经济"的兴起和大学"市场化"趋势的出现,大学与社会的关系发生着更为深刻的变化和多样的联系,一种更具改革精神和机遇意识的大学逐渐成形。这批具有现代企业自主创业精神的大学被称之为"自主创业型大学"(Entrepreneurial University,伯顿·克拉克)。笔者认为,这是一种以组织变革、管理创新为特征的更具灵活性、更能适应现代市场经济变化的、更好地摆脱了依附(不论是国家还是市场)的自主型大学。这也许可以称之为最新型的"现代大学"。

综合上述大学发展的历史和现实,我们看到的是大学理想的承继和发扬,还看到的是大学功能的拓展和丰富,以及大学制度的完善和创新。

2. 学术自由和办学自主——大学理念和制度的核心

随着中国高教改革的深化,建立"现代大学制度"的呼声日高。这是对经济体制改革中建立和完善现代企业制度的呼应,也是中国政治体制改革的必然(依笔者之见,迄今为止进行的高教体制改革基本上是一种国家主导型的改革,它可以也应该视作中国政治体制改革的组成部分)。但同样,何谓"现代大学制度"?亦是众说纷纭,难定一尊。依笔者之见,制度的建构总是服从于特定的理念,大学制度同样是大学理念的产物。学术自由、大学自治曾经是大学最古老的传统和最核心的理念,同样是大学最为宝贵的精神象征和大学制度最为鲜明的特征。我国的高教体制改革的基本目标和方向也正是要建立这么一种大学制度。我国1998年出台的《高教法》尽管还存在不少需要改进的方面,但基本上已经为中国现代大学制度的基本框架提供了很好的法理依据:

> 第10条:国家依法保障高等学校中的科学研究,文学艺术创作和其他活动的自由。

> 第11条:高等学校应当面向社会,依法自主办学,实行民主管理。

学术自由、面向社会、自主办学、民主管理,这四条正是建立中国现代大学制度的基本标志,这里既有对传统大学理念的继承和弘扬,也有对现代大学功用的拓展和创新。"学术自由"历来是大学独立精神的集中体现,"面向社会"则是现代大学强化"服务"意识、向多元大学(multiversity)转化的必然,"办学自主"则是"大学自治"传统的中国式用语转换,"民主管理"则应该是传统的"教授治校"发展为现代的"师生共治"(创业型大学的特征之一)的一种中国特色的提法。当然,要真正以这四项原则建立起有中国特色的现代大学制度还的确是任重而道远的。这不仅有待于国家高教管理体制改革的深化,而且有待于学校内部管理改革的展开。

三、交往:现代大学的第四大功能

1. 文化沟通和文明交往——现代大学功能的扩展

自克拉克·克尔提出以社会"服务"为现代"多元大学"第三功用以来,"教学、研究、服务"三大功能的提法已逐渐被接受。而面对现代社会的日益复杂化、综合化和多样化趋势,学术界又积极思考现代大学的第四大功能。从社会"批判"功能到知识"集聚"功能,各种探索不一而足,从不同的侧面反映出现代大学的多功能化。笔者认为,文化和文明的"交往"功能正日益彰显为现代大学最重要的第四大功能。

"交往"早就是人类实践中的重要组成部分。亚里士多德曾把人类称为"政治的动物",就是注意到了人类交往活动的频繁。人类作为一种群体的存在,劳动和语言推动了人类意识的产生,交往与合作正是劳动得以进行的条件,也是语言得以需要的前提。为此,马克思是最先重视"交往"研究的思想家之一,马克思的伟大发现——唯物史观正是从对人类"交往方式"的研究开始的。"交往"作为文化和社会科学研究的重要范畴在20世纪的下半叶尤为红火,哈贝马斯的"交往"理论可称为20世纪下半叶最有影响的理论。"交往"是人类作为社会存在的本质要求的。现代社会一方面是对个人隐私的保护和对个性的呼求,另一方面则是对沟通、理解、交往的强烈渴望。

大学本是人类最早期的一种聚居和交往的形式,是各种思想和文化碰撞和沟通的场所。诞生于中世纪的大学(University)最初就是一个来自不同国家和地区的大学生们聚会的组织,一种不同于传统行业公会的学生公会,再与当时逐渐形成的教师公会相结合而出现的。所以,大学之源于"宇宙万物,合众为一",本就是一种国际化的组织和文化交汇的产物。只是当时的欧洲视野有限,文化也相对封闭,再加上基督教的思想一统,很难有真正意义上的跨文化交际。只是到后来阿拉伯文古典文籍的传入、文艺复兴的兴起、"航海大发现"的成功,才开始人类大规模的世界性的交往。但在"欧洲中心论"的误导下,这种交往又往往为狂妄的偏见所蔽曲。20世纪两次规模空前的世界大战更使得真正平等和友好的交往难以实现（最为典型的是两次大战中法德两国的士兵们刀戈相见于战场上时还自以为是在为"法兰西文明"或"德意志文化"而战呢）。

随着人类科技的发展，特别是现代交通和通信技术的突飞猛进，使得经济、政治、文化的全方位交流成为可能，人类交往的规模空前扩大，交往的深度也大大拓展。随着交往日多，人类深入交往的愿望也更强烈。值此"全球化"加速推进之际，文化和文明的沟通与"交往"日益重要。"交往"作为现代大学的第四大功能正更为彰显并日益强化之中。大学的国际化是"全球化"时代最为突出的趋势。"国际化"之不同于"全球化"，是因为"全球化"更凸显的是一体化的趋同，而"国际化"更加强调的恰恰是以民族间的存异为前提。用中国传统文化的语言来讲就是要"和而不同"，因为"和实生物，同则不继"。所以，不管是"国际化"还是"因特网""跨文化交际"等概念，其前缀的"inter-"突出的正是不同主体间的交互性，其本质上强调的正是一种交往的重要性。为此，"全球化"时代之教育发展当以"全球-本土化"（Glocal）为战略，即全球化视野与本土化实践的结合。同时，现代科技的突飞猛进使得科技和人文这"两种文化"的交往和协调的呼声日益紧迫，因此，大学要自觉加强的"交往"不仅是在各民族之间以及东西方之间的架起文化和文明沟通的桥梁，还包含着推进科技文化和人文文化"两种文化"之间的和谐与统一。这是科技革命提出的新课题，也是现代教育最重要的任务之一，现代大学必须以科技教育和人文教育的协调发展为宗旨。

总之，当今之时，确立"交往"为现代大学的第四大功能实属必要且意义深远："经济全球化"的趋势不可逆转，但经济利益的竞争是不可避免的，人类争取建立平等、公正的国际新秩序还有很长一段路要走；政治多极化的现状也不是短期内会消失的，民族国家的存在、综合国力的竞争仍然是真正的"世界大同"实现前相当长的历史阶段；随着"信息网络化"的推进，"科技一体化"的趋势同样是方兴未艾（如信息、生物、"纳米"材料等的研究几乎在全球范围内同时推进着），但文化的多元化导致所谓的"文明的冲突"的可能性也未必完全是空穴来风，关键在于人类需要更多的和更深入的沟通与理解。

2. 教学、科研、服务，交往——现代大学的四大功能

"教学（Teaching）、研究（Research）、服务（Service）、交往（Communication）"四大功能的并举，将是 21 世纪现代大学的基本功能。笔者称之为多功能大学的 TRSC 理念。以笔者所在的同济大学为例，TRSC 理念的可以具体阐释如下：

教学育人才：坚持本科和研究生教育并重。以本科教育为立校之本，研究生教育为强校之路。构建以全日制的学位教育为主体，以积极发展面向社会的多种类教育和面向世界的多形式合作办学为两翼的大学教学模式。发展网络教学是正在开始的一个崭新尝试。

研究出成果：坚持基础研究和应用、开发研究并重。以探索和发现未知世界为目标的基础研究是现代科技发展的基础，也是大学的传统使命，但现代科学研究中传统的上、中、下游的界限正在被打破，加强产学研合作，推动科技成果产业化已成为知识经济时代现代大学"研究"功能的重要延伸和扩展，现代大学必须为此而努力。

服务创效益：坚持科技攻关服务和参与决策咨询服务并重。面向社会，全面参与经济建设和社会发展已成为现代大学的显著标志，大学汇聚着众多的各方面专家学者，在继续做好各种科技攻关服务的同时，发挥"智囊团"的作用，更多更深入地参与决策咨询服务（包括大学的文化批判和社会批判功能的发挥）已日益为社会和政府所重视。两种服务的并举，也将是经济效益和社会效益的"双赢"。

交往促文明：作为一所走向国际化的大学，坚持发挥传统对德（欧）"窗口"优势与面向亚太并重已成为学校的外事努力目标。诞生于20世纪之交的中国现代大学本是东西方文化冲撞和交汇的产物，在跨入新世纪之际，中国的大学将继续为人类文化的交往和沟通作出自己最大的贡献。"和衷共济，自强不息"，同济精神中包含的正是这么一种与各行各业的海内外朋友团结互助，共创未来的理想。

总之，如果说，在大学的近千年历史中，19世纪开拓的是大学的"研究"功能、20世纪拓展的是大学的"服务"功能的话，"交往"功能的突出将是21世纪大学对人类的最重要的贡献之一。如果说，大学"服务"功能的拓展也许是无意中的结果——美国大学的大量参与产业发展与社会服务在某种意义上还是"冷战"的产物，即高科技军备竞赛的需要——那么，"全球化"时代的大学应该更加自觉地发挥文化和文明"交往"的功能，以促进世界的和平与发展，避免20世纪人类两次世界大战的悲剧的重演。我们相信，在人类未来文化与文明的交往中，大学的作用实在是任何其他的组织所不可替代的。这就是我们提出"文明交往"是现代大学第四大功能的时代背景和基本依据。

后记：自1998年年初提出以"文明交往"为现代大学第四大功能的3年多以来，各种反应臧否不一：支持者谓之大胆创新，有首倡之功；质疑者谓之还需谨慎斟酌。有人提出，此论是否有权威根据？是否为学界公认？窃以为，学术乃社会之公器，非权威或西人之私有。尽管当今之学界术语大多为西人所首倡，然为何不能由我等开创呢？西人愁"文明的冲突"而忧心忡忡，华夏倡"文化之和合"而其乐陶陶，何尝不可？至于要寻权威之论，请读江泽民主席1998年5月4日在北大百年校庆讲话和在美国哈佛之演讲。

2001年5月于同济

作者补记：关于"多功能的现代大学"的提出，尤其是把"交往"作为全球化时代现代大学的一项自觉使命与功能说，确是同济大学在高教体制改革中的宝贵探索。其孕育并产生于世纪之交，打破了传统中国高校分类及管理体制的并校改革中的"同济模式"（该提法并非同济人自诩，而是中央分管教育的高层领导同志的命名），为此，在1997年同济大学的90周年校庆时就举办过一个小型的中外大学校长论坛并讨论过（参见吴启迪的《我的大学工作》和王建云主编的《同济模式》）。"四大功能"说原拟公开发表于1998年首期被《中国高教研究》重点推荐的首文，后因该刊主管领导认为此说还有待商榷而删去了这一节。但也写进了学校送交全国高教体制改革经验交流大会的汇报材料中（时任国务院副总理的李岚清同志参加了1998年1月在扬州召开的这一重要会议）。1998年5月4日，时任中国共产党中央委员会总书记的江泽民同志在人民大会堂举行的北京大学百年校庆大会上发表了中国要建设世界一流大学的重要讲话（即著名的"985"讲话），提出了世界一流大学"四个应该"的目标。

附：新世纪大学使命

——中外大学校长圆桌论坛主持者言

作者按：2002年5月，在庆祝同济大学95周年华诞之际，来自欧、美、澳、亚等四大洲近30所大学的校长们聚集同济，畅谈新世纪大学使命。为了大学的交往和交流，为了有一流的大学办学理念，中外大学校长们坐到了一起；尽管本次交流是初步的，但其中有很多我们共同感兴趣的问题和许多富有启发的见解。

章仁彪（主持人）：女士们，先生们，朋友们，下午好！欢迎各位参加今天的圆桌会议！

记得5年前，1997年同济大学90周年校庆的时候，我们也在这里举行过首次校庆中外校长论坛，主题是"世纪之交的大学与未来"（那一次是各位校长轮流上台做报告，第二年即1998年北京大学百年校庆的中外校长论坛规模宏大，而后许多大学都举办过校庆校长论坛）。如今我们已经跨进了新世纪，所以，今天会议的主题是"新世纪大学使命"。21世纪在人类的两次全球狂欢中姗姗来迟。但是，新世纪的第一年却是在人类的巨大震惊中匆匆而去。去年发生的"9·11"事件再一次把人类的文明、科技和人性等何以发展等尖锐的课题摆在了我们面前。我们今天的会议之所以称作"圆桌论坛"，实际上是想办成一次沙龙式的自由讨论，以期能获得更多的智慧火花的"碰撞"和闪耀。所以，今天的圆桌会议主要以自由发言为主，有几位校长已经预先报了题目，那么我们是否可以给他们提供一点优先权？但希望每次发言时间尽可能不要超过10分钟，以便有更多的机会进行交流，各位都还可以重复发言。

现在我们的论坛就正式开始。我作为主持者先做一个引子，我的任务是提出问题。Introduction："新世纪、新大学、新使命"有哪些特征？我认为在新世纪到来之际，人类面临着许多重大的挑战——"文明何往？科技何能？教育何往？大学何为？"尤其是关于大学，现在讨论很多，有好多新的大学概念，从传统的

---

① 原载《同济教育研究》2002年第2期，本书仅选录该论坛的主持者言，以为前文之补充。

university 到20世纪60年代克拉克·克尔提出的 multiversity（英汉大词典译成"巨型大学"，我以为译作"多元大学"更贴切些），后又出现了 omniversity，就是全体大学或"总体大学"，还有创业性大学（Entrepreneurial University）乃至于无边界大学（Borderless University）；去年，法国哲学家德里达在北京、上海的演讲中又提出了一个概念叫"无条件大学"。那么，究竟该如何来看待现代大学在新世纪的使命呢？这就是我们今天想讨论的主题。首先，我们欢迎吴启迪校长作为东道主先做一个主题发言，或者按照中国人的说法，叫"抛砖引玉"，以期引得校长们更多的精彩讨论。

吴启迪（时任同济大学校长）：各位同事，我想借这个机会介绍一下刚才那位章仁彪教授。他是我们学校高等教育研究和改革与发展研究室的负责人，目前在从事一些教育学方面的研究，所以，我请他来准备一些题目给校长们讨论，让他先做了这样一个引子。作为我来讲，我想我不要占用大家太多时间。他刚才已经说了，我只是"抛砖引玉"，那么，在这种情况下，我想把我的内容非常快地谈一谈，就是我的一些观点。在这里（指幻灯片），大家可以看到我的题目叫"交往"（Communication），实际上是交流、沟通，这是大学在新世纪的非常重要的一个使命。我认为，这也是现代大学最重要的使命之一。现在的世界是全球化和多极化的世界，经济确实是全球化的，我们知道这个市场经济、高技术发展、生态问题，等等，都是一些全球化的问题。但是，同时这个世界在政治上又是多极化的，大家也都可以看到，存在民族和国家的利益、综合国力的竞争，等等。同时，在文化上又是多样性的，我们可以看到，各个国家的文化有自己的特色，也就是说，多元文化与民族文化之间的一种"不可通约性"还是存在的，这就是当代世界的大背景。

在这个背景下我们来看世界高等教育的发展趋势，众所周知，现在高等教育的发展有非常明显的四个基本趋势，这就是大众化、终身化、网络化以及国际化。今天上午，在我的校庆讲话中，讲到了所谓"多功能的现代大学"这样的概念，就是说作为一所大学来讲，它确实跟传统的大学不一样了。我们知道，传统的大学，它可能是以教学为主的，而且以传授知识、造就绅士为目标。但是，德国洪堡的大学教育思想是另外一种思想，它要用科研来开发我们的知识，然后来进行教学，强调教学和科研之间的合作和结合。现代大学，恐怕还要加上更多的功能，这里边有一个功能，就是服务的功能，就是怎么服务于经济和社会。今天，我感觉到大学还应该有更多的功能，譬如第四大功能，我们认为是"交往"。也就是说，在新时代，我们要加强不同文化和文明的对话和沟通，包括在科技和人文之间架起一座桥梁。也正因为这样,同济大学提出了这样一个办学的理念,实际上也就是大学的任务,讲得更大一点,也就是大学的使命。这里边第一个当然还是要教学,要教书育人,当然这里我们有一系列的措施来加以保障。接下来的一个功能,就是科研,就是要有新的发明、新的发现和新的创造。在这里边,我们也确实有许多要面对的问题,譬如基础研究、应用研究和产品开发之间的关系,还有学校、研究机构和产业之间的合作,包括一些技术的传授。接下来,就是服务方面,要加强技术开发和自己教学之间的联系,也包括在经济建设和社会建设中怎么来更好地发挥作用。但是,就服务功能而言,大学还有为终身教育服务的功能,我觉得这也是现代大学很重要的一个服务功能。

我刚才提到的第四大功能,就是大学在不同的文化与文明当中的沟通和交流,也就是大学要怎么能够成为不同文化与文明间对话的"窗口",再有在科技和人文之间架起一个桥梁、能够建造一个通道,这恐怕是我们大学必须担负起的一个神圣的职责,在文化与文明间的沟通是我们新世纪大学要做的很重要的事情。前面三个(教育、科研、服务)我们可能已经认识得比较多了,但最后一方面,可能我们认识不够。我今天想要强调的是,现代大学在新世纪担负的一个非常重要的使命,就是沟通,就是 Communication。这一点也是今天我们为什么要走高教国际化的道路的一个道理,只有这样,我们才可以培养出具有世界视野的人才,才能适应国际化人才市场的需求。这里,我首先作这样一个简单的发言,供大家参考,以引起大家对这个问题的讨论。谢谢各位!

章仁彪:刚才,吴启迪校长已经把同济大学对现代大学的使命的认识从四个方面提出了看法。对于这个问题,当然可以有许多讨论,特别是第四功能。有人认为,批判功能是大学的第四功能,也有人说,科技的"孵化器"功能是大学的第四功能,这个可以见仁见智,展开讨论。大连理工大学校长程耿东院士由于马上要赶飞机,所以,我们先请他来谈谈对大学使命的看法。

······

章仁彪:谢谢!程校长从高校的群体使命和高校的个性特色乃至于人才的特点提出许多值得我们进一步思考的观点。下面还有本来已经作了准备报了题目的,我们让他们先把观点亮出来,我们可以一起展开讨论。请华南理工大学刘焕彬校长发言。

章仁彪:感谢华南理工大学刘焕彬校长提出了一些新的值得我们思考的问题。大学的校园环境是一个很重要的问题。同时,他提出了关于精英教育和大众教育在不同的高校中有不同的侧重点问题,这个问题我想也可以听取大家意见。下面我们请香港理工大学潘宗光校长给我们谈谈他对大学使命的看法。

章仁彪：谢谢香港理工大学潘宗光校长给我们提出了一个新的视角，all-round education（全面教育）。我们知道中国内地在提倡素质教育，当然这个翻译可能有点不同，有的翻译成 quality education，应该是以素质为中心的教育。港台还有的叫通识教育，叫 general education。我觉得这些问题都是现代大学所面临的很重要的课题，我们想在这方面再听听其他不同的看法。在这里插一段自由讨论，然后再由几位有准备的校长发言，行不行？发言的请自报家门。Please!

章仁彪：谢谢奥地利格拉兹理工大学赫德尔校长！他介绍了欧洲的情况和他对一些问题的看法，特别提到了国立大学的自治问题，这对我们中国大学来说也是很有启发的，因为中国的大学基本上都是以国立为主，这里面有个自主权问题。第二个问题，他讲到了大学的管理，我们传统的管理是一种行政管理，但现代大学必须面临着一种新的管理，带有某种经营管理、资金筹集及运作问题。第三个问题，他特别提到了大学的国际性，要有国际性的教学合作问题。我想这些观点都对我们来自东方西方不同文化背景的人会有很多启发。谢谢赫德尔校长、教授！下面，看看谁可以继续问题讨论，也可以对刚才几位的发言进行提问。下面一位是德国波鸿鲁尔大学的伏·尼浩斯副校长。请！

章仁彪：感谢波鸿鲁尔大学的经验！这对我们有很大的启发。关于学科的交叉和教育的国际化也是我们各高校在新世纪都面临的一个新课题，有很多传统学科不能覆盖现代科技的发展，所以这问题我想是很值得我们积极讨论的。下面要发言的是香港城市大学的黄校长，请！

章仁彪：谢谢黄玉山副校长给我们谈到了关于文化转移的问题（也就是观念的转变）。实际上这还涉及一个"知"和"行"的关系，中国的传统文化非常强调知和行的统一，实际上他刚才讲到的许多道理我们是知道的，问题是怎么去做，我想这方面也许大家都有很好的经验，可以多多交流。下面一位发言的是山东大学的展涛校长，来自中国孔夫子的家乡，富有深厚的文化背景。（**吴启迪**：展校长知不知道，我们现在校园里也有个孔夫子像立起来了？**展涛**：刚才看到了，很亲切，我们学校也有一个，只是更大一点。）

章仁彪：谢谢展校长！据我所知，展校长是在教育部直属重点高校里最年轻的一位校长。他所提出的快速敏捷反应也许和他的年轻优势也有点关系。他提出的问题值得我们思考，我们有了大量的其他的改革，但是学校内部体制改革还是停留于传统的方式就很难适应发展了。欢迎大家继续讨论。哦，我们的吴校长希望在座的女校长参加讨论。

章仁彪：谢谢德累斯顿科技大学的副校长克拉考女士！她提出了一个多层次的教育交流的问题，特别提到了一个跨区域合作的问题，这是值得我们共同努力的。我向大家也预告一下，我们《同济教育研究》第2期上就有一篇资料专门介绍了关于建立欧洲高教区的波伦亚宣言，即在10年之内建立统一的欧洲高等教育制度的计划，欢迎参阅。

由于原定的休息时间(Coffee break)已到，请各位先到门厅口合影留念再回来喝咖啡。

……

章仁彪：谢谢中国人民大学王新清副校长！他所谈的问题也是大家共同涉及的。教育，不只是传统上一直讲的是一种文化的传承，还有文化的创新。怎样才能传承和创新呢？着实需要多学科、多文化的交流与沟通。刚才我们中外校长都已经关注到这一点，这个问题实际上是新世纪大学使命非常重要的内容，包括个人的知识面的全面发展问题。

章仁彪：谢谢威斯康星大学的大维·布伦副校长！他从另一个角度提醒我们如何来看待人类文明的发展问题。他刚才讲到的"9·11"事件，美国高校的一些反应与政府的反应是有所不同的，我觉得大学应该有更深刻的反思。他所提出的关于企业与大学的关系实际上也是当前中国大学和高教界反复讨论的问题，比如"教育产业化""大学市场化"，这些概念我们都在进行讨论。我觉得他所提出的问题也是我们各位校长比较关心的问题。下面一位发言者是中南大学的陈校长。

章仁彪：谢谢陈启元副校长的即兴发言！他提出的问题实际上还是很重要的。我们的高等教育一直是作为专业教育，这点毫无疑问，但专业本身并不仅仅是一个做事的问题。所以，我倒想起前一阶段对 Profession、就是对专业这个概念的理解，我们传统上把 Profession 仅理解为一个行当的专业，其实，Profession 在欧洲的语言背景中，其中应包含职业的信仰、义务、责任、誓言与诺言这种精神。我觉得我们在进行专业教育的同时，对人的素质的培养是非常重要的。谢谢陈校长所提出的问题！下面发言的是河海大学的姜校长。

章仁彪：谢谢姜弘道校长！他的讨论始终围绕大学的根本任务——育人。的确，社会的发展、文明的进步对大学提出越来越多的需求(包括终身教育)，所有的这些任务的根本仍然是育人。下面我们请来自澳大利亚的格里菲斯大学健康学院的院长 Prof. McMurrey 女士谈谈她的看法。

章仁彪：谢谢来自澳大利亚格里菲斯大学的 Prof.McMurrey 女士！她所谈及的要培养具有人性的毕业生和 Personality（个性、人格）问题使我想起出自另一位格里菲斯大学教授谈 Personality 的文章，叫 *Personality as a Vocation: The Political Rationality of the Humanities*，我觉得对我们的教育是很有帮助的。（不过这里的 Personality 译作中文应该是"人格"，即同济大学倡导的 KAP 的人才培养模式中的 P，所以文章的中译名是《人格作为一种职业》。）大家记得，著名德国社会学家马克斯·韦伯在 1919 年，曾经发表过一篇著名的论文《科学作为一种职业》(*Science as a Vocation*)。而在 20 世纪 90 年代的一个国际研究计划（美国古本根基金会重建社会科学委员会主席华勒斯坦所编辑的一本专辑）中，格里菲斯大学的亨特教授提供了这篇报告。我觉得刚才 Prof.McMurrey 女士的发言值得我们去继续考虑这个问题——学术、职业、人格之间的关系是什么？大学在社区的形象或影响，最主要的还是看你培养出来的学生的能力及人格。噢，德累斯顿科技大学的副校长要提问，请！

章仁彪：谢谢克拉考校长的补充发言和提出的问题，即多样化的学生和多样化的需求、非连贯性的学习对大学将意味着什么呢？这的确是对大学的一个挑战！关于大学的公众形象即与社会的关系问题，特别是在终身学习成为新世纪的一个主流的时候，大学应该承担什么责任呢？我觉得这个问题也是大学功能的一种扩展，它的对象不只是适龄段的就学人口，他将涉及对社会辐射作用更大。噢，格拉兹大学的校长有补充。

章仁彪：谢谢！刚才我们吴启迪校长介绍了有位长期在工业界工作的林教授也来参加我们的会议了，我们想请他从另一个角度讨论一下。（**吴启迪**：我想他对教育当然也是了解的。他从美国哥伦比亚大学和斯坦福大学毕业，又在工业界上做了 20 年，所以我想他也可以从另一个角度来谈谈看法。）

章仁彪：谢谢林正浩教授！他是一位企业界的工作人员，但是，他对中美大学的教育作了一个很好的比较，特别提出了怎么使学生的学习快乐。这实际上是一个教育哲学问题。中国孔夫子的《论语》开篇第一句话就是"学而时习之，不亦乐乎？"学习是快乐的，而不是痛苦的。此外，他讲到培养学生的好奇心，这很重要，What happens?（究竟发生了什么呢？）我们要不断地质疑，不断地好奇，这是我们教育在人格塑造上很重要的一点。

由于我们会议有完、讨论难尽，那么，我们可能要延长几分钟，原定我们应该是现在这个时间结束。来自中国北方交通大学（现改名为北京交通大学）的杜林副校长，他还没有发过言，我们请他发言。

章仁彪：谢谢杜校长！他的最后发言，实际上也是对我们今天讨论的一个很好的总结，特别是，他提出的中国面临的工业化还未完成的课题，这的确是一个实在的问题。我校在考虑大学的国际化时曾经提出一个叫 glocal 大学的理念，就是既要有 global 的全球视野，但同时要有 local 的本土化实践（**吴启迪**：就是 global and local）。

也许大家还有许多话要说，但是今天我们的 Symposium（讨论会）只能到这里了。刚才我们林教授提到了古希腊哲学家柏拉图和亚里士多德。记得柏拉图有一名篇叫 Symposium，翻译成中文的时候有个很奇怪的翻译叫《会饮篇》，就是 drink together，一起饮酒。当然我们今天是清茶一杯，但是我觉得、我相信，我们这是享受了一次智慧的会餐。我作为今天的主持人，我想应该简单地先作一个小结，最后，让我们吴启迪校长做总结。

今天的讨论虽然看起来不是那么正规，但是我觉得非常的生动，大家在一种沙龙式的自由讨论中得到了一次很好的交流。今天的讨论实际上涉及新世纪大学的多项使命，但又没有忘记大学的根本任务——育人。大家对新世纪大学发展的理念、大学面临的挑战，以及不同国家、不同地区乃至于不同特色的高等学校的发展定位发表了重要的意见；同时也对大学与政府的关系、与企业的关系乃至于与社会、与群众的关系，就是学生对学校需求的关系进行了讨论；第三方面，大家较多地涉及了大学的国际交流的关系。传播文化和文明是大学的根本任务，我们要传承文化，我们还要不断地推进文明，这些问题看来要全人类共同来努力，因为"Only One Earth"，我们只有一个地球，我们是共同生活在一个地球村里。大家讨论的一个最重要的核心，仍然是一个大学的培养目标，大学是教育人的。今天的大学应该培养什么样的人？我想，也许可以回到我们中国古代文化经典《大学》的定义："大学之道，在明明德，在新民，在止于至善。"今天上午，我们吴启迪校长在校庆致辞中讲到的中国的这一古代的"DAXUE"（大学）概念，如果直接翻译的话，可以叫"Great learning"即"大学问"（因为中国古代讲的"小学"主要是指文字学）。中国把知识叫作"学问"（也许与德语中 Wissenschaft 意思更接近），也就是说做学问就是要"学着去问"learning to ask。我觉得联合国教科文组织（UNIESCO）提出现代教育的四大功能，就是 learning to know（学会认识），learning to do（学会做事），learning to live together（学会共处），learning to be（学会生存），那么，中国的"学问"实际上首先是要求"学会提问"（learning to ask），我觉得这对于我们新世纪的教育也是很有启发的。

关于大学的讨论是没有穷尽也无法穷尽的，但我认为，在当今时代变化迅疾无穷、科技发展突飞猛进、世界交往日益紧密的情况下,大学是否应该、又何以可能为人类的文明发展作出自己应有的贡献?21世纪"文明的冲突"是否不可避免?"文明的对话"又何以可能?大学是一个最重要的领域。科技的巨大威力与人类对科技的驾驭能力是否成对比?高科技和低情感的悖论何以摆脱?在高效率和高效益的社会中,现代人的自我认同(identity)怎么解决?文化的认同和文化的宽容之间的关系又该怎么协调?专业的教育和人格的塑造又怎么能处理好关系?……我想这些问题实际大家都提到了,但还没有来得及更深入地讨论,我们期待着有机会继续就这些问题展开讨论。

受吴校长的委托,我有幸担任了今天的圆桌论坛的主持人,非常感谢大家的配合!但我现在很难把大家这么多精彩的思维及观点完全地、准确地小结出来,只能请大家多多包涵。但是,我想所有的参加者都会与我一样感到,这是享受到了一次很丰富的精神会餐。谢谢大家!

吴启迪:各位同事,刚才章教授已经做了一个总结。我一开始时以"交流"作为大学的使命,实际上我想这是一个抛砖引玉,也就是期待一个中外大学校长和学者的直接的交流。今天我们果真得到了交流,这是最关键的成功之处。至于新世纪大学的使命究竟是什么?也许我们并没有在这儿完全得到问题的答案,就是实际上有各种各样的说法,我觉得这是非常自然的。我也不希望大家都得到完全一致的答案,因为这个世界本来就是多样化的。但是,我们相信,21世纪就是一个对话的世纪,在这个对话的世纪当中我们需要交流。作为大学的领导者——我们在座的各位,这样的交流对我们来说是非常有必要的。

今天上午我讲过一句话,就是一个一流的大学应当有一流的办学理念,我想今天这是我们开这个会的主要目的,从不同文化的角度,从不同领域来看,到底我们应该有怎么样的一个办学理念,我想我们今天至少在"交流"这一点上已经做到了。我们今天的交流虽然是初步的,但是还是使得大家感到了一定的乐趣,而且得到了一定的启发。我们的交流还将是不断的,因为我们刚才已经讲到了,现在我们的地球已经越来越小了,我们将来培养的人才不光是为了当地所用。现在——尤其像中国——我们为什么会提到所谓"国际化"的概念,internationalization。因为在外面人家只要说international就可以了,但对中国来讲,原来它关着门,也就是说我们原来没有进入WTO,今后中国是要面向世界的人才市场,也就是在这种情况下,我们培养的人才必须有国际视野。也正因为这样,我们的交流非常非常重要。毫无疑问,大学的使命是培养高素质人才,那么这个人才要求当中应有一条——他必须是一个国际性的人才,这是一方面;

另外一方面,大学还有一个很重要的使命,这个使命是引导社会进步。刚才,我们有许多校长也提到了,在这一点上,我们可能要打破国界,讨论一些共同感兴趣的问题。

我今天上午在校庆大会上说了,"相约 2007",那是我们同济大学的 100 周年校庆,今年是 95 周年,我期待 5 年以后再次相会。届时,我们再来检查今天所讨论的问题在那个时候是一种什么样的表现,今天讲的到底对不对? 还有时间再来考察这一点。所以,我非常感谢各位同事积极地参加我们这次的论坛,也希望我们在 5 年以后再一次相见。

最后,我想我们可能要感谢主持人,他致力于高等教育的研究,今天做了一个非常好的主持工作,使得我们的整个讨论能够连贯起来。我相信,他最后作了一个总结,他会后会把这个东西再整理得更好一些,将来呢,把会后总结的东西提供给各位作为参考。我们在这儿也感谢我们的主持人。(**章仁彪**:谢谢大家! 非常感谢!)

今天晚上,我们还有一场音乐会,我希望在座的各位同事能抽空去听。这是上海的一个最好的交响乐团和我们上海的一位国际著名的钢琴家——孔祥东先生合作演出的。这里边有许多你们熟悉的节目。熟悉的节目里边有德沃夏克的一个交响乐的一个乐章,另外有勃朗姆斯的一个乐章。然后,还有中国非常著名的一个钢琴协奏曲,叫《黄河》。大家知道,黄河是中华民族的发源地,是我们的母亲河。我希望各位光临我们的音乐会,而且,我们在这个音乐会上将要聘请这个乐队的指挥、一位非常著名的音乐家作为我们学校的兼职教授。正如我们刚才讲的,我们希望我们的科技教育和人文教育能够协调发展,希望我们有更加完整的人格塑造,所以,我们也希望我们的学生懂得更多的艺术。谢谢各位!

章仁彪:今天的交流到此结束。谢谢各位! 也谢谢担任同声翻译的两位先生,他们的杰出工作为今天的论坛增色不少。欢迎大家参加晚上的音乐会,音乐是一种最好的不用翻译的交流语言。

再谈"交往"作为现代大学的第四大功能[①]

——兼谈高等教育评估的"国际接轨"

摘要：经济全球化是一个世界公认的现实，教育的国际交往已经成为当代世界的一个基本现实，但教育的民族性也是毋庸置疑的，因为教育从来不只是知识的传授和技能的培训，更是一种文化的传承和创新，而各国各民族的文化是具有"不可通约性"。高等教育的"国际接轨"应是指建立一个具有国际可比性的教育质量的评估和鉴定制度问题。作为现代大学第四大功能的"交往"除沟通不同文明外，还包含着多方面的对话与会通：科学和技术、科技和人文、肉体与心灵、感性与理性、自我与他人、个人与社会、人类与自然。

关键词：现代大学；"国际接轨"；交往；大学功能

2001年，本人在参加由浙江大学、杭州市政府和联合国教科文组织亚太地区教育局主办的"高等教育改革与发展国际研讨会"时，曾就以"交往"作为现代大学的第四大功能提交了一篇论文（参见田正平主编的《国际视野中的高等教育》，浙江大学出版社，2002年5月版）。而后，2002年5月份，在同济大学举行建校95周年校庆活动时，本人受委托主持了一个主题为"新世纪大学使命"的圆桌论坛，这是一个以轻松随意的沙龙式的自由发言为主的 Symposium（借用于柏拉图对话集中的《会饮篇》名）。时任同济大学校长的吴启迪教授作为东道主，以"交往：新世纪大学的一个重要使命"为题作了一个简要的主题发言，引发了来自亚、欧、美、澳四大洲的20多位大学校长的即兴讨论（详见《同济教育研究》2002年第3期）。此次有幸受邀参加浙江大学教育学院与日本亚洲教育史学会合作举办"教育交流与教育现代化"的国际研讨会，再次来到美丽的西子湖畔，很愿意与各国同行和朋友们一起，继续就高等教育的"交往"使命作进一步的探讨。

[①] 本文系受邀参加浙江大学与日本亚洲教育史学会合作举办"教育交流与教育现代化"的国际研讨会递交的发言稿，后因另有要务而缺席。为感谢会议邀请，特发表于此。原载《同济教育研究》2004年第3期，正式发表于《煤炭高等教育》2005年第23卷第3期，删去了首段引言。

尤其是鉴于中日两国之间"一衣带水"的特殊的历史和现实的恩恩怨怨,我们一起通过自觉的教育交流与对话,相信将对两国人民世世代代的友好,也将对不同文化与文明背景的人类的共同和平事业作出有益的贡献。

一、"经济全球化"与"高等教育国际化"

经济全球化是一个世界公认的现实,随着商品、资本、信息、技术、服务的跨国流动加剧,世界各国相互依存、相互影响、相互促进、相互制约的日益加深,市场经济的全球扩张、科学技术的全球同步、生态环境的全球互动,这三者可以视作"全球化"的基本特征。这一切都是和人类经济活动的日益全球联动紧密联系的,因此这种"全球化"的实质仍然是"经济全球化"。那么教育是否也应该"全球化"或"国际化"?这一问题一直是有争议的。由于教育从来不只是知识的传授和技能的培训,更是一种文化的传承和创新,而各国各民族的文化是具有"不可通约性"(incommensurable)的,因此,教育的民族性是毋庸置疑的。但是,我们认为,在经济全球化日盛的今天,高等教育的国际化又是必然的。国际化与终身化、大众化、网络化一起,已经构成了世界性的现代高等教育发展的四大趋势。

何谓国际化?所谓"国际化"是以承认民族国家与民族文化的独特性及其存异性为前提下的一种相互间的学习、借鉴、交流、合作的过程,而不是简单的趋同与合一,也就是中国成语所说的"求同存异",或者说是一种"和而不同"。教育国际化具有丰富的内涵,这既是现代科学技术突飞猛进、现代经济联系日益密切、现代人力资本跨国流动的需要,也是人类文明发展和文化交往以及促进世界和平的需要。科技是无国界的,市场经济的全球化趋势必然要求人才流动的跨国化,教育必须培养和造就更多的能适应全球市场需求的现代人才。文化是多样性的,这是保证人类文明多姿多态的丰富性的前提,愈具民族特色的也是愈具国际性的。现代教育必须肩负起人格塑造与文化认同的双重责任,这样才能真正为现代人解决自我认同的困惑,这里所说的"文化认同"应该包括对本民族文化的自重和对它民族文化的尊重两个方面。这里还涉及"宗教宽容"这样一个古老而常新的话题,各种宗教激进主义可能带来的最大弊端恰恰是违背了这一基本原则。当然,政教分离是人类解决宗教冲突的一大智慧,教育与宗教的分离也是人类文明和谐发展的一种必须。在当今经济全球化时代,教育国际化的发展中同样需要这种智慧与原则。

其次,国际化对于中国高等教育的改革和发展来讲尤为重要。university

(大学)在欧洲诞生时本来就是一种具有国际性的人类文明和文化传承和创新的组织形式。而在中国，由于文化背景的巨大差异和历史传统的源远流长，使得中国的高等教育具有鲜明的民族特色；还由于中国市场的极其广阔也使得长期以来中国高等教育培养的人才主要是服务于中国的经济建设和社会发展之需的。中国的改革开放正吸引着全世界的关注，加入 WTO 意味着中国正在进一步融入世界，中国市场的巨大潜力更是全球经济发展的重要推动力，世界各大跨国公司正在把中国市场的开发作为重要的发展战略，在这当中迫切需要大批既懂得国际"游戏规则"又熟悉中国国情的国际性人才，即兼具"全球化战略视野"和"本土化实践能力"的"全球-本土化"（Glocal）人才，中国的高等教育应该主动担负起培养这种人才的任务。同时，中国作为人力资源和高等教育的大国（虽然还不是高等教育的强国），也应该为世界经济的繁荣和人类文明的进步提供更多的现代人力资源（包括文化—智力）的支持，中国高级人才的国际流动也将为中国文化进一步走向世界、扩大国际交流开阔道路。

值得一提的是，我这里使用的"全球-本土化"（Glocal）是英语中的一个新词。记得这也是国际知名的日本早稻田大学校长喜欢使用的一个词，我曾经于1998 年 5 月在上海的一次讨论会上听他谈过。我想，值此"Global"日盛之时，多讲讲"Glocal"还是很有必要的，尤其是在教育界。

二、教育评估和资质鉴定的"国际接轨"

在经济全球化趋势的推动下，高等教育正成为国际间交往最频繁的领域。但是，要促进高等教育的国际化首先就碰到一个如何建立一个具有国际可比性的教育质量的评估标准问题，这就是我们提出的高等教育的"国际接轨"问题。我们认为，当前高等教育的"国际接轨"可以从工程教育的专业评估和专业学位互认开始，并进一步努力探索和专业执业资质鉴定的国际互认（参见拙文《专业评估与资质鉴定：中国工程教育的"国际接轨"》，《复旦教育论坛》2003 年第 1 卷第 2 期）。

对高等教育专业实行评估与专业学位互认，在经济、科技发达的国家开展得比较早，已有一套比较成熟的专业评估和专业学位以及专业资质鉴定的管理制度和方法，比如在英国，高等教育质量的保证工作由高等教育质量保证机构（QAA）负责；在美国，由美国高等教育鉴定组织（CHEA）和美国工程与技术鉴定委员会（ABET）负责对高等院校进行鉴定和对高等教育专业进行评估，以确保高等教育质量。另外，在国际上还有华盛顿协议签约组织，在符合华盛顿协议的前提下，签约组织间承认彼此评估通过的工程专业和学位，承认这些专业教育和评估政策的等效性。

中国政府对高等教育的改革，对建立教育的评估和鉴定制度一直十分重视，尤其是改革开放以来，中国高等教育在吸收国外高等教育改革、发展和管理经验的同时，根据我国的国情对高等教育的体系和内容进行了改革，参照国际公认的评估要求和鉴定要求，制定与国际可比的质量标准，逐步实行对高等教育专业进行评估，以保证高等教育的质量。

中国高等教育的评估，首先是从土木工程专业领域开始的。同济大学从一开始就积极发起，推动这一探索，并得到建设部的大力支持。1993年成立了中国全国高等学校土木工程专业教育评估委员会并制定了一系列文件，其中包括《全国高等学校土木工程专业教育评估委员会章程》《全国高等学校土木工程专业本科教育（评估）标准》《全国高等学校土木工程专业评估程序与方法》《全国高等学校土木工程专业评估视察小组工作指南》等。从1995年以来已对全国不同的大学中26个土木工程专业进行了评估。同济大学土木工程专业水平在我国高等工程教育中处于领先地位，已达到了国际公认的教学要求。同济大学土木工程专业的工程实践训练与国外相同专业相比，不同的是工程实践训练更贴近实际，学生毕业前在老师的带领下参加实际工程的设计，亲身感受实际工程的情况，毕业后能很快适应工程工作，所以同济大学土木工程专业的毕业生，一直能受到社会的欢迎。同济大学土木工程专业现已通过中国全国高等学校土木工程专业教育评估委员会的评估。

在我国对高等教育进行改革和实行教育评估与鉴定也已经引起了国外高等教育界的关注。中、英两国的工程教育评估组织经过多年的相互交往、互派观察员参加评估活动和评估委员会会议等，还联合召开了有关土木工程专业教育和职业评估的国际会议，在相互了解的基础上于1998年3月签订了互认协议，确认了经中国全国高等学校土木工程专业教育评估委员会（NBCEA）评估的土木工程专业与经英国联合协调委员会（JBM）评估的土木与结构工程第一学位专业相互承认，并符合中国注册结构工程师和英国土木工程师协会会员对于目前教学方面的要求。同济大学土木工程专业的学位与教学也已得到英国联合协调委员会（JBM）和英国土木工程师协会的承认。美国的工程与技术评估委员会（ABET）也曾派观察员来参加中国高等工程教育的评估活动，并与中国全国高等学校土木工程专业教育评估委员会（NBCEA）对于土木工程第一学位专业评估的互认和中国参加华盛顿协议等问题进行了深入而有效的讨论。

与此同时,同济大学还致力于国际化办学的探索。我们正在下述几方面进行实践和探索:

(1) 合作办学,已经建立了 7 年的中德学院和 5 年的中法工程与管理学院,学生完成学业后能获得中外的双文凭;(2) 学位与学历的互认,如我校的土木工程教育通过英国土木工程师学会的鉴定而获取了英联邦的注册工程师所必需的教育资格的认可;(3) 开展多种形式的跨国家、跨地区的校际人员交流,建筑、城市规划、经济管理、国际政治、行政学等专业都已与外国开展学生间的校际交换,积极鼓励教师间的国际科研合作与交流,如学校专门立项资助百名青年教师出国进修,未来几年中专任师资中具有国际交流经历的比例将达到 80% 左右,这将大大有助于人类文明在未来的理解沟通和融洽相处。

三、再谈现代大学的"交往"使命

刚刚跨入 21 世纪的第一年,人类文明的发展遇到了一个巨大的挑战,这就是人类的不同文明是在相互的冲突仇恨中走向毁灭,还是在相互的对话沟通中走向融合?中国文化素有"和为贵"的传统,讲究和谐融合。同济大学校名的中文含义也正是"同舟共济"(据悉网上评论最佳大学校名"同济"位居第一)。为此,我们提出了现代大学应该以"交往"作为继"教学、研究、服务"之后的第四大功能,这也就是同济大学的 FRSC 理念。

自 1998 年初我们首先提出这一观点时(参见拙文《更新教育发展理念,探索新型办学模式》,载《上海高教研究》1998 年第 4 期),正是基于对"全球化"时代人类面临的新的矛盾和挑战的一种分析。随着科技的日益同步化发展,特别是日新月异的交通和通信技术的发展,地球正逐渐成为一个"地球村",交往日益增多,碰撞和摩擦也就同样会越来越多。因此,自觉地把"交往"设定为现代大学的第四大功能将有助于人类文化与文明的交流和发展。当时,对此观点赞同者不多,存疑和持异者颇众。当然原因各异,有的认为国际交流早已有之,从未停过,没有必要再多作强调,或者交流只是服从于既定的大学的三大功能的;有的提出各种各样的大学第四功能说,如"社会批判""科技孵化",等等。

也许正是因为新世纪初发生的"9·11"事件(尽管联合国曾经把 2001 年确定为"文明的对话"年),"文明的冲突"再次引起了人们的关注。我们提出的现代大学的"交往"功能开始为人们所认同。在浙江大学和联合国教科文组织亚太地区教育局联合主办的"高等教育改革与发展国际研讨会"上,笔者关于以"交往"作为现代大学第四大功能的发言在会场内外获得了广泛的关注(会间还为此接受了多家媒体的采访,参见当时浙江《教育信息报》等)。我们认为,尽管大学的国际交往一直存在,但并未被置于重要地位,或者说在传统上是辅助于大学的其他功能的。正因为如此,提出大学自觉地以"交往"为第四功能就更为重要了。其实大学的国际交流在东西方又各有不同处境,也许在欧美,大学间的国际合作和教授间的学术交流已经是习以为常的了,但这基本上是同一文化背景下的交往,即便是第三世界的一些学者与西方的学术交流也基本上是以西方文化为基本语境的(无须回避的是,现代科学与学术的规范及其"话语权"一直是控制在欧美的主流文化手中的),所以大学及其学者群之间的交流并不存在文化的差异,或者更准确地说是文化的差异还未成为交流的障碍或主题(当然由于"冷战"的影响,在传统的东西方阵营间存在明显的意识形态障碍和对立)。

但是自"冷战"结束后,所谓的"历史的终结"并没有带来世界的"大一统",伴随"南北问题"的相应凸显和"经济全球化"对各民族传统文化、习俗乃至于无孔不入的全面"入侵"和冲击,曾经被掩盖的文化差异渐渐浮上表面,市场的全球化并不能消除民族间文化、心理的隔阂,再加上"经济全球化"在带来表面的世界性"繁荣"的背后,"南北"间巨大的贫富鸿沟非但未见缩小,反而日见扩大,因此,所谓"文明的冲突"并非空穴来风。新世纪第一年发生的"9·11"事件把这种危险空前尖锐地摆到了全人类面前。阿富汗塔利班政权和伊拉克萨达姆政权的被推翻,并没有从根本上铲除恐怖主义的毒瘤,而解决巴以冲突的"路线图"也没能给中东带来真正的和平。我们相信,经历了新世纪连续几年绵延不断的危机的当代人类,比任何时候都能更清醒地认识到文明对话与文化沟通的重要性。这一系列的事件及其引起的各种反应,也使我们更坚定了现代大学要自觉地以"交往"作为自己的基本功能和重大使命的信念。

因此,把"交往"作为现代大学的第四大功能首先是指国际交往。但这不仅是一般意义上跨国校际学术(包括教学和研究)交流活动,而应从更深层次上加以认识,这就是不同文明与文化间的沟通交往,也将是现代大学最独具特长的功能之一。超越经济利益的竞争和某些政治意见的分歧,大学在文明的对话和文化的交流中的作用是其他任何组织所不可替代的,特别是在经济全球化进程加快后、各种文明与文化间的碰撞和摩擦难以完全避免的背景下,大学间的交往也许是最不具有冲突的火药味和利益的争夺的。

此外,只要认真反思人类在进入21世纪以来遭遇到的各种危机,不管是蔓延于非洲的艾滋病还是凸显于欧洲的疯牛病,乃至于近两年曾经肆虐于亚洲的SARS和禽流感就会发现,现代科技的突飞猛进并没能带来人类高枕无忧的梦想境地,反而催生出许多新的潜伏的危险。因此,作为现代大学第四大功能的"交往"还包含着以下诸多方面的含义。

(1) 科学与技术的沟通交往,也就是大学教育中的理科与工科,或者更宽泛的也指理论与实践的结合问题。以科学的不断探索发现为现代技术的不断进步提供基础支持,又以现代技术的不断改进为手段,突破人类器官的有限性,揭示更多的客观规律性,为人类的可持续发展提供强有力的支撑。

(2) 科技与人文的沟通交往,也就是大学教育中的理工科与人文艺术社科间的相互渗透、相互融合问题。"两种文化"的差异是客观存在的,但是否被人为扩大了?科技素养的提高无疑是现代高等教育最主要的内容,但人文精神的培养同样应该是现代教育最重要的任务,特别是现代科技的威力日益隆显,其实际上已经构成了对人类未来的最大威胁之际,科技伦理、工程道德等的研究与教育都是刻不容缓的,所以,现代大学必须以科技教育与人文教育的协调发展为宗旨。

(3) 广义的"交往"还包括人的多方面交往:肉体与心灵、感性与理性、自我与他人、个人与社会、人类与自然,等等,这实际上也是现代教育理念主张的"学会共处"(应该包括人与人、人与自然的共处)、"学会生存"的真正意义之所在。

总之,当代世界是一个高科技与低情感并存、高效率与高风险同在的时代。不论是围绕电脑"黑客"、网络犯罪与"克隆人"的伦理争辩,还是从1999年的西雅图之乱到2001年的热那亚的"反全球化"运动,乃至于震惊世界的"9·11"事件,都从不同角度反映出"全球化"并不是人们一厢情愿的理想蓝图。在新的机遇与挑战面前,高等教育的国际化趋势应该是人类智慧共同探索未来的一种合作之路,现代大学自觉肩负起多种"交往"的功能将是人类文明与文化健康、和谐发展的有效保障和有力促进。大学责无旁贷、义不容辞,因为我们"只有一个地球"。这个"地球村"早已不是"鸡犬之声相闻,老死不相往来"的自给自足的自然经济时代,而是一个"牵一发而动全身"的"互联网"时代,而人类本性上始终是一种需要沟通和交往的"类存在"。

笔者始终难忘多年前在复旦大学的相辉堂聆听来访的法国总统德斯坦演讲(1980年10月21日)的情形,特别是当听到他以中国古代思想家庄子的"濠上辩"作为开场白时,我感到一种很大的震撼和鼓舞:我为中国文化的博大精深而自豪,也为人类文明的交流沟通而祈祷:

子非鱼,安知鱼之乐也?

子非吾,安知吾不知鱼之乐焉?

我很想对现正担任欧盟宪法起草委员会主席的德斯坦先生说,在你风尘仆仆为这部命运难卜的宪法而奔忙时,一定还记得当年在欧亚大陆最东边的大都市的著名学府所作的演讲吧!我祝愿你的事业的顺利,祝愿人类史上具有划时代意义的这部超越民族国家的宪法早日成功!我相信,这将是人类21世纪和平夙愿在经历了"9·11"事件的重创后的一个良好的征兆,因为这毕竟曾经是两次世界大战的主要策源地之一。(说到这,我又不禁想起10年前曾到西欧大西洋边凭吊当年"二战"战场遗址的情形,从敦克尔刻到诺曼底,物是人非今安在?)我更要衷心祝愿不同文明、"两种文化"的交流与融合的成功,祝愿人与自然和谐统一发展的成功!

最后,我想在这里说的是,还要特别祝愿具有悠久文化交往历史的中日两国的教育交往不断扩大!超越现实政治观点的分歧和经济利益的竞争,教育界的交流完全可以、也应该更加坦诚和深入。我所接触过的日本朋友中,常常有人对中国关注日本的"教科书"修改表示不解,认为是一种过于"纠缠历史"。但我认为,有些问题我们一时难以达成共识,可以留给后人去解决,相信他们会找到更聪明的办法。但"以史为鉴"实在是一种很基本的智慧,"教科书"应该是教会下一代人思考和处事的教材,肩负着塑造未来的使命。"一衣带水"的中日两国何以能保证"永不再战"?教育具有不可推卸的责任。朋友们以为呢?

大学之"大"应如海洋:"有容乃大",海阔凭鱼跃,此乃"鱼之乐也";"有朋自远方来,不亦乐乎?"此乃人之乐也、"类"之乐也!"Only One Earth"(只有一个地球)!人类也没有第二次!

2004年3月于同济

传播科技：现代大学的公共使命[①]

——读欧盟"优化公众理解科学技术"项目报告的启迪

摘要：本文评述了欧盟"优化公众理解科学技术"项目提出的以"传播科学"为"大学的第三项使命"的观点，并在此基础上，就现代大学的使命与功能的新理解提出看法，强调现代大学必须准确界定自己的社会角色和担负的公共使命，以正确认识"走出象牙塔"的意义和价值之所在，正确诠释"走出象牙塔"后的大学地位中心化和功能多样化背景下的社会责任。

关键词：传播科技；公众理解；大学使命

前几天刚刚在复旦大学举行的沪港发展联合研究所2004年学术年会上以"走出象牙塔后：现代大学的功能与责任"为题，就现代大学的社会作用作了一次演讲，近又读到《上海教育》发来的一组有关欧盟"优化公众理解科学技术"项目报告的介绍文章，分别介绍了英国、瑞典、葡萄牙、法国、比利时和奥地利6国的大学在"传播公众理解科学"中的作用和主要做法。颇觉新鲜的是，该报告指出，在当前，大学除了承担教学与科研的传统使命之外，还必须履行一个全新的使命——传播科学，并明确确定这是"大学的第三项使命"。"优化公众理解科学技术"项目由欧盟各个主要成员国的十几位专家共同合作研究，历时4年，2003年6月完成最后报告。报告从项目背景、各国政策、科普机构、大学的使命、公众参与、非政府组织的作用、政府引导等方面对公众理解科学技术进行了全面的调查和分析。该报告深受世界各国瞩目，对欧盟及其他国家科学的发展与传播具有极为重要的借鉴意义。的确，现代科技的发展与传播正进入了一个空前的加速期，曾经一度被边缘化的大学重新回到了社会中心，大学在科技发展中的重要地位和作用也都更为全社会所重视。而视"传播科学"为现代大学的第三大使命的观点在欧洲普遍被接受，这对于正热衷于学习美国模式，通过兼职开公司

[①] 本文系受《上海教育》之邀，对欧盟项目报告所作的评述，原载《同济教育研究》2004年第4期，《上海教育》以"履行现代大学的公共使命"为题刊发于"大家评论"栏目时有删减。

（中国更多的是以"校办产业"的形式）直接进入市场、或重在建立大学科技园以实现成果转换而"服务"社会的中国大学无疑提供了一个新的参照系。笔者感兴趣的是，该报告对于中国大学如何正确地"走出象牙塔"所具有的一些启迪。我想，就针对该报告中的 3 个"关键词"中的 2 个（第三个是"大学"）谈些感想与启迪。

一、关于"大学的第三项使命"

自洪堡以新的理念创建德国柏林大学、并被美国大大发展了的"研究型大学"以来，大学以教学与研究为两大基本使命的观点已为世界所公认。而自 20 世纪 60 年代美国加州大学前校长克拉克·克尔的《大学的功用》提出"服务"为现代大学的第三大功用（注意：克尔使用的是"uses"）以来，大学的第三使命或任务似乎也已成定论。笔者在提出文明和文化的"交往"为现代大学第四功能时也是认可前三大功能说的（参见《文明交往："全球化"时代大学的第四大功能》，《上海教育》2001 年第 16 期）。只是何谓大学的第四大功能则一直是见仁见智、众说纷纭，想不到欧盟在新世纪完成的"优化公众理解科学技术"项目提出的"大学的第三项使命"并未简单地照搬美国的三大功能说，而且明确提出"传播科学"作为大学的新使命——可见，值此美国主导的"全球化"时代，欧洲的观点总还是有那么一种桀骜不驯的独立性，尤其是在涉及政治、文化领域时（教育应该更多地归属于文化而非经济这一点应该是无疑的吧），这也是颇能令人玩味的。因为在我国，人们众所周知的大学的第三大使命（国内说法多种，又称"功能"或"职能"）是"服务"说几乎是家喻户晓，并且已经衍生出许多国产的高教理论与实践，如"教育产业化"论及其催生的"双轨制""校中校""大学公司""考试经济"乃至于"走穴教授""文凭教育"等的"变种"而迅速形成了庞大而混杂的"教育市场"。

其实，欧盟关于大学的第三使命的这一界说，在克拉克·克尔的大学功用说里是归于第一功能内的。请看克尔所论："现代美国多元化大学为什么能够存在？历史可以给我们一个答案，与周围环境的和谐相处则是另一个答案。除此之外，它在维护、传播和研究永恒真理方面的作用简直是无与伦比的；在探索新知识方面的能力是无与伦比的；综观整个高等教育史，它的服务于文明社会众多领域方面所作的贡献也是无与伦比的。"（克拉克·克尔：《大学的功用》，哈佛大学出版社，1963 年版，第 44~45 页）这也就是现代大学的"三大功用"说。据说，克尔是面对哈佛大学的热心听众们发表此番高见的（参见德里克·博克：《走出象牙塔——现代大学的社会责任》的"导言"），也就是说，克尔把"服务"作为现代多元大学（Multiversity，中文不知为何译为"巨型大学"？——见上海译文出版社的《英汉大词典》）的第三大功用是被像哈佛大学这样的美国研究型大学所共同认可的。

如今，欧洲人却把大学的"第三大功能"确定为"传播"，是异曲同工？还是另辟蹊径？如果理解为前者，则是对大学的"服务"功能的一点小小的纠正（或者说是"补正"）：大学的"社会服务"中最重要的是通过"传播科学"服务于公众，以使公众更好地理解科学，进而更好地（正确地）运用科学以造福世界和人类（顺便提一下，人们常常说"科技是把双刃剑"，严格地说，科学只是为人类不断地提供新发现。何害之有？而技术才是一把双刃剑）；如果是后者，则又会令人产生另有一番思考，即对所谓公认之"第三功能"的质疑与"别解"，因为按照克尔的解释，"传播"是归于大学第一功能（或"功用"）的组成部分，即是教育的内在使命，而非"服务"这第三功用的内容。而现在欧盟则提出把"传播公众理解科技"作为现代大学的第三使命，应该说是对克尔观点的一种"修正"。

正如欧盟该项目报告中的"比利时篇"所说："早在1988年，比利时就提出了大学的第三项使命，不过当时只停留在书面文本上。现在，大学的第三项使命已经被位于主要区域的两个地方政府立法机关和瓦龙校长委员会重新激活。这一'为当地社区服务'的任务一度被理解为'为商业社区服务'。不过，随着时代潮流的改变，科学知识和技术功能的提升已经使该任务与'同社会和文化情境对话'一道成为大学传播策略的关键组成部分。"

此等说法听来何其"似曾相识"？切中时弊！大学的"服务"功能究竟何谓？"为当地社区服务"还是"为商业社区服务"？——我想，转换成国人所最熟悉的话语就是："为人民服务"还是"为人民币服务"？——大学功能理解的差异源于对大学目标、宗旨理解的迥异！这就是问题的关键所在。笔者曾经也认同大学的"服务"功能，但始终认为，相对于"教学育人才""研究促发现"的"服务创效益"应该是社会效益和经济效益的双重效益（严格讲还应该包括环境效益），应该是科技攻关的"硬"服务（包括通常说的四技服务）与咨政育人的"软"服务（包括促进各界公众理解科学的科普活动）的结合。笔者提出以"交往促文明"作为大学的第四大功能说，也是基于对大学理念与宗旨的理解。这里的"交往"也不仅是不同文明间的对话沟通，而且是科技与人文"两种文化"间的交融渗透（参见拙作《再谈"交往"作为现代大学的第四大功能》，《同济教育研究》2004年2期）。我想，这也应该可以视为上述关于"同社会和文化情境对话"的传播策略的题中应有之义。

总之,欧洲把"传播科学"作为"大学的第三项使命"提出(或者说重申)可以说是对大学使命的回归,如同克尔把它视为本就是大学教育功能的组成部分,而将此独立提出无疑是注意到了当今"高科技、低情感"并存、"高效率、高风险"俱进的时代特征,对科技的正确的公众理解的确是这一时代最为重要而基础的人类使命,大学义不容辞、责无旁贷。中国的科普现状如何?我们高兴地注意到,在上海科技节活动和近几年连续开展的哲学社会科学普及周活动中,大学正在发挥着越来越重要的作用,成为科普活动最重要,也是最受欢迎的场所。当然,正如报告所说的,第三项使命并不仅仅只是向社会进行传播,大学与社会之间应该有更多的传播互动。其实,大学自身也已经从中获益匪浅,这也成了大学自身生存与发展的必须。

二、关于"公众理解科学"

现代科技具有空前之伟力已为世人所公认。公众理解科学之根本目的在于使人类能更好地驾驭科技的力量,而不为科技所害。因为今日之世界,或者说至今之地球,只有人类这一存在物有能力摧毁我们所赖以生存的地球家园,而且实际上也在逼近这一终结点——如果我们不能有效地驾驭科技,说到底是不能有效地控制住自己的欲望的话。因此,所谓"传播公众理解科学"的实质是"优化"或曰"促进"公众对科技的理解。"Public Understanding of Science and Technology"也许也可以译作"科技的公共理解",这正是一切科普活动的基本宗旨。欧洲各国对科学周、科学节的重视由来已久,而且大量的多种形式的科技博物馆(包括大学的博物馆)在科普活动或曰"传播公众理解科学"的活动中发挥了重要作用。笔者印象最深的是德国慕尼黑博物馆,这一藏品丰富、涉猎广泛的科技博物馆更以其多种形式的参与式展览而闻名于世,在这里,许多展示是可以通过DIY(自己动手)去体会的,而不是一以贯之的标示以"请勿动手"。我想,让公众直接参与是培养公众的科学热情和科学兴趣的最重要途径之一,我们完全可以也应该学习借鉴。近来时闻国内的大学也开始关注大学博物馆的建设,如果能同大学的图书馆一样成为大学的必备品则幸莫大矣!

当然,值得关注的是什么是"公众理解科学"的"理解"本身也是个有所侧重,或也是"与时俱进"的。从报告中可以看到,在英国人们更多地与开展科学周、科学节的活动相结合,推进实施大学的科学外宣项目,并开展设专门课程与相关理论研究活动以促进该活动的深入与持久。尤其值得重视的是在学位课程中增设的"关于社会的科学"(Science for Society)等有助于树立历史社会学视野中的科学的总体观的课程,设立"科学与社会"的专业方向和专业学位,以及包括皇家学院、牛津大学等专设公众理解科学教授席位的做法也别具一格的。此外,英国有关公众理解科学的理论研究的世界领先也是值得关注的经验,对相关概念的讨论和解构、对"科学"的更有哲学基础的定义的重新审视等,这些我想也是我国文化素质教育中值得借鉴的。曾几何时,国内的一些宣传中出现了将"科学主义"与"人文主义"相提并论,鼓吹以这两种"主义"的结合为素质教育的目标的低级错误。

在瑞典,大学的"第三种任务"的模式的雏形出现在《1977年大学法》:"该法要求研究人员让更多的人了解他们自己的研究工作。这一建议隐含的是雄心壮志似的民主:让公众能够提高在民主社会中的活动能力的教育。新模式的'第三种任务'旨在发展大学和社会之间自然的互动,尤其是与生产领域之间的互动。"这也是我国大学对"服务"功能的主要理解。而在葡萄牙,公众理解科学的活动是伴随着社会变革后的高等教育的大众化而开始的,并以"为科学欢呼"运动的开展和科技周中的"全国科学文化日"活动,以及大学及研究机构的开放和网络的形成为标志的。这种做法也是我国大学经常在从事的活动。

在法国,公众理解科学和文化则是通过学生、学者、大众三个不同的群体展开的,对于学生旨在"打开学生的视野"理解人类是一个整体,"促进青年走进科学",融入大学文化;对于学者来说,公众理解科学和文化的活动也是一种减少大学失职和重新界定大学是什么和应该是什么的方法。科技只是文化的一部分,公众理解科学活动是为了"认识到问题的所有意义"和作为"抗击'知识狭窄化'的有力武器",以跨越学科间的分割,促进外界的理解和支持;对于大众则关键是"将知识和技术的进步传播到大众中去",从而"让人类了解世界"。此外,促进"人文与科学"的多学科研究、艺术家和科学家的对话、提供更多灵活性发展的空间等也是法国这项活动的特色。我想,我们大学的"服务"功能也应该有更为广阔的视野和更为远大的目标。

比利时的大学在公众理解科学中的新角色则是建立了一些全新的公共平台和活动形式,如"E空间科学""科学浸润"(科学节)以及"科学之家""科学展示馆"等资源和科学研究中心,此外大学还在欧洲科学周——"科学节"和"科学在变化"等活动中起主导作用,大大提高了民众对科学的兴趣和对大学的认识,同时,这也在很大程度上提高了大学对社会经济环境的参与性和适应性。上海近期正在展开在高校建立"E研究院"的试点,对于网络时代的科技传播是很有价值的。

而在奥地利,关于公众理解科学活动是由大学和非大学性质的研究机构共同展开的,大学过去一直被看作是象牙塔,所以传播公众理解科学首先是从"大学与公众相遇"为题开始的。而始于20世纪末的大学改革的目的在于将大学变成更加自主的机构,同时要求大学将完成的研究结果更广泛地向公众传播,最大范围地与社会互动,从而促进大学进一步扩大了科学传播活动向社会组织的开放面。而这种开放基本还是属于"教育"的组成部分,尽管也已经有了课堂外的传播,包括科学咖啡馆之类的科普活动。我以为,大学的自主是大学与社会互动的前提,大学的任何新功能的拓展都离不开大学以"教学"为第一本务之职责。

总之,尽管欧洲各国的"传播公众理解科学"做法是各具特色的,但这当中,有下列几点是共同的。

(1) 在校内外广泛开展多种形式的科普活动,包括各种科技节、科学周活动,提高公众对科技的理解是大学的重要使命,不管是作为教育活动的延续还是专门的对外交流,都应该视为大学不可推卸的责任。

(2) 关注科学与社会、人文与科学的结合,把科技的公众理解与人类的命运相联系,对科技作用的全面把握,包括对现代科技的高风险性的认知,从而提高公众自觉自为的科技意识是最重要的,所以,加强科技理解中的人文精神维度尤为关键。

(3) 加强对"传播公众理解科学"本身的理论研究尤其必要,知其然,更要知其所以然,这是科学的基本精神,大学开展的任何活动更应该具有理论的深度,概念的清晰准确是理论研究的基础。

这也是我之所以以"大学的公共使命"为题来评述欧盟的这一项目之原因。中国的大学尤其要加强对大学自身的职责与公共使命的理论研究,才能真正深刻理解大学"走出象牙塔"的意义与价值,以及"走出象牙塔"后的大学的责任与使命之所在。为了本文的写作,我又重读了前哈佛大学校长德里克·博克的名著《走出象牙塔》,该书的副标题恰恰就是我希望关注的——"现代大学的社会责任",在经历了多起涉及大学在基建、采购、招生等环节中的"丑闻"后,这个问题更为敏感而急迫。大学应该成为时代的引领者,但大学绝不能成为"时尚"的追风族,大学总有她不变的"经典"、永恒的追求——自由地、无条件地探索真理。这也是本月初刚刚去世的当代法国最伟大的哲学家之一的德里达留给我们时代的遗训——"无条件大学"。当他风尘仆仆于京沪演讲这个主题之际,是否是在有针对性地对中国大学的未来给予某种真诚的告诫?

关于文化传播与文化认同的一点思考[①]

——在"中华文化的传播与交流"国际研讨会上的发言

有关文化传播与交流的问题一直是我感兴趣的,特别是今天(9月10日)下午的这个题目"全球化、国际化和多元文化"很值得探讨,所以我上午去上海交大参加了一个会议,下午还是赶回来继续参加大家的讨论。我一直以为,越是"全球化",越需要重视文化的交流。我一直在呼吁,现代大学应该自觉地把促进人类文化与文明的交往(communication)作为继教学(teaching)、研究(research)、服务(service)之后的第四大主要功能(简称现代大学的TRSC理念)。进入21世纪以来,人类面临的挑战更加坚定了我们的这一认识。

首先,我认为这次论坛将"全球化"和"国际化"两个概念共提而不是等同是很有意义的。"全球化"更突出的是世界的共同体、一体化的理念,而"国际化"的核心是尊重民族国家个性基础上的交流[英语中以"inter-"这一表示"之间""(交)际性"为前缀,以"nation"为词干也包含着这个意思]。所以我想这两个概念之间应该有所区别。本人以为,经济全球化是一个客观的趋势,主要表现为"市场经济的全球扩张,科学技术的全球互联(或曰同步),生态环境的全球联动"三大方面的一体化趋势。而文化未必就已经进入全球一体化的阶段,而且文化的一体化对于人类来说,也许将是一场文化的灾难。因为只有"赤橙黄绿青蓝紫"的色彩缤纷,才有彩练当空舞。试想,失去了文化多样性的世界完全成了一个单向度的世界,那将窒息人类多少创造性啊!我较多关注的是教育的国际化问题。前几年美国驻上海总领馆曾经召开过一次以"高等教育的全球化"为题的论坛,比起"教育全球化"的口号,"高等教育的国际化"更合乎实际也更为适宜,因为教育不仅是知识技能的传授,更重要的是一种文化的传承,而文化总是既有普适性又有民族性的,特别是在民族国家(National-State)依然存在,民族文化多

[①] 本文系根据作者在同济大学国际文化教育交流学院举办的"中华文化的传播与交流"国际学术研讨会(2005年9月9—11日)上的发言录音稿整理补充而成。原载《同济教育研究》2005年第4期。

姿多态的今天，教育既要培养学生的"全球视野"，又要培养学生的"本土意识"，这就是我们一直在倡导的"全球-本土化"（Glocal），即"全球化思考，本土化实践"。我记得这也是日本早稻田大学曾经提出的一种国际化理念。

其次，关于文化传播与交流。我们的主题是"中华文化的传播与交流"，为什么要传播中华文化？传播是为了交流，交流才能促进传播。每一种文化都希望得到传播，这也许是人类文化的一个共同点。但真正能传播的往往是各种文化中既具有人类共性的普遍性（这是传播的可能性），又具有民族个性的独特性（这是传播的必要性）的成分。当然，这必须是一种建立在打破民族文化自我中心主义、打破各种自我极端扩张的宗教激进主义思维基础上才是可能的。否则，"传播"就会带来紧张冲突而不是和谐共荣。中华文化强调"和"，即和平与和谐，强调"和而不同"，主张"和实生物，同则不继"，更反对走极端，倡导"执两用中"的"中庸"之道，这都是中华文化中弥足珍贵的传统，也是中华文化能海纳百川、有容乃大，中华民族能团结融合、绵延传承的重要原因。正是因为承认差异与尊重"不同"，才有"传播"与"交往"的可能与必要。中国现在强调建设和谐社会，就是要继承和发扬光大这种精神。这几天第22届世界法律大会正在我国举行，我注意到胡锦涛主席在开幕式的重要讲话中呼吁建设国际和谐社会的问题。我想这也的确是21世纪人类需要思考和努力的一个大问题。

再次，我想特别谈谈关于"多元文化"与文化认同问题。"9·11"事件引发新的思考，怎么看待文化的多元和价值的多元问题，以及我们需要怎样的文化认同。我想多元文化很重要的一点就是承认不同民族文化之间具有"不可通约性"（incommensurable），也就是文化不能"麦当劳化"，价值存在多元化。同时，多元文化的并存也是文化交流、传播赖以可能的必要前提。越是民族的，才越是世界的，这是一句很有意味的名言。但这里就有一个在鼓励文化交流（communication）的同时，如何正确地对待文化认同（identity）的问题，在民族国家依然存在的前提下，文化认同涉及一个民族认同与国家认同的问题。当然在多民族国家还存在更为复杂的"族裔"（ethnic，或称"少数民族"）文化认同以及不同宗教文化认同等问题。如果我们承认"多元文化"是保证人类文明发展的丰富多彩的基础的话，就应该正确处置好这两者之间的关系。这就涉及一个敏感的民族认同与文化宽容（tolerant）相结合的问题。

应该承认，每个民族都有自己的文化认同权利和义务问题。著名英国社会学思想家安东尼·吉登斯专门写过一本书，叫《现代性与自我认同》（*Modernity and Self-Identity*），讨论处于高效率与高风险背景下的现代人的自我认同的困惑问题。去年,曾经发出过"文明的冲突?"预警(我是在德国鲁尔大学访学期间读到全文的,当时许多人仅仅简单地把此文视为"西方中心论"而加以批驳否定,我却更愿意把它视作一种值得重视的预警而获取启迪。记得我看到的亨廷顿教授在哈佛大学研讨会上的这篇演讲稿整理发表出来时的题目中是用了一个问号的)的美国哈佛大学政治学教授塞缪尔·亨廷顿出版的又一本引起争议的书,书名就叫《我们是谁?美国民族认同面临的挑战》(Who Are We? The Challenges to American's National Identity)。曾经以"多民族的熔炉"和"多元文化"(multicultural)引以为傲的美利坚,经过"9·11"事件的惊魂后,爱国主义热情高涨、民族主义强劲反弹,亨廷顿的这本书正反映了一种质疑"多元文化"和族裔认同的社会思潮和情绪。人的自我认同是一个无可回避的问题,从古希腊德尔菲神庙的铭文"认识你自己"到19世纪末高更的名画 Life's Question(中文画名"我从哪里来?我是谁?我到哪里去?"),实际上都是在反复提醒人的自我认同。我觉得这个认同既包含了民族的认同(在"全球化"和民族国家共存的今天,这是谁也无法回避的问题,一定程度上"全球化"更强化了人们的民族认同),也包含了人类对人类类意识的认同("只有一个地球"也许是当今人类最大的共识)。所以,正确地对待文化认同还需要一种必要的文化宽容精神,就像在宗教发展历史中需要宗教宽容一样。中华文化强调"和而不同"与"厚德载物",也正包含有这种宽厚宽容乃至"以德报怨"的精神,这也是中华文化传播能够对解决当今人类文明面临的现实和潜在"冲突"难题的一大贡献。

刚才日本朋友提出了在亚洲推进建设欧盟式的合作共同体的建议,我个人对欧洲的关注多一点,欧盟成功的很重要的基础恰恰是欧洲国家(特别是德国)对于战争历史的深刻反思与对于未来的共同愿望。这里既有对历史达成的正确共识,也有共同的经济利益和共同价值观的认同。中华文化的传播将有利于促进人类跨民族、跨文化的沟通和认同,毕竟我们只有一个地球,人类不该在"文明的冲突"中走向灭亡,而应该在文明的交往中走向共荣。所以文化的认同不只是民族的认同、区域的认同,还需要对人类共同繁荣发展的认同。这当中同时包含有文化的宽容精神。人类自我认同与国际化的共同推进,这是我们中华文化可以贡献给人类的宝贵经验和传统。

明天就是"9·11"事件4周年了,人类在缅怀死者、谴责恐怖主义的同时,更应该警示未来、杜绝形形色色的宗教激进主义的思维和行为方式带给人类的祸害。今天在大学里,基于不同民族、不同国籍、不同专业背景的学者、政治家在一起平心静气地讨论对话的问题已经超出了原定议题,其对于人类文化的交往和传播的意义也将大大超出会议的范围。我一直认为大学应该自觉地承担起文化交流的责任，它将能提供更多的超越企业家之间利益、市场的竞争，也许也能超越某些政治家之间观点、信仰的分歧的沟通讨论的舞台，我想这是本次论坛的重要意义之所在，也是中华文化应该弘扬的精神。

"走出象牙塔"之后：大学的功能与责任①

各位上午好！

谈大学的创新与责任，我是带了好几本在大学研究史上具有重要影响和意义的书来的（有英国纽曼的《大学的理想》、西班牙奥尔特加·加塞特的《大学的使命》、美国弗莱克斯纳的《现代大学论》，当然还有克拉克·克尔的《大学的功用》、德里克·博克的《走出象牙塔》、唐纳德·肯尼迪的《学术责任》等）。有时候我们不得不参考一下前人的思考，有利于今天的创新。任何创新都是建立在一定传统之上的。

我今天想谈的主题是"'走出象牙塔'之后：大学的功能与责任"。这是我曾经承担的一个课题"现代大学的理念与功能研究"中的一个主要内容。刚才吴志强教授已经做了一个很好的演讲，他用诗意的话语，描述了我们同济的百年，并展望了我们未来的百年。在这举校欢庆之际，我们当然是非常高兴地回顾历史、展望未来。

引言：同济百年，意义何在

十年树木，百年树人。一所大学的百年对于人类的大学史来说，是非常的短暂。大学已经有近千年的历史。美国加州大学的总校前校长克拉克·克尔（Clark Kerr），也就是我们现在所说的"服务"作为大学第三功用的首创者，曾经调查研究过16世纪以前所建立的人类组织机构中，至今还以同样的方式、使用同样的名字、做着同样的事情的大约还有85个，其中就有70个是大学，其他的大家比较熟悉的可能主要是教会。

大学千载，学府百年。然而同济百年却有其典型意义，我认为有三点：第一，同济的百年，浓缩了中国现代大学的百年历程，实学救国、融贯中西、济世兴

---

① 本文为作者在2007年5月14日同济大学百年校庆"科技创新和大学的社会责任"论坛上的演讲。曾刊于《同济教育研究》2007年第2～3期合刊。《中国高教研究》2008年第1期发表时有所删减。

邦、育人为本。这是同济的特点,这也是中国现代大学在西学东渐背景下诞生和走过的相似的蹒跚历程。第二,同济的百年,伴随着祖国民族命运的百年跌宕,救亡图存、发奋图强,历经磨难、自强不息。这也是最为典型的大学与国家风雨同舟、兴亡与共的沧桑历程。第三,同济的百年,也见证了人类科技文明的百年进步,矢志科学、追求民主、沟通文明、造福人类!所以我说同济的百年史与人类大学的理念、大学的历史、中国高教的历史、中华民族的命运乃至今天人类共同的命运紧紧相依。这就是同济百年、也可以说是纪念中国现代大学百年的意义之所在。

走过了一个百年,我们必须展望下一个百年。就在同济迎百年校庆之际,好像是去年吧,著名科学家霍金——大家知道,是一个坐在轮椅上、靠特制的语言合成器说话的著名物理学家——在接受雅虎网的采访的时候提出了一个问题,引出了众说纷纭:"在一个政治、社会和环境都非常混乱的世界,人类将如何走过下一个百年?"这就是霍金的问题。同样,同济的百年,如前所述,见证了民族、见证了历史、见证了大学,我们同样要思考这个问题:未来的百年将怎么走?

一、大学之道:止于至善与兼收并蓄

"大学之道"何谓?在中国的古文里,大学之道是明德新民、止于至善。按照我们今天的话来说,也就是弘道明德,造就新民,追求卓越。当然,大学之道的另一种解释就是蔡元培先生用《礼记·中庸》上的"万物并育而不相害,道并行而不相悖"所总结的"囊括大典,网罗众家"。简单地说,我认为就是万物并育,化成天下。或者用大家熟悉的语言表述,也就是独立自由,同时兼收并蓄。

讲到这,我不禁为今天有幸能在这个"钟庭"演讲感到高兴。我非常赞赏这个钟庭的建筑设计风格。有校外的朋友们来同济,我都要推荐他们到这里来走一走。首先,这里就有体现大学精神的"兼收并蓄"4个字的壁刻赫然在目。这是取自四个不同时期的书法大家的字,却组合得天衣无缝,看不出是四个人写的。"兼收并蓄",这就是大学精神。其次,我们这个钟庭后面有两个大眼睛("双睛图"),不知你们是否注意到,一个是代表西方文化的,使用的是达·芬奇(描述人体比例的协调美)的画稿"维特鲁威的人"。维特鲁威是古罗马最著名的建筑师,著有《建筑十书》,我读过郑时龄院士的博士论文《建筑的理性》,曾对此有很好的阐发。另一个眼睛取的是代表中国文化的八卦,长爻和短爻的变换组合,八八六十四爻组成了外在世界的万千气象。我想,这也就是大学之道。同济的百年,正是循此大学之道走过的百年,学以致用,济世兴邦;融贯中西,兼收并蓄;学无止境,止于至善。(记得带领同济从旧中国跨入新中国的夏坚白校长曾经在为1949年毕业纪念题词时特别强调的是同济特色中的"学以致用"和"学无止境"这两点。)①

"大学之道"历经千载,生生不息。而在西方,又称为"大学理念"或"大学精神"。大学产生于欧洲的中世纪,人们都说那是文化的"黑暗时期"——Dark Age。但是大学却保存并弘扬了人类理性的火炬。从波隆那(Bologna)大学(以法学研究著名)的学生自治到巴黎大学即索邦大学的教授治校,形成了大学独立自主的传统,也就开始了所谓的"象牙塔"精神。它的独立自由是教会干预不得,是政府也管不得的,这就为大学创造了一片净土,酿就了一种传统。

最早论证这种大学理念的是著名的牛津学者、红衣主教纽曼的那一本叫 The Idea of a University——《大学的理念》(1853年出版,系纽曼出任都柏林天主教大学首任校长后于1852年所作的一系列演讲集成),在"前言"中,纽曼开篇就强调:

> 在这些演讲中,我对大学的看法如下:它是一个传授普遍知识(universal knowledge)的地方。这意味着,一方面,大学的目的是理智的而非道德的;另一方面它以传播和推广知识而非增扩知识为目的。如果大学的目的是为了科学和哲学发现,我不明白为什么大学应该拥有学生;如果大学的目的是进行宗教训练,我不明白它为什么会成为文学和科学的殿堂。

这就是大学的实质所在,红衣主教出身的校长也强调大学是独立于教会的。纽曼的大学理念是为自由教育(liberal education)而设,其使命是"培养良好的社会公民",因此教学是唯一功能。

二、现代大学理念:洪堡精神与大学功能

对于这种大学的理想,历史上曾经有过争议,也有过不断的发展。刚才吴志强院长的演讲中提到了洪堡精神,就是对传统的大学理念的一种革新,这就是教学与研究并重的大学理念。其实当纽曼在不断强调大学的唯一功能是教学时,洪堡的大学理念已经在欧美逐步传播开来,连纽曼的家乡英国也出现了有别于传统大学的"新大学运动"。而在美国是通过1876年霍普金斯大学的建立——第一所研究型大学——而使洪堡精神被确立的。纽曼强调大学的主要任务就是传承知

---

① 本文根据录音整理,括号里的文字是整理时作者的一些补充说明。

识,造就绅士(gentleman),就是强烈要求维护传统的大学理念。而洪堡的精神却开创了大学不仅要传承知识,还必须要发现知识、创造知识;大学造就的不仅是"绅士"(gentleman),同时也是"学者"(scholar)。这就是现代大学的由来。

大学理念的传承与演变表现为大学功能的拓展开阔。而大学功能的演变,又推动了"大学之道"的不断创新。1930年,希特勒还没有上台的时候,洪堡的大学精神在欧美到处弘扬。同时也有人反对这种精神(有人要坚持传统的"象牙塔",就是纽曼的大学理念,他们认为大学如以研究发现新知识为主就没必要招学生了;有人则认为大学应该满足社会需求就可以从事一切有利可图的活动。两者都包含了对洪堡思想的歪曲)。针对此,弗莱克斯纳——美国的一个最著名的高等研究所,即引进了爱因斯坦(也曾经邀请华罗庚前往从事数学研究)的普林斯顿大学高级研究所的创立者——在这一年出了一本书,叫《现代大学论》,坚持要捍卫洪堡的大学理念。我们今天说的"现代大学"(modern university)概念就是从他这来的(书名 University),系基于作者应邀于1928年在牛津大学所作三次演讲补充整理而成,其第一章借用纽曼的书名提出"现代大学的理念",强调插入"现代"表明大学也是处于时代社会结构之中的。针对当时美英一些大学热衷于从事的大量的低层次的"服务性"工作,他提出了尖锐的批评,认为存在着许多"大学不应涉足的事"的问题,强调大学不是风向标,不能什么流行就迎合什么,大学要满足社会的合理的需求(needs),而不是人类无止境的"欲望"(wants)。

到了20世纪60年代,美国加州大学的克拉克·克尔校长,于1963年在哈佛大学做了一次著名的演讲,即提出了承担多种功能、主动"服务(service)社会为"第三大功用(use)的"多元大学"(multiversity)理念。在回顾了从纽曼的大学理念到弗莱克斯纳的"现代大学论"后,他提出了从 university 到 multiversity(多元大学)的概念,说:

> 现代美国多元化大学为什么能够存在?历史可以给我们一个答案;与周围的社会环境的和谐相处则是另一个答案。除此之外,它在维护、传播和研究永恒真理方面的作用简直是无与伦比的;在探索新知识方面的能力是无与伦比的;纵观整个高等院校发展史,它在服务先进文明社会的众多领域方面所作的贡献也是无与伦比的。(《大学的功用》)

这就是现在人们说的大学的三大功能:传授知识、培养造就新人;科学研究、探索发现新知识(discovery);服务社会、为文明进步做贡献。

同济大学在对大学理念的理解中，提出了现代大学的 TRSC 四大功能说，即：教学（Teaching）、研究（Research）、服务（Service）、交往（Communication）。我们认为，交往世界、沟通文化，这也是现代大学的最重要功能之一。为什么这么说？我认为，这是 21 世纪的大学最重要的使命！人类两次迎新千年、迎新世纪，先是迎 2000 年为"世纪之交"，再是以 2001 年元旦为新世纪开始，人类就像 play boy，总喜欢 play（游戏对于人类可是意义非凡的）。我们对"新千禧"的和平曾经寄予了多大的希望！然而 21 世纪的第一年却给了人类美好愿望一个当头"棒喝"，那就是"9·11"事件！这一年，本是 UNESCO（联合国教科文组织）提出的全球文明对话年，却差一点变成一个人类文明的冲突年！（还记得美国总统把反恐战争说成是新的十字军战争的"口误"吗？）这就给人类提出了新的挑战：科技何能？文明何往？大学又何以承担自己的责任？（因为高速的喷气客机与钢结构的摩天大楼，不就是人类科技文明的现代结晶？然而何以会变成现代人生灵涂炭的坟场？）据查惨案的主要制造者阿塔也曾是一名就读于汉堡的大学生。他的房东说，这个人看上去温文尔雅，从不张扬，没想到他会制造出如此一场世界性的灾难。尽管不能因为恐怖事件的制造者是大学生，就归咎于大学。但我认为教育在一个人的成长中是十分重要的，至少宗教激进主义的"教育"（灌输），在实施恐怖袭击的"肉弹"身上所起的作用是显而易见的。

所以我认为，自觉促进人类文明和文化的交往是现代大学最重要的职责。这里所说的"交往"，既包含了东西文明、中外文明之间的国际交往，也包含了人文文化与科技文化"两种文化"之间的交往沟通。从博隆那学生自治公会开始，"University"（大学）就是跨国籍的，但那时的交往是自发的（而且也基本上是欧洲文明内部的）。今天，人类面临在跨入 21 世纪时所遭遇的巨大挑战面前，现代大学是否应该自觉承担起沟通不同文明和文化的这一"交往"的使命呢？这就是我们所说的现代大学的第四大功能，也应该是现代大学的社会和历史的责任。

三、"后象牙塔"时代：大学使命与责任

关于大学的责任问题，我看了一些关于高教的名著。最著名的一本就是《走出象牙塔》，这是美国哈佛大学前校长德里克·博克退下校长岗位之后，总结他给研究生的讲课所出的一本书，叫《走出象牙塔》（*Beyond The Ivory Tower*），该书副标题就是"现代大学的社会责任"（*Social Responsibilities of the Modem University*）。他从我刚才引用的克拉克·克尔在哈佛大学的演讲《大学的功用》开始，进一步阐述了现代大学"服务"功用究竟应该是怎样的服务。不仅是科技

转让,不仅是办公司,这不是主要的。他进一步深入阐述了大学的服务功能及其道德基础和社会责任(涉及的不仅是科学研究的责任,也包括政府管理的责任)。这本书被当代的高教界认为是指出和思考了现代研究型大学所要肩负的使命的重大问题。他的问题也是我们共同思考的问题:走出"象牙塔"之后的我们该如何走向人类的未来?现代大学应该承担起怎样的责任?可以说这是一本关于现代大学的社会责任的名著。

在此之后,一位斯坦福大学的前校长唐纳德·肯尼迪(2000年担任《科学》杂志的主编),也写了一本关于大学责任的书,书名叫《学术责任》(*Academic Duty*)。前面的六章讲了大学的多种责任,如大学的学术自由与学术责任、大学必须面临的学术责任、培养的责任、教学的责任、指导的责任、服务的责任、研究发现的责任等,所以责任是我们今天的大学所共同肩负的使命("责任"也是人类共同关心的话题,比如企业的社会责任也是当今的热门话题)。

我们所讲的大学的责任,必须秉承大学的传统、拓展大学的功能、守护大学的理想、创新大学的体制。这也是新的世纪中国的高等教育正在探索的新的道路,一条未来的发展之路。大学需要开发学生的潜能,就是我们所说的个性教育,大学同时也是对学生的本能的改造,把自然的人变成社会的人、承担社会责任的人。所以,大学既要有知识能力的传授,更要有人格的改造。这就是大家认可的同济的 KAP 人才培养目标:知识、能力、人格的协同,这才会有新世纪高素质创新人才的层出不穷。

大学是传授知识的机构,这点毋庸置疑。但我认为,大学不仅是知识的传授,更是智慧的开启。借用佛学的一句话"转识成智",把"有漏"的即"有烦恼"的八识——眼、耳、鼻、舌、身五官,加上意识、末那识、阿赖耶识等,转化成"无漏"(无烦恼)的"四智",智慧之智(包括做事智、妙观智、平等智、圆镜智),这是我们大学的职责。同时,大学——用荀子所说的"化性起伪"这个概念来说——也是"化性为德",把一个自然人变成一个社会人,把一个生物的人变为有德行的人。这同样是大学的一个重要的功能和责任。前述大学之道亦可概括为"万物并育,化成天下",就包含了化外在自然与人的内在自然之双重使命。

关于把直接参与企业的技术创新和经济增长的"服务"作为大学的"第三功能"或"使命"实际上也是存在争议的。因为成功孵化了许多高科技含量的公司企业而创造了"硅谷"奇迹、一直被人们视为现代研究型大学通过技术转让适应社会经济发展的典范的美国斯坦福大学,也并不认可存在与教学、研究并列的大学"第三使命"说,其荣誉校长杰拉德·卡斯帕尔1998年在北京的中外大学校长论坛的演讲中,反复强调的是洪堡的大学理念与核心目标,明确指出:"大学本身就是公共服务的最高形式之一",而对把技术转让作为大学教学和研究之外的"第三学术使命"提出质疑:"作为斯坦福大学的前校长,我极其怀疑,如果技术转让成为大学的一个主要事务,大学是否还能够继续维持下去。技术转让之所以在斯坦福和硅谷获得成功,是因为它是教师活动的一个副产品,因为教师乐意解决问题。"而由欧盟主要国家十多位专家共同合作研究、历时 4 年,于 2003 年 6 月完成最后报告的"优化公众理解科技"项目则明确提出了把"传播科技"作为"大学的第三项使命"。

四、守护与创新:学术自由与社会责任

在新的百年即将到来之际——对我们同济来说——我们要反思传统、展望未来,要把守护大学之道和创新大学理念相结合!

前几天和万钢校长一起在上海教育电视台做了一档《世纪讲坛》节目,谈谈大学的使命与责任,我听到了万校长谈到他办公室的煤油灯的来历。煤油灯是传统石油文明的产物,最粗浅的石油文明。今天,人类已经在向氢动力迈进,这是一种未来的能源。一个氢动力专家为什么还要钟情于一盏古老的煤油灯呢?他讲了他自己的故事、他的下乡经历。我想,从"煤油灯"到"氢动力"恰好象征了走出"象牙塔"之后,我们的大学仍然需要既守护一种传统的大学精神,同时又要不断创新人类的未来,这就是大学最重要的社会责任。所以我们说大学应该是文化的传承与科技的创新的统一,大学的发展需要适应社会需求和导引社会变革的统一;大学的发展需要强化一种民族认同的培养,只有民族的才是最具有世界意义的,同时又必须培养一种全球的视野,承担起人类共同的责任。我们所说的交往作为现代大学的使命,正是出于这样的考虑。这一切,又离不开大学必须坚持学术自由和社会责任的统一。

回顾百年,历尽沧桑。大学使命,任重道远!同济大学必须要继往开来,才能再创辉煌。大学校庆的意义何在?大学的校庆并不是简单的开几次大会,它应该成为全校师生的节日,全校师生的科学的节日,全校师生的文化的节日!这才是实现百年校庆"同舟共济,继往开来"主题的关键。回溯百年历史沧桑,为的是再创未来的辉煌:同济大学何以走向第二个百年?

回到开始我提到的霍金的问题:"在一个政治、社会和环境都非常混乱的世界,人类如何走过下一个百年?"去年六月,他在香港的答记者问时,阐述了他自己的想法:即未来的一百年中,人类也许会在其他的星球中找到自己的"新家",

但其前提是人类没有毁于自相残杀！霍金说，人类得以延续将取决于在宇宙中找到"新家"的能力，因为目前毁灭地球的危机正在不断积聚。如果人类能在未来100年避免自相残杀，就可发展出无须地球供应的太空定居点。——我想，值此高科技与低情感交错、高效率与高风险并存的时代，人类自我毁灭的可能性不仅存在于人类无止境的军备竞赛和核战危机，以及人与人之间的宗教激进主义式的仇恨，也同样存在于人对自然的无穷尽的掠夺与榨取的愚蠢行为中，因为人类是唯一可能毁灭地球的存在者。所以我说的现代大学的"交往"功能必须把不同文明沟通起来，把科技和人文协调起来，今天的科技创新同样包含了人文社会科学的创新！我想，这就是我们共同面临的任务与使命。

五、结语：同舟共济，继往开来

"走出象牙塔"，Beyond意即"超出、跨越"，超越大学的彼岸。所以我的观点是，自我封闭的大学"象牙塔"必须走出，打破围墙，融入社会，促进文明，但是大学的"象牙塔精神"，即那种独立自由的探索精神，那种严谨求实的科学精神，那种不为眼前的功利所动的执着追求真理的精神，是需要永远守护的。钻研高深学问，囊括大典，收罗百家，这就是大学的"象牙塔"精神的可贵之处。所以，"走出象牙塔"，并不是抛弃"象牙塔精神"。

我的演讲按照时间规定已差不多到了。最后，我想说的是，回顾历史，百年同济的精神，就是一种"和衷共济、有容乃大，自强不息、止于至善"的大学精神。展望未来，千年大学的任务还很繁重，让我们共同用"守护和创新"迎来同济的第二个百年，迎来人类大学的第二个千年！

谢谢大家！

附：百年同济：大学的使命与责任[①]

——万钢校长、章仁彪所长做客"世纪讲坛"

主持人：

岁月沧桑，似水流年。进入新世纪我国的大学纷纷迎来了自己的百年华诞。从北京大学、上海交通大学、复旦大学到今天的同济大学。每当人们在祝贺这些高等学府跨入百年之门的时刻，不禁会产生这样的联想和期盼：中国大学的百年历程是中华民族一个多世纪以来救亡图存实学兴国的写照，是一部浓缩的近现代史。那么这么一所百年学府，究竟会以怎样的语境，来向人们述说自己的沧桑历练，他们会给我们留下怎样的精神价值和文化内涵呢？今天在同济大学百年校庆的纪念日，我们邀请到了同济大学校长万钢教授和同济大学高等教育研究所所长章仁彪教授进行一次这样的对话，来讨论大学的使命和责任。首先，我们来看一部短片（略）。

万钢：

今天我能够有机会和章老师，来一起回忆一下我们同济的诞生和它的发展。刚才有一个短片介绍了同济大学的情况。我在总结我们这一百年的时候，有几个镜头一直是对我印象十分深刻的。第一个是同济大学诞生于1907年，那是一个怎么样的时期呢？那是清朝的末期、民国的初期。应该说在那个时期，我们的国家处于最软弱、最黑暗的时候，它是积弱积贫。也正在那个时候，大门被西方攻开了，随之而来的（也有）一些文明，包括一些文明之士也来到了中国。所以当时就有一位德国的医生在德国和中国各界的支持下建立了这样一个学校。他的期望是把现代的医学引入中国来。我想这就是同济大学的诞生。我跟章老师经常谈起我们（同济大学）的诞生，我们学校是诞生在上海的兴市开埠、东西方文化的冲击之中。而在诞生初期我们的学校就已经就具有现

[①] 根据录音整理，原载《同济教育研究》2007年第2～3期合刊。

在意义上的国际化了。

章仁彪：

同济诞生百年——好多大学都在庆百年——那么同济的百年，又有什么特色，又有什么意义呢？我感到很自豪的就是根据我对高教的研究，我认为同济大学的百年，实际上是浓缩了我们中国现代大学百年历程，同济是在西学东渐的背景下，通过中西方人士的合力而办起了一所实学的学堂，这是新式的学堂，所以它是中国现代大学百年历程的浓缩。第二点，我觉得同济的百年也是伴随了我们祖国民族命运的百年跌宕起伏——刚才万校长讲了，诞生于积弱积贫之际——同济的兴衰与我们祖国的命运紧紧相系，百年来都是这样的。第三点，我觉得同济的百年又是跟踪了或是同步见证了人类科技文明的百年发展，从1907年的科技到我们今天的科技，实际上同济是伴随着这个历史走过来的。

万钢：

所以同济在它的诞生之后，在各界的努力之下，经历了很多坎坷，到了1927年，（在国民政府大学院院长蔡元培的鼎立推动下）成为当时仅有的六所国立大学之一。

如果我们把时间再定格于1937年的时候，那个时候我们的吴淞校区发展得非常兴旺，当时可能上海最美丽的校区——至少在我的眼光当中——就应该是这个校区。但是在这个时候我们国家遭劫了，淞沪抗战，在这个过程当中，我们的校园被侵略者炮火轰炸了。同济大学在（而后的）三年当中迁校六次，从上海到金华、到赣州、到广西，然后经过韶关到越南河内再到了昆明。昆明那个时候是大后方，但是就在我们学校刚刚落脚的两个月之后，就被日军轰炸了，两个学生死于轰炸。（于是）当时的校长就说，我们要找一个地图上找不到的地方去落身，就到了（四川宜宾的）李庄。

前些年我到李庄去看的时候，有很多校友一起去，我就问这些年长的老校友，我就说我们搬到李庄来以后我们得到了什么东西？老校友跟我说，没有轰炸了。我们为了一张平静的书桌。我们今天写我们为了一张平静的书桌，实际上并不是这样的（平静），没有轰炸了，但当时在同济的学生去上课，要自己带一个小板凳。当时的同济的学生，还要是稍微有点家境的，比较富裕的，才能在茶馆店里泡上一杯茶，坐在那几个人挤一个桌子看书。所以我真是想这个大学的命运和民族的命运和国家的兴亡是紧密地联系在一起的。也正因为它们是联在一起的,才有了大学的责任。就是在这么艰苦的情况下,我们的同济在李庄,向民众传播科技,为李庄解决了一些地方病,得了当时国民政府的科学发明奖。而且培养了一大批从事工程、军工的人士,当时的同济大学为抗战的军工事业的发展作出了很多贡献。而当日本人打到贵阳的时候,300名同学投笔从戎。我在想正因为这种和民族共患难、共苦难的过程,锤炼了同济人,把自己和国家联在一起,也就是济世兴邦的想法。

章仁彪:

对,济世兴邦。我觉得刚才万校长提到的一段李庄的同济历史很重要。李庄大家知道是抗战时期中国几个文化重镇之一,当时的同济大学跟当时的一些科学院所共同撑起了一个文化抗战的中流砥柱。我觉得这是很不容易的。而就是在那种境况下,同济人那种同舟共济、济世兴邦的精神得到了极大的弘扬,刚才讲到那时候李庄还没有电,用的是煤油灯。

万钢:

如果我们把时间再定格在改革开放以后,1979年,经历了"文化大革命"的浩劫后,国家百废待兴,同济大学又走到了改革开放的前列。当时我们的李国豪校长,提出了要恢复和德国的传统交往,还要建设一个多科性的综合性的大学,又把同济大学带到了改革开放的风口浪尖上。当时我们的开放的方案,改革的方案,得到了方毅副总理的支持,得到了邓小平同志的中肯,才能够有今天的发展。今天我们再回过头来看,在同济大学的百年历程上,改革开放以后这30年,才使我们真正兴旺发达、持续发展。尽管我们在发展中碰到很多挫折,尽管到今天我们还面临很多问题,但是同济在改革开放以后得到的发展,是这一百年当中的一个持续的发展过程,才有今天这样一个同济。

章仁彪:

我觉得这段历史当中又有一个很大的启示——从教育学意义上讲。因为刚才讲了同济大学诞生是一个西学东渐、东西文明碰撞的产物。改革开放以来,中国开始重新建设现代大学。刚才说的同济的"两个转变",我觉得意义非凡,这在中国高教史上应该是说值得浓墨重彩描述的。因为这两个转变是很不容易的。我们知道1952年的院系调整("全盘苏化"),在教育服从于经济建设需要的同时,把大学更多的变为一种单一的专科大学。同济从一个理、工、文、法、医的五大学院并列的海内外著名大学,到了1952年以后(成了土木大学)主要是以土木为主,集中了土木人才。但1978年提出的"两个转变"很重要:一个就是单科性的大学,必须要向多科性、综合性大学发展,这是现代文明发展的历史的轨迹。第二个要有个国际化的交往,这就是我们同济的"两个转变"。刚才万校长讲了。之所以这30年同济同我们祖国的高教事业一起得到了迅猛的发展,我觉得我们这"两个转变"是值得我们从事教育研究的人认真去研究的一个重要案例。

万钢:

从今天在大学工作的岗位上面,特别是在大学管理工作的岗位上面,当我们在从两年以前开始来讨论怎么样庆祝我们校庆的时候,并不是想要搞一场轰轰烈烈的庆祝,而更多的是沉思、是探索、是追求,追随我们的历史,来理清我们的文脉,真正地明白同济的精神。因为100年过去了,这100年当中有多少人在同济大学学习,得到社会的支持。又有多少人为了一代一代同济人的培养耗尽了他自己的心血。我们来追思他们的理念,我总觉得只能说一句话:大学的发展和国家民族的发展紧密连接在一起,大学对社会应该承担它的责任。

章仁彪:

刚才讲到还有一点我觉得很有启发的:同济的发展同国家民族(的关系)。比如我们兴工兴医,那是我们民族救亡图存的需要,包括发展军工,这是抗战的需要。而20世纪50年代,我们搞土木建筑、投身建设,这也是国家当时的需要。经过改革开放以后,我们现在的同济大学已经重新向综合性方向发展了。现在的汽车,也成了我们一个优势专业,还有我们的海洋学科也发展很快。这也说明在人类的科学文明百年的进程中,同济大学始终是与之息息相关的。民族的需要、国家的发展是对大学的最大推动力,而大学培养学生则是大学最大的责任。

主持人:

大约两百年前,也就是1809年,德国人洪堡创办柏林大学是世界上大学发展史上一个里程碑式的事件。柏林大学的设立是因为在普鲁士和法兰西战争中德意志民族惨败,所以德国的有识之士提出要办一所综合大学来振兴国家与民族,柏林大学便由此诞生了。大学可以说开始直接参与国家的经济、社会建设和振兴之中。同样,1898年中国创办的京师大学堂,也就是北京大学的前身,是中国进入近代大学教育的标志。学校当时创立的目的就是广育人才、讲求实务。可以这样说,大学的使命与国家的战略、社会发展联系得更加紧密起来。从同济大学的创办和发展的历程中我们同样可以清晰地看到这样的脉络。

接下来请大家再欣赏一段短片(略):

章仁彪:

刚才提到的洪堡的大学理念,再加上我们现在讲的现代大学,从我个人的研究体会,我觉得其发展大约有这么几个阶段:

一种意义上所谓现代大学,就是从巴黎大学、波罗纳大学起(最早诞生、但)维持至今的,包括牛津等,都可以视作为现代大学,只要它现在还继续存在着。第二层意义上的现代大学,我认为是洪堡开创的,就是传统的大学——按照纽曼的说法主要是传授知识和造就绅士(gentleman)的。洪堡大学理念恰恰开创了——我觉得很重要,同济也这样——(大学要重视研究)发展知识,不仅是造就绅士,而且要造就学者(scholar),能够为国家为人类服务的人才。这是洪堡的大学理念,我觉得很重要。当然后来又有第三种大学称呼,叫 multiversity——所谓的"多元大学",是美国加州大学的克拉克·科尔20世纪60年代提出的,强调大学要直接参与和服务于社会的经济建设、科技发展,这就是所谓大学的第三功用——"服务"社会的提出。我觉得服务功能可能现在是社会上大家关注的很多也议论得很多的,因为究竟怎么来理解大学的服务功能,我觉得这是我们值得思考的。

万钢:

我们也一直在思考。我们更多在思考当今天的中国经过了一个快速发展的阶段,中央提出了科学的发展观,提出了全面协调可持续发展,也确定了一个建设创新型国家的任务。从国家发展的角度上说起来,我们正在进入知识经济的社会,我们先要看一看社会对大学的要求发生一些什么样的变化。我们过去一直讲,我们大学毕业生毕业了以后可以到厂里面去实习两年,然后进入工作。现在这个环节没有了。现在社会的高速发展,这就是知识经济社会的一种高速发展的一种需求,也就是说,产品的开发周期越来越短,经济的运转速度越来越快,新的知识、新的技术的创造越来越迅速。在这样的情况下,它对我们人才的要求、对大学的要求就发生了变化。它需要我们更重视人才的培养,但是要更重视创新性人才的培养。

社会上有很多说法，到底是本科大学毕业生好，还是所谓的职业教育好。实际上从教育学的观念上这两者是不一样的。作为本科大学、研究生，他们是以知识为导向的学习，他们要掌握宽泛的基础科学，要有专业基础课的培育，还要学习比较深入的专业课，这样的话能得到知识的积累和堆砌，能够为社会发展、学生发展增强后劲。而职业教育更多的是讲究职业过程当中所需要的知识，这样的技能和知识能够使他很快地加以应用。但是当知识经济社会来临的时候，当我们在快速的建设我们的创新型国家的时候，我们需要的学生，要有创新性的精神。这也就是说，我们怎么样来考虑构建现代大学的、现代大学学生所需要的知识结构，所需要的能力，更重要的是怎么样锻炼培养他们人格，这也就是同济大学一直在思维和探索的问题。

章仁彪：

我觉得现在大家讲创新性人才，因为创新型国家需要创新性人才。那我们大学怎么来培养创新性人才？我觉得有一点很重要：大学是知识的传授，这点毫无疑问。大学要有更多的能力培养也没有疑问——可能职业高教更需要能力，但我觉得更重要还有大学有一个完整的人的教育，这个更重要。在我研究教育的过程中，曾经借用佛教的（一个术语）提法，不知道您是否同意，就是大学的教育是一种"转识成智"（的教育），就是把知识的传授转化为智慧（的开启）。智慧，就是您讲的，它才可以应付各种不同的挑战。因为知识的衰退期、半衰期现在越来越加速了。

万钢：

所以我们也正是在这个想法下面，三年以前开始推行我们的大学本科生教育教学质量保证系统，保证同学们能够深入扎实的学习到各类的知识。也就是说我们从教学资源上面、从师资培训方面、从教学的目的和质量标准方面，来不断改进我们的教学质量，配以完善的实验系列，使同学们在基础课、专业基础课和专业课方面能够学得扎实。既夯实他们的专业知识的同时，又利用了现代的多媒体技术、现代的实验技术来装备我们的教学，使同学们在较短的时间当中掌握扎实宽泛的科学知识。但是省下来的时间，我们建设了十几个学生创新基地，使同学们在创新基地里面能够自己来发现问题，自己来寻找解决问题的方案，自己来构成团队、自己来寻找导师，同时还来写申请，争取学校给的支持、社会上给

章仁彪：

这种活动既是一种知识的积累，又是一种能力的提升。您刚才说的这些实际上又涉及我们学生的一种人格魅力：要去说服领导、说服同行能够和你合作，这个就是你用人格争取来的。

万钢：

我们特别注意（这方面），因为我们现在的学生独生子女多。在高中阶段，历练社会的经历时间比较少，考大学嘛。（进大学后）我们要给他们创造条件，让他们到社会上去，到江西农村去、到甘肃定西、到新疆、到一些最艰苦的地方去进行一些社会的实践。只生活在上海，完全生活在现代化的社会，是无法真正认识我们的国家处于什么样的状态。

章仁彪：

我常常讲，我们不要光在上海黄浦江边看中国。这是一块欣欣向荣的（现代化的）中国，但不要忘记我们还有黄河边的中国，也许还有黄土高坡、黄河源头的中国。中国的学生应该服务于自己的祖国、民族。要了解自己的民族（国情）才能更好地服务。我觉得这点很重要。

万钢：

从另外一个方面我们也在试图给同学们更多的国际空间。这几年来我们建设了中德学院、中德工程学院、中德职业教育学院、中法学院、中意学院。德国的总理、法国的总统、意大利的总理为这些学院的奠基、开放、剪彩说明了世界上正在关心着中国。而今天我们中国大学的对外开放已经形成了一种互动和互相影响的能力。所以我们的同学给他们更多的空间，让他们能够在学习期间来接触国际的学生、接触更多的留学生，拓宽他们的视野。让他们有机会到国外去实习，去认识世界。一方面要看到先进的国家，另外一方面要看到我们国家的还有一些地方不富裕。这种国际和国内紧密结合的学习使同学们能够锻炼成一种能够经历今后历代磨炼的毅力和人格。我想这对学生培养是很重要的。

章仁彪：

讲到这点我想到，就是我们同济现在讲的现代大学有（TRSC）四大功能：不仅要"教学"育人才，而且要"科研"促发现，Discovery（探索）新世界。第三个我们要"服务"创造效益，当然不仅是经济效益，更大的是社会效益、环境效益，现在讲三个效益的统一。那么第四我们讲大学要把"交往"作为现代大学的自觉的功能。刚才讲的国际化问题，我觉得现在21世纪，从迎接新世纪到来开始，人们就期待的新千年的百年好合，但是第一年就出现了"9·11"事件（打破了人类的美好愿望）。所以我觉得文明需要沟通、需要对话，从大学生开始就培养国际意识很重要。我觉得这是同济大学办学特点，也是我们这几年大力推进促成（国际化办学的主要原因），为什么要办中德学院？为什么要办中法学院、中意学院？实际上促成培养一种大学生的全球意识。我觉得这点很重要。

万钢：

这是一个十分重要的环节。我想一个现代化的大学，特别是作为今后的100年还要生存下去的大学，我们一直在考虑，必须也要有自己的知识发现。要有探索未来知识的能力，还要有进行技术开发的能力。而这种能力锻炼在教师身上，经过锻炼又培养了学生，使他们更好地发展。我想这是大学科研的魅力。其实每一个研究所都在搞科研，每一个公司企业只要足够大，它也在搞研发工作。但是大学的研究，首先是一个基础性、探索型的，它去探索人们还不知道的东西，它去探索未来我们急需要解决的一些事情。所以我想在这个环节上，大学的研究应该立足于更高、更长远、更基础，它不仅要立足于科学的探索，还要立足于社会发展的探索，对经济规律的探索。这点也是我们的大学研究的魅力。

章仁彪：

这点有个启发。大家现在批评说大学评估都只看科研成果，而没看到大学的科研（的特点恰恰是）跟学生的教育应该是相结合的。比如我们讲上海到处是新建筑，有人曾经也跟我说起过，同济搞建筑的，哪个标志性建筑是你们同济设计、是你们造的？我说，是不是（我们学校造的），但是哪一个标志性建筑不是我们同济培养的人在作贡献？我想这是我们大学最值得自豪的。我们不是去抢（项目抢工程），这也要我设计，那也要我来干，大学不能包打天下。但是大学培养人才，这是最重要的贡献。

万钢：

所以我想大学的科学研究之所以重要，就在于它对未来的探索，包括我们的应用研究。它也并不是说，你今天要做什么东西，我就来研究什么东西，而按照社会发展方向来研究探索。

章仁彪：

这个倒是很有启发的。因为从我们一般人来说，总是只听说上汽又搞了一个新的汽车、大众搞了一个新的汽车，我们首先想到的是它的企业品牌（效应），实际上没有想到这里面有大学的核心技术（和人才的贡献）。而我觉得这也对了，大学不是去跟企业抢一个名牌，不是跟企业去争一份经济效益。大学的研究实际上是为人类的科学文明建设提供最基础的核心的前沿的技术。

万钢：

所以大学的名牌，是建立在人心中的，是表现在我们学生的身上的。大学不谋求自己的私利，大学要为国家的发展作出贡献。

章仁彪：

大学怎么介入社会发展？（有一种说法）往往以为就是看你有没有取得直接的经济效益，或者说教授们有没有赚到钱。我觉得这一点我们要回归教育的本质来看，就是大学的科研到底是做什么的。所以这些品牌，如果你不讲，我们光知道，"大众"开发了一个新产品是节能的，"通用"又是一辆新能源的，报纸上登的都是它们的名字，没讲到同济的贡献，我觉得大学人的贡献恰恰在这里。

万钢：

这里应该这样想，大学不是去卖车的，大学是要攻克一些难关。

而刚刚谈到的经济效益，实际上尤其是20世纪90年代以来，而且在美国的一些大学，也产生了它的经济效益。比如说斯坦福大学，它周边硅谷的形成；比如说MIT大学，它（也带动了）周边的发展。所以我们一直在想，就是说我们这个大学的发展怎么样和区域的经济联合在一起。今天我们再回头来看，坐落在同济周边的两条街上的同济科技园，一条国康路，一条赤峰路。我们今天可以很自豪地告诉大家，就这两条名不见经传又没有经过大的拆装改造的街上，产生了30亿元的产值。而这30亿元产值里面有80%是建筑、设计、规划和工程咨询服务业,这些现代化的服务业。它自然成了同济大学周边的特色经济区域。当我们在探索这些,回忆这些的时候,我们才更深地体会到,这是大学知识的外溢所造成的,我想这是一个很有意思的现象。

章仁彪:

这也是现代高教研究当中很热门的课题,即大学跟社会的互动到底怎么互动?刚才讲的就是知识的外溢,一开始可能是一种自发的,因为这两条街靠近大学更容易发展起来,所以赤峰路先搞起来了,国康路后来也起来了。如果赤峰路更多地带有自发性质的话,国康路就带有一定的自觉性了。所以我觉得现代大学怎么跟社会的区域联动发展,要从自发外溢到自觉辐射,大学应该即是个集聚点又是个辐射中心,我想这就是大学的责任。

万钢:

所以当我们在意识到这点的时候,我们就在上海的高校布局调整当中及时地对我们同济大学自己的学科进行了重新的布局。比如说我们在嘉定的国际汽车城,建设了我们的嘉定校区。当我们在构筑这块校区的时候曾经有过很多选择,也可以用常用的模式,就把新生院建到那里。但是当时的李校长和吴启迪校长不同意这样做法,他们认为我们不能让我们新同学们吃亏,把他们放在外边感受不到城市的气氛,感受不到同济的氛围,所以又把一二年级学生引到主校区来,而把适应国际汽车城的要求、把现代装备制造业移到新的校区,使它和周边的国际汽车城的汽车研发、生产、销售、服务紧密地结合在一起,和赛事文化结合在一起,使那又有一个新的发展的天地。这就是同济人从自己的社会意识和社会责任来构划出的,既是准确按照社会需求,也是根据我们的经验——这种知识溢出的经验来构筑了这样一个校区。

从2002年开始建设的嘉定校区,经过五年的建设已经有一万多同学在那里了,11个学院搬到了那个地方,和当地的汽车企业和装备制造业进行了深度的沟通。很多国际的大企业在我们这个校区里建立了它们的联合实验室。很多重大的科研项目,重大的公共平台的建设,落户于我们的校区。我想这也是一个大学的魅力。当你把相应的学科搬到这个校区来的时候,它自然就为这个地区提供了知识,提供了装备,提供了源源不断的人才。在今天的自主开发、自主创新的条件下,没有比这三者更重要的边界条件了。所以我想把这样的构造,你按照社会的需求、按照经济的布局来构筑你的学校、构筑你的学科,肯定能得到社会的支持,也能够形成对社会的反哺。

章仁彪:
　　同时也提供了一种新的文化,就是在黄渡这个地区、嘉定这个地区,提供了一种新的文化——大学的文化。

万钢:
　　我想大学不仅仅是这一点。大学服务于社会,它需要经济上的支持,它也必然产生经济上的效益。但是我想更重要的,是把现代化的文化、现代化的理念,把对未来的憧憬传播到社会上去,追求它最大的社会效益。

章仁彪:
　　所以我觉得大学的校园 campus,绝对不只是一个物理空间,实际上它是一种文化的空间。这点很重要。所以我们让学生至少在四平路校区这里待两年,然后不管飞到东南西北,他永远知道,我是同济人,我的同济传统、我的同济特色,他们都会像小鸟飞出去一样常常来回巢。如果我们用最简单的操作方法,从管理层的角度来说,新生来往哪里放都没意见。但是同济的安排我觉得实际上还是坚持了"育人为本",不是以管理者的方便为本。

万钢:
　　这一点是我们永远的追求,这也是同济今后一百年永远的追求。

主持人:
　　大约在 250 年前,作为科学教育的倡导者,英国哲学家弗兰西斯·培根曾经对轻视科学实验的经院哲学传统提出过这样的批评:一种对心灵的崇拜。由于这样崇拜,人们大大放弃了对自然的思考,放弃了对经验的考察,只在他们自己的理性和幻想中上下翻滚。培根认为知识应当有益于人类并为人类所利用。
　　同样在英国,一百多年后英国红衣主教纽曼批驳了培根的科学教育思想。纽曼认为,大学教育的目的在于提高社会理智的格调、培养大众的心智、净化民族的情趣。在纽曼看来,在人类所创造的一切知识中,唯有人文知识是最高尚、最美好,也最有价值的。两种截然不同的对大学教育的思索,也一直延续到了今天。
　　在同济大学万钢校长的办公室放置着一盏煤油灯。人们疑惑,作为燃料电池专家、氢动力汽车首席科学家的万教授为什么会对年代久远的煤油灯情有独钟呢？如果说煤油灯意味着自然的本色，那么大学教育的回归与创新之路又在哪里呢？接下来我们继续聆听万校长和章教授对这个话题的讨论，并以此来作为我们今天话题的终结。在这之前我们还是继续看一段短片（略）。

章仁彪：

提到你办公室的煤油灯，我也注意到你的橱柜顶上，放着一盏煤油灯。你作为一个氢动力的专家——当然氢动力是未来能源——而煤油灯却是一个比较传统的能源，的确是很有意味。

万钢：

实际上这盏煤油灯，是我一个很好的朋友在他们工厂搬迁的时候，找到了这个煤油灯，然后就送给了我。煤油灯曾经在我一生最重要的时期陪伴着我。我是16岁下乡，下乡的地方没有路，没有自来水，自然也就没有电，所以我们晚上是点着煤油灯，在煤油灯底下看书。在这么艰苦的情况下，正因为这盏煤油灯，给了我们在偏僻的山庄当中一块净土，使我们能够读书。我十分感谢这盏煤油灯。

我曾经遇到了一个通用的副总裁，他跟我讲了很有意思的一段话，他说技术的进步，是推动我们汽车进步的，或者是人类交通进步的一个重要的环节。他说人类离开石器的时代，不是因为没有石头了，而是由于技术进步了。当内燃机取代了火车头的时候，也并不是说没有煤了，而是更新的技术发明了。在今后当氢气——我也是坚信——当氢气来取代内燃机的时候，也并不是说简单的没有油了，而是人类技术的不断进步，为什么？因为人类的未来需要它！所以这盏煤油灯放在那的时候，使我也有一种责任感。我们当初是怎么样离开了煤油灯的时代？是通过我们的努力。今天我们早晚会离开内燃机的时代，是因为我们有一种追求，我们有对世界、对科学发展的一种追求。

所以包括章教授您一起在内的我们一些资深教授，大家一起谈论时候，共同提出了四个统一，也就是说大学要有自由探索，学术自由，但是要有社会责任，就是学术自由和社会责任的统一。大学要传承文化，又要有科技创新的统一。

大学要守护大学的精神，同时要创造新的理念，这就是我们要引导变革和守护精神这两者统一起来，适应社会的需求和引导社会变革的统一。还有一个就是要把我们的国际意识和我们的民族自知要统一起来，只有在坚持民族认同的情况下,才有意义去谈我们的国际化。我想这四个统一,将成为我们今后发展一个很重要的原则。

章仁彪：

刚才(万校长)讲到的"四个统一",实际上也是我们高教界在研究的大学要"走出象牙塔"的问题。那么,"走出象牙塔"之后的大学该何往何为呢？大学的象牙塔应该走出,我们大学要融入社会。但另一方面呢,大学还有某种守护"大学之道"的责任。大学要明德新民、要止于至善,这些还是我们大学的精神。

万钢：

这也是很重要的。但我们要先来讨论一下,我们为什么要走出象牙塔？从11世纪第一批大学建立到现在已经有千年历史了,大学一直是象牙塔,塔里面是一直培养一些学问深厚,而且有一定道德要求的研究高深学问的人。但是我们为什么又整个世界上都在讨论大学的社会责任？就是大学为什么要走出象牙塔？这是因为科学和经济紧密地结合在一起,科学和人们的生活紧密联系在一起了,科学给予社会、给予经济、给予生活的推进作用越来越明晰了,它和老百姓自然也就亲和了,也就亲近了。这个时候大学该走出象牙塔来主动地为社会的发展、为人民的生活来服务。但是我同意一种精神,在象牙塔里有一股精神,有一股守护着人类的意识、道德,这样一种探索的精神,这些精神还是需要的。只是在怎么样一种形式下使它更加光大。所以我们就有了把学术自由——学术自由是象牙塔里面的自由——和社会的责任紧密结合在一起,当我们在探讨学术的自由的时候,要一直想到我们是有(社会)责任的。

章仁彪：

我觉得这也是我在研究高教的时候有点困惑的。一方面我们倡导"走出象牙塔",另一方面好像社会上又经常说："大学怎么了？大学成了杂货店？是不是什么都要干？"所以我觉得这是一个很好的回答,既坚持学术自由,这是大学的高深学问的必须,"象牙塔"是它的一种精神象征。但是形式上呢？已经是摆脱了象牙塔,它要走出围墙,去承担更多的社会责任。所以说"走出象牙塔"之后的大学实际上还得要考虑到我们大学承担的广泛的社会责任,"走出象牙塔",我们还得顺应社会的需求。

万钢：

正因为是社会的需求使我们走出象牙塔。在走出象牙塔的时候，还要注意要有一个引导变革（的责任）。我们培养的学生要有一个引导变革的能力。因为我们并不是说走出象牙塔就完了，社会还在发展，还要有更新的时候。这个时候它需要有一些人，对未来有憧憬、对未来有研究，能够引导未来的发展。

章仁彪：

这就是我们经常讲的大学的就业与创业的问题。大家很关心大学的就业率怎么样？我说大学培养学生应该考虑社会需求，适应劳动力市场就业需求。但我觉得大学的培养人才它可能要考虑得更长远点，还要能实现创业。他首先要有适应社会的能力，能够适应社会，然后要有引导变革的能力。如果不食人间烟火，脱离了现实火热的生活，你怎么去影响这个社会呢？所以有适应才能有引导。

万钢：

我们还想了一点呢，就是我们怎么样来继承我们的文脉、继承我们的传统，同时又要进行创新。同煤油灯一样，就是煤油灯的原理，你必须要懂，你才能够知道未来的（能源），它都是燃烧，所以未来燃料电池也是一种燃烧，只不过是在温度更低的情况下燃烧，氢氧结合的过程。所以从这一点上讲我们要传承。要知道当你不能够解释牛顿定律的时候，是永远学不会相对论的。

章仁彪：

这就是文化的传承跟科技的创新的结合。文化在日新月异，科技更是日新月异。也许"煤油灯"象征着人类对传统的守护，大学之薪火不灭，这是文化传承的基本保证。而"氢动力"也许将能够为人类创造一个更好的、更干净的未来，这就是科技创新的巨大魅力。

万钢：

今天我们生活在同济大学，已经不再像1979年那样需要打开国门，今天我们的国门是打开了，不光是我们的学生走出去了，国外的学生也走进来了。在今天的国际化情况下，我们不但要想到要向先进的国家继续的学习，同时也要想到支援非洲国家这样的建设。这也是我们国家民族的责任，也是我们每一所大学自己所要承担的责任。

章仁彪：

　　而这些责任承担必须要有坚强的民族自信，特别我觉得我们的改革开放，开始以"拿来主义"为主，引进来，走出去，包括我们都曾经出国去求学。但现在实际上是一个文化的平等交流阶段。

　　我觉得这很重要。我们现在讲和谐世界，实际上就是要从中国的"和而不同"的文化中，汲取对人类的未来很有意思的精神。所以从这点上我同意你刚才讲的越是民族的就越具有世界性，只有有一种坚定的自我认同，才有信心去接受外来的文化，促进文明的交往。

万钢：

　　所以我想就是未来的100年对于同济说起来还会有更多的挑战，也会有更多的曲折，但是我们坚信同济的精神它一直在鼓励着我们世代相传。尤其当今天我们在这个世纪之交的年代，经历了很大的变革，又正在进行一个可持续发展的这样一个观念变革的时候，来总结我们学校的文脉、来探讨我们学校的未来。特别是谈到了我们对于社会的责任。这点上说起来呢，真的是我们每一个同济的教授和同济的学生所共同期望的。我们所谈到的学术自由和我们的社会责任的统一；我们谈到了适应需求和引导变革的统一；我们又探讨了我们的传承文化和科技创新的统一；全球意识和我们民族认同的统一。我想我们今天来做百年校庆其实就是来寻找这些东西，来总结这些东西。也是希望我们共同能够把同济大学的下一个100年能够建设得更加好！

文化的认同、传播、宽容：
全球化时代的"软实力"博弈[①]

我为什么对认同问题很感兴趣呢？英语中就是"Identity"，也就是哲学上讲的"同一性"。吉登斯有一本书，讲的是《现代性与自我认同》，亨廷顿的《文明的冲突？》影响很大，2004年他又有一本书，在"9·11事件"以后专门谈认同的，书名是《我们是谁：美国国家特性面临的挑战》(Who Are We? The Challenges to Americas National Identity)，新华出版社译本把"National Identity"翻译为"国家特性"，我认为这种翻译是可以商榷的，我以为，中文也许应该译作"民族认同"更贴切些，在全球化时代的民族认同问题尤为突出；关于传播，这里的"传播"不是我们指的那种一般意义的"宣传"，而是一种交流性质的传播，是 communication 意义上的传播，而不是单向的宣传(propaganda)；另外是宽容，今天我们十七大非常强调的"尊重差异、包容多样"。

我想先从"软实力"谈起，最近因为奥运火炬传递受到"藏独分子"的阻碍，国内群情激奋，爱国主义精神爆发，我们的学生也在问该如何认识这个事件？我在课堂上讲到，爱国主义不仅要有爱憎分明的情感，也需要义正词严的说理。什么叫感性？什么叫理性？你们从这件事中就能认识到，什么是感性？作为中国人，我们心同此心，对巴黎伦敦圣火传递中的事情义愤填膺，这是我们的情感。而什么叫理性？理性就涉及怎样才是爱国？我建议大家读一读网上我国驻英国大使傅莹女士写的一篇文章，这是她目睹了奥运火炬在欧洲传递过程遇到的风波的思考，很值得一读。网络时代的信息传播特别快，也是这次中国人表达爱国主义情感的主要战场。但是，简单的谩骂是不能解决问题的，今天的传播和文化认同都必须要考虑"全球化"这个时代特征，全球化——这是一个客观的事实，我们都已经认可，这是一个事实判断，事实要认可，评价可以有不同，否则我们为什么要花15年的谈判要争取加入WTO呢？就是因为全球化是现实。加入WTO也

[①] 原载《同济教育研究》2008年第2期。

是我们民族的最大利益之所在。什么是民族的最大利益？在这个问题上西方的政治家很清楚，美国的任何政客都是主张美国利益至上的，这一点是毫无疑问的，这就是"Identity"的问题。

但问题是我们怎样达到认同？我想：主要有两个层面，在国内要增强凝聚力和向心力，在国际上要提升影响力和亲和力，后者就是一种"软实力"的体现。"软实力"是曾任哈佛大学肯尼迪政府学院院长的美国著名政治学者约瑟夫·奈提出的，他讲到有三种力量：第一种是军事强力，是"大棒"；第二种是经济的诱惑力，是"胡萝卜"；第三种才是软实力，就是吸引力。我们在强调我们要有话语权（国内有些学者也提出要增强马克思主义的话语权，那是不是意味着我们的话语权已被剥夺？），而"权"是一种权利，是"right"，但同时也可以讲是一种权力，是"power"，软实力之"力"，也就是这个power，软实力要发挥作用，它必须是人心之所归（"归属"），人心之所向（"向往"），心向往之，才能产生这个power。

2006年美国14万亿美元的GDP中，知识经济、文化产业为核心的第三产业占70%以上，文化产业占GDP的25%左右，美国400家最富有企业中有72家都是文化产业，这是美国国民经济的支柱，这种软实力在今天的结果是：今天世界上80%~90%的新闻是由美国及西方媒体垄断和主宰着的，美国控制着全世界75%的电视节目的生产和制作，美国每年在国外发行的电视节目超过30万小时，每年出口的文化产品在600亿美元以上。那么想想看：我们也有全球通信卫星，我们的中央台也是24小时全程转播的，问题是遥控器在受众手里，他们选择哪个频道看的问题，"美国之音"每天的华语广播从19小时已经缩减为14个小时，中国的国际电台每天的英语广播已经增加到24小时，问题是我们的新闻传播有多大的吸引力，所以约瑟夫·奈说，吸引力才是最重要的软实力。入耳才能入脑，要争夺到眼球，你才会产生你的power、你的影响力和维护你的效益（right），这一点值得认真思考，这也是全球化时代下的文化博弈中最重要的问题。

最近有好多问题使我们必须关注全球化的视野，包括中国与西方所谓的冲突和争议，这里面有一个文化背景的问题，这就是文化差异与认同，但是还有一个问题，我们必须考虑今天传播的影响力，也就是效果如何的问题，我们可以长篇累牍地用"主旋律电影"来占领国内的银幕荧屏，但票房率、收视率是多少？而美国好莱坞式的软实力却是人家不用请你去看，你却要花大钱去看。我们现在文化软实力出现了很多问题，要争夺"眼球"，有人批评过分娱乐化，但"快乐中国"有什么不对呢？娱乐就是要寻找快乐，毕竟我们不是到娱乐里面去寻找苦闷。美国的主流文化也有其底线，"三级片"也并不是它的大奖片，关键是它是怎样通过人民群众"喜闻乐见"的方式去传播它的价值观的？这是值得我们深入思考的问题。今天我们要提高软实力，这是一个很大的问题。所以，文化认同无可厚非，每个民族都有自己的文化认同，都有自己的"政治正确"（政治认同）。西方资本主义是在最弱的时候，也就是共产主义最强盛的时候，提出了消解意识形态的意识形态"终结论"，这是在 1956 年米兰召开的一个所谓文化界的国际会议上提出的，最后被揭露是由美国中央情报局（CIA）资助的，有的参加会议的文化界人士有一种上当的感觉，因为他们想呼吁的非意识形态化与美国讲的完全是两码事。到 20 世纪 70 年代后社会主义也遇到麻烦，西方又重提意识形态，原因是他们认为西方的价值观更有吸引力。

"软实力"博弈需要增强民族的向心力、凝聚力，既民族的文化认同，但更要注意全球化时代我们的文化"传播力"有多大，即如何提升国际影响力和亲和力。这涉及"形"与"神"的关系，"神"通过"形"来表现的，我们光有最好的"神"，没有吸引人的"形"，那效果也是可想而知的。文化认同的构建不要忘记我们的文化传播要如何被人家所吸引，使人家感兴趣，就是人家自愿自觉地来接受你，比如，麦当劳、肯德基开遍全球，对全世界的青少年吸引力很大，我在德国时，有一次和旅居德国的中国朋友一起去柏林，她的孩子就是只要吃麦当劳。当然民族认同有一个正确导向的问题，但光用抵制外商行不行啊？西方有人鼓吹"抵制奥运"，把奥运政治化，但是我们反过来也用"抵制"能解决问题吗？今天全球化时代"抵制"的是谁？恐怕还是会波及"made in china"。这个事件给了我们一个新的启示，就是今天的话语权不是你掌握着意识形态的主导权，你就有话语权（这也许在民族国家的政权控制的疆域内比较有效，但也有个人家愿不愿听、愿不愿信的问题)，今天是网络世界，中国人民这次发出声音不是官方的渠道，是通过民间的网民的签名和选择，这使西方很震惊，中国为什么有那么多受过西方文化价值影响很大的年轻白领会表达这样的态度？所以美国也不得不在姿态上有所退缩。这里面涉及我们传播当中很重要的一点：我们的"普世性"在哪里？我们倡导的和谐世界能否有一种具有普世性共同的价值呢？今天我们也讲人权，也讲可持续发展；这些概念不能认为是西方所专有的，而应把它们视为人类文明共同的价值观，而且，西方的主流价值观也并不只是少数反华分子就能完全操纵的，这里面有一个普世性的问题，当然普世性必须总是同民族的特殊性相关的。

最近因为巴黎的这个事情在读几本法国思想家的书，巴黎我也去过多次，为什么这么美丽的花都会出现这么丑恶的事情。过去，我们对欧洲的民族问题关注得不多，我读的两本：一本是《种族主义的渊流》，一本是《民族与民族主义》

(法文版中文译名为《民族主义的社会学分析》),这里面有爱国主义问题,民族主义的问题,也有种族主义的问题,民族主义的核心是"nation",这个"nation"是什么意义上的"nation"？中国早就是一个多民族组成的统一国家,中华民族是一家,这就是 China。但在欧洲的历史中,长期的分封割据的封建制度下,自 17 世纪 30 年战争后才确立了民族国家即 national-state 的威斯特法利亚体系。所以他们认为民族就应该允许独立,既然西藏是一个民族,你们为什么不让他们独立啊？这是西方人顺理成章推论出来的结论。其实这又是一种语义的歧义,我们自己也有误,不了解西方的语境,把我国的少数民族都翻译成"nation",这其实是有问题的,我们有 56 个民族,而现在是一个民族国家的时代,那是不是意味着有 56 个国家？其实,我们所说的少数民族按照西方的习惯,应该译作"族群""族裔"即"ethnic",中国是一个多族群组成的统一的民族国家。亨廷顿担忧的美国的"民族认同"受到挑战不也是指统一的美利坚合众国的"民族认同"吗？而不是多族裔"民族大熔炉"中的各"民族"的自我族群认同吧！在西方不仅是少数反华分子,而是西方的普通民众对中国不理解,这也就是傅莹女士文章所说的,挡在中国与世界之间的这堵墙太厚重了,不是几年十几年所能打通的。但值得反思的是,我们多年文化传播的实际效应到底有多大？这是我要讲的第二点,就是不能用传统的宣传方式和思路进行全球化时代的文化传播。

文化宽容,宽容是一种自信的表现,缺少自信就不可能有宽容,所以文化自信要与文化自觉结合起来,要有文化自信,但也同时也要有自觉,自觉是理性的品格,理性的品格就是要有反思性。文化自觉并不是把我们的文化推销出去,无论是对自己的文化还是对外来的文化都要有一种比较。这就涉及关于价值导向与文化繁荣的问题。文化需要有导向,但要繁荣必须是"多家",不能是"一家",这些问题归根结底涉及我们今天讲的"一"与"多",文化有共同性和共识性,这才有世界文化交往的"可能性",如果没有任何共同性,鸡同鸭讲永远讲不清,鸡叫鸭叫谁听得懂谁？但是正因为有特殊性和差异性,才有文化交往的"必要性",如果大家都唱同一个调,那没有必要交往,你的就是我的,我的就是你的……所以要重视"一"与"多"的问题。我们哲学总是讲追求统一性,我们认为真理只有一个,但我认为,真理是只有一个,也许真理的侧面是多向面的,正所谓"盲人摸象"各有所见,各有所蔽。人类的文化自觉更多的是应该采取一种"自知其无知"的态度,才有可能吸收人类更多的文明,最后才能发展我们民族的文化,才能融入世界文明的共同发展。追求统一性的同时,必须要保持守护多样性。这个概念也是一个法国思想家提出来的。我们哲学总是讲统一于物质,就是唯物主义,统一于精神，就是唯心主义，一分为二，很简单，但我认为守护多样性很重要，我们在追求统一性、达到了统一性的解释时，不要忘记世界仍然是多彩的，赤橙黄绿青蓝紫，世界仍然是多样的，所以"一"与"多"的问题是我们今天处理文化认同、传播和宽容中一个很重要的问题。我们应该有自信，现代国家最重要的是一个信任问题，这里面包含了信用、信誉，当然我们的民族文化认同总有它的信仰，信仰包含了我们的"信念"，还有我们的"信心"，但是"信仰"与"信任"的结合是最重要的。人家信任你，你的软实力才能真正成为软实力，人家不信任的东西光靠狂轰滥炸式的推销是无法形成软实力的。要在"尊重差异、包容多样"的前提下扩大提升我们的影响力和亲和力。

4月份的纪念日比较多，4月21日是列宁诞辰纪念日，4月22日是世界的地球日，4月23日是世界读书日，读书应该读各种文化的书，特别在全球化的时代，这样我们才能有更高的境界去看问题。同样，今天是4月26日，同样是人类历史值得记忆的，因为今天是切尔诺贝利核电站事故纪念日，22年过去了，这个事件教训深刻，所以今天我们面临的问题必须要处理好"一"与"多"的关系。在20世纪七八十年代美国伦理学教授宾克莱有一本书叫《理想的冲突》，在美国很畅销，在中国的大学校园里也很畅销，他把20世纪西方的价值观变换解释为意识形态的冲突。而90年代亨廷顿提出文明的冲突（亨廷顿在这里打了一个问号？我是在德国读到这篇文章的），许多学者称其为欧洲中心论的翻版，认为亨廷顿就是要鼓吹文明的冲突，但我觉得一个有理智的学者不会这样简单下结论，他是对现实状况的一种解释，也可以看作一种预警。尽管如此，亨廷顿的自我民族认同和文化认同是非常鲜明的，他对西方价值观认同也是毫无疑问的。

所以我们今天软实力建设的很重要的一点是要吸收人类文明的共有价值取向和价值成果，包括民主和自由。什么是自由？冯契先生讲"意志的自愿"与"理性的自觉"两者结合起来才有自由。我们以前只讲自觉，但这里面还有一个"意志自愿"的问题，所以文化软实力就是要考虑意志自愿是什么，了解别人的意志自愿，然后才能去吸引他，才能影响他。在国际交往中，我们的言论关起门来都以为是非常正确的，比如"和平崛起"，这个口号的提出确实令全世界华人鼓舞，但这个口号一提出，全世界都会听到，非华人怎么想？他们的心理印象是怎样的？所以我们今天的文化传播一定要考虑实际的影响力是怎样的，而不是光靠我们叫得响一点，我们广播时间长一点，我们电影输出得多一点，关键是多少人买你的账？电影院里多少人在看你片子？这是我们今天搞马克思主义研究的学者必须考虑的问题，其实马克思主义在西方虽然没有成为主流，但依然影响非巨大，西方学者尤其是在大学里面搞文科的知识分子可以说没有敢轻视马克思的。但我们呢？有多少人在真正读、真正信呢？包括马克思主义大工程，国际上有一个"国际版"的马克思、恩格斯全集工程，我们给予了多少关注？又有多大的发言权呢？所以，我一直强调要注意"全球化"时代的马克思主义话语权的问题，不能"失语"，不能缺场，更不能怯场！关键问题不是人家接受不接受，而是我们怎样把马克思主义以一种毛泽东所说的更加喜闻乐见的形式传播出去，这样才能真正入脑入心。这样的"话语权"才是真正的"软实力"。

作者补记：本文系2008年4月26日在上海师大举行的"当代中国文化发展与价值导向"学术研讨会上发言的录音稿，由于系研讨发言，故文字表述上未经认真斟酌，敬请读者谅解。本文亦是《同济教育研究》2005年4期刊发的《关于文化传播与文化认同的一点思考》的续篇，也可以视作2007年4期"主编手记"所述第二届中欧论坛本人发言内容的继续。同时也是自1998年初提出"交往"是现代大学第四大功能以来的系列论述之一。同事告诉我，人民大学校长在去年也有一篇论文以"国际文化交流是大学的第四项基本功能"为题。我以为学术探讨可以反复辩驳，也可所见略同，"嘤其鸣矣，求其友声"。周而不比，和而不同。斯为学术之幸。

"同济魂":李国豪与洪堡的大学理念[①]

——兼谈"很工程"的同济人能否"亦洪堡"

摘要:作为同济人的杰出代表,李国豪的70多年的科教人生留给中国高教界和科技界以深远的影响。文章试图结合德国的洪堡教育思想与大学理念来解读作为大学校长的李国豪的办学理念和作为教育宗师的李国豪的教学教育思想。同时也通过李国豪与同济大学的办学实践来分析洪堡教育思想与大学理念在中国的影响,并提供一些对洪堡大学理念的再思考。

关键词:"同济魂";李国豪;洪堡;大学理念

一、学之师表,国之英豪——"永远的同济魂"洪堡否

2015年3月4日农历元宵前夕,春寒料峭。同济师生代表在校园的李国豪塑像前敬献花圈,随后举行了"永远的同济魂——纪念名誉校长李国豪院士逝世十周年座谈会"。我因上午3~4节有课,在聆听了家属代表和项海帆院士等充满深情的缅怀回忆后未及发言即匆匆离会。但座谈会上,已是耄耋老人的孙钧院士回忆了从1952年院系调整时作为交大土木系杨钦主任的秘书随同来同济商洽合并事宜时,就深为已是蜚声海内外的桥梁专家李国豪亲自到校门口热情迎接而感动,而后又在青年教师座谈会上聆听到李校长对青年教师要坚持养成勤勉好学、独立思考和挤时间钻研学问的习惯和能力的谆谆教诲,再到"文革"结束后在李校长举荐下出任教务处长时被反复叮咛无论工作多忙都不能放松学术研究的殷殷期望,记忆犹新的是李校长所说的"推脱没时间而懒得动笔,实际上是懒得动脑子。哪怕是上卫生间坐在马桶上的时间也可以有所思考和研究的呀!"正是因为牢记着李校长的叮嘱,孙钧始终坚持教学科研并重,从而屡获学术突破,1991年在中科院"改革"后的首届增补中当选为"学部委员",谈起这些,老

[①] 本文原载于《同济大学学报(社会科学版)》2013年第2期,第26页。曾于2016年11月获第五届全国教育科学研究优秀成果奖。

院士至今仍感激万分……

老院士的回忆真切动人,老校长的音容风貌栩栩如生。何谓"同济魂"?同济人之特点何在?2007年同济百年校庆期间,笔者应邀与时任校长万钢教授做客上海教育电视台出席《世纪论坛》嘉宾时,曾试图对同济百年历史作一概括:诞生于东西文明碰撞、中德文化交融之中的同济大学的百年,是同步中国现代高教艰难历程的百年,是伴随中华民族命运跌宕起伏的百年,也是见证了人类科技文明突飞猛进的百年。我以为,李国豪,这位集桥梁专家、教育大师、战略科学家于一身的最杰出的同济人,终身信守的是中华文化优秀传统中集"学问之道"和"成人之道"于一体,格致诚正、修齐治平、明德新民、止于至善的"大学之道",身体力行的是坚持学术自由、教研统一,经由对"高深的学问"的研究而达致人格的完善,并致用于民族、国家乃至于人类的进步与福祉的洪堡理念。所以,作为"永远的同济魂",李国豪院士所代表的是凝聚着中德文化交融和科学文明结晶的永远的"大学"精神。

但是,对同济人之特点还有另一说,同样是在百年校庆之际,我校可持续发展研究所所长诸大建教授曾有一种"戏说":在应邀提供给《同济教育研究》百年校庆纪念版(2007年第2期)的"校园随想"栏中发表的《有关同济和同济人的五则日记》,标题分别为:"同济人很上海""同济人很德国""同济人很工程""同济人不洪堡"及"同济人很生态"。"很+名词"的表述法别出心裁,令人耳目一新,却也颇引人入胜。"名词形容词化"不失为一种生动的语言艺术。题目很有意思,行文也颇为轻松活泼而不失论之有据的学术味,可视为研究类的"学者散文"之精品。"很上海"当然会"很乐活","很工程"却能"很生态"?值得喝彩!"绿色校园"建设已然起步,建筑节能节水改造,用心良苦,也颇有亮点!只是地铁已直达校门,校内仍难解占道泊车之困,略煞风景!(想起我曾经在国内最早提出以建设"绿色大学"为己任的北方某大学里直言批评烈日下自动旋转的龙头在为草地洒水实为一种"不环保"的水资源浪费,可有一比?)最有意思的是,既谓"同济人很德国",又言"同济人不洪堡";"同济的社会影响力属于中国高校前10名之列,但是学术性成果评价则比现在20名左右的排名还低"!其主要问题"就是同济看起来缺少传统学术意义上的有影响的理论研究。这也许可以看作'同济不洪堡'的主要理由之一",因为"洪堡思想就是关于学术型或研究型大学的思想。从这个角度来言,同济虽然是德国传统的学校,却不是洪堡模式意义上的德国大学"。"洪堡的思想更适合描述一般的综合型大学

（更确切的是学术性大学，因为它们的综合是学科的，而不是功能的），而不是一般的理工科大学。……其实在德国，洪堡的思想也没有能够完全实现，他的研究型大学的实践是从留德回国的美国人在美国国土上开始实践和推广的，而近年来德国大学的办学模式有向美国的创业型大学模式转变的趋势。"看来，这也并不是随意的"戏说"。

今天，当新一代同济人提出要建设以人类的可持续发展理念为导向的世界一流大学，致力于造就"学界的精英，社会的栋梁"之际，重温老校长李国豪所体现的"同济魂"，回顾同济人坚持大学理念和大学精神，为圆"同济梦"而多年不懈的追求与努力，心中涌起的是暖暖的温馨与绵绵的思考。呵，一代宗师，高山仰止；国之英豪，景行行止！老校长不仅是同济的宝贵财富，"永远的同济魂"留给我们的不仅是无尽的思念，更是冷静的睿智和致远的动力。李国豪历经70多年的大学生涯及其多面的科教贡献，也是留给中国高等教育乃至于中国科教界的一份难能可贵的宝藏。而研究和继承作为教育大师的李国豪的办学理念和教育思想，无疑是需要通过将其具体的办学与教学实践的经验整理，与对其产生影响的相关教育理念与教学思想的理论研究结合起来，才能梳理出其内在的逻辑和脉络。而这当中必须结合同济大学特定的历史和李国豪特定的经历，因此我们也不得不再次思考这似乎是随意戏谑之说，又像是醍醐灌顶之警的"同济人不洪堡"之谓。德国的教育思想，尤其是洪堡的教育思想和大学理念究竟对同济和同济人有多大的影响？作为同济魂的代表的李国豪究竟洪堡否？本文正是基于这一思路而作，其中的有关分析、推理，或探微索隐或"天马行空"，难免会有主观臆断之处，愿闻指正。在此我只能贡献的是一家之言：我所解读的教育大师李国豪及其所遵循的大学理念。

二、"既是大学也是研究院"：以高深学问达致完人培育与社会服务的大学理念

什么是李国豪心中的大学理想呢？1984年他在受聘担任家乡嘉应大学筹委会主任时提出的建设目标是："培养高级人才和发展科学技术与文化艺术的中心"，"既是大学又是研究院"。这不也正是李校长1978年在中国大胆提出石破天惊的"两个转变"，以恢复"理工医文结合的综合性大学"和恢复德语教学重建对外（德国为主）的国际交往，"建成教学和科研两个中心"的目标吗？而这无疑也是洪堡的现代大学的基本理念。尽管囿于体制束缚，当时李校长恢复同济为

综合性大学的目标暂时难以达到,但教学和科研"两个中心"的办学理念则迅速地在仍然被限定为"多科性理工科大学"①的同济大学得到推广。② 其标志就是迅速"恢复和新建了一批研究所、室",李国豪后来回忆,这是他重掌同济大学后,与提出"两个转变"一起所抓的两件关系学校发展的大事。③ 这两项正是洪堡大学理念的核心所在,亦即发展"综合性""研究型"的大学。

的确,洪堡的教育思想是关于"完人"(Vollstandigemenschen)的培养与学术性(Wissenschaft)或研究型(Forschung)大学的思想,而不是应用型职业人才的培训。但是,德国洪堡的大学理念难道真与理工科大学不能相容吗?同济人的"不洪堡"之说究竟是对同济人的肯定性褒扬与辩护,还是否定性针砭与批评?

这就涉及对洪堡思想的解读与对当代"服务型大学"或"创业型大学"的理解。

研究与教学并重是洪堡现代大学理念的核心,因此洪堡的大学理念一般被称为"研究型大学"的理念,其典型代表是美国的普林斯顿大学。这点没有争议。只是"研究型大学"这个概念在中国的广泛传播更多是因为美国卡内基基金会基于研究经费的一个大学分类,而成为在中国跨世纪高教改革中最被"热炒"的话题之一,也成了助长"重科研、轻教学"倾向蔓延的一个重要原因。记得在笔者参加的一次高教研究国际论坛上,外国学者感到纳闷不解的是,为什么中国学者这么纠结于是否"研究型大学",难道非研究型大学就不要科研了吗?

所以,我同意前一个判断,即洪堡思想就是关于学术性或研究型大学的思想。但难以直接推出洪堡思想不适合一般的理工科大学,综合性与理工科是专业设置上的区别,而不是是否学术性或"研究型大学"的判断标准。理工科大学也同样需要而且应该教学与科研并重。除了纯粹的职业技能培训学校外,理工科大学也同样可以是学术性的,包括应用数学、应用物理、应用化学等专业,如华罗庚数学"优选法"的推广是应用性的,但也不妨碍它的学术意义和价值;而工程科学同样是理论与实践相结合的,需要扎实而深入的学术研究为基础的,如被称为创立了"悬索桥李"的李国豪博士论文难道不是洪堡"学术研究"之内容吗?我以为,研究与教学并重凸显的是:大学不仅是现存知识的传习所与阐释馆,更为重要的应是新知识的发现者与创造者。大学不应只是培养温文尔雅的绅士

---

① "多科性理工大学"是 1978 年教育主管部门在修改了同济大学关于"恢复综合性大学"的报告后,并报国务院经 8 位副总理批示同意的正式文件时所定下的"口径"。
② 详见拙文:《李国豪校长与"两个转变"》,载《文汇报》,2013 年 4 月 26 日"笔会"。
③ 李国豪:《学校领导要德才兼备》,载《上海教育》,2001 年第 3 期。

(gentleman),而更应造就掌握"高深学问"的学者(scholar)。所以"研究促发现"(discovery)至关重要,且要贯彻于教与学的全过程。

所以,洪堡的教育改革尽管是以建立综合性的柏林洪堡大学为标志的,但对高等教育的改革还包括以法国巴黎高等理工学校为楷模的合并改造原有的工业专科学校为新型的也重视研究而非仅是专业培训的高等工科学校(Technische Hochschule,TH)。人们都知道,巴黎高等理工是拿破仑引以为傲的制胜法宝。"二战"以前德国的大学与高等工科学校是分开设置的,一般的综合性大学是不设工科的,但并不等于德国的高等工科院校"不洪堡",因为洪堡的高教理念最为突显的是对研究的重视,尤其是"二战"后德国大学及工科院校分设的体制已改变,综合性大学也有工、农、林等学科,而传统的"高工"(TH)也大多改名为工大(Technische Universitaet,TU),这类由原来的 TH 发展而来的 TU(但也有不改的,如亚琛工大赫赫有名,至今仍叫 TH),并不是当今德国仍然延续的、作为德国独具特色而很为成功的"双元制"的专业人才培养模式中的 Fachhochschule(简称 FH,也已经成为德国高等教育体系中的一个重要方面,其特点是更偏重应用型的高等专业人才培养)。而被称为"理工(科技)大学"的 TU,作为大学当然离不开洪堡强调的教学与研究的统一,大多可以实际上也进入了洪堡式的学术性、"研究型大学"之列,且大多数的传统工科大学已增设哲学人文社科专业(这也就是同济大学前任校长万钢教授曾经在一次讨论本科专业设置的会议上敢于明确表示"作为大学是不能没有哲学系的"底气与背书),如李国豪的德国母校达姆施塔特工业大学(原来也叫 TH),已经有多种人文社会科学系所和专业。这既是基于德国民族对"二战"历史的反思,也是出于对现代工科教育和工程师培养的人文背景不可或缺之认识(马克斯·韦伯曾经批评的"专家没有灵魂,纵欲者没有心肝"现象在希特勒统治时期恶性膨胀,几达登峰造极)。所以,原来针对综合性大学的洪堡的人文主义与自由主义教育理念,也同样被推广于包括理工(工业)大学在内的所有大学,因为理工大学同样应该被视为是"高等学术研究机构"的组成部分。

当然,关于洪堡的大学理念的解读的分歧主要是关于如何处理大学与社会、国家的关系问题。

事实上,洪堡出任普鲁士内务部主管教育的重要官员并推进教育改革时的一个重要背景,就是因为被拿破仑率领的法国打败后的痛定思痛。1806 年法军占领柏林,出使在罗马的洪堡致信普鲁士外长:

我从未追求功名,始终对我所居住、我所热爱的国家(Land)感到满足,从没有达到别的地位的奢望。但是现在我对在这里无所作为和不能为受威胁的祖国(Vaterland)尽力而感到惭愧。

但是由于他的自由主义的国家理论,包括他1792年的论文《试图确定国家(Staat)功能的边界的意见》,一直受到君主制保守主义力量的抵制和敌对,直到1808年10月他才获假回到德国,继而被国务大臣要求接管"文化与公共教育"的改革。这阶段进行的教育改革主要就是创办柏林大学(即洪堡大学),但这是一所完全不同于传统的全新的"柏林高等学术机构"。为此,洪堡专门撰写了《论柏林高等学术机构的内外组织》一文,这篇凝聚其教育改革理念的10页文字稿只是一份未注明时间的未完成稿。也许国家主义至上的普鲁士是难以容忍洪堡的这种自由主义的政治观的,因此此文也就胎死腹中了,所以我认为将其写作时间定为1810年初洪堡被任命为文化与公共教育司司长之后所撰是合乎逻辑的,这也许正是洪堡教育改革的基本思路。

洪堡在该文开篇就提出了关于大学(即所谓的"高等学术机构")的概念是一个"极点概念":"所有直接为民族道德文化而发生的事情都汇聚于此极点上。"其使命是"学问"(Wissenschaft,即"科学"或"学术")的工作,因而"研究"(Forschung)应该是大学最基本的任务。大学的师生都应该是研究者,前者是"独立的研究者",后者是"受到指导的研究者",教师应该以自己的创造性的研究成果用于教学,才能有效地指导学生研究,这也就是洪堡最为强调的研究必须与教学并重的大学理念。[①] 显然,洪堡的关于"高等学术机构"的教育改革思想是可以而且也应该包含着对德国的一般大学和高等工业(理工)学校进行的改造。

具体到大学的活动的宗旨与方式,洪堡强调的就是国家要出资办大学,但同时要保证大学人(教师和学生)作为"研究者(研究与教学并重)"的独立(不被变为"机器"或工具)与自由(的教与学)。所以"国家(Staat,下同)在整体上……不应就其利益直接相关者要求大学,而应抱定以下信念:大学倘若实现自身目标,那也就实现了,并且是在更高层次上实现了国家的目标,而这样的收效和影响的广大,远非国家之力所能及"。[②] 给予大学以明智的自主负责和自治管控也是符合国家的目标的,因为自主的大学可以获得国家无法获得的资源并为国家带来

---

① 译文参见孙周兴:《洪堡大学理念》,原载《同济教育研究》,2004年第4期。
② 此段译文转引自叶隽:《德国文化与马君武致用大学理念的形成》,载于孙周兴、陈家琪主编:《德意志思想评论(第一卷)》,上海:同济大学出版社,2003年。

力量。这也就引出对洪堡思想的另一种理解,即不再是"象牙塔"的大学要如何促进社会的进步和服务于国家的利益。而实际上,洪堡强调的是,从更高的视角上看,自由自治的大学独立最终会带给社会与国家更大的进步和力量。洪堡是反对黑格尔的绝对主义的国家至上主义的,洪堡认为国家在本质上应该是保护公民的自由和权益,从而提升公民的责任感,发挥他们的能力,以达到增强国力的目的。所以他坚决反对"国家的超级力量阻止其臣民的力量自由"和(统治者)"要将其他人变为机器"的教育。① 洪堡强调应该通过希腊式的古典主义的完人理想教育完成"人的真正目的",即成为一个"良好的、正直的和开明(启蒙)的人",从而才能轻松学得专门的职业知识以成为一个称职的"好的手工业者、商人、战士和企业家"。②

按照德国哲学与文化研究专家孙周兴教授的概括,洪堡思想的核心至少有三:古典主义的完人教养(Bildung)理想(如我所熟悉尊敬的杨叔子院士所言,教育乃"育人"而非"制器");高等学术机构以研究纯粹学术(Wissenschaft,学问,德语中的"科学",本意约为成系统的知识)为生命;大学的支配性原则为"寂寞"(Einsamkeit,孤独)与"自由"(Freiheit,无羁)③。我认为这三条也应该是人类大学理念的基本精神和原则。所谓大学的纯粹性、"无条件大学"(德里达)等也同样表达了这样的意义。就是在今天的中国,学术自由也是宪法和高等教育法所保护的公民基本权利。2007年,时任国务院总理温家宝在同济百年校庆时的祝愿中也强调:"一所好的大学,不在高楼大厦,不在权威的讲坛,也不在那些张扬的东西,而在有自己独特的灵魂,这就是独立的思考、自由的表达。"④

至于"服务型大学"的原型一般以美国的威斯康星大学的崛起为代表,又以克拉克·克尔的名著《大学的功用》对现代"多元大学"(multiversity)以全面"服务"社会的分析与描述而影响巨大。而"创业型大学"(entrepreneurial universities)则因伯顿·克拉克在研究欧洲几所大学在20世纪末为应对多重挑战而做出的多样化的灵活变革的基础上出版的《创建创新型大学》一书中所归纳的5个基本特征(自我革新的内部转向机制、不断拓展发展领域、多样化的资金来源、活跃的学术核心、融合创新的大学文化)而大为畅行。它同"研究型大学"并不存在"非此即彼"的两立对峙。

---

① 参见威廉·冯·洪堡1792年的论文:《试图确定国家(Staat)功能的边界的意见》。
② 参见威廉·冯·洪堡1809年12月给国王的《关于建立一个终身教育的市民社会》的建议报告。
③ 孙周兴:《洪堡大学理念》,载《同济教育研究》,2004年第4期。
④ 温家宝:《海纳百川,全面发展》,见《温家宝谈教育》,北京:人民出版社,2013年。

值得一提的是，被视为这种"服务型"或"创业型"大学典范的美国斯坦福大学的荣誉校长杰拉德·卡斯帕尔，2002年曾经在北京举办的中外大学校长论坛的演讲中，反复强调尽管"主要是工程（科）"的斯坦福大学也以对洪堡大学理念的坚守作为自己的核心目标，他的演讲中至少有5次提到洪堡的大学教育理念，成段引用了洪堡关于大学固有的规范的知识活动是"道德文化"最有价值的要素，关于大学教师与学生在共同追求知识的过程中研究与教学的辩证关系，以及关于学术自由不仅会受到政府的威胁，也会受到所谓特定的"学术正确性"的压制的警告，等等。卡斯帕尔强调"大学本身就是公共服务的最高形式之一"（这正是对所谓大学"乃是一个极点概念"的坚持），并直接质疑将技术转让作为大学"第三学术使命"之说：

> 作为斯坦福大学的前校长，我极其怀疑，如果技术转让成为大学的一个主要事务，大学是否还能继续维持下去。技术转让之所以在斯坦福和硅谷获得成功，是因为它是教师活动的一个副产品，因为教师乐于解决问题。①

当然，毋庸讳言，现代大学正在经历着巨大的嬗变，人类面临的各种挑战考验着大学人的生存状态，"走出象牙塔"的大学何以可持续发展的确成了一个新的时代问题。所谓的"可持续发展大学"绝不只是可持续发展的"绿色校园"建设，也不是大学自身能否"可持续发展"的时间延续问题，正如学界早有人提出的，人类大学历史已逾千年，难道这不就是"可持续发展"的吗？所以，任何好的概念，一旦被滥用都可能发生"异化"，"耳熟能详"之际，也往往会成为"熟视无睹"之因。我们所说的可持续发展是一种人类、世界的可续发展的理念，而不只是某个组织、机构、团体的可持续问题，也不是一门具体的学科、课程的内容的可持续。所谓的"以可持续发展为导向的大学"之实质是以人类与世界的可持续发展为鹄的和宗旨的一种办学理念。这也是一种对洪堡理念强调的经由"高深学问"的研究达致人格的完善，进而在"更高的层次上"实现人类群体的发展目的思想的继承与发展。

三、"很工程"的同济人能否"亦洪堡"：重实践的工程教育同样要育人为本

也许关于究竟什么是洪堡思想的实质或洪堡思想是否过时了还会继续见仁

---

① 杰拉德·卡斯帕尔：《成功的研究密集型大学必备的四种特征》，载《中外大学校长论坛文集》，北京：高等教育出版社，2002年。

见智,比如民国时期,同为留德学人掌大学,就有蔡元培的北京大学的专注"高深学问""兼容并包"的洪堡大学之道,也有马君武的广西大学的强调"经世致用""实学救国"的致用大学之道。按照解释学之见,任何对"本文"的解读,不管自觉与否,都会被打上时空烙印,即为"视界的融合"。但"各有所见"的同时是否也会"各有所蔽"? 同时,在普鲁士被拿破仑打败的教训所带给德国人的冲击与刺激是巨大的,这从柏林大学的首任校长、哲学家费希特对德意志民族的几次激昂的爱国演讲和他的"自我哲学"同时是呼唤"行动"的"行动哲学"中可以得到佐证。洪堡主持普鲁士高教改革的目的中也的确有其振兴德意志民族的"经世致用"的一面,他强调国家必须为高等教育提供充足的经费,却不能干预大学师生对"高深学问"的研究与教学的自由,而作为这种自由研究的成果的"高深学问",必然会有利于民族的振兴和文明的进步。所以,"高深学问"与"学以致用"的结合,也就成了最具世界影响力的德国洪堡的教学与研究紧密结合的现代大学理念的基本精神,它也是同济大学办学传统的特色和办学理念的核心,更是李校长终身推动践行的现代大学理念的主要内容。

那么,针对对于理工科大学或大学的工程师培养是否也应该或者也能够"洪堡"的问题,前面我已经引用了"主要是工程"学科的斯坦福大学荣誉校长的演讲。现在再让我们看看"文革"前后曾两度出任清华大学副校长、深圳大学的创校校长,也曾是留德获工学博士的两院院士张维教授的观点(他与同济也很有缘,不仅在于他的留德经历和力学专业背景,也由于他的二叔父张仲苏曾于1927—1929年担任过国立同济大学的首任校长——记得同济90周年校庆时我参与策划的国内首次举办的校庆中外大学校长论坛上,张维院士也作过精彩的演讲),他从一位工科生亲自经历的角度出发,谈了自己对洪堡高等教育思想的体会和理解,他认为:

> 洪堡的高等教育思想中关于研究必须与教学并重的影响十分深远,很长时期内被尊为德国大学办学的指导思想,并对全世界高等学校的学术研究起到推动作用。我所受益的德国学术思想和治学精神,在很大程度上是通过我与老师的接触获得的。①

他强调他的专业导师特尔克教授是他在德期间接触最多、收益最大的德国学者:

---

① 张维:《在德八年酸甜苦辣的留学生活》,载季羡林、李国豪、张维、裘法祖等著:《旅德追忆》,北京:商务印书馆,2000年。

在研究方面,他善于从工程实际中提炼出力学的理论问题,在解决问题的同时发展理论。他的研究范围涉及许多工程领域……在他的指导下做研究工作,我的眼界大大超出了结构力学的范畴,研究的思路也开了窍。①

所以,按照张维院士的理解,对于大学来说,所谓的"很德国"与"不洪堡"是难以两立的。比照上述洪堡思想的基本要旨,结合德国工学博士张维院士对洪堡思想的理解和德国大学教学方法的生动描述,同济人或任何认识或与李校长有过接触的人都一定会感到,李国豪的确"很德国"同时也"很洪堡",甚至可以说惟妙惟肖。比如强调理论联系实际,工程教育特别要结合工程实践,从实践中发现问题加以研究,上升为理论,再回到实践中验证和发展理论;强调做实验并不只是为了重复验证教材内容,而更重要的是发现要研究的问题等治学方法,大力组建以教授为首的"席明纳"(Seminar)式的专业教研室,大力推广高、中、初相结合的科研课题组,积极建立各种既探究基础理论又关注解决工程实际的研究所,以及强调学分制改革以保护学生"学的自由";教学不能抱着走,要培养独立、创造性的学习能力;要提高研究生独立工作、独立科研的能力,并提高科研水平;强调研究学问则像到陌生城市要先找地图,按图索骥自己探索前行;强调博士生要有自己的研究设想和方向,选题不应该由导师出,导师也不必具体过细地指导(不要当保姆)……这种种教育和研究相结合的思想和方法,都是贯彻着"教与学的自由"和"师生都是研究者""研究与教学并重"等洪堡的大学理念的中国化践行。

李校长强调学生有自己选择听课的自由(曾经被批判为"对学生太强调自由",是鼓吹自由主义),但又一直强调"严格考试制度"。我就查到在他 1954—1955 年的"工作日记"首篇就是专门"关于期终考试向系、室主任和教师的谈话"。其中对教师的要求中提出:"过去发复习提纲帮助同学温习的办法是不妥当的,不应再用","教师要以十分实事求是、认真负责的精神来拟定考试题目和评定考试成绩";"要正视学生的今天水平,也要保证一定的质量,要学生将来基本上能担负起高级技师(专科)或者工程师(本科)的任务";"既要考查又要考试的课程,应认真执行考查不及格不能考试";"考试应尽可能采用口试的方法,因为这是最好的方法";"如有考试不及格学生,要求系、室、教师督促和指导他们假期温课,以便在下学期开学时补考";对学生特别强调要"进行纪律教育,端正考试态度";等

---

① 张维:《在德八年酸甜苦辣的留学生活》,载季羡林、李国豪、张维、裴法祖等著:《旅德追忆》,北京:商务印书馆,2000 年。

等。这种一丝不苟、严谨求实的要求是李校长一以贯之的作风,也是同济校风的基本精神。

这位当年靠洪堡基金资助留德学习的同济人,不管是在种种困厄之中还是在身兼重任的百忙之中,都坚持着教学与研究的并重;他倡导教授要上讲台,自己带头身体力行,当校长后仍然坚持上课;他本人的研究成果屡屡被学界引为基准,带出的同济桥梁学科则不断地英才辈出;他多年来倡导德智体美协调的人格教育理念,千方百计要使同济大学恢复综合性大学建设;不也正是在努力践行重视人格养成,研究高深学问的洪堡大学理想吗?

今天,当同济人在努力推进工程教育改革、大力培养卓越工程师的理论研究和实践探索之际,李校长的经验和做法都是值得好好总结与思考的,除了他在《谈谈怎样培养好博士生》等有限的几篇谈教育教学的文章外,他多年来散见于各种谈话、笔记中的言论、文字,比如校档案馆存藏的4本"工作日记"(人们称为"思想日记",我仔细阅读后感到不如称为"工作日记"更为贴切),都是弥足珍贵的可供研究的资料。比如其中有关于对他自己曾经尝试提出是否可在原教学计划中增加一些"比较高深"的课程或章节以适应研究生或总工程师所需要的设想所做的"检查"。我想,这也正是今天"卓越工程师"培养可以考虑的一个目标:不能仅培养只懂"物性"会设计会制作的工程师,还要培养兼懂"人性"能团结带领团队完成协同创新的总工程师!也许,这也是对洪堡"高深学问"的一种新解。

所以,同济人"不洪堡"究竟是褒还是贬?如果把美国式的"服务型大学"或"创业型大学"作为"扬弃"超越了洪堡的研究性大学的新式大学来定义洪堡思想的话,那么"不洪堡"似乎是一种进步、一种"超越"。但是如果把"服务型"和"创业型"看作是大学功能的一种扩展,则未必是对洪堡思想的颠覆,而可视为一种补充。上述德国工科大学既重基础理论研究,又重解决实际问题的应用研究,本就是大学"研究"功能的体现,当然也可视为大学"服务"功能的拓展或"创业"型大学的雏形。而"育人"始终是大学最根本的"产出"与对国家、社会最大的"服务"!

也许,点出同济人的"不洪堡"本就是一面双面镜。如果说那些耽于比钱包的厚薄作为大学人成功与否的标志的话,追求独立自由的完人理想、专致学问精进、甘于寂寞求真的洪堡理念的确都"out"(过时)了,对于那些远离了学生课堂、科研实验室,不思研究、不务教业,或只忙于接"横向"吃"回扣"、拉关系搞项目,或热衷于"走穴"扒分、哗众取宠的"赶场子教授",对于那些满足于照本宣科混日子、"蹭课时"换津贴的不思进取、徒为人师者,或身为教授却不为学生上讲台、研究生只替"老板"打工不"研究"等"当代中国大学之怪现象"而言,确实是很"不洪堡"的。遗憾的是,我们同济人的队伍中不也有津津乐道于此而且还沾沾自喜者吗？对他们而言,又何须"洪堡"！当然,这些同济人本身也许会沾沾自喜于自己"很工程""很上海"或者也"很乐活",但这种"不洪堡"至少也不会是"很德国"的。

然而,尽管同济人中确有上述种种"不学术"因而"不洪堡"的现象存在,但作为同济人的杰出代表的李国豪,他在"很德国""很工程"的同时却绝对是"很学术""很洪堡"的。在他的带领下,以项海帆院士和范立础院士双擘领衔、分工合作的"国豪弟子"们也同样是"洪堡"派——不管是否有过留德经历,他们都一样强调"做学问先要学做人",在学术上不断追求高深学问,学无止境;在实践中忠实践行教研并重,学以致用。相信他们有李校长留下的做学问的"航海图"("导师要给学生一份研究的'地图'")之导航,定能"海帆高挂""长风破浪会有时";又有李校长谆谆教导打下的"数、(物)理、力(学)"之桥基("做学问,好比是造桥,基础不稳,地动山摇。一定要扎实打好数学、物理、力学等基础,再苦再难也要咬牙挺过"),也必能"立础坚实""咬定青山不放松"！这就是李国豪校长带出的同济人的模范！同济人中还有以汪品先院士和马在田院士(2011年去世)双雄代表的深海钻探勇"品先","见龙在田"前程广("马氏方法"创我国海洋油田开发新局面)的"海洋(学院)精神",以及戴复东院士和郑时龄院士双贤并肩的建筑城规学院"流派纷呈西复东,时领风骚谐亦庄",还有孙钧院士、沈祖炎院士等为代表的一大批几十年如一日默默耕耘不为名、教书育人当楷模的同济老园丁,"桃李不言,下自成蹊",他们不都是同济人"也洪堡"或者"很洪堡"的标志吗？

四、洪堡理念与中国现代大学的第二个百年

2009年暑假,我在赴法参加中欧社会论坛的组长会议之余再次访问德国,在柏林又一次踏访了洪堡大学,除了洪堡兄弟的大理石雕像依然令人肃然起敬,进得主楼去就碰上一大群肤色各异的年轻人正在楼道前拍照留念,其背景正是那段镌刻于正中间宽阔的上楼通道的左右分叉口墙上的卡尔·马克思的名言：

> 哲学家们只是以不同的方式解释(interpretieren)世界,而问题在于改变(veraendern)世界。

马克思的这段名言经常被解读为马克思哲学以"改造"取代了传统哲学的"诠释"。果真如此吗？我以为这里有一点误解,马克思的意思是不能只停留在"解释世界",而还要或者更要"改变世界"。但任何改变世界的行动难道能没有一定理论的指导吗？而任何理论产生的前提总是基于一定的"解释世界"的基础

上的,任何致力于"改变世界"的人们,不论是经世治国的政治家、现实社会的改造者,抑或是创造发明的科学家、工程师,乃至各路专门家、技术员、"操盘手",不都是有着各自对世界和事物的特定理解与研究的路径的吗?所谓"研究"又总是离不开"解释"与"理解"之间的互为前提又互为结果的循环——这不正是"解释学的循环"吗?洪堡的"研究与教学并重"也许告诉我们的正是如此。中国的"知难行易"抑或"知易行难"等的"知行之辩"不也如此吗?

就在我踏访洪堡大学后的 2009 年秋季学期开始,洪堡大学在柏林举办了历时 15 个月共有 150 场庆祝活动的 200 周年校庆,校庆的主题词为"大学的 6 个基本原则:自由,责任,教育,独立,研究和未来",认为这些仍然是在 21 世纪坚持洪堡理念的指导性原则。原准备作为 200 周年纪念活动收官之作的"洪堡模式:科研世界中的大学未来"国际学术会议上公开发表的《洪堡备忘录 2010》,提出了"思考明日之大学提供坚实基础"的 7 大准则:

  (1)基于科研的教学与从教学获取灵感的科研是大学之核心;(2)大学自治保障科研自由;(3)研究型大学的卓越取决于所有学科的团结;(4)教学与科研之外,知识的交流与传播被视作大学的第三项核心使命;(5)研究型大学必须使创新型的科研项目不为功利所役;(6)大学应该作为保存与呵护记忆的场所;(7)大学应该为跨学科事业与校外机构展开合作。①

原本想以此奠定一个继 200 年前想建立一个"典范大学"的柏林大学起步的洪堡教育改革,和以普林斯顿大学为代表的彰显洪堡精神的"研究型"大学潮起北美、波惊世界之后,作为洪堡理念再出发的"第三波"的宣言式的"备忘录",却因意见分歧而未能问世。是"研究型大学"表述的亲美嫌疑?还是缺少"终身学习"理念的第 8 条?是大学与社会的关系未理清?还是想囊括全球的大学太虚幻、"太保守"、"太谨慎"、固守"象牙塔"?还是洪堡理念本身是"神话"?是"乌托邦"?当年洪堡的"教育大臣(司长)"任期匆匆,实际任职仅 14 个月,200 年后的洪堡大学双百庆,历时 15 个月,不绝后已空前。在一个"大学市场化""教育产业化""文凭商业化""金融衍生化""知识虚拟化"等此起彼伏的年代,无论是欧洲大学同步化的"博洛尼亚进程"还是老牌高教强国德国的"卓越计划",乃至于全球各种类型的"大学排行榜"都在困惑着世界的大学人,是"告别洪堡"还是"拯救洪堡"?洪堡理念是个宝?还是成了"弃之可惜,食之无味"的"鸡肋"?学人何为?

---

① 俞可:《洪堡 2010,何去何从?》,载于《复旦教育论坛》,2010 年第 8 卷第 6 期。

大学何往?……写到这里,想起 2002 年在同济大学 95 周年校庆时的中外大学校长圆桌论坛上,笔者受校长委托作为主持人发表过一个简短的关于"新世纪,新大学,新使命"的"引语",希望校长们就"多元大学"(multiversity)、"万能大学"(omniversity)、"无边界大学"(borderless university)乃至于"无条件大学"(德里达)等层出不穷的时新"大学"概念作些探讨,也曾提出过"科技何能? 文明何往? 教育何谓? 大学何为?"的 4 个问号。

对于洪堡理念的不同解读也许正涉及对人类教育本质的理解。在中文语境中,"教"是一个改造人的本能的过程,"育"更重于对人的潜能的开发。两者不可偏废(2007 年我在比利时出席第二届中欧社会论坛的高等教育论坛时,也有欧洲朋友问我对"教育"概念的理解,我也做了这样的解读)。洪堡的教育思想主要收编于 5 卷本的《洪堡文集》的第 4 卷,"关于政治与关于教育本质(Bildungswesen)的文稿"中,洪堡的教育理念(Humboldts Bildungsideal)首先是关于国民培育的教育,这里的"教育"(Bildung)是一个典型的德语用词,原意为"绘画""形塑""构(组)成""生长",译为"教养"或"教育",其内涵包括"知识(Wissen)、智力(Intellektualitaet)和培植(Kultiviertheit)"三个概念,并与表示趋于"成熟"(Reife)的概念相近,故也接近于中国古人的"成人"之说。Bildung 与另一个源于"达致、成为"也表示"培育(养)""教育"的德语词 Erziehung 有着特定的联系、近义,但具体"所指"时又有所差异,两者在英语中就都被归集于 education(教育)这个概念。所以,我认为,洪堡的教育理念是"成人之道"(完美人格)与"问学之道"(学问研究)的统一,是致力于通过学问的研究而达致人格的完善以为国家和社会效力。洪堡的大学理念很类似于中国《大学》中格物致知、诚意正心、修齐治平的理想。谈到"国家"这个词,我们要注意中德语义的差异,比如在洪堡的文稿中我看到至少有三个不同的德语名词(Land,Nation,Staat)被译成中文的"国家",而在德语中,这三者并不是可以随意混用的(洪堡所谈的国家与大学的关系更多用的是 Staat,即"国家机关",或译成"政府"更为直接)。

只是不要像当年人们误解克拉克·克尔的《大学的功用》一书那样,把这位前加州大学总校长对"多元大学"(multiversity)现状的"分析当作赞同,把描述看作辩护",以至于"把描述性的'是'变成命令式的'应是',然后抨击这种伪选的'应是'"[①]。那么我想,对于诸大建教授点出的同济"缺少传统学术意义上的有影响的理论成

---

① 参见克拉克·克尔:《大学的功用》中"对 1963 年演讲的重新思考",南昌:江西教育出版社,1993 年。

果"所以"不洪堡"是否也应作如斯观？也许可以借用克拉克·克尔的语言，这正是提醒那些满足于同济现状的同济人应该更多地看到"问题"和"变化"，关心"大学是怎样被其环境的适应者们引向歧途的"，以及它需要如何去"发现自己是否有大脑和躯体"，或直截了当地说大学"最好能找到它过去实际上所从事的行为"①。

顺便说明一下，国内学界一直把"服务"奉为不容置喙的大学"第三功能"而趋之若鹜，殊不知在21世纪初欧洲就有一个欧盟跨国联合研究项目质疑此说的合法性，另提了一个"传播"科技的"第三使命"说。这就是欧盟在跨世纪之际推出的一个"（优化）公众理解科学技术"的项目（这是《上海教育》要我点评时给出的翻译，原文 Public Understanding of Science and Technology 最直接的翻译就是"科学技术的公共理解"），该项目由欧盟主要成员国十几位专家共同合作研究，历时四年，于2003年6月完成最后报告，分别介绍了英国、瑞典、葡萄牙、法国、比利时和奥地利6国的大学在"（优化）公众理解科学技术"中起的作用和做法，并明确提出向公众传播科技是"大学的第三使命"②。以此"第三使命"抵制美国的大学"第三功能"说？也许这里有不愿一切亦步亦趋地步美国后尘的一种"欧洲情结"在作怪？就像聚集在柏林洪堡大学的大学论剑者们不情愿让诞生于欧洲的洪堡理念变色为美国式的"研究型大学"一样。拒绝带有商业味的"服务型大学"说，而以"研究密集型大学"自诩，这也许正是被称为创造了"硅谷"奇迹的斯坦福大学的荣誉校长在北京"论剑"时，要对中国的大学校长们特别强调斯坦福大学"对洪堡大学理念的坚守将作为自己的核心目标"的原因。我想，这也是万钢校长提出的大学要有自己的"定力"，不为各种外界的诱惑或压力所动，坚守大学理念与精神的"形、神、魂"统一之意义所在。洪堡的大学理念并没有过时，只要大学继续存在，洪堡的大学理念就将继续是大学之魂所在。不论在哪里，"失去灵魂的卓越"只会将大学引入歧途。

为此，我们应清醒地看到，经过近半个世纪的漩涡般变幻莫测，现代大学正在逐渐从癫狂般的"知识经济""金融海啸"的跌宕起伏中慢慢地冷静下来，新的转向恰恰是文化的反思。正如北大前校长周其凤在"北大文化与北大精神"的演讲中所说：

---

① 参见克拉克·克尔：《大学的功用》中"对1963年演讲的重新思考"，南昌：江西教育出版社，1993年。
② 拙文：《传播科技：现代大学的公共使命》，载《同济教育研究》，2004年第4期。

现在,世界高等教育正在经历着第四次重大变革,就是回归大学的文化本质,重新以文化统领大学的建设和发展,防止大学变成单纯的科研工具和商业场所,以文化确立大学在社会体系中的核心价值。①

大学从"知识"的中心重新回归"文化"之本位,大学要耐得住"寂寞"的独立(独特),才能够坚守住"学问"(学术、科学)的"自由",洪堡的思想仍然是所有大学人应该记住和沉思的。曾几何时,大学几乎只关乎"知识"而遗忘了"文化"。"比特"不是"信息","信息"也不等于"知识",但"知识"同样不等于"智慧","智慧"是离不开"文化"根基的。种种有关"失去灵魂的卓越""废墟中的大学"的警示,以及"回归大学之道""美国大学之魂"的呼唤(引号中皆为北美学者大学论著之醒目标题),不都启示着今天的大学人必须有新的反思吗?这也正是同济大学从 20 世纪末就开始倡导应该自觉地以文明与文化的"交往"为现代大学的"第四功能"说和"全球化"时代最重要的使命之理由。早在 2002 年,同济大学就这样宣示大学的文化功能:

> 现代大学应该以促进人类文明和文化的"交往"为己任。这里所说的"交往"不仅是不同文明间的交往对话,也包括科技与人文这"两种文化"间的交流沟通。"海纳百川,有容乃大"。我们相信,已经有了 95 年历史的同济大学,坚持科技人文比翼齐飞,中外文化相得益彰,就一定能实现自己的既定目标,并为人类文明的繁荣昌盛作出更大的贡献!②

记得踏上洪堡大学主楼的二楼时,映入眼帘的是一块镌刻在墙上的洪堡纪念铭牌,铜牌上刻有洪堡的名言:

> 科学为一尚未完全解答并可永无止境去求索之物。

这也是被人们引用最多的洪堡语录。也许,洪堡精神或曰洪堡的教育理念也是一个尚未完全取得共识并可永无止境求索与解读的课题,尽管洪堡大学已经庆祝过了 200 周年的校庆。同济大学或曰诞生于中西文化与文明碰撞中的中国的现代大学也已经走过了一个世纪多的历史沧桑,我们敬爱的李国豪名誉校长也已经去世 10 周年了,同济仍要继续前行,同济人仍将一次次、一代代重温校史,反思大学。记得曾亲身经历了中国天翻地覆之沧桑巨变的同济大学时任校

---

① 周其凤:《北大文化与北大精神》,载《光明日报》,2012 年 12 月 10 日《光明讲坛》版。
② 吴启迪:《弘扬同舟共济好传统,开创同济大学新纪元》,见吴启迪:《我的大学工作》,上海:同济大学出版社,2012 年。

长,也是李国豪当年的同事夏坚白教授为该年(1949届)同济毕业生纪念册的题词是"学以致用"与"学无止境"。这也正是百年同济宣示于世的"四个统一":未来百年将坚持"学术自由与社会责任的统一,文化传承与科技创新的统一,适应需求与导引变革的统一,全球意识与民族认同的统一"。① 这也是学研结合、教学相长、知行统一,"高深学问"与"致用之道"的协调,"问学之道"与"成人之道"的统一。"同寅协恭,和衷共济。"(语出《尚书·皋陶谟》"同寅协恭,和衷哉"与《国语·鲁语下》"夫苦匏不材于人,共济而已"。)这就是"永远的同济魂",永恒的"大学之道"——可道乎?无尽也!

洪堡生前好友、德国大文豪歌德曾经有诗云:

> 只有能把遗产运用于生活的人,
> 才配得上继承。
> 而那些只是堆积僵死废物的人,
> 只不过是可怜虫!

也许,守护大学之道,创新大学之"学",乃为世代大学人永远的使命。

值此同济大学108周年校庆之际,谨以此文纪念名誉校长李国豪院士逝世10周年,老校长高瞻远瞩同济的未来,矢志不渝中国的科教,不仅是"永远的同济魂",也是"中国的大学魂"!

---

① 万钢:《百年同济,大学对社会的承诺》,载《同济教育研究》,2007年第23期。

制度文化篇

管理与战略

从20世纪60年代的"巨型大学"到90年代的"创新型大学"乃至于"总体大学"以及"无边界大学"(德里达),国际上"大学"的新名目繁多,乃至于"大学市场化"之论盛起,虽言之凿凿,然思之邈邈。既是传统大学危机的反映,也是大学制度创新探索的标志。而在以政府举办的公立大学为主体的中国高教体系中,管理体制的改革与发展战略的选择,则无疑引来社会各界更多的关注,而风行一时的"教育产业化"之潮起潮落,也留下弄潮儿几多沉思……大学管理从行政主导到经营管理再到自治与共治相结合的现代治理制度创新,政府与大学的关系始终是影响与制约中国高等教育发展的关键因素,而随着办学自主权的扩大,大学的发展战略及规划也日益重要。《高教法》规定的学术自由、面向社会、自主办学、民主管理之"法治"的落实路径尚在推进中亟待继续"履"与"思"……

现代大学管理:"大学市场化"辨析(代引论)①
——兼论大学制度创新

摘要: 大学市场化(我国称教育产业化)曾经盛行一时,现在重提这一话题似乎时过境迁,但在新的发展观兴起的背景下,有重新认识和思考的必要。"大学市场化"理论的出现与"新公共管理"思潮的兴起密切相关;"现行性的扩张"与"现代人的两难"是其重要的生成背景。提出"大学市场化"命题的真正价值,在于大学办学方式、管理模式的改革。应对"大学市场化"的基本对策,就是进行大学制度的创新。

关键词: 大学市场化;全球化;现代性;制度创新

中国的高等教育管理始终是一个制约和影响高教发展的重大因素,而管理理念在其中的先导作用不可小视。思想的批判替代不了武器的批判,但理论一旦广泛传播,也会转化为巨大的物质力量。回顾多年高教改革和发展的实践历程,深感高教理论界的作用不可忽视,它既曾为高教改革和发展摇旗呐喊、呼风唤雨、贡献巨大,也曾经为某些"大跃进"式思潮的冒起推波助澜。这不禁使我想起,理论界在保持"学术自由"的同时,也肩负着不可忽视的"学术责任"——在我们这一文化传统下,理论的力量也许会超过许多其他的国度。曾几何时,"教育产业化"和"大学市场化"——世纪之交在中国和世界上几乎同时出现的两种高教理论思潮,交织出一曲同异相间的协奏曲,激起了全球范围的巨大反响。各行各业的专家学者也都曾经纷纷卷入讨论。但由于国家教育主管部门及时警觉,使曾经盛行一时的"教育产业化"口号很快偃旗息鼓,现在重提这一话题也许有一点时过境迁的感觉,但在新的发展观兴起的背景下,分析梳理一下其来龙去脉,并作一些再认识还是很有必要的。

---

① 原文系在2001年4月6日"大学市场化趋势国际学术研讨会"(上海)的发言,经录音整理而成,曾刊于《教育参考》2002年1期,正式发表于《国家教育行政学院学报》2005年第5期,内容略有增加。本文曾获中国高等教育学会第七次(2009年)优秀高教研究成果论文二等奖。

一、"市场化"的缘起:"全球化"与"现代性"的互动

1. "全球化"的基本特征及其"双刃剑"本质

"市场化"是"全球化"的始作俑者和本质特征。"全球化"确已成为新世纪到来之际"点击率"最高的一个话语之一,尽管"地球村"的神话早在20世纪60年代就已诞生,但也许到90年代才真正为世人所体认:人类的确已经进入了一个更加相互依存、相互影响、相互促进、相互制约的时代。"市场跨国化""信息网络化""科技同步化""环境一体化"等趋势的确愈演愈烈,交汇成一个以"经济全球化"为中心的"全球化"浪潮。关于"全球化",我认为其主要表现有三点:一是市场经济的全球扩张,包括社会主义市场经济理论的诞生和实践,使得《共产党宣言》所昭示的"世界市场"的真正形成。二是科学技术的全球同步,包括IT技术、纳米技术、争议较多的克隆技术等,业已成为各国科技界共同追逐的热点。三是生态环境的全球联动,Only One Earth(只有一个地球)也许是20世纪下半叶以来人类达成的最大共识。这三点可以视作"经济全球化"时代的主要特征,本质上都是利弊并存的"双刃剑","市场乌托邦"和"市场原教旨主义"间往往仅一步之遥、金融资本的全球运作更使金融危机的损失异常巨大;"信息爆炸"和"信息垃圾"相伴而行,"网络犯罪"亦常使现代防范手段顾此失彼;"克隆"所带来的不仅是伦理的危机、更是对人类自身生存的威胁;而"资源危机"和"生态危机"的交织,更是如达摩克利斯之剑高悬于地球之上。"全球化"的三大特征中又以"市场化"为主要趋势和本质特征。总之,"市场化"和"全球化"也许已经成为我们时代最大的"话语霸权"。"教育产业化"和"大学市场化"等理论首先是在这种大背景下孕育产生的。

2. "新公共管理"的兴起与"大学市场化"思潮

"大学市场化"理论的出现与"新公共管理"思潮的兴起有关。在20世纪的七八十年代,以里根和撒切尔夫人为代表,掀起了一股"私有化"浪潮,同时诞生了一个以"新公共管理"(New Public Management)为名的理论思潮。"新公共管理"理论的核心有两点:一是强调资源的价值,以经济效益、利润为目标;二是强调办事效率的价值。其表现形式就是把传统上大量由政府部门提供的公共产品和公共服务改由企业提供或交私人管理,政府只充当"采购者"和"监管者"。这对于提高公共产品和公共服务的效益和效率都有显著成效,但也带来了许多新的问题,如公众利益的保障和社会公平的倾斜。这对教育投资和管理有很大影响,特别是在高等教育领域,"冷战"背景下的高科技竞争愈演愈烈,使大学开支

节节攀升。不断膨胀的大学费用,使传统的政府投入模式不堪重负。在这种情况下,"新公共管理"理论也就自然而然地被推及教育领域,教育作为公共产品或至少是一种准公共产品的属性受到怀疑和忽视。片面强调教育的私人性,势必导致国家投资的收缩,结果,不少国家在大学经费上的政府投入比例都有所下降,有的甚至出现负增长,而大学的开支又难以降下来,于是,"大学市场化"思潮也就应运而生。所以,"新公共管理"理论成了"大学市场化"缘起的第二个重要原因,也可以说是直接的原因。

其实,伴随着"新公共管理"思潮,还有关于"公民社会"(Civil Society)理论的讨论和"第三域"(Third Sector)即"非政府组织"(NGO)"非营利组织"(NPO)等的兴起,这些对我们的"大学市场化"研究应该有另一种启迪,这里暂不讨论。

3. "现代性的扩张"与"现代人的两难"

这也是"教育产业化"或"大学市场化"一个重要的生成背景。何以解读"现代性"?这往往与对现代化的追求交织在一起。国人还是十分向往现代化的,因而对于"现代性"的负面影响往往感受不深。这是由特定的时空背景制约所决定的。处于"后现代"困惑中的西方是无法理解尚处于"前现代"或发展中的国家对推进现代化的强烈愿望的。但是,由于全球化的迅猛扩张,使得任何一个民族和国家再也无法回避"现代性的扩张"所带来的多种后果了。现代性一方面造成了时空的错位与重组,专业俗语叫"时空的压缩"或曰"时空跨越",瞬间万里,即时"在线"(online);另一方面也造成了"时空的分延(分离和延宕)",或说时空脱嵌。前现代与后现代的跨接、过去与未来的断续与持存、"在场"与"缺场"的交织,造成了当今时代整体性与个体性的分裂、同质化与异质化的共进。人类自身陷于重重矛盾之中:一方面是趋同,"全球一体化"正向人们生活的各个领域全面渗透;另一方面是求异,各民族、各宗教流派都强调各自的独立价值而冲突不断。不仅如此,现代性带来的更是高效率与高风险的并存和高科技与低情感的矛盾。

总之,在这样一个全方位嬗变和不定性成为当前唯一可以有效预言的时代,人与社区的发展已成为现代教育关注的中心。担负着人类文化传承和现代文明创造双重任务的大学,正面临着传统大学的"合法性危机"和现代科技突飞猛进的双重挑战,不变革将何以为继?面对"现代性的扩张"和"市场化"的大潮,"大学市场化"也可视作是一种力图为"现代人的两难"和"大学的危机"寻找某种出路的尝试。这就是引发"大学市场化"的第三个原因,也是深层次的原因。正如联合国教科文组织在《教育,财富蕴涵其中》的报告中所指出的,"现代人有一种头晕目眩的感觉：一方面是世界化，他们看到而且有时承受着这种世界化的多种表现；另一方面是他们在寻根、寻找参照点和归属感。他们在两者之间左右为难。教育应面对这个问题，因为在一个世界性社会将在阵痛中诞生的时候，教育比任何时候都更处于人和社区发展的关键位置……"

而这正是"大学市场化"的真正背景："全球化"和"现代性"的互动。到底是深思熟虑的抉择，还是某种意义上只是现代人"头晕目眩的感觉"的产物呢？按照老黑格尔的说法，"凡是现实的都是合理的，凡是合理的都是现实的"。"教育产业化"和"大学市场化"之缘起不也是如此吗？

二、"大学市场化"的辨析：大学何以"善治"

1. "市场化"诠释的多样性和歧义性

前述"全球化"的最基本特征就是其"市场化"趋势。那么何谓市场化？简而言之，就是引入市场因素、按照市场法则、适应市场需要、通过市场运作来进行资源配置和实施经营管理。"市场化"包含着诠释的多样性及歧义性。而在教育领域的"市场化"，我归纳一下大约有三个方面：第一，"市场化"等于或趋同于"私有化"。其大背景当然是西方20世纪七八十年代掀起的"私有化"运动。就国内而言，就是教育的"商品化"，即把教育纯粹视为一种提供给个人的商品，或者干脆是一种个人或家庭的投资，而否定教育的公共产品属性。在国内，"教育消费论"就是它的变种，把教育看作个人的消费或投资，谁受到的教育越多，得到的回报就越多，所以当然可以视作私人产品，因此办教育也当然有利可图。当然，教育本身有多种属性。第二，"市场化"就是利润化，追求利润。这也是高收费的理由。在中国，教育的市场非常广阔，的确有着巨大的市场，这里面有利可图。虽然国家法律规定这个利润不得私有、只能继续投入教育，但利润是客观存在的。海外教育展络绎不绝，中介机构的利润相当可观，这已是公开的秘密；民办学校如雨后春笋般涌现，鱼龙混杂中也包含着一些视教育为发财捷径的"学店"。第三，市场化实际上就是企业化。我觉得有点像我们通常所说的"教育产业化"问题，讲究投入产出，讲究成本核算，讲究适应市场需要，讲究按市场规律办学（如大学后勤社会化问题）。

所以，研究"市场化"问题，首先要确认概念的"能指"和"所指"范围，确定讨论的出发点及其语境。大谈"市场化"，在西方是以"私有化"为背景的，即所谓对"福利国家"（Welfare State）的终结。当我们在大谈现行的市场化理论时，往往也包含着对"福利国家"的排斥。有人在谈到我国改革的市场取向时，强调的主要是对福利制度的否定,甚至以西方右翼理论家对"福利国家"的批判为根据,这是一种片面而有害的误解。据我所知,实际情况并非如此,如在德国和北欧的不少国家中,包括大学在内的教育仍然是免费的。所以,我认为不能以市场化改革为由,而为政府推卸其提供公共产品与公共服务、履行公共管理职责作辩护。这一点必须注意,否则,我们所说的"教育产业化"很可能与国家的"科教兴国"精神背道而驰。"教育产业化"论的兴起也许为国家的计划及财政部门所欢迎,他们会感到压力减轻些:不是总说教育经费未达到《纲要》规定的4%吗?教育不是产业化、市场化了吗?你们到市场上去要钱就是了,我们减免税收不就行了吗?所以,对这个问题,我们的理论家在思考的时候特别是在发表言论的时候,要有一个冷静的、清醒的头脑,进行全面的、辩证的分析。我在《中国高等教育》2001年第2期上发表的《中外合作办学之我见》一文中也曾对此有所论及。总之,我们必须对"市场化"的多义性和歧义性有足够的认识。

2. 市场的有效性与有限性

研究"市场化"问题还必须对市场的属性和作用有较清醒的认识。当市场化大潮席卷而来之际,我们应该对市场这只"看不见的手"的有效性和有限性有足够的认识,对其负面性也应该保持足够的警惕。市场的利弊是共存的,这是我们思考市场问题时的基本判断。反映在教育领域,我提出至少有四点是值得大家思考的:一是大学的市场化与教育的质或量的关系。解决高等教育大众化的量的需要,国家财力有限,市场化的收费上学是一个很好的补充方案和途径,但要伴以奖、贷学金制度和社会保障制度的完善。同时,完全的市场化本身又是和教育的大众化目标相悖的。高等教育的大众化也不等于人人都进大学,事实上也不可能人人上大学。对于教育的质量问题,已经成为上至教育部、下至高校师生及家长所共同关注的问题,这就是素质或质素问题。市场化也是双刃的。二是大学市场化引发的市场逻辑与教育逻辑间的张力关系。这方面大家已讲得很多。我要做的辩护就是市场导向与学术自由并非决然对立。前者在某种程度上更扩张了学术自由的空间。因为,当流行某种东西时,大家都一哄而上,那么被冷落的东西就会受到市场的调节——物以稀为贵。当然,这里还有一个后面要讲到的关于教育的"适应"与"导引"的双重使命问题。三是关于大学市场化与人力资源的培养、国家竞争力的提高。我的基本判断也是利弊共存,还涉及民族、国家当前利益与长远利益之间的关系,因为市场化的急功近利取向对效益具有滞后性的教育发展和国家长远利益是有危险的。四是大学市场化与国家功能转化、政府职能转变之间的关系。这个问题值得进一步研究,它涉及公平与效益的问题,且始终存在。教育的公平原则是不可替代的,孔夫子就倡导"有教无类"。当然,公平本身有多种公平观:起点的公平、结果的公平、机遇的公平等。可见公平本身有多种不同的价值取向和标准。所以,这里涉及政府职能和国家功能的转变。我参加过日本早稻田大学的一个关于政治学的研讨会——世纪之交国家功能的转变在东亚,大家都感到国家的功能在转变。17世纪的英国哲学家霍布斯把国家称作《圣经》中的海兽"利物坦"。20世纪是国家功能空前膨胀的时代,"利物坦"到处都呈现出它最强大的作用。21世纪如何呢?一些超国家的"利物坦",如WTO、IMF、世界银行、OECD等,都在企图左右世界的发展。而政治多极化和文化多元化的现实,则必然要求民族国家的强化,以利于各民族和全人类的共同进步与发展。

3. 大学的经营与管治

提出"大学市场化"命题的真正价值,也许在于大学办学方式、管理模式的改革。何谓"管理"? 现在通用的就是 management。但在英语中可以被译为"管理"的却还有好几个单词:如 administration,主要指行政管理;regulation,主要指规范管理;control,控制和管制。大学管理究竟是 administration 还是 management? 可以说,计划经济传统下的大学管理理所当然的是 administration,即属于行政管理的范畴。而"大学市场化"的提出,无疑是强调大学管理的 management,即大学的经营问题。因为"市场化"自然包含了市场营销的意思。对于英文单词 management,释义颇多,其含义日益泛化,其所包含的经营意识和营销意识是很强烈的,主要指对"私域(Private Sector)"的管理,但又不仅如此。据我所知,第一个"经理",不是企业经理而是城市经理,所以它也源于公共管理。但这里的确有个市场导向——即有没有"顾客至上"精神。我们的教育不敢讲顾客至上,实际上我们讲的"学生为中心"不就是顾客至上吗?我们应当重视这个问题。大学可以也应该更多地借鉴企业化管理的经验和方式。这也许是"大学市场化"命题的启迪所在。

提出"大学市场化"带来了大学管理模式的转换。这里,我想引进一个政治学(行政学)和管理学中涉及的"治理"(governance)概念,"governance"原来主要指政府的管理,带有"管治"的意思,但现代的"管治"绝不是政府独家的事。西方有人研究指出,现代重提 governance 是对传统西方民主的反驳,认为现代人面对着的实际上是一个"破碎的民主",需要来一场"治理的革命",即更多的"共同治理"。"goverance"的复兴虽然也有一定"私有化"的背景,世界银行为解决第三世界经济发展所面临的困境问题开出"善治"(good governance)药方时,的确包含着"私有化"这一在西方被认为是包治百病的灵丹妙药(其实,苏东曾经使用的"休克疗法"的失败,说明"私有化"并非那么有效),但同时也包含着按某种霸权主义文化所希望的一统管治,即所谓的"全球治理"(global governance)。但是,我认为,"治理"(governance)在西方的复兴,更具现代意义的,恰恰是一种超越传统西方民主模式的吁求、一种更多非政府组织(Non-Governmental Organization,NGO)参与共同治理的呼声、一种"全球化"背景下新的人类文明和文化和谐共处的共识与"共治"。

对于现代大学来讲,管理也应该是一种"共治"。大学管理包括经营与管治两个方面,前者主要指办学效益问题,后者则须强调依法治教问题。这也就是大学是否需要又何以实现"善治"(good governance)的问题。大学的"善治"至少要处理好三个关系:一是政府与大学的关系调整,二是大学与社会的关系调整,三是大学管理中的几种权力关系调整。这三点都涉及大学的"管治"问题,其中第二点涉及大学的"经营"或"营销"问题,也就是教育的市场导向或教育的市场意识问题,即教育中是否也要讲究"顾客至上"的问题。关于第三点我觉得对目前我国大学如何实现"善治"尤为重要。大学有哪几种权力关系? 第一是政府的权力,即教育行政领导部门的权力,这也就是指大学与政府的关系,公立大学直接由政府出资举办(当然归根结底还是纳税人的钱),政府控制的权力是很大的,民办大学也必须服从政府教育行政主管部门的管治;第二是学校行政当局的权力,通俗地说即学校机关的权力;第三是大学的学术权力,传统的说法即教授的权力。理想的结构也许是个正三角形,即政府干预少、学校行政当局有中间权力、最大权力在学术上。而中国计划经济下却是一个"倒三角"的权力结构,改革过程中强调政府的放权。这些年来,我国在扩大高校办学自主权方面的确有很大改观。政府是在放权,放给了学校办学行政当局。但如果一味强调办学市场化,则学校当然要为经济效益、办学经费发愁,学校的自主办学权与自我约束之间就会产生矛盾。如果没有有效的研究内外结合的监督机制,就无法保证真正的"依法治教"。我曾经承担过教育部的一个研究课题,即关于大学办学体制改革以后政府对高校的管理模式问题,政府部门主要担心大学的自我约束机制问题,特别是教育部担心大学会不会去卖文凭? 这并不是杞人忧天,在大学经费拮据、难以为继时,不能保证不会出现此种极端的情况。事实上,放松教育质量控制,在提高收费标准的同时,降低教学水准的要求,不正是一种变相地卖文凭吗? 所以,说得不好听的话,过分强调大学的市场化也许会导致"逼良为娼"。何以防治? 除了政府主管部门的监管外,这要靠学校学术权力的扩张来制约行政权力的扩张。放权绝不可以仅仅放到学校的行政领导或管理机构一级,而应该利用我们教授的学术自由和民主治校的权力、来自学生及其家长的权力来监督学校的行政权力——他们当然有权力责问学校如何保证其教育质量。我们应当正视这个问题。其实,这也正是我国《高等教育法》中提出的"民主管理"的应有之意:以人为本,师生共治。而"面向社会自主办学"也不能片面地理解为、简单地等同于"面向市场自主办学"。

三、"大学市场化"对策:大学的制度创新

1. 教育的"适应"和"导引"

至于怎样应对"大学市场化"的挑战,我的结论是进行大学的制度创新。"大学市场化"问题提出的积极意义,正是大学管理和制度创新问题。这首先涉及的是对教育基本使命的确定,即现代教育"适应"与"导引"的结合:教育第一要适应市场的需求,第二要导引社会的变革,大学制度创新必须同时兼顾这两者的统一。这其实也是当代世界性高等教育改革的共同任务。"全球化"背景下,现代高教的基本趋势可以有多种概括,主要有以下四个方面,即大众化、国际化、网络化、终身化。我要强调的是,国际化并不等于全球化。全球化讲的是一体化,而国际化(International)讲的是不同主体间的交往。它以承认个体的独立性为前提,所以二者之间并不相同。我想增加一个概念叫Glocal。看上去像Global,全球的,但其完整的形态、实质的内容却是Local,本土的。其含义是"以全球化视野进行本土化实践"。这是现代大学教育国际化的一个特征。以此观之,教育的"适应"应该包括教育对现有劳动力市场需求的适应和对社会发展潜在人才市场需求的适应。这在不同的国家和不同的发展阶段有同有异。总之,教育发展战略和改革走向必须以特定的时空为背景。国际上的"大学市场化"思潮我们不应盲目跟随,但这并不排斥对它的研究和借鉴。简而言之,教育的"适应"与"导引"相结合,也包括了教育满足就业需求和创造就业岗位相结合,而这又必须与实际的国情相结合、与国家和社会的需求相结合,同时还必须与教育的发展规律、与经济社会的协调发展和人的全面发展目标等要求相一致(过分强调"就业率"会导致大学失去其导引社会进步的职责)。

2. 大学的制度创新与功能扩展

"大学市场化"思潮兴起也呼唤着现代大学制度的创新。如前所述,"新公共管理"理论是"市场化"的催生素和辩护士,也是"大学市场化"思潮的孕育者。"新公共管理"理论的兴起及其在我国的传播,对教育同样利弊相间:公共部门

的市场化和公共事业的企业化势必有利于"政事分开"的推进,政府的"放权"将有利于学校办学自主权的扩大。但是,政府经费的压缩必然使原已十分紧张的办学经费更显拮据。但大学何以避免"市场失效"和"政府失效"的冲击?何以游刃有余于各种力量的"管治"?何以真正面向社会(包括市场)自主办学(或叫自主"经营"或就是"营销")?还应该包括坚守大学理念、不为各种外界的权势的独立自主性)?这是摆在当代大学面前的一种挑战和机遇。中国的大学必须在深刻的社会变革和转型中探索建立起有自己特色的,以"学术自由""面向社会""自主办学"(大学自治)"民主管理"(师生共治)四项原则(见《高等教育法》)为支柱的现代大学制度。

大学制度创新问题与大学功能的不断扩展相关。从传统的传授学问、培养绅士,到洪堡的教学科研两个中心——当然这是中国的说法,再到克拉克·克尔在《大学的功用》中强调社会服务功用并从而创造出了 Multiversity(巨型大学,我认为译成"多元大学"较妥)这一新的大学概念。在"全球化"背景下的现代大学理念中,我们提出了 TRSC 理念,即教学(Teaching)、研究(Research)、服务(Service)和交往(Communication)。这可以视作又一个新的大学概念 Omniversity(总体大学)的基本诠释。这里涉及何谓现代大学的第四大功能问题,众说纷纭,不一而足。大学的国际交往功能在全球化背景下尤为重要,不是有人提出了未来可能出现"文明的冲突"的问题了吗?人类文明的未来走向应该是互补与和谐的统一,而这首先需要的恰恰是沟通和"交往",是对话而非对抗。Communication 作为大学的功能之一,曾经是大学的骄傲,诞生于中世纪欧洲的大学曾经是最早的跨国性组织和机构之一,为欧洲文明的崛起发挥过重要作用。值此全球化时代,现代大学在国际交流和文明沟通、文化交往中的作用正日益彰显。在全球性的市场竞争日益激烈的今天,大学这一功能的弘扬更为重要。努力建设一批以"教学、研究、(社会)服务、(文明)交往"(TRSC)四大功能并举的世界水平的一流大学,将是中国大学走向世界的重大战略目标。

3. "企业(家)型大学":调适市场逻辑和教育逻辑的探索

总之,"大学市场化"是一个具有多种诠释的命题,从上述概括的"市场化"第三层意义,即借助于企业管理的经验层面来看,"教育产业化"和"大学市场化"命题的提出对现代大学的制度创新是颇有启发的。由美国学者伯顿·克拉克提出的"企业(家)型大学"(Entrepreneurial Universities)概念的意义就在这里。大学的"市场化"行为本是大学应对市场挑战而被迫作出的反应,导致传统大学"象牙塔"的嬗变。但市场逻辑和教育逻辑的相悖既造成了现代教育的两难,也促就了现代大学自主创新精神的焕发。就如市场经济造就了一大批敢冒风险、勇于创新的企业家一样，"大学市场化"催生着一批具有改革精神、会抓机遇的多样化的"企业（家）型大学"，或曰"创业型大学"。中文有的译成"自主创新型大学"，我以为这是一种意译，也许译者的潜意识里是为了其在中国的可接受度，但或许直译成"企业（家）型大学"更为准确，也更为传神。何必回避"企业家"呢？企业家的特征恰恰在于其永不止息的创业精神，这对于处于时代变革和社会转型时期的教育界尤其是现代大学尤为重要和紧迫。伯顿·克拉克强调这种新型大学的5项变革途径，即加强大学的领导核心层，发展与外界合作，自主的、多样化的资金基础和来源，富有活力的、自治共治的教授力量的发展，全校性的、自主创业的共同信念。这5条的实质在于力图实现对市场逻辑和教育逻辑的调适。这种"企业家型大学"的核心就是一种"企业（家）精神"，一种自立、自主、敬业、创业的信念和信心，也正是国内大学特别是公立大学最缺乏的一种精神。现代大学太需要这种精神了。这种"企业（家）型大学"形成的关键，是组织变革和管理创新，从而具有宽阔的信息渠道、灵活的反馈机制和敏捷的应变能力。因此，加强大学自身的知识管理和组织设计的研究和改革，将是现代大学通向未来成功的保障。大学的领导和管理者不应是"守业型"的"管家"，而应该是"创业型"的"总裁"和CEO，就如同现代企业老总，枕戈待旦，随时准备抓住机遇、迅速出击。当然，"守夜人"还是需要的，那就是政府应该监督好公立大学国有资产的保值与增值。"监督者"（Regulator）也是不可与缺的，那就是国家应该保证老百姓得到货真价实的教育产品或"教育消费"。这里包括对民办、私立大学的监管。

所以，不论是国内的"教育产业化"论还是国际上的"大学市场化"论，如果真能催生出一种能承接"知识经济"挑战、适应变革、导引发展、摆脱依附（不论依附的是国家还是市场）、超越自我、以创新管理为特征的新型大学的话，那么，其功莫大矣！我相信，借鉴企业精神——自立、自强、创业、敬业——大学的制度创新前景广阔。

结语：大学理想的守护与创新

总之，我认为既不必对"大学市场化"顶礼膜拜、视若神明，以为大学面临的一切困难都将因为"市场化"而迎刃而解；也不必视"大学市场化"如洪水猛兽、惊慌失措，以为大学的丧钟为之已经敲响。回顾人类大学的历史，从传统的专注于精英教育的大学到多方服务于社会大众的"多元大学"（Multiversity，巨型大学），再到当今"全球化"背景下沟通东西方文明、交往各民族文化的"总体（全能）

大学"(Omniversity),乃至于面对"市场化"大潮而兴起的"企业家型大学",大学的功能在扩展,大学的制度在创新,大学的理念在升华,大学应该是现代公民社会(及"第三部门")发展的一种典范,其科技文化和制度文化的双重贡献将是大学在第二个千年的最伟大成就。

　　古人曰:"大学之道在明明德,在亲民,在止于至善。"大学理应担当起人类文明承继和文化创造的双重使命。只要我们能坚持守护大学理想、创新大学之道、经受"市场化"洗礼,大学就一定能"凤凰涅槃"、浴火重生。"恶"为历史动力与"善"为历史目的的统一,只能实现在人类不断创新的实践中。最后借用歌德诗中的一句话作为我的结束语,即在大学理想的守护与创新中"只有能把遗产运用于生活的人,才配得上讲继承;而只知道堆积僵死古董的人,只不过是历史的可怜虫"。

建设面向新世纪的多功能型现代大学[①]

——试论"同济模式"的意义及启示

值此世纪之交,随着中国社会变革的深入和世界性的"知识经济"时代的来临,担负着科教兴国重任的中国高等教育正在进行着重大改革。在此背景下应运而生的"同济模式",作为原国家教委和上海市政府在高教改革中打破条块分割、调整布局结构的一个重要举措,既是一个针对当前,攻克中国高教改革中的重点和难点的改革模式,更是一个瞄准未来,优化资源配置以迎接新世纪挑战的发展模式。改革是为了发展,"同济模式"的目标正是为了建设面向新世纪的多功能型的社会主义现代大学。

一、实质性合并:高教管理体制改革的重大突破

"同济模式"的意义何在?这首先要从世纪之交中国高教改革的现状和面临的任务来看。众所周知,中国正在实行向社会主义市场经济体制的转换,而目前的中国高教管理体制是在计划经济体制下形成的,全国现有1 000余所普通高校中有三种不同隶属关系的院校,即34所教育部直属的重点高校,300多所中央政府各部委管理的高校,以及近700所地方政府所属的高校(其中不少是由地方经济部门主办的)。这种大量由非教育主管部门管理的条块分割的办学体制是行业经济和产品经济的产物。这种体制在历史上曾起过积极作用。但也毋庸讳言,这种条块分割体制也带来了教育资源配置不合理、重复办学现象严重、专业设置过于狭窄和办学效益低下等弊端,在新形势下已明显不能适应社会主义市场经济体制的转轨,也难以担当起高等教育在"科教兴国"中的重要使命。特别是作为发展中的人口大国,我国教育事业面临的穷国办大教育这一基本国情

---

① 本文原载王建云主编的《同济模式——高教管理体制改革的探索》(同济大学出版社,1998年10月出版)后与吴启迪校长合作,发表于《中国高教研究》1998年第1期,原稿署名吴启迪,篇名为《努力探索面向新世纪的中国高教发展模式——"同济模式"的改革实践与探索》,编辑删去了其中"多功能大学"一节(因对"交往"作为大学第四功能说有不同意见)。

还不可能在短期内得到根本改观,大学生占人口比例还很低,中国的现代化事业正需要更多的受过高等教育的人才,因此有限教育资源的优化配置已成为教育改革、特别是高教改革中刻不容缓需要解决的问题。目前中国高校的数目不算少,但平均规模每校只有 3 000 人多一些,因此对高校在数量上进行适当的精简,在资源上进行适当的集中,着重办学效益和质量的提高,无疑是目前中国高教改革的一条重要思路。打破条块分割的旧管理体制的问题不仅是 90 年代中国高教改革中的重点和难点,实际上也已成为 21 世纪中国高教发展的重要前提。正是在这一背景下,"同济模式"的出现才具有更为深远的战略意义。对于这一高教管理体制改革中的重大举措,我们实践中的认识有如下几方面:

第一,两校并入实现了原来三种不同隶属关系高校的合并,这是一个重大的突破。并入两校中的上海城建学院是同济大学过去的分校,但独立作为上海市属高校已经 10 多年了(曾属上海市城乡建设和管理委员会管理),而上海建材学院更是长期隶属于国家建材工业局领导(在并入同济前约 4 个月左右刚转由上海市管辖),因此两校并入实现了中国普通高校中三种不同隶属关系学校的"联姻",在全国高教体制改革中具有重大的始创意义。

第二,两校并入实行"一步到位、完全融合"的实质性合并,这对解决高教重复办学、优化资源配置具有重要的示范意义。尽管这种一下子完全并入的方式实行起来难度较大,在校区规划、结构调整、人员安排、利益整合方面的工作量特别大,但有利于加快融合,有效防止"磨而不合"。由于在两校建制撤销的同时迅速进行大规模的人员、资源的重新配置,不仅对于减少重复办学、精简高校数量、提高规模效益有明显的效果,而且有利于并校后的加速发展。

第三,两校并入作为非重点高校向重点高校、单科性大学向多科性、综合性大学合并,对于提高高教的办学质量和办学效益具有重大的促进作用。作为教育、科研两个中心的国家重点大学,同济大学在学科建设方面对于两校有明显优势,实质性的合并有利于带动原两校师资水平和科研能力的提高,如为原两校高级职称教师创造了带研究生的机会,也为两校青年教师的进修、提高提供了良好的条件。同时,两校并入扩大了同济大学的办学空间,也弥补了部分专业的短缺,有助于重点大学整体实力的提高。

第四,两校并入以共建的形式把地方高校并入国家直属高校,创造了"共建"的新形式,也进一步加强了中央直属高校与地方经济及社会发展的紧密联系。一方面强化了中央直属高校面向地方、服务于地方经济建设和社会发展的功能,另一方面也加强了地方经济和社会发展对国家重点大学科教优势的依靠和支持。同济大学长期立足上海，面向全国，已为上海和全国经济建设作出了重大贡献。通过共建形式，撤销了两所专业设置基本类同的地方高校并入中央直属重点高校，这就进一步畅通了中央直属重点高校参与地方建设的渠道，开拓了为地方服务的广阔前景。同时，地方政府也可以更加放手地依靠中央委属高校的科技优势来加速区域经济发展和地区建设，发展高新技术和地方支柱产业。这对于实施"科教兴国"和"可持续性发展"战略都是具有十分重要的现实意义和深远影响的。

我们体会到，国务院领导同志提出的创造和完善一个高校改革中的"同济模式"的指示的确是寓意深刻的。我国经济体制正由计划经济向市场经济转轨，打破条块分割的高教管理体制应视作是这种转变中的一部分，新老同济人对此取得的共识，有助于参与改革的积极性的提高，也保证了"同济模式"改革的初战告捷。

二、抓深化改革：高等教育发展模式的大胆探索

"同济模式"的发展前景如何？这既要依靠上级政府的正确决策和领导，以及采取相应"扶上马、送一程"的方式提供的大力支持，更要靠我们新老同济人自己的努力。要根据经济和社会发展的客观需要及高教的自身规律，确定自己的发展目标。江泽民同志在会见四所交通大学的校领导时指出，随着我国经济建设中正在实行的"两个根本性转变"（即在经济运行体制上的计划经济体制向市场经济体制的转变和在经济增长方式上由粗放型经营向集约型经营的转变），教育也面临着"两个重要转变"，即要全面适应现代化建设对各类人才的需要和全面提高办学质量与效益。打破条块分割的管理体制的改革是为学校发展创造了一个更好的外部条件，但如何"全面适应"和"全面提高"的关键还要靠深化校内体制的改革，靠学校自身如何面向社会依法自主办学。因此我们认为两校的并入既是对同济大学严峻的挑战和考验，也是为同济人提供的一次重要的发展机遇。早在并校改革正式启动前，学校就提出"以两校并入为契机，深化校内管理体制的改革"的口号，力争把并校改革作为校内改革的一次推动。两校并入虽源于政府部门的宏观决策，但更应看作是我们高教事业本身发展的主动抉择。同济人要创一流的大学首先要在并校改革中创出一流的工作来。为此，面对并校改革带来的百事待举以及由于利益的调整而带来的难以避免的震荡，学校坚持以改革统揽全局，加大改革力度，以改革促发展，以发展保稳定，在动态的稳定中求发展。学校提出了"以共同目标团结人，以事业发展凝聚人"的并校指导方针；

一是强化以团结求发展的意识，提出"先融合、后优化"和"完全融合、优势互补、一视同仁"的原则，在全体同济人中间，特别是在干部和党员中间强调一切言行以有利于两校并入的大局为准，提高讲政治、讲大局、讲纪律的自觉性。二是强化以改革促发展的意识，学校制定的改革的基本思路是，以优化资源配置为前提，以探索办学模式为主题，以深化校内改革为关键，以拓宽投资渠道为保障，全面提高办学质量和效益为目标。这实质上也就是要实现由减少因低水平重复办学所造成的资源浪费的改革模式，向真正实现高水平高质量办学的发展模式的转换。

在推出的一系列改革举措中，以探索新型的更加注重办学质量和效益的办学模式是最主要的。作为全国重点大学，学校在坚持教育、科研两个中心的前提下，大胆进行办学模式的探索，根据现代高等教育的规律以及学校现有资源条件和专业特长，实行"一主两翼"的三大块各有特色的办学模式：一是高质量的全日制学位教育，这是办学的主体，坚持以本科教育为立校之本，努力培养大批高质量的口径宽、基础厚、能力强的本科毕业生；以研究生教育为强校之路，把扩大了的办学空间及资源首先用于稳步发展高起点的研究生教育上。二是有特色的包括函授、夜大在内的成人高教、高等职教等多种类、多形式的面向社会办学，培养社会急需的短线、应用型人才，这既是学校实行共建后，适应地方经济、社会发展的需要，也是学校适应现代化教育向终身教育方向发展的需要。同时，根据经济建设第一线的需要建立的高等技术学院，也是为适应现代化人才需要的一项重要改革，通过拓宽本科教育模式，强化教学实践环节，以培养面向企业界所急需的"现场工程师"和新型的"思考型实践者"。三是积极进行高层次、多形式的对外合作办学的探索，以吸收国际教育经验和吸引国外教育智力和资源，培养更多瞄准高科技前沿、对外开放型的人才，同时也扩大学校的对外影响，如与英国合作培养国际注册的监理师、与法国合作培养国际企业工商、工程管理人才，已经挂牌的中德学院，将开创一条中外合作培养高层次人才的新路子。

此外，学校还进行了一系列各方面管理体制的配套改革，加强各方面的联合，集中分散的各种资源以提高规模效益。如深入进行完善校、院、系三级管理体制的改革，以新调整的宽专业目录为参考，组建至少在一级学科层面的学院，以学院的形式全面覆盖了全校的专业教学系和相关研究单位。再如实行科研管理体制改革，筹建以国家重点实验室、国家工程研究中心、重点学术骨干梯队为主体的科技研究院，更好地发挥科研主力军的作用，稳住一头，放开一片。此外，集中校内各种设计力量，组建建筑规划设计研究总院，加强各种设计资质的统一管理，服务于经济建设主战场，同时也为学生提供有效的学习基地，为学科建设提供强有力的工程背景；加强校产联合，归并校内各级各类公司，组建校产业发展总公司，加速科技产品的开发转化。此外，还积极进行后勤社会化改革的探索，如筹建学生公寓，多渠道集资加快教工住房的建设，向有偿分房转化，同时加强物业管理，逐步向住房商品化过渡。

上述改革举措，既是立足于并校后的实际，从现有基础出发的实事求是的改革，加速必要的人员分流，走内涵发展道路，也是着眼高教的两个"根本性转变"，按照学校整体发展目标，面向社会需要，瞄准未来竞争的改革。总之，发展是硬道理，改革是强动力，并校改革需要稳定，但不改革就没有出路，不改革就不会发展，而不发展更无法稳定。学校教育、科研及各方面事业的蓬勃发展，使大家看到共同利益，看到广阔前途，才是最有效的"稳定剂"。

三、多功能大学：高等教育理念的现代创新

"同济模式"的发展如何与创世界一流大学的目标定位相结合？这是把"同济模式"真正培育成面向新世纪的中国高教发展的新模式的关键所在。随着"磨合期"的逐渐渡过，合并成功的示范意义将渐渐完成其原本的历史使命，特别是随着中国高等教育管理体制改革的全面推进，已经出现并将继续出现更大规模的并校浪潮。当然，"同济模式"的始创意义将被载入中国现代高教改革和发展史。而随着新一届政府的国务院机构改革方案的实施，原有三种高教管理体制很可能被新的三种体制所代替，即国立、公立（地方）和私立（民办）三种形式。教育部直属高校将逐渐转化为中央政府领导的"国立大学"，当然，已经推出的与地方政府"共建"的模式将保存并继续深化，因为面向地方、区域经济发展将是现代大学的重要功能之一。而中央各部委管理的高校，将因国务院机构的改革、转制而逐渐失去原由部门办学的旧体制，而向教育部直属的"国立大学"或地方政府领导的"公立大学"转化，而第三类高校——私立高校的出现，已是社会主义市场经济体制下不可避免的了，除了少数近年来经批准兴办的"民办"大学外，中国新型私立大学的出现，笔者认为主要应靠现行高校的转制而成，而不应是大量重新创办的民办高校，事实上已有的民办高校不也主要是依托原有高校的师资乃至实验条件为主吗？否则，新一轮的"大办"无疑将是又一轮的高校数量的扩张和高教有限资源的分散乃至于流失！因此，"同济模式"中所含有的"共建""划转（转归）""并入（合并）"等改革方式仍将会有一定的示范意义。

除此而外，"同济模式"的真正生命力仍将是不断改革与发展，"同济模式"所

内含的创新意识,勇于为中国高教管理体制改革做尝试的奉献精神是不会过时的。同济人在创造高教体制改革的"同济模式"的同时,始终把探索中国高教跨世纪发展新模式作为自己的使命,而探索中国现代高教发展的新理念是其中最重要的一环。

自两校并入的"同济模式"初战告捷后,校领导就有远见地把新同济的发展定位问题提到最重要的议事日程上来,即怎样才能把一个办学质量和效益都更高的同济大学带入21世纪的问题向全校提出来。在分析了学校的现状及面临的挑战和机遇的前提下,逐渐把学校的定位和战略目标明确起来。1997年5月,在校庆90周年之际,学校明确提出了校庆的主题——"同舟共济迎挑战,乘风破浪跨世纪"——这也成了新老同济人迎接新世纪的共同口号。在校庆大会上通过校长致辞确定,同济大学"目前是一所以工为主、理工结合,经、管、文、法各具特色的多科性大学"。而其发展目标则是"建设一所理工结合、文理渗透,科技教育与人文教育协调发展的一流的社会主义现代化大学"。

学校的这一发展目标既是立足于学校的现状及其可能——并未笼统地提建立"综合性大学"的口号,又是着眼于学校的未来发展——建设一流的社会主义现代大学。

校庆过后学校领导专门在暑假期间进行了学校发展战略专题研讨,并在关心母校的校友支持和资助下,成立了独立的"同济海纳发展战略研究中心",该中心确立的研究课题中把学校发展战略及其目标定位作为首选课题。9月份,学校又在教师节大会上再次号召全校进行发展战略的大讨论。怎样才能真正把同济大学建设成"一流的社会主义现代化大学"?学校结合十五大的精神,进一步提出解放思想,更新观念,抓住机遇,开拓创新的口号。1998年年初校领导班子在务虚会上再次强调了学校的教育改革和发展的基本理念是:坚持"三个面向",实现"两个根本转变";坚持"三个有利"标准,深化管理体制改革;坚持"两个中心",发挥"四大功能",这就为多功能型的社会主义现代大学初步确定了目标模式。

回顾近现代大学的发展历史,大学基本上都有一个从教学型到研究型、再到现代大学的多功能型的发展脉络。古老的欧洲大学大都以教学为主,即以知识的传授为主,研究则主要停留在实验室阶段。自从德国的洪堡创建柏林大学,强调大学的科研功能以来,研究型大学成为现代一流大学的重要标志。但是,自从20世纪七八十年代以来,特别是"知识经济"逐步兴起以来,全面介入社会的政治、经济、文化发展的多功能大学已渐趋成型。特别是美国,经过早期的英国式教学型为主的大学起步阶段，中经德国式的研究型大学模式改造，首先实现大学的多功能型转化。大学不仅是知识传授和科学研究的基地，更是参与社会、乃至于导引社会变迁的主要因素。大学的研究成果对企业的发展至关重要，教授"下海"经营各类公司也层出不穷，"硅谷"的发展进一步证明美国的大学已成为知识经济的发动机。同时，大学作为思想库对政府的决策影响日甚，大学也日益成为国际性的文化交往的最重要的渠道，比如国家主席江泽民访美期间最重要的演讲，正是选择在被称为"常春藤"大学盟主的哈佛大学进行的。

所以，现代大学的最重要内涵正是在于她的多功能型。"同济模式"的发展也正是选择以此为战略目标的，学校的总体办学思路也是如此：坚持"两个中心"——作为全国重点大学，理所当然地是国家的教育中心和科研中心；发挥"四大功能"——即教育（出人才），科研（出成果），服务（出效益），交往（作贡献）。因此，"同济模式"的进一步发展将在此四大功能的发挥上全面展开：

第一，在教育上继续坚持和完善一主两翼的办学模式：坚持高水平的全日制学位教育为主体，实行本科教育与研究生教育并重，以面向社会（紧缺人才培养和发展终身教育为目标）的多形式办学和面向世界的多类型中外合作办学为两翼。

第二，在科研上坚持与"依靠传统优势，发展高新科技"的学科发展战略相结合，实行面向未来的基础性研究（如海洋科学，材料科学等）和面向现实的应用性研究（如机电一体化等）并重，支持并鼓励教师从事产学结合的开发性研究。

第三，在社会服务上坚持面向现代化，实行技术攻关服务和决策咨询服务并重，尤其要加强对政府决策咨询的参与，通过产学结合服务于区域经济和地方支柱产业发展，通过参与决策咨询发挥大学"智囊团"作用。

第四，在国际交往上坚持广交朋友，博采众长方针，继续发挥中德科技文化交往"窗口"功能，大力发展与欧盟各国的教科文企界合作，同时稳步发展与亚太地区（包括澳、新）更广泛领域的合作。

自"同济模式"运行以来，上述四大功能正在进一步完善和发展之中，随着办学思路的逐渐明确，同济大学作为一所多功能型的现代大学的雏形已基本成就，而随着传统特色的发挥光大及时代精神的不断汲取，跻身世界一流这一数代同济人的理想就一定能实现。

四、创世界一流：中国名牌大学的历史使命

"同济模式"的出现绝非偶然，她是我国高教面对新世界挑战而作出的战略

回应的产物。也是同济大学作为一所有着悠久历史的高校所具有的名牌影响、同济传统、同济精神。当然,同济人有幸被选作这一突破性改革的代表,充当高教管理体制改革的带头羊,是有其一定的偶然性:正好有两个相距不远、学科能被覆盖,又有一定历史渊源关系的高校可供合并,具有可操作性大的优点,又恰恰是中国高教管理条块分割体制下三种不同隶属关系兼而有之,更具示范意义。但是偶然中有必然,作为全国性重点大学,在中国高教这一历史性的转折中,理应更多地承担起历史重任。在接受这一改革重任的挑战时,同济人确实是以一种"为中国高教改革作贡献"的精神投入这一改革尝试中去的。这是中国重点大学,特别是一流名牌大学理所当然、义不容辞的职责。同济人讲奉献,不讲索取的精神也是"同济模式"广受称赞的最重要一点。同时,"同济模式"之所以能克服重重困难,较为成功地实施中国体制改革中难点、重点的突破,在高教体制改革中高扬风帆,再创佳绩,这是上级领导的果断决策和正确指导的成功,又是与同济大学本身作为一所历史悠久、声誉卓著的中国名牌大学这一特定的背景分不开的。

同济大学是一所有着90年历史的著名高校,在长期的办学过程中形成了自己独特的传统优势和专业特色。创建于20世纪初,自1927年起即为国立大学,并曾以理、工、文、法、医五个学院而饮誉海内外的同济大学,是中国现代大学发展的缩影,同时也是东西方文化汇聚、交融的结晶,她的前身是德国人在上海创办的德文医学堂,素得欧陆学术氛围的影响,在改革开放的大好形势下,自1978年起就被中央批准为对德科教文化交流的"窗口",德语教学蜚声海内外。1952年院系调整中,同济大学汇聚了华东地区10余所高校的土木建筑类学科,形成了该领域全国规模最大,学术水平领先国内的优势学科群,而改革开放的大好形势更为同济人提供了大展身手的广阔舞台。这些都使同济大学成为国内外声誉卓著的名牌高校。

在并校改革中,我们十分注重于强调同济的历史悠久、学风严谨的传统优势,土建类专业齐全、水平居先的学科优势,博采众长、发挥对德联系"窗口"作用的外交优势,立足上海经济与城市发展的地域优势以及面向全国、直属中央的体制优势这五大特色的继承与发展,注重"同舟共济"的同济精神和"严谨求实"的同济作风的发扬光大。比如并校之中我们始终强调同济人"同舟共济"这一精神传统,提出"不管是新同济人还是老同济人,共同的事业把我们连在一起,我们都是同一条船上的人,只有齐心协力、同舟共济,才能乘长风破万里浪"。这种精神的深入人心,是避免并校中可能出现的简单凑合式"零和博弈"与摩擦内耗式"负和博弈"结果,争取实现"正和博弈"的"双赢"效果的重要前提,也是保证"同济模式"顺利发展的根本保障。而在具体工作中我们则坚持"严谨求实"的同济作风,认真对待每一个实际运作步骤,如不少部门在制定并校实施方案时曾反反复复地修改达七、八次之多,力争做到一丝不苟,正是这种同济作风,保证了人心的舒畅和大局的稳定。并校的顺利启动、过渡的基本平稳、人心的团结凝聚,在一定程度上都得益于同济精神和同济作风的胜利,得益于同济大学的"名牌效应"。

由此这也就涉及中国高教面临未来发展中如何实施"名牌战略"的问题。我们认为,"名牌战略"应成为中国高教面对当今国际竞争的一项重要发展战略。江泽民同志提出的教育的两个重要转变中,"全面适应"正是体现了高教运行体制也要由计划经济向市场经济转变,而"全面提高"则正体现了高教发展模式也要实行由粗放型增长向集约型发展的转变,这也就是要走内涵式发展之路。而这也正是"名牌战略"或"重点战略"中的应有之义。与国际上相比较,中国高教的发展规模还远远赶不上发达国家(不是指高校数量,而是指高教入学率),相比较发达国家已普遍实行高校的"精英化"向"大众化"转变的情况下,还在争取扩大入学率,我们的高教规模总体上还太小,大学生还太少,但是,穷国办大教育的现实国情又要求我们在高教发展中不能搞简单的增加学校数量的外延扩大,而更要注意办学质量的提高,注重高校内涵的发展,先集中有限的教育资源,重点办好一批高水平的名牌重点高校以跻身世界一流的大学,这也是我国高教发展中应取的重点战略。而提高规模效益正是高教集约型发展的要求。"同济模式"选择的发展模式,正是走一条集约型、内涵式发展道路的探索。

但是重点、名牌不是自封的,也不是"他封"的,不是朝夕之功能建成的,特别是在市场经济条件下,名牌是竞争的产物,当然,作为历史的产物,她是动态变化的,就像排行榜要有变化才有意义一样,名牌也不是一劳永逸的。名牌高校一般具有悠久的历史,一定的规模,雄厚的实力及重大的社会影响和广泛的国际交往。中国人讲"十年树木,百年树人",更何况一所名牌大学的形成,没有几十年的努力是很难成功的,世界上的一流高校中大多数是有着悠久历史的名校,因为文化的积淀是需要假以时日的。中国现代高教约100年历史中已形成了一批在海内外颇有影响的名牌大学,其数目并不多,这是不可多得的重要高教资源,国家应给予一定力度的支持,至少要为其创造更为宽松的发展条件。因为"名牌效应"一旦形成所具有的无形资产是巨大的,高教管理体制改革的重要目的之一是优化教育资源配置,无形资产的优化配置也是题中应有之义。在高教体制改革中要注意名牌高校的无形资产的保护和增值问题。"同济模式"的成功,在一定意义上也应归功于同济大学这一历史形成的名牌的巨大的无形资产,包括其传统、精神、作风的贡献。这对于减少并校中的思想阻力,增强向心力与凝聚力,都具有不可忽视的积极影响,因而能使并校改革成为众望所归,水到渠成。

  当然,这种同济精神、同济作风也正是中国高教事业发展的共同的精神财富。中国现代意义上的大学主要产生于世纪之交,中国高教历史也是与中华民族百折不挠、艰苦奋斗的历史同步的,同济大学历经90春秋风雨沧桑而初衷不改,矢志于科学和民主的发展;培育10万学子同舟共济而奋斗不息,报效于祖国和人类的进步,不正是中国现代高教史的浓缩吗?同济精神中包含的是严谨求实的科学精神和开拓创新的探索精神的统一,自强不息的奋斗精神和厚德载物的人格精神的统一,以天下为己任的同舟共济、团结奉献精神,也都是中国所有名牌高校成功的共同秘诀。"艰难困苦,玉汝于成","自强不息,厚德载物",不也正是中国文化传统精神中的精髓所在吗?管理体制改革创造的外部条件的优化和更讲究办学质量和效益的内涵式发展的改革,正在为中国高校的未来腾飞插上强劲的双翅。弘扬改革与发展精神的中国高教事业及其名牌重点大学也一定能更加强有力地挺立于世界高校之林,创建世界一流的名牌大学。从历史悠久的传统名校到多功能的现代大学,"同济模式"的发展前途无量,奋斗永无止息。新老同济人正为此而继续同舟共济、再创佳绩。

高教体制改革是中国政治体制改革的重要组成部分[①]

——关于中国政府在教育管理中的职能转换

一、引言：教育——国家的基本职责

1. "世纪之交"后的国家功能反思

纪元史上的千年之交引发了人类空前的激奋，这已从两度掀起的全球性的迎新千年的庆祝活动中得到验证：先是轰轰烈烈的迎 2000 年——"千禧之年"的狂欢遍及五大洲，巴黎埃菲尔铁塔上倒计时霓虹灯的闪烁着实令人心跳加快，联合国千年首脑会议的慷慨激昂更为举世关注；而相比之下，到 2001 年——真正的新世纪到来时，尽管人们再次载歌载舞，然总显得有些"疲软"了。好在世纪之交、千年轮换本无所谓特殊性，与常年的昼夜交替中的日期变更一样。只不过人作为"符号的动物"（E·Cassirer）总需要一些约定俗成的符号作为彼此沟通与共识的标志罢了。当然，有时也难免会作茧自缚、自找麻烦，如炒作甚烈的电脑"千年虫"着实令世界为之紧张了好一阵子。

如果说，这世纪之交的狂欢无非是人类找机会乐一乐、闹一闹的童真"游戏情结"的投射，那么，亢奋之后的冷静，狂欢之后的沉思，也确实令人类更好地思索共同面临的挑战与机遇，危机与希望。诸多的会议、论坛也的确在描述、诊断着人类所面临的许多问题。在"全球化"日甚的今天，此次会议的主题"世纪之交国家职能的转换在亚洲"的确是发人深省的。

2. "全球化"下的国家竞争力与教育发展战略

市场经济的全球扩张、科学技术（特别是交通和信息网络技术）的全球互联和生态环境的全球联动正在构成"全球化"的三大特征。然而，国家并没有消亡。

[①] 本文系 2001 年 3 月于日本早稻田大学举行的"世纪之交东亚国家职能的转换"国际学术讨论会论文；发表于《高教发展研究》2001 年 2 期，陕西。

刚刚过去的20世纪无疑是国家作用空前膨胀的世纪。国家对社会生活无所不在的影响和无孔不入的浸淫、控制乃至"窒息",正成为东西方学术界共同关心的话题。正如17世纪英国哲学家托马斯·霍布斯(Thomas Hobbes)所喻的,国家是一头如同《圣经》中的利维坦(Leviathan)一样的巨兽。今日的跨国公司、金融巨头,乃至于WTO、IMF、IBRD等也正在成为一些"超国家"的Leviathan。然而与经济全球化、科技一体化并存的政治多极化、文化多元化也同样是不可忽视的基本现实。"超国家"的Leviathan所过分鼓吹的贸易自由、反对政府干预,不但给人以一种"话语霸权"的威胁,而且在一定程度上刺激着国家民族主义的复兴。所以,任何讨论国家功能的转换,都离不开这一基本背景。国家综合实力的竞争是21世纪人类面临的最现实的挑战。而构成国家综合竞争力的要素中,除了经济实力之外,科技、文化等"软国力"正日益被重视,国家在文化教育事业发展中的功能不可忽视。不是早有人发出了"文明的冲突"的警告吗?教育作为社会、政治、经济、科技、文化发展的综合性基础和提升综合国力的先导性产业,正受到各国政府的高度重视。特别从20世纪90年代以来,各国政府都把教育改革,尤其是高教改革视作应对经济全球化和知识经济挑战的基本战略。教育在21世纪的战略地位将会变得更为重要,成为国家的最重要职能之一。为此,本文拟从中国高教体制的重大改革来看中国政治体制的改革和政府职能的转换。

二、历史回顾:政府与高校的关系在中国

1. 国家办高教在中国的历史源远流长

作为文明古国的中国历来有重视教育的传统。古语中的"万般皆下品。唯有读书高"就是这种传统的反映。早在人类文明的"轴心时代"(公元前800年至公元前200年)中国先秦诸子百家的学术争鸣、"稷下学宫"的千人论学,比起古希腊的柏拉图学院的规模和气势就有过之而无不及。从两千多年前的汉朝起,由中央政府设置的"太学""国子监",即可谓是世界上最古老的官办高教机构。

但也毋庸讳言,近现代意义上的大学,在中国只有百年多的历史,大致可分为两时期:前50年在内忧外患中惨淡经营,苦撑坚持,历经晚清、北洋和民国政府三个阶段;后50年伴随社会政治经济振兴而发展迅速,但也颇多坎坷,屡经风雨,可分为17年的恢复壮大、10年的"文革"磨难和改革开放新时期的迅猛发展三个阶段。中国的高教始终是与社会的政治、经济、文化发展共进退的,而政府

对高教的控制、影响和作用一直都是十分巨大的。

2. 20世纪前半叶的中国政府与高等教育

中国近代意义的大学诞生于19世纪末的民族社会危机之中,政治经济的变法图强和东西文化的碰撞、交流,孕育了中国第一批现代意义的大学,如北洋西学学堂、南洋公学等作为洋务运动的产物,都是由清廷官员奏请光绪皇帝御准的,带有浓厚的政府办学印记。1898年清廷最高统治者钦定的"京师大学堂"(今北京大学的前身)则既是一个政府的衙门(官府机构),又是一个教学实体。而后又有一些省立大学的诞生。这时期的大学虽在总体上仍是"官学",根本不存在任何真正意义上的独立办学权和学术自由,却为中西学的兼收并蓄开了新风。

辛亥革命推翻了清朝政府,孙逸仙的临时政府颁布《大学令》,予大学以重要地位,并要求大学传授民主思想和共和主义,在一定程度上促成了真正意义的现代大学的诞生。尽管随后掌权的北洋政府倒行逆施,屡屡镇压,大学中的新思潮仍然不断涌现,特别是蔡元培先生出任北京大学校长后,公开采取"兼容并包"的方针,推行学术自由和教授治校理念,改造北京大学为民主与科学新思潮的发源地,酿就"五四运动"震撼全国,大学第一次成为国家政治活动的一个重要中心。

1927年,南京国民政府成立后,名义上奠定了国立、省立及私立(含外国机构开办的)三足鼎立的中国高教结构,但大学受到政府的严厉钳制,政府直接委派的大学官吏难与师生融洽,而大学的民主思潮亦常使政府为难,政府与大学关系紧张,办学经费拮据,高教发展极为艰难缓慢。政府甚至为镇压学潮不惜下令解散大学(如同济大学就曾被称为"民主堡垒"而在40年代末险遭解散)。到1949年,中国只有205所高校,在校生11.6万人。

3. 中华人民共和国政府对高校的统包统揽

1949年中华人民共和国成立揭开了中国高教发展的新一页。人民政府高度重视教育发展,同时大力强化对高校的政治领导。政府"以苏为师",通过接管、整顿旧大学和创办新型专科性大学的方式对大学体制进行了脱胎换骨的改造,特别是经过1952年进行的大规模的大陆高校"院系整顿",建立起了一个适应计划经济发展的高度集中统一的高教体制,并迅速发展壮大,到1965年大陆的高校已经达到434所,在校生67万人。但是,清一色的政府办学也使各高校的办学特色渐趋式微,大学在一定程度上成为贯彻国家意志的高级专门人才的职业培训所。

1966年开始的长达10年的"文化大革命",高校首当其冲,几遭灭顶之灾。在"革命"高于一切的政治高压下,高校的正常教学、科研几乎中断,而少数政治野心家亦视大学为一己的政治工具。尽管"文革"时无政府主义倾向严重,但大学与国家政治一体化的趋势愈演愈烈,一些名牌大学成了中国政治动向的晴雨表。

1977年在全国重新恢复高校招生的统一考试成了中国改革开放新时期到来的一个重要标志,积累了10年之久的考生参加了规模空前的统一高考,成了全国政治生活中的一件大事。经过20年的大发展,到1998年,中国的普通高校共有1 022所,成人高校962所,在校生640多万人,中国成了名副其实的高教大国。但是,政府对高教的统包统揽管理体制的弊病也日益暴露出来了。

三、国家主导型的教育改革:中国政治体制改革的重要组成部分

1. 办学自主权:调整政府与高校关系的关键

高等教育体制是关于一个国家的高等教育事业的机构设置、隶属关系和职责、权益划分的体系和制度。这是与一个国家的政治、经济、科技文化体制不可分割的,主要反映出政府、高校、社会三者之间的一种互动关系。而中国的高教事业一直是政府独家举办和管理的,因此中国高教体制的改革,始终是一种政府主导型的改革,实质上正是国家政治体制改革的一个重要组成部分。而高校的办学自主权则是调整政府与高校关系的关键。

中华人民共和国建立并实行的是国家集中计划、中央部门和地方政府分别投资举办和直接管理,国家统一考试招生、国家包上学包分配的这样一种"一统二包"的计划经济体制,虽然曾经为经济与社会的发展作出过重要贡献。但这种体制下的高校过分依赖政府,没有自己的办学自主权,也弱化了高校对社会的影响力和参与度,更严重滞后于以市场经济为导向的改革开放,曾被戏称为"计划经济体制的最后堡垒"。为此,在1985年中央作出的关于教育体制改革的决定中,提出并开始实施了以扩大高校办学自主权为关键的高教体制改革,并逐步发展为90年代"共建、调整、合作、合并"八字方针的高教管理体制的大调整,其本质上正是政府转变职能、简政放权的一场改革。

2. 打破高教的"条块分割":中国政府机构改革的伴生物

所谓"条块分割"的办学体制是中国在计划经济体制下形成的一种高校办学体制,即高校由中央政府的各部委(俗称"条"即主要是行业办学,最高峰时有62个中央部门在办高校)和省级政府(俗称"块"即地方办学)分别投资办学和直

接管理的体制,这种行业办学和地方办学的体制,造成投资分散、重复设置、规模偏小等效益不高的局面。同时,建立社会主义市场经济要求的体制改革,必须实行政企分开、转变政府职能,这就势必要求打破原有的办学体制。而就高教发展规律而言,也需要打破行业办学造成的科类单一、专业过窄的办学模式,优化资源配置,提高办学效益和质量。为此,打破"条块分割"的办学格局成了20世纪90年代高教体制改革的重头戏。

被称为第二次中国高校"院系调整"的这场高教结构的大调整,作为典型的国家主导型改革,直接缘起于国务院的机构改革:1998年,由于机械部、冶金部、化工部等9个部委并入国家经贸委,国家对原这些部委所属的91所普通高校及72所成人高校及中专、技校进行调整,除10所高校成为教育部直属高校外,其余81所与地方共建、以地方管理为主;1999年初,又对原兵器、航空、航天、船舶、核工业总公司等5大原军工总公司所属的25所普通高校、34所成人高校、232所中专、技校进行调整,除7所仍由新组建的国防科工委管理外,其余实行以地方管理为主的"共建";2000年进行了范围最广、规模最大的调整,共涉及49个中央部门的161所普通高校,97所成人高校,520所中专、技校,其中55所普通高校划归或并入教育部直属高校,其余划归地方管理。至此,中国的高教体制已基本形成了教育部直属高校72所和少数部委保留的近40所高校,地方大学(近900所)和民办高校(含各种社会力量办学机构共达1 200多个,其中37所可自主发放国家承认的学历文凭,370多所被确定为学历文凭考试机构)三足鼎立的高教格局。

3. 依法治教、自主办学:以现代大学制度为目标

无论是改变国家"一统二包"的办学体制、扩大高校办学自主权还是打破"条块分割"、终结部门办学格局的改革,都是和现代政府职能转换、政治体制改革紧密相连的,最终都归结到了政府和学校的关系上。而依法治教、自主办学,建立现代大学制度,应是处理政府与大学关系和转变政府职能的基本原则和关键目标。现代高教管理,政府应重点解决下述几个问题。

(1) 简政放权是落实高校办学自主权的必要前提

传统的计划经济体制中的政府,总是一种集权式的强力政府,由于计划体制的内在逻辑,政府对高校的管理日趋缜密,几乎包揽了全部的办学权力和日常管理,高校只是一个单纯的教学实施机构。按照中国《高等教育法》(下文简称《高教法》)规定高校应享有的各项自主权,都有待于政府的有关部门放下来。为此,简政放权首先要改变政府视大学为自己的行政下属的观念和行为模式,改革现行烦琐的行政审批制。至于《高教法》中有关行使自主权的前提——"按照国家有关规定",也必须有明确的法定程序与条文加以确认。否则,政府部门工作人员的任何一个意见都可能被视为是"有关规定",放权最终将成为一句空话。

(2) 实行宏观调控是政府应承担的管理职责

改革政府对高校的宏观管理,当前可以从下面 4 个方面做起:①完善政策法规。依法治教的前提是有法可依,因此应尽快制定与《高等教育法》配套的政策法规等以规范政府和高校行为。②改革拨款机制。中国高教法规定高等教育的经费体制是以财政拨款为主,其他多渠道筹措为辅,因此应尽快确立公开、公平、公正的公立高校财政拨款机制,筹建专家组成的拨款委员会并尝试探索出台便于高校多渠道筹措资金的大学基金会条例。③发挥协调职能。协调高校与中央政府各部委的关系,协调高校特别是教育部直属大学与地方政府的关系应被视为国家教育行政部门的重要职责范围。④加强监督评估。包括直接监管和间接督评两种方式,对国有资产的投资要加强监管,对教育质量与水平的评估则应更多通过社会中介机构(包括媒体)进行,以促进高校形成自主办学、自我约束机制。

(3) 加强学术权力是建立现代大学制度的关键

政府与高校的关系要纳入法制化的轨道,就必须建立和完善现代大学制度。按照中国现行《高教法》的精神,现代大学制度的核心要素有三项,这就是"学术自由""办学自主"和"民主管理"(参见《高等教育法》第 10 条、第 11 条)。其中"学术自由"是由国家的基本大法——宪法予以保障的,而"办学自主"和"民主管理"则同样涉及政府与大学的关系,其中具体又可分为政府权力、学校行政权力和学术权力三者之间的关系。传统中国高教管理体制中的这三项权力结构是上大下小的"倒三角"型的,即政府(教育行政部门)权力最大,学校行政权力次之,教授的学术权力则相当有限。在目前政府放权、扩大学校自主权的改革中,政府最担心的正是学校自我约束机制的不完善,学校行政权力的膨胀所可能导致的"一放就乱"的局面。对此,单凭政府部门从上而下的监控和社会公众由外而内的监督还是不够的,如何建立来自高校内部的自我制约机制是十分重要的,而这正是目前中国高教管理体制改革中还涉及较少的一个问题。在政府放权的同时,加强学校学术权力对行政权力的监督和制约,是规范高校行为的有效措施。这也完全符合《高教法》规定的高校要"实行民主管理"的要求。国家还应该通过相应的"高校组织法"等来确保学术权力的地位和职能,这也是国家主导型改革中不可忽略的一个重要方面。

四、结语：现代政府的职能转换趋势——"无为而治"

中国的高教管理体制改革，实质上已成了中国政治体制改革中的一个重要组成部分，海内外学术界对此还未引起足够的重视。只是一味批评中国政治体制改革的滞后，无助于中国社会转型时期的稳定和发展。随着中国加入 WTO 的步伐加快，中国的政治体制的改革也正在稳步而坚定地推进着。现代企业制度和现代大学制度的逐步建立和完善将使中国特色的现代化道路更加宽阔和畅通，也将使中国的整体改革更趋成熟和法制化，教育作为国家综合竞争力的基础，作为政府公共行政管理中的重要职责，在新世纪将具有更为重要的地位。中国政府在高教管理中的逐步放权和适当"退出"，将更有利于国家对教育事业的高位战略指导和宏观调控。依法治教、自主办学将使中国的高教事业的发展更为健康而持久。

总之，"全球化"下的国家作用仍将是巨大的，21世纪的政府职能转换也将是必不可免的。这种转换应该是有进有退的。"有所不为"才能"有所为"。在中国古老的哲学传统中，除了儒家的"修齐治平"理想外，还有道家的"无为而治"的智慧："人法地，地法天，天法道，道法自然。""道常无为而无不为"。"无为而治"不是不要"治"，而是以"无为"之形求有"治"之实，而达"无不为"之真正自由境界。老子曰：

> 三十辐共一毂，当其无，有车之用。埏埴以为器，当其无，有器之用。凿户牖以为室，当其无，有室之用。故有之以为利，无之以为用。

不少学者曾引此以为教育之理念："虚怀若谷"方能"为学日益"。治教如治学，少一些行政命令，多一些帮助指导，政府对高教的管理才能更趋理性和自然。教育管理是如此，政府的其他管理又怎样呢？也许，"处无为之形，行不言之教"才是一种真正的"德治"——否则，又何以能真正做到如老子所云"治大国若烹小鲜"呢？这可实在是一门值得研究的大学问啊！

依法治教与自主办学：
教育部直属高校管理的现状及对策研究①

引言：中国高教的"国家队"——直属高校任重而道远

2000年初，在"共建、调整、合作、合并"八字方针指导下，我国高等教育管理体制改革和布局结构调整取得重大进展，一个以中央和地方两级政府办学、地方统筹，教育部直属高校、地方高校、民办高校（含私立、合作等多种形式办学）"三足鼎立"的高校格局已经初步形成。建设若干所具有世界先进水平的一流大学的投资也已经正式启动。面对世界"经济全球化"、政治多极化、文化多样化的时代挑战，中国高教管理改革的继续深化刻不容缓。作为中国高教"国家队"的主体和主力，教育部直属高校肩负着建设世界一流大学和示范中国现代大学制度的双重使命，任重道远。

2000年4月，受教育部直属高校工作办公室的委托，同济大学改革与发展研究室牵头承担了"高校管理体制改革后政府对大学管理模式的研究"课题，在上海交通大学、复旦大学、上海教科院的专家的共同参与下，课题组走访了苏、浙、沪、鄂、川、渝6省市教育厅（教委）和17所直属高校，广泛听取了地方政府教育主管部门、直属高校党政领导和中层干部及专家学者的意见和建议，并就教育部直属高校的现状及其关注的热点问题进行了探讨，参加座谈讨论者逾150余人次。本报告将尽可能如实反映地方政府和高校的意见和建议，并就教育部如何管理直属高校提出建议。

一、高教管理体制调整后教育部直属高校的基本格局分析

经过两次高校管理体制的调整，现归属教育部管理的高校已扩大为71所，

---

① 本文摘录自教育部直属高校工作办公室委托下达的专项课题"高校重视体制改革后政府对大学管理模式的研究"，完成于2000年11月，原载《同济教育研究》2001年第3期。

即包括原 34 所、1997 年后划转的原属国家经贸委系统的 10 所和 2000 年新划转调整的 27 所。这 71 所大学在数量上只占我国大陆高校总数的 6.92%,却承担了 22%的高等教育在校生的培养任务(含研究生的 62%、博士生的 73%)。为研究上的方便,根据各直属高校的历史沿革和目前现状、关注的热点及管理方式上的差异,试将 71 所教育部直属高校分为三大类 6 种状况进行分析。

1. 已获国家首批重点投入的"第一梯队"

为了建设世界一流大学,国家已首批对 9 所全国重点大学进行了重点投入,其中教育部直属高校有 7 所(即 2+5),简称直属高校中的"第一梯队"。根据投入强度和投入方式的不同,这批高校又可分为两种:其一是清华、北大 2 所由中央直接予以巨大投资保证的"重中之重",国家财政的重点投入、重点扶植,是为了力保其尽快达到世界一流大学水平。作为中国众高校中的"超级大国",目前国内其他高校中还没有综合实力能与之抗衡的。但是,认真研究一下,不难发现离真正的世界一流大学的差距还是不小的,因此,任务十分艰巨。其二是复旦、上海交大、南大、浙大和西安交大 5 所以中央和地方"共建"的方式进行重点建设的高校。大量的资金投入,为这 5 所大学的快速发展提供了强有力的物质保障,但如何能保证真正建设起具有世界水平的一流学科还有待于认真筹划和正确抉择以选准突破口。此外,调整并加强与地方政府的关系也是摆在这批高校面前的重要课题。

作为中国向世界一流大学进军中的"第一梯队",这 7 所高校目前的心态是兴奋和压力并存。在经历了开始的兴奋期后,现在正感到日益巨大的压力:与真正的世界一流大学相比,其各方面存在的差距还是不小的;面对不甘落后的其他高校的紧逼,正如有的省市领导所说的,拿到巨大的投资后,又与其他高校的实力和水平拉不开明显的差距,何以面对"江东父老"? 也如有的老专家提出的,很有可能会"有心栽花花不开,无心插柳柳成荫"。为此,它们最关心的是如何高效、合理地使用好国家的投资,尽快在学校的整体实力和综合水平上体现出效益来。

2. 其他老直属高校组成的"第二集团"

直属高校中的第二类是原 34 所老直属高校中的其他重点大学,简称"第二集团"。这批正处于新的调整中的高校目前状况亦可分为两种状况:其一是一批原已列入中央财政支持进行"211 工程"建设、并有可能获得国家二期重点建设投入的高校(估计老直属高校中约有 10 余所)作为国家"两个中心"的全国重点大学的中坚,这批高校具有相当的综合实力,它们的目前心态是危机感和竞争欲的交织。不甘心中有些无奈,焦虑中又充满希望(其中有些高校自认为不亚于"第一梯队"中的后5所)。它们中有些已不再消极等待,而是正积极筹划,在大力争取国家投资尽快到位的同时,主动出击,多方筹资。它们认为投入先后的时间差同样是十分关键的,因而有的高校正以贷款的方式提前启动,实施超常规发展战略,以图成为冲击一流大学的"第二梯队"。

其二是另10余所老直属高校,作为颇具实力的全国重点大学,也不甘落后,正以各种方法创造条件奋起直追。但囿于学校学科类型或所处地域的原因(如师范、语言类的定位或地区内高校集中、财力有限)受到制约颇多,发展多艰。

整个"第二集团"的直属高校的共同感受是挑战严峻、压力巨大:一方面是明显感到地方高校迅速崛起的挑战,另一方面是面对"第一梯队"高校在经费投入上的巨大落差带来的诸如人才争夺等压力,正使学校的各项工作面临新的窘迫。因此,争取建立以公开、公平、公正的竞争为基础的直属高校拨款机制是这些高校目前最为关注的问题。

3. 体制改革中新加盟的两批直属高校

在20世纪90年代两次高教管理体制调整中加盟直属高校行列的原中央部委所属高校有37(10+27)所。这些高校原来也都是部委所属的重点大学,其中有一些在原部委领导下发展较快、待遇较优、很受宠爱,不少是在本领域内首屈一指的高校。但囿于体制和行业的原因,更大的发展受到一定的限制,在这次高校体制改革中先后划转教育部直属,应该说是一次很好的机遇,但又普遍感到挑战和压力巨大。按其划转先后也可分为两种情况:

其一是1998年划转的10所原国家经贸委系统高校。原则上这10所与老34所是被一视同仁对待的,教育部在有关文件中也已明确了这一点(只是为了加强高等教育的地方统筹、这10所高校的管理强调了"重大问题以教育部为主,日常管理以地方为主",但这并不影响其作为直属高校的实质,老34所直属高校中也有若干所在"共建"时明确实行"以地方为主"的管理)。其目前的心态是在经历了略有失望后的积极调整、再谋宏图之中。但由于它们的原主管单位已撤并,归入教育部管理的时间不长,有些环节上的衔接还在逐步理顺之中,造成它们在有限的接触中感到教育部的有些部门是把老34所和后10所区分对待,似有人为降低一等的意味。它们希望教育部在各类经费分配上,对新老直属高校都能一视同仁,除了重中之重的"锦上添花"外,更应注意到多一些"雪中送炭"。

其二是2000年新划转(包括直接划转或由教育部负责调整合并)的27所高校。这批高校目前的普遍感觉是尚处于等待和摸索之中,还未真正进入"直属高校"的管理状态,其基本心态是希望和担忧的并存。它们既把划转教育部看作是一次发展的机遇,但同时也有些担心,担心不像过去接受部、委领导时人头熟、管理部门少、办事容易,今后是否会变得门难找、人难见、程序烦琐搞不清。更为担心的是,原各部委除了正常经费外每年都有或多或少的各类专项经费投入,今后不知如何获取这类投入。该类高校希望通过这次划转教育部,使学校在朝多科性、综合化的道路上迈出重要步子的同时,继续得到原部委的关心和支持。

二、现有管理体制下直属高校面临的主要问题研究

直属高校作为当今中国高教中的"国家队",其各方面(包括管理水平)都应该成为一种示范,更应该率先探索建立现代大学制度。正因为如此,在我们的调查中,不管是直属高校自身还是地方政府的教育主管部门都对现行的管理方式颇感不满。所反映的主要问题归纳起来大约有三个方面:一是办学自主权方面,主要涉及高校与政府(两级政府)的关系;二是"共建共管"方面,除了涉及直属高校与地方政府的关系外,还涉及两级政府之间的关系;三是办学经费方面,主要涉及现行拨款机制和财政渠道问题。

1. 直属高校的办学自主权问题

我国高等学校办学的根本目的是提高教育教学质量和效益,为社会主义现代化建设培养具有创新精神和实践能力的高级专门人才。作为独立法人,大学必须拥有面向社会,依法自主办学的权利,同时承担相应的义务。现阶段在我国高等教育管理体制中高校办学自主权的落实还存在不少问题,我们曾在 1998 年向直属办提交的《关于落实高校办学自主权的调查报告》中已有反映,这里主要就这次管理体制调整后仍存在的一些急迫问题作些概述。

1)招生、就业及学籍管理问题

在高校招生方面,尽管一直在改革,但还是有不少高校仍然觉得受到的掣肘较多。对于一些老生常谈的招生自主权问题,就不再重复。值得研究的是在高等教育的"大众化"中出现的本地生比率和"研究型"大学中研究生比率问题,已引起了地方政府和直属高校在招生工作中的矛盾。这也是直属高校"共建"以后出现的新问题。目前直属高校普遍担心本地生比例过大影响生源质量,因此常常和地方政府主管部门在制订招生计划发生矛盾。地方政府根据本地人民群众接受高等教育的需求,要求"共建"的直属高校增加所在地的招生数,以尽快实现当地高等教育的"大众化",而直属高校则往往强调面向全国的体制特点和重点大学建设"研究型大学"的目标,希望根据各省市的生源情况调整自己的招生计

划,同时,压缩本专科规模,扩招研究生。另外,地方教育主管部门为了本地区学科专业的布局,要对直属高校的招生计划进行统筹,而直属高校则感到有地方保护主义之嫌。

在研究生的招生中,直属高校的反映仍是受教育部有关部门的制约较多,无权自主扩招。特别是近年来"考研热"不断升温,生源良好,名额有限,结果有些高校就只好采取"寅吃卯粮"的办法来对付。根据我国高教"大众化"渐趋实现,高层次人才需求转旺的现实,建议逐步放开直属高校,尤其是已建研究生院的重点大学的研究生招生自主权。

毕业生的就业工作已基本实行双向选择,进入人才市场,但教育部对毕业生的一次就业率的统计及派遣时间的规定不合实际,改派学生也要由教育部批,还是计划经济体制的管理方式,高校也难以真正执行。至于学生学籍管理和毕业证书的发放,应该由学校自主决定,教育部可以通过制定法规和运用现代信息系统进行监控。

2) 专业设置、学科调整及培养计划方面

专业设置本是最能体现自主办学权和学校特色的一个重要方面。目前,教育部的专业目录统得太死,完全是指令性,而非指导性,这滞后于社会与经济的发展,也不符合教育规律。而且现在地方要统筹直属高校的专业设置,直属高校认为此举是多个环节,不利办学自主权的落实,而地方教委从地方专业设置平衡的角度考虑认为应该协调,两者看法分歧较大。

教材、课程管理方面的统一模式不利于推进素质教育、发展个性教育和培养创新精神,特别是不利于重点大学的优势发挥和调动教师的创造性。在统编教材问题上容易滋生某些政府部门干部沽名钓誉充任主编的不正之风。作为全国重点大学的直属高校都没有教材使用的自主权,又何以建设一流大学呢?建议教育部有关部门除确定某些课程的教学大纲外,不再组织统编教材,更不应该以行政方式推销教材,而只能通过评估方式推荐相关教材。将课时数、课程数等完全定死,也同样是一种计划经济的观念和模式,不利于学分制的推进和创造性人才的培养。

3) 干部体制和组织人事管理

党委领导下的校长负责制是我国特色的社会主义大学领导体制,一个团结协作、作风正派、德才兼备、结构合理的领导班子是办好一所高校的关键,这是各高校和政府主管部门的共识。教育部对直属高校的班子配备一直是认真把关的,但现在直属高校成倍增加,干部的选拔和考察有时难免会有所疏漏。既然高校的党组织是属地化管理,那么高校的干部配备为何不可以更多由地方党委把关呢?建议除了直属高校的党政一把手,副校级干部一律由地方党委考察确定。

从推广高校内部人事分配制度改革的要求看,无论中央政府还是地方政府还须在营造大环境、提供政策配套等方面加大力度。目前不少地方政府不接受直属高校冗员进入人才交流中心,致使人员只能进不能出(除了自动流失人才外)的状况严重阻扰了高校人事制度的改革(特别是并校改革后的冗员完全要直属高校自我消化,难以承受)。建议教育部在认真研究和与有关部门协商沟通后制定切实可行的政策,以使高校真正能行使"人员能进能出,收入能高能低,职务能上能下"的管理权限,实施全员劳动合同制等用人制度改革。

此外,目前有些资金宽裕的学校以重金挖走其他学校的骨干的不公平竞争也望教育部予以调控。有些专家指出,这种状况的继续蔓延,不仅不利于高校教学秩序的稳定,造成高教资源的隐性流失,因为现代科技的突破有赖于梯队集体的合作奋斗和基础积累;而且还容易滋生一种不讲信用、见利忘义的不良风气,而现代社会和市场经济都需要培养一种高度的信用、信任和信誉原则。

4)外事、设备及基本建设的管理

教育部把高校外事审批权下放地方政府的决定很受欢迎,但也出现新问题。由于地方外事办过去一直负责政府、企事业的外事审核工作,相比政府、企事业成员外出具有较周密、详细的先期计划性和短时限等特点,学校人员到国外考察、开会、合作项目往往有时间紧、周期长的特点,因而地方外事办用审批政府、企事业人员的工作理念和程序来审核高校的外事工作,学校感到很不适应。而个别省市曾试行有效的高校外事统一由地方教育外事部门审批制的取消亦给直属高校带来许多不便。

设备及基本建设管理方面学校反映的问题主要是计划经济的痕迹太浓,管得太烦琐、太微观,有时逼得下面"作假"应付。如实验设备报表要求太细,资产报表要得太急。"世行贷款"管理上也是这样,设备采购中也还存在指定供货单位的问题。

此外,部委院校划转归教育部后,学校原来的部级重点实验室和工程研究中心,是否应该和如何向教育部的重点实验室过渡和衔接,至今学校心里没有数。对直属高校的基建立项全部要送教育部报批,地方政府和高校都觉得应该改革,现在大量基建资金已经不是由教育部拨款的了,建议自筹资金建设项目就在地方立项,方便学校工作,也便于就地审核,加快速度。对高校基建配套费用的减免,建议由教育部出面协商,做出统一规定。

2. 直属高校的"共建""共管"问题

高教管理体制调整后,更强调地方政府对直属高校的统筹管理。总体而言,直属高校与地方政府相处得较好。分析原因是双方面的:一是地方政府对"共建"重视,有的以雄厚财力对直属高校给予大力支持,有的省市则在征地、重点学科建设和各类评优等方面给予很大政策优惠;二是直属高校能摆正位置,积极为地方经济发展作贡献,主动尊重地方教育主管部门领导,加强沟通,协助统筹。当然,有些地区的直属高校本来就对地方政府投入方面的期望值不高,地方对直属高校的要求和管理也不多;有的省市的教育主管部门负责人直接来自直属高校,具有先天的血缘"亲和力",也是双方关系良好的重要原因之一。然而,高校和地方政府从各自所处的地位出发,对一些问题的看法和认识也不尽相同,有时难免产生一些摩擦。目前反映出来的主要问题是对实现了"共建"的高校如何"共管"问题上,地方教育行政部门和直属高校之间的理解不同,也就易产生一些误解和相互抱怨。

1) 地方教育行政部门的反映

就地方政府的角度而言,比较强调"共建"后要落实"共管"。不少地方教委同志的抱怨是,一些直属高校是只要"共建"不要"共管",难以统筹。个别同志认为,要么地方统管,要么中央直管,"共管"实际上是不可能的,相反会多出许多扯皮现象。首要的矛盾产生在招生问题上,如前所述,地方根据地方经济发展需要和人民群众的愿望要求"共建"的直属高校扩大本地生的招生比例,特别是地方投入了大量资金给予"共建"后(不少地方还把一些地方高校并入了直属高校),不能满足当地群众的需求,教育主管部门的压力十分巨大。

在专业设置方面,地方教育部门认为直属高校基本不与地方商量,教育部审批时也缺少与地方的通气协商,致使地方政府根本无法统筹,造成直属高校与地方高校重复设置相同专业较多。

此外,部分地方同志感觉直属高校有回避地方政府统筹和轻视地方教育部门的现象,经常或者以直属教育部的名义拒绝地方的统筹,或者干脆越过教育主管部门找地方上层领导直接批文来"压"教育行政部门。还经常利用政策差异"钻空子",致使"共管"统筹成空话。对于某些直属高校的"副部级"问题,地方教育主管部门同志也颇有微词,认为这种强化行政级别的做法并不有利于高校真正面向社会依法自主办学。相反,给地方教育部门出了难题,厅局级的地方行政部门如何管理副部级的高校?地方教育厅(委)对教育部直接给地方政府外事部门发文下放审批权也颇多微词,认为这一做法有违常规。

各地的地方政府都认为，直属高校在地方的经济和社会发展中起着举足轻重的作用，而加强地方统筹极为重要，关键是要正确界定两级政府的权界问题，需要有相应的法规。当前，首先要加强沟通，要加强教育部与地方政府的沟通、加强地方政府教育主管部门与各直属高校的沟通。现在在"共建共管"方面有好多事情程序不明确，职责不清楚。上面部门应与下面部门坐下来认真研究，而不应只发个文件了事。首先，建议教育部发给直属高校的文件能同时抄送给地方教育主管部门，既然要统筹，就应该让涉及直属高校的有关政策等让地方多了解。其次，应该加强地方党委对干部的管辖权，加强直属高校和地方之间的干部流动，这是协调双方关系的重要手段。

总之，地方政府教育行政部门觉得对直属高校的统筹和"共管"都还处于摸索阶段，需要各方一起努力，教育部应该给予地方教育主管部门更多的支持，直属高校也要给予更多的理解和配合。

2）直属高校方面的主要意见

就直属高校的反映来看，学校更关心的是"共建"的实质性内容。不少高校抱怨现在有的地方教育行政部门是"共管"多，"共建"少；一般表态多，许诺兑现少。首先，直属高校对"共建"的期望值已经有所调整，不少直属高校对上海等地对直属高校"共建"具有实质性的资金投入感到十分羡慕，同时也对地方政府在政策上给予的各项支持表示感激，如不少省市在直属高校的征地中，给予了不少政策和价格上的优惠。但总体上直属高校还是特别希望能在办学经费等，特别是在地方出台的各种政策性补贴中获得一些直接的支持，因为毕竟直属高校对地方的发展所做的贡献并不一定亚于地方高校，而直属高校教职员工的生活消费都是在地方上的。有的高校抱怨地方政府"亲疏有别"，在工作报告中总是遗漏直属高校在地方发展中的作用与贡献。

有的直属高校因为得不到多少实惠而对"共建共管"不以为然，甚至明确表示，谁给钱就听谁的，地方政府给不出钱就不要来管直属高校。他们抱怨地方政府和教育行政部门不肯实质性"共建"，却只想要"共管"。也有一些明确过"共建共管，以地方管理为主"的学校反映，提法虽有变化，但从人事工作看，经费渠道、各类评优评奖、人事调配、师资建设等方面，似乎并无什么变化。有的高校直截了当表示，两级政府的领导我们都听，但原则是谁投入得多就听谁的。

在调研中，也有个别高校直言，直属高校就应该只由中央管，地方政府总是局限于地方的视野，是没办法也无能力管好直属高校的。他们抱怨地方政府在统筹高校时总是会过多地考虑地方的利益,而忽视了直属高校是"主要为全国培养人才的高等学校"的属性。他们的主要担心是"共建"没得到多少实质性的支持,"共管"倒多了个"婆婆",学校的办学自主权就更难落实了。

3. 直属高校的办学经费和拨款机制问题

关于直属高校的经费不足和如何建立一种科学的拨款体制及机制问题,已经成为当前许多直属高校最为关心的事宜了,也是我们这次调研中反映的"热点"问题。特别是围绕国家增拨的教育经费的分配,各直属高校都非常关心自己能得多少,因为直属高校的经费短缺已是众所周知的了。因此,各校都在努力争取投入的增加。大家共同希望的是要尽快制定公开、公平、公正的直属高校拨款机制。

有些直属高校反映,现在有些经费的拨款方式透明度较低,给人"近水楼台先得月"的感觉,由于地域的原因,离北京比较远的地方对有些信息不太了解,导致丧失了许多机会。此外,个别握有巨资的职能部门权力很大,而工作方式又不公开,而且往往是到了年末才肯撒手,致使得到信息的学校拼命"跑部钱进",造成突击花钱和浪费,也不利于政风的改进。目前各参与此次大调整的直属高校普遍关心这次并校的"嫁妆"究竟有没有、有多少。不少合并、划转的高校担心,合并、划转后国家对高校的投入很可能不是增加而是减少了:中央财政的直接投入是增加了,但中央各部委的间接投入反而减少了。原部委属高校发展的资金是靠相关政府部门提供的,合并、划转后,原来的事业费是转拨的,但专项拨款没有了,基建费也减少了。正如有的高校领导说,就是"人头费"中也只有基本工资是有保证的,而"奖金"就没有了。如铁道部原来的预算外教育投入资金是相当可观的,光"九五"以来的教育投入就近 20 亿元。如原上海铁道大学这几年几乎是一年一个亿的专项投入,但与同济大学合并后没有了,原计划兴建的新图书馆也无处获得资金了。又如西南交通大学原是铁道部重点建设"211 工程"的高校,划转教育部后,铁道部补贴的学校教育科研设备经费、人头费、基建费、世行贷款等几部分,或者没有了,或者不知道到哪儿去争取了。如要贷款购置大型设备,还贷能力当然也是问题。

对于国家先期重点建设若干所大学的决定,大家表示可以理解。但直属高校作为高教的"国家队",面临的办学经费长期不足的状况令人担忧,教学设施的老化和科研设备的陈旧,已经严重阻碍了学校的发展,且已落后于地方高校的建设,再也不能熟视无睹了。不少直属高校反映,现在教育部是"多子女",71 所高校难以顾全,总会有"被遗忘的角落",如果大家都去"跑部钱进",教育部可要被挤破门了。与地方"共建",地方还有自己的"亲儿子"要喂哺,于是,直属高校就可能"两头不着地"了。近几年来,有些财力雄厚的省市成亿地投资于地方高校建设,无疑也是对直属高校的巨大挑战。因此,在部核经费没有大幅度提高的情况下,如何获得地方政府和国务院其他部委对直属高校的"共建"支持,不应该仅仅看作是直属高校自己的事,也应该视作教育部的一项重要工作。

三、关于当前直属高校管理的若干对策建议①

教育部对高校的管理,主要可分为对全国高校的管理和对教育部直属高校的管理。在调研中,我们经常听到一种意见,即认为教育部现在的主要精力是在抓建设若干所世界一流大学上,其他高校都无暇顾及。因此提出,教育部应该是全国高校的教育部,直属办应该是全体直属高校的直属办。我们认为,这种意见不无道理,反映出目前直属高校大扩容后的管理上的某种滞后,也反映出直属高校迫切希望教育部加强对学校工作指导的要求,教育部直属高校工作办公室的力量亟须加强。

我们认为,依法治教、自主办学是处理政府与大学关系的基本原则和目标。教育部对直属高校的管理,应该成为政府管理高校的示范,因为高教"国家队"的管理水平应该首先是一流的。也应该视作中国高教管理改革的一种方向,而大学管理改革的根本方向是建立学术自由、办学自主、面向社会、民主管理的现代大学制度。因此,我们的对策建议如下。

1. 关于加强依法治教和战略管理的四个方面

政府与大学的关系,归根结底是建立一种依法治教的关系。为此,政府对高校的管理也要"有所为,有所不为",直属高校扩容后的工作方式改革也应该是如此,即放开日常管理,简化审批程序,加强宏观调控,实现战略管理。根据调研的结果,教育部及直属办目前可在调查研究的基础上着重加强以下四个方面的管理。

1) 完善政策法规

教育部应抓好国家办学方针政策的制定,政府的宏观指导主要通过制定法规、编制事业发展计划和组织监督评价等手段来实现。应该通过研究和制订一系列促进高等教育发展的政策法规和基本的教育质量标准,以显示政府导向,体现国家意志。目前亟需加紧进行研究的有关政策法规有:

---

① 本部分内容曾单独刊发于《江苏高教》2002 年第 3 期。

(1)《中华人民共和国高等教育法》的配套法规。《高教法》不仅应该具有高度的权威性和严肃性(专家指出,目前的《高教法》条文中有一些地方存在相互矛盾之处需要完善),而且也应该具有确切的可操作性,需要制定一些实施的条例和细则,特别是涉及办学自主权的不少条文都要求"按照国家有关规定"实施,就更需要尽快明确相关的法规。

(2)"共建""共管"的相关政策。为使这次高教管理体制改革后的高校管理有章可循,亟须出台一些新的法规。例如,前述两级政府对高校的管理和统筹的权限及其分工,就亟须制定或修订有关管理条例或统筹办法,以规范管理行为。因为职权的明确界定和合理授予,势必带来相应的责任和制约。

(3)"大学集团"和二级法人的可能性问题。现在在国内已经形成了一些规模空前的巨型大学,校区分布较多。地域相距很远,但对外仍然只有一个法人,几乎是无限责任,那么能否探索一种由分级、多个法人组成的集团式的大学体系呢(国外早已有此先例,如美国的加州大学等)?特别是一些规模较大、涉外较多的专业学院,如医学院能否作为独立法人呢?事实上,医学院下面的附属医院都是独立法人,而不少院系也已在广泛开展对外的合作办学和其他原则上由法人代表进行的交往。当然,各行政部处是不应该独立对外的,但现在的情况却在正相反,高校的行政部处往往握有很大权力,甚至能自行对外开展签约活动。建议教育行政主管部门应会同有关部门认真研究这个问题。

(4)高校的中外合作办学问题。文化交往是现代大学的重要功能之一,"教育国际化"是"经济全球化"背景下的必然趋势,也是我国加入WTO后面临的一个重要挑战和机遇,直属高校要率先走向世界。此方面的发展很快,出现的问题也不少。望教育部在调查研究基础上尽快制定相关政策法规,就合作办学中的一些关键问题,如维护教育主权与参与国际"接轨"、合作方式中的契约式与股权式、教学中的移植式与嫁接式等问题提供政策指导和做出必要的法规制约。

(5)高校的民主管理和自我约束机制问题。《高教法》在强调我国高校应当面向社会依法自主办学的同时,明确规定高校实行民主管理,这也是现代大学制度的一个重要标志。目前高校在办学自主方面的要求呼声很大,但是在如何加强高校的自我约束机制方面进展不快,建议教育部在这方面加强指导和督促,制定相应政策和法规,以利高校贯彻。加强高校的民主管理是一个亟待研究的问题。国外高校有"教授治校"的传统,现代企业制度有职工代表大会的制约,那么,我国的现代大学制度中的自我约束机制靠什么呢?只能是民主管理这一法宝。这也是强化依法治教、规范高校行为,整治滋生"教育腐败"的一个关键。

2）改革拨款机制

我国的高等教育事业经费体制是以财政拨款为主、其他多种渠道筹措为辅。因此,改革高校拨款机制,这是无论现在还是将来都是各高校最为关注的问题,也是当前直属高校面临的最为急迫的矛盾焦点。现在有的高校抱怨教育部眼中只有少数几所"重中之重",其主要原因是对目前的拨款方法有意见(调查中,我们发现就是在"第一梯队"的高校中,也有感到现在的投入方式欠公平的,这主要是还未形成一个公正透明的拨款机制和评价模式)。教育部应建立公开、公平、公正的直属高校拨款体制,既要考虑"重中之重"的重点扶持,也要考虑鼓励其他高校的合理要求和竞争拔尖。应该强调市场意识,进行项目的公开招标,可参考国家自然科学基金的下达方式进行招投标。要鼓励高校之间的公正与合理的竞争,全面考核和评估高校办学的社会效益和经济效益。因此,建议教育部应该在审核学校规模的基础上,对教育部直属大学核定基本同等标准的事业费(因为作为高等教育的"国家队",直属高校的师生员工的基本待遇是应该同等的),其余经费则通过公开的招标、公平的竞争和公正的评审下达。也许,组建一个由各方专家组成的拨款委员会是一种可以探索的尝试,而这需要建立一个庞大的专家库,每次评审时随机抽样,规范操作,以示公正。

此外,建议教育部可在探索多种可能、开拓多种渠道筹措高教经费方面有所作为和突破,如设立各种教育基金、批准各直属高校成立基金会的可能性等。

3）发挥协调职能

协调是管理的重要组成部分。协调政府与高校的关系应该是教育部的重要职责,包括协调高校与政府各部委的关系,特别是协调直属高校与地方政府的关系,已经成为当前一项重要工作。

首先,教育部应该作为高校的代表统一向税务、海关等国家部门打交道。高校在面向社会,依法自主办学的过程中,特别是现代大学积极参与经济建设和全面服务社会中,必然会发生大量的与有关部委的交涉,产生一些矛盾和问题,其中有不少是共性问题,如都由各个高校自行出面处理,既费时又费力,而且也不一定能够得到圆满的解决。

其次,教育部作为直属高校的主管领导,应该多和地方政府协商解决直属高校与地方政府的关系。例如,有些直属高校反映,国家给教育部门的税收优惠政策很多,但有些地方不承认;横向科研、成果转化国家有优惠,但地方财政照收,学校难以抗拒;有的学校的筒子楼平房、危房改造项目很多,地方要收取高额规费;有的地方税收困难,税收部门就把直属高校当"大户",等等。这些问题最好请教育部能帮助直属高校与地方政府多多沟通协调。

此外,不少高校反映,当前制约高校人事制度改革的一个"瓶颈"是冗员问题,而地方政府不接收直属高校的人员流出,但同时却又要收缴直属高校的失业保险费,实在不合理。同时,这也致使直属高校的人事制度改革只能停留在"内部消化"阶段,难以迈出更大的步子。这些问题都需要教育部出面与有关的政府部门协商解决。

4）加强监督评估

教育部对中国高校的管理,主要应体现在对高校教育质量和教育效益的监督、评估方面,但这方面也应该是"有所为、有所不为",可以分为直接督评和间接督评两种方式。

对国有资产的投资要加强直接监管。作为直属高校,应该保证国家的投资获得最好的效益,而教育部则有责任监督国家投资的使用和国有资产的保值增值。鉴于目前存在的问题（高校财务资金来源渠道的多样化）和群众的反映（如后勤改革中可能出现的国有资产流失问题）,建议教育部加强对直属高校财务的监督和审计,甚至可以尝试参照国务院对大型国有企业的特派员方式,实行委派制,以更好地保障国家资金使用的合理高效性。

在教育评估方面应更多通过社会中介机构进行,政府的职责是间接督评。为了更好地反映社会大众对高校教育、教学质量的评价,鼓励高校间的竞争和创新,同时也使政府部门有更多的精力搞好宏观管理,教育部可将现有的一些业务管理工作,逐步移交给一些较有权威的、信誉度较高的社会中介机构或民间性组织。社会中介机构主要从事教育决策咨询、统计信息服务、办学质量和学术水平等方面的评估工作,这将为教育部的宏观决策和调控提供基础和保障。目前的教学评优工作对高校的促进作用是不可抹杀的,但学校在"迎评"中牵涉的精力和投入的财力太大,能否借鉴国外的做法,由政府通过常设的中介机构来进行常规的检查评估呢？

注意发挥和利用传媒对高校办学的督评作用。如在议论纷纷的大学排行榜等问题上,政府完全可以超脱一些,不必直接参与和干预。但政府有权依法监督传媒的宣传活动,或通过教育的权威统计数据以产生影响力。国际上通行的"排行榜"一般都是由公共的传媒发布的（当然应该同时公布其评价的指标体系）,其权威性有赖于历史的积累和公众的接受度。这实际上也是一种社会对高校的评估和监督。中国的大学应该学会正确地对待它。至于中国高校是否参与国际上的大学排行榜,也应允许各高校自主决定。我们认为参与在总体上有利于扩大中国大学的世界影响,也有利于找到与世界一流大学的差距(目前排位的落后是与发展中国家的现实国情相吻合的,特别是投入的差距较大,正好有利于教育部争取国家的更大投入)。同时,只有积极参与,才能取得对"游戏规则"的发言权。

总之,随着高校办学自主权的落实和现代大学制度的建立,政府对大学的管理将更加宏观,并随着管理的信息化水平的提高,教育领域的"小政府、大社会"式的管理模式将渐趋成熟。直属高校的管理也是如此,政府将逐渐淡出具体的日常管理,而专注于宏观管理。事必躬亲,往往会陷于繁琐的事务堆中。政府在公共事业管理中的适当退出,不但不会影响政府的权威性,反而有利于政府的高位指导和战略管理。这也可以叫作"以退为进",摆脱了繁琐的日常管理,政府将更有精力集中解决高教发展中的一些重大的政策和战略问题。在公共事业的管理中,更多地发挥非政府组织(NGO)的作用,这本是现代公共管理的一个大趋势。大学历来就有自治的传统,自主办学正是高等教育依法治教的核心概念。

2. 正确处理好直属高校管理中的四个关系

直属高校作为中国高教的"国家队",应该率先探索建立现代大学制度。在这方面不仅在实践中有许多问题需要探索,在理论上也还有许多问题需要研究。根据我们的调研和分析,在当前直属高校的管理中首先要正确处理好下述四大关系。

1) 宏观调控和自主办学的关系

加强政府的宏观调控与高校的自主办学并不矛盾,其统一的关键就是依法治教。依法治教,既是对政府行为的一种规范,也是对社会行为的控制,包括对高校自主办学的规范。宏观调控作为一种战略管理,已不再是计划经济体制下的政府全能管理。政府首先必须严格依法治教,改变大包大揽和一切要听自己的思维习惯和工作作风,努力为高校创造更好的法治环境。教育部对高校的宏观调控主要应该是通过制定政策法规来规范大学行为,通过拨款、筹资、审计等来控制直属高校的经费来源和监督财务活动,通过教育统计来评估办学质量和效益,不必管得太微观。而地方政府对直属高校只应担当统筹协调的职能,更不必管得太具体。同时,高校也要进一步转变观念,强化法制意识,严格依法自主办学,建立和不断完善民主管理和自我约束机制。现代大学必须真正学会面向社会,依法自主办学,而不能一味躺在政府身上"等靠要"。

所以,正确处理政府与大学的关系,首先要改变政府将大学视作自己的行政下属的管理模式与行为方式。当前尤其要扭转一种过时的思维定式,就是认为"管"就是要你"听"——不仅是政府部门有这种意识,高校中也是如此,所谓的

"谁给钱,听谁的"就是这种思维方式的反映。其次,对于高校来说,依法自主办学就是要自觉接受政府部门的调控和监督。直属高校同样应该接受地方政府主管部门的统筹协调和依法监督,哪怕是"副部级"高校也同样如此,甚至应该更加主动和自觉。教育部应该经常对直属高校进行提醒和督促。要认真执行《高教法》,全面落实党委领导下的校长负责制,正确理解和处理好党委领导和校长负责两者间的关系,努力使高校党政一把手真正成为社会主义政治家和教育家,这也是正确处理好政府的宏观调控和高校办学自主这两者关系的重要保证。校长作为大学的法人,应该切实履行法定职责。如由校长实际而不是形式地行使副校长人选的推荐权和内部组织机构负责人的任免权,党委也要尊重校长的这一职权,可以有否决权,但要允许校长的再次行使推荐权和任免权,以利校长选择副手和组建高效的行政班子。

此外,当前如何建立和不断完善高校的自我约束机制,已成为落实高校办学自主权的一个重要问题,而这也正是政府宏观调控中应该加以规范的重要内容。在政府与高校的关系中,政府对高校能否行使好自己的权力方面总有些心存疑虑,就是因为高校自身的自我约束机制尚不健全。特别是现在的大学已经越来越多地直接参与社会和经济的各个领域,产生着大量的民事法律方面的权利和义务,也涉及大量的国有资产的管理和使用、保值和增值,以及防止流失的问题,必须把高校的办学自主权真正建立在法制的基础上,建立在相应的自我约束机制的逐步健全和不断完善的基础上,才能真正保障依法治教的落实。高校的产业经过整顿,正在按照现代企业制度逐步走上正轨,高校的整体管理及教学秩序也亟待整顿,以尽快建立有中国特色的现代大学制度。这也同时对政府的宏观调控和高校的自主办学提出了更高的要求。

教育部直属办应更多地依靠专家进行决策咨询研究和依靠信息系统进行现代管理。随着我国依法治教的大环境的逐渐成熟和高校办学自主权的逐步落实,政府对高校的管理职能将渐渐减少,大批高校的行政管理及宏观调控工作已经由地方政府接过去了,中央政府的直接管理职能更趋式微。但是考虑到中国的实际国情和中国高教"国家队"任务的艰巨,直属高校又刚刚经历了一次"大扩容",因此,加强教育部直属高校工作办公室的工作是必须的,但在管理方式和手段上应加以改革。更多地依靠专家进行超前的决策咨询研究和利用信息化手段进行"知识管理",是现代管理的重要趋势。建议直属高校工作咨询委员会和教育部直属办要有自己的决策咨询专家"智囊团",并尽快建立信息化的现代管理系统。同时,建立依法治教、自主办学的信用制度,对违规行为予以严处。

2）落实"共建"和完善"共管"的关系

地方政府参与对直属高校的"共建""共管"是我国高校管理体制改革中的一个创造，经过几年的实践，正在逐步走向成熟。但也不可否认，"共建共管"中也出现了一些新问题和新情况。因此，对其进行认真的研究和分析是非常重要的。

首先，对于前几年签署的"共建"协议，有必要根据情况的变化进行检查、修改和完善。直属高校与地方政府在"共建共管"中遇到的问题有些是和对当初的协议条文的不同理解和解释有关，如直属高校的本地生招生比例问题，根据"共建"的协议规定，从"50%以上"到"80%左右"不等，这就在实际执行中难免要产生矛盾了（特别是80%的比率是否太高？很难与直属高校要建设一流大学的目标相称），是否应该加以必要的调整？直属高校面向全国招生是理所当然的，但在本科招生中适当扩大本地生比例也是应该的，这正是加强为区域经济服务的题中应有之意。地方教委和教育厅要求直属高校多招本地生是可以理解的，而直属高校从学校上水平的角度考虑，要多招研究生，势必要压缩本科招生量。建议由教育部出面加以协调解决此类矛盾为好。这里也存在一个高教评价的导向问题，研究生与本科生的比率并不是"研究型大学"的本质特征，研究型大学也应该重视本科教育，尤其在现阶段的中国，人才的"高消费"实际上是一种浪费。就是在发达国家，本科教育也仍然是一所一流大学的基本任务，如在著名的"研究型大学"美国麻省理工学院，有一项坚持了近30年的本科生科研机会计划（Undergraduate Research Opportunity Program，UROP），就是提高本科生的研究能力和水平为主旨的。教育部应该加以必要的政策引导。

其次，"共管"更是一个需要以明确的规章或条例来加以限定的概念。不明确界定权限的"双重管理"在实践中处理不当就很会变成一种低效的多头扯皮。所以，当前很有必要在已有实践基础上，认真总结，尽快形成两级政府分工明确、职责分明的直属高校"共管"条例或办法。如前述"后10所"直属高校的"日常管理以地方为主"的解释还须进一步明确。

这次高教管理体制调整中的"共建""共管"问题亟待研究确定。"新27所"与上次划转的10所不同的是其原主管部委都还存在，且在专业领域亦与原行业有很多联系，应该说有很好的"共建"基础，虽见诸传媒公开宣布的有"二部一市"或"四部一省"实行"共建"的文字，但未见到任何实质性的内容（悉近期正在启动此事，但各部委希望要由国务院出面统一协调此事）。

从管理学的角度看，"共管"要协调好两级政府（或两个部委）的关系的确是有一定的难度的。总之，不管是教育部统管、直管，还是地方政府统筹协调、参与

"共管"（或其他部委参与），都应该依法管理，努力使各高校实现依法自主办学，关键问题是完善法制、健全体制、建立机制问题。两级政府的管理都应当以宏观调控为主，而不要直接干预学校的具体运作。地方政府对直属高校的统筹协调，主要应该从区域经济发展和地方社会进步的全局上，对高校的各项工作给予指导和提出要求，从外部环境的构建和政策支持上，对高校的事业发展和产学研结合给予帮助、提供协调。

当然，从直属高校的角度看，不管怎样，学校的生存和发展是离不开地方政府的支持和帮助的，不能因自己是直属高校而高高在上，只管"要钱"，不讲"奉献"。直属高校应当在配合地方政府工作方面起带头作用。主动服务于区域经济的发展和当地社会的全面进步是直属高校义不容辞的职责，尊重并自觉服从地方政府的领导和管理是直属高校的应尽义务，也是一种崇高的责任。

总之，"共建"的基础是贡献，直属高校作为"科教兴国"的"龙头"主力，首先应该在兴省、兴市上当好排头兵多做贡献；"共管"的前提是法治，两级政府都要尊重高校依法办学的自主权，并在法制的基础上分工合作，协调管理。如何既能充分调动两级政府的积极性，又有利于落实高校办学自主权，以及如何既能避免出现多头管理引起的推诿和相互扯皮现象，又能形成分工合作、协调有序的分级管理体制，这也将是一个现代高等教育管理学值得研究的新课题，有赖于在实践和理论上作出新的探索。制定政策法规，督促学校和地方政府严格依法治校和依法行政，这是中央的职责，为学校提供宽松的社会环境是地方政府的职责。而教育部作为国务院主管全国高等教育和直接管理直属高校的行政部门，更应积极主动地联系和沟通各有关部门和地方政府，并督促直属高校努力为行业和地方发展做贡献。建议可在部分省市先行探索落实和完善"国立共建省（市）统筹"的新型的直属高校管理模式，取得经验后再加以推开。

3）统一管理和分类指导的关系

直属高校作为我国高教管理体制和格局中的"国家队"，不管其规模大小、学校类别，理应有其大致统一的管理模式，但又要有分类的具体指导。原34所直属高校也曾经逐步形成过一种基本一致的管理程序和方式。今天，尽管直属高校的规模扩大了一倍多，也还是一个统一的大集体，每年一次的直属高校工作咨询会议也为各直属高校的相互交流和政策协调提供着良好的机会和氛围。但是，随着直属高校的扩容，今天的直属高校不仅类别已经包容了除体育、军事、公安等特殊行业之外的几乎所有的我国大学类型（从原来直属高校的"蓝皮书"所分的综合、工科、师范、语言4大类，到这次划转增加的农林、财经、政法、艺术、医药 5 类,一共是 9 大类),而且投资的方式、管理的模式、面临的问题都呈现出多样性。因此,具体情况具体分析,分类指导的紧迫性和必然性就显得十分重要的了。根据我们的分析,除了学科特点的不同需要有不同的指导之外,从管理的角度上,目前的分类指导可以先从本研究开头提出的三大类划分开始。

对直属高校中的"第一梯队",即国家先期重点建设的 7 所高校的管理,应以整体发展规划的审定和办学效益的检查为主。在具体管理中应放手让其享有最充分的依法自主办学权。并把此作为教育部对直属高校逐步放权管理的一个试点。当前教育部对这些学校的管理更应注重在提出效益目标、质量要求和监督用资、检查成果上。在集中进行了大容量的投资,为学校提供必要的教育经费保障的前提下,教育部及直属办应该着重于指导、监督和检查这些学校的投资效益和办学质量,保证这些学校一心一意地进行瞄准世界一流大学的学科建设和教育改革,而不是仅仅用来搞征地、盖楼等外延扩张。

对直属高校中的"第二集团",即老 34 所高校中扣除上述 7 所后的其他高校的管理,可在总结传统管理经验基础上,针对各校面临的具体问题加强指导,落实办学自主权。这批高校也具有较好的办学基础和雄厚的综合实力,它们对直属高校的管理程式完全熟悉,目前碰到的最大困难是办学经费的短缺和由此带来的在竞争中的一系列劣势。教育部在逐步实施放权政策的同时,要为这些高校的经费来源广开渠道,尽力争取。要从公平、公正的拨款机制上为这些高校的竞争、创牌上加以有力的保证,同时,积极鼓励和支持这批高校探索通过社会科技服务和国际交往合作等多种渠道自筹资金,加快发展。当然,这批高校也应该有所具体分析,个别指导。首先应该尽快启动第二期重点建设投资,使其与"211 工程"建设的二期投入相结合,成为又一批高校创一流大学的强力助推剂。这批雄心勃勃的高校将成为我国高校冲击世界一流大学的"第二梯队",并将给首期重点建设的 7 所高校以强烈的竞争促进。另外,对于其他老直属高校在办学中遇到的问题和困难,教育部及直属办应尽力予以帮助解决;而对师范类等带一定特殊性的院校,则应该指导它们尽快找准定位,坚定发展目标,而不要因犹疑不决失去机遇。对于"共建"时明确以地方为主的直属高校,教育部也要帮助落实地方政府的相关权利和义务。

对高教体制改革中划转教育部的两批新直属高校的管理,当前应以加强调查研究和关心帮助其熟悉直属高校管理方式,解决划转中的遗留问题为主,尽快完成"转轨"和调整过程。直属办与这些高校有一个相互熟悉、相互适应的管理衔接,应更多关心和指导、帮助。当然,两批高校的情况也有差异。1998 年划转的 10 所基本上是已与老 34 所直属高校并轨,只是有关"重大事宜由教育部决定,日常管理以地方为主"的提法还需在实践中逐渐明确,以避免有利的事都愿管,困难的事没人管;直属办管得少,地方政府又觉得不便管。建议直属办多到这些高校进行调查研究并协助它们加强与地方政府的关系。而对新 27 所高校,则需要一个"适应期"和"调整期",直属办应该给予更多的关心和照应。对其中行业性很强而专业面受限较多的学校(如农林院校等),就更应该主动邀请有关部委共同进行指导,认真听取学校的意见和建议,组织专家协助他们准确学校定位,做好发展规划。教育部当务之急是如何加强与这 27 所高校的原所属上级部委的沟通,争取逐个落实"共建"协议。对原已列入"211 工程"建设的高校也应协助落实二期经费投入。在鼓励新直属高校面向未来开拓进取、担当起"国家队"重任的同时,支持它们保持和发扬特色,继续为原行业服务。

4) 行政权力和学术权力的关系

建立现代大学制度的关键是调整大学管理中的政府权力、学校行政权力和学术权力三者之间的关系。国际上的大学管理模式中,学术权力的核心地位一直是最重要的,即所谓的"教授治校"一直是和"大学自治"紧密联系在一起的。当然,这三者的关系也还是有一些区别的。如欧洲的大学模式中的权力分布是"两头大、中间小"的"哑铃式",即政府和学术(教授)的权力较大,而学校行政的权力很小;美国的大学则有所相反,其"大学自治"的自主权主要表现在学校与政府、社会的关系上,其权力状态是一种"两头小、中间大"的"腰鼓式",即学校行政的权力相对较大,教授的权力相对小一些,当然,政府权力的干预更少;英国(英联邦)的大学自治则更向学术方面倾斜,是一种"正三角"形的"教授治校"模式,教授权力最大,政府权力最小。我国传统的大学管理模式则类似"倒三角"形,政府权力大,学校行政权力其次,而学术权力只限于有限的特定范围。

因此,如何正确处理大学的行政权力和学术权力的关系,这已是当前我国高校管理改革深化中亟待研究和解决的问题。落实《高教法》关于高校实行民主管理的规定必须加强高校的学术权力的地位。现有的高校管理研究中,对大学的办学自主权问题的研究主要围绕的是大学与政府、大学与社会的关系,即大学和它的外部关系,校内的管理研究则主要探讨了党委和行政的关系及教学、科研、后勤、产业等的具体管理方式问题,而还较少涉及学校内的行政权力和学术权力之间的关系调整问题。在高教管理体制改革中,要求政府权力下放的呼声很高,但下放的权力主要也还是集中在学校的行政权力部门。而学校的行政权力的扩大如果缺少必要的制约正是目前政府教育行政部门所担心的。因为单靠政府部门从上而下的监控和社会公众从外而内的监督还是不够的,来自高校内部的自我制约是十分重要的,这也是现代大学制度中不可与缺的环节。

大学管理应是一种高水平的知识管理,大学的知识群体不应该仅仅被视为管理的对象,更应该视为是管理的资源。前几年开始的大学校长的民主推荐试点中,已经开始注意听取大学教授们的意见,这是一个很好的开端,应该加以认真的总结和积极的推进。现在有不少大学领导开始注意更多地听取教师对学校管理的意见,有的学校已经明确提出除了教学中要"以学生为主体"外,还要在管理中实行"以教师为中心"的办学理念,这标志着学术权力地位的提升。在政府继续下放权力、落实高校办学自主权的过程中,"民主管理"将是监督和制约自主办学中行政权力的过度膨胀,建立和完善高校的自我约束机制的最有效途径。

因此,在加强高校党的建设和党委的领导的同时,调整大学里的行政权力和学术权力之间的关系,加强师生对大学管理的发言权,特别是加强学术权力对办学自主权的参与和监督,将是建立有中国特色的现代大学制度的重要保障。而这又需要对大学的现行校内机构改革加大力度,通过组织设计(organization design)和流程重组(process reengineering)实现管理创新。我们认为,在世界一流大学的建设中,完全应该"抓大放小"。但在办学自主权的落实过程中则应"抓小放大",即应该率先放权给建立了较强的自我约束机制的高校。应该说,直属高校的自我约束意识和能力都是比较强的,教师们对学校管理的参与和监督意识也是比较强的,完全应该也可以率先探索和尝试建立起具有充分学术自由、办学自主、面向社会、民主管理的现代大学制度。

未结语:深化高教管理改革——以建立现代大学制度为目标

本轮高教管理改革,从总体上看,还是一种政府导向型的改革,其起因于中国改革开放的深入和经济体制的转轨,以及政府机构的改革,目前正逐步转化为一种内外混合型的改革,进一步的发展有赖于真正变成一种大学主导性的改革。政府的宏观调控将主要转向对办学质量和效益的监督和指导,以真正实行一种高位的战略管理。大学体制自身的深入改革还有待于各大学在自主办学实践中的自我探索和多种尝试,不可能也不必要形成完全统一的模式。但是,行政管理靠法规,学术管理靠教授,评估管理常规化,后勤管理社会化,应该是现代大学管理的基本特征。

当今世界,知识经济勃然兴起,正使得曾一度被边缘化的大学重返社会的中心。传统大学以传授学问、造就绅士为本,德国洪堡强调大学除传授知识、培养人才外,还应以"发展知识"、探索未知为己任,开创了教学、科研并重的研究型大学之先河，发端于现代美国的"巨型大学"（multiversity）实质上是一种的多样化、多功能的集教学、研究、服务于一体的"多元大学"，这也已是在向社会主义市场经济体制转轨中我国大学发展的一个重要趋势，强调"面向社会"正是如此。值此"全球化"、网络化时代来临，交往世界、沟通文明正在成为现代大学的第四大功能。渐趋成型的"总体（全能）大学"（omniversity）将使大学的自主办学更趋活跃和国际化。作为中国高教"国家队"的主力和主体的直属高校，应该认清形势、抓住机遇、大胆探索、勇于创新，为建立有中国特色的现代大学制度而开拓进取。而作为发展中的社会主义大国，政府在高等教育的发展中的作用是不可低估的。

总之，"学术自由""面向社会""自主办学"和"民主管理"是中国《高教法》所确立的现代大学制度的四大要素，也应是下一步高教改革的根本方向。直属高校的管理创新，将是中国真正建设高教强国和中国大学跻身世界一流大学的有力保证。因为有了"青藏高原"，就不愁"喜马拉雅山"群峰的崛起了。而在这方面，政府和大学自身都需继续探索改革和创新之路。

以上是结合本次调研所做的一个粗浅的分析研究报告，力图如实反映目前教育部直属高校在管理体制改革后面临和关注的热点问题，并提出了一些思考和分析。但由于我们的调研面还不够广，各个学校反映的问题比较分散，难免集中深入研究不足。高等教育要培养具有创新精神和实践能力的高级专门人才，高等教育的管理也应该不断有所创新。为此，我们愿意在此基础上进一步就如何真正建立起有中国特色的现代大学制度及其可能的具体模式，作更深入的研究。

致谢：本课题在进行中不仅获得了6省（市）教育厅（教委）和17所高校的大力支持，还获得了教育部直属办牛燕冰副主任及林晓青、钱红同志的大力帮助，在2000年11月中旬直属办在同济大学召开的课题中期交流会上，高文兵主任、陈维嘉副主任、张爱农处长等对本课题作了很多指导，浙江大学发展委员会执行主席、原常务副校长胡建雄等也在讨论中提出了很好的意见，谨在此一并致谢。

本课题于2000年4月立项，10月完成初稿，12月初定稿。课题完成之际欣悉"第二梯队"的重点建设已经启动，祝"国家队"们都能早日比翼齐飞。

"高校管理体制改革后政府对大学管理模式的研究"课题组

课题负责人：章仁彪

课题组成员：黄小英、胡鹏山、杜作润、古蕴华、
樊秀娣、张希胜、黎君、杨建农

作者补记：任何有价值的社会科学的研究成果必须经得起时间的检验，所谓"真理是时间的女儿而非权威的女儿"即是如此。为此，此课题报告完成后，我们一直取谨慎态度，未急于发表，仅在几次有关的高教研究会议上曾应邀做过些介绍。尽管曾有若干个刊物表示出浓厚兴趣，我们以原报告系呈送教育部直属高校工作办公室准备直属高校工作咨询委员会会议用、暂不便公开为由加以谢绝（在此谨致歉意）。2001年5月在同济大学举办的"'全球化'背景下的现代大学制度研究"学术研讨会上，课题组负责人就此作了专题报告，与会者纷纷要求发给报告全文。经研究，考虑到原报告已经基本完成了原课题立项的任务和要求，而原报告所反映的问题具有一定的普遍性，尽管其中有些已基本解决或得到较大改善，但所提出的有关的对策建议中有不少仍然是有待研究的，为了推进我国的高教管理改革和现代大学制度研究，特全文发表此报告。

参加国际高校排名榜调查：利多弊少[①]

内容提要：如何应对全球化时代国际性的大学排名榜问题，是当今中国高等教育必须面对的挑战之一。积极参加各种跨国性、国际性的优秀大学排名活动，对我国高校走向世界的努力利大于弊，为此，我们要认真思考对策。

关键词：高校；排名榜；挑战

世界正在进入全球化时代，这是不可逆转的趋势，世界高等教育的国际化也是势在必行。今年10月上旬联合国教科文组织经过5次预备会议后在巴黎正式举行了全球性的世界高等教育大会，对高等教育的社会适用性、质量、管理和筹资以及国际间合作的必要性等21世纪大学的发展趋势进行了讨论，这标志着20世纪60年代以来为对付世界性的传统高教合法性危机的一系列讨论又一次掀起新的高潮，在21世纪即将到来已不足500天召开的这次会议，是否意味着已对全球化时代的高教发展达成了共识了呢？人们还将拭目以待。

笔者以为"全球化"与"国际化"是两个初看相同、实质有异的概念，全球化侧重于一体化的经济背景，国际化侧重于多极化的政治文化背景。（事实上，经济特别是金融、贸易的全球化运作的"双刃剑"作用已通过亚洲乃至世界性的金融危机得到了充分体现，新的世界经济秩序的调整势在必行。）考虑到文化的多元性和民族性问题，高等教育的国际化绝不会是一体化（参见《教育改革与管理——研究生教育研究》1998年第1期上拙文《试析"知识经济"下的现代高教发展趋势》）。但是，如何应对全球化时代国际性的大学排名榜问题，是中国高等教育必须面对的挑战之一。

当前，由新闻媒体发布"大学排行榜"调查是一种颇有影响的世界性的高教评估和研究的做法。当今国外各种"大学排行榜"正通过日益发达的通信媒介为国人所知晓。例如美国《美国新闻与世界报道》、英国《泰晤士报》和《泰晤士高等

[①] 原载《同济教育研究》1999年第1期，正式发表于《中国高等教育》1999年第4期，署名章仁彪、樊秀娣。

教育副刊》、德国《明镜》周刊、日本《钻石周刊》、加拿大《麦克林》时事杂志都定时公布对本国大学评价的排名。不管我们对此的态度和想法如何,不可否认,国人很大一部分是通过这些较权威组织公布的"大学排行榜"来认识这些国家的知名大学的。而近年来各种跨国性、国际性的大学排行榜也频频在世界媒体上亮相,尽管人们可以对其权威性予以种种质疑,但现代信息社会传媒影响的作用仍是不可低估的。如英文的《亚洲新闻》(ASIA WEEK)周刊每年定期举办亚洲(包括新西兰、澳大利亚,所以又称"亚太地区")最优秀大学排行榜,就是对我国大陆的高校,特别是著名大学提出了一个严峻的挑战,目前囿于种种原因(中国高教由于国情的不同)国内的大多数高校都没有参加此项活动,有些高校参加后又退出了,如曾被列入1997亚太地区最好高校前50名的北京大学(第7位)、复旦大学(第28位)、中山大学(第33位)及清华大学、南京大学(仅有"学术声望"而被排在45、48名)。据悉,主要原因是担心某些评价指标不适合中国的国情,可能会影响国家高教的形象,因而国家教委不希望国内高校参与。(参见 ASIA WEEK, May 15, 1998)

笔者认为对于积极参加各种跨国性、国际性的优秀大学排名活动,对我国高校走向世界的努力是利大于弊的,因此没必要采取置之不理的回避态度,理由有三点:其一,可以在比较中提高国内著名高校的世界知名度,增强我国教育的国际竞争力,高教的国际化趋势要求我国的大学更多地走向世界,肩负起东西方文化交往的重要使命,同时大学的知名度在一定程度上也是国家综合竞争力的体现。其二,可以在比较中发现国内高教存在的差距,毋庸讳言,我国的著名大学与亚洲及世界的高水平大学相比,在某些方面的确存在一些不足,如教师收入较低、财政状况较差、国际上发表论文数较低等,但敢于正视问题才是我们切实解决问题的动力和保证;再比如,关于我国高校投入不足这一事实也无须讳疾忌医予以回避,相反应通过参加评估促进改善。但同时也说明,我国以较少的教育经费而从事世界上最大规模之一的高等教育,应该说其效益是非常高的,海外中国留学生的学业状况的普遍较好就是一个证明。其三,可以在比较中不断完善大学评价指标体系,我们说大学评价是要客观、公平、准确地反映被评大学的实际水平,因而指标体系如何关系到排行榜的可信度和权威性,我国更多大学参与此项活动将会通过评价实践促进评价指标的进一步合理。当然,在参与评比中,可以根据国情实际提出某些修正意见及说明。例如,对于高校员工中高学历人数的评比,由于历史的原因,我国有相当长的一段时期未实行学位制,而国内大学现有的许多教师无论其资历和实际水都不亚于硕士、博士,我国现有的副高职称以上教师,他们本人虽然没有研究生学位,但已经承担了研究生导师的工作,培养了高质量的硕士生、博士生,因而应被列入具有高学位的教师比例之中。(至于职称评审中的质量保证问题,另当别论。)

当然考虑到参与国际竞争时不可避免地要接手某种公共规则问题可能对我们不利,但是我们可以在参与中逐步建立起中国自己的大学评估体系。一般来说,国外大学的评价指标体系比较简单、容易操作。例如,《美国新闻与世界报道》每年设 5~7 项指标,以问卷调查方式进行咨询。1995 年 6 项指标及权重系数分别为:1.学术声誉(25%)2.招生选择性(15%)3.师资力量(20%)4.财政资源(10%)5.保持率(25%)6.学生满意程度(5%)。加拿大《麦克林》确定的 6 项评价指标是:1.学生概况 2.课堂情况 3.师资状况 4.财务状况 5.图书馆 6.学校声誉。《亚洲新闻》1998 年所用的 9 项指标和权重系数则为:1.学术声誉(20%)2.师资力量(25%)3.学生择校(25%)4.财政来源(10%)5.科研状况(20%)。另还列出教师人均年薪 PPP(购买力平价,基于世界银行的换算比例,下同)、学生/教师比、年人均学费 PPP、教师人均在国际刊物上发表论文数。虽然各种评价指标体系各有特色,但有些评价指标是共同的,换句话说,这些指标对反映一个学校的水平比较重要,具有普遍的可比性。例如,学校声誉、师资力量、财政资源、(学)生源状况等。我国相关大学和有关部门应该对这些指标的内涵进行深入细致的分析研究,以利于采取相应的对策和措施来促进学校办学水平的不断提高,同时也有助于我国高校在国际高校排行榜上的名次更加靠前,让我国的一些高水平高校真正跻身于世界先进高校行列,同时去努力扩大影响,也就是去参与国际上高教评估规划的修改。事实上,各种评价指标体系及其权重数也是可变的,如《亚洲新闻》在 1997 年排名榜的"学术声望"占比重的 30%,1998 年降为 20%,而把"学生择校"比重由 20% 升为 25%,财政来源则由比重的 15% 降为 10%。

此外,《亚洲新闻》今年在征求调查意见时提出"贵校参加多科性大学(Multi-Disciplinary Schools),还是科技类学校(Specialized Science and Technology Schools)的调查?"这也是对我国现行高校分类发的一种挑战,因按其说明,前者是指兼有人文、科学(Science)——包括社会科学和计算机科学——工程、商学(Business),后者是指只提供尚未取得学位的(Undergraduate)大学生学位,这就造成我国一些高校的两难:由于分科原因,我国不少高校在人文社会科学方面普遍较弱,如参加前者,则势必影响最终排名;而参加后者又不符合实际,因为我国重点理工院校并非只有学士学位授予权。为此,少数传统被视为理工科大学的高校勇敢地参加到前者的排名竞争中,实是一个具有前瞻性的决策,而有些名牌高校尽管一再声称自己是"综合性大学"却只能在后者中排名,实在又心有不甘。因此,这些不也值得我们认真思考对策吗?不怕承认落后,只怕看不到问题所在,靠游离于世界"游戏规则"之外,孤芳自赏,在全球化时代是不利于高等教育的发展的。

1998 年 11 月于同济

关于中外合作办学之我见①

关于中外合作办学问题,确已到了做深层研究的时候了。"入世"在即,教育市场的开放也在所难免,只不过是一个时间先后和如何循序渐进的调控问题,事实上也已经在开放之中了。我的看法是,与其被动应招,处处设防,不如主动出击,驾驭进程。只要主权在握,全局在胸,有序开放,逐步推进,又何惧"与狼共舞"?此外,与其让海内外"教育商"纷纷抢滩中国市场,攫取高额中介利润,致使国人资金大量"肥水外流",不如扩大中外合作办学,加强引进外资和"外智"力度,让更多的国人享受到货真价实的"教育消费"。当前,要紧的是如何冷静分析当前发展中外合作办学的背景、现状、问题和对策,尤以对中外双方的立场、目标之异同的分析为要,既要求同存异,更要研究如何借"异"达"同""为我所用"。

毋庸讳言,目前的国际"游戏规则"(包括 WTO),大都是强国制定的,存在许多不合理的地方,但要参与游戏,就必须接受其制约,只有在参与并取得相应的地位后,才能有修改规则的发言权。同样,科技竞争是综合国力竞争中的关键环节,中外合作办学未必能完全进入真正的最前沿,但至少可以帮助我们接近某些前沿。所以,大力发展中外合作办学实在是一种不出国的留学,而且可以更好地实现我们的上述战略目标。

目前,中外合作办学的基本状况大约可以分析如下:就外方而言,其办学的目的基本上有两种,一是出于长远的战略考虑,包括政治文化影响和未来的市场竞争,前者主要是政府行为,后者主要是以跨国公司为首的大企业行为,当然,政府行为的长远目标中也包括争夺市场的经济利益考虑。对此我们也应该从长计议,着眼未来。二是出于眼下的教育市场争夺,是一种纯粹的商业行为,即"教育产业",有些国家的这类收入已相当可观。对此我们应该头脑清醒,有所控制。WTO还未入,外国教育展已经络绎不绝,招生广告则已铺天盖地,其中也不乏

---

① 本文系 2000 年接待教育部领导同志来校后专题调研时的谈话,经领导的鼓励整理成文发出,原载《中国高等教育》2001 年第2 期。

"假冒伪劣"。近来此类索赔官司屡有所闻,一些名牌高校和政府部门也被牵累。的确,教育欺诈中有不少系有政府相关部门批文的"正宗"的"大型公司"所为,不少还是打着名牌高校的旗帜,或者是直接借用名校的场所。问题是我们的高校对此不是麻木不仁,置若罔闻,就是为其遮掩,息事宁人。

至于外方有意无意地文化渗透,值此"全球化"和"因特网"的时代,最重要的不是以"防火墙"来"拒敌于千里之外",而是以提高自身的免疫力来加强"消毒"和"杀毒"的战斗力。我们老一辈的留学人员之所以能在祖国的物质生活极为贫瘠的时代不失拳拳的报国之心,很重要的一点正是他们对中华文化的一种深切的体认。当然,爱国的方式是多样的,海外游子可以用各种他们自己选择的方式报效祖国。但是,也不容讳言的是,由于长期以来对传统文化的批判和轻视,年轻一代人中的确存在一种价值观的迷失。在这个高科技的时代,人们当然首先迷恋于科技的伟力;而在这"全球化"的时代,跨国公司更带来一种对民族国家的"离心力"。因此,在中外合作办学中,加强对中国学生的爱国主义、集体主义和社会主义教育应该首先从人格教育入手,以理想人格的熏陶,帮助学生体认中华文化的博大精深,以现代人格的培养,帮助学生适应市场经济的竞争。人格中有"国格",那就是一种身为中国人的骄傲、自尊与自信。目前,中外合作办学的主要领域还是在理工科,而由于中学的文理分家,理工科学生的文化底蕴更为浅薄,而大学又不可能再从头补起,特别在中外合作办学中,要真正培养出国际化的人才,课时的紧张是可想而知的。因此,加强对任教教师的选择和培训是十分必要的,有关人员的配置上也应该有所考虑。这样,通过老师们的言传身教去感染和熏陶学生,达到一种"润物细无声"的潜移默化效果。

只要能有意识地坚持上述"以我为主""为我所用"的教育理念和指导思想,关于中外合作办学中是"移植"还是"嫁接"的问题,也就不难解决了。我觉得两者都可以尝试。人们总以为"嫁接"可能优于"移植",多一些主动,多一点保险因素。实际未必,有时反倒是自找麻烦,"画虎类犬",不伦不类;整体"移植",倒可以减少摩擦,"原汁原味",不漏其精华。当然,也要防止"南橘北枳"。我们的良好愿望是集众家之长,但有时却恰恰事与愿违,合了各家之短。既然那么多的中国学生已经负笈求学于世界各地,而无虑其所受到的各种影响,我们又何必过多地虑及"移植"中可能出现的问题呢?实际上,经过"移植"的外国教材、教案乃至于整体教程、课程,最终仍是一种"嫁接",嫁接于中华文化的参天大树上,移植于中国国情的土壤中。鲁迅先生的"拿来主义"还是值得我们认真思考和回味的。不管怎样,比起大批学生远涉重洋的出国而言(特别是目前留学的低龄化倾向有增无减),扩大中外合作办学实属必要,毕竟是在我国的国土上,我们完全可以更多地减少它的负面效应,扩展它的积极意义。当然,我们必须有所作为,才能真正"为我所用"。同时,合作的领域也未必只是停留在理工科层面(目前已经进入管理学层面),人文社会科学领域也同样可以扩大交往,探索合作办学的可能性。中国的现代化中有许多社会的、文化的问题是其他国家也曾遇到过的,我们为何不能拿来借鉴呢?比如,中国的城市化问题,这里并不只是一个科技层面的问题,更多的是涉及广阔的社会和文化问题。文化领域的交往应该有自信,这总是双向的。仍然是这句话,与其被动应招,不如主动出击。改革开放20多年了,苍蝇蚊子是飞进来不少,但是,我们的免疫力不是更强了吗?当今之时,"因特网"铺天盖地,挡是挡不住的,关键还是增强"免疫力",要对我们的事业有信心、信念、信仰。要相信社会主义的生命力和吸引力,以及其广阔前景。此外,文化的交往实在是摆在21世纪人类面前的一项最为紧迫的使命,不要以为"文明的冲突"只是空穴来风,文化的"不可通约性"是客观存在的,沟通是理解的条件,交往是合作的前提,大学应该在人类文化的交往中发挥更大的作用,这也就是同济大学把"交往"视为自己最主要的四大功能之一、积极开展中外合作办学的原因。

总之,"经济全球化"和"知识经济"的挑战,是我们加快发展中外合作办学的基本背景,国内一波又一波的出国留学热和"教育市场"的火爆,也正逼迫着我们认真研究和赶快应对。恕我直言,国内不少中介商(合法的和非法的)正热衷于充当教育"买办"和"掮客",如真能引进和介绍一些国际名校来招生,从而使国人能真正享受到高质量的"教育消费"倒也罢了,只怕是鱼龙混杂中更多的是一些精明的"教育商"正以商业眼光盯上了国人渐趋厚实起来的钱袋而已!目前出国留学的高额费用是大多数工薪阶层难以望其项背的。

值得注意的是,国内经济学、教育学界的一批专家、学者所鼓吹的"教育产业化"理论,在客观上正为此而推波助澜。把教育纯粹看作是一种私人"消费"与"投资",而忽视了教育至少是一种"准公共产品"的属性,就在理论和实践中造成很大的混乱。而他们鼓动政府实行所谓的"教育拉动内需"说,更是一个倒果为因的"假问题":居民消费对"内需"的拉动之所以困难重重,其中重要原因之一恰恰是因为这种"教育产业化"和"教育消费"论的误导。试想,当家庭把子女的教育视为最大的一项消费,当一个家庭为其独生子女需准备近20万元的教育费用时,又有多少家庭还能到其他的消费领域去"潇洒走一回"呢?更何况还有医保、住房、养老等"后顾之忧",再加上"收入预期"的不确定,人们怎敢"提前消费"?要知道,当年"二战"后的德国,为了拉动内需、刺激消费,首先建立的正是免费教育和社会保障体系。所以，不能怪国人的"观念滞后"，实在是我们某些理论家的理论太"超前"。"国际接轨"中的消费"接轨"要以收入的"接轨"为条件，否则，只能是空中楼、水中花。再者，有些国家的"教育产业"之所以红火，很大程度上是依赖于外国留学生的源源不绝，比如澳大利亚最近一再降低入学的语言水平要求，却不断提高入学的经济门槛。而对于本国学生，却享有很多的福利。其道理也很简单，你父母不是纳税人，当然不能享受"国民待遇"。相比之下，我们的一些理论家却希图把教育更多地私人化，把广大的纳税人简单地视为"教育产业化"的消费者，这实在是一种不应该有的理论疏漏。"教育产业化"的理论客观上还将使整个教育事业受到冲击，首当其冲的当然是教育部门：因为既然"产业化"，那你就应该到市场上去找资金，何必盯着政府财政呢？而面对方兴未艾的中外合作办学热，如果只是以"教育产业化"的思路去指导和实践，必然会走向斜路，莫谓危言耸听。不过，在扩大留学生的教育规模方面，倒不妨试一试更多的产业化运作方式。

中国加入WTO将是第二次大开放。未雨绸缪，教育也应该有所应对，抓住机遇，直面挑战，中国的教育尤其是高等教育将获得一次难得的腾飞。20年前开始的改革开放，谁也想象不到会有今天如此巨大的进步和如此辉煌的成果。今后20年的中国的巨变同样将是难以估计的。教育对市场的适应总难免会存在一定的"滞后性"的，因而教育决策的"超前性"就更加必要了。我以为，在强调教育改革要不断"适应"就业市场的需求的同时，教育一刻也不能忘记自己"导引"社会变革、推动社会进步的神圣职责。

和衷共济、追求卓越,自强不息、止于至善

——关于"十五"期间同济大学发展规划的几点思考

摘要: 通过对学校"九五"期间具有重大影响的4件大事的回顾以提炼出主要的经验;通过对学校发展目标和"十五"期间主要任务及指导方针、发展战略的诠释,以进一步更新教育思想,明晰奋斗目标和办学理念,振奋起"和衷共济、追求卓越,自强不息、止于至善"的精神,为实现同济人建设世界一流大学的共同"愿景"而努力奋斗。

关键词: 规划,愿景,目标,战略

经过反复酝酿,凝聚着多方智慧,反映了全校师生员工面向新世纪、建设新同济的强烈愿望和努力方向的《"十五"期间同济大学发展规划纲要》(下文简称《纲要》)已经正式发布。这将是历经世纪沧桑的同济大学在跨入新世纪之际的一个重要的指导性文件。《纲要》提出的建设综合性、研究型、国际化的一流现代大学的奋斗目标也是历代同济人的共同夙愿,是同济人"和衷共济、追求卓越,自强不息、止于至善"精神的集中体现。笔者在参与共同起草《纲要》的过程中,曾就学校的总体目标及发展战略等的诠释作过一些思考,特录以求教于校内外同仁。

一、关于"九五"期间学校发展回顾的几点思考

任何发展规划的制定都离不开对历史的回溯和现状的把握。《纲要》对学校在"九五"期间改革和发展的回顾中提纲挈领地总结了主要成绩和存在的主要问题。"九五"期间是同济大学发展历史上一个重要的转折。记得名誉校长李国豪院士曾经用"三次转折"概括了中华人民共和国成立以来同济大学走过的曲折历程,即20世纪50年代初的全国高校"院系调整"使同济大学"伤筋动骨",从一所综合性大学变为一所以土木建筑为特长的工科大学;70年代末的改革开放带来高教发展的春天,同济大学抓住机遇,毅然提出并实施了"两个转变"即由工科大学向多科性理工大学转变,由一般的国内高校向作为对外(德)交流的"窗口"高

校转变；而"九五"期间的全国高教管理体制的改革又为同济大学提供了一个重要的发展契机，通过两次并校改革，学校终于恢复了综合性大学的基本框架。经历了这第三次转折的同济人都会深切地感到其来之不易。同时，我们要清醒地看到，这第三次转折带给同济的是机遇与挑战的并存。特别是经过新一轮高教改革调整后的同类高校获得的综合实力的提升大都大于我校，进入综合性大学行列后学校面临的将是一个新的平台上的一种更高水平的竞争。因此，科学总结"九五"工作的经验和教训，对于新世纪同济大学的继往开来、再创辉煌是十分重要的。笔者以为，要把握影响学校"九五"期间的改革和发展的基本脉络，充分认识下面四件大事的成功经验和重要意义是关键。

第一件大事，争取实现了国家教委和上海市政府对学校的"共建"，获得了对学校未来发展极为重要的一大资源支持，学校立足上海，通过更多地参与地方的国际化大都市的基本建设、支柱产业和科技攻关，赢得了上海市人民和政府的充分肯定和高度赞扬，同时继续面向全国，发挥自己的学科优势和科技成果服务于经济建设主战场，取得了可喜的成绩和良好的声誉。以贡献求支持、有作为才能有地位，这是一条重要的经验。

第二件大事，通过不懈的努力进入中央政府资助的"211工程"建设行列，有力地促进了学科建设和事业发展，并已圆满完成了一期建设任务，顺利通过验收；学校的9个学科入选上海市的重点建设项目（其中2个设列入"重中之重"），获得较大力度的支持。学校成功地进入了国家"教育振兴行动计划"重点支持建设的高水平大学行列，为学校的未来发展争取到了一个广阔的空间。敢拼才会赢，以理想为动力、以实力为后盾，还要有一种持之以恒、永不言败的顽强毅力去力争、去拼搏才能达到预定的目标。

第三件大事，通过两次并校的改革，大大扩展了办学空间，实现优势互补、资源共享，恢复了同济医科品牌，实现了由多科性的理工大学向综合性大学的转变；由于成功地创造了高教管理体制改革中打破条块分割、优化资源配置、实现完全融合、实质合并的"同济模式"，大大提高了学校的声誉，并获得中央和地方政府的肯定和资助，顺利实施"新同济安居乐教工程"，大大改善了教职工的住房条件，从而成功地实现了"以共同目标团结人，以事业发展凝聚人"的并校指导方针。解放思想、敢冒风险、善抓机遇、科学决策。这也将是同济大学能否通过深化改革，实现超常规的跨越式发展的关键。

第四件大事，通过教育思想和发展战略的大讨论，进一步明确了学校办学的指导思想和发展目标，确立了"本科教育为立校之本，研究生教育为强校之路"，

"依托传统优势学科,拓展高新科技领域"等发展方针,形成了有同济特色的教学、科研、服务、交往四大功能并举的 TRSC 办学理念和知识、能力、人格协调发展的 KAP 人才培养模式。有个性才能有创新、有特色才能创品牌、有远大目标才能有共同"愿景"(vision),有一流意识才能办一流大学。

  上述四件大事对同济大学发展的影响是显而易见的。这里政府的导向无疑是重要的,但学校为此付出的努力也是艰辛的。每一件事情的成功都是来之不易的,不仅要有运筹帷幄的科学决策,而且要有锲而不舍的敬业精神。经常是似乎已到了"山重水复疑无路"之境,而成功就在于"再坚持一下"的努力之中。一旦认准目标,就要以不屈不挠的顽强毅力坚持到底、决不放弃,才能最终赢得"柳暗花明又一春"的成功。同时,这四件大事的实现也是学校领导审时度势、高瞻远瞩、果断决策、谨慎推进战略的成功。不仅要有敢于开拓创新的战略视野,还要有缜密细致的科学研究。这是同济人在跨入新世纪之际值得认真总结和珍视的一份宝贵的工作经验和重要的精神财富。这也是一种高昂而宏大的理想主义和一种严谨而求实的现实主义的统一,"志当存高远,路当踏实行"。这四件大事的成功标志着同济大学在进入新世纪之际,已经取得了一个较为有利的出击点,从而能在一个较高的平台上进入新一轮的竞争和发展。为了新世纪的腾飞,同济大学正蓄势待发迎挑战,乘风破浪向未来!

二、关于学校办学目标定位的诠释和启示

  经过两次并校改革的洗礼和全校师生员工的共同努力,学校完成并顺利通过国家首期"211 工程建设"验收,并被正式列入国家"面向 21 世纪教育振兴行动计划"重点建设高校的行列。《纲要》指出:今日的同济大学已经成为一所规模空前、特色鲜明,学科比较齐全、实力比较雄厚,国内一流、国际知名的综合性大学。经过几次全校性的教育思想和发展战略的大讨论,学校的办学目标定位已经基本明确,这就是:同济大学将建成一所文理交融、医工结合,科技教育与人文教育协调发展的综合性、研究型、国际化的一流现代大学。

  2007 年将是同济大学的百年校庆。"十五"期间将是同济大学发展的关键时期。建校 100 周年之际的同济大学将是一所怎么样的大学呢?《纲要》指出,同济大学"十五"期间的主要任务是:到 2007 年,学科的布局结构得到较大的调整,师资建设整体素质有显著提高,教育质量和科研水平迈上新的台阶;经费渠道得到较大拓宽,教职员工收入持续增加,教学科研条件和设施得到明显改善,多校区建设取得重大进展,校园规划更趋合理、环境更趋优美、功能更趋完善,学

校的综合实力居于国内高水平大学的前列,国际知名度有显著提高,综合性、研究型、国际化的多功能型现代大学的框架基本奠定。

同济大学的发展目标是基于对现代高教发展的趋势和规律的客观把握定的(参见吴启迪、章仁彪《"全球化"时代的现代大学理念和制度创新》,载《同济教育研究》2001年第2期),也是基于对同济大学发展历史和现状的自我认知而确定的。而如何对此取得更多的共识,以真正形成共同的"愿景"实为全校师生员工之必须。在此,笔者愿就本人理解,稍作浅释。

1. "文理交融、医工结合,科技教育与人文教育协调发展"是其基本内涵

"理工文医"是目前同济大学基本的学科结构和综合性的基本特性(这里的"文"是指广义的,包括文史哲经法教管等门类),"文理交融、医工结合"是学校正在探索的学科交叉、办学特色的组成部分和战略目标;"科技教育与人文教育协调发展"则是现代教育理念的基本精神和培养面向未来具有广阔视野的复合型高层次人才的根本要求。科技教育应包括科学精神、科技知识、科技方法、科学态度等科学素养的传授和培养;人文教育也不应该只是对人文、社科、艺术等知识的了解和传授,更应该是一种对人的价值、人的尊严、人的命运的关怀和尊重,以及对人类的责任感、使命感的人文精神的培养。

2. "多功能型现代大学"是根据大学的历史轨迹和基本趋势以及同济大学的现实发展特色提出的自我目标定位

继以传授学问为主的传统教学型大学、近代洪堡开创的"教学"和"研究"并重的研究型大学之后,自20世纪60年代由美国兴起以"服务"社会为大学的第三大功用的"多元大学"(multiversity"巨型大学"?),再到90年代"知识经济"和经济全球化迅猛发展、国际文化和文明的合作和竞争并存背景下,多功能型的现代大学渐趋成型。学校首倡以"交往促文明"为大学的第四大功能,提出教学、研究、服务、交往四大功能并举的TRSC现代大学理念:教学育人才(本科生和研究生教育并重),研究出成果(基础研究和应用、开发研究并重),服务创效益(科技攻关服务与决策咨询服务并重,经济效益与社会效益双赢),交往促文明[科技与文化交流并重,传统对欧(德)"窗口"和拓展亚太合作并重;也包括科技与人文"两种文化"的沟通和协调]。

3. 综合性、研究型、国际化是多功能型现代大学的基本特征

"综合性"首先是指学科门类与专业设置的多样性、综合化,这是综合性大学的基本标志,包括校园氛围及教学手段、方法、技术、环节等的多样性、交叉性的综合;但更重要的是指培养出来的人才素质的综合性。为此,学校强调科技教育和人文教育的协调发展,提出"知识、能力、人格"三位一体的人才培养模式(简称KAP模式),对于同济大学来讲,建设一所真正意义上的综合性大学的确是任重而道远的,特别是作为以文理医工为基本框架的综合性大学,文医两大领域的学科建设,还必须花很大力气才能见成效的。在 21 世纪我国的社会进步和人的全面发展进程中,人文社科人才的需求将逐渐上升,人文社科教育的地位也将更加凸显,学校必须未雨绸缪,从长计议;而医学和生命科学的发展以及医工结合的探索等亦是前景广阔而又征程多艰的。"十五"期间能奠定综合性大学的基本框架的任务不可小视。

"研究型"首先是指充足的研究经费和研究生教育的比重,这是研究型大学的基本标志(源于德国洪堡理念、诞生于美国的"研究型大学"概念在欧洲并不那么突出;根据美国卡内基基金会 1997 年对研究型大学的分类,获纵向研究经费的数额被认为是大学综合实力的主要指标,按照这一标准,作为发展中国家的中国大学是难以达到的;而 2000 年的分类则更强调授予博士学位的科目的数量。当然中国的研究型大学可以有一套自己的标准,比如,国务院学位委员会批准设立研究生院就有一套基本条件的要求)。研究型大学实质是对人类发现和发展知识方面的贡献而不是仅仅传授已有的知识(笔者认为也应该包括教学中对科学发展前沿问题的涉猎的深度和师生共同参与式的研究型课程 seminar 的推广及其水平的提高),关键是建设一支以学术大师领衔的、具有高水平研究能力的师资队伍(笔者认为,研究型大学对专任教师的研究工作量及成果的考核和对专职研究编制人员的教学工作量的要求是同样重要的)。

"国际化"是"全球化"时代现代大学的突出特征,也是同济大学迎接未来挑战、建设一流大学发展战略的重要组成部分。"国际化"要求课程设置的国际化、教学内容的前沿化、师生视野的全球化和跨文化交往能力的国际化。在加强师资的国际交流的广度和深度,扩大留学生教育规模(留学生的人数和比例是一所大学国际化程度的重要指标)的同时,本校学生的出国交流和争取更多的专业、学历、学位的国际承认方面要有更大的拓展。我国正式加入 WTO 后,首先面临的挑战将是我们传统办学思想和观念的更新,这方面我们是否已有了充足的准备了呢?

4. 建设"世界一流大学"是目标

建设若干所"具有世界先进水平的一流大学"是江泽民同志在北京大学百年校庆大会上发出的号召,也是新世纪中国重点大学正为之努力奋斗的共同目标。这主要是指中国要有若干所世界公认的综合性大学进入世界高教的前沿,因为综合性大学往往是一国高等教育综合实力的主要代表。作为中国首批现代意义的大学之一的同济大学理所当然地要以此为目标,这也是历代同济人共同的夙愿。在《纲要》中未写上"世界"二字是同济人的一种务实作风的体现,因为作为发展中国家,这的确是需要几代人的努力才能真正达到的目标,"十五"期间是不可能一蹴而就的。当然,以一流的意识、一流的工作建设一流的学科、培育一流的人才,这也是所有高校的努力目标(可以说,没有哪一个校长会自认只能是以二流学校为目标的。"一流"可以是有不同特色和专长及标准的。据笔者了解,上海音乐学院就是一所国际公认的一流的音乐学院)。但笔者以为,作为学校发展的总体目标,还是完全能够以综合性的"世界一流大学"为鹄的的。

三、关于"十五"期间学校工作的基本方针和发展战略的认识

1. 关于"指导思想"

《纲要》为实现学校的总体目标确定了指导思想,强调以邓小平理论为指导,全面贯彻江泽民同志"三个代表"思想,坚持教育的"三个面向",实施高校的"两个转变";坚持"三个有利",促进改革发展;坚持"两个中心",发挥"四大功能";坚持"两个文明",培养"四有新人";全面提高学校的综合竞争力和国际知名度,努力跻身于世界知名的高水平大学行列。这一指导思想的进一步明确对于学校各项工作的提纲挈领、高屋建瓴是十分重要的,它也是学校这几年工作中一直在贯彻的指导思想,其初步提出和形成于学习党的十五大精神之际,而又进一步确立于"三讲"过程中,这一次明确地表述于《纲要》中的意义将是巨大的。

2. 关于"基本方针"

"基本方针"的表述是环绕学校的发展目标和面临的任务而确定的:"以学科调整为主线,以师资建设为核心,以深化(教育)改革为动力,以(管理)体制创新为保障,坚持科技教育和人文教育的协调发展,奠定综合性、研究型、国际化的现代大学的框架,打下冲击世界一流大学的基础。"它所包含的内容也是丰富的。

以学科调整为主线,作为一所综合性大学,学校目前的学科布局和发展还很不平衡,需要作出一些重要的战略性的调整以适应 21 世纪科学的交叉性、整合化趋势和人类的长远发展目标的需要,这是建设一流大学的重要前提。

以师资建设为核心,这是评价一流大学的关键,"大学非大楼也,乃大师也",一流的师资是一流大学的柱石和"脊梁",也是一流教育、一流管理、一流学科、一流成果的决定因素。

以深化(教育)改革为动力,育人是教育的根本使命,改革是这个时代发展的

主要动力,从本科教育到研究生培养,综合性的教育改革是实现我国教育的"三个面向"和高教的"两个转变"的根本途径,也是世界一流大学的共同趋势,任重而道远。

以(管理)体制创新为保障,现代大学从研究型大学到多功能大学,从自主创业型大学(Entrepreneurial Universities)到总体大学(Omniversity),都以体制创新为标志,才能应对大学由传统的单纯依赖政府(或特定机构)到当前的面向社会、自主办学的转变。而要能适应市场经济发展,及时寻觅和抓到发展机遇则更多地有赖于练好"内功"、流程重组、组织设计,现代管理改革的核心和实质就是以体制创新来保障发展目标的实现。

3. 关于三大发展战略的表述

《纲要》指出,"为实现建成综合性、研究型、国际化为基本特征的一流的多功能现代大学目标,学校将在这五年的工作中大力推进以下发展战略,即调整学科结构的整合性(集成化)战略、聚集人才与提高师资水平的先导性(引领意识和前瞻性意识)战略和扩大对外交往的国际化战略"。

上述三大战略为主干的发展战略是学校"十五"期间的基本战略。原先也曾经设想还有其他战略的提出,如信息化战略、高科技战略等,考虑到过多的表述往往会使人不得要领,反而冲淡了主干战略的贯彻实施。而现提的三大战略则是学校在"十五"期间必须倾其全力予以推进的重要战略,因为这是关系到学校"十五"期间能否真正奠定实现"综合性、研究型、国际化"三大目标的基础的关键。试将以下理解和诠释以为引玉之砖:

整合性或曰集成化(Integrate)战略是现代科技和教育发展的必然。现代科技发展的综合性和交叉性特征日益凸显,从科学发现到技术发明的间隔也日益缩短;同时,现代科技的高风险性与高责任性也日益突出,科学和人文精神的同步发展、科技-工程的伦理意识的提升也日益紧迫。因此,传统学科之间的分类和界限正在被打破和模糊化,学科的重组就日益显得重要和紧迫。所谓整合性或曰集成化战略的提出就是要提倡全校上下牢固地树立跨学科的合作意识,打破固守专业之间的"门户之见"和"以邻为壑"式的传统思维惯性,真正弘扬同舟共济精神。通过自觉的学科调整和积极组织新型学科群,加强文理基础,推进资源共享,优化学科结构,以真正体现和充分发挥综合性大学的多学科优势,把同济大学建设成为所名副其实的综合性、研究型、国际化的现代大学。

先导性或曰前瞻性、引领性(Leading)战略是争创一流工作、一流水平的关键。现代大学发展的规律告诉我们,一流大学的根本是人才,而大师级的人才是一流大学的标志,因此,实施聚集人才、提高师资水平的先导性战略至关重要。引进真正的一流人才固然十分重要(国内高校的人才争夺战已日趋白热化),但提升全校师生员工的一流意识同样是必不可少的,特别是在激烈的竞争面前,同济人必须改变那种满足现状、"小富即安"的"实惠"观念和耽于成绩和传统优势的"夜郎"意识,以一种前瞻、引领性的前沿意识和危机感来激励自己去不断追求创新和突破。

国际化(International)战略是"全球化"时代建设一流现代大学的重要保障。在全球化的时代背景下,现代高教的国际化趋势发展迅速,尤其是我国正式加入WTO后,教育的国际化竞争将更趋激烈,现代大学、特别是一流大学的国际化办学和人才流动、国际化科研合作和交往将日益频繁和常规化,国际化水平在一定程度上已经成为现代一流大学的标志。为此,培养师生的全球视野、加强师生的国际化交往能力和扩大师生的国际交流实践是现代大学发展中的重要环节,提出国际化战略正是为了实现学校的建设世界一流大学的长远目标,而这也意味着学校从教育思想、发展理念到办学模式、行为方式等都面临着一个巨大的革新和转变。

航向已经指明,风帆已经升起,"同济之舟"正破浪而行。正如《纲要》所发出的号召:建设一所真正意义上的综合性、研究型、国际化的一流的多功能现代大学是同济大学发展战略的既定目标。我们要冷静地正视困难和差距,敢于超越自我。全体同济大学的师生员工要发扬"和衷共济、自强不息"的同济精神。坚持严谨求实的科学精神和开拓创新的探索精神的统一、坚持自强不息的奋斗精神和厚德载物的人格精神的统一,以开创性、坚韧性和操作性为原则,为"十五"目标的实现矢志不渝地开拓前进。

目标既已明确,规划既已制订,就应"咬定青山不放松",持之以恒见成效;航道既已开辟、汽笛已经拉响,唯有万众一心、同舟共济,才能"长风破浪会有时,直挂云帆济沧海"——

志当存高远,路须踏实行;建一流大学,迎百年校庆。大学的未来是属于那些永不满足现状、永不言败、永远进取、敢于创新的人们的!

解放思想,严谨求实,抓住机遇,开拓创新;

和衷共济,追求卓越;自强不息,止于至善!

2001年11月25日

附：同舟共济振雄威，严谨求实创辉煌[①]

——同济大学发展战略研究论纲

作者按：本文系校改革与发展研究室综合数次学校发展战略定位研讨意见和同济海纳发展战略研究中心专项课题研究成果而向校务会议汇报的提纲。学校教育思想讨论和发展战略定位系事关同济大学改革与发展的目标与方向，本刊去年曾就前者发表过专题讨论，现发表此文以进一步推动全校师生员工和海内外同济校友共同参与学校办学理念的大讨论。

引子：把一个怎么样的同济大学带入 21 世纪

统一认识，明确目标，坚定信心，踏实奋斗。

一、战略背景：挑战与机遇

(1) 世纪之交的高教反思与瞻望（联合国：机会均等、终身教育、服务社会）。

(2) 中国现代高教的第二个百年（"长波理论"：1952 年后又一次"院系调整"）。

(3) 上海高教的整体发展布局（"高教春天"："若干所"现代化大学）。

(4) "同济发展史上三次转折"（李国豪）。

(5) 1952 年"土木大学"——1978 年"两个转变"——当前"同济模式"。

二、战略定位：现状与目标

1. 目前现状：以工为主、理工结合，经、管、文、法各具特色的多科性大学

(1) "以工为主，理工结合"：学科特点与强项所在，是 1952 年院系调整后逐步形成的既定格局；

(2) "经管文法各具特色"：近 20 年来正快速发展中的学科，不再仅是"兼

[①] 原载《同济教育研究》1999 年第 2 期。

有",强调"各具特色"以避免与一般文理科大学的雷同与重复;

(3)"多科性大学":肯定1978年开始的"两个转变"之成果,已完成从单科性大学向多科性大学的转变。

2. 学校特色

(1) 五大优势

历史悠久、学风严谨、师资实力雄厚的传统优势;

建筑土木工程领域专业齐全、基础扎实的学科优势;

博采众长、对德交往"窗口"的外事优势;

立足上海、紧密结合国际化大都市发展的地域优势;

直属中央、服务于全国经济建设主战场的建制优势。

(2) 同济精神

同舟共济,自强不息;

严谨求实的科学精神和开拓创新的探索精神的统一;

自强不息的奋斗精神和厚德载物的人格精神的统一。

3. 目标定位:理工结合、文理交融,科技教育与人文教育协调发展的多功能型现代大学

(1)"理工结合,文理交融":着眼未来发展,"文理交融"是现代研究型大学的基本特征;

(2)"科技教育与人文教育协调发展":21世纪教育理念的必然;

(3)"多功能型现代大学":同济大学独具特色的发展目标定位。

"多功能型":(传统)教学型—(近现代)研究型—(当今知识经济)多功能型(美国的"硅谷"、思想库与现代大学)。

"现代大学":着重强调现代教育意识(理念)的前瞻性(导引社会发展)和现代大学功能的多样性(适应社会需要)的统一,而不是校舍、设备条件等"硬件"的"现代化"。

三、战略举措

树一流意识,建一流大学,志当存高远,路须踏实行。

1. 长期战略:继续推进1978年开始的同济大学"两个转变"

1978年开始从单科性向多科性,从国内普通高校向国际化(对德"窗口")大学转变;

继续实施从"多科性"向"综合性",从"国际化"向"全球化"的战略目标推进。

2. 当前要务：继续深化高教体制改革与发展的"同济模式"

变打破条块分割旧体制的并校改革模式为面向知识经济发展新世纪的高教发展模式。

四、办学理念

1. 指导思想：高举邓小平理论的伟大旗帜，加快面向新世纪的高教发展

坚持"三个面向"，实行"两个转变"（"全面适应"和"全面提高"）；

坚持"三个有利"，深化高教改革（改革是强动力，发展是硬道理）；

坚持"两个中心"，发挥"四大功能"（教育、科研、服务社会、交往世界）（Teaching、Research、Service、Communication，TRSC）。

2. 总体思路（四大功能）

（1）教育出人才：全日制学位教育为主体的"一主两翼"办学模式

本科教育与研究生教育并重：立校之本和强校之路。

（2）科研出成果：建立以"国家队"为核心的科技研究院创新体制

基础研究与应用研究并重：加强产学研合作，推进科技成果产业化。

（3）服务创效益：面向经济建设和社会的全面发展

科技攻关服务与决策咨询服务并重：经济效益与社会效益。

（4）交往促文明：面向世界成为国际文化交流的基地

对德（欧）"窗口"与面向亚太并重：发挥传统特长与抓住时代机遇。

五、学科战略

1. 基本方针："依托传统优势，拓展高新科技"

重点：组建理工结合，文理交融的城市科学与工程等的综合学科群体。

（1）传统优势学科：巩固发展、开拓创新

土木工程：巩固发展优势，运用高新技术改造传统学科；大力发展现代测量学和交通运输工程；

建筑城规：努力探索创建有"海派文化"特色的中国建筑学"同济学派"；

环境科学：拓宽学术视野，加强科学基础，开发工程技术；

海洋科学：保持特长领域的优势，拓展海洋发展战略研究；

管理学科：发扬工程管理特长，延拓宏观经济与企业管理领域，加强城市建设与城市管理研究。

机电学科：推进机电一体化及建设机器人研究，发展现代制造技术。

(2) 高新科技领域：立足上海、瞄准全国

地方支柱产业：利用学校综合优势积极参与(汽车专业等)。

三大高科技领域：确保两个领域的发言权，力争全面参与。

① 材料学科：瞄准科技前沿，依托传统基础，重点发展非金属类材料；

② 信息技术：结合智能控制与自动化工程大力发展，注重应用软件开发与通信领域拓展；

③ 生物医学：以人机工程与现代生物技术发展为契机，争取有所突破。

(3) 人文社会科学发展：着眼素质教育，力争特色创新，重点扶植

① 综合性城市科学：城市经济学、城市社会学、环境伦理学、生态哲学、公共管理学、行政法学等；

② 欧盟(德国)研究：建立中心，吸引海内外专家共同参与，加强对政治、文化、经济的全面研究，力争成为国家级基地。

(4) 理科发展：政策倾斜，重点扶持(有所为有所不为)

① 重振理学院，加强对基础理论研究的扶持和政策倾斜，力争在基础研究与应用研究上取得更多高质量的成果；

② 理工结合、文理渗透，为同济学生提高科学素质提供最新科学前沿的宽厚知识基础。

2. 师资建设：以学科建设为龙头，建立学术梯队，构筑人才高地

人力资源的开发利用：着眼发展，引进大师的同时更要注重于培养大师，建立梯队("大学非大楼也，乃大师也")调整学科队伍的知识结构(宽基础、复合型)；

人力资源的风险投资：瞄准未来，大胆投资、支持高新科技领域发展，提携青年(教育、鼓励、引导，使用)。

六、人才培养

继承严谨求实传统特色，弘扬开拓创新时代精神。

(1) 拓宽并加厚专业基础：培养复合型、创新型、国际型专业人才。

(2) 提出并实施素质教育的同济"KAP"模式，培养一流卓越人才。

"KAP"：知识(Knowledge)、能力(Ability)、人格(Personality)。

KAQ模式：知识—能力—素质；(时间上)递进式：从重视单纯知识传授到重视能力培养，再到重视全面素质教育。

KAP模式：知识—能力—人格；(空间上)整合式：强调三者和谐统一，以为

素质教育的基本组成部分。

知识(to know)：基础、专业、人文；(what,how,why,who)。

能力(to do)：动手(实践操作)、交往(人际关系、组织管理)、判断与选择(信息处理)。

人格(to be)：适应与改造环境，生存与共存(合作)。

理想人格(道德、品质、理想、情操)和现代人格(独立、创造、自信、守信)。

七、管理战略

(1) 树立新型学习与教育观念：

"学生是主体"：全面建立新型师生关系(学校的最大产品是学生)；

"教师为中心"：深化校内管理体制改革(以当好"后勤部长"为荣)。

(2) 重心下移，加强基层，鼓励教授参与学校科学决策与民主管理。

(3) 加强知识管理、组织创新研究，探索依法建立教育职员制度。

八、战略口号

解放思想，实事求是，抓住机遇，开拓创新。

"同舟共济迎挑战，乘风破浪跨世纪"——建一流大学，迎百年校庆。

同舟共济，重振雄威；严谨求实，再创辉煌！

"有所为、有所不为"：
试论新综合性大学的文科发展战略[①]

——以同济大学为例

摘要：重建一批学科门类更为齐全的综合性大学是我国实施建设高水平的世界知名的现代大学战略的重要举措，也是对"大学之道"理念的回归与创新。而准确把握学校特色，坚持"有所为、有所不为"方针是新综合性大学文科发展战略的基本策略。本文在分析当前新综合性大学文科发展中存在的一些观念和政策问题的基础上，试提出以欧陆文化的研究交流与城市科学的综合研究为突破口的同济大学文科跨越式发展战略。

关键词：科技教育；人文教育；新综合性大学；文科战略

高等教育作为国民教育的"龙头"，在科教兴国的战略实施中肩负着巨大的责任，而综合性大学的建设在高等教育体系中更具有不可替代的地位和作用。20世纪50年代初进行的高校院校调整中，改建了一批文理科大学，新建了一大批理工科院校，致使我国完整意义上的综合性大学缺失。为此，我国在20世纪末进行的大规模的、被称之为"第二次院系调整"的高教体制改革的重要目标之一就是要重建一批真正意义上的综合性大学（这也是对第一次过分强调行业性办学的"院系调整"的一种反拨。应该看到，第一次"院系"调整有它的历史合理性，它为新中国的经济恢复和工业化打下了重要的基础）。重建一批学科门类更为齐全的综合性大学，不仅是中国高教走向世界、努力建设若干所世界一流大学的一项重要决策，而且也是推进科技教育与人文教育协调发展、全面提高教育质量和国民素质、培养和造就一流的现代人才的一个具有深远影响的重大国家战略。

[①] 原刊于《同济教育研究》2002年第3期，后收录于张朔、王小梅主编《合并院校实质性融合与跨越式发展》一书，武汉大学出版社，2003年8月。

一、重建综合性大学:"大学之道"的回归和创新

在科技发展迅疾、"知识经济"日盛之际强调大学两种教育的协调和人文教育的重要,实际上也是对"大学之道"的复归和创新。"大学之道在明明德,在新民,在止于至善。"中华文化传统中的智慧是富有启迪的,现代大学仍当以坚持理想、造就新人、追求卓越为根本。因为一所真正的大学,是绝不能停留在一般意义的"专业教育"层面上。高等教育是一种专业教育,但"专业教育"不等于"职业教育",更不能取代人格教育,就是现代的职业教育同样要把人格教育放在首位。中国古人将教师的任务定为"传道、授业、解惑"就是要强调"传道"的首要性(同济大学提出的"知识、能力、人格"三位一体协调发展的 KAP 模式,把"知识"放在前面并不是认为知识重于人格,而是就教育尤其是学校教育的基本规律而言的,就像有的高校提出"知识、能力、素质"的 KAQ 模式把"素质"放到后面一样)。教育总是要从知识传授开始,"化理论为方法",也就是化知识为能力,"化理论为德性"(冯契)也就是"止于至善",最终是要完成人格的塑造完善。"大学之道"是"学问之道",本质上也是一种"成人之道"。

所以,从教育不能等同于训练的意义上讲,教育是应该指向"通才"的。当然,现代科技发展迅猛,"知识爆炸"扩张甚快,学科专业分化交叉综合日甚,任何人都不可能成为"全才",而应该是学有所长的"专才"(专业人才)。但就是在同一学科领域,专家也已经不可能是样样精通。现代科学的突破性创新更多有赖于团队的合作,所以现代教育不仅要教会学生"学会学习""学会做事",还要"学会共处""学会生存"。但也正因为如此,现代高等教育一方面应该强调培养高级专业人才,另一方面则更应该重视注重个性教育,培养"终身学习"能力。因此,20 世纪 50 年代起在"冷战"背景下形成的主要服务于科技竞争和国防军事的高教理念和模式已经过时,教育更应该回归其健全人格的"成人之道"本性。如果说,20 世纪六七十年代在美国兴起的工程教育"回归工程"是为了使教育更贴近实践以充分开发其"服务"功能的话,那么,八九十年代在中国响起的"素质教育"口号则更多的是为了矫正教育的单纯知识传授乃至于各种形式的"应试教育"偏差,这实际是也将是一种对教育本性的"回归",是一种"回归教育"。当然,其更为深远的意义不仅在于为迅速增长的经济发展提供更为优质的人力资源,还在于为全民素质的提升和社会长远的可持续发展,乃至于为人的全面发展奠定更为久远的基础。

重建综合性大学之所以说是对"大学之道"的回归和创新,是因为大学本应

是综合性的。University（大学）与 universe（宇宙）是同一词源，既意蕴宇宙万物、合众为一的统摄精神，又义涵包容异同、海纳百川的兼容精神。人类理性追求统一性的孜孜不倦值得敬仰，世界万物保持多样性的生生不息同样值得人类尊重。大学，就应该坚持这种精神。中文的"大学"源于《大学》，中国古代把文字学称为"小学"，把事关社稷兴亡的"问道之学"命名为"大学"，强调"大学"是做大学问的地方，而真正的"大学问"又绝不是雕虫小技所能充任的，人类对"道"（意义、价值等）的追索是永恒的，正如20世纪伟大的科学家爱因斯坦所说："人类没有形而上学毕竟是不行的！"

二、长期以理工为主的新综合性大学何以发展文科

重建综合性大学的实践告诉我们，恢复综合性大学的学科门类框架还是比较容易的，特别是大规模的高校合并自然而然地形成了一批新的综合性大学。但是，这些大学的文科发展究竟应取何种战略呢？如果没有一种既基于学校实际又具有前瞻意识的明确战略，新综合性大学的文科发展往往要么处于放任自流、"各自为战"的"自在"状态，缺乏统一规划和明确战略，要么是贪大求全、好大喜功、全面开花、四面出击，急于求成的结果往往是"捡到篮里就是菜"，新设专业又快又多，难免有不求甚解的"南郭先生"，既误人子弟，又败坏学风。所以，如何在一所曾经长期以理工科为主导的新综合性大学中发展文科，是任重而道远的。

在理工科背景极强的大学发展文科，驾轻就熟的路子往往是以思想政治理论课的教研室或教学部为底子，传统的政治理论教育的模式，既是一种可贵的资源和重要的基础，也会因为一些传统的思维惯性和学术的深度和广度的局限而有所束缚。比如，政治理论课要求的高度统一性与文科发展更需注重的学术自由争鸣的宽松氛围之间的张力如何把握？注重课堂讲坛的主导性与尊重并发挥师生思想解放、鼓励自由探索、弘扬个性之间的矛盾又该如何处理？孔夫子所身体力行的"举一反三"、融会贯通、弦歌互答、其乐融融的"研究型"、讨论式的教学方式是否应该在文科教育中更应该予以重视？亚里士多德的"吾爱吾师，吾更爱真理"的精神又该何以继承发扬？……这些问题对于传统理工科占优的大学更需要应该加以考虑，同时也更可以能有所创新，这对于高等教育改革的深化和发展也是具有很大的积极意义的。

所以尽管不少新综合性大学都已经提出或开始强调科技教育和人文教育协调发展的办学思想，或也已经召开过文科发展的战略研讨会，但如何能将科技教

育和人文教育协调发展的这一现代大学的核心理念真正成为上上下下的共识并落实到方方面面,仍然是"路漫漫"的。比如,尽管承认社会科学也是科学,但在传统理工科为主的大学里,一谈到科研工作中则更多想到的首先是理工科(不少学校尽管已经号称"综合性大学",但仍然只有主要服务于理工科科研的"科技处"的设置,较少或很少考虑到文科科研的特殊性),学校的科学研究院也只有理工科的学术梯队,而鲜有文科的参与(近悉上海科学院组建的交叉科学研究中心已经成功地组织了自然科学家与社会科学家的联盟)。高校的科研工作的统计计量及考核办法也基本上是参照理工科的(如以科研经费的数额为主要指标)。当然,这有一定的合理性(特别是在量化方法成为科学的主导方法的时代),但是,难道我们不该反思一下社会科学研究的特殊性吗?在人文社会科学领域,研究的质量及理论的创新都是需要积以时日,乃至于"板凳甘坐十年冷"。最近屡屡被社会关注、在"两会"期间议论甚多的"学术腐败"(严格讲应该是指"打着学术旗号的腐败"或"假学术的腐败")问题的原因是多方面的,但与目前各种明显有急功近利倾向、过分偏重于量化考核的岗位津贴制和职称评审制度的实施难道没有一定的关系吗?而人文社会科学的研究更需要有静下心来刻苦钻研的毅力和更为宽松的学术环境相匹配的,切忌种种"浮躁"心态。对人文社会科学的考核也是不能完全以"立竿见影"为标准的,急功近利只会败坏学术氛围。比如,文科成果的评奖是否应有3~5年的"冷冻期"以接受时间的检验呢?因为真理往往是时间的女儿。这方面值得借鉴的是国际上诺贝尔奖的评审,获奖成果一般都要经过相当长时间的检验,比如经济学奖的得主不少是因十余年前的研究成果而获奖的。总之,在理工科背景很强的学校开展文科研究必须更加注意文科的特殊性,而不能简单套用理工科的发展路子和评价方法。

此外,人文社科的发展更注重文化的历史积淀,恢复和重建的大学文科除了按照经济、社会和人的全面发展的需要加以建设外,还可以或者说还应该学会"借力"于传统特色和优势学科。文化的积淀需要一种历史的熏陶。就以同济大学为例,诞生于20世纪初东西方文明碰撞和交融背景下的同济大学可以说是与中国新式大学的发展史是同步的。与传统的中国学校不同的是,由于受到德国洪堡新人文主义思想的影响,从同济医学堂(1907)到同济医工学堂(1912),科技教育一开始就是同济教育的核心内容。而从更名为同济大学(1923)到正式成为国立大学(1927),科技教育与人文教育的兼容并包的现代大学就已雏形初就了。同济大学曾一度是中国最具综合性的大学之一,以理、工、文、法、医5大学院知名于海内外。后虽因"院系调整"而成为一所以土木建筑学科称雄的工科大学。

但同济人一直不改初衷,矢志于恢复综合性大学的发展方向。经过长期的探索和努力,终于在20世纪末的中国高教管理体制改革的进程中,抓住机遇、勇于创新,重新恢复为一所专业范围覆盖理、工、医、哲、文、法、经(济)、管(理)、教(育)9大学科门类的名副其实的综合性现代大学,并确定了建设文理交融、医工结合,科技教育与人文教育协调发展的综合性、研究型、国际化的一流的现代大学的发展目标。

应该说,在同济大学发展人文社会科学是有着远较一般理工科院校为好的基础和背景。同济大学的历史上曾经产生过不少在人文社会科学领域颇有造诣的著名学者。早在20世纪初的新文化运动中,就曾经响起过同济人的呐喊,留下了同济人的开拓足迹。如魏时珍、宗白华等同济学生曾是《少年中国》月刊的主要撰稿人。由于同济与德意志文化的特殊渊源关系,使得同济人在沟通东西方文化,特别是在介绍德意志文化中起到了一种特殊的地位和作用,1921年,魏、宗等留德同济学人还发起组织中德文化研究会,"以共同发展文化为宗旨",努力促进中德"两大文化的融合与发展",以"创造一个将来的及全人类的新文化"。同济人利用自己独特的掌握德语的优势,在对德国的进步文学和诗歌的译介中作了大量的普及和提高工作,因而不仅在引进德国的医学、科技以造福于中华民族的复兴上有过独特的地位,而且在沟通中德文化的交往中也有着令人瞩目的贡献。德国文化的影响是同济大学传统"文脉"的重要组成部分。

自20世纪50年代的大陆高校"院系调整"以来,汇集了华东十余所大学的建筑和土木学科之精华人才的同济大学,不仅在规划建筑设计这一"理工科中的艺术"领域充分展现了自己的艺术才华,而且在建筑历史理论批评和历史文化名城保护、城市"文脉"钩沉探幽、人居环境研究、桥梁工程美学等的探索中积淀和弘扬了一种对历史文化传统的尊重和对人类生存责任的关怀的人文精神,成为同济大学新的历史"文脉"的重要组成部分。

综上所述,同济大学的人文精神和同济人的人文关怀是源远流长的。同济大学有着两个重要的而极具特色的传统,即对德交往的传统优势和极强的理工科背景。这两者对于文科的发展都是利弊并存的,前者既提供了同济文科发展的一个重要的参照点(即德国在欧陆文化中具有的巨大影响),又可能带来其特有的局限性,因为当今世界文化背景中是决不可忽略以美国为首的英语文化的几乎是无处不在的影响的;后者为现代人文科学与自然科学的对话和合作提供了广阔的舞台,也带来了文科相形见绌处境的尴尬和影响的式微。在这样的前景下,如何扬长避短应该是文科发展战略选择中首先应加以认真研究、具体分析的。

三、寻找新综合性大学文科跨越式发展的"突破口"是否可能

对于已经恢复或通过合并而成的新综合性大学，在新世纪的发展蓝图中应该如何规划自己的文科发展呢？我们认为除了根据国家和地区发展的需要建设一些培养社会紧缺、急需的人文社科应用型人才的专业外，结合自己的历史传统或特长学科，构建一些交叉性的文科新专业不失为一种可供考虑的选择。也就是说，新综合性大学的文科发展必须探索自己特色的跨越式发展之路。当前，可以选择若干"突破口"加以重点扶持是十分重要而急迫的。因为任何战略的选择都应遵守几条基本原则和策略，如能否做到"人无我有""人有我特"？如何争取能扬长避短、独辟蹊径？能否找到可供借力的"支点"？根据对同济大学的历史和现状的分析，我们是否可以首先确定一两个能够加速发展的同济文科"突破口"或"生长点"呢？如：能否争取实施以深入对德（欧）文化的研究为基点的强化同济文科基础学科建设的发展战略？能否加强以城市化为背景的交叉型、应用类文科发展以实现同济文科的跨越式发展？

首先，对德交往的传统优势应该加以充分的利用和借助。应该看到，无论在现代人文社会科学的学科体系构建上还是在当代影响巨大的一些社会思潮和学术理论的原创中，德国文化和德语学者都起着举足轻重的作用。我们可以看到，日耳曼民族所特有的重视理论思维和逻辑严谨的传统发生着重要的影响，不论是在其所擅长的深邃的哲学、法学、社会学等基础理论领域，还是在具有浪漫主义传统的音乐、诗歌、戏剧等文艺领域，德国文化的贡献都是举世公认的，德国学术的严谨和深邃作风也将为同济文科发展所必需的扎实学风提供借鉴。当今人文社会科学领域的许多奠基性理论和现代文学的一些重要流派也都有着一定的德语背景，影响着世界的文化与学术的发展，加强这方面的理论研究，某种意义上可以说是牵到了当代文科学术的"牛鼻子"。特别是在当今美国一霸独大，英语文化（严格意义上讲是"美语文化"）铺盖全球，国内许多学术研究亦唯美国为马首是瞻之际，同济大学在文科建设中加强对德文化的研究无疑是一种慧眼独具的选择，如能从长计议，当能建设成为德国文化研究的重镇。而随着欧洲一体化进程的加快，结合学校近年来发展较快的对法合作办学，兼及欧陆文化的整体与比较研究，我们的欧盟研究所当能真正名副其实，我们的国际政治学科建设和亚太研究中心亦将能够借此获得一个新的视域和特色，从而能真正建立独树一帜的同济文科发展平台和拓展的舞台。当然，"交往"是一个互动的过程，欧陆文化与中国文化的互动对于基础文科的发展和文科学术根基的奠定将会是获益无

穷、影响深远的。

其次,优先发展以同济大学土木、建筑、环境等传统优势学科为依托的城市科学研究。对于在极强的工科背景下的文科发展,只要正确对待,也完全可以化弊为利,甚至于取得"借鸡下蛋"的优势。现代自然科学的发展是与人类生存境遇的变化息息相关的,特别是现代自然科学的许多突破都向人文社科的发展提供了新的机遇和挑战,这就为人文社科的发展提出许多新的课题,激励着人文社会科学学者去进行新的创造和开拓。就拿同济大学的学科特点来看,建筑、土木、交通、环境等传统优势学科都是和人类的生存发展密切相关的,特别是和人类的城市化进程紧密相连的,而现代城市发展绝不仅仅是城市"硬件"设施的建设维护,更要重视的是城市发展中的"软件"即软环境的建设和完善,而这正是需要人文社科学者共同参与的领域。不仅推进中国的城市化发展已经被确认为是中国现代化的基本战略,就是在全世界,城市化的发展势头也经久不衰,而在人类的城市化中已经出现的"城市病"问题也绝不是光靠科技手段就能根治的。城市化研究的领域极其广阔,从本质上讲城市研究更多需要从一个大文科的角度加以楔入。同济大学的文科发展中能否考虑加大对城市化进展中产生的经济、生活、环境问题的跨学科研究,加强对现代城市中人和社会及生态环境等协调发展的研究呢？这是一个极具诱惑的领域,也是一个极具人文社会科学发展可能性的广阔的学术空间。同济大学的人文社科和理工医管各学科的学者应该建立起一个综合性的城市化和城市科学研究的同盟,更多地进行综合性的多学科的交叉研究。同济人不仅要以擅长的城市规划和建筑设计、土木及道路交通、环境工程等专业为人类的城市化未来勾画美好的蓝图,而且要为人类的整体生存环境和生活质量的提高作出独特的贡献和学术建树。由不同学科的同济人的协同合作所进行的"智慧会餐",将有利于和衷共济、海纳百川的"同济学派"的形成,也蕴涵着当代应用文科发展的新生长点。

总之,作为一所综合性大学,同济大学必须在文科发展中"有所为,有所不为"。在学科的布局上,要敢于"有为",应该尽可能地把学科面拓宽一些,有利于综合性大学的文化氛围的形成,有利于同济学子的全面发展,也有利于多学科的交叉、对话、碰撞和交融。但在专业的方向上,又要"有所不为",这就是要避免"四面出击"、光铺摊子。如果专业样样有,却鲜有特色,就没一样能达到高、精、尖的水平。比如,人文社会科学学科众多,都可以逐步建立(即要"有所为"),这是现代大学的使命;但必须有自己特色(即要"有所不为"),否则,只能是永远跟在一些具有较长历史的文理科大学的相关系科后面慢慢爬。那么,能否另辟蹊径，以特定领域为对象重点发展呢？比如，城市文化、城市科学都是很宽泛的领域，各类学科都可以从中找到自己的生长点，都可以"有所为"，如城市历史、城市文学、城市社会学、城市经济学、城市民俗学等。21世纪将是世界城市化深入发展的世纪，城市研究大有可为，同济大学责无旁贷，应该有所贡献。当然也要避免欲速则不达的"全面开花"，应该"有所不为"，选准突破口，以尽快建立有同济特色的相关学术高地或新地。总之，只有"有所不为"才能"有所为"，而只有"有所为"才能有发展。同济的文科发展中打好"德国（欧陆文化）牌"和"城市牌"，这也许是争取在一个不太长的时期内获得突破性的进展和超常规发展的一个战略。人类已经跨入21世纪，大学也将进入第二个千年。文明何往？大学何为？我们相信，诞生于20世纪初东西方文化与文明的碰撞、交融中的同济大学，在新的世纪之交已经确立的以科技教育和人文教育的协调发展为核心、以文明与文化的"交往"为第四大功能的办学理念，将是中国文化传统中"大学之道"理念的继承和创新；同时也将是现代大学以促进东西文明对话、加强科技与人文"两种文化"沟通为己任的表征。现代大学将不仅是"新经济"的发动机，也应是"全球化"健康发展的制动器和方向盘。大学应该如此，也完全能够如此。相信作为有着悠久东西文化交往传统和深厚文化积淀，又有着强大理工科背景和现代工程科技实力的同济大学，更应该、也将一定能够做得更好。

2002年7月18日

战略思维、战略时空与战略规划[①]

——高校发展战略规划之我见

中国高等教育的发展正面临一个重要的战略转折期。经济学界曾经有一个50年的"长波"理论,百年中国现代大学史也许也正在开始一个新的发展"长波段"。值此之际,教育部领导特别强调制订学校发展的战略规划问题是非常及时的。一个大学关于战略发展的思路形成和规划制定,往往需要持续若干年的反复研究和讨论才能逐步明确和完成的。大家知道,同济大学是1907年建校的,20世纪40年代曾经是一所国内著名,有一定海外影响的,具有理、工、医、文、法五大学院的综合性大学。1978年是学校的一个重要转折,李国豪校长抓住机遇,改革开放,提出"两个转变"(即由土木为主的工科大学转向理工为主的多科性大学,由普通的国内高校转向国际交往的"窗口"大学),获得了当时邓小平、方毅等八位副总理的批示支持,从而赢得了一次重要的发展机遇。1995年,吴启迪同志出任同济大学校长后,坚持务实与务虚的结合,一是紧紧抓住一切影响学校发展的当前机遇,锲而不舍,金石可镂,终于获得了一些重要的跨越;二是非常关注学校未来的战略发展,未雨绸缪,殚思竭虑,逐渐完善起一套较为完整的办学理念和发展方针。但是战略规划的制定绝不是几个人坐下来议议,喊几句口号,就能想出来的。同济大学的一些办学理念与方针,实际都是琢磨了好多年,反反复复从实践中磨出来的。我想结合参与规划的实践,谈谈一些想法。

一、关于战略规划与战略思维问题

制定战略规划,很重要的一点就是需要建立一种战略思维。何谓战略思维?众说纷纭,莫衷一是。我以为有这么几条是重要的。

第一,战略思维首先是一种大跨度时空的思维,时空背景的把握很重要。我

[①] 根据在2003年教育部第三次直属高校发展战略规划研讨会上的专题报告录音整理,后收于《谋划发展规划未来——教育部直属高校发展规划工作探索与实践》,厦门大学出版社,2003年12月。

的本行是哲学，哲学上讲的时空就是运动着的物质的存在方式；我觉得这太简单化了，同时也把时空纯客观化了，忽略了时空对人的意识的影响。在制定战略规划的时候，战略思维实际上是需要大跨度的时空思维，还要注意时空对人的影响。除了有物理时空之外，还要考虑一个心理时空。作为一个大跨度的时空思维体系，就需要有一种战略时空意识。战略时空意识是一种超前和全局的统一。所谓超前，它必须要超越现在、谋划未来。或者按照文化学的一个概念叫作后喻文化。农业经济时代是一种前喻文化，特别尊重老年人，因为他们经验丰富；工业经济时代是一种同代人的同喻文化，谁在实践中抓住机会，谁就会获得更多的利润，而现在社会是一种后喻文化，谁看得最远或者说只要谁能看得更远一步，也许就能够领先一步、步步领先，所以超前意识很重要。所谓全局，它必须是超越本单位、本部门、本领域的一个狭隘的空间范围，运筹帷幄、决胜千里。所以战略思维实际上也就是在一定意义上既要依托、又要敢于超越特定的物理时空，建构一种大跨度的发展时空，有时还要善于通过"借空间、抢时间"的方式获取更大的发展所需要的战略时空。

第二，战略思维是一种创新型的思维。从管理学角度来说，战略规划需要的战略思维实际上是一种领导思维。领导与管理有同有异，领导需要具有能确定什么是要做的正确的事的本领，管理需要具有怎样才能正确地做事的能力。领导更需要战略思维，需要一种强烈的创新意识，敢于做前人所未做过的事。就像刚才陈德敏教授说的，规划可以参照其他的，但又是照搬照抄不来的，也就是必须要有一种敢于创新的精神。现在国际上有一种新的大学称为"创新（企业）型大学"（英语叫 Entrepreneurial Universities），就是既不依赖于政府，也不依赖于某个"老板"，而是立足于自己的创新思维与创新管理，具有企业一样的强烈的面向社会多渠道获取资源的经营意识和手段。学校要有一种强烈的不断的以创新求生存的意识，审时度势，运筹帷幄。有时还要能别出心裁，出奇制胜，这就是我们讲的所谓特色问题。特色不只是对传统的简单继承，更需要对传统的突破，或者说需要一种对传统的创造性解读，也就是一种传统的"返本开新"。发展战略必须有一种创新型的思维，战略定位也应该确定是一种具有不可模仿性的目标，而不是人家提什么我提什么。现在的大学发展规划中的目标定位就有许多的雷同，多校一面，少有特色，可能还有计划经济的影响在起作用。

第三，战略思维是一种复杂性的思维。复杂科学现在比较时兴，复杂系统是一种多变的、具有自组织功能的大系统和巨系统，需要多学科的交叉和综合性的研究才能把握。战略思维必须具备对复杂系统进行多领域的复杂交叉思维的意识和能力,就像提出复杂科学理念的美国桑塔费研究所的那群科学家那样,既要有严谨厚实的各学科的专业基础和前沿知识,更要有吸收其他学科不同思维成果加以创造性转换和跨学科思考及把握巨系统复杂关系的能力。

总之,战略思维不应该是一种常规思维,需要一种真正的战略智慧。我曾经看到有个美国管理学女学者写的关于知识经济与组织创新的一本书(书名叫《智慧的觉醒》),她谈到现代人思维需要一种既能突破传统,又能环环相扣、持之以恒的动态的创新模式,她称之为"莲花式的创新"。制定战略规划必须要有这么一种大智慧,而不仅仅是一般的知识的堆积。知识可以传授,智慧有时候更需要悟性,怎么把知识转化为智慧,即把我们已有的对学校、对当前时代把握的知识转化为学校制订战略规划的这种智慧,是非常重要的。因为只有知己知彼,"转识成智"(借用佛教的概念),才能真正出大智慧、大战略。

二、中国大学发展规划的时空背景与基本战略

战略思维需要一种大时空背景观,什么是当今的大时空呢?"全球化"与"新经济"(又叫知识经济)就是两个基本的带有时空特征的概念,但又不只是简单的时空概念。

1. "全球化"是现代高等教育发展不可忽略的背景

"全球化"是当前点击率最高的话语之一,也是我们做战略规划必须要考虑一个基本背景。但何谓"全球化"? 争议颇多。我想把全球化概括为三个特征:第一,市场经济的全球扩张,这是最显著的"全球化"特征,包括 OECD (Organization for Economic Co-operation and Development,经合组织),WTO, IMF(International Monetary Fund,国际货币基金组织)等,都在促成市场经济的全球扩张,高等学校的发展不能不正视这个背景。第二,现代科技的全球同步,这是"全球化"的基础和动力,信息的网络化促成了一种科技的同步化。比如,现代的生物技术、纳米、IT,这都是各国科技界都在趋之若鹜的高新技术领域,大家都在盯住这些方面展开竞争。第三,生态环境的全球联动,这是"全球化"的必然结果。我曾经在澳大利亚跟一些校长闲谈时开玩笑说,你们也在讲可持续发展,澳大利亚那么大的地方,只有1 800万人,同上海人口差不多。我们中国比你们没大多少,却要负担13亿人口,你们占用的地球资源太多了,既然 Only One Earth("只有一个地球"),你们应该多接受一点各国移民。他们都说:no,no,no,我们澳大利亚缺水,澳大利亚资源不足,我说缺水是全世界问题,这就是全球的生态环境联动。

所以,"经济全球化"时代的高教发展,必须要重视三点:第一,市场的竞争意识;第二,科技的前沿意识;第三,可持续的发展意识。但同时不要忘了高等教育面临另一个背景,是政治的多极化和文化的多样化的同时并存。美国最喜欢讲"全球一体化",一切照他的样子就是全球化了,不符合美国标准就不是全球化。事实上,政治的多极化是一个客观现实,而文化的多样性也是教育所必须正视的一个基本背景。要注重教育中的政治与文化因素。教育绝不只是应付经济全球化的需要,教育更是对人的塑造。教育本身是一种民族文化的积淀和传承,所以对教育中的语言问题,也要有一个更宽广和深远的战略眼光。强调"双语教学"是对的,有利于培养国际化的人才,但引进洋教材要慎重,接受文汇报记者采访时,我就谈了一些观点。我说在使用外国原版教材问题上,不能简单地要求重点大学30%的课程用外国原版教材,这是否有妄自菲薄之嫌? 中国高等教育办了那么多年,比如高等数学,中国大学生的数学水平并不见得比美国大学生低,我们是否也要引用美国教材呢? 我的观点是要根据实际情况,为了加强学术的国际交流,首先在我们的专业课程名称、专业术语上实施双语化;其次要分辨不同的学科、不同的领域,比如知识产权、经济管理、金融会计贸易,以及IT、生物、材料等高新科技领域,必须引进一些外国原版教材是完全应该的,否则就难以接轨世界前沿。但双语教育绝不能忽视现在大学生的中文水平总体有所"滑坡"的现状。语言是文化的载体,法国人就非常重视保护自己民族语言文字的纯洁性,大力倡导使用纯正法语,抵制美式英语的全球扫荡。在现代教育中,文化问题是十分值得深思的。去年,美国驻上海总领馆举行过一次主题为"高教的全球化"的讨论,邀请杨福家院士、吴启迪校长参加。吴启迪校长在发言中专门就"经济全球化"与"高教国际化"的关系与区别阐述了我们的观点,即教育不可能也不应该简单地讲"全球化",而只能说是要努力促进各国高等教育国际化交流与合作。经济可以全球化,高等教育绝不可能全球化,因为文化是多元和多样化的,教育总是具有鲜明的民族文化特色的。文明需要对话,文化也需要沟通。同时不同文化之间还存在一定的不可通约性,不能说哪个文化最先进,大家的文化只能走同一条路。文化的趋同对于人类绝不是什么好事,相反将是一种文化的灾难。"和而不同""和实生物,同则不继"的中国传统文化智慧对于21世纪的人类发展将是很有价值的。试想,一个单色的世界将是多么的乏味。

2. 知识经济更是现代高等教育发展中不可忽略的挑战与机遇

至于"新经济"其实也不仅仅是一种时间阶段的表述,美国人叫新经济,中国人更习惯于用"知识经济"的概念,这个本来是OECD提出的,即"以知识为基础的经济",我认为更是一种开发智能、以人工智能为基础的经济,一个需要综合智慧的经济。

知识经济给教育带来的是新的挑战与机遇。传统高等教育的"合法性危机"应该说从20世纪60年代就开始的,其表现为中国的"文化大革命",从高校的教育革命引发了一场革文化之命的大动乱。同时在欧洲出现了一场1968年的学生造反运动,东西方不约而同出现在高校的这种巨大变化,正说明了传统的高等教育遇到了合法性危机问题。之后,联合国教科文组织组织了多名专家反复探讨这个问题,写出了从《学会生存》(1972)到《教育,财富蕴藏其中》(1996)的一系列报告,都是在反思传统教育的合法性问题,都在寻找新的高等教育发展战略。知识经济更是把这种传统的"象牙塔"学校打碎了,带来新的机遇,那就是现代大学重返社会中心。这就带来现代大学发展的几大基本趋势。一是大众化趋势。中国已经实现了大众化趋势,这是一个跨越性发展。前天,我接待了一个国外的教育界负责人,他想了解中国教育的变化,推进他们自己的高等教育改革,我们就谈到了我国高校招生数的快速增长,我们用5年时间,招生数从108万人到320万人,他觉得简直不可思议。我们是跨越性地实现了大众化,这也是人民群众的要求。二是终身化的趋势。现在搞大学校区扩建,把大学搞到离市区很远去未必是好事,因为你还承担着现代社会终身教育的任务,就是人们要不断"充电",大学应该成为人们终身学习的重要场所。我在上海讨论城市建设和管理问题时特别提出,城市的轨道交通一定要考虑大学的需要,现在规划与建设时往往较多考虑的是商业需要,线路规划沿着商业街走,却没有想到走出了"象牙塔"的现代大学更需要的准点的大容量的轨道交通,像现在许多大学的多校区发展就更需要轨道交通的连接了。随着后勤社会化的推进,教师住房的商品化、学生宿舍的公寓化,以及学习型社会的构建,大学中心化、高教终身化对轨道交通的需求更是社会性的了。国外大学一般都通有轨道交通,而且地铁站可以直接设到学校的中心地带,大大便利了教育对准点交通的需要,也促进了大学的开放和与社会的融合。中国的各大城市规划也应该努力为构建终身学习的学习型社会创造条件。三是网络化趋势。现在有人已经提出"虚拟校园"概念了,"零距离"的远程教育的发展将是终身学习时代的必然,也是信息网络化对现代高教的一个巨大贡献。四就是国际化趋势,发展中国家尤其要关注这一点。我们学校有位教授一直在跟踪国际上的教学评估,他最近写了一篇文章,提出国际化是提高教学质量的一个必要途径,在审稿时就发生了争议,有的同志提出说这把国际化的作用提得太高了,好像没有国际化我们的教育水平就不能提高了。我说不能绝对地把命题倒过来,但在目前阶段,国际化的确是促进我国提高高等教育水平的一个比较有效的捷径。

当然,还有许多口号是值得斟酌的,像"教育产业化",我觉得这个提法导向有问题。"教育拉动内需"的口号也是存在疑义的,我的看法是,也许正是"教育产业化"的误导成了阻碍"内需"启动的最大障碍(我在《中国高等教育》上发表过《中外合作办学之我见》一文中专门分析过这个问题)。"大学市场化"也是国外一个很热门的课题,就是我们现在经常讲的,把"新公共管理"思想引进大学管理,也就是要有市场化、经营化的管理。大学的管理的确是很值得认真研究的,大学管理既有行政管理的性质,也有一个经营管理的问题。在大学的管理中,完全的市场化是不行的,但是必须要正视市场经济的挑战。还有"专才"与"通才"的争论,涉及高等教育的定位问题,有人说我们中国近年来才刚刚开始重视职业教育,我当时开了个玩笑,说我们1952年起的高等教育基本上就是高等职业教育,行业办学的教育宗旨本身就带有很大的职业培训色彩,实际上是一种以职业导向为主的教育。现代人才的需求,"通才"和"专才"两者都需要。现在本科教育可能越来越多强调先不分专业的通识和通才教育(当然研究生更多的是培养一些专才)。但本科教育也不能一概而论,也要注意不同专业的教育规律,有的专业还是应该提早进入专业课程阶段的,因为高等教育总体上还是一种专业教育。知识经济需要更为宽广的基础知识,也需要更为精湛的专业才能。

3. "全球-本土化":教育国际化时代的一个基本战略

看清这个"全球化"和"新经济"并进的大背景,我们怎么来面对选择呢?我想起联合国教科文组织的一个报告《教育,内在的财富》,讲到现代人在"全球化"面前的两难困惑,一方面世界化,人们要承受这种世界化的多种表现,另一方面仍要寻根,寻找参照,寻找归宿。现在西方学术界有一个词很红火,叫"认同"(Identity),人总还是需要有一种自我认同的。美国在"9·11"后表现出的那种超乎寻常的非常强烈的民族国家认同感,也在告诫人们不要对"全球化"抱有过多的期望,而应该有所警惕。教育在帮助建立正确的自我认同意识方面具有不可替代的责任。我们的教育应该帮助现代人建立一种文化认同和文化宽容相协调、自我实现与社会责任相结合得更为完整更为理性的自我认同感,这在"全球化"时代尤为重要。因此,中国当前的高教发展战略应该是一种"全球-本土化"的战略视野。也就是我们既要立足国情,同时要面向世界,全球化的思考加上本土化的实践,这就是我们的"全球-本土化"视野的基本战略思维。"全球化"这个词不同于"国际化",两个概念是有所不同的。全球化(global)强调的更是趋同统一性,而国际化(international)的主词是民族,也就是 nation,而 inter 是个前缀,表示"之间",所以以民族国家为主体进行相互之间的交往就是国际化。既要尊重教育规律的共性,但又不能忽视民族文化的个性,这是教育战略,也是大学发展战略一个最基本的出发点、立足点。

那么这种"全球-本土化"战略在当前有哪些要注意的呢？我想用3个成语来表达对当前中国高等教育面临使命的双重性的一种理解,即"一仆二主""一箭双雕"和"一身二任"。第一,当代中国高教应该同时肩负起服务于工业经济和知识经济的"一仆二主"的责任来。信息经济时代的制造业仍然是不可荒废的,因为"比特"代替不了"阿童木(原子)"。没有工业化的基础是不可能建立起真正意义上的知识经济的,因此信息化改造制造业、带动工业化才是中国现代化的正确选择。第二,中国高教开放应该争取以同时实现促进交流引进和自主创新的"一箭双雕"为目标。继续推进对外的交流引进,交流应该是双向的,引进要将"外资"与"外智"的引进相结合,我们最近不断地进行国际间高教评估的比较研究,工程师资质认证鉴定的比较研究等,就是为了更好地促进中外高等教育在更多方面"国际接轨"。而自主创新则是充满自信地走向世界进行双向交流的基础和前提,同时也是对外开放的根本宗旨和真正实现"国际接轨",而不是简单的"对外依附"。第三,中国高教改革还要努力担当起适应社会需求和导引社会变革的"一身二任",实现"就业"和"创业"的"双赢"。如果简单地把教育的任务等同于适应就业市场的需要,就会完全被市场逻辑牵着走,这样大学的发展将要走入歧途,那就成了一种职业培训所。教育(Education)中包含有训练(Training)的成分,但训练不等于教育,不能把教育仅仅归纳为训练,训练只是教育的一个小的部分。此外,随着教育对创新能力培养的重视,现代教育本身正在创造出许多新的就业机会,比如 IT 产业和生物科技产业。所以教育对社会的贡献中,还应该是"就业"与"创业"的"双赢"。

总之,战略规划不能是短视的权宜之计,而更应需要广阔的视野和长远的考虑。这里要注意的是"战略"与"策略"的区别,尽管这两个概念在英语中是同一个词,但在中文语境中的差异是显著的,即战略应该是对未来的设计、对全局的谋划,而策略更多的是着眼于当下的应对。

三、守护理念与创新制度：大学规划的魂魄之所在

在规划当中,对办学理念和大学制度的建设应非常重视,这是当前中国大学发展中非常关键的问题,学校的发展目标定位就涉及学校对大学的使命和功能

的理解。按照《高教法》，大学应该有自己的章程，确定自己的办学理念与宗旨。但实际上中国的大学很少订过这样的章程，那么现在做的规划从某种意义上也可以视为对大学章程缺位的弥补，应该具有一定的学校法规的意义。同时，大学规划中还应该把现代大学的制度建设列为重要内容。企业现在都在讲现代企业制度，那么现代大学制度是什么呢？这个问题值得我们深思。我想结合同济大学的实践作一些思考和探索。

1. 科技教育与人文教育的协调发展

大学精神应该是大学核心竞争力的一个不可或缺的组成部分，也是大学发展规划的魂魄所在。去年教育部和高教学会在清华大学专门召开了关于促进科学教育与人文教育融合的高级研讨会，今年又在西安开了更大规模的国际研讨会。这也应该是现代教育、特别是高等教育理念的一个核心精神。在同济大学的办学理念中，"科技教育与人文教育的协调发展"是最重要的一条。高科技时代不要把技术给忽略了，知识要转化为生产力没有技术是不行的，知识经济的重要特征之一就是知识的物化过程加快了。"比特"转化为物质必须要有技术的手段，高科技的出现既是现代人的机遇，也是对现代人一个尖锐的挑战。安东尼·吉登斯（Antony Giddens）被称为西方"第三条道路"（Third Way）的理论设计师、英国首相布莱尔的精神导师。他在《现代性与自我认同》一书中提出，现代性完全改变了正常社会生活的实质，影响到了人们经历中最为个人化的那些方面，其显著特征之一在于外延性和意向性这两极之间不断增长的交互关联，一方面全球化的众多影响，另一方面是个人素质的改变。的确，"现代性"无疑是以高科技为支撑的，但高技术与低情感的交错、高效率与高风险的并存都给现代人带来了巨大的压力。我们当然无法拒绝高科技带来的高效率，但我们又何以避免高风险的代价？何以弥补低情感的困惑呢？这是现代人个人素质提升的关键，也是现代人完成自我认同、健全自我人格的关键。

至于什么是人文教育的核心已经讨论很多，根本的一条是要以弘扬人文精神为本，而不能停留在人文知识的传授上。人文精神的基础是对人的生命价值的尊重和关怀，对人的社会责任的承担和自觉。此外，尊重个性也是一种人文精神的体现，改造本能和开发潜能一直是教育双位一体的职能。倡导个性教育并不等于放弃教育的责任，个性发展也不是随心所欲、为所欲为，孔夫子"七十而随心所欲"还要讲"不逾矩"呢！广义的人文教育当然包括艺术教育，吴启迪校长一直倡导在理工强势的同济大学内加强艺术教育，学校专门成立了以工程院院士为主任的艺术中心，聘请了许多音乐家、表演艺术家来校兼职并举行音乐会、艺术节等活动。大学积极开展艺术教育不仅能创造良好的校园文化氛围,同时也将有利于促成"右脑革命",催发创新灵感,开发人的潜能。

2. "知识、能力、人格"三位一体的人才培养观

教育正在成为基础性和先导性的产业,但教育的第一产品还是人。就是研究型大学,在大量科技成果产出的同时,最大的产品仍然是人才,也就是说,研究型大学与专事研究的科学院所的最大区别,就在于大学始终是把育人为第一本职的,所以大学规划中对于人才的培养是第一位的。对于现代人才观,我们的看法是"知识、能力、人格"的三位一体的协调发展,也就是我们同济大学提出的素质教育的 KAP(Knowledge,Ability,Personality)模式。这同兄弟院校提出的 KAQ(Knowledge,Ability,Quality)即"知识、能力、素质"模式并没有本质的区别。KAQ 实际上反映了我们对高教育人观认识的不断深化,从 20 世纪 70 年代末提出"尊重知识、尊重人才"到 80 年代针对部分大学生"高分低能"现象提出重视实践、重视能力培养,再到 90 年代高校开展文化素质教育,这是教育思想的发展,也是对教育内涵理解的深化。素质教育的提出也是对教育本质的复归。而我们提的 KAP 则是对教育所要培养的人的最基本的三种素质的一种理解(其他素质也重要,但有些不是学校教育所能解决的,有的是先天因素的制约,比如残疾人也应该有受教育权,也能成材)。

大学里学生首先来学知识。不能说家长出了钱,先不要学知识,你们就教教我孩子怎么样礼貌待人,我觉得这是不现实的,也是不符合教育规律的。做人是要的,但是学校教育总是要从学知识开始的。所谓"知识"应该包括"博"与"专"两方面。前者指自然科学、工程技术和人文历史、社科艺术的一般性知识,不管什么学科,都要有基础的一些人文、自然、社会、数学、艺术,也就是通常讲的"通识教育",现代人才要能触类旁通,才能不断提升创新意识和实践能力;后者的"专"指所学专业的专门知识,大学总还是一种专业教育,要学专业知识,专业知识应该包括该专业领域的基础和前沿知识。但专业知识不能局限于教材,有一种观点我不敢苟同,就是所谓写进教材的必须是最成熟的、最可靠、确定无疑的知识。这个指导思想要变一变,谁能保证写进教材就一定正确呢?学科本身是发展的,专业知识也在不断地更新着,要培养学生敢于创新,教材的编写指导思想就要变,本学科的基础知识和本学科的发展前沿知识都应该向学生传授。关于什么是知识的问题,OECD 曾经有个新的定义,提出知识经济时代的知识有四种,第一是关于事实的知识(know what),第二是关于原理的知识(know why),第三是关于技能的知识(know how),第四是关于人力的知识(know who),谁有知识,谁有什么知识,这是知识经济发展中最重要的,就是人力资源的知识。前面两种是逻辑可编码的,后面两种是"默会知识"(tacit knowledge),即默默地领会需要体悟的知识。

关于能力培养,我们的认识是,所谓"能力"亦可分为"知(或曰'思')"与"行"两方面,一是指思维能力,包括形象思维与逻辑思维,灵感、直觉乃至"幻想"等原创性思维和归纳、演绎、分析、综合等推理思维能力,知识爆炸时代,对信息的选择、辨别、判断能力尤为重要,这也是一种"终身学习"的能力;二是指实践能力,包括实验、操作等动手技能和协作共事、社会交际等团队组织(team-work)能力,这是现代科学和现代社会发展的必然要求。现在大学生思维能力训练比较多一点,实践能力有点退步,某种意义上有点孔夫子说的"四体不勤,五谷不分"。中国的学生到国外留学,理论知识考试一般还能比外国学生考得好,但做实验动手能力较差,也许同重演绎轻归纳有关,但跟从小的训练有关,西方学生自己动手做的特别多,DIY(do it yourself)锻炼较多。

所谓"人格"则既指坚持思想、品德、理想、情操,以及信仰、信念等传统的理想人格教育,这是教育作为"成人之道"而非职业培训的本质要求;也指更加突出自立、责任、敬业、诚信等公民精神的现代独立人格的培养。现代人的自立意识直接关系到创新的意识与能力何以可能的问题。问责精神非常重要,SARS(严重急性呼吸综合征)的来袭是对现代政府与公民的责任意识的考验。敬业爱岗是现代职业精神的核心,诚信精神则是市场经济下现代人安身立命的根基。比如人才流动里面就有一个守约诚信的原则,你签约几年就不能说我到时候赔钱就是了,赔钱是一回事,赔钱的前提是你违约,违约是一个责任问题,是人的诚信度问题。人格培育首先要从师德抓起,教育者首先受教育。我们的名誉校长李国豪院士一直非常重视教育的人格培养功能。他反复强调人格教育很重要,每年的开学典礼他都要讲做人,讲人格、国格,教师节上讲师德,讲为人师表的责任,实际上从当年留德时的穷学生刻苦攻读成就"悬索李"的奇迹,到"文革"动乱、身陷囹圄中解决南京长江大桥的关键理论问题,乃至于在国家建设宝钢、洋山深水港决策中的关键作用,都体现了他的科学精神与高度的事业心、责任感的人文精神相统一的人格魅力,成为学校人格教育的楷模。他对子女要求非常严格:出国去,公派去的你就给我准时回来;你要是申请自费留学,也要等完成任务回来以后再去。他对自己的儿子就这么要求的,是公是私,分得很清楚,这就是做人的人格。他的学生项海帆院士是著名的桥梁专家,是世界桥梁学会的副主席,也是非常强调师德、人格上的自我完善的榜样。中国今天在桥梁学科中有显赫的国际地位,是与他当年的愤笔上书要求由中国人自己设计制造黄浦江大桥分不开的。当年他在日本访问,看到日本的桥梁专家都已经把黄浦江上的大桥的模型都设计好了,他感到非常愤慨,他说为什么要请日本人来做,中国人完全有能力自己造大桥。他给当时的上海市市长江泽民写了一封信,反映了自己的想法,于是才有了中国人自己设计的第一座黄浦江大桥——南浦大桥,以及后来杨浦大桥,现在中国的造桥已经是世界闻名的。这是什么精神?这不仅是一种知识与能力的问题,实际上就是一种以天下为己任的人格精神的体现。这种人格精神在他承担宁波招宝山大桥纠偏专家组长时也充分体现了出来,不计较个人声誉所冒的风险,从而为国家节约了拆掉重建所需的大笔资金。项海帆院士经常讲,现在大学里面一些人光以钱多为荣,到处忙着接项目,攀比洋房汽车,他认为这样比下去是没出息的。他认为现在知识分子包括教师队伍当中,必须要扭转这种情况。我觉得我们今天尤其要在大学里面强调人格的教育和弘扬真正的大师风范、人格魅力,这是大学精神本身的魂魄所在,值得深思。

关于知识、能力、人格的统一也是现代教育理念的基本追求。联合国教科文组织提出现代教育的4大支柱是学会认知、学会做事、学会共处和学会发展(Learning to be,另一种翻译是学会生存)。或者现在讲还要学会创新,我认为创新首先要学会怀疑、学会提问,学问之道贵在"学问"。总之,现代教育要造就知识、能力、人格三位一体协调发展的创新人才,归根结底还是要力争实现教育"转识成智"与"化性为德"的双重使命,要化理论为方法,化知识为德行。教育是"问学之道",更是"成人之道"。

3. 现代大学功能拓展与发展规划

在规划中不仅必须考虑大学的理念和大学的制度建设,同时也需要对现代大学的功能认识有新的定位。现代大学制度的基本标准法律依据已经有了,我们现在讲依法治国,已经有法律依据了。高教法中规定的学术自由和办学自主就是我国现代大学的基本标志。现代大学的概念用的很广,某种意义上应该是说启蒙运动以来的所有大学,主要是洪堡开创的教学、研究并举的现代大学理念。另一种主要是指20世纪60年代以后出现的、同社会紧密结合的大学,又叫多元化、多功能性大学。美国加州大学前校长克尔(Clark Kerr)在他的《大学的功用》一书中详细讨论了这种新型的非单一权力中心、非单一目标、非单一委托人的 multiversity,中文译为"巨型大学",我认为这个翻译不准确,可能是为了回避"多元"这个比较敏感的概念。现在西方又有人提出 omniversity 的大学概念,即公共的、总体的、全能的大学,这说明现代大学对社会的发展的影响是越来越多层面了。我们应该考虑现代大学制度的完善,按照1998年实施的《高等教育法》,就明确规定了学术自由、面向社会、自主办学、民主管理这4条基本原则。现代大学的功能在不断扩展中,从传统的大学强调传授学问,到强调造就人才和发展知识的统一,就是把研究作为大学的重要任务。这是洪堡的大学理念。克尔提出现代大学的第三大功能为"服务",我们认为在当代"全球化"时代,大学又面临新的使命,即交往世界,沟通文明,正在成为现代大学的第四大功能。当然这个提法是有争议的,第四大功能众说纷纭,有人说大学应该保持他的批判功能,对现实的批判功能是第四大功能。我曾同美籍华裔学者杜维明先生当面讨论过,我认为大学的教学、研究、服务功能中都包含着学术独立的批判功能,中文中的批判、批评往往带有拒斥、贬损乃至于政治上的否定、"打倒"的含义。所以我们认为,教学、研究、服务、交往,是现代大学四大基本功能,这就是同济大学提出的现代大学"教学(Teaching)、研究(Research)、服务(Service)、交往(Communication)"四大功能并举的TRSC发展理念。在去年校庆95周年时举办的有来自四大洲30余位中外校长参加的、以"新世纪大学使命"为题的圆桌论坛上(详见2002年第3期《同济教育研究》),吴启迪校长发表了"交往:新世纪大学的新使命——同济大学的观点"的演讲,进一步阐述了现代大学"交往"功能丰富内涵,不仅是不同的文明之间要对话交往,就是文理之间、理工之间、科学与技术之间、个人与整体之间、自我与他人之间也都需要沟通和交往,这就是现代大学的重要使命之一。发展规划要反映现代大学的基本理念、制度要求和功能拓展的统一。

此外,大学规划中关于"综合性""研究型"等提法我认为也要给予必要的界定。大学规划的核心是学科建设,综合性大学不仅是学科的综合,更在于大学功能的综合和用综合的手段和方法培养综合的人才。研究型同样如此,扩招研究生是对的,但从中国目前的国情来说,我们还要注意避免人才的高消费。我们学校一直在强调本科教学是立校之本,事实上也证明,不断地压缩本科教学,特别是名牌大学,把本科教育过分压缩以后,研究生的生源就差了。倡导研究型学习应该是现代研究型大学最基本的标志。我们必须要强调,研究型教学也应该是本科教育的基本方法。记得几年前在上海参加的一个教育创新的研讨会,有一位校长说的一句话给我印象很深,他说上面老是在讲培养创新人才,但扪心自问,我们作为校长,又有多大的创新空间呢?或者说,作为校长,我们在办学思路上又进行了多少创新呢?这个话大概是5年前讲的,是由如何扩大办学自主权谈起来的。其意思大概是,办学定位等一切都是政府规定的,各校很难有真正的创新空间。今天的办学自主权已经大多了,但同样可以问,我们又该如何推进创新呢？比如现在各校都在做规划，但包括我们学校的发展目标定位的提法等，我们有多少自己独立的判断、独立的见解呢？有没有自己独具特色、不可模仿的创新的理念呢？还是这句话，创新意识的前提是独立意识。可喜的是，现在各学校已经开始注意提炼具有自己特色的办学理念了，这里，同样需要继承与创新的结合，注意大学传统的"文脉"相续和与时俱进的时代精神相结合。

对不起，已经讲了够长了，简单的结语是：现代大学规划要贯彻"以人为本"和"可续发展"的指导思想，应该坚持大学"教授治学"的传统精神和"学生为本"的现代理念的统一。这就是吴启迪校长一直强调的：第一，以学生为主体，育人是教育之本，学校的所有工作都要以学生为主体。第二，以教师为中心，学校的管理工作中，必须确立以教师为中心的管理理念。我想，这里也有一个大学理念确定与大学制度建设的问题。总之，具有战略思维的视野，把握战略时空的全局，以大学理念守护为核心，以大学制度创新为保障，才能做出经得起历史检验的战略规划。

谢谢大家，欢迎指教！

集聚与辐射：
大学城功能规划及人才战略之我见

——在知识杨浦人才发展战略论坛上的发言①

一

众人瞩目的杨浦大学城建设规划经过方方面面的合作努力，终于正式出台了。关于在高校云集的上海东北部建设大学城的呼吁早就是"山雨欲来风满楼"了，各路专家们都曾为此发表过许多真知灼见，希望尽快启动实质性的举措。可几年来却一直是雷声大、雨点小，直到今年才在"科教兴市"战略的号召和市领导的直接指导关心下正式启动，但具体规划又似乎是"犹抱琵琶半遮面"，神龙见首不见尾，据说是见仁见智，反复权衡，真可谓是好事多磨，也反映出当今领导广纳众贤，决策民主。直至今日，大学城规划终于正式面市，尽管是"千呼万唤始出来"，但也已经是十分可喜可贺的。

其实，现在的大学城规划已远非当初设想的区内十几所大学的一个松散的合作计划，而是一个北起新江湾、南到复兴岛、几乎是贯穿全杨浦、从而将带动整个杨浦区发展的城区总体规划。这应该说是更为可喜可贺的。记得还是在20世纪末，在区政府召开的一个小型的高校专家咨询会上，本人曾经对比徐家汇和五角场这两个上海市同时确定的副中心的发展现状的差距，就杨浦区的发展战略提出过扬长避短、找准定位的3条对策建议，这就是：其一，充分发挥区内高校云集的优势，尽快启动科技振兴地区经济的战略；其二，利用杨浦老工业基地建设多种小型的工（行）业博物馆，努力开发滨江的特色旅游；其三，发挥面积最大的中心城区优势，确定低密度、大绿化、中价位为主的杨浦住宅开发战略。现在我们看到的杨浦大学城规划实际上已经基本包括了我当初提出的这3条建议，所以更觉得可喜可贺。

---

① 该论坛举办于上海市陆家嘴国际会议中心（2003年12月11日）。

今天，应邀参加大学城研讨会，论坛的主题是人才发展战略，"以人为本"已经成为国人的共识。主办者原来建议我发言的题目是"政策聚集，建设好杨浦大学城"，这是一个很好的题目，也是一个很大的题目。我以为对人才有吸引力的不仅是一个提高待遇问题，更重要的是创造一个人才得以充分发挥才能的环境，而政策环境当然是最重要的因素之一。因为真正的优秀人才是不会那么唯利是图地待价而沽的，他们的最大志向是能在一个更好的环境中从事一种最具有创造性的工作，从而在这种创造中获得最大的满足。当然，必要的待遇也是不可缺的，这也是人才价值的体现。值得注意的是，过分宣扬人才的待遇所导致的急功近利和争相攀比之风，对于年轻人的负面影响是不容小视的。尤其是真正的创新成果，是不可能通过金钱的刺激而产生的。此外，在强调打破小农经济的"吃大锅饭"的平均主义的同时，也要警惕不要让我国历史传统中存在的封建等级制观念"借尸还魂"。还有，重视人才培养中也有一个"计划"与"市场"的问题，我认为两者需保持一个必要的张力，不能搞简单化、绝对化的形而上学。还有，在人才问题上的思想解放和观念更新也是需要一个逐渐推进的过程的。比如，打破论资排辈，大家都无异议。但是怎样才能真正做到这一点，却并非易事。我以为，论资排辈也有好几种：年龄的论资排辈基本已经打破，而且可能已经应该警惕出现"年龄歧视"的问题了（我们现在理直气壮讲"人权"，这可也是一个人权问题啊）；其次，学历上的论资排辈能否打破？看来还需要一定的时间才能真正实现从重学历（历史的"历"）向重学力（能力的"力"）的转移；其三，即有"成果"上的论资排辈、"马太效应"是否也可打破一下？衡量人才要看其已有的成果"实力"，更要看其未来的发展"潜力"。"后喻文化"时代，年轻是种优势，但对于不同学科来说，创造力的最佳年龄段及其延续期是不同的，对经验积累的要求也是不同的，不仅文理不同，就是理工之间也是有差异的。因此我以为，"不拘一格降人才"是在下一步深化改革中最为重要的人才政策。大学城应该是最富有朝气和活力的地方，各种不同的人才都应该在大学城里找到自己的位置，发挥自己的才干，尤其要让年轻人树立"天生我材必有用"的自信，只有这样，大学城才能真正成为集创新人才的培养基地、科学发现的研究基地、科技成果的孵化基地于一体，不仅成为"知识杨浦"的发动机，而且成为"世博上海"的新亮点。如果说"工业杨浦"曾经是中国工业文明的发源地，那么我认为，"知识杨浦"终能成为现代知识文明的新高地。我认为，校区、园区、社区的"三区联动"的大学城规划将不仅是一个"重排杨浦山河"城区形态调整的现实规划，更是一个"再建创业热土"的城区功能重组的长远规划。

受主办者所出题目的启发,我想以"集聚与辐射"为题,谈谈我对大学城功能及其规划建设的一些看法。实际上我是想换一个角度谈人才战略。

二

何谓大学城?综观国内外的大学城,大致可分为两类:一类是城市因大学而出名,其中有的甚至是先有大学再有城市的,这往往是一个漫长的历史积淀的结果,比如一些欧洲的老大学,如英国的剑桥、牛津,可以说是因大学带起了一座城;当然也有些更为古老的城市,但也以大学而声名鹊起;如德国的海德堡、马堡、蒂宾根等都是声名卓著的大学城,这些都可谓是自然而然形成的"大学城"。第二类大学城则是由人为的建设而一朝兴起的,这在一些后发现代化国家尤为突出,就是为了高教的发展和城市的改建等需要而建设起一座新城,比如我国高教大众化进展中,不少地方政府划出专门园区供大学新建或搬迁用地,如上海的松江大学城和南汇科教园区;也有以政府和企业共同参与开发的大学园区,如上海闵行的紫竹高科技园区。

那么杨浦大学城是属于哪一类呢?我以为恰恰是一种混合类:它既是一种依靠原有大学、是在一定的历史和文化传统积淀基础上的适当整合,也就是说并不是要新建一个大学城;但同时又是一次较大规模的调整建设,一种带有强烈政府色彩的"重排杨浦山河"的大举措。因此,如何借鉴两类大学城的优点,而又如何克服两者的不足,则是对决策和实施者的智慧与能力的一次大考验。因为混合制的特点就是它的两重性,搞得好是一种创新和突破,是一种嫁接和提升,但搞得不好往往是事倍功半,弄出一个"四不象",既伤筋动骨,又功败垂成。因此,这是绝对需要一种大智慧的大手笔。

大学城是大学与城市的有机集合,因此大学城的功能定位也应该是大学功能和城市功能的叠加和交叉。现代大学的功能正在日益的多元化:从教学育人到研究创新,再到社会服务和文明交往,现代大学应该是多元化、多功能大学。这就是我们同济大学的"教学、研究、服务、交往"四大功能并举的现代大学的 TRSC 办学理念。当然,大学的多功能并不会改变大学作为人类文化与文明传承与创新的最基本的功能,或者说是大学的第一功能,即教育的的功能。而现代城市的功能也同样是多样化的:从人口聚居到商品交换,从经济生产到消费娱乐,从公共聚会(包括多种文化体育活动)到交通集散,从环境治理到生态保护……城市的功能日益多样化。但我认为现代城市的功能最基本的是3个"生"的理念,即生产、生活和生态,而其中又以"生活"为核心,发展生产(应该包括第三产业)和保护生态的目的,归根结底还是为了人类的生活,这不是什么"人类中心主义",恰恰是人应该具有自知之明的基本道理,不必矫饰与伪装,就像可持续发展理念的根本还是为了人一样,当然不只是为了本代人的利益,还要顾及未来人类的利益,还应该是不只是为了满足本民族的子孙后代的幸福的需要,也应该为了满足其他民族后代的生存发展的需要。所以,上海2010年的世博会的口号十分确切:"城市,让生活更美好!"

因此,大学城的功能设计必须兼顾大学作为文化教育组织和城市作为人们生活交往场域的基本特征。大学城应该成为一个吸引人才聚集的"磁力圈",而要聚集人才,大学城必须努力构建一个能对人才具有巨大吸引力和有利于人才各尽其才的良好的创业环境与文化氛围。大学城作为一个"城",就不仅仅是提供学校所应该有的学习和研究(以及服务和交往)的功能,还应该是一个环境更舒适、工作更便利,从而能使生活更美好的社区。尤其是对于高素质人群更为集中的大学城的居住来说,生活质量无疑更具有决定意义。何以能使大学城的社区生活环境更为幽雅安静,使其成为近悦远来、安居乐业的家园呢?这是大学城建设成功与否的关键,否则,没有大学城的大学不也照样存在和发展得好好的吗?

三

此外,大学城应该是一个充满文化气息的"文化场"。漫步在那些世界著名的大学城,总会感到那种无处不在、无时不有的弥漫在空气中的文化味,于是乎才会留下了"再别康桥""我的心遗落在海德堡……"这样脍炙人口的诗篇。我感到现在的大学城规划中似乎缺了一点什么——严格地说是"弱"了一点——那就是文化。"未来的复兴必将是文化的复兴",记得最早发出"增长的极限"从而开始了酝酿人类可持续发展理念的罗马俱乐部创始人贝恰依博士曾经在他留给世界的《未来100页》中如斯说。中华民族的复兴也将是文化的复兴。知识并不能简单地等于文化,就像数据不等于信息,知识也不等于智慧一样。文化需要知识的积淀,更是智慧的结晶和升华。打造上海的中央智力区(CID),不仅需要有高科技的创业园区,还要有高质量的文化社区。人是文化的存在。文化是一个无所不在的精灵。教育所承担的责任绝不仅仅是知识的传承,而更应该是"转识成智"与"化性为德"的统一,即要"化知识为能力,化理论为德行"(略改自冯契老师的"化理论为方法、化理论为德性")。当然,人类发展所需要的文化是多样性的。高科技是一种文化,文学艺术也是一种不可与缺的精神食粮。特别是对于从事着创造性的脑力劳动为主的大学城的居民们，业余生活的丰富多彩是至关重要的。对于大学城来说，高雅文化不仅要进校园，也要进社区，美术展、音乐会等艺术盛事也不仅要在校园里高潮迭起、余音绕梁，还应该普及生活社区，因为这里不会缺艺术的知音，相反，这里会有更多的会欣赏音乐的耳朵和欣赏美术的眼睛，此外，大学社区一定还会有更多的自由职业人。当然，音乐厅是一种文化，咖啡馆也是一种文化。甚至街头卖艺人、各种时尚、"异类"也何尝不是一种文化符号？宽松、自由、随意、多元……大学城的文化氛围将有利于创造性思维更好地展翅高飞。从这个意义上说，我认为杨浦大学城现在的知识结构中的艺术味少了点，各校的艺术社团比较活跃可以有所弥补音乐院系的缺席，但上海轻工专科学校的迁走使得大学城缺失了一块视觉艺术的宝地。当然，我相信，建筑院系的存在与广告等设计艺术的兴盛将会有助于弥补这一缺憾。我想，在大学城的社区规划中，是否应该考虑到画廊、艺术展馆等的布局？这是人类"诗意栖居"的需要，也是"开发右脑"的必须。

说到这，我又想起我们同济大学提出的现代大学四大功能中的"交往"理念了。在去年的95周年同济校庆时，我们举行了一个中外校长沙龙，畅谈大学使命，吴启迪校长当时专门作了一个以"交往：新世纪现代大学的一个新使命"的主题发言，特别强调现代大学应该自觉地以人类文明和文化的沟通为使命，促进不同文明之间的对话和理解，促进科技文化与人文文化之间的合作和互补。我想，这也应该是我们大学城的一项重要功能。因为不同学校、不同学科的学者和师生通过在大学城里打破学校与专业的"围墙"后的共同生活圈的近距离的接触将大大增多，就能够更有效地促进多样化的交往，这也将更有利于克服可能出现的那种只懂现代科技的"空心人"和脱离现实生活的"边缘人"现象。当然，大学城的融合也将为外国留学生提供一个更广泛地熟悉中国文化和中国人民的机会，通过交流与沟通，也将能为人类避免误解、增进了解做出更大的贡献。其实，城市的诞生除了防卫的需要，还有一个就是满足人的交往的需要。有人说最早的人们是围"井"而居的，井边就是最早的人们借汲水而交往的公共广场（威廉·米切尔《伊托邦——数字时代的城市生活》）。因此，我呼吁，在大学城的公共社区的规划与建设中，应该再多一些考虑文化交往的需要。我的建议是：直接点出文化主题，改"公共社区"的提法为"文化社区"。真正具有长远生命力和产生历史影响的大学城一定是一个文化城！而真正的"知识杨浦"也一定是一个"文化杨浦"！

四

因此，要把杨浦大学城真正建成"大学的城市、城市的大学"，吸引各类人才近悦远来，实施大学校区、科技园区和文化社区的"三区"联动战略十分重要。但我认为值得讨论的是，政府在这"三区"建设中的作用和地位究竟该是怎样的呢？政府工作是否应该有个主次轻重之分呢？我以为，"校区"建设主要应该是属于高校办学自主权范围内的事，政府不该过多干涉（如前些年统一要求学校出地让公司造学生公寓的事应该尽量避免，上海各高校普遍用地紧缺，推广后勤社会化最好到校园外去造公寓）；"园区"的事则不该由学校为主来操持，科技成果的产业化应该是由社会和企业来实施（我认为大学的科技活动应该更多以基础研究和战略高科技研究为主，即通常说的上、中游研究为重点，当然师生可以参与下游的科技服务，但成果转化的重点是企业，就像人们经常说的"企业是技术创新的主体"。学校不必自己办企业，要办也应该按照现代企业制度做到产权明晰，教师和科研人员的研究成果通过专利和知识产权的认定后可以入股，优秀的科学家和教授们未必是良好的经营人才）；"社区"的建设则更多的应该发扬社会主义民主的精神，通过引导和组织起卓有成效的居民自治组织和其他的NGO（非政府组织）包括各种社会团体来实现民主自治。我想，高学历的大学城社区更应该具备更为成熟的民主自治的基础。

那么是否政府就在大学城的建设中无所作为了呢？绝不是。我只是认为在大学城的建设中应该调动各方的积极性，在各司其职、各尽其能的基础上，政府才能集中精力处理好最关键的问题，最大限度地发挥出公共管理的职能，取得最大的功效。比如，在大学用地的规划上，政府可以充分发挥其统筹全局的功能，组织土地置换及相应的土地功能调整，帮助学校作好校区规划。这次从新江湾城中划出大块土地用于教育的确是一个大手笔，政府的作用是决定性的。（但恕我直言，原江湾机场留下的这块土地已经成了上海市内硕果仅存的具有原生态性的湿地，最好还是不要把它全开发了，我们还有什么处女地能留一些给我们的子孙后代呢？）其实，作为老工业基地，杨浦区的原工业用地置换是大有文章可做的（我校有关专家曾经做过很详尽的同济大学周边用地情况调查，也曾提出过置换某大厂土地的设想，这样就可以在本区内解决学校的用地短缺从而实现就地发展）。

其实，政府在城市公共设施的规划与建设中的作用不可忽视。尽管城市基础建设的投融资已经在引进市场机制，但政府的主导作用仍然是不可替代的。

因此政府的观念和职能转变十分重要。比如,城市(区)政府在城市管理的三个主要领域(即经济、社区和环境)中的重点是什么?我们现在的政府主要是抓经济,这GDP的增长的确很重要,但随着社会主义市场经济的不断完善,城市政府将更多地由直接抓GDP增长的"水手"向以制定政策、通过宏观调控以改善经济运行环境为主要任务的"舵手"转变;同时随着社会主义民主与法制的健全,公民社会的逐步成熟,社区的日常管理也将更多地向以居民自治为主;所以市政环境的管理将成为城市政府公共管理的重头,比如城市交通的规划、建设和管理,这方面政府观念与职能的转换起着很大的作用。就拿轨道交通来说吧,在M8线(又叫杨浦线)规划中,就未能很好考虑轨道交通对大学的特别重要性,同济、复旦、财大以及上理工、水产等主要高校均不能直接受益,而在国外,一般地铁都是直接在大学校园里设站的,因为大学上课需要时间的准点性,而轨道交通就能满足大学的这种需要。而且随着高校后勤社会化的推进和全社会"终身学习"意识的强化,大学人员的流量将不断加大,大学对轨道交通的需求也愈强烈。现行的路线设计当然主要是考虑到居民区的方便,但是否也有商业利益的考虑在影响决策呢?现在的大学城的交通问题已经列入规划,但愿多一些超前意识,因为大学城说到底绝不只是杨浦区的大学。不论是集聚还是辐射,大学城的对外交通都是十分重要的,大学城总不能自我封闭起来吧!

五

最后,我还想就"三区联动,建设杨浦大学城"的提法谈点个人感想。初听到"三区联动"的说法,我第一想到的是杨浦、虹口、宝山的联动,(不只是我一个人的感觉,我说给我的同事听时,他们的第一反应也是问"哪三个区?")由此我想,也许真可以拓宽一下思路,除了东南以黄浦江为天然界线外,杨浦大学城北接宝山(新江湾城复旦新校区紧贴宝山,同济北苑教工住宅区好像已经是在宝山境内了)、西连虹口(同济与虹口交界),加上位于虹口区地域内的上外,以及财大的中山北路校区都是和杨浦紧邻的,一起加盟大学城有何不可呢?况且,虹口还有历史文化名人街等的优势,"文化虹口"与"知识杨浦"的结合应该是一种珠联璧合的大好事。计划经济体制过去后,人们戏称出现了"行政区划经济"。苏浙沪的合作从开始时"上海经济区"的形合神离到调整为"长三角"后的都市联动热气腾腾,效果大不同。大学城的出发点是要聚集人才,但是大学城只有真正具有辐射力和社会影响力才能真正成为吸引人才的"磁力场"。我认为,人才的竞争必须站得更高一点,看得更远一点。从"科教兴市"和"科教兴国"的大局看,何妨不真正来一个"三区联动,共建上海东方大学城"呢?至于"以复旦大学为核心"的提法是否也可以商榷呢?复旦是我的母校,总有一种亲切感,但对于其他大学的人们,要不要尽量考虑人家的接受度呢?我以为,在大学城的规划和建设及其命名和提法时,我们能否有一个更高位更宽广的视野和胸怀呢?一切为了实现大学城知识与人才的集聚和文化与活力的辐射。大学城要筑巢引凤,既能满足"非梧不栖"的大师级巨匠的需要,才能引得"百鸟朝凤"的盛况隆景;还要能海纳百川,能容得各类奇才"怪杰"的来归,再现"百家争鸣"、万人论学之缤纷多彩。而一旦形成了这么一种知识和文化相映成趣、大学和城区相得益彰的氛围,"凤凰鸣矣,于彼高冈;梧桐生矣,于彼朝阳。"其热力四射、闻名遐迩之际,还愁吸引不来各路人才"近悦远来,归如流水",多方豪杰创业杨浦、功成名就?城市,让生活更美好!大学,将使城市更精彩!

以上想法或许是"胡言乱语"。但本着"知无不言,言无不尽"的精神建言献策。总的观点是:人才和环境是相互影响、相辅相成的,"集聚"与"辐射"也是互为因果、相反相成的。大学城热方兴未艾,"趁着为时不晚(Before it is too late)",讲出来供讨论。一家之言,仅供参考,讲得不对,欢迎指正。

谢谢!

匆草于 2003 年 12 月 7 日凌晨,改成于 12 月 11 日夜

创意城市与现代大学：
从 3T 理论到三区联动①

摘要：大学不仅是城市经济增长的推动力量，更是城市的灵魂象征与精神代表。本文借鉴城市社会学理论，在分析创意城市 3T 理论及相关要素的基础上，评介大学校区、科技园区、公共社区"三区联动"战略形成的合理性、理念及框架，论述了大学在三区联动中的核心作用，并对大学如何应对问题、引领城区发展提出了可行的政策建议。

关键词：大学；城市；校区；园区；社区

尽管经济全球化趋势迅猛，但民族和国家依然是影响乃至左右当今世界格局的基本力量。因此，时任国家主席的胡锦涛在 2006 年 1 月 9 日全国科技大会上发出的"增强自主创新能力、建设创新型国家"的号召，是一个具有深远意义的国家战略。现代国家的综合实力由经济的 GDP、军事的战略威慑力（二次打击力）等"硬实力"与文化、制度、传媒（声誉）的影响力等"软实力"共同构成。而国家的自主创新能力，则是衡量国家竞争力的关键因素。当然，创新也是多重因素的组合：企业是技术创新的主体，异质化的城市（群）是哺育创新的基本空间，而具有人才培养、科学研究、社会服务以及文化交往等多种功能的现代大学则无疑是知识创新的主要源泉。所以，要建设创新型国家，就必须形成一大批具有创新型办学理念和实践的大学群体。

大学在地区竞争优势中的贡献历来为科技经济学界所重视，随着知识在经济中作用表象的日益显现，关于大学推动城市、地区发展机制的研究从不同的视域广泛地展开，其关键作用也被众多研究成果所证明。② 虽然自被称为"开发区"热之

---

① 本文系作者主持的"知识杨浦：三区联动之同济模式"研究成果之一，公开发表于《教育发展研究》2007 年第 5 月，署名章仁彪、宫远发、王雁，等。

② Florida, R. & Cohen, W. M. Engine or Infrastructure? The University Role in Economics Development[C]// Industrializing Knowledge. Cambridge, Mass.: MIT Press, 1999.

后又一波近乎疯狂的"圈地运动"的"大学城"热被叫停以来,学术界也对"大学城"的概念噤若寒蝉,但不可否认,大学所在区域作为城市中一个规模庞大、重要而独特的功能区,对城市发展的竞争力、空间方向与形态结构等都有着重要的影响。

一、大学与城市：技术、人才、包容构成的 3T 理论与三区联动

1. 城市竞争力论：创意城市的 3T 理论

自 20 世纪 90 年代以来,美国城市社会学的研究动向主要有芝加哥学派的全球化城市理论和洛杉矶学派的城市便利论（Urban Amenity Theory）。他们所研究的焦点指向城市的成长问题——为什么有些城市能够持续稳定发展,而有些城市却逐渐走向衰退？城市的成长又会带来什么样的社会及空间结构的变化？城市便利论的研究者认为,城市发展的推动力在于受过高等教育的劳动力有向便利性高的城市——富于多样性、市民态度宽容、有多种生活方式可供选择的城市——集中的趋势。①

2002 年,城市便利论的支持者,美国城市社会学家理查德·佛罗里达（Richard Florida）、爱德华·格里则（Edward Glaeser）等人,在研究城市产业变化、人口组成变化以及城市氛围变化的基础上,提出了创意城市的 3T 要素：技术（Technology）、人才（Talent）和包容（Tolerance）。②"技术"在这里是指科学的应用,尤指为了工业或商业目的的；"人才",即人力资本,这里是指受过高等教育及有创意能力的优秀人才；"包容"则意指承认并尊重他人的信仰或行为的能力与城市对新创意的容纳和接受程度。

在创意时代,知识和创意成为财富创造和经济增长的主要源泉,而人才成为主要生产要素。一个城市的竞争优势来自能够迅速地动员这些人才和资源把创意转化成新的商业产品。一个城市的优势在于能够吸引人才,而吸引人才则必须拥有包容的态度与多样性的生活方式。这三个要素相互补充,是创意城市形成的充分必要条件。由此可知,在城市与地区发展中,我们必须正视"新经济"运转模式中"技术、人才与包容"3T 要素的重要性,有这三要素的融合与支撑,我们才能建设真正的创意城市。

2. 科教兴市：大学校区、科技园区与公共社区的"三区联动"

近三年来,在我国科教兴市（省）战略中又有了一个新名词——三区联动,

---

① 任雪飞.创造阶级的崛起与城市发展的便利性[J].城市规划学刊,2005,(1):99-102.
② Florida R.The Rise of Creative Class. New York: Basic,2002.

三区指大学校区、科技园区、公共社区。对于一个城市来说，用活大学的科技资源，带动周边高科技产业发展，形成一个科技园区，进而打造一个城区的产业特色，这无疑是一条可持续的经济发展之路。而发挥大学的人才和文化辐射作用，构建一个充满活力而又和谐宽松的公共社区，则是提升城市综合竞争力的最佳途径。三区联动是指以大学校区为依托，以科技园区为平台，以资源在公共社区的集聚、共享、融合为抓手，形成"大学的城市、城市的大学"的环境和氛围。

要打造创意城市，促进人才、技术与包容3T要素的发展与融合，三方的共同努力必不可少，也就是说，需要促使体现知识与人才资源优势的大学、体现高技术产业发展的科技园区、体现多样性的以人为本的社区的三方互动，并在实现资源成果的共享、优美环境的共建中来推动城市的发展，这也是"三区联动"战略的构思。

2003年12月，在"知识杨浦人才发展战略论坛"上，上海市杨浦区宣布，"知识杨浦"发展战略正式启动。杨浦知识创新区开发建设的核心理念是：三区融合、联动发展，以科教人文、生态资源的集聚与共享为依托，以教育发展和科技创新为抓手，充分发挥教育的溢出效应，推动知识经济密集区建设，努力把杨浦区打造成为上海的中央智力区，形成实施"科教兴市"战略的典型示范区域。2004年上海在完成高教布局结构调整的基础上，"三区联动"战略在全市推开。2005年，在上海举办的大型"哲学社会科学与科教兴市战略专题研讨会"上特设的"三区联动"专场讨论，交流和探讨了较为成熟的上海市东北片大学为主的杨浦知识创新区、西南片的闵行紫竹高科技园区、新兴的上海松江大学城、南汇高教园区、奉贤-金山滨海大学园区等标志"三区联动"的理论和实践。

二、空间再造：三区联动构建创意城市

1. 各得其所，各尽其能，三区并育创意城市

大学校区、科技园区、公共社区，各自在城市发展中承担着不同的社会职能。大学校区承担知识创新、人才培养的职能，为区域经济、社会发展提供人才保障和智力支持；科技园区承担科技孵化、技术创新和创意产业产品生产的职能，成为产学研结合的重要场所、大学师生创新创业的基地和区域经济发展的增长点；公共社区承担为大学校区、科技园区提供公共服务的职能，创造一个适宜居住、沟通、休闲的生态、社会环境，营造一种自由宽松的创意空间。三者之间的协调表现为：以大学校区为核心，以科技园区为基地，以城市公共服务为依托，以资源的交流、聚集、共享、融合、转换为特征，以促进教育发展和科技创新为宗旨，通

过"人才-技术-空间"的循环创新,共同推动高校与城区经济、社会的和谐发展,形成新颖的"创意城市"。

因为存在结构性差异,所以三区在联系与合作中,需要政府部门的协调与组织。大学、园区、社区的组织方式不同,其目标与利益体系也不相同,因此三者存在着结构上的障碍。学界以科学活动的知识生产、研究成果的自由发表、专业声誉质量的不断提高为基础;而企业界则更关注研究中知识获取的私有性、研究的保密性、利润创造、商业规划及竞争力等有关问题;社区关注的不仅是大学带来的大量师生,创意城市与现代大学:从 3T 理论到三区联动为地方开拓商机促进繁荣,也为地方居民创造更多工作机会,最重要的是如何提升社区人文生态环境,提高居民生活品质。由于三方合作的动机十分明显,所以合作若不符合三方之所需,则长期的合作关系是无法维持的。另外,政府层次的政策工具也十分重要,它有利于合作制度的确立,甚至是法律构架的形成;它可以提供有效的支持网络,帮助三者互相了解需求、成本及资源限制,使之有效地沟通与合作。

2. 三区交叉、资源整合,构建网络化的创意空间

实现"三区联动"创新模式的关键在于三个主体的彼此重叠,相互交叉,创造新型的城市区域空间。一定规模与层次的大学教育与研究机构,有助于知识生产与人才培育,由此可以为区域发展提供知识源泉,并转化为现实的生产力。社区所提供的居住与交汇空间,可使相关参与者在一起交流、工作,共同开展问题分析和计划形成(趋同)等活动,从而形成战略共识,并把实现这一战略的资源组织在一起。园区则能为知识转化为技术、中试研发提供创业基地和平台,完成知识、创意的转化与物化,最终达到开发高科技、创造产值,提升城区经济的目的。

凡是存在经济活动的地区,就会有复杂、多样化的网络关系,这种关系的存在也使得创新容易发生。校区、园区与社区在互动发展的过程中都要发挥自身独特的作用,这是一个和谐的三方相互作用、协作创新、共同发展的过程与景象。在三区联动的发展中,必然会经历四个连续的过程:首先是每个主体的自身内部发展进化,如大学日益显现的推动经济发展的巨大能量,如社区对人文生态、生活品质的日益重视。其次是两两主体之间促进与转变,如大学对所在社区的环境改造、精神人文建设等方面产生有益的影响。再次是三个主体之间网络组织的交迭覆盖,分界面重构并逐步制度化,刺激组织创新和技术创新。通过三方的互动,催生出一边或双边互动关系中所不能产生的新理念和合作项目,而这也正是当前三区联动中亟待加强的部分。最后,三区作为一个整体对外部社会具有回馈效应，由此可以展望三区联动对整个城市的带动和示范效应，但这一过程目前尚不明显。

三区资源的集聚，不仅仅限于空间上的整合，还必须同创新体系建设、城市产业升级、社会功能拓展紧密结合起来。也就是说，只有通过资源共享，使得大学校区、科技园区和公共社区在综合功能上实现系统联动，各方才能突破观念的藩篱，由单打独斗走向欣欣向荣的创新联盟，使人才、信息、资金形成一潭活水，从而打造社会、高校、企业并举多赢的新局面。

三、传承与创新：现代大学的核心任务

1. 大学的社会服务与"象牙塔精神"传承

在现代社会中，大学应该保持它的象牙塔形象还是积极投身到为经济与社会发展服务中去？自克拉克·克尔在《大学的功用》一书中力主将"服务"作为现代多元大学继教学、研究以后的第三项重要功能以来,[①] 大学要走出象牙塔为社会和经济发展服务已基本成为学界的共识。但直到现在，有些学者仍然推崇或捍卫赫钦斯（Robert M. Hutchins）所倡导的"象牙塔精神"，主张大学与社会之间应当有明显的界限。[②] 对此我们虽不敢简单苟同，但同样也认为这一观点是值得学界反思的。尤其是在当代中国的现代大学学术自由、大学自治的"象牙塔精神"传统式微，而大学"破墙开店"成风、校办产业一哄而上、国有资产流失、高校教师纷纷忙于通过"四技服务"出售已有知识和技术乃至用劳动力（当然一般而言是脑力劳动）去换取"高收入"的现实面前，"象牙塔精神"的确有待呵护。笔者也一贯主张，当"教育产业化""大学市场化"等滚滚而来时，大学应该保持清醒的头脑，仍然要守护大学精神、坚持大学理念，这样才能谈得上创新大学制度，拓展大学功能。[③]

不过，学术自由、大学自治的"象牙塔"精神不可弃，但自我封闭的大学"围城意识"也必须破除。因为，大学服务于社会的功能应该是全方位的，不能仅仅局限于为经济和企业发展服务。现代大学通过向社会开放而尽快地直接从社会、企业各界获得更多的科研项目和研究经费，从而为社会和经济发展（包括GDP的增长）直接做出贡献，也是其义不容辞的职责和使命。美国麻省理工学院和斯坦福大学这样的研究型大学或创业型大学的发展已经充分证明：一所大学不能

---

① 克拉克·克尔.大学的功用[M].南昌：江西教育出版社，1994.
② Hutchins, Robert M. The University of Utopia[M]. Chicago: Chicago University Press, 1964.
③ 章仁彪.走出"象牙塔"之后：大学的功能与责任[J].复旦教育论坛，2005，(3)：40-43+58.

离开产业及社会的发展而存在。而英国牛津、剑桥等老牌名校为现代经济、特别是"创意产业"的发展不断做出贡献的现实也证实了前述观点是正确的。

2. 现代大学是知识创新的源头,也是技术创新的发动机

现代技术创新的主体是企业,这是不争的事实,现代大学也不可能越俎代庖。正如恩格斯当年所说,创意城市与现代大学:从3T理论到三区联动社会经济对技术的需求产生的巨大动力远远超过几十所大学对科学技术的推动力。但是,作为知识创新源头的大学,在技术创新的大潮中是否只能袖手旁观而不能成为实际的"弄潮儿"呢?这里的关键是如何充分发挥好大学科技园区的作用。而值得思考的问题包括:科技园区、特别是"国家级大学科技园"的功能定位究竟是什么?是大学的扩张?实验室的简单延伸?还是企业的变种?产业的别名?科技园区能否简单地等同于产业园区、开发园区?是招商引资为主?还是"孵化"、转化为要?

大学是知识创新的源头,是创新人才的摇篮。通过大学科技园的"孵化"和转化功能,越来越多的现代大学正在成为技术创新的源头。因此,在三区联动发展过程中,大学发挥着引领作用。这是因为大学不仅创造知识、培养人才,为城市提供所需的创意性人才,而且通过科技园区的"孵化",不断开创出新型的"头脑产业""创意产业",将大学丰富的科研成果转化开发为实用的新技术,从而极大地提升产业的创新能力,全面提高生产力,成为城市(地区)经济发展的发动机。

大学能面向社会实际需要不断地创造知识、培养人才。它创造的不仅仅是各类自然科学和社会科学的基本原理、基本公式和基本规律的表述及理论体系等精神产品,更重要的是能创造面向国家、社会和企业的需要,促进国家经济发展、提高人民生活水平的知识。今天,大学中的人才培养已不再是孤立的、理论的、专注于书本的教学,而是和大学里的研究、服务等紧密地结合在一起,为国家培养高层次的创造性人才。

大学还致力于技术转移,是知识转化为产品的直接推动力量。传统的大学科学研究模式多半是从研究科学问题入手,以理论上的新发现或是新的理论体系的构建而告终。高新科学技术产业的出现给这种传统的大学科学研究模式带来了巨大的冲击,因为高新科学技术产业就是科学理论转化为技术、产品的直接结果,这意味着越来越多的产业及产品将更加直接地源于科学的发现与理论的进展。大学由于拥有雄厚的科研能力、良好的创新机制和一大批敢于创新、勇于探索的人才,能够大大提高科技成果转化为生产力的效果。

3. 通过文化辐射促成 3T 要素的有效融合,形成创新氛围

值得我们关注的是,提出 3T 理论的佛罗里达采用了 6 项指标来测量城市的创新性和多样性:高科技指标、发明指标、才能指标、同性恋指标、波希米亚指标和人种熔炉指标。其研究结果表明,大学的存在及能级是城市具有人才、创意产业以及包容氛围的重要源泉。①

大学所能给予城市的不仅仅是 GDP 等这些看得见的"硬实力",还有美好的生活形态、传统文化、艺术遗产、人文精神等看不见的"软实力"。大学不仅是城市经济成长的推动力量,更是城市的灵魂象征与精神代表,它所拥有的科学精神会促进社会不断创新发展,它所拥有的人文气息会提高城市的文化底蕴。反过来,城市产业的发展为大学科学研究和人才培养制造了需求,城市经济的增长为大学提供了强大的物质基础。特别是在知识经济和信息时代,在各种创意、创业层出不穷的时代,大学已经成为现代创意经济的核心要素。在过去,城市以工业化为导向,所形成的是经济城市;而现在,城市以创意化为导向,所形成的是大学城市。创意阶层选择适合他们居住和进行创造性工作的城市,优秀企业则寻找能给企业创造更高附加值和创造更多利润的创意阶层。正所谓"城市因大学而盛名,大学傍城市而兴旺"。

大学的包容与多样性及其对所在社区、城区的辐射作用,对吸引创意人才以及支持高科技产业发展起着关键作用。如上文所述,一个能提供开放宽容生活质量的地方,就越能吸引具有创意的人才,其经济也就越发达。同时大学服务社会的最具价值之处在于,大学能够在城区创造并引领一种充满生机的创新文化。同济大学校长万钢认为:"身处三区联动中的高校,在知识外溢的基础上,最终要实现的是文化的外溢。"②高校可以以大学文化为辐射源,积极推进和谐社会、文明社区和创新文化建设。"三区联动战略"中,高校向社会打开围墙,向社区开放图书馆、体育设施、实验室、博物馆等资源;为社区提供培训教育服务;开展大学生社区实践活动,提升社区的文化内涵,所发挥的正是文化引领的作用。

在知识经济时代,大学具有相当重要的地位和作用。在复旦大学百年校庆举办的世界大学校长论坛上,英国牛津大学校长约翰·胡德在发言中强调:"在我们的社会中,大学是城市的中心,创造和传播知识,培养人才充实劳动力大军是大学的重要责任。"同时,大学所提供的自由、包容及多样性文化形成的沃土,

---

① 黄全乐,李涛.大学与城市:法国大学校园变迁的启示[J].新建筑,2004,(5):52-54.
② 同济大学校长主持"中外大学校长论坛"平行论坛[EB/OL]. http://news.xinhuanet.com/school/2006-07/19/content_4852524.htm.

以及层出不穷的"创意",为城市发展创设了一个宽容性的环境和多样性的场所,并以多元、自由的文化来塑造、提升城市的综合竞争力。

四、结语

不论抱持哪一种大学教育目标的范式与思维,一个共同的观点是:大学在社会发展的进程中扮演着举足轻重的角色。金耀基曾引社会学家巴隆斯(Parons,T.)和比尔(Bell,D.)的说法,认为"大学已成为社会的中心结构,大学教育之好坏足以影响乃至决定一个社会的文化与经济的盛衰";甚至"我们看一个国家大学的质与量,几乎就可判断这个国家的文化素质和经济水平,乃至可以预测这个国家在未来二三十年中的发展潜力与远景"。①

"三区联动"打破了行政区域和行政隶属的界限,必将有利于提升城市所在区域的综合实力,有利于协调地区经济、社会和自然资源,有利于合理配置各区域内校区、园区、社区的要素。正如周济部长所指出的:"杨浦对高校周边资源整合的做法难能可贵,非但没有消耗土地资源,而且带动城市功能提升,这条经验值得推广。杨浦三区联动发展的理念和做法在全国乃至国际上都是超前的,对推进自主创新具有重要意义。"②

我们知道,大学、产业、社区乃至城市,是一个相互依存的密不可分的统一体。建设创新型国家、创意城市、学习型社区、和谐社会,既是国家或城市发展的战略目标,也是提升竞争力的核心策略。而大学、企业创新能力的提升,和谐、稳定、祥和的社区又是实现上述战略目标和策略的重要抓手和落脚点。大学作为知识创新的主体和城市发展的原动力,在这过程中所起的作用是无可替代的。随着社会的发展和进步,大学理念及功能的不断演化,大学利用自身独特的人才培养和知识创造的优势和地位,在融入城市的社会、经济和文化等各方面的发展中,一定可以为我国创新型国家的建设、创意城市的形成及和谐社会的构筑,做出新的更大的贡献。

---

① 金耀基.从传统到现代[M].北京:中国人民大学出版社,1999.
② 周济考察杨浦肯定"三区联动"创新实践[EB/OL]. http://www.12edu.cn/shanghai/qxjy/yp/200607/110727.shtml.

大学与城市互动：矛盾与对策分析[①]

——再论"三区融合、联动发展"

摘要： 大学与城市的互动发展是时代的要求，是社会发展和进步的需要，是时代赋予它们各自的历史使命和责任。近四年来，上海市三区联动战略逐步实施，各高教片区的联动蓬勃发展，在取得成就的基础上也暴露出一些问题。本文在对上海市杨浦区三区联动的三方主体进行实证调研的基础上，就三区联动战略发展中所存在的问题与对策进行一些分析和论证，试图在实践中不断地总结探索，从而使三区联动战略朝着更理性、更科学的方向发展。

关键词： 三区联动；大学；城市

　　大学与城市的互动是历史的必然。古往今来，不管是大学因城市而名，还是城市因大学而盛，两者都是一荣俱荣、一衰俱衰的。在中国，尽管一度大肆扩张的"大学城"热被视为自开发区热以来第二波"圈地运动"而被叫停，但是，无论是2005年的复旦百年校庆还是2007年的同济百年校庆，大学与城市的互动仍然是最为热门的主题，足见其魅力所在。应该说，大学与城市的互动更是时代的要求，是社会发展和进步的需要，是时代赋予它们各自的历史使命和责任。从历史的自在自然到当下的自觉自由，需要我们更多的理性自觉和意志自由。质言之，大学校区、科技园区、公共社区"三区联动"的理念，应该是一种长远的战略选择，而不应仅仅是一种短期的功利策略。

一、"三区联动"战略的理念与现实图景

　　"三区联动"就是要充分发挥大学校区、科技园区、公共社区的互动作用。大学校区主要为科技园区提供创新创业人才、项目、手段，为整个城区的经济与社会发展提供智力支持；科技园区是科技创新的孵化基地，也是大学师生和城区市

[①] 本文为"知识杨浦：三区联动之同济模式"的研究成果之三，公开发表于《高等工程教育研究》2008年第3期，署名章仁彪、王雁。

民创新创业、包括创造新的就业机会(主要是生活服务为主的第三产业)的场所,因而是城区经济发展的一个增长极;社区通过政府的协调作用,主要为校区和园区搭建公共生活平台和营造科技创新的环境,创造一个适宜各种人才居住、休闲、交流的环境氛围。这样,通过"知识经济的投入,到循环经济的发展,再到科技成果的产出",最终实现大学和城区的和谐发展,形成"大学的城市、城市的大学"的环境和氛围,这也就是"创意城市"人才、技术、包容(氛围)的"3T 理论"(参见笔者《创意城市与现代大学:从 3T 理论到三区联动》,载《教育发展研究》2007 第 5 期)。

对于一个城市来说,用活大学的科技资源,带动周边高科技产业发展,形成一个科技园区,进而打造一个城区的产业特色,这无疑是一条可持续的经济发展之路;而发挥大学的人才和文化辐射作用,构建一个充满活力而又和谐宽松的公共社区,则是提升城市综合竞争力的最佳途径。如 2004 年上海市完成了科教兴市的战略布局,高教布局结构调整成为其重要内容。按照这一部署,杨浦区、闵行区、浦东新区等高校集中的区域努力推进"三区联动",有效推进产业能级提升,增强了中心城市的服务功能。

位于上海中心城区东北角杨浦区的高校带拥有同济、复旦在内的 17 所高校、22 个国家级重点实验室和 100 多家科研院所,集中了 40 多位两院院士、9 000 名大学教师、13 万名在校大学生,建起了同济科技园、复旦科技园、杨浦高新技术创业中心等一批科技园区,共同构成了"知识杨浦"所拥有的雄厚的智力财富。过去,高校习惯于关起门来搞研究,很少考虑到打破学校的围墙参与区域经济的建设中。确立"三区联动"思路以后,杨浦区通过大力发展教育服务、科研成果孵化、设计与研发等知识产业,逐渐形成产学研一体化的新模式。这些大学就近拓展校区,与城区布局协调互补,互融共进,成为杨浦知识创新区的重要组成部分。杨浦区与高校之间实现校区、园区和社区的"三区联动",为区内 17 所高校的研发带来了新的动力,而同时,作为老工业城区的杨浦区,则从传统工业中升级换代,成为一个高科技产业集聚区和创新创业的中小企业集聚区;在传统产业改造中,又建设了新的大片居住区,成为上海内环城区中最大的人口导入区;传统的工人新村为主的社区转化为与新型产业、知识创新相协调的新型社区,如五角场"创智天地"的建设。值得一提的是,嘉定区依托同济大学嘉定校区的优势推动"汽车嘉定"的建设步伐,学校在该地区已建设成我国汽车和轨道交通产品开发的特大型科技研发平台,总投资额达到 800 亿元。

而位于上海西南角新兴的闵行区,上海交通大学、华东师范大学等每年都有上千项科研项目和近千项发明专利,极具市场前景和产业化价值,政府、上海紫江集团、上海交通大学等多家股东共同出资建设紫竹园区,"政府、高校、民企"三方资金结盟,成为"三区联动"的牢固纽带,紫竹科学园作为自主创新实践基地和研发机构聚集地,为这些科技成果的转化和产业化提供了支撑。

上海浦东的张江高科技园区拥有复旦微电子学院、上海交大信息安全学院与上海中医药大学。在建中的复旦药学院新址,学校可采取租赁的形式使用,部分解决学校建设资金短缺难题。高校信息技术、生物医药等优势学科与企业、研发机构展开了深层次、前瞻性合作。

上海市构建的以高校为核心的产业集群创新体系,为"校区、园区、社区"三区联动注入了新内涵。社区是"形",校区是"魂",而园区则是"经络",三者相互依存、互为影响,真正形成整体,就能真正实现大学在推动城市科技、经济、文化等跨越发展中的最大效用。

二、矛盾与问题

三区联动是一个相互促进、相互支撑的互动发展过程,也是一个在相互矛盾和冲突之中不断形成新的平衡和新的协调的过程。这种平衡和协调最大的阻力来自部门间的利益冲突。三区联动从本质上来讲,是不同主体之间形成的合作关系,合作的基础在于共同的需求和对彼此利益的尊重,但由于各部门各有其利益预期,因此,如何找到共同的利益均衡点,是三区联动发展能否实现的关键。

三区联动尚处于探索的初级阶段,三个主体各自的管理模式及运作机制存在诸多不同,各方尚需加强沟通、增进了解,以便有效地开展工作。在三区联动的现实实践中还存在各种矛盾与问题,课题组对三方主体进行了实地调研,并对相关领导进行了访谈。兹对存在的主要矛盾择其要者分述如下。

1. 校区、园区规模扩张与发展空间不足的矛盾

除了大学的消费和大学的开支为地区经济做出直接贡献外,大学更大的作用在于与地区互动,推动经济、社会发展,同时也进一步促进大学自己的发展、壮大。在此过程中,大学希望学校周边地区有一个有序、合理的规划,从而得到足够大的发展空间,其中最主要的是土地资源、可供利用的房源。就目前来看,大学规模扩张与发展空间不足的矛盾主要表现在以下几个方面:大学用地紧张与周边地价升值的矛盾,大学发展带来的长期利益与地区政府短期"政绩"利益的矛盾,大学用地制度和方式的滞后与大学规模扩张中盘活土地存量需求的矛盾,现存高校评价中的生均用地标准与大学招生规模迅速增加带来的矛盾。

2. 重经济、轻人文，社区建设尚未真正融入互动

当前，三区联动无论在理论还是在实践方面普遍重视大学的知识外溢、产业发展等经济效益，而在人文精神传播、文化外溢方面则重视不足。在构建和谐社会的实践中，人们越来越深刻地认识到，现代社会不仅是一个利益共同体，同时也是一个伦理共同体。在改革进程中协调多元的利益关系，在协调和稳定中促进经济和社会的全面发展，是建设和谐社会的一个重要前提。以大学文化为辐射源，积极推进和谐社会、文明社区和创新文化建设，同样是三区联动的题中应有之意。而创新型国家的建设需要的人才培养是离不开宽松和谐的社区环境的。如果我们对这一维的重要性缺乏真正的认识，要达成各界共识、联动创新又谈何容易？

3. 大学科技成果转化渠道不畅、产业链尚未形成

我国大学整体上是重视人才培养与科学研究任务的，但对通过科技成果的创新、转化直接服务社会、提升国家经济实力还缺乏明确的认识与大胆的实践。据调查，目前高校科技成果转化率仅10%左右，这里面既有大学研发成果相对市场需求还有较大距离的因素，也有大学科研评价体系尚未得到评价的原因，另外，研发成果所有者市场意识不足，对技术的转让价格或技术股份要求过高等也是常见的原因。

科技成果转化的不畅，造成产学研合作机制的不完善。由于缺乏良好的合作机制，大学或科研机构目前尚未真正成为区域产业创新重要的外溢来源，表现在大部分具有竞争力的项目都不是来自邻近的大学。究其原因，一方面与大学管理体制改革的滞后大有关系，另一方面则是由于合作机制中各方之间的互动模式尚未建立，因此整个产业链尚不完整。

4. 科技园区功能定位不准，过分关注产值，"孵化"功能不到位

依托高校建立科技园区的本来目的是加快高校科技成果的转化。建立国家级大学科技园更是贯彻落实科教兴国战略的重要举措，但在各地纷纷"竞争上岗"的大学科技园却对自己的功能定位模糊不清，把"科技园"等同于"产业园"，把科技成果的中试孵化开发等同于产业开发和"招商引资"，为此想方设法圈土地、竖高楼，片面追求高标准、豪华型的装修，导致投资巨大，负债累累，大学和政府均被"套牢"。其实，科技园本来就不应该由政府直接经营（甚至也不应该由大学直接经营，因为现在批准建立的国家级大学科技园基本上都是公立高校，其主要投资者是政府）。科技园区应该是为"人才"资源与"科技"成果结合提供一种廉价的"创业天地"，其宽松、宽容的环境（包括创业投资的风险基金）是最重要的。由于科技成果开发失败的风险是始终存在的,为了减少早期研试开发的成本风险,科技园的租金应该是最低廉的,所以在国外(特别是发达国家)主要是利用地处大学周边、交通方便、房租便宜的旧厂房、旧建筑改造而成。而科技园对高科技的开发主要是承担"孵化"或"中试"的任务,即为大学师生的创意和实验室的成果提供进一步培育的场所,一旦"孵化"开发成功,进入批量生产阶段,则应迁出"科技园",进入"产业园(区)",那时产业化才需要相当面积的标准化厂房或经营所需的公司大楼的"门面"。所以,大学科技园应设在大学及周边社区,最好是融合在校区和社区中。科技园所能获得的收益往往是来自创业者的"第一桶金",而不是对批量生产产值的直接追求。

三、对策与建议

1. 打破"围墙",树立"只求所用,不求所有"的用地新观念

大学发展的空间需求正日益突出。回顾历史,伴随着城市的发展,大学逐渐确立了其在城市中的地位。这些高等教育的场所,有的设立在城市中心,有的逐渐向城市的边缘扩散,在不同的国家,其校园模式各有特点。既有英国模式的大学城,也有美国提供更自由开放场所的学院村模式,更有高呼"让大学重返城市"口号的法国大学校园建设。归根结底,城市的发展,要求大学不仅限于传授知识,还要成为一种对社会施加积极影响,对周围的经济、社会和城市环境起助推作用的活跃元素。

为了达到大学与城市更好地协调互动发展的目标,使城市更好地利用大学为当地的经济文化及社会发展服务,大学能进一步扩大规模以获得更好的发展,双方应当有超越传统的理念和智慧,在大学用地与公共投入的问题上,应当转变观念,大学对土地应取"但求所用,不求所有"的心态。政府应将大学用地规划纳入城市公共绿地和公共设施建设的规划,把投资大学用地与投资公共用地结合起来。大学则应打破计划经济时期"人均一分地"的"大学围墙内办社会"的传统用地要求(传统大学人均用地标准是根本不考虑"高教大众化"和"后勤社会化"等因素),大学应该主动打破围墙,回归城市,与城区共建、共享公共设施,包括为城市"增绿(人均绿地)""健康(运动场所)"作贡献。这样,大学也就没必要"大干快上",竞相圈地,城外再造"大学城"。实际上,大学还可以采用就地扩张方式。这并非要将附近民房、厂房等一律迁走,而是要尽可能地利用原有的旧厂房等作为教学、研发、科技孵化用房。比如旧厂房现可用作"创意产业"重要的产业空间,也可作为大学新的公共设施用地(笔者参与评估过的一所大学就有将两个车间用房改作为大学图书馆和"风雨操场"的成功实例）。大学与城市更好地协调互动发展，既可提高当地老百姓的生活层次和品位，增强社区的文化生活气息和氛围，又可使居民享受大学周围的公共绿地及其他便利设施。

2. 推进校区文化辐射与公共社区文化建设融合

在一般社会大众心目中，大学是知识分子集聚的殿堂，文化传承与创造的宝库，因此不仅地方政府对大学的公共服务贡献有较高的期许，地方居民也认为大学的存在能为生活质量提供基本保证。如果大学能够配合地方需要，了解社区提升生活质量之期望，与地方社会互动良好，那么不仅有助于提高学校声望，也有较大可能获得地方的实质支持。社区可借大学的资源推动社区文化建设，将社区的精神人文建设提到更深的层次。为了进一步整合区域资源，真正实现社区资源共享、社区教育共联、社区文化共建，应使大学教育社区化、社区活动教育化。

大学教育社区化的意义包括以下两个方面的内容：其一，学校是社区居民终身学习的重要场所。大学拥有的各项教学的软硬件设施如能开放供社区民众使用，甚至结合社区民众共同参与学校各类学习课程，将有助于使社区与学校建立更为紧密的关系。其二，社区是学校教育的教学资源。社区所有的各项资源，包括自然景观、历史文物、建筑、工厂乃至于民众等，都可以作为学校学生实习、上课或研究的题材。两者结合，一方面可以为社区发展提供动力，另一方面也可以为学校的教学创造丰富的内涵与成果。

社区活动教育化主要是指社区居民的具体生活内容，包括政治的、经济的、历史的、地理的、民俗的、文学的、艺术的、休闲的、音乐的各种层面的活动轨迹，都是可以通过"知识化"的方式而成为学校教育的题材与内涵。这不仅有助于大学发挥"研究学术""提升文化""服务社会"的功能，更重要的是，可以培养师生成为探求知识、追求创新的学习主体。

以同济大学百年校庆为契机，同济大学与四平社区在大学文化辐射与融合方面做出了有益的探索。2005年年底，为推动公共社区与大学校区的进一步融合，四平街道和同济大学联合举办了"迎同济百年校庆、创和谐社区"共建签约仪式，同济大学19个部门、学院与街道相关部门签订了全面合作共建协议。2007年4月4日，同济大学校庆办及相关学院负责人应邀参加四平街道"迎接同济大学百年校庆，创建全国文明社区"座谈会。四平街道已确定33个重点工作项目，包括同济新村环境整治、部分道路的整治和优化等，力争将四平街道建成学习型、创新型社区。同济大学相关负责人表示将借鉴国际社区工作的先进经验,从地理形态、经济发展和文化心理等层面,对四平街道打造和谐社区进行咨询和研究。四平街道以迎接同济百年校庆作为契机,创建全国示范人文社区,创建全国文明单位。法政、经管等学院协同街道主办了关于社区建设的国际论坛,首创在一个街道办国际学术会议的先河。

3. 加强大学创业的内在动力机制,学科链催生、带动产业链,积极推进三区合作

我国大学发展和科技创新理念滞后于时代要求,导致大学内部创业的动力机制不足。我国高校科技成果的价值大多以获得经费、发表论文数、参与人员的学术地位、获奖励级别和数量来确定,这种评价体系仅仅体现了科技成果的"技术价值",而忽视了"市场价值"和"商业价值",结果导致科研不是面向市场需要,而主要是为单纯追求学术价值和地位而进行与实际脱节的研究。另一方面,大多数从事科技成果转化的教授,基本上是从短期的经济利益出发,没有把转化工作上升为一种创新文化的自觉行为。建议对教师科研成果的应用结果进行跟踪,并将其纳入个人业绩评价体系,强化大学教师从事科技成果转化的动力机制,使大学教师把成果转化由自发行为变成自觉行动。只有实现这样的转变,大学创新文化才能形成,大学创业的内在动力机制才能上升到一种理念,大学才能在教育、科技、经济发展方面作出更卓越的贡献。

有关专家指出,产业链的优化对一个地区高科技产业的作用是至关重要的。一方面,由于有了上下游的产业配套、产业链的科学分工,企业才能降低生产成本和经营风险,才能取得较好的效益;另一方面,一个完备的产业链能够产生巨大吸附作用,可以源源不断吸引企业加入这个良好的生态环境中寻求最大的商业利益。

高校发展应拓展与政府、企业、社会等不同属性实体之间的互动合作,构建教育创新网络,寻求创新发展的新模式。高校在成为企业创新的重要支撑力量的同时,也将从中获得极好的发展机遇和更大的发展动力。为此,高校应将学科链融入企业生产大循环。要促进企业积极调整产品结构,推动技术创新成果的产业化;采取措施鼓励科技资源和科研平台的全社会共享。国家重大研究和工程项目,完全可以向企业开放和扩散;国家重点实验室和工程研究中心,要与企业形成互通共享机制。在这方面同济大学可谓典范,它已与上海大众、大电气集团、上海港机集团等合作建立产学研战略联盟。学校的技术力量已成为企业开发部门的一部分,学校的科研平台向企业全方位开放。总之,"三区联动"战略的成功与否,关键是各自的定位是否准确,既不要"缺位",也不能"越位";要充分发挥各自的长处,既各居其位、各司其职,又互渗互合、水乳交融;既各尽其能、各得其所,又相互支撑、联动共荣。只有这样,才能实现高校与城市联动中政府与大学的"双赢"和高教与产业、城区的"多赢"。

依法治校：大学章程何以谓"宪法"与"总纲"

摘要：大学制度建设重在提升服务而非加强管理，教与学的自由是大学"象牙塔"精神的本质所在，也是创新人才造就之秘笈。大学章程要解决的最重要问题是大学中的利益相关者权利的保障和对各级管理者权力的制约问题，以实现师生是大学的主人。大学的本质是学术，任何权力只能是以学术为中心才具合法性与正当性，高校治理中的民主管理是师生员工共同参与的权利的表现。

关键词：治理；大学"制宪"；民主管理

研究大学文化，弘扬大学精神，当然还要落实到制度层面，这就是已经讨论很久的现代大学制度建设问题，这也是深化各项高教改革的重要任务。比如当下之要者，就是若干高校正在教育部布置指导下紧锣密鼓推进着的"大学章程"编制的试点工作。其实，按我国《教育法》和《高教法》规定，各类学校的设立都须有章程作为必备条件之一，所有的高等教育机构都必须有自己的章程，然而事实上许多大学办了多年竟还没有章程（当然有的是旧规已废、新章未立），这岂不是明显有违法之嫌吗？所以，亡羊补牢，为时未晚。编制"大学章程"乃为中国政府教育主管部门和高等学校贯彻落实"依法治校""依法办学"之必须，这也被视为是国内高教界热议多年的所谓"现代大学制度建设"的顺理成章的继续。笔者在参加学校章程编制专家委员会的几次工作研讨中颇受启发，亦曾有些即席言谈，现整理于此以求共酌。思之所致，情之所切，如有言之不慎处且盼多谅！

一、从"现代企业制度"到"现代大学制度"：何谓大学"独特的灵魂"

国内高教界之所以热衷于"现代大学制度"这一提法显然是得益于"现代企

---

① 本文连载发表于2012年10月25日和11月5日第348—349期《同济报》。

业制度"的启发,本意在于借鉴现代企业高效规范的管理理念和制度,以深化对现行大学管理体制的改革与重构。但实际讨论中却各有关注点的侧重,有的是通过对大学自治(学术自治、自主办学)传统的强调而重申对大学理念的尊崇和大学精神的回归为主旨,有的是突出建章立制以强化绩效考核评估等的规范化为主导,有的则想更多地借鉴企业严格的成本核算等提升投入产出效率的管理手段以加强自身的竞争力为鹄的。

大学制度建设借鉴于企业制度的变革思路由来已久,亦非国人首倡。从"多元大学"(multiversity,《英汉大词典》译为"巨型大学")到"企业家型大学"(entrepreneurial university,国内有译为"创新型大学"),都带有明显的这种倾向。这就令笔者想起一则关于"multiversity"的历史故事。在20世纪60年代初开始于美国加州大学伯克利分校的那场"言论自由运动"中,学生领袖萨奥维在其著名演说中,就针对这个"巨型大学"的概念提出:现代的大学已经成为一个巨大的公司,"我们是什么?……难道我们就是流水线上的材料?就是等待提供给大学客户的产品?……不,我们是人!"所以,何谓"现代大学"? 又何谓"现代大学制度"? 能否完全以办企业的管理思路办大学? 这是一个值得反思的问题,笔者十年前曾经在"'大学市场化趋势'国际学术研讨会(2001上海)"上提出过这个问题,在肯定其积极意义的同时指出其可能的误区(参见拙文《"大学市场化"辨析》)。在学习现代企业所具有的创新意识和企业家与生俱来的"冒险家"精神方面(上海曾经的"冒险家乐园"之谓也许可以解读为"'企业家'或'创业者'的乐园"),大学具有某种同构性,那就是永不知足地探索未知。但是,"大学"是"具有自己独特的灵魂"(温家宝语)的机构,从其诞生之际就是由最高统治者的"特许状"而被赋予了独特的自治地位,其理由就是大学师生所需要的自由精神与氛围。大学的"产品"是具有多样性的个人(individual),不是标准化流水线上的"标准件"。"教与学的自由"是大学"象牙塔"精神的本质所在,也是"创新型人才"造就之秘笈所在。如遗忘或忽视这一点,其他的努力皆可能是事倍功半。这恰是近年来国内高校热衷于引进形式繁多的量化的"绩效""考核""评估"等效果欠佳,颇受质疑的根本原因。

二、大学制度建设重在"加强管理"还是旨在"提升服务"

需要提醒的是,"现代大学制度"如果只是停留在依样画葫芦地比照"现代企业制度"的水平上,很可能是一种南辕北辙的误区,就像曾经在高福利的发达国家收效显著的"新公共管理"被引进中国后出现的南橘北枳一样,不顾时空背景文化差异的误读,就会导致"住房商品化""教育产业化"乃至"医保市场化"等简单化口号的蔓延泛滥,以致与"拉动内需"的主观愿望适得其反,成为阻碍内需扩张的三大"拦路虎"和民生问题上的"三座大山"。其实传统的片面强调效率的"管理主义"的理论恰恰是"工具理性"特别是工业化的产物,到20世纪中期的"控制论"就似乎达到了其辉煌的顶点,而现代管理的走向更多回归"人本管理",更何况是大学这种最需发挥人类丰富多样性特长的机构的管理。从这个意义上讲,强调"大学章程"是大学的"宪法"与"总纲",其制订在实质上就具有为大学"立宪"意义,这就提示着现代大学的治理更应该突出"价值理性"导向的"宪政主义"方向。

笔者修改本稿之时,网上传来国内最顶尖的大学的一位教授为撤换未经本人同意被公布在官网上的简历而历经一年未成,最后只能采取以绝食的"荒唐行为"上网而"逼宫",消息传来令人震惊与感叹:看来享有"教授治学"权利的大学"主人"的基本人权也未必能得到"有关方面"的最起码的尊重!凭我的经验猜想,有权拒绝该教授的相关方面的负责人应该也是一位具有专业技术职称的人员,只是此事反映的正是大学里"行政权力"的傲慢。

所以,如果我们把对"依法治校"理解和编制"大学章程"的侧重点只是放在"强化管理"上,其结果很可能是更加强化了"行政权力"的权威性,而与"去行政化"背道而驰。如上述导致大学内教授"绝食"维权的"荒唐行为"——实际上要问的恰恰是这是谁的"荒唐"?这些年随着师生们维权意识的提高和国家《行政诉讼法》的实施,不少高校都遇到了一些尴尬的被诉"违法"案,其中有不少恰恰是与校方为"加强管理"而制订的校内规章有关,而据统计结果多数为校方败诉,其原因就在这些规章中有不少条例本身"违法":违反了法律对公民保护的权利。而这些法规又大都是由同一个部门在行使着"立法权""解释权"和"执行权"的,这种左手"立法",右手"执法"的所谓"法制"本身的合法性就可疑,实施起来的麻烦不断就在情理之中了。比如现行的各种教学考核乃至评估指标中的各种细如牛毛的具体量化规定,大多只是为了行政管理上的方便,很可能本身就是与教育规律和教学自由相悖的。只有将"强化管理"的思路转变为"提升服务"的意识,才是解决当下饱受诟病的高校"行政化"的正确思路。

三、"依法"与"以法":何谓宪法精神与宪法原则的"权威"

所以,究竟何以通过"大学章程"的制订真正落实"依法治校"和"自主办学"?在关于"大学章程"的讨论中,经常听到要趁此建立和完善各种具有权威性的组织规章制度以为加强管理、"依法治校"的根据。然而,何谓"依法"?诚然,有"法"可依,完善大学的各种规章制度实属必须,这也是约束各种管理部门和行政机构任意扩张"自由裁量权"的一个重要举措。但"依法"(of law)不等于"以法"(by law)。前者更强调的是实质内容法理上的"合法性"的"法治"(rule of law),后者则侧重于具体法条形式的完备性及其可行性(可量度)的"法制"(rule by law)。各种具体规章条例程序的制订,相比于"大学章程"这一大学的"母法"和"上位法"的地位而言,只是"子法"与"下位法",这最多只是一种"以法治校"的手段,而非是"依法治校"的根本,是大学"法制"的完备之必须,而不是"法治"目的之所在。

由此来看"大学章程"在有关现代大学制度建设中的作用和意义的讨论,就会有全新的致思之路。既然大家都说"大学章程"是一所大学的"宪法"即"总纲",所以制订"大学章程"首先就要按照宪法即宪政的原则来处置。现代宪法民主政治的基本原则都应该是对公民权利(rights)——包括个体私权(private rights)——的保障和对国家权力(power)——特别是对包括各级政府在内的各种"公权"(public powers)——的制约。而这又是与建立公开公平公正的民主程序联系在一起的(如毛泽东在《新民主主义的宪政》中所云:"宪政是什么呢?就是民主的政治。")比如,经过修改的我国宪法已经明确了"人权入宪"的原则,保护公民包括合法获取和拥有的私有财产权在内的各项人权。这是国家的最高"母法",《教育法》和《高教法》也都要严格遵守这一宪法精神和原则(必要时应该作相应的补充修改以保证符合宪法精神的规定)。任何"大学章程"的制订也都必须符合这一宪法原则才具有基本的合法性,即首先要坚决保障公民的受教育权利的不受侵犯性,包括高校教师"教的自由"和学生"学的自由",以及师生参与学校管理的权利。这在目前的《高教法》中已有相关规定,如《高教法》"第十条"和"第十一条"中就有关于"学术自由"和高校"依法自主办学""实行民主管理"等条文。所以,"大学章程"要解决的最重要问题是大学中的利益相关者的"权利"的保障和对各级管理者的"权力"的制约问题。"大学章程"首要的并不在于设计如何"授权"给各种各类组织机构的具体"条例"和各种"权力"之间的分工划界问题,而是基于大学作为学术机构所应具有的"学术自由和自治"的师生权利(包括参与学校管理的民主权利)的维护和保障,以及由此而对大学里行使的各种权力(包括学术权力和行政权力)的规范和限制。这些,应该是当下制订"大学章程"之要突出强调或曰今日中国大学最该"拨乱反正"的。

四、大学的"主人"与"雇员":"去行政化"还是"去官僚化"

"大学章程"的制定是当下中国大学真正变传统"人治"为现代"法治"的一个基础性的工作。"依法治校"是解决包括各界人士都在关心的大学的"去行政化"问题的关键。笔者对"去行政化"的提法一直持有保留,何谓"去行政化"?大学岂能不要行政管理这一块?我以为大学应该提出的是"去官僚化"即"去官本位化"。记得5年前的教师节座谈会上,刚刚上任的裴钢校长在讲话中谈到担任校长的体会的第一点就是"大学的主人是师生",这的确是一个清晰而理性的认识。言之谆谆,可也许闻者茫茫,这里同样有一个发生在大学里的历史故事:"谁是大学的'雇员'?"说的是二战时赫赫有名的欧洲盟军总司令艾森豪威尔将军在退役回到美国后出任哥伦比亚大学校长时闹的一个笑话,当他以校长身份请该校一位曾获诺奖的物理学教授作演讲时称其为学校众多"雇员"中的佼佼者,他得到的提醒是:"尊敬的校长,你才是这所学校的雇员!"(这位校长虽然是哥大历史上任期最短的校长,两年半后即奉命重返军界出任北约欧洲盟军统帅,但在任期中广泛"深入基层",听课、调研并创办新的研究所,"声誉斐然",也为以后成功当选美国总统积累了不错的人脉人气。)所以,我们今天的校长仍然要强调"大学的主人是师生"并不是多余的废话,而无疑是对所有大学管理者不能错位的提醒,也是我们今天制定大学章程不可忘记的宗旨。

然而,不幸的是,中国高校的"行政化"顽疾难去,也是有其特殊文化背景的,这就是中国传统文化中的"官本位"体制在高校的表现。历史上作为由最高统治者的"特许状"批准的大学,其专业学术人员(即师资)是享有在法律许可范围内自由质疑任何业已形成的共识而不会有因此被解雇之忧的特权,这也就是所谓"终身教职"的由来。而大学的行政管理人员则并不能享受此特权,因此他们往往更自觉地以为师生服务为己任而尽职敬业。当然,大学师生也应该自觉尊重所有行政人员提供的管理服务,尊重包括仅提供后勤服务的"合同工"在内的所有"雇员"的人格平等。(想起经常引用的一句名言:"一个把他人当作自己奴隶的人首先就有了一个奴隶的灵魂。")其实,当下中国大学握有行政权力的管理机构负责人基本上都是由具有专业技术职称的人员担任的,这种"双肩挑"的"干部"配置本也可以视作提高"学术权力"地位的一种方式,但事实上由于"行政化"的顽疾之现存,其结果可能恰恰相反(民间的所谓"屁股指挥大脑"说)。

所以,也许还得重温一下上面提及的"校长是'雇员'"的故事:师生是大学的主人,行政岗位恰恰是大学的"雇员",哪怕你是学术的权威,当你在行政管理岗位上"双肩挑"时，一定要明确当你有权作出任何决定时，先想一想你在行使的是"学术权利"的自由还是"行政权力"的"授权"？你是否忠诚地履行了自己所担负的行政岗位的管理职能时应尽的"服务"责任和义务？

五、学术权利与行政权力的博弈中："学术权力"何谓何为

上述教授"绝食"之案例，凸显出了大学"依法治校"中的特殊性，在"学术权利"与"行政权力"的博弈中，后者往往会披上"学术权力"的外衣而获得张扬。所以，在"大学章程"中对于大学中的"权力"与"权利"关系的界定划分时，首先就有如何区分大学所特有的"学术权利"与"学术权力"的问题。何谓学术权利，何谓学术权力？比如，大学中的"学术自由"（包括师生教与学的自由）是否应该视为属于不受任何"权力"干预的"学术权利"？这种权利应该是连具有"学术权力"的学术权威也不可任意剥夺的，如时任国务院总理的温家宝在同济演讲时所言，"一所好的大学，不在高楼大厦，不在权威的讲坛，也不在那些张扬的东西"——恕我直言，现在的大学"张扬的东西"比比皆是，值得大学人好好反思。而"学位授予""职称评聘""学术规范"的裁定等是否应该更视为"学术权力"的体现？这是"大学自治"中的一个涉及每个权利者利益的问题："学术权力"的自由的边界何在？于是，就带出大学治理涉及学术时的第二个问题："学术权力"与"行政权力"如何划界？因为这些"学术权力"的体现又往往离不开"行政权力"的配合。当然，行政权力的"配合"主要应该是其"服务"功能的体现，比如是程序上的认定和手续上的完成，而不应是一种凌驾于学术权力上的"最后仲裁权"。大学的本质是学术性的，任何权力只能是以此为中心的才具合法性与正当性。而同时大学作为一个巨大的自治机构，其日常的运行又是少不了必要的行政管理的。所以目前在我国——按笔者所见——凡是涉及学术水平与能力判断的"学术权力"都会是一种兼有学术和行政双重性的权力，大部分还必须得到相关"行政权力"的授权与认可方才能生效的。比如"学位授予权"就难以说只是一种纯粹的"学术权力"，因为国家最高的学位委员会就是作为国务院下属的一个具有行政权力的部门，而不是一个纯粹处理学术争议之类的"教授委员会"或"学术委员会"。

有关讨论中对"学术权力"的界定与划分至今尚较为模糊，也就涉及大学章程中如何有效"分权"的问题。比如，"教授治学"的学术权利也兼有的学术权力主要通过组织和参与各种具有相应"职权"的委员会来体现，"大学章程"应该对"学术委员会""学位委员会""教师职务聘任委员会"等涉及对师生权益具有评议、裁定权的组织中教授应占有的比例与地位加以明确规定来保障"教授治学"，

这还涉及对这些委员会的性质和担负的职权的界定(这的确需要有明确的条例加以规定,其中有些最重要的权力机构的组织程序应该写进"大学章程")。所有涉及学术评价(属于"学术权力"裁定范围)而又是具有强制性的行政决定(属于"行政权力"的职责)必须有足够的教授参加(以保证学术评价的权威性),这也许是目前能达成的基本共识。国外大学中的具有决定权的权威性组织中一般都以教授为主,并吸收学生代表的参与,而有些权力则完全由教授们行使,这就是体现"学术权力"的所谓"教授治校"。

六、权利的保障与权力的限定:"民主管理"的权威何在

当然,高校治理中的"民主管理"是师生员工共同参与的权利,不只是教授代表和学生代表。笔者曾经就现代大学治理向政府主管部门提出过一个"抓小放大"的建议,即政府对于高校的管理应该重点放在新建的高校的"准入门槛"上,比如是否有完整的合法的"章程"及各种基本保障条件是否具备,以保障学生及家长的权益不受侵犯。而对于一些历史悠久具有良好的办学传统的大学,则主要监督其是否建立了完善的自我治理结构和自我约束机制,而这些大学的师生们是不会轻易允许有损于学校声誉的事情随便获得通过的。所以,目前高校中的"学术权力"往往只具有象征性的咨询功能的状况必须改变,包括"大学章程"制定中对必须有相当比例(或占多数)的教授代表——也应该有一定比例的学生代表——参加的"校务委员会"。究竟是个决策咨询机构还是一个名副其实的具有实际决策权的机构的争论,实际上既涉及行政权力与学术权力的关系,也涉及对大学这种人类最具传承性又最具自治性的组织的特殊性的认知。这也许涉及对时任国务院总理的温家宝在同济大学演讲中提出、后又在国家中长期教育发展规划的讨论中强调的大学在于其有自己"独特的灵魂",即"独立的思考,自由的表达"这种大学精神的理解与诠释。"大学章程"之重要性亦在此。

总之,在"大学章程"的制订中,既要考虑所有机构组织的章程的共同性,还必须考虑到大学这一人类最具生命力的(已有近千年历史延续而不辍)、本质上最具独立性(自由独立的"象牙塔"精神)、最需自治性(大学自治)的学术机构的特殊性而加以处置,也就是说,大学的所有权利与权力都应该是围绕着维护大学的学术自由和自治精神(办学自主权)而展开的。客观地实际地看,在当前的"大学章程"制定中,所能做的主要是限制行政"自由裁量权"的泛化而不是简单的"去行政化"。就此而言,笔者也同意需要制订更为详尽的具体条例和规定来保障"大学章程"。宪政原则不成为一纸空文(如有的专家担心的只是"交差""应景"而已),也包括对各种权力运行的程序公正做出明确规定以保证其结果的合法性。这也是对贯彻《高教法》"实行民主管理"原则的落实。如前所述,因为宪政的重要价值之一就是实行民主政治。当然,"大学章程"对学校最高权力机构的设定还要受到现行《高教法》的制约和国家教育行政部门批准,而非大学完全可以自主的。但既然我国的《宪法》都可以有与时俱进的修改,笔者相信,《高教法》的适时修改也是必要和可能的。

未结语：大学的"办学自主权"是"公权"还是"私权"

作为教育包括大学(特别是公立高校,尽管也已是"独立法人")的办学自主权究竟应该是属于"法无授权不可为"的"公权"的组成部分,还是完全如个人或企业所拥有的"法无禁止即自由"的"私权"？这也是值得深思而后断的。因为这涉及对大学"办学自主权"的理解和诠释,涉及具体如大学特别是公立大学"破墙开店"办公司、出租办公楼以及其他对外从事的营利活动的合法性,也包括转让校名、职务发明、出售专利等知识产权的合法性,以及赢利所得的归属等"权界"之所在,因为大学的土地使用权是特定的,不能随意转让和改变用途的,而公立大学本身属于国有资产。

"大学章程"上承国家的法律、法规和规章,下统学校自主之各方面的管理规章制度,所以也将是处理学校可能遇到的各类法律纠纷的法理依据。目前的大学章程的制定也是在教育部的授权和指导下进行的,最后需要得到教育主管部门的批准才能生效(这也是公立高校所必需的)。但是,如何制定和以何种形式通过"大学章程"？如何在保障大学的"学术自由"和"自主办学"的权利的前提下,科学地对大学内部的权力予以"授权"和"限权"的统一？"学术权力"是大学治理中的一种独特的权力配置,但行政与学术两种权力之间如何构建一种有分有合、相互制约又相互合作的关系？这些则是大学的办学自主权之所在,也是"大学章程"制定中应该并可以解决的关键内容。当然,对"学术权力"的制约也应在此列中,学术自由并不能成为学术不端和学术滥权免责的理由,因为大学毕竟是担负着最为厚重的文化传承和最具活力的文明创新的双重使命之所在,"大学章程"之制定离不开对大学文化的守护与创新,也同样将成为致力于从高教大国向高教强国转化中的中国文化"软实力"的表现。

衷心祝愿正在制定中的《同济大学章程》能通过可感知的"形象"("文本"的可阅读性与可思想性)所具有的感染熏陶力而成为能一窥百年名校"美丽心灵"的"窗口",给所有的阅读者以重拾对大学文化的敬畏和领悟大学精神的永恒,从而深印心间而永志难忘——也许,这项任务本身就是一种大学文化的传承和创新的统一。

教学文化篇

人才与学科

　　教育本是人类最古老而又最常新的基本实践，是改造本能与开发潜能的统一。从古希腊提出的自由教育（博雅教育）到近现代西方盛行的"通识教育""广博教育"，再到当代中国倡导的"素质教育"与立德树人。尽管高等教育作为专业教育，离不开学有所长、术有专攻的学科分类、专业设置等，但"明德新民""止于至善"的大学之道不变。故多年倡导科技教育与人文教育之协调发展，探索构建"知识—能力—人格"（KAP）三位一体的素质教育模式，乃至呼吁回归"学而时习之，不亦说乎"之教育哲学传统，皆旨在由"转识成智，化性为德，以业为志，由技入道"之径，以达臻创新人才层出不穷之鹄的而"为有源头活水来"……

"转识成智": 创新人才的培养何以可能(代引论)①
——教育变人力资源大国为人力资本强国

引子：思维创新与"智慧觉醒"

这次论坛的主题是"生产对话"，主办者邀请我从教育的角度谈创新思维(Innovative Think)。我想，"生产"的本意来自生殖，人类的繁衍本是一种最基本最重要的生产。教育，正是人力资本生产的一个基础性要素。我的演讲题目是"转识成智"，源自佛学；我的引言则是一幅莫奈(Claude Monet)的名画《睡莲》(Water lilies)，以画释题，是谓图解：思维的创新，乃是"智慧的觉醒"。从莫奈的《睡莲》中，我们可以得到一种中国审美欣赏中讲究的意境美，而不仅是一种视觉美。莫奈的《睡莲》还能给我们一种智慧的启迪——美国管理学家戴布拉·艾米顿(Debra M. Amidon)《智慧的觉醒》(The Ken Awakening)一书释解一种如莲花般交错集成的知识创新，一种思维之花的绽放。艾米顿还以中国文化中的"坤"来对应西语中的 Ken(知识、理解、知晓)。"坤载万物"是博大精深的中国文化精神的一种比喻。不是吗？在莫奈的《睡莲》中，我们的确能体陪到一种"宁静以致远，淡泊以明志"的中国式智慧。印象派的画通过光色的变化，以诱发观察者的自我想象力的发展，我记得著名科学家爱因斯坦说过："想象力比知识更重要。"想象力是创新的一个重要的前提，激发思维创新正是教育的根本目标。

一、"全球化"与"新经济"：教育面临挑战与机遇

1. "话语霸权"与时空定位

任何问题的思考讨论都离不开特定的时空背景和特定的"语境"："全球化""新经济"已经成为当今世界权威话语体系中出镜率最高最显赫的两个概念，也

---

① 根据 2003 年 10 月 9 日在德国商会举办的第 3 届"生产对话论坛，上海"上报告的录音记录整理；摘要曾刊于《上海经济报》2004 年 2 月 10 的"观点"栏目；全文刊发于《湖北招生考试》(理论版)2004 年 10 月号和 11 月号。现收录于本篇之首以为引论。

是全人类教育界和企业界共同面临的挑战和机遇。尽管"全球化"给人的印象首先是一个空间概念,但问题远远超出单纯的空间概念。"全球化"的定义有多种,但今天的全球化着重表现为三个基本趋势:市场经济的全球扩张,WTO,IMF,OECD等跨国组织几乎掣肘着全球经济;科学技术的全球同步,IT,克隆,纳米等的研究业已成为各国科技界共同重视的"显学";生态环境的全球互动,"只有一个地球"(Only One Earth)也许已经是我们当今世界最大的共识。全球化带来许多机遇也带来很多危机:市场经济的扩张中也带来一种如索罗斯(George Soros)所称的"市场原教旨主义"的威胁;科学技术的突飞猛进带来的是高效率和高风险的并存(如"9·11"事件)、高科技和低情感的交错(即所谓 High Tech 和 Low Touch 的矛盾),这就造成了现代人的自我迷失;而随着全球气温变暖、臭氧洞的扩大和厄尔尼诺更为频繁地出现,使得人类生存环境的恶化进一步加剧……这一切都使人类不得不反复思考:To Be or not to Be, this is the Question——哈姆雷特的问题不但没有过时,反而日趋严峻,因为只有一种存在物能够毁灭我们的地球家园,这就是人类自己。

同样,"新经济"同样不能仅仅视作一个时间的表征。新经济通常被称为是"以知识为基础的经济(knowledge-based economy)"(OECD,1996),但我认为其实质是"人工智能为基础的经济"(man-made brain based economy),即以 IT 为基础(也许还应加上生命科学技术,两者的结合也许会有震惊人类的新突破)的经济。因为早在工业经济刚萌芽时,"知识就是力量"就已为人类所津津乐道。机器是人类体能(肢体)的延伸,电脑则是人类智能(大脑)的扩展。当然,现代知识并不只是指那些可编码的知识,即关于事实的知识(know what)和原理的知识(know why),现在的知识还包括技能的知识(know-how)和关于人的知识(know who),这后两种知识又被称为意会的知识或"隐性知识"(tacit knowledge),我以为这后两种更多的是一种实践的知识。

因此,人是不可被物所替代,人脑也不会被电脑所取代。现代竞争的核心是知识的竞争,关键是人才的竞争。因此,肩负育人重任的教育竞争更加激烈。面对竞争,企业正把更多的资金用于无形资本的积累。也就是说,企业资本中的无形资本的比重将逐步增加,这包括两方面:一是关于知识的传播和创造的资本,二是关于人力资源的投资,包括健康和培训的投资。无形资产和人力资本将日益成为现代企业的最重要的资本。

而面对"全球化"和"新经济"的挑战,文化认同和文化宽容的统一、科技突进和人文精神的协调将是保证世界和人类的多样性和全面性的前提。而这却首先有待于教育的创新。

2. 传统教育的"合法性危机"与现代教育的发展趋势

毋庸讳言的是,教育也正处于转型的过程中。自20世纪60年代,传统教育在全世界发生了"合法性危机",在中国,从大学的"教育革命"开始引发了一场全国的"文化大革命"的灾难。在西方,"五月造反运动"也对整个社会造成很大的震动。这就说明,传统的"象牙塔"式的大学已不复再继,大学一心要造就的"社会精英"成了既成社会的反抗者、叛逆者,教育怎么了?大学怎么了?世界开始不断反思,从1972年的《学会生存》到1996年的《教育:内在的财富》,UNESCO发表了一系列的报告,"学习型社会""终身教育"等概念先后诞生,特别是提出了现代教育的4大支柱,即不仅要学会认知(learning to know)、学会做事(learning to do),而且要学会共处(learning to live together)、学会生存(learning to be)。也就是说,教育要为文明的沟通和人类的未来承担起更多的责任和使命。

事实上,随着全球化的深化和知识经济的兴起,大学正在"重返社会中心"。现代世界高教发展已经出现了新的趋势,最主要的有以下四大趋势:第一是国际化,大学的跨国界交流和合作,以及经济全球化下的"留学热"和教育服务贸易的兴起正在共同为大学的国际化推波助澜;第二是大众化,大学已走出了传统的"精英教育"的"象牙塔"而走向大众化和普及化;第三是终身化,学习型组织、学习型社会的倡导和被接受使得终身学习成为人们的自我选择的必须;第四是网络化,"无边界大学"和"虚拟大学"出现使得"零距离"的大学学习和终身学习成为可能。

3. 人力资源开发与高等教育改革

所以,在此背景下,大学教育的发展何往何从呢?先来看看中国,中国是一个人力资源的大国,我们这里说的是"人力资源"(human resource),还不是"人力资本"(human capital),或者说还只是潜在的资源。怎样变资源(resource)为真正的资本(capital)就是当今中国教育面临的巨大任务。现代人力资本的关键是"知(智)本",是知识问题。2003年发布的《中国教育与人力资源问题报告》显示:2000年中国劳动力总量达8.7亿人,2013年预计达到峰值10亿人。这是一个巨大的劳动力市场。但目前中国15岁以上国民的受教育程度仅为7.85年,25岁以上受教育年限为7.42年(其中受高中及以上教育水平者仅18%,大专及以上还不足5%;而美国这两个数据分别为87%和35%)。这就为中国企业的创新能力带来了某种先天的不足,也对中国教育提出了严峻的挑战。

当然,可喜的是,中国的高等教育正在大踏步地发展。从1998年开始,中国高校连续几年扩招。1998年中国高校的招生人数是108万人,而2002年达到了360万人。中国高等教育的毛入学率已经达到了15%,按照国际教育界的普遍认同,15%的毛入学率标志着跨入了高等教育大众化的门槛(毛入学率是指18岁到22岁的人口的入学率),这是一个了不起的成就。占世界五分之一的人口实现高等教育的大众化无疑是一件世界性的大事(当然,OECD国家已经普遍进入了高等教育的普及阶段,即高教的毛入学率已经达到50%以上)。中国成为一个名副其实的高等教育的大国——我指的是规模——中国的大学生人数达到继美国之后的世界第二位。要真正成为世界高等教育的强国,我们的教育观念、教育方法的变革任务还更为艰巨。

二、"创造教育"何以可能

1. 教育何以开发人的创造潜能

教育观念和教育方法的变革将是一场真正的教育创新。所以第二个问题我想谈谈我们如何进行"创造教育",也就是教育怎样才能开发人的创造性潜能?换个我们经常思考的话题就是:教育怎样培养创新人才?这是企业家们所关心的,也是教育家们所苦苦追求的,现代教育尤其要培养受教育者终身学习的能力,这种能力的核心正是创新。

也许并不存在一种超乎一般教育之外的"创造教育"或"创新教育"的捷径,任何教育都应该是一种知识传承与知识创新的结合。当今时代,"后喻文化"渐趋主导(人类学家米德认为,传统文化是以经验为基础的"前喻文化",近代文化是着眼于当下的"同喻文化",而现代文化更多的是着眼于未来,故称为"后喻文化")。"后喻文化"时代的教育观更应该关注的是人的潜能的开发。也就是我们要怎样把"以知识为导向的教育"(knowledge-oriented education)转化成一种"以创造为导向的教育"(creativity-oriented education)? 我借用佛家的"转识成智"一语:把知识转化为智慧。什么叫知识?未经处理的数据并不是信息,这点大家都同意;而信息也并不等于知识,这或许也已为大家所接受;但知识是否就是智慧呢?我以为也是有区别的,即知识不等于智慧。知识的更新与淘汰是很快的,但是智慧的开发是超越任何时段的。所以,值此"信息爆炸"、知识更新周期不断加快之际,教育如何化理论为方法、化知识为能力,关键就在于如何更好地开发人的潜能与智慧,所以,"转识成智"才是教育的真正目的。

"转识成智"这个词可能有点拗口,它源自佛学,讲的是要把"有漏"(有烦恼)的8"识"(如5官及"意识"等)转化为"无漏"(摆脱烦恼)的4"智",其实质是强调要通过修行以悟佛理、开智慧。"悟性"就是一种智慧。"悟"是一种认识上的飞跃。"悟性"不只是理智的功能,更有意志与情感的参与。佛教的"悟"有两种方法:一种是"渐悟",讲究日积月累而修得"正果"。这跟传统教育通过不断的灌输和循循善诱的启发以积累知识、完成学业的方法相似,"功夫不负有心人",应该说这也是有效的但不是唯一的方法。另一种叫"顿悟",特别是禅宗这一中国特色的佛教往往更强调顿悟,讲究通过某种如"当头一棒"式的"棒喝"以促成"悟性就在你脚下"的"豁然开朗"。这就是一种智慧的突然觉醒。借用"转识成智"这一佛学用语来谈教育,是为了说明教育不只是知识的传授和积累(所谓的"两脚书柜"往往也是学富五车、博闻强记,不可谓没有知识),更重要的是运用知识和转化知识为智慧的能力。当今是知识爆炸的时代,电脑已经为记忆的储存提供了很好的工具,教育不应该再满足于对已有知识耳熟能详的背诵能力的训练。

2. 创新思维:"学习的革命"何以实现

那教育是不是能够进行一些所谓的创新训练呢?我认为还是可以的,这就是要通过实施人们所呼唤的"学习的革命"。创造的含义是很丰富的,直觉是一种创造力,推理也可以产生创造,灵感当然是一种创造,认知也同样能够隐含着创造,就是原有知识的重新组合才能成就一种创造和创新。创造或创新有无规律可循?创造一般需要三个步骤:第一是"脱轨",即要敢于摆脱权威和既定的知识的束缚;第二是(触类)"旁通",多多涉及域外的知识,进行广泛的联想和比较才会豁然开朗;第三是"辩驳",敢于主动寻觅对手的辩诘以进行批判性的思考,从而完善自我的思维创新成果。

教育创新有多种可能,这种可能性在终身教育的时代不仅对学校、对企业都是有效的。创新教育也不是那么神秘的,"处处留心皆学问",这里试举几例,借用人们所熟悉的一些概念来看看创新教育何以可能:第一,"自己动手做"(Do it yourself)的兴起,从业余兴趣走进学校教育,这很重要,实践出真知,中国教育传统中以诵诗读经、书声琅琅为学习之佳境,读书人也不以"四体不勤、五谷不分"为耻,动手能力弱、实验能力差是我国教育中存在的一大问题,也是束缚创造力发育的一个重要原因,而研究表明,"动手"能更好地促进"动脑",有利于开发人的大脑。第二,"独立制造岛"式的互助学习,这个概念来自一种新的企业生产方式,是对单纯追求最大效率的传统流水线工作方式的一种反拨,即通过一种相对独立、内部配合协作式的小组平台,以建立更为人性化的工作环境,Seminar讨论式的互动学习十分有利于创造力的开发。第三,"头脑风暴"(brain storming)式的碰撞交锋,这是激发思维的好方式,是现代人健康思维的"有氧操"。第四,激发"无主题变奏"式的"信马由缰"的想象力、创造力,在现代人的生活节奏日益加快、竞争压力日益加剧之际,不妨有意识地放松一下紧绷的神经,做做"白日梦"、逛逛"虚拟界"也不失为一种有益的思想解放。第五,"标新立异"与"温故知新"并进,既要敢为天下先,又要"学而时习之",孔夫子虽说是"述而不作",但实有大"作",关键是要在弦歌互答中教会学生"举一反三"。胡适先生强调"小心求证"为要,但又有"大胆假设"在前,同样是一种"逆向思维"的创新意识在其中。第六,变"学答"为"学问",中国人把知识叫"学问"很有道理,传统教育强调应试,总是教学生怎么获取正确的答案,这种学问实际上只是"学答",有句话说得很好:"提不出问题才是最大的问题。"

此外,创新在很多时候看来是"得来全不费功夫"的机遇使然,但构成创新基础的往往是通过漫长的"踏破铁鞋无觅处"的苦恼后的成功。有时候,创新的灵感往往孕育于"山穷水尽疑无路"之中,而"柳暗花明又一村"则是在"上穷碧落下黄泉"的寻寻觅觅之后才会有"蓦然回首,那人却在灯火阑珊处"的惊喜——总之,机会只垂青于有准备的大脑。

3. "开发右脑":"智商"与"情商"的相互促进

创新教育尤其要重视"开发右脑"。世界上还未开发的最大的空间就在我们两耳之间,这就是我们的大脑。据统计,现在人脑的使用率最多只有20%,人脑细胞有1 000万亿个,每个细胞有20 000个连接点,潜力是非常巨大的。大脑的两个半球又有各自的分工,左脑主要是司职逻辑能力即学习功能,右脑则司职节奏、空间等非逻辑能力即一种创造功能。传统教育往往较多集中于左脑的训练而缺少右脑的开发,妨碍了创新人才的培养。而"开发右脑"的关键是把科技教育和人文教育加以协调发展。大学里应注重把科学教育与艺术、音乐、审美教育相结合。在数学与音乐之间,科学与艺术之间,都有许多相同之处。爱因斯坦、李政道、钱学森等一些大科学家的成功例子也告诉我们这些道理。创新思维不仅需要"智商",即敏锐的洞察力、丰富的想象力、渊博的科学知识,而且需要"情商",即富有激情、有动机、有欲望、有兴趣、有情感、有意志,才能有创新的产生。所以,开发右脑将是创新教育的重要环节。"智商"与"情商"的共同发展将是创新人才得以成功的真正秘诀。

三、现代大学何以为创新人才成长创造条件与氛围

1. 素质教育与"知识、能力、人格"的协调发展

中国正进行一场教育革命,强调素质教育。"素质教育"译成英语时常被误

解为"质量教育",以为是对"Made in China"的产品质量的重视。实际上这相当于古希腊亚里士多德提出的"自由教育"(liberal education),一种全面开发人的潜能的教育。所以,素质教育的核心应该是科技教育与人文教育的协调发展。同济大学在近几年的教育改革中也在探索一种新的 KAP 人才培养模式,强调"知识—能力—人格"三位一体的协调发展。这里强调的"知识"主要包括两方面:一是基础知识,即人文社会、数理自然、艺术审美以及必要的现代高科技的科普知识等通识,博学是创新的重要基础,也是激发人的思维的前提;其二是专业知识,高等教育仍然是专业教育,不能够没有专业知识,但专业知识要注意基础与前沿的兼及。我们有个传统的规定,要求写进教材的必须是确定无疑的知识。其实没有永恒不变的知识,知识都在不断的变化当中。而"存疑"是学术发展的前提,"有疑"才是创新的开始!应当把大量的科学前沿探讨的问题、大量的 question 摆到学生的面前,从学生时代就学会参与知识的创造和学术的推进。所以"知识"的问题主要是如何处理好"专"和"博"的统一。关于"能力"问题,则主要是"知"与"行"的统一问题,上海市哲学学会前会长、著名哲学家冯契先生的"化理论为方法"的实质就是"化知识为能力"。这也是一种终身学习的能力,不光要训练开发学生的归纳演绎、分析综合等逻辑或非逻辑的思维能力和理解能力,还要培养提升他的实践能力。信息爆炸时代,网络上的信息无穷无尽,24 小时都看不完新的信息。但信息不等于知识,信息的选择和处理首先需要有一定的判断能力,否则你只能淹没在信息的大海中,获取不了真正的知识。实践能力的培养在现代教育中尤为重要,包括动手能力和交往能力,新一代中国的大学生都是独生子女,"Teamwork"精神对于现代人更为重要,这是一种能力的体现,也是一种健全人格的标志。关于人格的养成,主要是指教育要把"问学之道"和"成人之道"加以统一,当然这人格的养成更不只是学校教育的事,但教育作为"传道、授业、解惑"的统一,不能不把人格养成作为最重要的内容,我们认为要把中国传统文化中强调的品德、情操、理想、信念的道德人格追求和强调自信、问责、敬业、诚信等要素的独立人格的培育结合起来。而我们大学历来强调的思想品德修养教育,突显的往往只是理想人格的层面,而对现代人格的精神气质品行等强调不多,如独立人格不健全,何来创新的勇气与能力?而问责精神的缺位则何以建设成熟的责任政府和公民社会呢?SARS 袭来之际不就是一次检验吗?现代人需要一种独立意识,需要一种责任意识,还需要一种敬业精神,需要一种诚信意识。特别是后两条。敬业精神我们比较缺乏。德国的敬业精神是值得我们好好学习的。虽然中国有句俗话:"干一行爱一行",但是不少人却是"干一行怨一行"。兴趣是学习的原动力,也是创新的原动力,没有爱岗敬业精神何来孜孜不倦的创新激情?诚信是市场经济必要的准则,也是现代人安身立命之根基,民无信不立。急功近利驱使下只能产生抄袭、剽窃等所谓走捷径式的"创新"。

2. 全球视野与本土实践:大学的"全球-本土化"何以必要

讲了这些教育理念,那么现代大学怎样为创新人才的层出不穷创造一种良好的氛围呢?人才的培养需要一个好的环境。中国的大学正在进行理念的创新,我想谈一点当前中国大学所面临的历史使命的双重性问题的看法。我与同济大学校长吴启迪教授发表过这方面的有关论文,前几年提出了我们自己的思考,今天供大家来一起讨论。这就是现代大学的思考同样要构建一个叫 Glocal 的概念,这个词是 global 和 local 的结合,是一个新造的英语单词,现在也有人用。全球化的思考和本土化的实践是我们现在大学包括培养人才的一个基本的起点。这也是任何跨国公司成功的一个秘诀,跨国公司的成功必须要有一个全球的视野,而又要注意吸收所在国家的本土文化元素,这就是市场的全球化和企业文化本土化相结合的 GLOCAL 理念。对我们高等教育、现代大学可能也是如此。这里我想特别指出的是,现在经济的全球化和科技的全球化趋势是不可逆转的,但是否采用教育的全球化与文化的全球化概念却是需要人们深思熟虑、三思而后行的。因此,我们的观点是高等教育的国际化。因为国际化并不等于全球化。全球化强调的是一种总体性和趋同性,或者一体性,而国际化突出的是一种交往性、互动性,即一种多个主体间的"交际性",inter-这个前缀点明的正是如此,即各 nation 之间的交往。教育从来不只是知识的传授,而是一种文化的传承。所以既然我们必须承认文化的多样化,接受多元文化的存在,那就不会、也不应该有教育的一体化、同一化。所以"国际化"这个概念更加准确地反映了教育国际交流的现状和趋势。人类文明的多样性和丰富性是人类生生不息的保障,就像生物的多样性是保存物种延绵的基本保证一样。"和而不同""和实生物,同则不继"是中国古老文化留给我们的宝贵遗训。"存异"才会有"变易"、有生机,文明的同化只能是文明的死亡。我们说太阳下能有那么多种色彩,这是因为太阳光本身具有赤橙红绿青蓝紫多种色谱的存在。设想全世界只有一种颜色——哪怕是你最喜欢的颜色——那是多么单调无味的世界,而且也就成了一个绝对无色的世界、一个"死寂"的世界。所以,教育不仅要培养学生的全球视野,也要有它的本土文化的根源。这样对人类的共同发展才更加有益。所以尊重教育规律的共性,同时坚持民族文化的个性,这就是我们提出高等教育应该是"国际化"而非"全球化"的意涵所在。

现在中国高等教育面临着三大"一身二任"的使命：第一个是工业经济和知识经济，这是中国高等教育面临的双重任务，我用了一个词叫"一仆二主"。中国现在的教育就是这样，一方面它要为新兴的知识经济服务，但同时它还没有完成为中国工业化服务的任务。几年前在中国刮起知识经济的热潮之后，似乎认为工业经济已经过时，制造业已经没有前途。在1999年的北京香山国际工程教育研讨会上，我们就谈过这个观点：中国的工业化没有完成，中国高校传统的机械学科不能轻言放弃，还需要继续发展，不能只搞IT。中国的工业化还没完成，信息化大潮就已经扑面而来。"比特"是重要的，但是"比特"代替不了"阿童木"（原子），制造业仍然是重要的。美国人提出知识经济，全球跟着搞，大家都搞计算机行吗？纳斯达克（美国的全国证券交易商协会自动报价表，National Association of Securities Dealers Automated Quotations，NASDAQ）的泡沫也说明了这点。所以，中国现在应该是信息化带动工业化，就像我们在四年前就已经提出的，要以信息化改造工业化，而不能说只要信息化不要工业化。中国是这样，中国大学也是如此。第二个使命是交流引进和自主创新的并重，这是现在中国大学在国际化进程中应该确立的"一石二鸟"的目标。也就是中国的大学正在扩大对外开放，包括同济大学，"请进来、走出去"，比方我们的中德学院、中法学院等各种合作办学模式就是这样。但在国际交往中我们不但要大量学习和吸收国外的先进观念和技术，还必须始终坚持发展自己的创新，特别是中国要有自己的知识产权的开发，否则我们只能是一个大加工厂。所以这是中国大学的重要任务，而这正有待于更多具有创新意识和创新能力人才的培养。第三点，中国大学现在所面临的挑战还有一个是如何将适应需要和导引变革相结合。我们一直强调，市场经济需要新的人才，大学就是要适应就业的需要，仅仅这点是不够的。大学是教育不能简单地等同于培训。大学要走出象牙塔，这是对的。但是大学还承担着社会的责任，即大学必须要具备引导社会发展的能力。因此不能只是说市场需要什么人我就培养什么人，今天哪个专业冷门了我就马上停办。所以中国大学需要学会培养学生力争"就业"和"创业"的双赢。我们培养的人应该有满足社会就业需要的能力，但是我们还要培养更多的创业人才，而这也同样需要全球视野与本土实践的结合，一种"全球-本土化"的人才。

3. "教授治学"与"学生为本"：现代大学的理念与制度创新

要培养和造就具有创新思维与能力的现代人才，现代大学的理念与制度都需要有所创新。曾记得有一大学校长说，要求大学培养创新人才，但我们大学的领导自己到底有多少创新的空间与能力呢？大学已经经过了近千年的发展，比任何曾经显赫的王朝和富庶的家族、曾经不可一世的帝国和辉煌强大的公司都更为历史长久,有哪个企业能维持近千年的辉煌不衰?大学是一个特殊的组织形式,我们应该坚持和守护大学理念,同时也要不断创新和发展大学制度。学术自由是大学的本质精神,"教授治校"也一直是大学制度的核心理念之一,这也是大学得以成为创新的源泉的根本保证。但是现代大学将更强调"学生为本",这不能简单地被视为是屈从市场逻辑的驱使,实质上也是对教育育人本质的回归。但是国内现在的教育教学改革,比如教学体系、课程设置的改革方案一个又一个,又有多少是真正以学生为本的呢?我们设计的所有方案的出发点是为了满足学生全面发展的需要,但是对学生真正个性化的发展的需要我们又研究了多少?谁来设计学生的未来呢?我们呵护学生成长的"保姆心态"是否需要调整?学生的"自我设计"的自主权和能力又有多少呢?

为了培养和造就更多的具有创新意识和创业能力的现代人才,现代大学必须拓展自己的功能,以使学生能在一个更广大的空间中去扩展视野、锻炼自我,从而更加准确地设计自己的成材之路。我们曾经提出了一个 TRSC 四大功能并举的现代大学理念,即大学要集教学、研究、服务、交往四大功能于一体。在这四大功能的推进中,都存在着许多触发创造和创新的机遇和基础。关于现代大学的概念讨论已久,曾经当过牛津大学校长的英国红衣大主教纽曼在 19 世纪写过一本书,叫《大学的理念》(*The Idea of University*),提出大学就是传授学问,造就绅士。这是对传统大学目标的概括。而 19 世纪初创立柏林大学的普鲁士教育大臣洪堡则提出大学除了传授学问外,还应该把不断发现和发展知识作为自己的使命,这就是教学要和研究相结合。20 世纪 60 年代,美国加利弗里亚大学前校长克拉克·克尔写了一本书,叫《大学的功用》(*The Uses of Universities*),提出大学除了教学和研究外已经出现了第三大功能,叫社会服务,当时的背景是美国政府把大量的高端空间与军事科技的研究任务交给高校去做,企业也把许多高技术的研究委托给大学。而当人类走进 21 世纪,现在的大学还应该承担起一个重要的使命与任务,那就是叫"交往"。文明不应该冲突而应该对话,文化也只有在交往中才能共荣。这应该成为现代大学的第四大功能。

其实,广义的"交往"还包括更多的意义:文理要交融,理工要结合,人与人、个人与社会之间要学会沟通与理解,灵与肉、精神与身体之间要建立平衡,不仅不同的文明之间要对话、东西方的文化要交流,大学与企业也需要交流与合作。我想这是我们现代大学的重要使命。此外,"交往"也是激发创新的一种最重要的手段,"教授治学"也离不开学术交往,创新往往更需要多学科的交往。记得控制论的创始人维纳(Norbert Wiener)讲过,不同学科的学者的自由讨论最有利于新观念的诞生,被称为"奥林匹亚俱乐部"的"星期三聚餐会"曾经使不少科学家激发出许多 New Idea 和创造的灵感。专门从事跨学科的"复杂"研究的美国的桑塔菲研究所实际上也是一个多学科学者的交往的俱乐部。现代教育方式中更强调"研究型学习",也就是要多倡导一种 Seminar 式的讨论,要为学生多多提供自由讨论的时间与空间,这也是激发创造灵感的重要方式。

总之,只要真正能在守护大学理念的基础上,构建"以人为本"的现代大学制度,使"教授治学"的传统和"学生为本"的现代教育观有机统一,让每个学生都能设计出独具个性的发展路线图(包括相应的更具自由度的课程选择和实践环节),并通过拓展大学功能,在大学与社会的互动中开放办学,创新人才的培育和创新能力的提升都将会有很大的改观。

结语:"化性为德"——现代教育与现代人的自我认同

最后我作个简单的结语。我的题目是"转识成智",即要把知识转化为智慧。我的结语是"化性为德",化智慧为人格,化良知为德性。这是教育的最终任务。特别是现代教育同现代人的自我认同密切相关。在这个高科技、高效率,同时是高风险、低情感的时代,如何培养更为准确、全面而不是偏颇、狭隘的自我认同是非常重要的。这里我用了一张另一位世界著名画家高更(Paul Gauguin)的名画,画名叫"*Life's Question*",中文译为:"我们从哪里来? 我们是什么? 我们将往哪里去?"据说这是高更投入了最多精力和思考后所作的一幅油画。教育就承担了回答这些永恒问题的任务。"认识你自己"这是古希腊哲学家苏格拉底不断地反复地责问所有自以为知的雅典人的话,据说是取自德尔斐神庙的箴言。教育应该帮助人寻找文化之根,教育应该帮助人去解决这些问题。教育本身就具有教化的作用,德语中的 Bildung 就兼有"教育、学识、修养"等几种含义。人是需要"教"而"化"之的。文化也就是一种"教化"。所以我认为现代教育应该把"转识成智"和"化性为德"相结合。

最后我想补充一点,对于中国教育界关于"创新人才的培养何以可能?"的讨论,不仅需要教育内容的更新、教育方法及手段的改进。中国教育何以能为创新人才的成长提供厚实的基础和肥沃的土壤? 更为重要的还有教育哲学的反思。我们历来鼓励勤奋治学,这本无什么不对。读书是要花苦功夫的,"书山有路勤登攀"。马克思也说,只有在那崎岖山路的攀登中不畏劳苦的人才有希望到达光辉的顶点,这是对的。但是过分强调读书的苦,老是鼓吹"学海无涯苦作舟",则把我们的孩子害苦了。总是教育孩子要有"颈悬梁,锥刺股"的准备,则造成了孩子从小产生一种对学习的畏惧和厌学情绪(当然更糟糕的是家长们过早地把孩子推上了人生竞争的跑道,更把自己未能圆的梦寄托到下一代身上)。殊不知,学习本是蕴藏有无穷乐趣的事。就是那些被宣传为了学习研究而放弃了许多人生乐趣或牺牲了许多业余时间的成功的专家学者,人们只是从旁人的眼光在看问题。其实,他们从中获得的人生乐趣及其发现未知的喜悦,远不是常人所能体验的。也许这也是一种"燕雀安知鸿鹄之志"。学生阶段本应该是人生中最快乐的一个时期,大学更是人生的一个大 party。因此我想大声疾呼,应该回归教育、学习的本真态,那就是:"学而时习之,不亦说乎?"这是孔夫子留给我们的《论语》开篇第一章的第一句话,也是他之所以"学而不厌""诲人不倦"的出发点。当年孔夫子带领"贤人七十二"游学四方(有时也不免有颠沛流离之苦,甚至曾惶惶然如丧家之犬),但弦歌互答,其乐融融,何"苦"来着? 其实,读书学习本是人生的一大乐事,至于那种把读书当作追名逐利的"敲门砖",刻意追逐"书中自有黄金屋,书中自有颜如玉"的功名利禄,则成了一种学习的"异化"。人生本该 happy,但 Study 就是最大的 happy。所以应该提倡回归孔夫子的教育哲学——"快乐学习"。

"创新"何以可能? 自由、快乐的读书才能激发我们创新的思维。所以莫奈的画给我们的启示就是,我们要像"睡莲"那样安神静气,"宁静致远";排除杂念,专心致志;心旷神怡,豁然开朗。少一点急功近利的"浮躁",就会多一份创造发现的机遇。把教育和学习作为一种智慧的会餐(symposium)和人生最大的快乐来享受,那么我们的教育就将能更多地激发思维创新的花朵的开放。

谢谢大家!

试论素质教育和现代人格的建构与培养[①]

——兼谈高校文化素质教育问题

未来的综合国力竞争将主要是科技经济实力的竞争,归根结底是人才的竞争,谁能抢占 21 世纪的人才高地,谁就能在未来的竞争中立于不败之地。面对变幻莫测的未来世界日新月异的科技发展,世界各国正纷纷调整教育发展战略以迎接未来的竞争。在我国制定的"科教兴国"和可持续性发展的战略中,都将教育置于十分重要的地位。教育能否担此重任?教育界何以在未来的竞争中为中国提供更多的经国安邦的人才?这不仅要对教育的布局结构作出重大的调整,对教育的方法内容做深刻的改革,更需要在教育理念、思想的更新上有新的飞跃。当前,素质教育的提出和反复强调,正涉及教育观念的深刻变革。而如何构建既能继承传统理想人格精华,又能体现时代精神发展的现代人格,实在已成了现代教育面临的巨大挑战和考验,也关涉整个民族素质的提高和国民人格的创新。

一

何谓素质和素质教育?素者,基本、素朴也;质者,品位、质地也,素质即可谓基本品质。人的素质,既包括人的先天的与后天的性格、心理与生理的结构,也包括人的思想意识、知识能力、道德品质等多方面。而教育本身既是对人的潜能的开发,又是对人的本能的改造。因此,素质教育应该是教育的本质,或者说是教育的题中应有之义。所以,当人们提出并强调"素质教育"时,恰恰是因为现行教育出现了某种偏差的缘故。同时,也是为了突出和强调人的素质可以而且主要是靠后天的教育加以养成、教而化之的(包括人的心理和生理的自然,也是经生存的实践改造而日益成为一种"人化的自然")。所以素质教育的本意是指对

[①] 原稿作于 1996 年,系提交参与天津大学的专题研讨会的会议论文,收录于才家瑞、王天佑主编的《素质教育与创新人才培养论文集》,香港天马图书有限公司,2001 年出版,略有文字改动后刊发于《毛泽东邓小平理论研究》1997 年第 4 期。

人的整体素质的养成(教育),是"素养"的提升。

素质教育强调突出对人的基本品性的养成教育,这是毫无疑问的。但是,知识和能力无疑是人的素质的基本构成因素,也是教育的重要任务。现代教育首先要加强对学生应有知识和能力的培养。知识和能力是不同的两个方面,"知者"未必是"能者",反之,"能者"也未必是"知者"。但知识和能力又是不可分的,"知识就是力量",也就在一定意义上肯定了知识也是一种能力。知识本是一种知晓(know),是一种对信息的占有。真正的知识不仅要"知其然",更需要能"知其所以然",因此,谁掌握了更多的知识,谁也就具有更多的驾驭事物发展的能力;特别是在知识经济时代,谁占有更多的信息,谁也就能在信息社会里具有更大的力量。反过来,能力也是一种知识,知识的如何获取以及如何分析加工、综合运用,不就是一种能力的体现吗?现代教育强调,不仅要有关于事实的知识(know what)、原理的知识(know why),还要具备技能的知识(know how)和人力(才)的知识(know who),所谓技能(know-how),不就是一种对如何(做)的知晓与理解,能力总是建立在一定的知(知道)的基础上的。知识加能力是人的素质的主要组成部分,特别是从偏重于知识的灌输到更注重能力的培养,改变我国各类教育中不同程度上存在的"高分低能"现象,正是教育改革的重要内容,也是素质教育的基本目标之一。

笔者认为,构成人的素质的更为重要的方面是人格的力量。真正能使所掌握的知识和具有的能力造福于人类发展和社会进步(而不是相反)的恰恰是人们的人格定位。知识加能力,还必须加上至关重要的人格培养,才是全部素质教育的关键之所在。这也是现代教育所强调的不仅要学会认知(Learning to know)和学会做事(Learning to do),还要学会共处(Learning to live together)和学会做人(Learning to be)的要旨之所在。

人格,本是外来语(Persona),源于"面具"。原始人类以面具作为部落认同的标志,同时也成为一种安身立命的护身符。在原始部落的交战中,往往以"图腾"(祖先崇拜或社稷崇拜)为面具,包括以某些狰狞的猛兽为面具,作为克敌制胜的手段和力量的源泉。面具还逐步演变成为人类对自我的认证和肯定,成为地位、身份的象征和代表。时至今日,"面具"(有形的和无形的)仍然存在,并被广泛运用于社会生活和交往中,成为人们克服社交恐惧和自我封闭的有效工具。如在西方的狂欢节或假面舞会上,正是借助于面具(直接抹彩或是套戴假面)的掩饰使得交往的主体们更加自由自在、无拘无束,同时它带来了一种掩饰身份后肆意宣泄的欢快与轻松。由面具演变来的人格一词,至今仍有其特定的角色和地位象征。著名心理学家荣格(Carl Guslav Jung)的"集体无意识"理论就曾经深刻地分析过这种人格面具的巨大影响,并指出在原始人和现代人之间并不存在不可逾越的"万里长城"。在社会交往与实践中,每个人都占据着特定的社会地位和担当着一定的社会角色;在历史文化的延续中,每个人都受到一定文化的制约,又同时是一定文化的承继者和创造者。人们在社会交往中,对各种行为准则的取舍,就受到其特定的社会角色和社会地位的制约。而人们在一定文化体系中所承继和发扬着的传统和精神,以及在实际行动中所表现出来的气质和风度,则呈现其个体人格的基本倾向,构成了一个个体人格的基本定位。在人生的大舞台上,人人都既是演员又是观众,而人格则正是他作为演员呈现于观众眼中的形象,即其所选择的角色。正是从这一层意义上来讲,人格不是天生的,而是在后天实践、社会交往中形成的;也就是说,它是可以由教化而成的。因此,人格的塑造,正是教育的根本任务之一,古今中外的很多杰出教育家都曾在不同侧面、不同程度上阐明过。而现代教育所强调的素质教育、终身教育,也同样凸现着对人格塑造的高度重视。

二

强调人格教育在素质教育中的核心地位并不否认知识与能力的重要作用。教育以"传道、授业、解惑"为基本任务。知识的传授和能力的训练都是不可与缺的。在信息时代,知识的作用无与伦比,"科技是第一生产力"正是对此简洁明了的概括。而在现代社会的转型时期,能力无疑提供了巨大的机遇。知识再多,学富五车、皓首穷经,却将其束之高阁、藏之深室、密不宣人,何用之有?或者如好射之士,连呼"好箭好箭"把玩于手,却不用于射的,实是荒唐。故要把知识真正地转化为力量和财富,必须要有实践的能力。

然而,有了知识,并有了运用知识的能力,就一定能成为成功的时代的弄潮儿吗?是也,否也。当市场经济大潮风起青萍之末时,即有不少弄潮儿以其远见卓识,以其超群胆略而大显身手、叱咤风云。他们无疑是智者、能者。然而,谁能笑到最后呢?曾经风光一时的改革者有不少"中途落马",这是为什么?是因木秀于林而风必摧之?还是行高于人而人必毁之?并不全是!有许多是因为本人的忘乎所以、头脑发昏而导致自我的迷失和堕落,他们往往经受不住权力、金钱、美色的诱惑,而最终自毁城池、自陷囹圄。他们缺少什么?是缺少知识吗?有的弄潮儿确实缺少知识,不懂客观规律,只凭一时之勇,成为一介草莽,他们不学法纪、无法无天,无知害了他们;但另一些人,则是受过种种高等教育,甚至有着令人羡慕的高学位,也往往因经不住诱惑,一失足而成千古恨,何也?是缺能力吗?更不是!他们都是能手、强者,但最缺的恰恰是人格的力量!参观过高墙之内的人都会发现,罪犯中有不少是能人、聪明过人之人。然而,缺少人格的制约,聪明反被聪明累,这种情形何其多也!

所以,归根到底,人格重建乃是当代国人的必需。中国传统文化中虽无人格这一概念,但有"人品""德性"之说;儒家的"成人之道"和道家的"圣人"之说,都不正是对理想人格的憧憬吗?人格的追求在礼仪之邦的文明古国历来占有重要地位。然而,或因其一味讲究温良恭俭,从而缺乏现代社会的竞争意识,或因带有血缘纽带的痕迹及封建等级的色彩而与现代文明不相适应。海内外新儒家所希冀的21世纪将是儒家文化的世纪,以及西方一些有识之士对东方文化的赞慕之词,都因其各自的不同背景和处境而略显苍白、有失之偏颇之疑,尤其是因对"后现代化"的困惑而发出的对"前现代化"的留恋之词,是不能成为正在迈向现代化的中国人民的圭臬的。他们的良好夙愿和殷殷之情是难能可贵的,但是我们绝不能因闻其言而沾沾自喜、夜郎自大、不思进取。旧的理想人格,往往都强调"圣贤人格""君子之道",因而,常因其树之过高和者盖寡、脱离实际而流于空乏。但儒家的"成人之道"强调教化的重要,强调"道之以德,齐之以礼,有耻且格"(《论语·为政》)。强调道德的自律作用,强调"为仁由己"(《论语·颜渊》)、"行己有耻"(《论语·子路》),则是一切文明的基本前提。人非圣贤,孰能无过?人非草木,孰能无情?但情发于欲而止于礼。有欲非罪,咎在无礼。"行己有耻"才能"非礼勿动"。何谓有耻?耻者,知(闻)止也,"羞恶之心人皆有之。"何谓礼?举手投足、一言一行皆合圭臬也。现在有些违法乱纪、贪赃枉法者以纸醉金迷为荣、权倾一时为乐;而全然不知丧失人格之耻辱,他们是寡廉鲜耻、恬不知耻、厚颜无耻。所以,人格的建构首先在于要确立一种人之所以为人的耻辱观的教育,"行己有耻"才能摆脱野蛮,才有文明进步。古人曰:"知止而后有定,定而后能静,静而后能安,安而后能虑,虑而后能得。"(《大学》)"得"与"德"相通。只有真正做到"行己有耻",才能形成文明人格,也才能"止于至善"。

三

以人格教育为核心来观素质教育,包括正在高校中开展的文化素质教育,我们将得到观察和思考问题的一个新的启示,即文化素质教育(包括通识教育)不能仅仅停留在读几本世界名著,听几曲世界名乐,抑或懂一点琴棋书画,会一些交际谈判,而更应寓深远的情趣意旨于人文社会科学知识的传播中,即要以培养一种真正的人文精神为鹄的。在文化界关于人文精神、终极关怀的讨论中,尽管见仁见智、歧争激烈,但至少有一点是共同的,即对当代人类命运及其未来的关怀。这对于加强文化素质教育具有重要意义。人文精神或曰人文理想,缘起人类对"神"的抗争、对封建专制的批判和对人道主义的关怀,是一种人类对超越现实的追求。人是文化的存在,也是文明的创造者。文化是对自然的改造,文明是对野蛮的终止。人类的优秀文化成果是人类精神的光辉结晶。人文精神是一种自强不息、创造不已的精神动力,也是一种厚德载物、博爱兼济的理想襟怀。因此,在加强文化素质的教育中,必须要凸现人文精神和人文理想。这才能真正使文明的薪火不绝,继往开来。

当前,各高校特别是理工科高校正纷纷开设大量的人文社科类选修课,这大大有益于改变大学生的知识结构,弘扬民族文化,借鉴吸收世界文化的优秀成果。但是,能背几句唐诗宋词抑或希腊哲言,会欣赏几首贝多芬、巴赫或者会抚一曲古筝、哼一段京昆,并不等于学到了文化的精髓。同样,听一些实用社科类的选修课,增加一些社会知识,提高一些社会交际的能力,对于改善新一代跨世纪人才的知识结构和实践水平无疑具有巨大的帮助。但是我们也同样更应注重的是挖掘和展示这些知识、能力背后的精神,要注重学习社会科学家关心民众疾苦、促进社会进步、以天下为己任的奉献精神。要弘扬其蕴涵的解剖社会一丝不苟、深入实践不畏艰险的科学精神,才能真正化理论为方法,化知识为德行,认识社会、投身实践。否则,学到的只能是一些雕虫小技,甚至是歪门邪道、阴谋诡计(此言并非危言耸听,从"炒股"到"风水"、从"命相"到"神功",这种"课程"之导向实在可疑)。

所以,真正的人文精神是一种崇高的精神境界和高尚的人格追求。人文知识不等于人文精神。懂一点文科知识的未必都能领会这种精神境界。相反,搞理工的也未必没有人文精神(其实真正的科学精神与人文精神是息息相通的)。当爱因斯坦等大科学家们将深切的关怀投向人类的现实,为人类的和平未来奔走呼号之时,当许许多多不同的学者、专家从不同的领域,喊出了"我们只有一个地球"的共同呼声,并为保护生态环境而奋起时,一种超越于民族、地域、学科、专业,超越于意见的分歧、观点的争执的共同的人类精神升华了(当然有人以"可持续发展"为名干预他国内政,阻碍别国发展则另当别论)。同样,当我们许许多多普通的劳动者辛勤耕耘于各自的岗位上,不辞劳苦,敬岗爱业,如上海的水电修理工徐虎那样,以自己的辛勤汗水"托起十九点钟的太阳"时,一种伟大的人格精神产生了。这不是那种高居于云端,让世人仰视的圣贤人格,而恰恰是普通劳动者的现代人格。这是一种平凡中的伟大。这种伟大并不在乎其知识的多寡,也不在乎其能力的大小,而恰恰在于那种以人类的幸福为己任的人文精神。"一个人的能力有大小,但只要有这点精神,就是一个高尚的人,一个纯粹的人,一个脱离了低级趣味的人,一个有益于人民的人。"我们的文化素质教育就要努力传播这种精神。中国古代的教育理想"格物、致知、诚意、正心、修身、齐家、治国、平天下"诸观念中体现的是这种精神,当代教育强调科技教育与人文教育的协调发展,倡导"通识教育""终身教育""个性教育""全面发展"等现代教育理念中所突出的也正是这种精神。

四

人格精神的培育绝非朝夕之功便能完成的。这是一个内在个性发育的渐进过程,也是一个外在熏陶塑造的教化过程。"行己有耻"是个人修身养性的结果,更是文明的历史进程的产物。环境的改造和人的成长,是相辅相成的。当前,社会的各种时尚同样影响着素质教育的发展。素质教育必须注重对社会时尚的研究和引导,注重对仪态文明的培养和造就。其中也包括倡导必要的礼仪教育。

综前所述,人格具有鲜明的精神特征,着重体现其主体的精神素质,同时,人格又是在社会的交往中形成的,外显于人的行为举止中,因而,人格是精神文明的体现,同时是行为文明的导演。而仪态文明则是行为文明乃至精神文明的最为经常而广泛的表现方式。因此,素质教育既要言教,更要身教,要注重对仪态举止的引导,要使青年大学生通过素质教育成为社会仪态文明的临摹者和倡导者。高校不是象牙塔,我们并不希望培养高高在上的"精神贵族"。高等教育要适应市场经济的发展,培养更多的现代化建设所需要的各类高级人才;但高等教育更要在一定程度上导引社会的转轨,成为社会文明的垂范。因此,高等学府更要为培育和造就具有高尚人格、高贵气质的高级人才而矢志不渝,并要以这种精神氛围去辐射社会,引导社会向着更加文明的方向前进。

当前,社会上有一种追求贵族化的时尚,以贵族气为荣,出现了不少的"贵族商店""贵族住宅",什么"宫廷气派""皇室花苑"等的广告词充斥于耳,乃至于纷纷建立"贵族学校",以图造就"未来贵族"。他们所追求的"贵族品位"究竟是什么呢?是贵族的气质,还是贵族的气派?是贵族的风度,还是贵族的风流?他们更多追求的恰是贵族式的消费档次,模仿贵族豪华、显赫的奢侈,也许他们拥有所谓"高品位的享受",然而却未必有高品位的人格。诚然,现代文明的发展呼唤着一种高格调的精神气质和一种高品位的社会文明。回顾一下文明走过的历史进程,我们可以看到国民素质的提高是和社会文明的进展同步的。如果说西方文明培养的"绅士风度""淑女风范"和华夏文化熏陶的"礼仪之邦""君子之道"都曾经一度为上层社会的贵族士大夫所独享的话(正如马克思所指出的,任何时代的统治思想始终都不过是统治阶级的思想),那么这并不能说明他们就是文明的创造者。文明是一种历史的进程,应为全人类所共有的,只不过"贵族"们的社会地位的优越,使他们比一般的市民百姓有更好的机会来接受教育、品味文化、享受文明的成果罢了。在社会巨变、"礼崩乐坏"之际,成打的王冠滚地,流落于异国他乡的那些"最后的贵族"们也唯有拼命维持其昔日的"风度"和礼仪以为其人生的最后支柱也就不足为奇了。"俱往矣,数风流人物还看今朝",我们又何必去追求这种没落者的"贵族文化"呢?如果说在今天"贵族气质""君子之道"仍有一点可以借鉴之处的话,那就是它在社会的礼仪文明和举止文明进程中曾具有的某种象征意义。如果说孔夫子所云的"富贵三代"仍有点启发的话,我们的体会恰恰是,文明需要数代人的积淀和教化。其富在精神,贵在人格。这种富贵是一种骨子里的东西,是一种教养,一种精神,一种内在气质的显现。否则,如人们调侃的那样:打扮出一个冒牌的"贵族"是轻而易举的。君不见,某些"款爷""富婆"们一身"名牌",轻裘"宝马",乃至于前呼后拥,一掷千金,颇有"贵族"气派,然言语粗俗、品行低劣,徒有其表,适得其反,何贵可言?!

因此,中华民族要自强不息,亦需继承鲁迅精神,继续国民性解剖,推进民族人格创新,在弘扬民族文化传统中的理想人格精神的同时,大力呼唤具有时代精神的现代人格建构。在这方面,教育界责无旁贷。面对社会上那么一股急功近利、搏奢斗富的浊流污水,教育界必须要沉得住气,静得下心,认真总结和深刻反思现代教育面临的种种挑战和肩负的神圣使命,扎扎实实地在素质教育和人格培养上下功夫。当中国经济正处于快速发展的起飞阶段时,当我们刚刚摆脱贫困奔向小康之际,我们更要抓紧社会文明的教化和国民素质的提高。《论语》曾记载孔子和冉有到卫国时的一段对话:"子曰:'庶矣哉!'冉有曰:'既庶矣,又何加焉?'曰:'富之。'曰:'既富矣,又何加焉?'曰:'教之。'"(《论语·子路》)穷要教之,以脱贫困;富而教之,方能进取不止。这也是人类文明的历史进程之必然。十年树木,百年树人。"科教兴国",功在千秋。教育在塑造健全人格、提高民族素质中肩负着不可推卸的历史使命。然何以教之?重建师道尊严、尊师重教的传统需全社会的共同努力。但为师者的言传身教、率先垂范的"师德"也是十分重要的。在这个意义上,"教育者首先要受教育"。我们要通过教育,特别是素质教育,使新一代的大学生真正建立起现代的独立人格,这包括自主(责任意识)、自律(道德自律)、自觉(理性精神)、自愿(意志品格),以及敬业、诚信、独立、创新精神。这是一种适应社会主义市场经济发展所需要的现代人格,也是马克思所憧憬的全面发展的自由人格的必要前提。而这也应是当代师德的基本内涵。我们经常可以看到莘莘学子总是对那些既有渊博学识又有高尚气质的老师肃然起敬,表现出一种对"教授风范""学者气度"由衷的敬仰。这是一种人格魅力的吸引,这是一种潜移默化的教育,虽然是"润物细无声",却往往对学生人格的形成和社会文明的养成都能产生深远的影响。

五

在现代人格的形成中,自律仍具有重要意义。自律本是人之异于禽兽之根本。荀子说:"水火有气而无生,草木有生而无知,禽兽有知而无义;人有气、有生、有知亦且有义,故最为天下贵也。"(《荀子·王制》)自律也是文明的象征,化外在的"他律"为内在的"自律"正是文明的进步,也是教育的任务。康德曾为我们留下了"位我上者,灿烂星空;道德律令,在我心中"的名言,其启迪是隽永的。中国传统文化讲究"慎独",也正是要达到一种高度自觉的精神境界。"行己有耻"强调的正是人的自我约束。这当中首要"知耻乃为勇",也可谓是"知止"即为勇。古人曰"非礼"勿视、勿听、勿言、勿动即"知止"也。现代人首先要树立一种符合现代文明的荣辱观,也就是需有必要的"敬畏感"。尽管我们倡导无私无畏即自由的大无畏精神,但纵观文明的进程,人必有所敬畏才能有所规范,有所不为才能有所作为,这也正是"行己有耻"之要义。自律可以说源于和人类生存与共的"图腾"(totem)与"塔布"(taboo),现代科学往往不屑于此,这种精神也许更多地保留在人的宗教感中,包括在一些真正的大科学家(如爱因斯坦)那里,"敬畏"恰恰是人类永不止息的科学探索精神之母。也就是说,人总要有所崇敬、有所禁忌,有所荣耀、有所耻辱,这是人猿"揖别"的标志物,这是人类文明的共生体。这也是真正的"义"之所在。我们不应歌颂"痞子""躲避崇高"(如某些文学作品所鼓吹的),而应躲避卑琐,鞭挞"媚俗";我们不应敬畏金钱、权势,但我们应该敬畏文明、道德。从这个意义上说现代人应该寻找并重建自己的"图腾"与"塔布",以建立现代文明的规范与禁忌。耻,又为"恥",出于内心的自律,才有人格的魅力。所以在构建外在规范的同时,更应在我们的心中构建起现代人格的丰碑,使之成为我们奋斗的目标,这也是素质教育的根本宗旨所在。有人倡导要在大学开设礼仪课,初闻似乎是"小儿科",其实却有"大学问",正如上海作为国际化的大都市,在都市文明建设上却不惜从"七不"抓起一样,只有仪态文明、行为文明的"从小事抓起",才能成就精神文明千秋之大业。从这个意义上看,精神文明建设本身就是一种全民素质教育和全民人格培养。

在我国的现代化进程中,塑造现代人格,培养"四有"新人,已经成为精神文明建设的重要任务。人是要有点精神的。毛泽东当年倡导毫不利己、专门利人的白求恩精神,实质上就是一种高尚的人格榜样,而他晚年在提倡发扬革命战争年代那么一股劲时,曾深情地回忆起我军战士不吃老百姓一个苹果的故事,高度赞赏这种精神是很高尚的。的确,在战火纷飞中打落的苹果是不计其数的,然而战士们却非常自觉地严格遵守了我军"不拿群众一针一线"的纪律,这完全靠的是一种理性的自觉和意志的自律。邓小平生前也曾多次强调要培养有理想、有道德、有文化、有纪律的"四有"新人,强调了共产党人的理想情操、高风亮节是我们的真正优势,这不正是突出了崇高的人格精神的力量吗?

前一阶段,理论界有人提出要把精神文明建设纳入法制轨道,强调法制建设在精神文明建设中的重大意义,这是很有启迪的。法律在规范人们的共同行为准则上的作用是不可替代的。中国传统文化中所稀缺的正是法制观念。泛道德化的偏颇造成政治的道德化和道德的法律化,伴随出现的是道德的虚伪化。因此,在新时期的现代化事业中,尤其是精神文明建设中加强法制的力度、建立并完善的法制体系是十分重要的。但有了"法制"并不等于实现了"法治"。应该说,拨乱反正以来,中国在完善法制方面已取得了巨大的进步,出台的各种法律已日趋完备。但是,由于"法治"观念的淡薄,"法制"易被忽视,甚至在某些人那里被置若罔闻。因为法制要通过人遵守和执行,而人的行为总是受制于既定的世界观、人生观和价值观。"历览前贤国与家,成由勤俭败由奢"。这勤惰俭奢之间,已非个人品行之小节,而是事关国家存亡之大局。从这个意义上看,人格教育特别是干部的人格教育已成为精神文明建设的紧迫课题,厉行勤俭、防止奢侈,反腐倡廉不光要靠强化法纪的"他律",更需要的正是一种高度自觉的人格精神的"自律",才能做到标本兼治。因此,在强调加强法治的同时,对我国历史文化中的"德治"传统则应在新的时代背景下加以辩证地"扬弃",得人心者得天下,加强法治的"他律"和德治的"自律"的统一,将是人类不断走向光明的未来的基本途径。

总之,在精神文明建设和推进素质教育中,要对国民人格的重构和创新给予极大的重视。如何构建理想与现实相统一、"狂狷"和"慎独"相结合的现代人格,已经成了现代文明发展的重要任务。我们要呼唤新的"赛先生"和"德女士",这里的"赛"是竞赛之"赛",这里的"德"是道德之"德"。这现代中国的"赛先生",即敢做敢为、开拓进取的竞赛精神和阳刚之气,是中国现在向市场经济转轨的必须。同时,我们仍然需要中国自己的"德女士",即建立起既光大优秀文化之传统、又凸显现代文明之趋向的家庭美德、职业道德、社会公德等道德规范,这同样是建立现代文明之必须[就是在市场经济的竞争中,"费尔泼赖"(Fain play)的绅士风度也仍是需要的,因为公平有序的竞争将是规范市场的必需]。由个体而全体、由社区而社会,全民族素质的提高和人格的创新将是我华夏文化的伟大复兴,也将是中华民族对人类的最大贡献。我五千年之文明古国、礼仪之邦,必将以崭新的姿态屹立于世界民族之林中。

请给理论教科书多一点美感[1]

> 理论是灰色的,生活之树常青。
>
> ——歌德

从 1978 年到 1998 年,中国改革开放 20 年巨变,值得纪念的事儿颇多:从真理标准讨论到党的十一届三中全会召开,从恢复高考到恢复研究生招生……"弹指一挥间"的 20 年,但又可谓是整整一代人的 20 年,当年的莘莘学子,而今已两鬓花白,为人父、为人师,却总难忘那刻骨铭心的沸腾岁月……

作为一名哲学教师,每当走进教室,面对远比我们当年年轻的新一代大学生那求知若渴的目光时,总有一种说不上沉重却又微微令人心颤的使命感油然而生:智慧何以可能? 理论又该如何传授? 诚然,从当年全国共用的一本艾思奇的经典教本到今日手边林林总总不下几百种的教科书、考试辅导书,不论是"体系"还是理论上都有巨大的改进。然而,作为"爱智之学"的教科书的叙述文风又有多大进步呢?——这里特指狭义的行文论理的文风,而尚未涉深入学习理论时的大文风即学风问题,当然,小文风亦会影响并映射到大文风——或者简而言之,理论教科书是否也应该来一场"文体革命"?

其实,这只是一个 20 年前的旧话重提。记得当年历经"十年一觉'文革'梦"后,迎来了首批恢复高考后年龄参差不齐的大学生的校园是何等活跃!"书生意气,挥斥方遒",在如饥似渴地阅读各种久违的学术经典,跟踪各种最新的学术动态,努力汲取丰富的中外文化养分的同时,各种学生学术社团和学术刊物如雨后春笋般涌现(那时可没有今日这般如此多彩的娱乐、兴趣、交谊式社团)。笔者曾与同学们一起组织了复旦园内最早的学生社团之一"求索社",并主编了学生学术刊物《求索》(刊名系由已故的我国著名哲学家、当时任复旦大学哲学系主任的胡曲园教授题写的)。同学们自己动手,四处活动打印稿件(那时可没有像如今计算机普及所带来的种种便利)。所刊文章主要出自学生之手(亦有少量老师及

---

[1] 原文发表于 1998 年"全国高校第 17 届马克思主义哲学教学与学术研讨会"上。

前辈学者的文字,如曾刊过李锐同志关于毛泽东研究的一封来信),大都有"指点江山,激扬文字,粪土当年万户侯"的锐气。记得曾发过一篇议论文,针对当时"文革"的"大批判精神"遗风犹存(只不过批判对象换了位),而拨乱反正又有从理论上正本清源之需,所以难免引经据典,文风上严肃有余(火药味甚浓)、活泼不足(少有鲜明个性)的现象,发出"请给理论文章以美感"的呼吁。要不要刊发此文?曾颇费思忖,因为人们对恩格斯在《费尔巴哈和德国古典哲学的终结》中对费尔巴哈"美文学"的批评已耳熟能详,提出理论文章的美感问题是否会有所不妥?但一方面是出于初生牛犊不怕虎的年轻朝气,另一方面亦是为致力于理论贴近大众,尤其是青年人的一种激情所逼,还是编发了此文(该文作者现已是一位海内外颇为知名的毛泽东研究学者)。

  时隔近20年,重温旧话乃有感于今日教科书之面孔呆板,文风陈旧。尽管海外有《苏菲的世界》风靡全球亦享誉华土,国内有各种新潮散文、"哲人小语"等频频亮相,然而教科书呢?似难脱沉闷之气,无怪乎主管教育的中央领导同志大声疾呼要加快高校政治理论课改革(与外语教改一样能牵动最高层,实显问题紧迫)。20年来"天翻地覆慨而慷",中国之巨变已令"当今世界殊",作为时代精神之精华的哲学亦曾几度风雨沧桑,几领时代风骚,导引过一次次社会变革,而我们的教科书呢?"体系"探索不少,成效亦应肯定,但文风改革恐难恭维。教科书改革难度不小,究竟难在何处?笔者认为,关键亦在更新观念,解放思想,方能"柳暗花明又一村"。

  依笔者所见,亦可谓积20年之经验体会,教科书改革之难当然首在内容更新之难。总听到有人讲,教科书就是将最确定无疑的东西教给学生,切不可误导学生。诚然,教科书内容上要求的严谨性是必不可少的(这可由教学大纲予以规定),但学术的发展本无止境,永不停歇,理论的探索更是感应时代的呼唤而不断推陈出新,尤其是作为"爱智之学"的哲学绝不是什么"智慧大全""真理集成",一定要等到"盖棺论定"才能写入教科书岂不都成了明日黄花,乃至于成了陈芝麻烂谷子的旧仓库?况且,爱智本在于求索,缺乏创新何以能启迪思维?尤为"知识经济"时代之来临,创新意识已关系到民族之生机,亦为理论活力之源泉所在。因此,本不存在永恒不变的"终极真理",教科书则大可不必充当"真理集成之大全",除了阐述已被实践检验证明了的真理性结论之外(此亦是存在于过程之中,因为实践本有不确定性一面),更应介绍学术领域最前沿课题的进展与动态。教育本有某种滞后性,学生从学到用有一个时间差,故教科书更应有某种超前性以帮助学生应付未来的挑战。所以,教科书内容改革不仅要面向已有的理论成果,更应面向未知的前探性思索,作为"爱智之学"的哲学教科书尤应如此。当然,必要的哲学史的充实是十分重要的,经典著作的引证也是必要的,否则只宣布最终结论式的理论会成为无本之木、无源之水,因为人类思维正是在历史中发展起来的,以史为镜,可以照现实、鉴未来。同时,更要关注于文化、科技的最新进展(如思维学和宇宙学的未来进展,很可能带来人类世界观的又一次巨大飞跃)。不必害怕新问题的引入会导致学生新的困惑与怀疑,抑或会引起不同意见的争论。恰恰相反,只有能引起思索、引出问题的理论才是富有活力和最有前途的,有了崭新的问题意识,才能有创新的解答意识。"学问"贵在有"问"才有"学"。因此,现行教科书的改革首先需要观念更新、思想解放,敢于提出真问题,建立真学问。

其次,笔者以为现行教科书的改革之难还在于形式创新之难(或者说教科书"文体革命"之难)。总有人认为,教科书是用来"教"人的,所以应是"权威性"的,于是,难免一副"教师爷"的面孔,似乎教科书应是真理的宣示者乃至"圣旨"的传谕者。中国文字中爱把"教"与"训"连在一起,似乎"教"必配之以"训"才是"师道尊严"之所在。其实,教学方法的改革,首在教学态度的改革,由"填鸭式"向"启发式"的转换应更多地引进"理解式"的内涵,即以共同探讨问题的讨论方式去促进对理论的"理解"(笔者曾在1988年提出政治理论教育中要实现由"灌输"到"理解"的转换,后被批判为否定列宁的"灌输"论,实是一种歪曲或误解,笔者仍坚持这一见解)。所以教学方式的改革亦应表现在教科书的形式上。当然,形式总是服务于内容的,但形式上的突破与更新对于打破内容上的教条化、僵硬化仍然是重要的。教科书形式的改革可供探讨的方面亦很多,不仅有外在形式的出新,更重要的是内在形式即理论阐述方式的改革,或曰文体的改革,既不仅是引入图表等以求图文并茂,更需更新语言倾注情感,做到声情并茂才能真正情理交融。讲究一下语言的优美、文笔的流畅,(如能否把散文式的叙述引入素以严肃著称的教科书呢?)实为今日理论界之必要。哲学本是求智之学,智慧的启迪在于多样化的丰富性,西方有苏格拉底的诘问式、柏拉图的对话集、亚里士多德的逍遥学派却不失逻辑的严谨、培根论说文的散文化、斯宾诺莎的几何公理式、卢梭的浪漫散步独旅、尼采的警句格言、萨特的小说戏剧化,等等,中国亦有孔夫子的"论语"式、老子的玄言式、庄子的寓言式,屈原的诗化"天问"、禅宗的"公案""偈语"等,不也都是富有启迪的理论讨论的方式吗?相比之下现行教科书文体上清一色的"一本正经",难免显得枯燥与乏味,(对照孔夫子的弦歌互答、举一反三式的师生切磋来,我们不值得好好反思吗?)语言乃思想的载体,它可以激发乃至光大思想的创新,也可以限制乃至于窒息精神的生机。辞藻的华丽未必一定有深刻的思想,但死板僵化的语言与文字则往往总是思想停滞的反映。虽说是"酒香不怕巷子深",但"藏在深闺人未识",又怎能展现理论之伟力呢?形式的改革往往能收到事半功倍之效,教科书文体上不妨来一点"美文学"的尝试。要知道,恩格斯批评费尔巴哈的"美文学",主要是针对他晚年脱离实践和火热的生活从而缺乏理论深度、单纯诉诸情感(包括"爱的宗教")的呼唤的肤浅而提出的。

不要忘了,也正是恩格斯曾以非常肯定的语气描述过当初读到费尔巴哈火一样激情的关于宗教本质的论文时的兴奋心情,"我们一下子都成了费尔巴哈派了"("费尔巴哈"在德语中的原义是"火的溪流")。所以,问题不在于"美文学"形式本身,而恰恰是在以"美文学"掩饰理论内容的空乏,徒有华章彩辞,却无深刻洞见。所以,凡是真正读过革命导师充满文趣的理论文章者,无不会为其理论的精湛严谨而啧啧称叹,同时也一定会为其语言文字上的生动幽默或气势磅礴而频频叫好,如《共产党宣言》至今仍为万人传颂。正如恩格斯曾回击某些人对马克思"忧伤情感"的市侩式攻击时所说的:"这些蠢货要是有机会读一读摩尔和我的通信,简直会惊讶得目瞪口呆。海涅的诗篇同我们的泼辣而欢乐的散文相比,不过是儿戏而已。"

所以,笔者认为,教科书应该也完全可以有更多一点的美感,既可以是大气磅礴的政论式的鸿篇巨制(没有对所授理论的充分自信与信念是不会有说服力的,理论能够征服人心必须有严密的逻辑性和必要的论战性。"以其昏昏,使人昭昭"也许是目前某些理论课没有吸引力的重要原因),也可以是如流水潺潺般的散文,娓娓道来,春风化雨,润物无声,从而使读者既能从严谨的逻辑中感受理论的伟力,又能从美感的享受中获得身心的愉悦与启迪。数年前我们曾经做过教科书散文化的初步尝试,颇受学生欢迎,有些学生反映说:过去我们曾把板着面孔教训人的教科书当作"催眠书",读不上几页就会昏昏欲睡了,现在我们也会在就寝前轻声朗读上几段充满感情色彩的哲学书章节,从悠扬顿挫的语言文字节奏是感受到一种博大精深的理论熏陶……

当然,这仅是一种尝试,还待不断摸索。相信曾诞生过艾思奇《大众哲学》的中国哲学理论界,是不会甘心仅仅让一本《苏菲的世界》成为征服青少年的哲学启蒙读物。东方的智慧本是充满情趣的,因为我们不仅有五千年泱泱古国的悠久历史文化的深厚积淀,亦有着近百年摸索奋斗的丰富实践而凝聚成的伟大理论的升华。生活之树常青,但理论也未必永远是灰色的。审美愉悦本是最无功利性而又是最具普遍性的人类情感,"人是按照美的尺度创造的"——马克思的名言是隽永的。为此,让我们共同努力:"请给理论教科书多一些美感!"

关于"知识、能力、人格"的统一[①]

《同济教育研究》编者按：在1999年上海教育工作会议的大会发言中，同济大学党委书记王建云同志再次阐述了同济大学贯彻全国教育工作会议精神，以实施"知识＋能力＋人格"三位一体的素质教育模式（简称KAP模式）作为学校迎接21世纪的办学理念的重要组成部分。在此之前，吴启迪校长曾多次强调了这一条，她在阅读了本刊1999年第3期之后，曾专门批示要求加强对KAP模式的研究和宣传。为此本刊特发两篇相关的文章。此文原题：《关于人才培养的KAP模式和"人格"教育》，此次转载时作者略有修改。

一、同济大学关于"知识＋能力＋人格"的素质教育模式的酝酿与形成

1999年春，吴启迪校长在上海电视台"今日都市"专栏节目中与专家们讨论人才培养时，重点阐述了"知识＋能力＋人格"的人才模式，提出人格塑造，引起了专家的共鸣。有人建议可以把顺序倒过来，提"人格、能力、知识"以突出和强调人格的重要性。这是在公众传媒上又一次把同济的"KAP"（知识、能力、人格三词英语词首字母）模式公之于大众传媒。1998年8月，当吴校长当选为"中国十大女杰"时，接受人民日报记者在专访中，首次谈到同济大学正在逐步形成自己人才培养的这一模式，提出素质教育应强调知识、能力、人格的统一。

其实，这一人才模式的酝酿在同济已有好几年时间了，老校长李国豪院士向来重视人才的品行问题，多次强调我们培养人，首先要为祖国服务。他身体力行督促支持子女在国外学成归来服务。而在1995年10月，吴校长在向国家教委校园文明检查组汇报会上致辞中，已经首次提出高教的人格培养，要求塑造环境美，同时塑造同济人的心灵美、人格美。而后，在两校并入的过程中，校领导在多

[①] 原载《同济教育研究》1999年第4期。

种场合反复强调并校工作指导思想时,也多次强调要有一种远大战略眼光和宽广的人格胸怀来做好这件大事。并校正式启动时,校党委书记和校长联名发表致全体同济人的公开信中再次号召"每一个同济人都要有一颗坦诚的心,以一种崇高精神风貌和宽广的胸怀来做好这件大事",实际是指出了同济人的人格形象问题。

1997年校庆90周年,吴校长代表学校在校庆大会致辞中,首次把"厚德载物的人格精神"作为"同济精神"的组成部分(见当时的《同济报》,本刊转载时遗漏了这一句),在同篇讲话中,吴校长用了中国古代经典文献《大学》中的"大学之道,在明明德,在亲民,在止于至善"的语录,强调了同济大学以科技教育与人文教育协调发展为目标的办学理念。而后在当年教师节上,吴校长代表校党政领导讲话中专门用了近三分之一篇幅讲了师德建设问题,其核心思想仍是为人师表应有的崇高人格问题,并且首次在校内公开提出了教育应该培养学生知识、能力和人格全面发展的人才(即KAP)模式雏形。在这次教师节大会上,名誉校李国豪院士长作了简短的即兴发言,表达了一位老教育工作者对人才培养模式的关注,强调了培养人才的精神境界、道德风貌。至此,在素质教育大倡的形势下,同济大学思考探索自己的人才模式已经呼之欲出了。教务处也按照教育部领导同志关于加强文化素质教育要强调知识、能力、素质统一的要求把"教学计划"改为"培养计划"。1998年开始,学校党政领导已先后多次在不同场合强调了素质教育、人才培养模式的重要性。1999年春节团拜会上,校党政领导讲话中共同阐述了对KAP新模式的统一意见。在此基础上,学校改革与发展研究室把这一"KAP"模式正式写进了关于学校发展战略定位的汇报提纲中并向校务会议作了正式汇报。而后,吴校长在团代会暨学代会上着重对"人格"问题进一步提出了几点看法,引起了全体代表的极大关注。

二、关于KAP与KAQ的联系与区别

同济的KAP模式与一般的素质教育要求有何不同呢?

笔者以为,在本质上是完全一致的,只是在提法上更突出了"素质"的综合性、全面性要求。本来"知识、能力、素质"的提法反映的是一种教育思想的深化,即从原来专重知识的传授,到强调能力的培养,再到素质教育的提出。在我国高教界,自拨乱反正后恢复知识的权威到20世纪80年代针对"高分低能"强调能力教育,再到90年代呼应基础教育针对"应试教育"提出的素质教育,主要是针对高等教育中过分偏重于狭窄专业教育的倾向,开始主要倡导的是文化素质教

育(类似于"通识教育"),同时也是针对市场经济下出现的道德教育淡化倾向的。有些兄弟院校提出的"知识、能力、素质"的 KAQ 模式正是反映了这一历史的进程。但这三个概念并不在同一层次上,很难并列,它们是一种包容的关系,即后者包括前者,学习首先是知识积累,有了知识才能有能力,(无知者无能,哪怕是经验型实践者也如此,若无社会经验知识积累,何来能力?)同样,无知无能者又何谓高素质?强调素质教育正是我们对教育根本目的观念的重申与更新,但现代人才的素质绝不能脱离了知识和能力的前提和基础而存在,"素质"在一定意义上正是涵盖了知识和能力的一个范畴。本人认为,"素质"在中文中意义明确,主要指人的素养和品质,但翻译成外语时用"Quality"即成了质量,反映不出"素质"的丰富内涵,有时会引起误解。笔者最近在北京参加国际教育研讨会时即碰到这个问题,有时译员做这样解释:"素质教育"即西语中的"自由(Liberal,此句又有'丰富的'含义)教育"。

因此,可以和"知识""能力"并列的不是"素质"而是"人格","知识+能力+人格"构成了素质教育的三大支柱,支撑起现代人才模式的基本框架。其中人格的重要性是不可欠缺的,有了知识和能力如缺"人格"的脊梁同样将是无用之才,甚至是歪才。只有知识的书生,如同两脚书柜,现代电脑完全可以取而代之,只有能力(或加上气魄),则很可能是一介武夫或莽将,而丧失人格则终将成为断了脊梁骨的乏走狗。值得注意是,在对历史人物的评价中,有一些喜欢做翻案文章者往往把一些臭名昭著的汉奸、卖国贼的文字、书法也视为楷模,这是一种文化研究的歧途。绝不能脱离了人格讲知识和才能(诚然可以对其才能有所研究剖析,但绝不能因此颠倒了历史的价值天平)。现代社会也是同样如此,对人物评价可以"不拘小节",但绝不能不计大节。大是大非面前不能糊涂!希特勒手下从事种族主义遗传研究的医生,为虎作伥,助纣为虐,不论医术有多高明,但丧失医德,丧失人格,丧失人的良知,只能被永远钉在历史的耻辱柱上!同样,某些"能人",经不起市场经济的考验和社会巨变中的多种诱惑而陷进泥淖者,所少的并不是知识和才能,恰恰是最根本的人格的沦丧!

三、关于"人格"和人格教育

何谓人格?人格一词系外来语,源自"面具",中国古代有"人品"说,即含有"人格"之意,中国古代先秦时期儒家的"成人之道"即是一种理想人格的学说,从孔子提出"仁智统一"的"成人之道"到孟子倡导"大丈夫"的"浩然正气",再到荀子强调"积善成德","不全不粹不足以为美"的"礼乐"相兼,"美善相乐"的自由人格培养学说，开创了中国文化传统中源远流长的理想人格理论（我校文法学院朱义禄教授对中国传统文化造诣很深，有关中国理想人格的探讨亦有过《儒家理想人格与中国文化》《从圣贤人格到全面发展》等专著问世，值得一读）。近代思想家梁启超等人从日文中引进"人格"一词之初，也主要是指人的道德品质之谓。蔡元培等人则从西方意义上使用人格概念，陈独秀曾在《敬告青年》一文中首次在现代意义上使用"人格"一词，他指出"解放"一词必含有"以完全自主自由之人格"之意。20 世纪以来，西方除了宗教哲学中有人格主义学派，心理学不少学派都从不同侧面研究人格类型，文化人类学也较多地从人与文化的关系上考察了人格的内涵与外延及其社会、文化的意义。而马克思则着重从人的社会性上界定人格："'人格'的本质不是人的胡子、血液、抽象的肉体的本质，而是人的社会特质。"并从而提出人的全面发展和自由人格的理论。

现代教育对人格的培养正日益引起重视。早在 1972 年由联合国教科文组织授权成立的国际教育发展委员会提出《学会生存——教育世界的今天和明天》的报告时，该委员会主席在"呈送报告"中即已提出这样的一条原则："人类发展的目的在于使人日臻完善；使他的人格丰富多彩，表达方式复杂多样；使他作为一个人、作为一个家庭和社会的成员，作为一个公民和生产者、技术发明者和有创造性的思想家，来承担各种不同的责任。"针对现代社会中普遍存在的人格分裂现象，报告提出了"学习化的社会"的概念，并提出"把一个人在体力、智力、情绪、伦理各方面的因素综合起来，使他成为一个完善的人，这就是对教育基本目的的一个广义的界说"。而根据 1991 年联合国教科文组织大会决议成立的国际 21 世纪教育委员会于 1996 年提出的报告《学习：内在的财富》(Learning: The Treasure Within, 又译为《教育——财富蕴藏其中》)中再次强调了上述原则，并力图向人们提供一条"重新强调教育的道德文化层面"的道路，在提出并阐述"终身教育"的概念时，特别强调要"重视终身教育在铸造人格、发展个性以及增强精神和行动能力方面的意义"。1998 年 10 月在巴黎召开的主题为"21 世纪的高等教育，展望与行动"的世界高等教育大会再次肯定了这份报告的意义和价值，并在配套的高校改革与发展的行动框架文件中，重申了学校的使命和职责的多样性和全面性。此会议规模空前，各国 4 000 多人出席会议，183 国派出政府代表团，其中 115 个代表团由部长任团长，会后各国首要也纷纷就此发表了谈话等。如 1998 年 11 月德国总统赫耳佐克发表长篇讲话，论述了德国的教育改革，强调教育应成为全国的"主题"，在提出的六项改革要求中，第一项就是："教育首先要注重价值导向，不能只传授知识和技能；要重视人格教育，为培养人的批判能力、善解人意和创造力,同时要传授传统价值和社会生活能力,如为人以信、遵纪守法、尊敬他人、平易近人,以及尊敬不同文化的价值等。"

四、理想人格和现代人格的统一

笔者以为,在当今新的世纪之交,教育要特别重视对人格完善的培养已日益成为全人类的共识。这是一个面临技术至上、物欲横溢冲击的时代,人类面临的挑战归根结底源于人类自己的"进步"——世界上除了人类之外还没有第二种存在物具有毁灭自身及其存在的基础的能力!为此,教育在塑造人格、培育人才上负有不可推卸的神圣职责。当今重倡"人格"应是一个东西方文化交融汇合的概念,既要有中国文化传统中的理想人格之谓,要强调人品、道德、理想、情操等的重要;还要兼有西方文化传统中的个性独立、人格尊严等含义而发展来的现代人格独立、自主、自信、守信等内涵。人格的内涵既包括人的道德情操理想——这是人格的核心,还应包括言行举止、行为礼仪等外在的显性部分,或者说,人格既有其理想追求之品位格调之意——非如此不足以为真正的"人"!也有其现实实践之品格——非如此何以能践履笃行并为人类所共同趋赴?在《学习:内在的财富》中提出现代教育四大支柱,即学会认知、学会做事、学会共处、学会做人,这后两条不正是我们所讲的"人格"培养中的主要内容吗?"学会共处"就是学会尊重、理解、关怀、互助;"学会做人"就要学会自主、自立、自尊、自信,"做一个堂堂正正的中国人"。在现代社会发展中,现代人格的培育尤其要重视自信和守信的统一,强调人格的独立性是与思考的独立性、批判性相关的。因此,也是与创造性的个性培养息息相关,现代人格是独立人格而不是对任何权势盲从的依附人格。陈云同志生前曾谆谆告诫我们要不唯上、不唯书、独唯实,倡导的正是一种独立自主的现代人格。马克思曾指出商品是天生的平等派,等价交换原则强调的正是一种守信意识,过去讲"无商不奸",但现代市场经济上真正成功的商人与企业其立身之本恰恰在于"信誉"二字——无信不立!现代知识产权中品牌作为一种无形资产的价值是在不断升值的。所以,诚信也是现代市场经济的必然要求。诚信就要讲真诚、诚实、诚恳,同时要讲可信、守信、自信。日裔美国人福山曾以《历史的终结》的大胆预言而扬名全球,褒贬不一,他的最重要力作却是一本名为《信任》的研究美国社会的专著,这在一定程度上透露了美国立国以来能长期处于较稳定的发展状态的原因,值得致力于现代市场经济发展的人们一读(当然,我们绝不会忘记美国政府在国际交往中曾经有过的背信弃义行径)。

因此,吴启迪校长在最近校团代会暨学代会上即席讲话中以十分朴素的语言向大学生们阐述"人格"的含义。她指出做人要坦诚,即踏实做人,实实在在,严谨求实是我校校风,同时要宽厚,即严以律己,宽以待人,大事清楚,小事糊涂,学会宽容,"大气一点",要有种"宁天下人负我,我不负天下人"的襟怀,不要老是斤斤计较个人得失。言之谆谆,值得我们认真思考。"天行健,君子以自强不息,地势坤,君子以厚德载物","自强不息,厚德载物"正是我们同济精神的重要组成部分,在人格的培育上,为师者更应处处注意自己的人格思想和情操趣味所在,以身作则,"行己有耻"是古人的教诲,"知耻乃为勇",闻止才有德,("耻"不就是要"知止"吗?)"耻"古文作"恥",出自内心才有"恥",有耻且有格,无耻则无格,西方人爱讲"敬畏",所谓"图腾"就是有所敬仰,所谓"塔布"就是有所禁忌。人总应该有所敬、有所畏,才能有所立、有所为。敬仰崇高,"高山仰止",躲避媚俗,"横眉冷对"。康德曾说:"有两样东西是我思之愈久愈感敬畏的,那就是位我上者,灿烂星空;道德律令,在我心中!"意即外在的宇宙规则和内在的道德律令是最为崇高的。所谓"天网恢恢,疏而不漏",将不只是对恶的惩戒,也将是对善的褒扬。榜样的力量是无穷的,人格的魅力同样是巨大的,我们身边不也处处有可以引为楷模的榜样吗?我们所敬仰的师长不正是不但以他们的渊博学识,更以他们的崇高人格而令我们永远学习的吗?

以职为志,转识为智,由技入道[①]

——职业教育与职业人格、职业精神培养

摘　要：职业教育不等于职业培训,教育的本质是人的素质提升,职业教育要以塑造职业人格和培养职业精神为宗旨。要视职业为志业,敬业如神、尽职尽责,同时不忘教育本质,要以转识为智、化性为德为鹄的,通过化技为艺、由技进道以达"庖丁解牛"般的出神入化境界,从而使职业教育也能回归"学而时习之,不亦乐乎"的"快乐教育"的教育哲学。

关键词：职业教育；人格；智慧；教育哲学

引言：职业教育与素质教育

职业教育特别是高等职业教育的蓬勃兴起,已是我国教育界特别是高等教育近几年最引人注目的现象。然而,高潮迭出之际,隐忧犹存：社会的认可程度如何？人才市场的需求如何？随着大批高职毕业生与高校扩招后的本科生就业的高峰时(年)段的到来,学生、家长们的忧虑是可想而知的：高职毕业生是否能摆脱传统专科生在人才市场的"滞销"问题？更具有实用性的高职毕业生与传统本科生相比是否有竞争力？如何有效地深化教育改革同样是各级职业教育健康发展的当务之急。但这就提出了这样的问题：职业教育是否就是职业培训？或者说职业教育是否也要强调素质教育？

问题的解答将涉及职业教育观念的更新。根据职业教育的培养对象的要求,职业教育继续加强职业技能的培训等实践环节是必须的(这也是与传统的专科教育相区别的关键)。但是,完整意义上的职业教育特别是作为现代职业教育的重要组成部分(而且正在继续扩大中)的职前教育、学历教育部分,首先是一种教育。职业教育的特点(实用性、技能性等)决定其教育内容要突出职业知识的

[①] 本文系根据作者在《全球化进程中的职业教育——2002上海国际职业教育研讨会》的发言整理刊于《复旦教育论坛》2003年第6期。

传授和职业技能的训练。任何教育总是包含有一定的训练成分,但不能归结为训练,更不能仅仅局限于训练。从这个意义上讲,教育(education)不能等同于训练(training)。任何教育都既是"学问之道",更是"成人之道",即通过对人的本能改造和潜能开发以臻于人性的完善和人才的成就。因此,现代教育中的知识传授、能力培训与人格塑造三者不可偏废。也就是说,职业教育同样要重视素质教育(包括通识教育)。素质教育的提出是对教育本质的回归,教育的本性或根本目的,就是人的素质提升。职业教育始终要把职业人格的塑造、职业精神的培养摆在首位,特别是在职业变动极大的"新经济"时代。

本文想借用三个术语就现代职业教育思想和理念的思考提出一些设想。"以职为志"是借鉴西方语言对"职业"概念内涵的界定,即"职业"同时是一种"志业",即"志向与事业"之义,强调职业教育的育人励志功能。"转识为智"是借用佛教的术语,强调职业教育也要将知识传授转化为智慧开发以适应就业市场的变化及创新时代的要求。"由技入道"则是借用中国古代思想家庄子的寓言故事"庖丁解牛"以阐述职业教育,同时也是人类发展的理想境界。

以职为志、敬业尽职

任何教育都不只是一种知识的传授和能力的训练,更应该是人格的塑造。职业教育同样应该以职业人格的养成为目标。而职业人格应以职业精神的养成为核心。"职业"何谓?职业不应该仅仅狭义地理解为一只赖以谋生的"饭碗",而应该揭示其更为丰富的内涵。"职"是岗位、是一种分工,更是一种职责,要恪尽职守;"业"是一种行业,更是一种事业、功业。爱岗敬业乃职业精神之集中体现,也是职业道德的基本要求。从古希腊希波克拉底"医生誓言"到今日市场经济的诚信为本,职业道德历来是职业精神的基本内容。我国民间常说的"三百六十行,行行出状元""干一行要爱一行、精一行"等都是这种素朴的敬业精神的反映。

中国传统的拜师仪式带有浓厚的封建色彩,焚香点烛,顶礼膜拜。中国传统文化将"师"与"父"并重,讲"养不教,父之过;教不严,师之惰"。磕头拜师表示的是一种敬师如父般的礼仪。而各种职业又供奉有各自的祖师爷、保护神的牌位,使得拜师学艺的仪式带有一定的准宗教意味,但同时也折射为一种"敬业如神"精神的虔诚。只有"敬业",才能"尽职"。职业教育的健康发展和蓬勃兴旺将首先有赖于职业精神的发扬光大。因此,职业教育必须要将职业精神的培养放在首位。

"职业"更是一种"志业"。从昔日德国社会学家马克斯·韦伯(Max Weber)的著名演讲《科学作为一种职业》(1919)对"Beruf"的界定到今日法国哲学家雅克·德里达(Derrida)在《专业的未来与无条件大学》(2001)中对 Profession(专业)的诠释("职业信仰""义务责任""诺言""誓言"等等)概作此解。"以职为志"才能正确把握职业教育的本质及其方向仍是"育人"而非"制器",以使职业教育免进单纯"训练"之误区。

转识为智、化性为德

市场经济的发展已经打破了计划经济下一个人终身只需从事一种职业的状况,而随着产业结构的调整,人们的职业变动更为频繁,新兴产业的迅速崛起,提供了大量的择业机会,现代教育正在努力改革、以适应多变的市场需求,"以变应变",力争主动。但教育总有一定的滞后性,如何才能使受教育者学到一些能够"普适万变"的最基本的知识和能力呢?这是现代教育面临的尖锐挑战。同时,教育又有一定的先导性,担负着完善人性和导引社会进步的责任,如何才能充分发挥教育的这一功能呢?当然,职业教育有它的特殊性,它必须为受教育者提供至少是一门基本的从业知识与技能。但如何变"就业培训"为"创业教育"实乃现代职业教育必须重点考虑的问题。UNESCO 提出教育不仅要教会学生"学会学习""学会做事",而且要"学会共处""学会生存"。这对于职业教育同样是必须加以考虑的。教育的这些使命用中国传统的词语来说就是要"转识为智"和"化性为德"。

知识经济时代,"信息爆炸"、知识"聚变",信息不等于知识,知识不等于智慧。任何教育都离不开知识的传授,但教育要旨在于"转识为智",即把一种有限的、适用于特殊领域的知识(任何特定的知识的适用性都是有限的),转化为一种具有普适性的智慧。应该看到,在任何具体知识的背后都存在着某种智慧,孔夫子所说的"举一反三"就是一种"转识为智",这是人类所特有的逻辑思维能力(需要经过训练和开发)和直觉感悟能力(这也是长期积累和沉淀)的产物,教育所要做的正是这种"转识为智"的努力。"学会学习"应该包含"学会提问",即教育必须教会学生学会如何找出和提出问题。学问之道贵在质疑,提问是创新的前提。职业教育要特别重视教会学生"学会做事",提高实践能力,但现代职业教育不能把"学会做事"停留在依样画葫芦的手艺传授阶段,单纯靠感性经验的积累,而是要更加重视培养学生的创新能力,因为在技术创新发展迅猛的知识经济时代,技术的更新周期日益缩短,"一招鲜,走天下"已经越来越难以如愿以偿了。这就需要现代的职业教育更应该重视发现问题、解决问题的能力的培养,重视敢于突破、敢于创新的意识和能力的强化与积淀。这实际上也是一种智慧的积淀和升华。

职业教育不能简单等同于职业技能的培训,"化性为德"始终是人类教育的基本使命和功能。但"化性为德"不能简单地等同于在职业教育的课程中增加些人生伦理、职业道德的内容,而是要始终把"育人"而非"制器(传技)"作为一切教育的目标。坚持"化理论为方法,化理性为德性(行)"(冯契),娴熟的职业技能和敏锐的创新意识、崇高的职业道德和创业精神是现代职教成功的标志,也是"全球化"时代教育制胜的法宝。

化技为艺、由技进道

职业教育重技能培训,但只有努力"转技为艺",进而由"技"进"道",才能完成教育之本义。中国古代思想家庄子的寓言"庖丁解牛"富有启迪:

> 庖丁为文惠君解牛,手之所触,肩之所倚,足之所履,膝之所踦,砉然向然,奏刀騞然,莫不中音。合于《桑林》之舞,乃中《经首》之会。
>
> 文惠君曰:"嘻,善哉!技盖至此乎!"庖丁释刀对曰:"臣之所好者,道也,进乎技矣。始臣之解牛之时,所见无非(全)牛者。三年之后,为尝见全牛也。方今之时,臣以神遇而不以目视,官知止而神欲行。依乎天理,批大郤,导大窾,因其固然。枝经肯綮之未尝,而况大軱(骨)乎!良庖岁更刀,割也;族庖月更刀,折也。今臣之刀十九年矣,所解数千牛矣,而刀刃若新发于硎。彼节者有间,而刀刃者无厚;以无厚入有间,恢恢乎其于游刃必有余地矣。是以十九年而刀刃若新发于硎。虽然,每至于族,吾见其难为,怵然为戒,视为止,行为迟。动刀甚微,謋然已解,如土委地。提刀而立,为之四顾,为之踌躇满志,善刀而藏之。"
>
> 文惠君曰:"善哉!吾闻庖丁之言,得养生焉。"

庖丁解牛"所好者道也,进乎技矣":"手之所触""足之所履""莫不中音",手舞足蹈、如诗如画,"美"哉!"依乎天理""因其固然",以"无厚"入"有间","真"也!"游刃有余",使牛"謋然而解"于浑然未觉之中,"善"哉!庖丁之所以"提刀而立""踌躇满志",不正是因为其已出神入化地使"解牛"的过程成为一种"化技为艺"、由"技"进"道",集真善美为一体的诗意创作和生存之道了吗?无怪乎文惠君要欢呼"得养生焉"!

这又岂止是一种谋生的"职业"？我们的职业教育如能进入如此境界，将是多么令人鼓舞和羡慕啊！这样一种职业境界的形成，从业者从中感受到的将不再是劳作的辛苦，而将是创作的快乐。而这也许不仅有赖于教育方式、手段、内容的改革和创新，更有赖于前述敬业精神的养成和智慧德行的升华。

结语：教育哲学的回归——"学而时习之，不亦乐乎"

坚守教育本性，"以职业为志业（向）、变（技术）操作为（艺术）创作"，从而真正进入职业与教育之理想境界——"以职为志""转识为智""化性为德""由技进道"。这也是一种教育哲学的转换和教育本性的回归。

中国文化传统对教育的重视本来是好事，中国的教育哲学本质上也是一种"乐感文化"："学而时习之，不亦乐乎？"孔夫子留下的《论语》开宗明义就是以学习为人生之乐事的。但过分强调读书的功利性，变读书为以功名荣禄为鹄的，"书中自有黄金屋，书中自有颜如玉"，教育的本质被遮蔽，学习的乐趣也就不再为继了，再加上国人的刻苦耐劳的精神传统被片面化地宣传所误导，"颈悬梁、锥刺股"式的"苦行僧"生活被宣传为读书人的楷模，而八股文的僵化与保守性使得读书的快乐变成了背书的苦恼，"苦读书、读书苦"似乎成了学习的同义词。特别是"学而优则仕"的"读书做官论"的盛行不衰与"官本位"的封建社会等级制的不断强化，使得教育的本质发生了"异化"，"应试"变本加厉成为教育的根本目的。当然，教育总是离不开考试的，要不何以检验教育的成果？考试的方式可以是多种多样的，考试的答案也可以是非单一的，即成绩的评定可以是多角度的。但当学习的目的就是以通过考试为目标时，考试就被"异化"了，教育的本质也就被遮蔽了。比如，中国历史上的科举制本是打破世袭制的良招，但一旦连篇累牍的"应试"成为人生漫漫长途中无以摆脱的苦役时，"范进中举"的悲剧就难以避免地成为对科举制的绝妙讽刺了。

"应试教育"的传统在中国可谓源远流长、根深蒂固，时至今日其影响仍不可小视。历次的"教育革命"，也曾经数度想革考试的命，取消考试曾经是"文化大革命"中一项"革命"之举，但终究还是回到"恢复高考"的正道。但是，一年一度的高考却又在无形中成为应试教育的指挥棒，而"黑色的七月"也成为莘莘学子和千万家长焦心的日子。"应试教育"也同样成为当代中国教育的一个难以解脱的"情结"，尽管素质教育天天讲，但中学校长们仍然时时感到"高考录取率"的压力，无可奈何之际只能是"应试教育不可松"。人们不得不呼唤，何时才能真正实现那"学而时习之，不亦乐乎"的"快乐教育"的回归啊？

我想比起其他的教育来说,我国正在兴起的职业教育能否首先实现教育本质的回归呢?职业总是和劳动联系在一起的——不管是体力劳动还是脑力劳动——而劳动本是人的本质属性,"人猿相揖别"不正是始于劳动吗?但当劳动的异化使得劳动成为一种苦役、甚至成为一种惩罚时(遗憾的是,至今我们仍然在使用"劳改""劳教"等字眼,这无疑成了对"劳动最光荣"的讽刺),人们对劳动的仰慕又何以能真正出自内心的自愿呢?同样,当今在我国对于职业教育的种种轻视和误解,不仅是对教育本性的曲解,也是同人们对劳动的蔑视相关联的。因此,职业教育的宗旨应该不仅仅是对教育本质的复归,同时也应该真正使得职业劳作不再只是谋生的手段,而是一种如诗如画般的创造的美感的享受,诚如"庖丁解牛"那样,成为一种真正的"人的本质力量的对象化"(马克思)的展现,则乐在其中——"善莫大焉"!

"由技入道"：让课程教学洋溢智慧之美

——为《教学是一门艺术》作跋

为加强教育教学的研究，不断提升教学水平，文法学院决定编辑出版一本学院老师的教学论文集，取名《教学是一门艺术》。学校主管教学的李国强副校长已欣然作序，身为院长，我则有责忝作跋。近10年来，虽然由于工作需要也涉足一些教育研究，但所攻重在高教理论与管理，对课程与教学论至今还完全是门外汉。只是身为教师业已多年〔诚也欲将以此为终身之职业或专业（profession），至于院长之类的行政兼职，只是偶尔为"过客"而已，虽也需恪尽职守，但终究是暂时的〕，一直视教书育人为第一职责，为人师表乃道德圭臬，故对教学一直不敢有丝毫懈怠，诚惶诚恐，以免误人子弟；始终抱敬业如敬神之职业精神，以传道授业解惑为最大乐趣，年积月累，也渐得感悟。但活到老要学到老，今后还得不断学习相关教学理论，以求天天向上。

"教学是一门科学，还是一门艺术？"或者，再放大至整个教育学，我们同样可以问：教育是科学还是艺术？显然，在这里非此即彼的答案并不适用，而亦此亦彼的辩证逻辑才能引导我们走出两难的困惑。诚然，在教育学中，教学无疑也是一门理论科学，"课程与教学论"还是教育学下的一个可以招收研究生的、具有自己一整套学科体系的二级学科呢！但当我们把课程与教学论的洋洋洒洒、蔚为大观的理论运用到实际的教学过程，表现在课堂上声情并茂、情理交融的授课实践中时，则无疑又是一门实践的或实用的艺术——借用亚里士多德对知识的分类，即理论的（物理学、数学和形而上学）、实践的（伦理学、政治学等）和实用技艺的（生产、创制、诗学、修辞学等）——而按照现在"知识经济"时代的说法，"教学论"即有它的特有理论学术，可以通过文字语言加以"编码"、传授的"显性知识"层面，又具有只有通过实践才能领悟、体会的"默会知识"（隐性知识）层面。

写到这，不禁又想起那脍炙人口的庄子寓言"庖丁解牛"了。

庖丁解牛之"技"真可谓是"盖了（帽）"，简直是"酷毙了"：瞧，手舞足蹈，"莫不中音"，"合于《桑林》之舞，乃中《经首》之会"，"美"哉！"依乎天理""因其固然",所以能以"无厚"入"有间","真"哉!而"游刃有余",使原来"怵然为戒"的被解之牛于浑然未觉之中"謋然而解",阿弥陀佛,"善"哉!庖丁之所以能"提刀而立""踌躇满志",不正是因为其已出神入化地使"解牛"的过程真成为一种由"技"进"艺"入乎"道"也的艺术创作了吗?庖丁"所好者道,进乎技矣",给人的正是一种出神入化的审美愉悦。今日我等肩负"传道、授业、解惑"之任的"为师者""教书匠"何不也学点昔日庖丁之"技"也?于课堂之师生互动中"得养生焉"——教学之美,美如艺术;教学之乐,乐在智慧。因此,结合各门不同课程的教学实践进行的教育理论研究、教学经验总结无疑是富于启迪的:"纸上得来终觉浅,绝知此事须躬行。"——但是,"躬行"的经验心得还是可以通过"纸上"的文字叙述而得到交流的。这也许就是编辑本书的意义之所在。

  课程与教学论的研究,无疑也离不开教材本身的改革。"教学是一门艺术",教材编写能否也成为一门艺术呢?受到本书书名的启发,不揣冒昧,翻出8年前的一篇旧稿"请给'爱智之学'更多一些美感"(见《哲学导论新编》"附录",同济大学出版社)来唱和,不知是否适时对题?值此话语翻新、事过境迁,"一切固定的东西都烟消云散"之际,对于"这一张旧船票能否登上新的客船"还是颇存忐忑的。究竟是"朝花夕拾、春华秋实"?还是"狗尾续貂、画蛇添足"?知我?罪我?任人评说。"天若有情天亦老",时间的镰刀会无情地收割一切。但不管怎样,既然教学是一门艺术,那就应该努力"让教学更多一些美感"!因此,关于"请给理论教科书多一些美感"的呼吁也许还不会过时。教材,总是学生理解和热爱一门学科或专业的最重要的"入门书",理工科教材可以有它的简洁之美、精练之美,同时也有它的内在的逻辑之美,乃至于公式定律的对称之美、韵律之美。这也正是科学自身的规律。爱因斯坦始终相信的就是造物主设计的宇宙万物间的统一与和谐之美,终身追求的就是物理学方程的简单和协调之美。物理学家H.邦迪(Hermann Bondi)曾经回忆道:

  我记得最清楚的是,当我提出一个自以为有道理的设想时,爱因斯坦并不与我争辩,而只是说:"啊,多丑!"只要觉得一个方程是丑的,他就对之完全失去兴趣,并且不能理解为什么还会有人愿在上面花这么多的时间。他深信,美是探求理论物理学中重要成果的一个指导原则。

  我想,这也就是当代人常说的科学与艺术的联姻——不管是李政道教授身体力行的"物理学美术"作品还是钱学森院士倡导的"数学与音乐"的同构,都是如此。而文科教材呢?则更应该有它的遣词造句的文字之美、叙述论证的流畅之美,乃至于情理并茂的艺术之美、真善统一的人性之美。教育,应该给人以知识的传承、能力的提升和人格的完善,"转识成智""化性为德";教学过程,也同时应该给人以智慧的启迪和美感的享受,"不愤不启、不悱不发","弦歌互答""不亦悦乎"? 而为师者,则始终应该以业为志、敬业如神,由技入道、"善莫大矣"。

　　随着学校重新恢复综合性大学架构的需要和文科近年来在学科建设中的重大突破,曾经有着分分合合、断断续续 60 年历史的"同济大学文法学院"——中华人民共和国成立前夕(1949 年 8 月)是由上海市军管会一纸令下而并入复旦大学而另造宏就,直到 1993 年才重新复院,这次则因学科发展、文科重振而文法分家,寿终正寝,重新分为人文、法政两个学院之际,本书的出版将是有此特殊纪念意义的。衷心祝愿同济文科经凤凰涅槃,浴火重生,一定能再创辉煌!

2006 年 6 月 11 日

附：由"灌输型"教育向"理解型"教育的转换[①]

"理解万岁！"在20世纪80年代的中国，这是最受欢迎的口号。理解精神已成为一种崭新的时代精神。当我们以此精神来探讨高校思想理论教育的改革时，深切地感到理论教育的改革绝不只是内容的更新与方法的改进，而更需要有一种指导思想的转换，一种教育模式的转换。传统的理论教育是立足于通过教师的努力，向学生"灌输"社会主义的教育；以"教"为主，往往体现了一种"我打你通"式的思想教育方针；而当今时代需要的是着眼于启发学生的自觉，从而更深刻地"理解"社会主义的教育，以"导"为主，要贯彻的是"入耳入脑"的思想教育方针。所以，深化理论教育改革的关键，正是要实现由外在的"灌输型"教育向内在的"理解型"教育的根本模式的转换。

一、转换是实践的要求、时代的必然

少一些"灌输"，多一些"理解"！这不仅是对硬性灌输日益反感的学生的呼唤，也是实践发展的客观要求。

应该承认，"灌输型"教育在传播和普及社会主义意识中曾经有过卓越的贡献、具有历史的合理性。列宁在发动俄国无产阶级觉悟的斗争中曾强调："工人本来也不可能有社会民主主义的意识。这种意识只能从外面灌输进去。"(《列宁选集》第一卷，第247页)。毛泽东在中国农村社会主义改造高潮中也强调，"政治工作的基本任务是向农民群众不断地灌输社会主义思想"(《毛泽东选集》，第五卷，第244~245页)。革命导师的这些指示曾是长期"灌输型"教育的理论依据。但是，这都是有特定的历史背景的。列宁的指示是针对当时工人运动中否认革命理论的指导、崇拜自发性的倾向而言的。1905年革命前的俄国工人阶级尚处于自发阶段，首要任务是不断唤醒工人阶级的觉悟，而毛泽东的观点则是针对刚从长期封建土地关系中解放出来并且文盲占绝对多数的中国农村实际而言

[①] 原文刊于《同济教育研究》1988年第2期。

的。而且即使在当时,"灌输"也只是种外在的手段而非根本的目的。"灌输"仍旨在启发自觉。

而众所周知的是,马克思主义历来反对依靠所谓的"救世主",反对那种"真理在这,向它跪拜吧!"的贵族老爷态度。恩格斯曾断然声明反对从外面把"理论硬灌输给美国人"(参见《马克思恩格斯选集》第四卷,第406页)。列宁在十月革命后明确指出:"教育共产主义青年,绝不是向他们灌输关于道德的各种美丽动听的言辞和准则。"(《列宁选集》第四卷,第355页)

如果说,当着无产阶级政党发动群众革命时,从外面灌输革命理论曾是十分必要的一环,舍此不能使群众认识自己命运和组织起浩浩荡荡的革命大军,那么,随着无产阶级上升为统治阶级,这种外在的灌输必将逐渐降低其地位与作用,而更多地将代之以群众从生气勃勃的社会主义事业的实际成就中所受到的启发与教育。我国20世纪50年代"灌输型"教育的卓有成效还在于有一种广泛的社会心理基础,即工农大众翻身解放的喜悦而带来革命热情的空前高涨的朴素阶级感情形成自发的"感恩心理"。然而,20世纪80年代的思想教育正面临着一种大变化了的现实:十年浩劫中的"假大空"的"左"的宣传,使"灌输"声名狼藉,对于"左"的宣传的厌倦情绪演变为一种同样广泛的"逆反心理"。在这种情况下,继续传统的"灌输"不但不能冲破"逆反心理"的屏障,反而助长和强化了这种心理。因此,不是硬性向群众"灌输"社会主义,而是如何启发引导群众深刻"理解"社会主义,已是时代的必然。过时的模式必须转化为适时的新模式。

这种"理解型"的新模式,核心就是倡导一种深切的理解精神。理解时代的严峻挑战,理解社会的深刻变革,理解人生的神圣使命,这就是"理解型"教育的根本宗旨。这里需要的不再是教师单方面进行的理论"灌输",而是师生共同求索的合作"理解",它将贯穿理论教育的全过程。

二、转换需要有创造性的理解精神

实现由"灌输型"教育向"理解型"教育的转换,首先需要的是教育思想的转换,包括对教育任务的创造性理解。中国传统教育思想曾将教育概括为"传道、授业、解惑"三项根本任务,对其内涵需要有崭新的理解。

"传道"可谓教育的根本宗旨。教育作为人类文明的传递,也是人类理想的传播。"传道"是一种理想,是一种追求。但"传道"不是布道,需要理性的精神。马克思主义不是宗教,作为一种信仰是因为其揭示了人类理想实现的必然之"道"。传播马克思主义是高校理论教育的中心任务,但不能靠那种所谓"信仰而后理解"的中世纪神学式的"信仰的权威"来推行,也不能再重复那种荒谬的"不理解也要执行"的法西斯专制式的"权威的信仰"来灌输。要传播马克思主义科学,"传道"者必须对其真理性有深刻的、实质的理解,而不是只机械地复述几句现成的结论。对马克思主义的正确理解必须与对时代、社会、实践的理解紧密结合。任何学说的基本原理总是简明而确定的,而将其运用于实践中总是复杂而多变的。对理论本身的阐述总是带有时代的烙印的,这并非理论的不幸,而是理论的活力。发展马克思主义的任务绝不只是少数人的专利,每个"传道"者都应有勇气为此作出贡献。"离经"并不都等于"叛道"。要讲经典的原著,更要运用经典的精髓以创造性地发展理论。理论的永恒魅力在于她能体现时代精神的精华。马克思主义没有过时是因为它仍是当今时代的灵魂。比如,当代人类追求主体性的复归,追求"自我实现"的理想,而这实际上也是马克思主义的一个重要思想。从长期来宣传的社会主义"主人翁"精神到近年来青年中热门的"自我设计"口号中,我们应该加以弘扬的是马克思主义关于人的本质力量通过实践而得以确证的思想,这一思想不正具有极大的现代意义吗?事实证明,青年人中对理论的"逆反"既是对"灌输"的反感,也是出于对理论的无知。当我们理直气壮地宣称自己的马克思主义信仰时,不必为可能出现的个别"嘘"声而担忧,只要我们能以精湛博深的理论、严谨缜密的逻辑进行科学的阐发,就总会赢得由衷的掌声。不少大学生在真正读懂了一点马克思后,表达了真挚的敬佩和服膺于真理的志向。实践证明,理论只要彻底,就总能征服人心。"传道"要有对"道"的坚定信念,而信念只能来自深刻的理解,不只是经典著作文字的理解。更主要的是对"道"之精髓的理解。这里同样是对理解精神的呼唤。

"授业"可谓教育之中心环节。教育离不开知识与技能的传授。而理论教育"授业"的中心内容应是马克思主义的立场,观点和方法。对时代、社会、人生的理解需要有科学的立场、观点和方法。世界观和方法论应是统一的。掌握科学的方法论是树立科学的世界观的关键。注重于学生分析问题和解决问题能力的培养是"授业"的实际目的。当代大学生中思想观点上的片面性往往与其方法论上的片面性直接有关系。比如当我们进行两种社会制度的比较时,学生们对于那种简单的最终结论式的"社会主义优越于资本主义"的回答表示不满是有一定理由的,因为这里缺乏具体的比较分析,但是,有些学生由此得出相反结论时同样采用了一种逻辑上的跳跃,即由列举一两个实例而一跃而为最终的普遍性的结论,这不也是种形而上学的独断论吗?在这里"以其人之道还治其入之身"对于论点双方都是有效的,都需要克服方法论上的片面性。所以,深入进行辩证思维的科学方法的传授,是理论课教育中"授业"的基本内容。结论往往是有限的,方法则更具普遍性。当我们引导大学生以辩证方法进行自我分析时,学生们普遍反映是有收获的。这里传授的正是一种人生的基本技能和知识。

"解惑"是教育的基本途径,对于思想理论教育尤为重要。学生在理论上疑惑不解常常是与其生活中的困惑不安交织在一起的。日新月异的现实,变幻莫测的未来,常给现代人带来一种无名的精神压力,而对"世纪之交"的这一代大学生,尤其敏锐地感到了这种压力,人们应该理解这一点;理论教师更是义不容辞地负有这双重"解惑"的任务,要把对理论的透彻理解和对生活的深切感受结合起来,寻找"解惑"的金钥匙,从而也使理论真正成为人生的指南。理论教师的职责不同于一般学生指导员,满腔的热情还需加上精湛的理性。不能忙于就事论事式的论证,而是要着眼于就事论理的解析,舍弃些细枝末节的纠缠,多作些人生宏观的引导。如商品经济的发展和竞争机制的引进,使得古老的"义利之辨"再次袭扰当代人的灵魂,大学生感到了人生价值选择上的迷茫,社会上不良现象的沉渣泛起与新疾萌发,也困惑着大学生的心灵,何以"解惑"?只有跳出具体问题的狭小领域,转换一下视角,从一个更广阔的历史运动中来看待当前的改革,才能更准确地把握时代的脉搏。"山重水复疑无路,柳暗花明又一村"。疑惑的消解,往往是视野转换的结果。马克思主义揭示的关于"恶"在历史上的杠杆作用的理论,关于社会整体发展中存在不可避免的个体牺牲的理论,关于历史进程和伦理道德的二律背反的理论……正提供了我们释解当前改革中产生的种种困惑的最有力的武器。这些大理论所具有的高屋建瓴之势、高瞻远瞩之见,展示了人类智慧所具有的"超越"这一本性。从历史的宏观进程中看变革的意义,从社会的总体发展中析个人的得失,这是"解惑"的最有效方法。

总之,"传道、授业、解惑"三者是一个统一的整体,对这一传统的教育思想加以崭新的理解和阐释,将有助于传统的创造性转换,也将有力促进教育改革的深化。

三、以"对话"取代"训话",以理解换得理解

教育思想的转换势必要求教学方式的相应转换。"理解型"模式所要求的灵活多样、生动活泼的教学原则是建立在对当代大学生的理解的基础上的。不了解对象的"灌输"是一种无的放矢式的对牛弹琴。以因势利导的"对话"代替以势压人的"训话",其根本要旨在于以理解换得理解。

旧的"灌输型"教育模式下是以"教"为主的,但教师的中心位置往往演变为

居高临下的"训话",很为学生所反感。而"理解型"模式中随着教育思想的转换,也带来了对教师中心地位的新的理解,教师在课堂上以"导"为主,为了更好地理解,师生间所进行的是平等协商、互相切磋的"对话"。这里,教师要搭准学生思想的"脉搏",抓住学生中关心的"热点""焦点",不回避现实中的敏感问题,通过共同讨论以增进对问题的理解。这不仅有利于课堂气氛的活跃,也利于师生感情的交流。比如,如何看待大学生中的西方理论"热"? 简单的"大批判"做法是无济于事的,而换个方式,进行共同的研讨,却能引起学生的极大兴趣。教师从大学生中"萨特热"到"尼采热"的转变开始剖析,从两人学说的异同及特点讲到两"热"兴起的时代社会背景,从而揭示出"萨特热"产生于20世纪70年代末是反思"文革"的产物,反映了青年人追索失去青春时的恍惚,而"尼采热"产生于20世纪80年代初是变革传统大潮中的颤音,折射了青年人渴望建功立业的内心躁动。青年学生思想轨迹的变化是与时代的发展有密切联系的。在此基础上再结合我国近代史上唯意志论几度浮沉的教训,得出唯意志论无助于中国历史任务解决的结论。这样的分析既肯定了两"热"出现的历史正当性和青年人理论探索的积极性,也揭露了唯意志论理论上的荒谬性和盲目崇拜的有害性,学生们听后反映积极,绝大部分表示能够接受。同时,也启发了学生自己进行举一反三式的理解,比如有的同学通过对大学生中"从政热"到"经商热"的转化的分析,加深了当代大学生的自我认识。

旧的"灌输型"教育中还存在一种对学生缺乏信任、理解的倾向,专注于从师长的角度对待学生,而"理解型"要倡导的是一种新型的互相信任、理解的师生关系。师生关系体现了两代人的关系。"代沟"的影响是客观存在的。而克服师生间的隔阂是实现模式转换的重要环节。要提倡一种"转换一下位置看问题"的理解精神,即当分歧出现时尽可能"设身处地"从对方的立场上思考一下。理论教师是大学生的良师益友,对青年人要多一点理解,少一点指责,才能将此精神传授给学生。当学生们纷纷抱怨人际关系的淡漠,缺少理解与信任而感孤独时,我们可以启发学生扪心自问一下,你是否给过他人以温暖与关心? 当青年们抱怨自己的良好动机难以被社会和师长们所理解时,那么你们是否能从社会的全局角度来思考一下呢? 同样,当我们指责目前大学生中的"政治冷漠症"时,也该反躬自省一下,在保护和引导学生的政治热情方面,我们还该怎样做得更好些呢?

当然,理解不等于同情和原谅,"对话"也并非一味地迁就和承诺,这一切总体上都应纳入教育的轨道,只是要求以理服人,以情动人的结合。"入耳"乃为了"入脑",以情动人仍是为了以理服人。反对生硬的"灌输",提倡生动的"理解",

仍是为了引导。作为"人类灵魂的工程师",不仅要理解学生的喜怒哀乐,更要引导学生的好恶亲仇。为了提高教育的效果,"理解型"教育更需要注意讲课艺术的提高。声情并茂的演讲比起平铺直述的宣读,其吸引力要大得多。严谨认真的备课是必要的,但是临场的即兴发挥常能生辉不浅,因为在脱稿的演讲中更能及时地抓住学生的反馈信息。平等的"对话"与信任的理解,加上用渊博的学识和富有魅力的演讲,将能有助于在学生心目中树立起真正的"导师"的形象。师生切磋、弦歌诵读的气氛,将有助于智慧的充分施展,个性的全面发展,理想人格的培养才真正成为可能。

理解是门精致的艺术,也是感性的升华,理解是门深奥的科学也是理性的结晶。以信任换取信任,以理解换得理解,这是教育的艺术与科学。"理解型"教育模式的探讨,归根到底是一种教育哲学的探讨。它昭示的是人类培养智情意全面发展、真善美和谐统一的共产主义新人的崇高理想。我们的思想理论教育以及一切教育不正是指向这一目标吗?

"全球化"与中国高等工程教育论纲[①]

引言:"全球论坛"的启示: 教育——适逢其时

1. "中国,未来50年": 商机无限

以推出全球500强而闻名遐迩的《财富》杂志将20世纪最后一次的"全球论坛"选址上海,主题鲜明:"中国——未来50年。"全球工商巨头纷纷抢滩上海,世界政界要人频频亮相申城,标志着此次论坛影响巨大,正如《财富》总编所云:

"此次论坛创造了一个真正的商机,这个幅员辽阔、魅力无穷的国家是未来全球商机的重中之重。"

而位居全球500强之首的通用汽车公司总裁更是直言:

"当今世界未来10年或20年里,不会再有第二个国家能形成中国这样巨大的市场,创造出如此众多的增长机遇。"

2. 教育市场竞争: 通向未来的钥匙

"欲称雄世界,先逐鹿中华!"回味《财富》为此次论坛提出的口号,使各跨国公司觊觎中国市场之心昭然若揭。

全球最大的未来市场角逐正酣:商品、技术、资本——"入世"在即,中国企业如何"与狼共舞"?

世界最丰富的人力资源争夺渐激:外国教育展似过江之鲫、络绎不绝;留学或移民中介所如雨后春笋、门庭若市……教育与人才市场的竞争,瞄准的不正是未来的钥匙吗?

面对挑战,中国教育何以应对?

3. 振兴教育,适逢其时

世界瞩目中国,中国直面挑战——

[①] 本文系作者与吴启迪合作参加北京1999年工程教育(香山)国际学术研讨会的发言论纲,曾以《"全球化"与中国工程教育战略》为题刊发于《高等工程教育研究》2000年第4期,获第三届全国教育科学研究优秀成果奖。

"现代经济技术将带来一场教育革命",中国教育部长在全球论坛上一言九鼎,表明以教育改革迎接新世纪挑战的坚定决心;

"国运兴衰,系于教育;教育振兴,全民有责"。中国最高领导人面向世界郑重宣告:迎接挑战,教育为本!

知识经济时代,教育正适得其时;"科教兴国",教育更躬逢盛世!

4. 本文所涉论题主要如下:

(1) "全球化"与"知识经济对教育的挑战"

"全球化"的三大特征及其"双刃剑"本质;

"现代性的扩张"与现代人的两难;

"知识经济"的挑战,工程教育首当其冲。

(2) 中国工程教育"全球-本土化"的战略选择

工业经济与知识经济:中国工程教育的"一仆二主";

开放引进与自主创新:中国工程教育的"一身二任"。

(3) 工程教育改革"就业—创业"的"双赢"战略

适应市场与创造就业:工程教育改革要"一箭双雕";

学会做事与学会做人:现代工程师培养要双管齐下。

(4) 现代大学理念"创新—守护"的双重使命

教育、研究、服务、交往:多功能型的现代大学理念;

工程教育亦要恪守"大学之道",坚持理想真谛。

一、"全球化"与"知识经济":教育正面临挑战

(一)"双刃剑":"全球化"三大基本特征之本质

"全球化"(Globalization)何谓?普世(遍)性?跨国化?总体性?一体化?

普世性的宗教传播,早在"条条大路通罗马"时代既已雏形初就;跨国化的殖民浪潮,亦已伴随着"地理大发现"早就席卷过全球;挑战联合国"总体性"权威的正是大唱"全球化"高调的超级大国……抵牾好莱坞文化"一体化"潮流的领头羊,恰是其故乡欧罗巴……

所以,"政治全球化"不是"天方夜谭",也是纸上谈兵,国家利益在可见的将来仍是左右各国政要的首选目标;"文化全球化"不是一厢情愿,就是居心叵测,人类文明的丰富性正在于文化的多样性。

故真正的"全球化"是经济的全球化,从跨国公司的全球经营到金融巨头的世界横行,"经济全球化"其势正汹,方兴未艾,是喜是忧?纷争不已。但毋庸讳

言,市场经济、科学技术(特别是通信技术)以及生态环境的"全球化"是显著特征。

1. 市场经济的全球扩张是"全球化"的首要特征

虽然"冷战"的结束并非是资本主义的全面胜利,法国历史学家布罗代尔的研究早已表明市场经济并不等于资本主义;中国特色的社会主义市场经济更是打碎了资本主义一统天下之美梦。但市场经济的全球推进也是一把"双刃剑":"市场乌托邦"与"市场原教旨主义"往往仅一步之遥,一方面是"历史的终结"(福山)的独断,一方面是"全球资本主义的危机"(索罗斯)的惊呼。经济利益是"全球化"的根本驱力,但猝不及防的金融风暴促使人们不得不问:经济自由化的限度何在?驾驭如脱缰之野马的市场之法宝何在?

2. 科学技术的全球传播是"全球化"的强大基础

"网络化生存""数字化地球",因特网正为"全球化"奠定技术基础并推波助澜,现代通信和信息技术提供了财富涌流的巨大泉源,也刺激起人们欲望的无限膨胀,"技术至上主义"的迷失如冰山潜伏之威胁:"千年虫"的恐慌难道仅仅是由于技术的失误?"黑客"的频频得手是否预演着世界可能的"大失控"(布热津斯基)?而"克隆"带来的辩论又岂止是人类伦理的"大混乱"(福山)?这是否是技术在助纣为虐?"增长的极限"并非杞人忧天,"进步"的代价却很可能是由于人类盲目的乐观。

3. 生态环境的全球联动是"地球村"的显著佐证

"只有一个地球"也许是 20 世纪末人类最大的共识,但也未尝不是人类最大的忧患。尽管"寂静的春天"还远未成为现实,但"温室效应"及"臭氧洞"的扩大却不能不说是人类自酿的苦酒。而现代化的奢侈早已成为地球不堪承载的巨大浪费!全球性的生态环境问题之实质正是全人类的生存危机:人与自然的关系紧张、"族性"矛盾的尖锐和"文明的冲突"(亨廷顿)。霸权主义的横行诱发的不仅是民族主义的反弹,同时有新孤立主义的躁动。"全球化"—区域化—民族国家的并存正是当代国际关系的基本格局,牵一发而动全身,全球化的"高后果风险"(High-consequence risks)将使人类的任何一个小失误都可能诱发地球的大灾难。或许我们所面临着的真是一个"全球化的陷阱"?

(二)"现代性的扩张"和现代人的两难:教育正处于关键位置

1. "全球化"与"现代性"的互动

"全球化"带来的是一种"现代性的扩张":"现代性"正和"全球化"一起构成当今世界最大的"话语霸权",(抑或又是一个"超级意识形态"的谎言?)"全球化"

与"现代性"的互动已成为当今世界的显著特征,它给现代人带来的是巨大的压力,因为它不仅带来现代社会物质层面和制度性的变革,更带来一种心理层面和内在性的影响,导致现代人自我认同的陌生。

2. "时空压缩"和"时空分延"的交织

"全球化"和"现代性"的互动是一种时空的错位和重组:既是一种时空压缩(天涯比邻、瞬间永恒),也是一种时空分延(分离和延续),表现为前现代和后现代的跨接、在场与缺场的交织、过去—现在—未来的断续和持存。这是一个充满矛盾、不乏悖论的过程,是希望与危机的同在、趋同与存异的并进,也是整体性与个体性、同质化与异质化的共存;它导致的嬗变是全方位的,不定性正成为描述未来的最普遍的方式。这是一个"唯一有效的预言就是没有有效预言的时代",人类面临着巨大的张力和空前的困惑。

3. 人与社区:教育处于关键

教育正承载着调适上述种种张力的重任。教育应当如此。教育不仅要授予未来劳动者生存的知识和技能以适应未来的挑战,教育还要为未来的社会变革提供必要的评判标准和价值目标。这正是教育的题中应有之义。正如联合国教科文组织的报告《教育:内在的财富》(1996)的序言:"教育,必要的乌托邦"一文中所指出的:

> 现代人有一种头晕目眩的感觉:一方面是世界化,他们看到而且有时承受这种世界化的各种表现;另一方面是他们在寻根、寻找参照点和归属感。他们在这两者之间左右为难。教育应面对这个问题,因为在一个世界性社会将在阵痛中诞生的时候,教育比任何时候都更处于人和社区发展的关键位置。

在新世纪到来之际,"知识经济"更对传统的教育提出了新的挑战……

(三)"知识经济"的挑战:工程教育首当其冲

1. 工业革命与工程教育

近代工业革命催生了工程教育,法国革命首开先河,拿破仑的出征雄风正得益于高等理工教育的发展和科学技术的工程化,巴黎理工等法国高专(Ecole)模式奠定工程教育基础;美国麻省理工学院(MIT)更使高等工程教育着领时代先鞭。20世纪科技教育独占鳌头,连绵不断的"热战"和"冷战"使得像"曼哈顿工程"这样的大规模高新武器研制热情骤涨,军事对抗的需要极大地刺激了工程教育的扩张,特别是20世纪50年代起的空间技术竞争更使得现代工程师身价倍增。

2. "后工业"社会与传统教育的"合法性危机"

进入 20 世纪 60 年代,东西方几乎同时爆发了传统教育的"合法性危机":在东方,中国的"教育革命"成了"文化革命"的导火索,令全球为之瞠目;在西方,对"后工业社会"中高科技几乎挤占了人类全部生存空间的反感,导致大规模的学生造反震撼了整个资本主义世界。

20 世纪 70 年代始人类不得不反思和重建教育理念,从《学会生存》(1972)到《教育:内在的财富》(1996),联合国教科文组织(UNESCO)的系列报告力促教育变革。1998 年巴黎世界高等教育大会规模空前,在人类高教发展史上写下浓重一笔:面对市场挑战,摒弃"经济主义"侵蚀。捍卫理想主义目标,已成为大学迎接新世纪、跨进新千年的共同呼声。

3. 当代工程教育的"回归工程"

随着知识经济的兴起,以工业经济为背景的工程教育的再造已成为当代高教改革的重中之重,各国工程教育纷纷进行流程"重组"(Re-engineering):传统以工程科学见长的美国 MIT 首树工程教育"回归工程"的大旗,一向重视产学研结合的欧洲则进一步加强了工程教育向工业界的倾斜,深受苏式"专业化"模式影响的中国则以"强化实践"回应国际工程教育界的改革潮流。

二、"全球-本土化":中国工程教育的战略选择

面对"全球化"的挑战,中国工程教育何以选择发展之路?亦步亦趋,何以"赶超"?急火浮躁,无补于事。"全球化"时代更凸显的恰是民族性的特色,跨国公司的成功很大程度上依赖于对本土文化资源的成功汲取和融合。面向世界,开拓全球化视野;立足国情,实践本土化操作:"全球-本土化"(Glocal)正是中国教育坚持"三个面向"的基本战略。应运而生的这一英语新词 Glocal,外显"全球(global)"之姿,内涵"本土(local)"之实,惟妙惟肖,形似神合:回顾历史,展望未来,"全球化"时代之工程教育,不也必须面向全球,瞄准世界科技前沿,同时扎根国情,依托本土文化资源,实施"全球-本土化"(glocal)的"蛙跳"战略吗?

(一)从"实业救国"到"科教兴国":中国工程教育的百年沧桑

1. "实业救国":旧中国工程教育筚路蓝缕

中国高等工程教育诞生于民族存亡的血火之中,正值洋务运动以"船坚炮利"求"救亡图存"之梦破灭于甲午海战之际,从"北洋西学学堂"到"南洋公学",

中国近代意义上的高等教育正是从工程教育蹒跚起步,以"实业救国"开始其世纪之旅……中国工程教育在风雨飘摇中惨淡经营,百折不挠,为中国近代民族工业和现代教育发展耕耘播种,传承薪火,以待"一唱雄鸡天下白",再展宏图……

2. "以苏为师":新中国高等教育征途坎坷

1952年院系调整"以苏为师",理工教育一枝独秀,著名的北京八大学院诞生,标志着中国高等工程教育黄金时代的到来,奠基新中国工业化、进军科技化,工程教育立下卓著功勋。然行业办学带来的专业过细、理工分家亦使得工程教育一度几成"职业教育",临到"文革"大难,教育瘫痪,纵有"理工科大学还要办"的"最高指示",亦不过是杯水车薪,难撑栋梁,歧路茫茫,步履维艰……

3. "拨乱反正":新时期"科教兴国"柳暗花明

"拨乱反正"、恢复高考,科学春天来临。"四化"重担,知识为本。"赶超"任务艰巨,科技攻关当先,一时重理轻文、重工轻理,工程教育撑起半壁江山,然振兴之路逐步迈进:20世纪80年代教育改革,加强实践环节,重视能力培养,工程教育走在最前;20世纪90年代素质教育,"文化素质教育"亦始于理工院校。世纪之交,高教改革正全面推进。

面向现代科技:调整专业目录、拓宽专业口径;

面向区域经济:打破条块分割、终结部门办学;

迎接未来挑战:加强理工结合、倡导文理交融……

(二)工业经济与知识经济:中国高等工程教育的"一仆二主"

工程教育本是工业经济的产儿。人类正进入"后工业社会",工程教育将成明日黄花?

工程教育与经济建设息息相关,"以经济建设为中心",工程教育大有用武之地,但产业结构调整,又使工程教育步履沉重……

工程教育与科技发展休戚相关,"科教兴国"为工程教育提供了广阔的发展空间,但知识经济却对传统工程教育提出尖锐挑战。

工程教育本是综合国力的"指示器":试看今日世界,综合国力强大者无不具有雄厚的工程教育基础。中国工程教育面对工业经济和知识经济,"一仆二主",任重道远。

1. 工业化:中国尚未完成的现代化

中国工业正面临深刻改造,调整势在必行。但传统工业(第二产业)在中国难道真的都成为"夕阳工业"了吗?

纺织业:砸锭、重组、重岗——面对"入世"后的机遇与挑战,何以能东山再起,再展英姿?

钢铁业:品种结构及类型调整刻不容缓,现代冶炼技术亟待提高——不当"元帅",照样能重振雄威。

建筑业:交通、基建、城乡改造、西部大开发……仍是中国产业支柱。

完成工业化,推进现代化,中国工程教育立足国情,纵横捭阖,实大有可为矣!

2. 知识经济:初露端倪的新挑战

自经合组织(OECD)1996年度报告提出"以知识为基础的经济"这一概念以来,"知识经济"名噪一时。知识经济的实质是"智能经济":即不同于传统的依赖于自然资源的农业经济和工业经济,而是以人工智能的开发为基础的经济(Man-made Brain Based Economy)。美国的"硅谷"证明:高等教育是知识经济的发动机,高等工程教育更是功不可没。

面对"知识经济"的挑战,中国要"有所为有所不为":空间科学、海洋工程、信息技术、生物工程、材料科学等前沿科学和尖端技术将执21世纪科技之牛耳,岂可不为?工程教育理应攻艰排难、重挑重担。

面对知识创新、技术创新、乃至于制度创新、管理创新,科教联姻,构建国家创新体制,中国工程教育界同样将大有作为。

关键要寻找契机,选准"突破口",抢占制高点……

3. 现代制造业:实施"蛙跳"战略的支撑点

"全球化"时代,参与"国际分工"在所难免,世界"供应链"中中国应居何位?抓住传统制造业的高新技术改造也许正是实现中国经济"蛙跳"发展战略之突破口,亦是中国工程教育实施"全球-本土化"战略的楔入点:制造业——中国国民经济的支柱产业,当代高新技术的生长点,也是工业经济与知识经济的结合点。技术推动和市场拉动的合成最终发生在制造部门,任何创新的最后转化也总要通过一定的制造部门才能得以实现。如汽车工业作为提升综合工艺和技术水平的"龙头"业,市场前景广阔,发展势头良好……现代制造技术的发展正召唤着中国高等工程教育奋力拼搏:

基础工艺层的超精超微超高速加工工业,激光技术很可能引发新的工业革命……

设备制造层的数控技术为核心的柔性制造集成系统(CIMS)、快速成型制造系统(RPM)、智能制造系统(IMS)……光机电一体化前途无量。

所以,美国的金融业、信息业与"新经济"固然令人羡慕,欧洲的传统制造业复兴同样给我们启示良多：如何能既满足工业经济巨大市场的需要，又能在"全球化"的知识经济竞争中占得重要的一席，是中国工程教育实施"全球-本土"战略之关键：面对工业经济与知识经济的挑战，充任"一仆二主"之角色，恪尽职守，神圣而光荣。这未必不是一种游刃有余、得天独厚之优势所在。

（三）交流引进与自主创新：中国工程教育的"一身二任"

1. 工程教育的国际性与合作交往

"全球化"与"国际化"，大同小异？"和而不同"，同中有异。如果说"全球化"更突出的是一体化的趋同（不要忽视其价值层面上的单向性与霸权性），"国际化"强调的是各具多样性的独立主体际的相互间性，民族性的文化基因永远是教育的生命之所在。越具民族性的也就越具世界性，发展的辩证法就是如此。"全球化"的教育竞争前途未卜，但多国间的交流必然是现代教育发展的必然，可供选择的举措颇多：

（1）工程教育的国际标准与工程师资格的国际认证：这将能为世界高教大会提出的国际间学历互认开创先河，可由"专业—高校—国家"逐步推进，如专业工程师的国际注册，工程教育质量的国际评估等。

（2）引进外资与外智，扩大中外合作办学：MBA 教育的国际合作早已开始，类似工程教育国际合作亦有重要突破，如同济大学中德学院的探索十分可贵。

（3）加强工程教育的师生交流：派出与吸引并重，留学生是大学国际化的重要指标；学校与企业联手，与跨国公司合作培养国际化工程人才将是工程教育走向世界的重要途径，清华等校的经验值得肯定。

（4）参与国际大学排名榜竞争：只有积极参与才能熟悉规则，扩大影响，找到差距，明确方向，取得发言资格，修订游戏规则，以利更多的中国大学走向世界。

总之，不开放，何以让世界了解中国？不交往，何以使中国阔步全球？！

2. 工程教育的实践性与技术创新

现代工业精神的本质是创新，从"创意"到"创业"，征途漫漫，成绩辉煌；理念创新—知识创新—技术创新—管理创新—体制创新：现代工业以技术创新为核心，不断推陈出新；

教育本质上是承继与创新的统一，以弘扬文明与造就个性为圭臬，现代工程教育秉承工业精神与教育本质，创新精神和实践能力不可分。

（1）加强工程实践是工程教育创新的基础：工程教育有突出的实践性品格"工程（设计、制造……实践）＝科学（理论）＋技术（实验）＋……"，工程教育"回

归工程"即首先要回归工程实践,回归工程教育之本质。故应:

强化工科教师的工程背景。德国工程教育界重实践经历和能力训练,法国工程师大学校重与产业的紧密结合,美国倡"回归工程"、强调工程实践,皆有同功之效。工程教育需要更多"双师型"(讲师+工程师)师资。

加强工科学生的实践环节。实习(验)工厂(场)重实训,重动手能力的培养;学校与企业相结合,共同为学生提供更多工程实践机会……

(2) 开发自主知识产权是工程教育创新的重要任务:自主知识产权是综合竞争力的重要指标,也是知识经济时代最重要的财富。加入WTO,知识产权竞争更趋激烈,工程教育在科技成果产业化中责无旁贷,但工科教师如仅仅满足于靠专有技术("技术诀窍")闯荡市场未免是"小农经济"之遗风。具有自主知识产权的专利开发将是中国工程教育和科技产业挺进世界最重要的"通行证"。德国人均技术专利申请量世界第一,不正是得益于严谨的教育和科学基础吗?

(3) 产学研结合是当代工程教育创新的必由之路:企业是技术创新的主体,高校应是知识创新的源头。共建工程研究中心,承担企业研发任务。校企结合是发展工程教育的宝贵经验,亦是中国科技成果产业化的必经之途。

加强国际交流与合作,重视自主知识产权之开发,中国工程教育"一身二任",将是实现"全球-本土"战略之基本途径。

三、"就业—创业":工程教育改革要以"双赢"为目标

(一) 适应岗位与创造就业:工程教育改革要"一箭双雕"

1. 教育的"适应"与"导引"

教育不仅是知识与技能的复制与传授,更是文明的传承与创造:"适应"市场需要与"导引"社会变革——这是教育的"两位一体"的神圣使命,现代经济的巨大能量与迅速变革,使得教育"适应"的任务空前紧迫,"导引"的职责渐被淡化,这一倾向值得警惕和反思。

其实,就是"适应"也有两种:一是消极被动地为劳动力市场逻辑所牵引,一是积极主动地为未来社会发展和就业而准备。教育与就业之间永远存在一个时间差,近年来常出现的报考时"紧缺"、毕业时却"滞销"的热门专业就是证明。因此,中国工程教育改革的当务之急是实现从单纯培养就业者、适应劳动力市场需要为导向到以培养创业者、创造更多工作岗位为重点的战略转移。当工业革命兴起时,伴随着机器化大生产曾经出现过大量的失业;今天,当知识经济到来时,

同样会有新的就业危机,但是现代信息科学和技术的发展又创造出多少传统所没有的工作岗位？中国工程教育改革要以"就业—创业"的"双赢"为目标,坚持工程教育的多样性与综合性,构建个性化和终身性的工程教育体系。

2. 工程教育的多样性与终身教育

统一与繁多的并存将是处理人类未来发展问题的基本哲学思想原理：追求统一本是人类理性寻根究底的本性。守护繁多则是人类智慧对宇宙丰富性的认同。现代教育以造就多种类各具个性的人才为宗旨,创造个性化就业岗位是知识经济时代科技发展的必然要求。终身教育是人类通向未来的锁钥。现代劳动者从"蓝领""白领"到"金领""多领"……岗位需求的多样性决定培养目标种类的多样性,专业分工界限在模糊,多样化、终身性的工程教育将是工程教育创新职业变动的可能在增加的必然趋势。

（1）工程教育观念与内容的多样性："专业化"与"工程化",异同何在？现代产业结构调整迅速,"专业对口"何以可能？"专业目录"调整是否要继续加宽？作为一种大口径的专业教育,工程教育要不要培养"通才"？教育计划中要不要加强"通识教育"（Genera education）之内容……而多样化的工程实践更呼唤着多样化的工程教育：工程科学—工程设计—工程施工（制造）—工程监理（质检）—工程……工程教育观念和内容都亟待更新与拓展。

（2）工程教育形式与层次的多样性：学术型的工程科学、工程设计人才与应用型的工程实践、工程技术人才各有所长,应实施多层次的学历教育（专科—本科—研究生）,多形式的文凭与证书教育（专业资格证书、注册工程师资质证书等）,课堂教学与工程实践并重,学位教育与职业教育同举。

（3）工程师培养途径与类型的多样性：构筑多种类教育之间的"立交桥",衔接工科教育与高职（技）教育,高等职业技术教育同样可以有本科,也可以与普通高教的学位教育相连通,乃至与工程硕士的培养相衔接……此外,理论型的"设计工程师"与实践型的"现场工程师"应各得其所,德国高专（FH,也许译作应用科技大学更适合国人的理解）成为培养工程师的大本营,成功之路值得借鉴。

同时,现代科技发展迅猛,知识更新周期缩短,工程师的培养绝非求学阶段即能完成。我国院校工程教育目标从原先的"工程师的摇篮"到现在的提出培养工程师的"毛坯",似退实进,实事求是,说明了造就一名成熟的工程师离不开社会和企业的再培养。继续教育在工程师的培养中不仅大有可为,而且更为重要。现代科学的复杂性、现代工程的综合性以及现代技术的交叉性都要求工程教育的终身性,院校教育与在职培训的结合是现代工程师培养的最佳方案,全员性的终身教育将是构建学习性社会的基础。

3. 工程教育的综合性与个性教育

如果说近代以降,科学发展的指导思想是以分析为主,化繁为简,机械论、还原论曾长期占主导,那么现代科学思潮更趋于综合为主,集约式、整合论思维更被推崇,"复杂科学"已呼之欲出,个性教育将更为重要。因为每一个具体工程的时空特征都是独特的,需要更具灵活多样、敏捷反应的柔性应对,需要工程师的创造性知识和驾驭复杂多变情况的才能。

现代科学的复杂性要求现代教育的综合性,现代工程的系统性要求现代工程人才的复合性。工程教育"回归工程"正是回归工程实践本身的综合性。现代工程绝不是"比着葫芦画瓢""依照原理画图"的简单的工匠行为,而是日益趋向于复杂的巨系统,成为涉及广泛的大工程,从美国的"阿波罗"登月计划到中国的三峡工程无不都是如此。

现代工程的实施正日益涉及众多问题:如为何要做(why)? 这是目标、价值问题;会不会做(can)? 这是技术、材料问题;可不可做(may)? 这是法规、伦理问题;应不应做(should)? 这是环境、生态问题;值不值得做(worth)? 这是经济效益问题;如何去做(how)? 这是组织、人际关系问题;……此外,还有"何时去做(when)""由谁来做(who)""在哪里做(where)"等一系列问题,这就势必对培养工程师的工程教育提出了一个更为综合性的"大工程观"的教育同时,也得要求现代工程师将更具创造性的个性,更具独立思考能力和全面的责任意识,甚至于更具独特的个性魅力和领导才干。

(二)学会做事与学会做人:工程师培养要"双管齐下"

1. "全球化"与个人素质的改变

"全球化"带来的最大挑战是个人素质的改变:无所不在的现代性正渗入日常生活的各个领域,"现代性"的同质性正是造成现代人自我认同困惑的原因。一种深层的焦虑感、一种莫名的"浮躁"感在蔓延。正如当代英国社会学家安·吉登斯所指出的:

> 现代性完全改变了正常社会生活的实质,影响到了我们的经历中最为个人化的那些方面。……事实上,现代性的显著特征之一在于外延性(extensionality)和意向性(intentionality)这两'极'之间不断增长的交互关联:一极是全球化的诸多影响,另一极是个人素质的改变。(《现代性与自我认同》,1991)

"现代性"带来现代人意向的失范,"全球化"更带给民族国家"离心力"的挑战:"每个国家的基本资产将是其公民的技能与洞察力。每个国家的基本任务将是对付割断公民联系纽带的全球经济的离心力……"(赖克,1992)教育既要赋予公民以技能和洞察力,也理所应当担负起克服这种"离心力"的重任。

2. 现代教育的四大支柱与工程教育

正是在"全球化"的背景下,国际21世纪教育委员会向联合国教科文组织提交的报告《教育:内在的财富》(1996)中提出了现代教育的四大支柱:

(1) 学会认知(Learning to know),即获取认识世界的工具和手段,而非仅获得经分类的系统知识;

(2) 学会做事(Learning to do),即获得改造世界的能力,学会处理信息和人际交往的多种综合能力,以便能对自己所处环境产生影响;

(3) 学会共处(Learning to live together),即学会合作和共同生活,认识自己、发现别人,学会宽容、化解冲突;

(4) 学会生存(Learning to be),即发展潜能、完善人格,适应和改造环境。

而对现代工程教育而言,"做事"与"做人"尤为关键。"学会做事"乃工程教育之基本目标,创新精神和实践能力的结合是现代人才的基本要求;"学会做人"乃一切教育之根本使命,科学精神和人文精神的融合是现代教育的根本宗旨。值此"全球化"时代,技术进步之迅猛、世事变化之迅捷,常使人目不暇接、难以抉择,肩负"就业—创业"之双重使命的工程教育,更应以此为首任。

(三)"知识—能力—人格"三位一体的素质要求

现代工程的日益复杂化和现代社会的日益高风险性,要求现代工程的高素质化和高责任感,因此在工程教育中推进素质教育尤为重要。知识(Knowledge)、能力(Ability)和人格(Personality)是现代人才三项最基本的素质要求。同济大学提出了自己的"知识—能力—人格"三位一体的素质教育模式(简称 KAP 模式)进行探索。这是因为:

1. 现代人才的知识结构更加复合

根据经合组织(OECD)采纳的知识编码法,人类知识可分为事实知识(know-what)、原理知识(know-why)、技能知识(know-how)和人力知识(know-who)——前两项统称为可编码知识,后两项则称为不可编码的知识,这是现代工程教育更就重视的知识,不仅要懂世界的"物性",更要懂得现代社会的"人性",人力资源将是知识经济时代最根本的资源。知识是一个比信息广泛得多的概念,工程教育绝不能仅以传授专业知识为限。理工结合、文理交融已是现代人才（含工程技术人才）的基本要求。现代工程师应具有广博的自然科学和人文社会科学的基础知识，同时要有扎实的专业基础知识和精深的专业知识。传统的"专业对口"正在过时，只有深厚的知识底蕴。才能应对变幻莫测的职业挑战和时代机遇。尤其要注意的是：知识不等于精神，在科技知识和人文社科知识的传授中，科学精神和人文精神的熏陶和养成尤为重要。

2. 现代人才的能力要求更加全面

信息时代"知识爆炸"，何以选择？何以判断？能力远比知识重要。"博学并不能使人智慧"（赫拉克利特），古希腊先哲的格言仍是意味深长的。现代电脑同样代替不了人的智慧，智慧在于化知识为能力。提出问题和解决问题的能力、判断信息和选择信息的能力远比操作性的技能更为根本。现代社会是"后喻文化"（米德）时代。经验难以应付层出不穷的新情况，"资格"决不再是可大肆炫耀的资本，"知本"才是创业的保障。而其关键正在于综合运用知识的能力。逻辑思维和动手能力的结合对于工程技术人才尤为重要，人际交往和组织管理能力更是现代大工程成功之重要前提。工程教育改革要从重专业知识技能的传授到重综合实践能力的提升。清华学生干部培养的经验值得推广。

3. 现代人才的人格塑造更加紧迫

"地球村"时代的变化光怪陆离，极易令人迷失本性。"时"虽多变，"流行"却趋同；而"知识经济"的突起，却重在张扬个性，完善人格。教育何以把握时代脉搏，培养中流砥柱？"不以物喜，不以己悲"，是性格决定命运吗？是人格锁定命运：世界观、人生观、价值观本是工程师灵魂之根基。科技道德、工程伦理实乃工程师人格之"底线"。切不可学会"机事"生"机心"（庄子），忘却"良知"泯人性！高技术罪犯之阴影中有的不也正顶戴着"工程师"之桂冠吗？工具理性和价值理性之统一、高科技和高情感的协调，不正是现代人最大的期盼吗？

加强人格培育，亦要重在"双管齐下"：一曰倡理想人格，树高风亮节之榜样：道德、品质、理想、情操……从优秀文化传统中汲取养分，时代浪潮中发扬光大。二曰倡现代人格，以求真务实为根基：独立、守信、敬业、创新……市场竞争规则优先，信用是安身之本，信誉是取胜之道。信任是现代人格发展中的决定因素，诚信为本，无信不立。塑造人格，师德为先。"人类灵魂的工程师"的人格魅力是教育最宝贵的资源。

当前人格教育中重视"国格"培养乃是"全球化"对于克服民族国家"离心力"之必需。1998年世界高等教育大会号召国际社会共同开展一场"人才回流"运动，旨在保证和推动人类可持续发展大业。发展中国家的工程教育接轨世界,培养人才能"飞天":飞遍世界去留学,对于促进人类文明交流成就卓著。但"飞天"还要"落地",只有扎根于祖国的繁荣富强的大地上,才是教育国际化之原旨所在。工程技术无国界,然工程师是有祖国的。爱国主义与集体主义、社会主义一起构成我国素质教育中的重中之重,也是现代人格教育中的基本内涵。中国工程教育重视"国格"教育,亦是"全球-本土"战略之题中应有之义。华夏儿女为复兴中华而奉献聪明才智,不也正是对丰富人类文明宝库的最大贡献吗?

结语:"全球化"时代教育理念之创新与守护

(一) "教育、研究、服务、交往":现代大学理念创新

"知识经济"兴起,为人类大学发展创新提供了良好契机,曾因高教的"合法性危机"而被边缘化了的大学终因成为"新经济"之"发动机"而重返社会中心,再领时代风骚。回顾人类大学历史,传统的以人文教育为核心的教学型大学中经近代以科技教育为重点的研究型大学之改造后,全面参与人类社会与经济发展的多功能型现代大学正渐趋成型。"教育(Education)育人才,研究(Research)出成果,服务(Service)社会创效益,交往(Communication)世界促文明"正成为现代大学最重要的四大功能(简称大学的 ERSC 功能)——这是我们对现代大学功能的理解和诠释。特别是值此"全球化"时代,现代大学在超越经济利益之争的基础上,沟通人类文明与文化的功能尤为突出。我们愿与国内外同行在合作中继续探索创新大学理念,在交往中发展完善大学功能,携手阔步迈进人类大学的新千年。

(二) 守护理想:现代教育最宝贵的财富源泉

中国古圣贤曾曰:"大学之道在明明德,在新民,在止于至善。"(《大学》)

西方有寓言告诫:"千万不要把祖先留给我们的土地卖掉,因为财富蕴藏其中。"(拉封丹)

"全球化"时代坚守大学理想亦为不易。"外面的世界太精彩",教育不仅面临着挑战与危机,更面临着诸多诱惑与陷阱。市场逻辑与教育逻辑相悖,"经济主义"冲击颇多,工程教育也许又首当其冲:尽管不能"点石成金",却也似有神奇"魔权",能换得滚滚财富,常夸人难守清贫教席;但万万不能遗忘宗旨,典当祖产恪守大学之道,坚持理想真谛,将是"全球化"时代的工程教育乃至一切教育的神圣职责。

这是"知其不可而为之"之执着还是"知其应然而为之"之坦然?

教育还是应"知其雄,守其雌,为天下溪……知其荣,守其辱,为天下谷……常德乃足,复归于朴",而终将达"无为而无不为"之境(老子)。因为:

教育——人类最宝贵财富之源泉!

构建科技理性和人文精神相通融的高等工程教育[①]

——在中国高等工程教育研究会华东地区理事单位 1999 年学术研讨会上的总结发言

各位理事单位代表、各位专家学者：

经过两天半富有成效的交流和讨论，中国高等工程教育研究会华东地区理事单位（扩大）1999 年学术研讨会就要闭幕了。请允许我代表本会议的组织者作一简单的总结：

本次会议是根据中国高等工程教育研究会理事会的决定，将原华东一片和华东二片合并为华东片后召开的首次全华东地区的理事单位（扩大）的学术研讨会。参加会议的有华东地区 35 所高校和理事单位的代表。会议由组长单位同济大学会同宝钢集团教委、东南大学、浙江工业大学 3 个副组长单位共同主持。大会正式发言 10 人，内容涉及高教体制改革、高等工程教育的改革发展及其实践和实验体系等环节、现代工程教育的教育思想以及高等工程职教、工程研究生教育等广泛的内容。与会代表对发言内容表示了浓厚的兴趣，在会上会后都进行了热烈的讨论和交流。部分非理事单位的代表表示了申请加入研究会的愿望，我已经将此向高等工程教育研究会会长沈士团教授（北航校长）作了电话汇报，他表示欢迎并将指示秘书处进行联系。

会议期间，代表们参观了同济大学建筑与城市规划学院的教学过程展、全国高校系统唯一被评为 A 级单位的国家重点实验室——同济大学土木工程防灾国家重点实验室的振动台和风洞实验室，并有幸目睹了振动台的地震模拟实验。昨天，在上海解放 50 周年的纪念日，我们又有幸参观了我国最大的现代化钢铁企业宝钢集团，领略了现代化大工程建设的壮观气象和一丝不苟的严格管理。

[①] 曾刊于《同济教育研究》1999 年第 3 期。

在这块 50 年前洒下过不少先烈鲜血的旧战场上，我们看到的是一座现代化的钢城，但同时又是一座环境整洁优美的花园新城。回想"当年鏖战急，弹洞前村壁"，更感到"战地黄花分外香"的来之不易！今天下午，我们还将参观蒸蒸日上的浦东新区，登临 88 层的金茂大厦，鸟瞰上海全景。然后参观位于市中心的上海博物馆和人民广场。如果代表们有兴趣的话，今晚可同上海人民一起欣赏光灿夺目的一次上海灯光夜景……

所有这些，都激励着我们进一步深入探讨中国高等工程教育改革和发展的前景，承担起高等工程教育的历史使命。总结这次会议的成果，我想是否可用以下四方面的共识作一概括。

一、关于高等工程教育的国际化问题

这是时代提出的课题，也是中国高等工程教育面临的新世纪的挑战。面向 21 世纪的高等工程教育改革将是研究会与中国工程院于今年秋天在北京召开的国际学术研讨会的主题，也是我们这次会议的主要课题。世纪末的科索沃战争的启示再次告诉我们，落后就要挨打，而要提高综合国力包括国防实力，工程教育肩负着重大任务。努力提高我国工程教育质量必须积极参与国际竞争，而不是回避竞争。全球化时代的科技竞争是没有国界的，工程教育的高标准应该是世界性的。正如有的同志在介绍新加坡高等技术学院发展经验中所说的，现代高职教育只有国际性标准，而不存在国家标准。这次会议的发言讨论中提出的关于我国工程教育与国际公认标准接轨的设想及建立工程教育的质量认证体系的构想都是反映了大家对工程教育国际化的探索，代表们对此提出了很好的建议，如要求在"两会"上提出相应立法建议和由工程院牵头制定实施方案等。总之，在经济发展日益全球化的今天，中国高等教育应勇敢地参与国际竞争，包括国际间大学排名榜的竞争，高等工程教育更要率先认清国际化的趋势，熟悉国际"游戏规则"，把握参与的主动权。

二、关于高等工程教育的多样化问题

如果说，迎接国际化的挑战是为了适应"世情"的需要，那么，多样化的提出正是基于"国情"的思考。参与国际竞争，熟悉并承认国际规则正是为了实事求是地根据本国国情寻找对策，应付挑战。全球经济一体化与世界政治多级化的并存、科技竞争的白热化（日趋激烈）和民族文化的多元化的并存，应是当今世界的主流。越具民族特色的也越具国际意义。中国的高等工程教育必须走有自己特色的道路。统一与繁多的并存可能是处理未来世纪人类发展的一个基本哲学思想。正如刚才吴世明教授(同济大学副校长兼研究生院院长)所说的,知识经济已初露端倪,但在我国也许工业化任务也还未完成,所以中国的工程教育应该承担起双重形态的挑战,这次会议讨论的一个热门话题也许可以用"高等工程教育的多样化"来表述。综合大家的发言,我觉得应该研究以下几个方面的多样化:①教育思想多样化,如工学教育与工程教育是否是一回事?浙江工大同志的发言中提出现代工程教育思想正从"专业化"向"工程化"转变;②实践环节的多样化,如东南大学在"面向 21 世纪高等工程教育实验与工程实践教学体系改革的研究与实践"课题中提出的工程实践体系和华东理工大学实施的工程训练模式在学科、学时、形式上都各有千秋;③培养模式的多样化,如同济大学提出的包括多层次(如从大专到本科并延伸到研究生)、多种类(如高等工程职教与普通大学工科的本科乃至于工程硕士教育之间的"立交桥"问题)的办学形式和培养模式;④学校特色的多样化,不强求统一也许是中国高等工程教育乃至于中国整体高教在追求高标准、国际化中不可忽略的另一侧面,虽然都是高等工程教育,各个学校也应各具特色。

三、高等工程教育的实践性问题

比起其他学科门类来,高等工程教育更加强调实践环节、特别是工程实践的重要性。知识经济时代更需要培养人才的创新精神,但任何创新都是以实践为基础的,因此,加强高等工程教育的实践环节必须更加重视产学研的结合,这也是本次会议发言和递交的论文的一个重要主题。不管是提"工程师的摇篮"还是现在提工程师"毛坯"为目标,教工程的却从未有过工程实践也许是目前我国工科教育中一个重要的缺憾。当然培养真正合格的工程师不仅是高校任务,也是整个社会共同的责任,美国的工程师培养中企业的培训是重要的环节,一味责怪我国工科毕业生对企业的适应性差是有所失之偏颇的,应该由全社会、特别是承担着工程实践的企业共同来为完成造就工程师的任务承担责任。而目前工程教育的教学实践受到的各种制约太多,往往被不少企业视作"负担"而不是看作是企业充分利用宝贵的知识财富的机会。东南大学在实践中有很好的经验,值得我们学习。吴启迪校长(同济大学)发言中说到的法、德两国工程师培养的经验是值得参考的。这两国的工程师培养中企业作出很大贡献,有的教授也是在企业摸滚多年的工程师中选聘的并一直保持着与企业界的广泛联系。

四、关于工程师培养中的人格问题

也就是通常讲的素质教育问题,不能仅仅看作是多开一些社会科学类的选修课。知识的传授不能代替能力的培养(两者密不可分),更不能代替人格的塑造。同济大学提出的"知识+能力+人格"的人才培养和素质教育模式受到了与会代表的关注,特别是对"人格"的强调,对于工程师的培养十分重要。人们常说教师是"人类灵魂的工程师",那我们培养的工程师又怎能没有"灵魂"呢?现在工程教育培养的人才不少成了"飞天"牌,飞遍世界各地去留学,这对于学习最新先进科学技术十分必要,但是我们培养的人才最终仍要"落地",要扎根于为祖国的繁荣昌盛作贡献的实地上,这里人格首先是"国格"的培养十分重要。当年抗美援朝战争时,许多海外华人学者科技人员纷纷从西方各国回来报效祖国,今天当美国为首的北约的导弹悍然袭击我驻南使馆的事件发生后,全球的华人深受震撼,表达出了共同的愤怒;这种中华民族子孙血浓于水的情感是任何力量也改变不了的。工程技术无国界,工程师永远是有祖国的,我们要加强工程师培养中的人格教育,包括传统的理想人格和现代的独立人格,也就是具有敬业、创新、自立、守信精神的现代人格的培养。此外,20世纪科技突飞猛进,但也出现了单纯技术至上的、学了"机事"、有了"机心"而忘了"良心"的"单向面"的工程师,这对全人类都是十分危险的。试想,如果原子弹技术首先为希特勒手下的工程师所掌握会有何种结果?如果"克隆"技术掌握在法西斯种族主义医生的手中又将是一种什么样的灾难呢?就是今天,不少电脑病毒的制造者也许头上正顶着"软件工程师"的桂冠!因此,高等工程教育中如何注重工程伦理、环境伦理等人类良知和工程师人格的教育是这次会议代表的讨论中屡屡涉及的话题,只是还来不及进一步深入讨论,有待我们继续努力。

总之,教育发展来自社会进步的需要,高等工程教育如何适应新世纪人类发展的需求已是十分紧迫的教改的主题,但同样,任何教育都是对人类未来的塑造和导引,高等工程教育在适应社会需求的同时,同样要导引社会的变革,在不断完善高等工程教育的规范化和标准化的同时,要真正提高教育整体水平就必须不断实现创新与突破。工程教育绝不是如何教会学生"依着葫芦画个瓢",照着图纸搞装配的简单模仿性能力的培养,更为重要的是以创新为核心的实践能力的培养,当然,这需要广阔的知识、卓越的人格的铺垫和支撑。因此,工程师的造就绝非光靠在校期间的学习所能完成的,工程教育必须坚定地走终身教育之路。

各位代表,各位专家,记得开幕那天下午,我们在参观我校的建筑学院大楼时,大家曾对大楼中间天庭中那个由同济教师自己设计的以体现"中西合璧"的建筑风格为旨的"钟厅"表示了浓厚的兴趣,那表现"东方重情,西方重理"的"双睛图",分别由中国古老象征阴阴两爻构成的 64 卦象和以西方达·芬奇象征建筑理念中的均衡与人体相谐趣的"维特鲁威理解的人"(维特鲁威系古罗马时期《建筑十书》的作者)所构成的一双眼睛中,我们看到的古今东西人类精神的通融,正如那块取自四位大书法家各一字而又令人感到一种天衣无缝般的和谐的"兼收并蓄"的照壁所给人的启示一样,东西方人类的精神.乃至于人文精神和科技理性都应该、也完全可以做到通融与和谐,当然,这将是人类下一世纪的最大任务之一,让我们的工程教育也为此目标而不断努力吧!

　　谢谢大家!

专业评估与资质鉴定：
中国工程教育的"国际接轨"①

摘 要：探讨了中国工程教育"国际接轨"的必要性与可能性，建立与发展中国工程教育评估与专业资质鉴定制度努力推动工程教育专业评估及学历、学位国际间的互认和关于我国工程教育"国际接轨"对策的思考。

关键词：高等教育；工程教育；教育质量管理；专业技术人员管理

在"全球化"日盛的今天，高等教育的"国际化"正与"大众化""终身化""网络化"一起构成了当前世界性的高等教育大趋势。而中国加入 WTO 后，随着中国教育市场的开放度的逐渐扩大，中国教育服务也正在走向世界。这一切都给中国高等教育带来了巨大的挑战与机遇，如中国的高等工程教育。文章试图从工程教育的专业评估与工程师执业资质鉴定这两个问题上，就中国工程教育的"国际接轨"问题谈些看法和提出若干建议。

一、中国工程教育"国际接轨"的必要性与可能性

1. "经济全球化"与"教育国际化"

工程教育的"国际接轨"是"教育国际化"的题中应有之义。而"教育国际化"则是当今时代"经济全球化"与"文化多样化"并存发展的必然要求。

"经济全球化"的确是当今世界的一个基本趋势。随着商品、服务、资本、技术、信息的跨国流动的日益频繁，人类的确已经进入了一个更加相互依存、相互影响、相互促进、相互制约的时代；市场经济的全球扩张，科学技术的全球同步，生态环境的全球互动，这三者可以视作"全球化"的基本特征。这一切都是和人类经济活动的日益全球联动紧密联系的。因此这种"全球化"的实质仍然是"经济全球化"。

---

① 本文系参加《中美工程教育政策双边研讨会（2002 年 10 月上海、北京）》的学术报告，刊发于《复旦教育论坛》2003 年第 2 期，署名为吴启迪、章仁彪、潭震威。

与此同时，世界的多极化则是人类可续发展的基本保障。特别是保持政治和文化的多样性将关系到人类更为长远的未来：世界的丰富性和文明的可续性正有赖于已经形成和发展中的各具特色的民族文化（包括政治文化）的多样性与异质性，多极的世界将更有利于世界的和平与人类的发展。

基于上述分析，我们认为，在当前"经济全球化"与"世界多极化"共同发展的背景下，"教育国际化"将是一个比泛泛地提"教育全球化"的口号更为现实和贴切的概念。"国际化"与"全球化"是两个侧重点不同的概念。如果说"全球化"更凸显的是一体化的"趋同"趋势，那么"国际化"更加强调的恰恰是以民族间的"存异"为前提，其前缀的"inter-"突出的正是不同主体间的交互性，而不是单方面的趋同，用中国传统文化的语言来讲就是要"和而不同"。"教育国际化"所强调的不同民族国家间教育交往的重要性，是在承认和正视当前经济全球化、政治多极化、科技同步化、文化多样化的基本趋势下，倡导加大教育的国际交流与合作。其实质应该以尊重教育规律的共性与保持民族文化的个性的统一为前提的。"教育国际化"应是以经济"趋同"和文化"存异"共同为前提下的教育的国际交往。

2. 中国加入 WTO 与工程教育"国际接轨"的紧迫性

经过漫长的谈判，中国终于正式加入了世界贸易组织（WTO），这标志着世界最大的人力资源和教育市场的进一步加入全球化的竞争之中。"教育国际化"要求各国教育有所调整、改革、整合，要求各国教育在一定程度上实现"国际接轨"，即具有更多的"可比性"以增加互认的可能性。当然，这首先需要有某种共同的"游戏规则"。尽管教育任何时候都不只是知识的传授和技能的训练，更有其不可推卸的人格塑造和文化传承的职责。所以 WTO 所要求的教育服务贸易的领域是有所限定的，各国教育服务开放的承诺往往只能是部分承诺，但教育的"国际接轨"是必然的。由于市场的全球化、现代工程实行国际招投标制的普遍性，使得人才的跨国流动日益频繁，工程教育的"国际接轨"显得更为必要和紧迫。各国的教育势必要求参照国际公认的教育标准，结合国情制定适合本国的、在国际上是可比的教育标准进行教育，达到与国际教育的互通与同步发展，这就是教育"国际接轨"的意义之所在。

中国正式加入 WTO 后引发的中国教育市场的国际竞争热情空前高涨和中国工程企业与科技人员走向世界的步伐不断加速，首先加剧了中国工程教育的"国际接轨"的紧迫性。中国作为世界贸易组织一员，在开放作为服务贸易组成部分的那一块教育市场的同时，参与教育服务和工程专业服务的机会也会越来越多，中国的工程教育与国际工程教育的接轨就显得更为必要和紧迫。而工程教育由于其教育内容、手段、技术的要求的规范性与通用性较高，其教育对象的就业市场和执业实践更多跨国化的可能，就更有必要也更有可能率先探索加快实现"国际接轨"的途径和方法。

3. "信息网络化""科技同步化"与工程教育"国际接轨"的可能性

科学技术既是"经济全球化"的重要"发动机"，是其"因"，也是其主要的内容和对象，是其"果"。特别是"信息网络化"与"科技同步化"的迅速发展则为教育的国际化，特别是工程教育的"国际接轨"提供了现实的可能性和强有力的促进。中国的工程教育要面对工业化和知识经济双重挑战，任重道远，但是，这种挑战同样也给了我们将中国的工程教育与世界科技发展和工程教育同步的机遇。特别是在"全球化"进程中，推动科学发展的基础研究与应用研究（以及技术开发研究）已无明显界限可分，科学和技术在发展中的互相依存、互相促进，使得高新技术得以迅猛发展，也使得科技教育尤其是大量需求的工程技术教育更为重要和普及。对于目前国际上正在推进中的工程教育专业评估的相互承认和正在探索中的工程专业技术资质鉴定相互承认的可能性问题，中国的工程教育界应该给予充分的关注并积极参与。

中国已有良好的工程教育师资和教育条件，特别是改革开放以来，在中国工程教育中不仅聘请了国外的教授和专家来上课和讲学，还通过共同办学、相互承认专业学历和专业学位的方式进行国际间的工程教育交流，工程教育与国际工程教育的发展逐渐同步。特别是近年来，我国工程教育的专业评估已经走出完全由教育行政主管部门控制、单纯就教育而论教育的内部评估阶段，开始更多地与专业工程学会合作，逐渐实现了规范化和制度化，我国的注册工程师制度也已经逐步建立并开始更多地参照国际惯例进行资格考试和认定，这一切都为中国工程教育的"国际接轨"创造了良好的背景和基础。同时，我国工程技术人员正在大踏步地走向世界，世界已经开始注意到中国科技和工程技术专家取得的成就和贡献，如中国工程院院士、同济大学土木工程学院的前院长项海帆教授去年当选为国际土木工程界权威组织——国际桥梁与结构工程学会的副主席，标志着同济大学的土木工程专业水平已经获得国际的公认。也表明中国工程教育的"国际接轨"已经有了扎实的基础和良好的开端，为工程教育的专业评估和工程师执业资质鉴定标准的"国际接轨"和互认，为进行跨国从业提供"教育对等""专业资质对等"的确认基础。

二、中外工程教育专业评估与专业资质鉴定的比较

1. 国际化进程中的国外工程教育评估与专业资质鉴定制度

随着工程行业的国际化趋势,工程教育也在逐步成为国际性的事业。鉴于工程教育的专业评估与工程师执业资格的资质(或许可)鉴定(或认证)是两项既相互联系又相对独立的工作。我们认为,当前工程教育的"国际接轨"应该从工程教育的专业评估互认开始,并努力探索和推进工程师执业资质鉴定的国际互认,用一个更为通俗化的比喻,这就像是工程师走向世界的"通行证"。

对工程教育专业实行评估与进行执业资质的鉴定,在经济、科技发达的国家开展得比较早,已有一套比较成熟的专业评估与专业资质鉴定的制度和方法,对工程教育专业评估大多由具有权威性的行业协会等中介组织(NGO)承担,比如在美国,由美国专业工程技术协会联合组建的美国工程与技术鉴定委员会(Accreditation Board for Engineering and Technology,ABET)负责对工程教育专业进行评估,在确保工程教育质量的同时鼓励课程革新以及评估过程的改革。而工程师的执业资格注册则由各州注册局实施,注册工程师相关要求的第一个方面就是教育要求,其典型要求就是获得ABET评估认可的工程专业学士学位,第二是经认可的相关专业工作经验要求,第三才是基础考试(FE)和专业考试(PE)。在英国,高等教育质量的保证工作由高等教育质量保证机构(Quality Assurance Agency,QAA)负责,该机构提出高等学校学历与学位资格框架、学科基准、专业规格指南等。专业评估和工程师资质鉴定则统一委托给工程师委员会(Engineering Council,EC)负责。专业评估的整套机制由各学校的校内自评评估机制、校外督察员制度、职业学会评估机制构成。

2. 中国工程教育评估与专业资质鉴定制度的建立与发展

中国政府对工程教育一直十分重视,尤其是改革开放以来,中国的工程教育在吸收国外工程教育改革和发展经验的同时,根据我国的国情也对工程教育的体系和工程教育的内容进行了改革,逐步开展实行对工程教育专业进行评估,同时对专业资质的鉴定也进行了改革,逐步推广和实行专业资质注册制度。我国的工程教育改革和专业资质鉴定改革是由政府推动和组织,由主管部门、中国工程院、高等院校、专业协会和专业学会参加,参照国际公认的评估要求和鉴定要求,结合我国国情制定标准。目前,我国已开展了对建筑学、城市规划、土木工程、建筑环境和设备、工程管理专业实行了专业评估,并将开始对软件专业进行评估。其他的工程专业的评估也正在逐步展开。其中我们也参照和借鉴了国外

的一些方法和标准,如我国一级注册建筑师引用了美国的考试的标准,注册结构工程师参考了英国注册工程师的标准体系,并与美国、英国等开展互认工作。

中国的工程教育评估和注册工程师资质鉴定相衔接的改革,首先是从土木工程专业领域开始的。同济大学从一开始就积极发起,大力推动这一探索,并得到建设部的大力支持。现在请允许我向大家作一简单介绍:1993年成立了中国全国高等学校土木工程专业教育评估委员会并制定了一系列文件,其中包括"全国高等学校土木工程专业教育评估委员会章程""全国高等学校土木工程专业本科教育(评估)标准""全国高等学校土木工程专业评估程序与方法""全国高等学校土木工程评估视察小组工作指南"等,从1995年以来已对全国不同的大学中26个土木工程专业进行了评估,同济大学土木工程专业水平在我国高等工程教育中处于领先地位,土木工程专业的教育计划已达到了国际公认的教学要求,同济大学土木工程专业的工程实践训练与国外相同专业相比,不同的是工程实践训练更贴近实际,课程设置中的毕业设计实践环节,使学生于毕业前在老师的带领下参加实际工作的设计,亲身感受实际工程的情况,使学生毕业后能很快适应工程工作,所以同济大学土木工程专业的毕业生,一直受到社会的欢迎。同济大学土木工程专业现已通过中国全国高等学校土木工程专业教育评估委员会的评估。

3. 推动高等教育工程教育专业评估及学历、学位互认

而在我国对工程教育实行评估和土木工程专业注册工程师的鉴定也已经引起了国外工程教育界的关注,并已引起了英国和美国职业评估机构的注意。中、英两国的工程教育评估组织经过多年的相互交往、互派观察员参加评估活动和评估委员会会议等,还联合召开了有关土木工程专业教育和职业评估的国际会议,在相互了解的基础上于1998年3月签订了互认协议,确认了经中国全国高等学校土木工程专业教育评估委员会(National Board of Civil Engineering Accreditation,NBCEA)评估的土木工程专业与经英国联合协调委员会(Joint Board of Moderators,JBM)评估的土木与结构工程第一学位专业相互承认,并符合中国注册结构工程师和英国土木工程师协会会员对于目前教学方面的要求。同济大学的土木工程专业学位和教学也已得到JBM和英国土木工程师协会(Institution of Civil Engineers,ICE)的承认。美国(ABET)也曾派观察员来参加中国的高等工程教育的评估活动并与中国NBCEA对于土木工程第一学位专业评估的互认和中国参加华盛顿协议等问题进行了深入而有效的讨论。

在进行工程教育专业评估的"国际接轨"探索的同时,同济大学也对工程教育的办学模式和专业证书以及学位、学历的互认进行了积极的探索。尽管自去年以来,中国教育部先后与法国、德国两国政府签订了双方互认等教育学历的文件,为中国与经济合作与发展组织(Organization for Economic Cooperation and Development,OECD)成员国之间的教育对等迈出了重要的一步,这对于中国高等教育走向世界具有重大意义。但我们认为,对于实行完全市场经济的国家来讲,仅有政府间的协议是不够的,还需要相关的行业协会和专业协会的认可才是实现真正的"市场准入"的重要环节。为此,同济大学近几年来一直在努力探索与国外著名的大学和企业进行广泛合作,目前已经取得积极进展的主要有"中德学院"(Chinesisch Deutsches Hochschulkolleg,CDHK)和"同济—巴黎工程和管理学院"(Institut Franco-chinois d'Ingénierie et de Management,IFCIM),这两个学院的共同点是,都是与国外著名大学合作并在国内外知名企业参与支持下建立的同济大学的二级学院,学院按照国家的统一要求和标准,通过考试录取,在完成学业后可以获得正式的学历和学位证书并成为正规的研究生,真正实现了"强强联手"、中外合作培养国际性高层次专业人才。

三、关于我国工程教育的"国际接轨"对策的思考

随着工程国际化的快速发展,工程师的国际间流动越来越普遍,对工程专业的多边互认提出了进一步的要求。1999年由美国、澳大利亚、爱尔兰、新西兰、英国、加拿大国家的认证组织共同签署了华盛顿协议,承认签约国在工程教育的认证体系及其水平上的等同性;承认彼此的工程专业评估组织;承认彼此工程专业评估组织作出的评估结论;相互交换评估文件、观察评估过程、列席评估会议。1997年又专门建立了有关工程师流动问题论坛(Engineers Mobility Forum,EMF)以促进彼此的注册工程师执业资格国际互认,为推动工程专业教育、注册工程师的国际间相互承认、走向国际化建立了基础。在华盛顿协议的影响下,后来又有许多国家和地区陆续签约加盟,我国的香港特别行政区也已签约加盟。此外,亚太经合组织(APEC)也正在进行APEC工程师的注册工作探索。

根据国际上工程教育改革和发展的国际化趋势和中国的实际情况,为了积极推进工程教育的教育改革,推进我国工程教育的专业评估和工程师执业资质鉴定的"国际接轨",结合同济大学这几年的实践,我们认为可以采取以下的对策:

(1)我国应尽快建立并推行工程教育专业评估与专业资质鉴定制度。首先应该建立具有国际可比性、也就是具有国际标准、合乎国际专业评估和资质鉴定

内容和程序的"游戏规则"的体制和机制。鉴于中国目前的行业协会及社会中介机构尚在起步阶段,因此建立可由中国工程院和政府有关部门共同推动,按照国际惯例,组建具有权威性、独立自主负责工程教育专业评估与专业资质鉴定的全国性的工程专业评估组织与专业资质鉴定组织,评估的过程应始终是透明的、公正的和向公众公开的。

(2) 加强与国际工程教育与工程师协(学)会的交流。在工程教育评估日趋国际化的情况下,应注意发挥非政府组织(NGO)的作用,进一步加强工程教育评估的国际信息交流,要更多关注国际上工程学科设置和学位课程的设置动向,加强课程设置计划的交流,课程名称和内容的互相认同,应该逐步开展国际间的工程教育评估活动。同时,建议有关主管部门及工程师协会等也应该通过交换相关文件等方式积极探讨国际间的注册工程师的资质互认的可能性。

(3) 加快工程教育的改革步伐以适应当代科技、经济与社会的发展。传统的中国工程教育受部门和行业办学的制约,专业划分过细,难以适应迅速多变的现代科技和产业结构的调整。应继续拓宽专业口径,加强科学基础教育和学科间的渗透交叉融合,引进高新科技加以专业改造,注重学生的创新意识和实践能力的提升,加大工程师培养中的人文和社会科学方面的通识教育拓展全球视野,努力建构知识、能力、人格(KAP)三位一体全面发展的现代工程师培养模式。

(4) 建立以学生为对象、社会与企业共同参与的评估标准和质量保证机制。教育作为一种服务,服务的对象是学生,因此,评估标准的核心应该逐步从评价教学条件、教学过程转向评价教学质量,评估应该以更注重于学生进入工程领域的知识准备为核心。并逐步强调依靠学校自身的努力来保证工程教育的质量,建立和完善常设的内部质量保证机制,对学校教学的各个环节进行实事求是地评估和监督,而现有的由学校外部评估的方式应逐步向学校外部审核转变。

(5) 加强产学研结合以促进教育改革和提高工程教育的科技含量。这不仅是"科教兴国"的重要组成部分,也是当今工程教育与"国际接轨"的要求。工程教育要适应工程活动随科学技术发展而不断改革、发展,将大学与企业的资源、大学与国家的科研设施(国家科学实验室)等的资源进行整合,在促进高新技术的转化的同时促进工程教育的进步。高等院校在完成国家重大科研中占有主导地位,国家科研基金的投放应该更多向高等院校倾斜。在学校、企业及政府机构间应同时建立协商机制,对科研成果中的知识产权应明确各自的责任。

(6) 建立和完善工程教育的"终身教育"体系。工程教育终身化是工程教育的一项重要任务,高等院校不仅要提供高质量的职前工程教育,还应与企业、协会一起搞好职后教育,为已经毕业的"工程师毛坯"和在职工程师提供"回炉"和提高的机会,使他们能够不断接受新知识和掌握新技术。

以上对策应该由有关政府部门和相关专业学(协)会会同高等院校一起努力。当然,我们希望也相信中国工程院能在推动中国工程教育的"国际接轨"方面继续发挥重要作用。

试论工程教育质量保证体系的构建[①]

摘　要："全球化"与"现代性"带来了高效率与高风险的并存,人们对高科技的依赖空前加大,大量的非传统安全问题的凸显,对工程教育提出新的质量要求,在对中国工程教育质量管理的现状与面临的问题分析的基础上,研究探索工程教育质量保证体系的构建,并提出由政府、社会、高校三者互动共同构建的建议。

关键词：高等教育；工程教育；质量保证体系

一、引子："全球化"、现代性背景下的工程教育

1. "全球化"、现代性的挑战与"现代人的两难"

"全球化"的实质是商品、资金、人才、技术等的跨国流通和交流所形成的一种相互依赖。我们认为其基本特征可以归纳为三个方面：一是市场经济的全球扩张,WTO、IMF、OECD、APEC等就是这种走向的标志；二是科学技术的全球同步,这是"全球化"的基础和动力,包括IT、克隆等生物科技及纳米等材料科技；三是生态环境的全球联动,这是"全球化"的必然结果,Only One Earth已是人类最大的共识。"全球化"为诞生于"工业革命"后18—19世纪之交的工程教育带来了前所未有的机遇,也使得现代工程的质量问题成为一个全球面临的共同挑战。

由于"全球化"的迅猛扩张,使得任何一个民族和国家都再也无法回避"现代性的扩张"所带来的多种负面效应了。现代性造成的是一种时空的错位与重组,一方面是"时空的压缩"或曰"时空跨越",瞬间万里,即时"在线"(online),另一方面是"时空的分延"(分离和延宕)或曰"时空脱宕"：前现代与后现代的跨越,过去与未来的断续与持存,"在场"与"缺场"的交织,这就造成了当今时代整体性与个体性的分裂,同质化与异质化的共进。

[①] 本文系教育部全国教育科学"十五"规划重点课题,"新世纪高等教育质量评估与认证"的研究成果之一,与谭震威合署代为主题发言,发表于"第三届国际工程教育大会"(2004年9月7～10日于清华大学)。

在"全球化"和"现代性"的双重压力下,高科技与低情感的交错使人类自身陷于重重矛盾之中:一方面是趋同,"全球一体化"正向人们生活的各个领域全面渗透;另一方面是求异,各民族、各宗教流派都强调各自的独立价值而冲突不断。这些都使得现代人包括现代工程师的人格塑造和"自我认同"处于空前的困惑中。正如联合国教科文组织(UNESCO)的报告《教育,财富蕴涵其中》中的"序言:教育——必要的乌托邦"所指出的:

> 现代人有一种头晕目眩的感觉:一方面是世界化,他们看到而且有时承受着这种世界化的多种表现;另一方面是他们在寻根、寻找参照点和归属感。他们在这两者之间左右为难。
>
> 教育应面对这个问题,因为在一个世界性社会将在阵痛中诞生的时候,教育比任何时候都更处于人和社区发展的关键位置……

2. 高效率和高风险的并存与现代工程教育的质量意识

不仅如此,"全球化"与"现代性"更带来的是高效率与高风险的并存。由于高科技时代人对技术的依赖空前加大,不仅是现代信息技术,就是传统制造业的风险性也在增大,因为尽管世界正在进入信息社会和知识经济时代,但是传统的以制造业为核心的工程教育仍然是现代工程教育的重要组成部分,因为"比特"(Bit)代替不了"阿童木"(Atom)。且不论中国大地处处皆用的泛化的社会乃至于精神建设的"工程"是不是原来意义的"工程"概念,我们的理解是"项目",一旦使用"工程"这个概念,就必然会有一系列"工程化"的做法(其实,早就有这种"泛化",如:把教师称为"人类灵魂的工程师"),但"基因工程""三峡工程"中工程师的作用还是不可代替的。因此,工程教育尤其是高等工程教育的质量保证对于现代经济社会的协调发展是尤为重要的。因为值此"全球化"和高科技的时代,现代工程的综合性和复杂性带来的是高效率和高风险的并存以及非传统安全问题的突现:从纽约"9·11"事件的机楼共毁到巴黎戴高乐机场的坍楼事故,从震惊欧洲的"疯牛病"的起因不明到蔓延亚洲的"SARS"病毒去而复返再到"艾滋病"的全球共危的威胁。尽管这些问题的产生并不能归罪于现代科技,但现代工程、特别是人类大量"改天换地"的大工程的风险性的巨大性是显而易见的,现代工程的质量保证已经成了现代社会安全中的一个严峻问题。而作为以培养工程师(包括现代信息技术工程师和现代工程管理工程师)为主要目标的高等工程教育的质量保证问题,同样是一个十分重要而关键的问题。

工程教育是为经济建设和社会持续发展培养和提供大量的工程技术、工程管理人才的主要渠道。从工程科学和工程技术到工程设计和工程管理（包括工程论证、工程组织、工程监理等多个环节），现代工程教育肩负着大量的理论知识的传播和责任重大的实际能力提升的双重重任；尤其是现代工程是人们综合应用科学（包括自然科学、技术科学和社会科学）理论和技术手段去改造客观世界的实践活动，随着科学技术的迅速发展，工程师要面临的不仅仅是大量的技术问题，还要涉及经济、环境、伦理等社会问题。为此，工程教育的质量也成为人们日益关注和急需解决的问题，这就要求构建工程教育的质量保证体系来保证工程教育的质量，而没有质量保证的工程教育是没有生命力的，在未来社会的发展中很快就会被社会淘汰。

现代工程教育是包括工程科学、工程技术以及工程设计、工程管理等的综合性的教育门类。同时也是一个具有多层次（从中等教育到研究生层次）的教育体系。其中高等工程教育是最重要的层次，因为它直接是"工程师的摇篮"或者至少也是"工程师的毛坯"。我们认为要纠正国内教育界和社会上对高等职业教育的误解，认为高职教育只需要大专层次就足够了。其实高职教育中的工程教育也应该以培养工程师为目标，只是那是另一种性质的工程师，即"现场工程师"，而不是传统的"设计工程师"为主。而现代工程的复杂性又是和现代工程的精确性相伴随的，因此，现代工程教育的质量意识必须覆盖全部工程教育类型和全过程。

二、中国工程教育质量管理的现状与面临的问题

1. 历史与现状

1）高等工程教育一直是中国现代高等教育的主干

中国高等工程教育的历史几乎与中国现代高等教育的历史同步发展的。早在19世纪末、20世纪初的中国现代高等教育起步时期，就诞生了一批以"实业救国"为宗旨的高等工业学校。20世纪50年代初，中国的高等教育体系"以苏为师"进行了大规模的改造，工程教育成了中国高教的主体。就是在"文化大革命"这样的非常时期，最高领导人认为"大学还是要办的"，"主要是理工科大学"。所以，总体上看，中国的工程教育随着大规模的经济建设的展开和科学技术的不断进步，取得了很大的发展。

2）改革开放促进了高等工程教育量和质的显著提高

自改革开放以来，中国的工程教育一方面从体制、结构到教学的内容、方法都进行了许多重要的改革，特别是自20世纪90年代中期以来，在高校普遍开展

了文化素质教育活动,使得广大高校学生尤其是工科学生的知识面和综合素质有了显著的提高;另一方面,中国的高等工程教育在对外开放上也引领时代新风,通过大批的人员派出和引进,还通过合作办学、相互承认专业学历和专业学位的方式进行广泛的国际的工程教育交流,促进了工程教育量和质的显著提高。

3) 重视专业评估和注册工程师资格考试制度的建立,为中国高等工程教育与"国际接轨"创造了良好的基础

20世纪90年代以来,我国工程教育在专业建设方面开始实行专业评估制度,专业的设置和合格与否更多地与专业工程学会合作进行评估,逐渐实现专业评估的规范化和制度化;工程教育的标准与我国的注册工程师制度也已经逐步建立了联系,并开始更多地参照国际惯例进行工程师的资格考试和认定,这一切都为中国工程教育的进一步发展和与"国际接轨"奠定了良好的基础。

2. 关于质量保证的探索

近年来,我国高校对包括工程教育在内的教育质量的管理和监控一直在进行探索和尝试。

1) 建立以教学质量评估为基础的质量监督体系

一是课程评估,主要是在校内通过学生评教、教师评学、教学督导组听课、教师上岗培训和听取毕业学生对几年在校学习情况的意见反馈,来不断改进和提高学校的教育质量;二是专业评估,即由教育行政部门会同行业主管部门共同组织同行专家(包括企业界专家)进行跨校际的专业评估,专家的反馈意见对于专业建设起到了很好的督促作用;三是由中国教育部直接组织的高校本科教育水平评估,全面督察高校的教育与教学质量。多年来以课程评估(教学质量评估)为基础的质量监督体系,在教育质量保证方面也起到了一定作用。但是,以课程评估(教学质量评估)为基础的质量保证体系主要涉及的是学校教务处职责范围内影响教育质量的因素和环节,在日常的教学管理中由教务处来实施和予以解决,而超出教务处职责范围的影响人才培养的诸多因素就很难得到控制和纠正,达不到将影响教育质量的诸因素在人才培养的全过程中始终处于受控状态,因此它是一个有局限性的教育质量保证体系。

2) 借鉴企业 ISO9000 标准化质量体系进行教学质量管理的尝试

结合学校实际情况建立的既能满足教育质量要求,又能够满足行业质量标准的教育质量保证体系。这主要在少数具有较强行业特点的学校实施,以企业管理的模式,突显以质量管理为中心,建立质量管理委员会。质量管理委员会确定学校质量管理的重大决策、建立质量保证体系框架,在学校质量保证体系的运

转中负责监督。由于教育过程不同于产品的生产过程,对学生的知识、能力、品行的评价更不能简单地(也不可能)借鉴对产品质量评价的方法来评价。所以,对于引入或以 ISO9000 企业质量标准为基础建立的教育质量保证体系,是否能够适合于学校,人们一直给予很大的关注。

3) 结合注册工程师资质认证加强工程教育质量保证监督

中国的工程教育在吸收了国外工程教育改革和质量保证经验的基础上,根据我国的国情也逐步开展了对工程专业进行评估的做法,以此监督和保证工程教育的质量,同时逐步推广和实行专业资质注册制度。我国的工程教育改革和专业资质鉴定改革是由政府推动和组织,由国家教育主管部门、中国工程院、高等院校、专业协会和专业学会参加,参照国际公认的专业评估要求和鉴定要求,结合我国国情制定标准,目前我国已开展了对建筑学、城市规划、土木工程、建筑环境和设备、工程管理等专业的专业评估,其他的工程专业的评估也正在逐步展开。其中我们也参照和借鉴了国外的一些方法和标准,如我国一级注册建筑师引用了美国的考试的标准,注册结构工程师参考了英国注册工程师的标准体系,并与美国、英国等开展互认工作。中、英两国的工程教育评估组织经过多年的相互交往、互派观察员参加评估活动和评估委员会会议等,还联合召开了有关土木工程专业教育和职业评估的国际会议,在相互了解的基础上于 1998 年 3 月签订了互认协议,确认了经中国全国高等学校土木工程专业教育评估委员会(NBCEA)评估的土木工程专业与经英国联合协调委员会(JBM)评估的土木与结构工程第一学位专业相互承认,并符合中国注册结构工程师和英国土木工程师协会会员对于目前教学方面的要求。通过几年来的专业评估和与国外学位互认,这些工程专业的教育质量有了很大的提高,这些专业的毕业生受到社会的认可和欢迎。

3. 面临的问题

1) 知识传授与能力培养的关系

但是在改革过程中也曾出现了重知识的传授、轻能力培养的倾向,过多地强调了对专业性知识的重视而缺乏更具有超前意识和全面能力的培养,致使部分学生进入社会后,其适应社会的能力、动手能力和继续学习的能力较差;从事工程教育的师资中缺乏具有工程实践经验的教师,因此很难对学生进行工程能力的培养、指导完成实践教学课程;教育内容和实验条件的相对陈旧,以及现在落实实习场所的困难,学生的实习时间和手段上都难以保证,也使得毕业生在就业后的工作适应性上滞后等。

2）数量扩张与质量提高的关系

上述这些可能导致教育质量的"滑坡"的倾向在一定程度上又由于高等教育规模的快速扩张而未能得到及时有效的遏止，有的还有继续加大的可能。特别是从"精英教育"向"大众教育"发展中，出现了大量的高职工程教育院校。所以，尽管中国的工程师队伍在数量上几乎成了世界第一，但在工程师队伍的整体质量特别是工程师在解决实际工程进展中遇到的问题的能力上还与现代社会发展和现代工程发展的规模难以完全适应。

3）职前教育与终身教育的关系

当然，这里的问题不只是工程教育界的问题，还有工程实践中的多种因素在起作用，其中也包括工程教育的继续性和终身性问题。当代中国高等工程教育界提出的改"工程师的摇篮"为"工程师的毛坯"就是出于这一背景。问题是工程教育的终身性问题需要院校与企业建立有保障的机制和制度。因为工程教育的质量和质量保证的确不仅是工程教育可持续发展的永恒主题，也是提高现代工程安全性的重要保证之一，因而应该也是工程教育改革的重要内容之一。

三、构建高校工程教育质量保证体系的探索和尝试

1. "以人为本"、内外协同构建工程教育质量保证的制度与机制

中国高校的工程教育质量保证体系的建立和建设，可以借鉴国外的教育质量保证经验和我国高校多年来对教育质量保证的实践经验，将我国的高等教育法规，国家教育行政主管部门的指导性政策、学术标准、学科建设要求等作为建立高校工程教育质量保证体系的依据。我国高校工程质量保证体系也可由校外和校内两部分组成。

1）校外的质量保证体系

按照我国的国情，校外质量保证体系由教育行政主管部门为主导，行业协会辅助，高等院校参与，根据工程实践性强、技术更新快的特点，制订学术标准、工程教育准则、建立教育质量评估制度和评估标准，开展对工程专业的评估和对学校内部质量保证体系的评价。制订学术标准和工程教育准则应包括专科工程教育、本科工程教育、继续工程教育，它们的标准应该是不一样的。

2）校内的质量保证体系

高校应在学校层面建立学校内部教育质量保证机构，质量保证机构应设立常设性的，应是高校机构中不可或缺的部分，作为学校学术方面，特别是在教育质量与标准方面的权力机构，学校的行政管理机构在教育质量保证方面应将有

关政策具体化,并付诸实施。学校内部应设立常设的质量保证机构,它的主要职责包括：制定质量保证方针、政策、规章制度,监督和检查质量保证工作的开展情况和持续效果,对影响教育质量的因数和教学过程中的关键环节进行监控,就学校的专业、教师和教学中的问题制定政策和规划,对学位和学历的授予质量和水准进行监控等。

机构的组成人员除了学校的领导,教学部门和主要教学辅助部门的领导外,还应包括教师代表和学生的代表。最理想的是在质量保证机构中,还要有一定的著名企业代表。这样在质量保证工作会议上就可直接听到学生的想法和要求,企业和社会对教育的想法和要求,使工程教育能够满足学生和社会的需求,与社会的进步、科学技术的不断发展与时俱进。

高校在实行质量保证过程中,应树立以教育为中心,明确学校内各职能部门对于教育质量的职责及确保教育质量需要通力合作和密切配合、组织和动员全体教职员工参与教育质量保证的管理,实现教育质量的全员管理;确立以学生为本、以教师为主体、树立教育服务的意识,学生是教育服务的对象,"以学生为本"应该贯穿于教育质量保证的始终,注重学生掌握扎实的科学基础知识、创新意识培养和自学能力与实践能力的提升;教育质量保证体系应对影响工程教育教学的关键因素和人才培养过程中的关键环节在工程教育教学的全过程中始终处于受控状态,建立有效的教育质量反馈机制并对教育质量持续进行改进,使工程教育质量在机制和制度上得到有效的保证。

2. 同济大学构建教育质量保证体系的尝试

1) 指导思想

这些年来,同济大学在构建校内教育质量保证体系方面做了很大的努力,进行了一些有益的探索和尝试,经过多年的努力,在总结以往的教育质量保证经验的基础上,已于2004年正式推出"同济大学本科教学质量保证体系"试运行。同济大学秉承科技教育与人文教育协调发展的办学理念,坚持"知识、能力、人格"三位一体的人才培养模式(简称素质教育的KAP模式)和"教学、研究、服务、交往"四大功能并进的现代大学目标(简称TRSC理念),坚持贯彻"以学生为中心""以教师为主体"的教育思想,学习和借鉴先进的管理思想,以"教学质量形成于教学的全过程,必须将影响教学质量的全部因数在教学的全过程中始终处于受控状态"为指导思想和结合同济大学工程教育的特点,建立了同济大学本科教学质量体系,并且根据学校的定位、人才培养目标,学校办学特点,确定工程教育的质量目标。基于工程教育质量主要形成与工程教学的全过程,重点是影响工程教学质量的关键因素和人才培养过程中的关键环节,这些因素和环节存在于学校的所有涉及教育的各职能部门、学院(系)。为保证教学质量和人才的培养达到预期目标,必须将影响工程教学质量的关键因素和人才培养过程中的关键环节在人才培养的全过程中始终处于受控状态,作为质量保证根本的措施。

2) 保证体系主要内容

同济大学的质量保证体系包括"质量保证纲要""质量保证框架""质量保证流程""质量保证实施条例"以及学院(系)的质量保证框架和流程。

"质量保证纲要"将影响教育质量的主要因素和人才培养中的关键环节归列为教学质量目标和管理职责,教学资源管理,教学过程管理,教学质量监控、分析和改进四个部分,共18个执行项目、90个质量要求,每个执行项目都确定了责任人、执行人或执行单位及具体执行内容。

"质量保证框架"明确了质量保证的领导与办事机构,执行质量保证的工作机构及各自的管理职责,同时明确了质量保证中的监督系统,在执行项目的基础上,设立相应的监督项目,确定监督内容,明确监督负责人,质量监督单位并对各质量控制点进行定期监控,从机制和制度上保证质量保证工作在学校的重要地位。

"质量保证流程"以质量控制点为重点,明确了质量反馈机制和监控结果的反馈途径,注重对质量的监控、分析和改进。通过定期的质量管理评审,对整个质量保证体系进行评估,不断完善质量保证体系,提高教学质量管理;通过定期的校内、外的教学评估和专业评估来改进教学质量和提高专业建设水平,同时制定纠正和预防措施,进行持续改进,始终以学生及社会用人单位的要求和满意度作为首要标准。"质量保证流程"使质量保证的执行过程与监督过程形成一个循环流程,使得质量保证能够持续、正常地运行,同时也明确了质量保证执行机构与监督部门间的联系和协调关系,保证了质量、保证工作的可操作性。

"质量保证实施条例"是将质量保证工作以文字的方式确定下来,成为执行单位和监督单位的工作依据,执行单位和工作单位必须按规定按时提交执行工作总结报告和监督单位提交监督情况总结报告,以使质量保证体系可持续、高效规范运行。

同济大学的质量保证体系涉及学校的各职能部门、学院(系),实现了适合学校的全员质量管理,做到了将影响工程教育质量的因素和环节在人才培养的全过程中始终处于受控状态,并能使质量保证体系周而复始持续地运作,有效保证了工程教育质量。因为工程教育的质量主要形成于工程教育教学的全过程,涵盖了工程教育的所有教学活动、教学及科学研究与教师、教师与学生、教学设施与教学及科研环境、工程教育对社会的贡献度等等。因此,学校内部的工程教育质量保证体系应该是在工程教育教学过程中,能将对工程教学质量产生积极影响的各种因数有机组合、连接起来,对影响工程教学质量的各种消极因素能够及时予以纠正和消除而形成的一个能够维护、保持和不断提高工程教育教学质量的稳定有效的循环的工作系统。

四、几点思考和建议

根据国际上工程教育改革和发展的国际化趋势以及中国工程教育的实际情况,结合多年的实践,我们认为工程教育质量保证体系的构建应该是一个由上而下和由下而上双向共进的过程,即需要政府、社会、高校三者的互动。高校在这个体系中处于关键的地位,但是,如果没有政府的通过立法规范工程教育,制订工程教育质量标准,加强对工程教育质量的监督和评估;没有社会及相关行业共同参与对高校工程教育质量的监督和评价,光靠高校自己内部建立的教学质量保证体系,工程教育的质量是很难得到有效保证的。为此,我们建议有三个方面。

1. 教育质量与"责任政府"建设

教育始终是一项关系国计民生之本的公益性事业,因此政府对于教育的投入及其质量保证承担着不可推卸的责任,应正视"新公共管理"的影响,在从"全能政府"向"有限政府"进行职能转换中,保证基本的教育质量将是"责任政府"建设中的应有之义。政府应加强对制定关于高等教育质量保证的相关法律、法规和条例的推动,国家教育主管部门可根据我国实际,以及国外高校关于工程教育质量保证的先进管理办法和经验,出台指导性政策,并会同相关行业或工程学会建立相关工程教育质量保证体系和完善工程专业评估的制度和方法,建立工程教育的质量标准和工程教育质量的评估标准。

2. 社会中介参与教育评估

应逐步建立和完善高校教育质量的社会中介评估机制,成立专门的高校教育质量中介评估机构在取得政府授权后对高校的学术研究、学科建设和教学、专业、学校的管理等进行评估。这种建立教育评估机构应该是非政府、非营利的组织,同时还要吸收社会各界志愿人士参加教育评估,学生、家长、用人单位有权监督"问责"教育质量;要进一步发挥行业协会在工程教育质量保证中的作用。

3. 高校"自主办学"过程中应加强"学术责任"意识

提高"校本管理"中的学术权力制约；应根据工程教育的规律和工程师培养目标的要求制定校内的教育质量保证体系，并在对工程教育的师资队伍建设中加大"双师型（讲师＋工程师）"师资比例，应考虑多吸收具有工程设计、工程管理经验的人员加入高校工程教育师资队伍，并聘请企业一线工程技术及管理人员担任兼职教师；建立自我教学质量保证的闭环系统与"开门办学"相结合，高校还应该切实加强工程专业学生的教育实践环节建设，产学研合作中要把为学生创造实习机会和培养创新能力作为重要内容，在工程专业教育评估中要提高实践环节所占比重和权数；还要妥善处理好质量管理的规范化、制度化与人性化、学术化之间的关系。

此外，随着科学技术的迅猛发展，工程除了原有的特征外也正在成为高风险的行业，通过一次性的学校教育获得的知识，已经不能满足人们解决不断产生的工程实践问题，继续工程教育作为社会发展的必然趋势，已经成为工程教育的重要组成部分，因此，我国应尽快建立和完善工程教育的"继续工程教育"体系，高等院校不仅要提供高质量的职前工程教育，还应与企业、行业协会一起搞好职后工程教育，使在职的工程技术人员能够不断接受新的知识和掌握新的技术。同时，还应该建立继续工程教育的教育准则、教育标准、管理制度和教育质量保证体系。

五、结语：交往——人类未来的保证

当今世界并不因为经济的全球化、科技的高速发展而变得更加安全，相反，非传统安全问题的突出，更加彰示出现代社会的高风险性。要解决当今世界人类面临的一切危机和挑战，都离不开教育。现代犯罪行为包括恐怖主义活动中也都包含着一定的高科技，乃至于其准备和实施过程中也都少不了工程师的参与，所以工程教育的质量保证将不仅是对工程技术质量的保证，更应该是工程师培养质量的保证。人类是在"文明的冲突"中导向永无休止的复仇与反复仇的血性循环？还是在文明的对话和沟通中走向多元并存、相得益彰的未来？教育关系人类的未来。如果说工程教育质量的保证直接关系到工程质量的提高和风险的减少，那么人类文化的交往和沟通将是人类未来和谐共处的保证。在这方面，中国文化传统中的"和而不同"思想是富有启迪的。

"全球化"语境下的马克思主义理论学科建设①

进入 21 世纪以来,人类接连遭遇了诸多大事件,如"9·11"事件、阿富汗战争、伊拉克战争、"非典"、"甲流"、全球金融危机等。20 世纪人类面临的高科技与低情感交错的尴尬尚未能得到切实的解决,而高效率与高风险并存的困惑已经成了 21 世纪人类不得不面对的最大挑战之一。频发的世界"大事件"呼唤着人类的"大智慧"。值此跌宕巨变的时代,最令人尴尬的就是在突发事件或者在"话语霸权"的强势面前患上某种"失语症"。"全球化"语境下的马克思主义理论学科建设的重要宗旨就是要"面向世界、面向未来、面向现代化",回应各种挑战。当前有关马克思主义的讨论中谈到的有所谓"官方的马克思主义"和"学术的马克思主义"之别,或者还有理论的"西方马克思主义"对实践中的"东方马克思主义"的种种责难,等等,这些都是富有启迪的。至少,这些话题表明马克思主义并没有"缺场"。但相比之下,又确实在关于当代人类面对的许多共性问题的讨论中,中国学术界的话语不够响亮。作为高校的马克思主义理论教育工作者,同样还面临着"教科书的马克思主义"或者"讲坛上的马克思主义"与实践中的马克思主义(尤其是中国特色社会主义)的差异问题。当教师们自以为用"正宗(统)"的马克思主义来评价现实中的社会主义实践时,很可能导致大学生们得出与西方左派们类似的结论,即实践中的中国特色社会主义已经"偏离"了社会主义的本质;而如果用另一种相反的方式去"论证"实践中的一切都是马克思主义所"早已有之",则将重蹈当年以"考证"出马克思买过股票而论证中国重开股市的正当性一样的令人啼笑皆非!但是,毋庸讳言的是,这两种"马克思主义教育"在我们的大学讲台和教科书里不说是比比皆是,也可以说是司空见惯!这也许真是令人"甚感忧虑"的原因之一。"全球化"语境下的当代马克思主义应该具有"全球-本土化"的基本视野。

---

① 本文原载《思想理论教育》2010 年第 5 期,曾获上海市第十届哲学社会科学优秀成果奖(2010—2011 年)论文三等奖。

一、意识形态与学科建设：现代人的自我认同何以必要

关于"马克思主义理论"的学科建设首先涉及的就是作为法学门类一级学科的"马克思主义理论"的界定问题。何谓"马克思主义理论"的学科建设？首先就无法回避的问题是：马克思主义是意识形态还是一门科学学科？按照某种非此即彼的思维模式提出的问题在这里是无法行得通的，因为马克思主义毫无疑问是一种意识形态，但又同时是研究人类发展的科学。当然这不是一门按照传统的学科分类所能够定位的科学。意识形态的主要功能是实践的社会功能，但同时也有理论的认识功能，即提供一种"认同"，一种文化的、民族的、政治的共识。各个时代、各个民族都有自己的认同。个人也有一个自我认同问题，尤其是在"全球化"和"现代性"的"话语霸权"面前，当代人的民族认同、文化认同都遇到巨大的挑战和疑惑。正如联合国教科文组织21世纪委员会20世纪90年代的一份重要报告《教育——财富蕴藏其中》所云："现代人有一种头晕目眩的感觉：一方面是世界化，他们看到而且有时承受着这种世界化的多种表现；另一方面是他们在寻根、寻找参照点和归属感。他们在这两者之间左右为难。教育应面对这个问题，因为在一个世界性社会将在阵痛中诞生的时候，教育比任何时候都更处于人和社区发展的关键位置。"

现代人的这种"左右为难"的困惑，是当代教育不可回避的状态，更是思想政治理论课所要帮助大学生解决的紧迫问题。人之为人，总是在用不同方式"寻根认祖"，希望获取某种"入籍回家"的归属感。现代人自我认同的困惑，往往来自两方面的巨大压力，一方面是对外在世界局势、特别是人类遭遇的一些"大事件"理解上的困惑：什么是恐怖主义？其产生的原因和土壤何在？什么是霸权主义？究竟有哪些价值观具有全人类的普适性？"反恐"与"反霸"何以统一？另一方面是对自我认识、自我选择、自我发展的"路线图"的困惑："我从哪里来？我到哪里去？我是谁？"19世纪末印象派画家高更的著名画作《生命的问题》所蕴含的问题依然是当代人所面临的困惑。曾经提出"文明冲突"警示的美国哈佛大学政治学教授塞缪尔·亨廷顿，2004年又推出一本著作震惊世界，其书名就是《我们是谁？——受到挑战的美国民族认同》，因为他所表达的忧虑可能也是当下许多国家共同面临的困惑，特别是在"全球化"话语日甚的今天，民族的、区域的、宗教的、族裔的……"我是谁"的困惑更加空前。之所以有这些困惑，归根结底源于人的自我认同的多维性、价值观的多元性，其核心也就是世界观和方法论的问题。时下许多流行话语，如"郁闷""不爽"等，并不能仅仅理解为个人的心理健康

问题,更是一个急剧变化时代人类某种生存状态的反映。马克思主义能否为当代人类提供一种走出迷宫的"阿利阿德涅之线"呢?

马克思主义的意识形态功能突出表现在"改变世界"的宏旨上,马克思从"新世界观的萌芽"开始,提出了"哲学家们只是用不同的方式解释(诠释)世界,而问题在于改变世界"。但这并不等于马克思反对"解释世界"或者说世界不需要"解释",而是说不能仅仅停留在"解释世界"上,更重要的是要"改变世界"。相反,任何改变世界的前提就是要对世界作出一种更加符合实际、更加具有理论深度和透过现象把握本质的解释。只有在此基础上,才能有效地去"改变世界"。当然,马克思主义更强调的是要在改造世界的实践中认识世界,这也就是马克思主义以实践性为基础的科学性与革命性的统一。所以,马克思主义理论学科建设的首要任务就是要对现实的世界给出一个科学的解释,进而才能有效地发挥其指导实践、改造世界的实践功能。这就是马克思主义的科学性和意识形态功能的统一。

二、回归"文本"和与时俱进:马克思主义的"返本开新"何以可能

当然,马克思主义作为人类 19 世纪文明的结晶,诞生一个半世纪以来,其巨大的影响力几乎是无所不在的,特别是在人文社会科学领域里,谁也无法"绕过"马克思。在社会主义的中国,马克思主义已经作为国家的主流意识形态写进了宪法。但是如何真正使其深入人心,还需要我们作出巨大努力。它的合法性并不能仅仅停留在字面上,除了字面上、形式上的合法性以外,我们还需要充分论证其理论上的合理性、实践中的效果性。合法性也不只是靠成文法的保障,更要靠理论的正义性、正当性的支撑。就像我们讲法治不仅需要"依法治国"的合法性,更加关键的是"依法治国"的合法性。而这又特别需要理论的合理性、彻底性,因为理论只要彻底,就一定能征服人。而这正是马克思主义理论学科建设中特别应该关注的理论的解释力,因为事物总是"有作为"才能"有地位"。同时,要使理论保持生命力,就要不断研究新形势,解决新问题,充实新理论。这就有一个经常提到的解释学的问题,即马克思主义的解释学何以可能的问题。其关键之一就是既要有"我注六经"的执着专注,又要有"六经注我"的胆识勇气;既要有忠实原著的"照着说"的一丝不苟,又要有联系实际的"接着说"的突破创新。

首先,什么是今天我们所说的马克思主义,即何谓马克思主义的当代性?这牵涉理论话语的原典回归和当代解读的与时俱进问题。学术界的马克思主义总是力图回到马克思的"文本",先"正本清源",然后"返本开新"。但问题是究竟什

么是马克思的"文本"？一旦被界定,也就是被言说的"文本",还是不是原原本本的"文本"？克罗齐的名言"一切历史都是当代史"一直被批评为主观唯心主义,但是,历史学的"客观主义"是否就是真理？今天,我们讲的马克思主义绝不只是书本上的马克思主义,或者说马克思、恩格斯所写下过的马克思主义,而更应该关注的是当代的马克思主义、现实的马克思主义,尤其是当代中国的马克思主义。但是,"当代""现实"本身也是一种充满歧义的"文本",看一看有关"全球化"与"现代化"这两个概念的解读版本之多就可以理解这其中的困难。

其次,是关于马克思主义是否"过时"的问题。何谓"过时"？所谓的"过时"论之不断泛起,恰恰证明的是马克思主义话语的无法回避,或者就如萨特所说的"不可超越"。问题的反复提出本身就体现了马克思主义的生命力,或者说是马克思主义的当代性。所以,"文本"的界定必须引进时空的背景,或者如解释学所云,需要"视域的融合",包括历史与未来,传统与现代"视域的融合",也包括全球与本土、世界与中国"视域的融合"。

所以笔者认为,与其反反复复地强调"不过时",还不如实事求是地分析究竟是什么没有过时,或者说有什么不会过时。具体结论易逝,基本方法永存。或者可以说,马克思"文本"的"所指"是有它的当时当地语境的专属和特指,因今日时空的变化,其得出的具体结论会过时,但马克思"文本"的"能指"是开放的,其世界观和方法论的基本精神是永存的——当然,这有赖于"读者"阐释(理解和解释)的不断发展。新的时空语境、新的实践提供着丰富多样的"视域融合"的可能性。而人类实践的总体性和开放性也为这种阐释提供着无限的可能性。作为真正的马克思主义者应坚持彻底的唯物主义和彻底的辩证法的统一。我们必须承认,马克思主义的具体结论乃至于某些"基本原理"也会"过时"(就像马克思、恩格斯生前已经做过的那样,不断根据发展变化了的实践修正自己的理论)。否则,只能是要么不断变化对何谓马克思主义"基本原理"的诠释,即把一切被人类实践所超越的理论观点宣布为不是马克思主义的"基本原理",而另觅一些结论为"基本原理";要么不断缩小马克思主义"基本原理"的范围,但是"所指"范围的缩减又何以保证"能指"功用的扩展呢？当然,这也并不是不可能的,如马克思主义关于生产力的最高度发展与自由人的最全面发展的统一的共产主义理想,至少在可预见的时空内就是一种不会过时的"基本原理"。但这就有可能使得丰富的理论宝库最后只剩下几条超时空的空话。作为彻底的唯物论者,马克思从来就不是算命先生,只要承认"生活之树常青,而理论总是灰色的",就不必讳言理论的局限性,就如同我们承认真理的相对性一样。其实,比起结论式的"原理",

更具活力的恰恰是马克思主义的世界观和方法论的"原理"！这也就是当年恩格斯所强调的,只有像马克思那样去思考问题,"马克思主义"这个词才有存在的理由。

三、"现代性"与"全球化"：当代时空重组与马克思主义的"话语权"

应该看到作为世界观和方法论的马克思主义,不仅存在于种种马克思主义的话语系统中,而且也已经在很大程度上融进了人类文明的总体进程之中(其本身就是人类文明的结晶),影响着当代人类的思考和实践。试看今日之寰球,"现代化"与"全球化"可谓齐头并进。现代人面临着全方位的嬗变和不确定性,时空的错位和重组无所不在："时空压缩"与"时空分延"、"时空脱嵌"与"时空跨接"……正如安东尼·吉登斯所言："现代性完全改变了正常社会生活的实质,影响到了我们经历中最为个人化的那些方面……事实上,现代性的显著特征之一在于外延性和意向性这两'极'之间的交互关联：一极是全球化的诸多影响,另一极是个人素质的改变。"①

但同时,在当代人类自我认知出现巨大"黑洞"而重新在寻找自我定位之际,"马克思的幽灵们"可以说无所不在：从经济学到社会学,全世界的大学讲台上都活跃着马克思的话语；从哈贝马斯的"交往"到德里达的"解构",当代最具盛名的理论思潮背后无不闪动着马克思的影子。在"全球化"语境下,马克思在人类纪元第二个千年史上最具影响力人物的评选中拔得头筹绝非偶然：《共产党宣言》最早昭示了"全球化"时代的来临。在"现代性(化)"成为话语批判中心的时代,"马克思的幽灵"不时闪现也同样合乎情理,因为马克思哲学不仅具有19—20世纪意义上的"现代性",而且深蕴着超越这种"现代性(化)"的可能。当然,马克思主义的唯物史观所揭示的社会规律始终是历史的规律,"历史—时间"的维度的确是马克思主义所特别关注的,"历史总会把一切纳入正轨"。

但是,"社会—空间"的维度同样是至关重要的,当年马克思一再告诫人们不要把唯物史观当作不研究历史的借口,不要把他关于西欧资本主义起源的历史概述彻底变成一种超历史的"历史哲学"而强加给一切民族,所以他晚年特别关注东方民族不同的社会发展历程,大大超越了传统欧洲—西方的空间视域,留下了大量有关东方社会的"人类学笔记"。我们也完全可以把唯物史观看作是一种"社会唯物论",既作为我们研究历史、把握规律的指南,也作为我们研究社会、把

---

① 安东尼·吉登斯.现代性与自我认同[M].赵旭东,等译.北京：生活·读书·新知三联书店,1998.

握全球(局)的指南。在全球化背景下,人类今天所面对的时空变化空前迅猛,马克思主义者应该在以深邃的时间感审视人类历史命运的过程与走向的同时,更加关注以宽广的空间感去把握人类生活世界的深刻变化和现实遭际。随着科技的飞跃,就人类交通的速度和交流的能力而言,人们习惯于说,时间在增值,空间在贬值。但另一方面,随之而来的却恰恰是对"空间"的新认识。当然这不是传统意义上的地理空间,借用被吉登斯认为是现代性最重要的特质的"脱域"或"脱出"(disembedding)概念,即随着时空分延(分离和伸延的并存),通过符号(象征)系统和专家系统,人们的社会关系已经更多地从传统的"地域性关联"和"从对时间无限跨越而重建的关联"中"脱域"出来。这也是"全球化"与"现代性"互动造成"现代人的两难"和自我认同困惑的重要原因。

"全球化"的突进带来了人类更为空前广阔和深刻的变迁流动。如果说20世纪已经作为人类加速城市化的世纪载入文明史册,在很大程度上还是自发性大于自觉性的话,那么,发轫于20世纪末的中国的城市化加速期无疑带有鲜明的国家现代化战略选择的自觉性。21世纪的中国城市化将对人类的未来发展产生深远的影响,城市化是一种生存方式和空间的巨大变迁。人文社会科学界长期以来对"时间"的关注超过对"空间"的研究。今天的"全球化"和"城市化"却不能不引起我们对空间的更多关注。因为对现代人栖居、行动生存状态影响日益巨大的"场所"绝不只是单纯的地理—物理空间,而是一个更为复杂的多维大空间。笔者认为,城市空间尤其是现代城市空间,至少应该是三大空间的并立:"物理—地理空间""社会—经济空间""心理—文化空间"。现代城市和城市化理论的重构,必须对此作出新的阐释和提出新的对策。其实,这三大空间实际上也是人类生存空间的三大基本维度,对此都需要作出新的解读。"全球化"语境下的当代马克思主义者不仅需要关注人类遭际的历史变迁的巨大性和深刻性,而且要特别关注当代空间重构的直接性和复杂性,关注上述三种空间的交互性对生活世界的影响,重视建构一种新的"历史—社会"的大时空观,丰富和发展马克思主义的历史唯物论和社会唯物论。应该指出的是,思维的辩证法的理论成果,其本身是对存在的辩证法的反映。马克思的唯物论首先是从对社会的物质基础的揭示开始的,而在马克思那里"物质"更重要的是人的社会关系,从这个意义上说,马克思的唯物论也完全可以说是一种"社会唯物论"。所以重视"社会—经济空间"的研究是马克思主义者的必然。然而,在物质财富的创造空前加速的今天,马克思主义者必须更多关注人的"心理—文化空间"的变化,文化与价值的多元,需要的是"和而不同"的交往与沟通。和谐社会建设也应该以人的心理和谐、文化和谐为前提。

所以,"全球化"绝不仅仅是一种空间的范畴,而"现代性"同样不只是一个时间的标识。欢呼也罢,批判也吧,而问题恰恰就是我们不能"缺场",作为世界观的马克思主义更不能"怯场"!只有勇敢地进入当代人类实践的语境,加入全球共同话题的讨论并勇敢地发出自己的声音,才能获得挑战"话语霸权"的"发言权"和不被边缘化的"在场权"——就像中国要先"入世",在"与狼共舞"中才能学会保护自己和取胜之道,在参与中熟悉"游戏规则"才不会轻易被"红牌罚出"一样。在有关"全球化""现代性"的讨论中,"西方马克思主义"的"在场"经验值得我们借鉴,那就是绝不回避问题,在积极参与对话中获取并建立自己的"话语权"。从"可持续发展"的张扬到"以人为本"的确立,表明当代中国的马克思主义也已经获得了参与世界性的对话的"话语权",当然不仅仅是人云亦云地"跟着说",但也不该是简而言之的"早有说",如什么"可持续发展"就是"天人合一","以人为本"就是"民本"思想等。这只能证明话语的贫困和思想的浅薄,当然可以借鉴、也应该发掘传统文化的资源,这也是建立和巩固"话语权"的重要方式,此外,当代马克思主义应该对于人类面临的共同挑战作出自己的回答,在21世纪的人类实践进程中如何超越技术中心、回归以人为本,扬弃消费主义,实现可持续发展,化解文化冲突、构建和谐社会,这应该是当代马克思主义者的重要使命。当代中国特色社会主义的伟大实践,正在为人类贡献一种新的"全球化"和现代化的发展模式,马克思主义理论的学科建设应该以此为基础,努力作出新的理论建树。

四、"转识成智"与"化性为德":理论何以提供"大智慧"

之所以要强调马克思主义的"时代性"意义,是关系到我们究竟是把马克思主义仅仅视为一种解释历史、构建理论的知识,还是当作一种认识未知、指导实践的智慧?回到本文开始的主题,即马克思主义的当代话语权不仅是一种能发出引起"空气的震动"的声波的"话语",还应真正成为一种能"入耳入脑"、武装思想、指导实践的"话语"。前者不用担心,我们是完全能获得充足的生存与发展空间的,不论是在大学的讲台上,还是在报刊的版面上,作为主流的意识形态,马克思主义的话语权是得到充分的保证的。但是,就后者而言,则不仅是要投入高昂的热情,还要花费巨大的努力,从事积极的创造性的精神生产。因为信息时代的意识形态"灌输"绝不是不断用声波冲击"耳膜"即能成功的事。所以课堂的马克思主义传授也有一个"授予鱼"还是"授予渔"的问题,即如何"转识成智"的问题:

把马克思主义的知识转化为学生思考分析问题的智慧。这也是冯契先生的"智慧论"所告诉我们的"化理论为方法,化理论为德性"。马克思主义理论课程决不能只是提供一种现成知识的传授,而更应该是智慧的开启。21 世纪开初的人类实践已经展示出这将是一个正在遭遇"大事件",迫切需要"大智慧"的时代。人类未来"话语权"的"核心竞争力"应该是话语后面的"智慧",而不只是话语所提供的"知识",马克思主义的魅力正在于此,它能提供一种人类应对各种挑战所需要的大智慧。从萨特的"马克思主义是不可超越的"断语到德里达的《马克思的幽灵们》正说明这一点。

同时,我们也同样坚定地认为,"化性为德"是马克思主义理论教育最重要的功能之一,或者说就是它的意识形态功能。不要简单地忌讳"意识形态",尽管它带有一定的负面影响,但意识形态的存在是一个事实判断,而对不同意识形态的取舍则是一个价值判断。就像当年恩格斯所指出的,科学家们不应该回避哲学,否则恰恰是在"拒绝哲学""拒绝形而上学"的口号下接受了某种坏的哲学或更为糟糕的形而上学的影响。任何民族、任何国家都有自己的主流意识和主流价值观,这不就是一种意识形态吗?美国通行的 PC(所谓的"政治正确")难道不就是意识形态吗?西方的"民主""自由"不也是一种意识形态吗[法国学者皮埃尔·卡蓝默写了一本呼唤"治道(理)的革命"的书,书名就叫《破碎的民主》,对脱胎于古希腊、不断被向全世界推销的所谓"西方的民主"进行了颇有深度的另一种批判]?从大众文化中的狂热"粉丝""追星(腕)族"现象到当今西方学界不断提出和讨论的各种"认同"问题,不都是典型的意识形态吗(亨廷顿对文明的担忧、福山对"历史的终结"的欢呼,都明显带有意识形态的烙印)?所以,在种种"意识形态终结论"的背后,仍然是挥之不去的意识形态"情结"(Complex)。但是,必须看到,值此"全球化"、信息化时代,任何意识形态的灌输都不能简单地靠行政命令和政治高压来实现,也不是喋喋不休地重复"亡我之心不死"的"说法"和"狼来了"式的警告所能奏效的,更不能用唯我独尊的独断论来强制——不论是"强制民主"还是"强制革命"。同样,马克思主义作为主流意识形态的合法性并不只依赖于国家政权力量的法律条文保证的合法性,其更深层的合法性在于其理论本身的合理性、彻底性和正当性、正义性。这也许就是今天任何从事意识形态工作者应该承担的职责。"信仰"是无法强制的,思想的自由是任何物质力量所不能羁押得了的。但是,"理论只要彻底,就能征服人(心)",这也是颠扑不破的真理。在意识形态领域中,也许也可以借鉴一种"大智若愚"式的"中国智慧",或者是"太极""无极"式的"中国功夫":不用天天剑拔弩张、咄咄逼人,而是

"外圆内方""外柔内刚"。我们应该对马克思主义树立充分的信心、信念和信仰,也应该使它具有更高的信用、信任和信誉。这也是我们今天讨论马克思主义理论学科建设的真正目标和价值所在。练好"内功",关键在于能否"转识成智""化性为德",教人以"大智慧"。

当然,除了"全球化"视野下的"时代性",还需要关注的是"本土化"视域中的"中国化"。"全球-本土化"应该是当代马克思主义者的共同视野。毛泽东曾说过一句意味深长的话:不如马克思,不是马克思主义,等于马克思,也不是马克思主义,只有超过马克思,才是马克思主义。反对教条主义是毛泽东思想、邓小平理论、"三个代表"重要思想以及科学发展观等中国化马克思主义理论成果得以形成和发展的重要思想前提,教条主义恰恰是滋生马克思主义"过时论"的土壤。马克思的"文本"值得不断重温,因为任何真正的解读(理解和解释)都是开放的,马克思主义的"不可超越",并不是因为我们的现实(时代)没有变化,而是马克思的智慧——特别是作为世界观和方法论的马克思哲学——是人类文明的精华和共同的财富。

评估的形而上纬度何以必要与可能[①]

——谈谈"教育评估的质量控制"

摘　要：在确认教育和教学评估是保障教育质量的一个重要环节的前提下，对先期所搞的本科教学水平评估给予"元评估"的倡议和反思；包括过分细分与死板的量化考核如何修改与调整、怎样才能真正回归教育评估的本来目的和根本宗旨、评估的评估何以必要与可能等问题，并对以上诸问题进行了"形而上"的分析。

关键词：教育评估；质量控制；元评估

教育和教学评估是保障教育质量的一个重要环节。随着一轮轰轰烈烈的大规模的全国高校本科教学水平评估的展开和结束，人们不禁要问，除了大大促进了一度忙于圈地扩张的各高校对本科教学的空前重视和对基础教学设施的投入大幅度增加这两个最明显的收获外，我们的辛苦劳作还换来了些什么呢？下一轮的评估何时开始？又将有何调整？而日益种类繁多的以提升教育质量为目的的教育评估本身的质量又该如何加以控制呢？

一

提出一个有意义的问题——也就是我们学术界一直在讲的"真问题"——要比提供几十个答案更有价值得多。因为答案经常是暂时的，而问题却可能是永恒的（就像许多古老的哲学问题，如"我是谁？"这一斯芬克斯之谜至今具有永恒的魅力）。关于教育评估的质量控制就是这样一个问题，"质量是教育的永恒的生命线"，评估的质量也是一个亘古常新的课题，教育本身是随着时空的变化而不断发展变化中的人类的一项最基本的实践，教育质量以及教育评估的质量也需要根据时空的变化、社会的需求经常不断地作出评估，于是"教育评估的质量控制"，首先就必然碰到一个逻辑的问题，怎么评价评估本身？这就是所谓的"元

[①] 本文系笔者主持的上海市教育评估院 2008 年课题"教育评估的质量控制"结项报告的"序言"，压缩后作为《教育发展研究》的"时评"发表于 2009 年第 18 期。

评估"（metaevaluation）——对评估的再评估，或曰评估后的评估（港台地区的翻译是"后设评鉴"）。

"元评估"问题的提出首先涉及对前一轮大规模的高校本科教学水平评估的总结与反思的另一个层面，即过分细分与死板的量化考核如何修改与调整的问题。教育与教学评估中过分的量化崇拜只能导致数据上的弄虚作假、屡禁不绝甚至愈演愈烈，害莫大矣！而如何尊重和发扬光大高校师生教学自由、学术自治的大学精神，也无疑是真正提高教育及其评估的质量的根本保证。我们的教育和教学评估不能以师生为敌"严防死守"，不要把注意力过多地放在"监控"上，把精力用在查教师的"备课笔记"是否完整，试卷批阅的打分是否规范（是加分还是扣分）等枝节末叶上，甚至强行规定把用"多媒体"教学和使用外语原本教材作为考核指标（这实际上涉嫌对教学自由的侵权），在高教进入大众化时代之际，尤其是充分地信任和调动教师的积极性和责任性，鼓励和支持广大教师严谨治学和严格执教相结合，将是保障教育质量的首要环节。此外，要去除那些不符合教育教学规律的数字化评估，如单纯以毕业率和就业率作为评估的考核指标是非科学的，大众化的高教质量保障某种程度上是通过"宽进严出"而实现的。据我了解，德国的高校教育质量是世界公认的，其中主要原因之一就是它的考试的严格性是众所周知的，一门考试中的学生未通过率一直是较高的，但这并不影响德国成为一个人力资本的大国，反而保证了其"高教强国"的声誉。而我们的"就业率"更几乎成为当代高教学人语垢的笑柄，各个高校都几乎超过90%的"就业率"，最后汇总被社会认可的全国的平均数只有70%左右！何以"打假"？这是中国高教界的笑话，更是高教人的耻辱！其实，"就业率"的统计本来就是一个伪命题，听闻各国多有失业率统计，那是对有就业需求和愿望但又得不到聘用岗位者的统计，而随着各种名目繁多的自由职业的涌现，以及自愿在一定阶段从事"家政"者增多，这些人群是并不计入失业行列的。再说回来，社会总体就业率是与经济社会发展的程度与阶段性相关度更大，就业问题也应是社会保障和人力资源部的主业，教育可不要去充当万能的救世主，"教育万能论"的结果只能是"教育无能论"。

同理，教育评估也不是万能的，评估所需要建立的据以考核的量化指标体系也不是万能的。但评估没有数据是万万不能的，所以，"元评估"也会需要有一套可以量化的数据指标作为评估的工具。

二

何谓"元评估"？该词的前缀 meta- 源自古希腊最博学的学者亚里士多德的著作"metaphysics"。亚氏是一位百科全书式的学者，他的著作几乎囊括了当时所有的知识，作为逍遥学派的创始人，亚氏的讲学风格不拘一格，其论述大都由学生记录整理成文。学生们在编排老师的论述时，发现有一部分重要的论述，涉及对有形的具体事物背后更深层次的原因的探讨，如所谓对"有（在）"之为"有（在）"本身而非具体的物的"有（在）"的研究，对有关"质料""形式""动力""目的"的"四因"说等，无法编入任何一篇已有的分类中，于是就编排在"物理学"篇的后面取名"metaphysics"（物理学之后），中文翻译为"形而上学"实在是会意而传神之笔，语取自《易传》："形而下者谓之器，形而上者谓之道。"但在现代中国，"形而上学"一直被解读为一种与辩证法相对立、片面、孤立、静止地看问题的世界观、方法论，成为一种贬义词。这当然不能说是完全的错解。但是这本身是一种片面的理解，是只知其一，不知其二——或者更准确地讲，是只知其二，即后来经中世纪的经院哲学家所"复活"而蜕变为绝对的理权威，人们在一切论辩中言必称亚氏后引申出的被转义的第二义，而不知其一，即原本作为纯粹哲学思维的"形而上学"之本义。前几年当笔者在一次演讲中以爱因斯坦的那句名言"人们没有'形而上学'毕竟是不行的"作为结语时，一位有一定级别的干部会不解地问道：难道爱因斯坦真的喜欢形而上学？

所以，"元评估"之本义是带有哲学意味的一种评估，一种深追评估之本质的"形而上"之评估。这种"评估"何以必要？又何以可能？是我们对教育评估进行的反思所首当其冲要回答的问题。但任何评估都需要有一定的可测度性，即可控性。而为了达到可控性的目的，就需要有一定的可测度的标准。于是，我们的"元评估"还需要从反思"'元评估'的实施标准是否可能"开始，即尝试构建我国的高等教育元评估实施标准框架的可能性，也许是我们不得不考虑的一个基本的前提问题。

那么，这样的框架是否需要进行新的评估呢？这会不会引出新的"对元评估的元（再）评估"的无限循环呢？其实，我们今天对教育评估质量的担忧和不断"修改""完善"我们现有的评估指标体系的做法，本身就可能陷入一个有始无终的"恶的无限"。是否存在一种永恒的评估指标体系呢？这是值得怀疑的。就像我们曾经相信科学理性能一劳永逸地带给人类永恒的进步与福祉一样，这是一种盲目的乐观。也就像我们曾经相信数学化、公理化手段是一切严密科学的必不可少的基本特征,正如大数学家希尔伯特就提出过的建立完备性数学公理系统的设想。但好景不长,很快出现的哥德尔定理却告诉我们,在数论的无矛盾公理化的所有陈述中必定包含着不可判定的命题,除非这种公理系统本身是不一致的,即存在着互相矛盾的悖论的。

这实际上涉及一个"自指"是否可能的问题,这也可以说是古代那个克里特岛上儿童的告诫:"这里人说的每句话都是不可信的!"留给听者的困惑。(这个孩子的这句话又该不该信呢?)其实也正是古希腊德尔菲神庙上那一句永恒的箴言"认识你自己"所意蕴的无限玄机(苏格拉底的领悟就是人要"自知其无知"才有知)。这也是 20 世纪哲学家罗素的著名"理发师悖论":本理发师只为不给自己理发的人理发——那么他是否为他自己理发呢?或者打个通俗的比喻,这就像图书馆的总目录中是否该把"目录"本身列入其中呢?……也许这是一种"怪圈",但遗憾的是人类总是无法摆脱思维的"怪圈",因为世界之存在本来就无法摆脱"怪圈",思维的悖论正是在于世界本身存在着"悖论":思维的辩证法是存在的辩证法的反映,世界本身就在不断地运动变化着。这也恰恰是人类智慧决不会被任何公理化、形式化的逻辑所完全包括,因而人类不必担心电脑会真正取代人脑的理由。"人有人的用处",这正是控制论大师维纳留给我们的自信。因为人的思维、判断绝不只是逻辑化的产物。"深蓝"之所以能战胜国际象棋棋王,实际上不过是集海量的棋谱的棋路(无数棋手智慧的产物)来对付棋王个人的棋路的结果,其基本方法也仍然是通过高速逻辑运算而做到万无一疏的博弈选择。教育评估任何时候都不可能完全由电脑垄断,各种计算机辅助系统总是人类的"助手"而非"主宰"——但问题恰恰在于人类不要自甘沉沦为"物役"的奴隶——"形而上"永远是人之为人的一个不可与缺的根本的维度。但更为遗憾的恰恰是在最崇尚独立思考、自由表达的高等学校里,所谓的"计算机管理系统"已经把一切都纳入它的掌控之中,师生只能按照其既定的时间地点教学既定的内容,甚至还必须使用被指定的全国统编教材!这真是人被"物役"与"机役"的典型。当然,这里更有敏感的高教界的行政权力与学术权力的关系问题。

三

但是,尽管人类的科技进步也带来了上述负面影响,但人类还是要发展科技以延伸我们的自然器官,还是要建立逻辑(注意,我这里说的逻辑不仅是形式逻辑,也包括辩证逻辑)以整理这复杂的世界,还是要借助公理化、数学化、标准化来认识和把握这个世界,著名荒诞派哲学家加缪曾经说,存在本非理性,人类总想为世界建立理性,这就是最大的荒诞。荒诞吗?不,西绪弗斯的巨石是人类的宿命?抑或就是人类的使命?或者说,它更是人类生生不息的顽强生命力的象征。所以,这也就是我们既批评对数字化的崇拜,也仍然要试图建立某种可以量化的"元评估"的标准的理由。因为任何评估的指标体系都必然存在其本身的合理性、合法性、有效性、可行性等的评估。

其实,"自知其无知"是人类最大的知,自知其有限是突破有限而通向无限的开始——任何一种对既定"有限"的突破都是迈向无限的一小步——但愿我们的努力也是提高教育评估的质量控制中的有限一小步。教育评估质量的控制很大程度上不能离开评估者自身的素质及其经验的积累,因为教育本身绝不可能完全化约为一套公理化的形式系统而由机器代劳(也许其中的某部分,如"训练"部分有这种可能),因为教育(education)毕竟不能简单化约为训练(training)。所以,除了吸收公众的参与,包括师生、家长、用人单位等来自社会的评价外,评估专家的选择与培训仍然是必要的(注意,培训评估专家不是把专家训练成一部熟记指标体系的机器,否则就又会陷入前述的悖论,成为只靠一套冷冰冰的量化指标打分的机器人),必要在于要让专家们学会用心去评估,这个"心"是对人的智情意的全部调动、积聚着对真善美的诚挚追求的产物。因为教育之根本功能在于"育人"而非"制器"!任何教育评估的"价值中立"都是虚伪的。因为指标体系的构建及其考核要素的确定本身是基于人的价值选择的。

哥德尔公理揭示的不完备性定律,控制论专家维纳的"人有人的用处"——两者告诉我们的也许是同一个道理。教育质量控制,包括教育评估的质量控制,都不可能只依赖于建立一套评估指标体系就可万事大吉的。"以人为本"的科学发展观同样应该贯彻落实于教育评估之中。任何评估指标体系都是人的工具,相对的稳定与适时的(观察项与权数)调整相结合,必要的指标考核与现场的"田野作业"相结合,过程的规范性控制与结果的实效性评估相结合,特别是根据教育的基本规律与办学的实际愿景定位相结合,也许才能真正回归教育评估的本来目的和根本宗旨。

评估的评估何以必要与可能?新的评估指标体系何以避免覆辙重蹈?也许期待着我们的教育研究超越传统的思维定式和研究模式(如定性分析和定量分析的二分法),超越以实证主义的"科学"方式的评估研究范式,我们承认而进入一种后实证主义的"自然主义"的"质的研究"范式中去探索,"以其人之道,还治其人之身",道法自然,尊重教育自身的规律,注重高校师生的共同愿景和个性特色,因材施教还得加上"因材施评",才既不会"守株待兔"又不至于"拔苗助长",

不是去强行"格式化"所有的高校,而是去发现和支持各种兼具发扬传统大学精神和培养面向未来创新人才的办学特色与改革探索,"不拘一格创一流"。这也许就是大家热议中的即尊重个性又具"可转移性"的"分类评估"——但愿不是变相的"分级评估",只有如此,我们的教育评估才能"柳暗花明又一村",政府主管、学校师生、家长社会在通过评估之后各得其所,获得各自所需要的真情实况的同时又能理性地看待评估的效用及其信度,量化指标的必要性是基于量化指标的有效性和可操作性,但任何有效的东西也必然是有限的——也许,这也就是一种"超越评估"(Beyond evaluation)的"元评估"。当然,其前提是教育主管部门真正担负起对办学资质的准入门槛的监控管理职责,"依法治教",而不让那些滥竽充数的"学商""学店"畅行无阻地欺世盗名、坑蒙拐骗,误人子弟、贻害民族未来。尽管这个世界并非十全十美,人的自然性中的也总是有"善"也有"恶(私)",但教育总要担负起"扬善抑恶"之职责——注意,要发现和弘扬的是人性中的"真善"而非弄虚作假的"伪善",更不能听凭"假大空"成为通行无阻的"潜规则",教育评估也是如此。所以,对评估进行"再评估"和"元评估"之所以必要与可能,也旨在于此。

"趁着为时不晚"(Before it is too late),让我们共同努力!

精彩"世博"的启示与高校的"学科建设"①

"城市,让生活更美好!"大学,为世博添精彩! 上海世博尚在进行时,精明的上海人已在未雨绸缪策划"世博后"了。然而,精彩纷呈的2010上海世博又给大学与高等教育反馈或曰回赠了些什么呢? 尤其是近10年来高校趋之若鹜的"学科建设",可以或应该从世博会中得到些什么启示呢?

一、精彩"世博":高校学科建设反思与调整的大好机遇

上海世博为大学,特别是上海的高校提供了展示自己、服务社会的极好的机遇,如笔者所在的同济大学,就直接参与了从申博的陈述到场馆的规划设计与建设(包括主题馆、未来馆等标志性工程的规划设计和世博工程总体项目管理等)的全过程,同济教授还有幸出任了从世博主题演绎的总策划人、世博园区的总规划师、城市最佳实践区的总策划师、总体规划设计总协调人以及从灯光到交通等多项规划设计的总负责人,这些都极大地提升了大学的声望与社会地位——所谓"有作为才能有地位"嘛! 同时也为大学自身承担的人才培养、科学研究、社会服务(应该包含导引社会变革这样一种"服务")、文化交往(包括50年前斯诺提出的科学与人文"两种文化"以及世界不同文明之间的对话沟通)四大功能提供了一次"最佳实践区"式的表现舞台。同时,千姿百态的建筑形态,环保节能的绿色材料,原汁原味的万国风情,目不暇接的光影视频,人机互动的展示模式,淋漓尽致地展现了本届世博所追求的"科技—生态—人文"三位一体的和谐精神与创新理念,也为高校的学科发展提供了新的机遇,如建筑和城市规划、土木工程与交通运输、环境科学与工程、车辆工程与新能源、电气工程与灯光照明,以及新兴的会展专业,等等,都既在世博会中得到了很好的"实战"检验,又受到了严峻挑战。作为一届以城市为主题的世博会,世博的每一个创意和展示,都是多学科与跨学科的集成。因为城市本是一个熔政治、经济、文化于一炉的人类文明的综合

---

① 本文摘要以《精彩世博与高校学科建设》一文刊于《上海教育》2010年第16期。

结晶体,同时又是一个集"生产、生活、生态""三生"功能为一体的生命有机体。我们高兴地看到,这些年来上海高校注重学科交叉和学科群建设的成果也在世博中得到了良好的表现,比如传统的局限于物理—地理空间的建筑与城市规划,更多地凸显了其艺术的特质及社会与人文的关怀。但与此同时,作为多学科多层次发展成果的集中展示的世博也给我们的"学科建设"带来许多新的启示:耳闻目睹世博会中层出不穷的创新理念和生态科技,又恰逢面临新一轮高校"申博""申硕"的学位授予点的激烈竞争,有必要对耳熟能详的"学科建设"之真正内容和意义作一些"咬文嚼字"式的辩证和更深入的反思——当然是基于这些年实践的经验与教训上的。

首先,何谓学科?学科建设又当何为?学科,顾名思义是指学术(或知识)的分类与科别,中文原意为学习(含考试)的科目,强调的是学有专攻的学术分工。学科的形成与发展源于人类对世界的认知从笼而统之"哲学(自然和人生)"到分门别类的"科学"不断深化的历史,她经历了一个不断分化、重组又相对稳定的过程,沉淀为知识的分类与教育的多个科目。普通教育中的学科往往直接成为教学的课程,而作为专业教育的高校,学科又同时是指教学和科研的功能单位,对于高校和大中专科学生来讲,学科兼有专业与职业准备的意义。所以译成英语就是"branch of learning"。但作为现代高等教育意义上的"学科建设"的英语翻译则是 Disciplinary Construction。注意:尽管这是一个中国化的专有译名,在国外很难找到与"学科建设"相对应的话语,但使用 Disciplinary 这个单词则正体现了现代高教对"学科建设"内涵的理解。"学科/规训"(disciplinary)这个单词具有多义性,既包括上述知识领域的专门化组织方式及相关的分支、课程等"专业"的意义,但同时兼有较为强烈的"规范"的意义,即纪律、严格的训练、准则、戒律、约束等——实际上"专业"(profession)一词本身也是一个既包括"职业、学科",又包括"志向、敬业";还兼有"承诺、誓言"等多种含义并存的概念。当学科与教育相联系时,它从来就不只是一种知识分类,因为"规训"本来就是教育的应有之义。所以,"学科"不仅仅是专门的知识领域和研究对象,是一个有其自身特有的概念、范畴、命题、规律等组成的逻辑体系,同时也有 disciplinary 特有的训练制度和方法论的意思。因此,"学科建设"必须兼及知识的专业化分野与学术的规范化戒训的双重内容。

对学科发展的反思,在国外也主要是从 20 个世纪八九十年代开始的。自经历了 20 世纪六七十年代的高等教育的"合法性危机"以来,大学的现行体制受到冲击,其中也涉及对高校学科体制的反思,因为学科本具有的知识专门化和学术组织规范化的双重意义。如著名美国高等教育研究专家伯顿·克拉克20世纪80年代初主编出版了《高等教育透视——八个学科的比较的观点》一书（又译为《高等教育新论——多学科的研究》），就从不同学科的知识视角及不同学科的方法论规训角度对高等教育加以阐释，这是一次很有意义的对高等教育进行多学科的比较研究的透视。而华勒斯坦等则从 discipline 同时作为学科分类和规训的双重意义出发探讨了"知识—权力"体制的构成及其面临的难题（见其主编的《学科、知识、权力》专辑）。在20世纪90年代华勒斯坦又组织一批国际知名学者（包括诺贝尔奖得主普里高津等）合作研究提出了一份名为《开放社会科学》的报告书，结合社会科学不同学科的形成和演变史，以及社会科学与人文科学、自然科学之间关系的视角提出了以组建跨学科研究计划、跨学系聘任教授和培养研究生等措施的"重建社会科学"的倡议。此外，法国哲学家福科更是将对"学科/戒训"的研究作为对现代性的深刻批判与后现代的解构哲学的重要内容之一。

所以，严格意义上的"学科建设"必须也完全应该包括知识的分类和学术的规范两方面。比如，早在古希腊，医学的创始人就留下了著名的"希波克拉底誓言"作为所有医学教育中的必要内容，我以为，这也是所有医学"学科建设"中不可与缺的共同的"规训"。所以，"学科建设"必先"正名"也，"正"其知识分类和学术规范之双重视界并重之名。至于何以深化？何以扩展？当以能真正落实于高校育人为本的教育教学（高校应以"得天下英才而育之"，乃至于"教而得天下之英才"为使命，而非仅以名利为饵的"诱天下英才而聘之"为炫耀）、探索发现未知之研究（而非竞比 SCI、CSSCI、EI 论文之数量却鲜见有学术创新的 new idea）以及促进社会进步与繁荣的服务、沟通人类文明文化和谐之交往四大功能之中，而不要误陷于仅是为了增加几个学位授权点为鹄的的急功近利的"经费""课题"与成果的拼凑堆积中。

二、"学有专攻"：学科专业的分类有界与对象世界的整体复杂性

学科的分类/戒训与世界实际存在的整体性、"复杂性"的关系需要辩证。"学有专攻"是学科分类的本身要求，但综合交叉则是现代学问与科技发展的必然趋势。从系统论、控制论、信息论的出现，到协同学、突变论、耗散结构论的学科跨界，从控制论创始人维纳喜欢的"周三聚餐会"的"头脑风暴"到圣塔菲研究所的多学科专家聚集创生的"复杂学"，再到世博会上的大量的创新理念与科技成果的展示，都有着鲜明的学科交叉与学科"嫁接"的特点，也再一次雄辩地证明

世界本是一个整体，不同学科对世界的分门别类地阐释都难以避免有视野上的相对"死角"（任何建立"学科壁垒"的结果都只能是"瞎子摸象"，各有所见，也难免各有所蔽），而跨学科、多学科的交叉与综合则是人类智慧发展的必然呼声。所以，"学科"的对象在流变中（"人不能两次踏入同一条河流"），生活也是一个无法割裂的过程（"绵延"），学科的知识内容也将是不断流变中的。但作为学科的基本训练和方法论的"规训"又是通过教育而不断传承的，但这里积淀的不仅是"知识"，更是"智慧"，知识是可以也是需要分类的，包罗万象的古代知识只是人类早期智慧的结晶，在西方被统称为"哲学"——直至近代西方第一个科学研究者共同体"英国皇家学会"诞生后，"哲学"还是作为各门科学之冠与总称，皇家学会之会刊即以"哲学"为名。而在东方则存在于各种文化典籍中——从《尚书》《洪范》到《淮南子》《山海经》等源源不绝的"经史子集"几乎都是一种无所不包的"学问"（当然也有以"格致"为名出现的古代科学形态），直到近代随着知识积累的丰富和逐渐分化才诞生了真正的科学。而作为其分类和传承的"学科"则是19世纪下半叶才出现的。而20世纪的科技革命则在催生了大量新学科的同时，不断地从打破传统的学科分野和界限而趋向更为复杂的交叉与整合的"学科群"，乃至于"复杂科学""集成智慧学"（钱学森）等呼之欲出。这种分分合合本是科学不断深化和发展的必然，也同样是学科建设生生不息的生命之所在。"学科建设"之本意就应该是何以保持学科的知识不被僵滞，学科的诠释力不被衰竭，学科的知识何以转化为人类改造世界、推进文明的动力与成果。因而，学科的"训诫"与学科的创新之间的关系亦需要辩证。在"重在建设"——以已有的学科规范去规训教学与科研的同时，关注学科的改革与创新。其中的交叉与整合是不可避免的，这也就是学科/训诫发展中的"守界（守戒）"与"跨界（破戒）"相结合。所以，值此创新人才呼唤甚堪，以大学之"大"，乃在于它的"囊括万物"，学问之"高（深）"，乃在于其学无止境而言，与其在学科建设中除了在那既定学科分类中夺城拔寨以追逐数量之多，不如多多思考人类当下及未来面临的诸多挑战，多多部署瞄准未来的跨学科多学科的新兴新型学科群的组建。

当然，这就带来一个尊重学科界限与打破"学科壁垒"的问题，就有一个如何处理既有学科的学术规训的学术界限与新兴学科、特别是学科群的超界或跨界问题。因为任何规训都有其权威性问题，因此传统学科的学术壁垒问题就会凸现出来。学科与学科之间，由于各自研究对象不同，方法不同，研究过程中所借助的材料不同，知识陈述的语言符号、方式、体系等不同，使得学科之间"隔行如隔山"。所以，不同的学科发展，其规范有同也有异。此外，同一学科内部，对同一研究对象,由于研究方法、实证材料、个人立场等不同,往往会形成以学术权威为中心的不同流派(学派),每一流派(学派)会以有组织的或无组织的形式结盟,共同维护自己的学术观点、立场、声誉等。这是"学术堡垒"的自然形态。学科之间的相互独立性和自然封闭性,是科学知识发展史上一定阶段的必然(就像近代科学的发展轨迹所表明的那样,分门别类的"形而上学"的研究,是对古代只有定性而无定量的包罗万象笼而统之研究的一种解构和进步),但是,到了19世纪末,交叉学科就出现了。例如,生理学产生于生物学和物理学,生物化学产生于生物学和化学。科学家们发现:学科发展有其内在逻辑,学科本身越来越深入自己的对象时,就接近这样一个界限,这个界限表明,构成其他学科对象的属性和过程在客观上包含在这一对象中,不去考察似乎与这一学科完全无关的属性和现象,就不可能认识构成该领域学科本身对象的那些现象。纵观近代科学知识发展的历史,每一学科的创新,相当程度上有赖于和属于其他学科的专业领域的交换。当代学科发展的内在逻辑要求打破"学科壁垒"和"学术堡垒"的自然封闭性,遵从学科发展的客观规律,改变了过去那种"孤军作战"或"单科独进"的教学和科研活动方式,代之以"协调合作"的方式。现行学科体系分得过细是不利于打破学科壁垒的。如有的学科分类的标准是逻辑上就有着明显的不自治,如哲学的二级学科设置就是相互冲突与交叉的,如"外国哲学"与"中国哲学"的取名是以民族国家之内外为别,而"美学""伦理学"的划分则是以学科内容的差异为准,两类分科的标准显然是不同的;"政治学"下的二级学科也划分过细,如"政治学理论"与"国际政治"显然是属种关系、"国际关系"与"国际政治"又显然难以泾渭分明。另外,现行的"学科建设"一方面在理论上呼唤学科交叉与学科群的集成,但另一方面却在实践中设立壁垒分明的学科界限,不准教师同时在不同学科带教研究生,以强调"学有专属"为名,禁止教师"心有旁骛",以至于出现一个教授要在带教的"外国哲学"与"美学"两个专业之间每年填表"转"一次专业才能招生这两个专业的学生的怪象。好在后来放宽到一级学科内可兼招而不再继续这种怪象。笔者注意到,本次学位授予权的新增已不再以二级学科设点,而强调以一级学科为单位。这无疑是一个进步。但学科的交叉和跨学科难道不能在不同一级学科间进行?其实不同门类的跨界是可能的,现代自然科学和人文、社会科学之间的跨界也已层出不穷。世博的"和谐城市"规划设计理念不就是一个最好的证明吗?据我所知,世博园区的"总规划师"就是分别在传统的理工科与社会科学"跨界"获取过学位。他们的成功也许也正得益于这种跨学科的视野与训练的交叉。

三、"学科规范":学科建设中的权力与自由、传承与创新等关系

英语中的"discipline"概念除了表示"学科"之外,还有一重意义就是福柯的"知识—权力"批判理论中的"规训方式"。古本根基金会"重建社会科学委员会"主席华勒斯坦在发表了《开放社会科学》的著名报告的同时,又从 discipline 同时作为学科和规训方式角度出发主编了一本《学科·知识·权力》的专辑。所以,"学科建设"还要处理好其中的多种关系的拨乱反正。如学科规范与学术自由、学科传承与学术创新的关系,以及人才培养与科学研究、学术权力与行政权力等的关系。学科规范应该是学科发展的一种导向,而不能成为束缚和侵害学术自由的借口;同样,学科规训的传承也不能成为阻碍学术创新的枷锁。而学科建设被作为高校发展的"龙头"关键,则其重科研轻教学的评价导向又明显有悖于教育的规律,也许是对惯于用可量化的数字化的指标作为考核手段的教育行政管理者而言,科研的显现度测试明显简单于教学的测试。但这更是一种本末倒置的"学科建设",高校的根本任务是育人,现代高教强调科学研究和社会服务的重要性,归根结底仍然是为了更好地培养和造就人才,而不是为了教育行政管理者的管理方便,量化生产出的所谓"论文"和"成果",往往成为一旦发表、出版或通过"鉴定"就成为再没人阅读的"文字垃圾"。当然,由于当代社会中,高等教育与经济、社会发展有着比以往任何时代都更加紧密和直接的联系,一国高等教育的总体水平,反映了其政治、经济、文化、科技在世界上的发展水平和势头,因而,各国政府都以不同形式高度关注和干预(规训)高等学校的发展。我国政府倡导的高校重点学科建设,其立意也在于此。但是,学科建设本质上应该是一种学术活动,应该由学术权力主持。过多的行政干预乃至于行政主导也是对学术自由与教授治学原则的严重破坏。

"学科建设"中的学科规训问题就是这样。以学术为职业生活的学者,受其所处的学科影响,在思维方式、行为特征方面也表现出差异较大的学科风格和学科人格。如自然科学(理科)学者需要大胆的无限制的自由探索精神和基于数学的严谨缜密的逻辑相结合,才能有更多的对客观世界本质的发现(discover)和对未来演变的科学预测,"求真"是其根本的目标;工程技术学科的专家则更需要严格的可操作性的"边界条件"的设定和实用性要求,才能使工程技术从一个具有创意的理念(Ideal)设想,经过科学的设计图纸而转变为可以实施成为具有物质形态的创造和发明,"务实"与"谋利"是工程技术学科不可或缺的基本要求。而人文学科的学者,除了同样需要高度的学术理性态度,还需要有强烈的人文情感

关怀,在坚持严谨的逻辑思维的同时也常表现出更富有发散式的创新思维的特点,"求真"和"向善"的结合总是两者缺一不可的;人文社会科学工作者则往往需要学者更多一点兼有科学的实证意识和高度的社会责任感的统一,因此,"务实"与"促进"的统一是其最重要的品质。但这些不同的学科特色并不是不能兼容的水火与冰炭,而是完全可以相辅相成、相得益彰的。纵观学术大师们的成功轨迹,不论是学富五车的人文泰斗,还是才识过人的科技大家,都不只是本学科学有专长,却恰恰是具有广博深厚的跨学科素养底气的大家,如参与无锡世博科技论坛的华裔诺贝尔奖得主李政道教授就是一个典范,他演讲中展示出来的科学精神是与深厚的中国文化底蕴与艺术(美术)创意的想象力是紧密联系的。

此外,学科建设中还要注意追求学科基础的共同性普适性与尊重民族文化多样性、民族国情特殊性以及发展阶段的差异性的关系。我们现行的学科体系的框架是西方国家在19世纪的工业化、现代化的背景下奠定的,是基于知识的分类为基础的。但学科本身不只是一个"科学"(science)问题,而同时更深入涉及"文化"的问题。科学无国界,文化总是离不开民族、地域的差异性的。所以,高校的"学科建设"就有一个与中国的文化传统相融合的问题。比如,现行学科体系中的西医有多个层级学科的建制,而中医的丰富性和多科性却体现甚少(当然,这也许正是中医的强调整体性和综合性辩证的特征及其魅力所在),同样,"国学"的丰富性也是现行学科体系难以兼容的。在全球化的语境中,中国的学科建设不仅需要回应全球化和人类面临的共同挑战的需求,更要服务于中国的现代化发展与人民的福祉的需求。我想,这也是世博会作为高校学科建设的一个"案例"的价值所在,也是最主要的启示与意义所在。

中国高校,何以能"教而得天下之英才"[①]

——纪念恢复高考33周年兼谈创新人才的培养

早春二月,乍暖还寒。北京中南海,以落实中长期教育规划为主题的中央政治局春节后的第一场集体学习会举行之际,也正是被戏称为"三国杀"的国内"高水平大学"之间的生源争夺战正式开仗之日,先后有十多万人次的高三考生,辗转奔波于"华约""北约""同盟"等三大考场,竞争28所国内最好大学今年的入场券名额。

三月,举世瞩目的中国"两会"召开,在讨论审议国家"十二五"规划的会场里,教育也依然是万众聚焦的话题。看来,教育,这一"寄托着亿万家庭对美好生活的期盼,承载着中华民族伟大复兴的希望"(胡锦涛)的富民强国之梦,依然是国人难以割舍、念念于兹的重中之重。而高考改革仍然是其中无法绕过的坎。

一、"得天下英才而教之":精英教育何以保证教育公平

恢复高考,从当年"冬天里的一把火"到今春"爱恨交加的'三国杀'",已经走过33年的历程,而国人关注的高校自主招生改革已经进入第9个年头。曾经因获得"自主权"而沾沾自喜的80所高校,却为每年如何实施自主招生选拔而头疼,于是,一些高校开始酝酿成立了"联考自招"的招考联盟,自京城5所高校自愿结成"京盟"联考自招以外,今年最受人关注的是,一大批具有"自主招生权"的重点大学纷纷通过签约、扩容组建起来被戏称为"北约""华约"和"同盟"的三大联盟,已经囊括了第一批国家重点投入的以建设"世界一流大学"和"世界知名的高水平大学"为目标的"985高校"的80%以上。三足鼎立的"招生联盟"一时成为街头巷尾的热议话题(其中"同盟"又称"卓盟",源于"卓越工程师培养计划",签约宣称以"卓越人才联合培养"为目的的全面合作而非仅以招生为盟)。有人

[①] 此文应《深圳特区报》邀约为纪念恢复高考33周年谈高考改革而作,于2011年6月6日全国高考日以整版篇幅刊于该报理论版,文字略有删减。

认为这是给考生以更多的自由选择之机会,更有认为似乎是从中找到了回答关于创新人才培养的"钱学森之问"的捷径法门:"得天下英才而教之"总能抢得培养"杰出创新人才"之先机;有人却斥之为是提前的"生源掐尖战",加重考生负担,并指有造成新的教育不公平之嫌:只给大城市重点中学校长以推荐权将有损普通中学特别是农村考生的机会公平(尽管今年又增加了"考生自荐"一说,但事实上能通过预审而参考的"自荐生"寥寥无几)。

  本是一项改革久为人语垢的"一考定终身"的高考制度改革的一小步,为何引起的社会反应如此迥异?真是"一半是海水,一半是火焰",水火两重天。这也许是素有"百家争鸣"、多元互补传统的中国文化之特色,但又似乎带给人们一丝沸沸扬扬、莫衷一是之困惑,弊也?利也?

  面对"招考联盟"的热议,不禁又怀念起了33年前那一场转变许多人命运也许也是转变中国走向的破冰之举"恢复高考":"统一考试,择优录取。"1977年12月,有1 000多万人报名、570万人实际参加了那场唯一在冬天里举行的全国高考,尽管最后录取人数只有不到5%的27万多人(半年后又举行了第二次高考,610万人参考,录取40万余名仍不到7%),但是所获得的社会的认同却是空前的一致。因为正是从这一体现机会公平的统一考试中,人们看到了希望,恢复了信心。那可真是"冬天里的一把火,熊熊火光照亮了你(我)",也照亮了个人的希望,国家的前途。作为亲身经历者,如果允许我借用恩格斯形容在青年时代读到费尔巴哈的关于宗教本质的论著时所说,那时的兴奋感"只有亲身体会过的人才能想象得到"。邓小平关于恢复高考的果断决策的伟大意义无论如何评价都不会过高,这也可以说是邓小平1977年获得再次复出后大刀阔斧做出的第一项拨乱反正的重要决策!这是高扬的社会主义公严正义的精神大旗,这也是抛弃"阶级斗争为纲"的一次前哨战;小平亲自修改了有关考生政审的条条框框,大胆提出"主要看本人的政治表现"。这是需要何等的理论勇气和精神力量啊!恢复高考这步棋所体现的战略眼光和伟大精神是我们今天谈论教育改革、教育公平的最好的范例!"有教无类""分数面前人人平等",这不仅是对"文革"中"白卷英雄"的拨乱反正,也是对传统门第身份等级、"出身成分"观念的突破。

  然而,曾几何时,曾经令全国千家万户欢呼雀跃的统一高考却演变成了莘莘学子难熬的"黑7(6)月"。全国80余所取得"自主招生"权的高校的自主命题考试又使得相当一大批考生费时费财的"疲于奔'考'"(鉴于此,多所高校的"考试联盟"无疑可以减轻考生们多次参考的负担,这还是值得肯定的)。一直听到中国教育之殇都是"考试"引起的,然而教育总是离不开考试的。你瞧,这回的"自主招生"的第一关不还是要靠"命题考试"选生源吗？既然是为了体现各校"自主权"，这回却并不是各校"自主命题"的考试，而是神秘的"第三方专门机构"出的卷，但结果仍难逃人们对试题的质疑，比如"同盟"以"培养卓越工程师"为鹄的，据说考题以符合工程师培养为特色，但刚刚考毕即有试题几与"华约"同型类似于 A、B 卷之说流传。"三国杀"的书面考试刚尘埃落定，就有来自高校的批评者责其仍然是重在考查考生中学知识的解题方法熟悉度上，而体现不出各校所希望录取学生的特点，更无益于发现"偏才""怪才"。而中学的校长和老师们则质疑这样的自主招生考试与统一高考相比，究竟要解决什么问题？除了有利于这些名牌高校提前抢生源之外，又到底要给中学教育以怎样的导向？当然，回答前者疑问的是，还会有各校自主组织的"面试"一关可"体现特色"。回答后者的理由还很少看到。看来更能体现"自主权"的并非仅仅是"考试"改革，而重要的是"招生/录取"的改革。但高考招生改革总要有利于从根本上解决中学走出"应试教育"的困惑才是正途。而这又回到前面的老问题：高校都想"得天下英才而教之"，考生及家长都希望能享受到最好的教育，但何以保障获取优质教育资源的机会的公平？

二、"不拘一格降人才"：创新人才的培养何以可能

"分数面前人人平等"的确是教育公平观的重要体现。但是，这种教育公平观又有它天生的"不平等"，因为一张卷面上的分数面前的人人平等不仅忽略了人的智商上先天的差异，也往往会扼杀人的个性上的差异和创造性人才的特异性。"中国导弹之父"钱学森已经去世 1 年多了，然而，除了他对中国科技事业留下的伟大功绩外，还给后人留下了一个他晚年最关心的问题，就是中国的高校何以才能培养出杰出的创新人才？这一切中国高教时弊的"钱学森之问"就像那一个关于中国科技发展的"李约瑟之问"一样，具有异曲同工之效，且更具有直指本根之深：如果能破解"钱问"也就能找到"李问"之答案——或许这两者本是一而二、二而一的同一个问题！科技发展之本在于教育。本不固，何以能枝壮叶茂、硕果累累？创新人才的培养关键在教育理念之根的反思。

何谓"教育"？笔者曾经在欧洲一次关于高教的论坛上，一位外国的大学校长饶有兴趣地问及中文中"教育"一词的含义，我的解答是："教育"者，既要"教"，又要"育"，两者兼之，教、育并举，育人为本。"教"者，启蒙教化，所谓"苟不教，性乃迁""教不严，师之惰"也，"改造本能"，造化新人，变生物人为社会人；"育"者，给养哺育，循循善诱，启迪良知，"开发潜能"。即既非"拔苗助长"，也非"守株待

兔",而要如"郭橐驼种树",扶本培土,尊重个性,才能培养出具有独立精神,自由思想,善于发现,敢于创新的杰出人才。正如谚语所云:我们的头脑是一把等待点燃的火炬,而不是一个等待填充的容器。传统教育,偏重"本能改造"和知识传授,以造就能传承文化、使用知识的绅士君子;现代教育,更重"潜能开发"和创造导向,以培养能发现新知、创新知识的人才智慧开启。所谓创新型人才培养,也许最需着力处恰在。而其前提又与独立人格之养成、自由表达之氛围不可余缺。

其实,从恢复高考以来,中国高等教育的人才观经历一个不断深化的反思与探讨历程。从当初小平倡导的"尊重知识,尊重人才"(记得当年上海1978年,高考语文卷的作文题为"知识越多越反动吗?"),知识吃香,读书光荣;但是到了20世纪80年代中期,大学生中渐渐出现了"高分低能"的现象,于是,对"能力"培养成了高教界的关注的重点,20世纪90年代中期,教育界的有识之士敏锐地注意到新一代学生(尤其是独生子女一代)在个性人格的塑造与道德情操的养成上出现"短板"日显,文化素质教育成为高校的热门话题。从"知识"的传授到"能力"的训练再到关注学生全面"素质"的提升,这就是高教界对人才问题认识的不断深化过程。笔者认为,素质教育的提出不仅是对传统"应试教育"的纠偏,更是对教育本质的回归,因为"育人"而非"制器"乃是教育的根本目的。同样,创新人才的培养也正应该是素质教育的成果,创新不仅是知识的堆积,也不仅是能力的显现,而更需要人格的独立和思想的自由。这也是一种教育理念的创新。本人曾借用中国古言转识成智、化性为德,以业为志、由技入道加以阐释。

"转识成智"语出佛教唯识宗,是讲要把"有漏"即有烦恼的"八识"——眼耳鼻舌身五识(官)加意识,再加阿赖耶识、末那识,通过修行悟道而成"无漏"即没有烦恼的"四智"(前五识转化为"作事智",后三识分别转化为"妙观智""平等智"和"大圆镜智")。通识教育是素质教育的重要组成部分,但必须要重在"知识"背后"智慧"的开启,而不只是知识的扩展。创新人才需要有厚重的知识基础和广博的知识视野,但更重要的是对知识的融会贯通理解乃至于跨接转承的运用,不仅需要精雕细琢的硬功夫,而且需要运筹帷幄的大智慧(记得钱学森生前曾对建构一种系统集成科学技术、管理与哲学于一体的"大成智慧"很感兴趣并亲身践行)。

"化性为德"改自荀子,他并不同意孟子的先验的"性善说",而认为"化性起伪"("伪"之本义即"人为"),"积善成德",也就是经后天的人为教化,才能达"涂之人皆可为尧舜"之境界也。也就是强调要改造本能,变自然人为社会人。这两者的结合就是教育的双重功能。当然,高等教育首先是专业教育,培养的是高级专业人才，不能光讲通识。但大学要有大爱，必须要将"问学之道"和"成人之道"相结合。今天，当全世界都为突如其来的"金融海啸"而惊诧不已时，我们是否思考过高等教育的责任呢？也许始作俑者中有不少正是我们高校培养出来的"金融高手"，他们挟持着各种花样翻新的"金融衍生品"的利剑而翻江倒海，当华尔街的高管们一面依赖着纳税人的大批钱财"救市"而苟延，一面却仍然毫不脸红地攫取所谓"应得"的高额奖金时，我们的反思不仅需要针对金融学科的"理论创新"的科学性，而且必须深入我们培养的人才的基本道德素质和为人的良知。再比如，卓越工程师的培养过程中，工程伦理的教育不可余缺，工程技术处理的对象总是有其特定的"边界条件"的，我们不能要求工程师解决工程遇到的所有社会问题，但是在追求效率与成功的工程实践中，工程师的职业道德和社会责任不可余缺。这方面，设计建造于两千多年前的都江堰工程堪称典范，中国工程院应该好好为建造者李冰父子树碑立传，并立为工程师之楷模。我以为，"转识成智"与"化性为德"也是一切人类教育的根本宗旨之所在。

此外，创新人才的培养当然不可缺少专业教育的打造。不管当今的大学教育中多么需要强调"通识教育"的重要性，但高等教育毕竟是专业教育，就是大学本科也总是有专业分工的。但专业教育不能等同于职业培训，因为"教育"（education）在任何时候都不能简化为"训练"（training），后者只是前者的一个部分，我曾经在一个国际高等职业教育论坛上指出，职业教育也不能只是技能培训——职业也是一种"事业"与"志业"，技能也同时是一种"艺术"并体现出"道心"——所以，高等教育不仅要"转识成智""化性为德"，高等学校的人才培养还得"以业为志""由技入道"。

"以业为志"受启于西方语言中之"专业"（profession）与"职业"（vocation）概念的多义性［如马克斯·韦伯曾以"精神工作作为职业"为题做过系列讲演，其中一篇《以学术为志（职）业》最为著名，德里达也曾经以"专业何谓？"谈他的"无边界大学"理念］。所谓"专（职）业"，又是"志业（志向、事业）"和"声明（承诺）"，是"使命"与"职责"，乃至于"神召，天命"之意，其实，中文中也有"敬业如敬神"之说，比起岗位技能的"应知应会"来，专业操守和职业精神更为重要。比如，古希腊的医圣希波克拉底的"医训"就应该是所有从事医学事业的专业学生的必修课。而各门专业也都应该有自己的职业训诫与规范，这也应该是高校"学科建设"的题中应之义。这也是人们语垢多年却几乎难以解决的"学术腐败"的治理之道。当然，对于今天的大学生来说，强调敬业精神并不是要求所有学生对所读专业只能"从一而终"，就业取向只能专注一业，不能旁骛选择，而是指应该在任何岗位上都要恪尽职守,精益求精,以证明自己的能力和实力。我以为现在的大学位求职时不必过分强调所谓的"专业对头",更不能自命不凡,"凤鸣朝阳,非梧不栖",而完全可以"先就业后择业",否则很可能是"高不成低不就",只要你有这种敬业尽职精神,我相信不论在任何岗位上,你都能做出显著的成绩,取得人生的成功!所以我很欣赏杨福家院士在任复旦校长时说过的一句话:"在复旦毕业生的词典中应该不存在'专业不对头'这个概念。"

"由技入道"源自庄子寓言"庖丁解牛",解牛之技之所以能手舞足蹈,"游刃有余",出神入化,"踌躇满志",何也?是因为谙熟的技术操作已经转化为一种精湛的艺术创造,变成了能够给人一种赏心悦目的审美的愉悦,化"技"为"艺",进而就可入"道",如庖丁所言:"臣之所好者道也,进乎技矣。"对于高科技时代的现代高等教育而言,"技"之掌握不可或缺,然"技"之所长,必须有"道"之制衡。否则,各种歪门邪技将滥行其道,如金融衍生品,如各种非法集资案。"传道授业解惑"而非只传"技""伎(俩)"乃至于等而下"妓"(为权力、金钱而"容")成"大疾"!记得科学大师爱因斯坦曾有一名言:人们没有形而上学毕竟是不行的!由形而下之"器"到形而上之"道"乃创新人才成长之必经之道。

总之,创新人才的培养并无统一模式,求异性和多样性正是创新的基本要素。高考改革,不仅要在"怎么考""考什么"上动脑筋,更要重在"怎么招"上下功夫:既要"分数面前人人平等",又要突破"一张考卷定终身";既要体现高校办学自主权,更要保障公民教育权利公平公正,规则公开,机会公平。只有"不拘一格'招'人才",才能打破框框,鼓励独立思考、自由表达,从而保证各种创新人才层出不穷。

三、"学而时习之,不亦说乎":回归"快乐学习"的教育哲学是否必要

兔年新春的"三国杀"招生大战的硝烟已渐渐散去,参考的同学除了需要备战3月的面试外,都还得重新回到高三教室与同学们一起投入最后的百日冲刺,期待在6月的全国统考中至少闯过"一本线"。有关"三国大战"的各种评论尽管余音未了,也已渐入尾声。而有关"中国式家庭/传统教育"的争论,却因农历虎尾大洋彼岸传来的一本华裔女教授的自传《虎妈战歌》而烽烟再起。不只是美国的一些主流媒体大肆炒作"中国教育体系的崛起"比隐形战机更具威胁,"中国妈妈更胜一筹",大有再次掀起如同当年苏联卫星领先上天后的全美大讨论之势。典型的美式忧患症的发作又助长了国人的某种优越感,原本总觉得自己的教育

不如人,如今反过来沾沾自喜于中国有"虎妈妈式的严苛教育"的成功,甚至质疑:"教育凭什么一定是快乐的?"

教育是否需要惩戒? 这是可以讨论的。如前所述,"教"者,首在改造人之生物本能也,当然可言"养不教,父之过","教不严,师之惰",所以严格执教要奖勤罚懒,严师才能出高徒。此外,前述"以业为志"中论及的"训诫与规范"亦包含对违规者的惩戒。所以教育之"教"旨在养成,以为"习惯成自然",于是,"受戒"之苦亦将转化为"随心所欲而不逾界"之乐! 而教育之"育"者,如上所述,旨在开发人之良知潜能也,育人为本,使人的本质力量对象化、外化"自在自然"为"人化自然"(马克思语),乐莫大矣! 所以我认为,就其强调家长责任,反对溺爱孩子而言,"虎妈妈"的家教模式在海外华人家庭中有一定的普遍性(前者带有华人文化特点,后者受到西方文化影响),"虎妈妈"的成功也带有华裔家庭的特点,一般海外华人家庭都比较注意培养孩子在某一种音乐艺术技能方面的专长。就其不溺爱孩子这点来说,"虎妈妈"的经验对国内独生子女的家教也有一定的借鉴意义。但就教育的本质而言,这种严苛的常常辅以惩戒为手段的家教是有碍教育本性的张扬(在西方社会甚至有"家暴"的违法嫌疑的)。就是在海外华人家庭,这种模式也已经不是普遍的了,尤其是不顾孩子自尊和兴趣,一味把家长的意志强加于孩子身上这一点而言。比如前几年获得诺贝尔化学奖的美籍华人科学家钱永健,他从小就怀有强烈的好奇心和求知欲,喜欢摆弄瓶瓶罐罐做实验,在父母的恣惠下,家中的地下室几乎成了他的实验室,据说还制造过一次有惊无险的"试管爆炸"案而根本未受任何惩戒。实际上,华裔家教模式的成功(如"虎妈"女儿杰出的提琴演奏水平)主要体现在教育中必然包含的"训练"这个要素,即某些更多依赖于基本功的扎实和技能上的熟练的操作性的学习项目中,比如美育中的音乐戏剧绘画艺术技能的娴熟,体育中田径体操游泳跳水等的成绩提升,都需要经过反反复复的刻苦训练,所谓的"曲不离口,拳不离手",夏炼三伏、冬炼三九,都是强调只有勤学苦练,不断精益求精,才能熟能生巧,以至炉火纯青,日臻完美。但是,如前所述,"训练"只是教育的一个部分而非全部。要知道如果没有孩子兴趣的开发和培养,这种痛苦的训练往往是以牺牲了孩子的个性发展乃至于童真的欢乐为代价的(也许这里也有东西方教育理念上的差异,"魔鬼训练"在东方的体育运动项目中总体上是被认可和强调的——毋庸讳言,其中的功利性大大超过兴趣性,这也许与运动的奥林匹克精神是相悖的)。所以,"虎妈妈"的"驯女"成功并不具有教育学上的普遍意义。当然,相信一个真正优秀的音乐家或运动员,他们在其职业生涯或艺术运动实践中,漫长的勤学苦练,收获得绝不只是短暂的竞赛的胜利之乐,更有从中获取的人生历练成功的喜悦和自我境界提升的幸福。

无独有偶的是,正当美国《华尔街邮报》以《为什么中国妈妈更胜一筹》摘发《虎妈战歌》并附上 2009 年展开的第四届国际学生评估(PISA)排行榜(在阅读、科学和数学全部三项测试中,首次参赛的上海学生均雄踞榜首,而美国仅排名 17、23、31 位),因而一石激起千层浪,引发美国媒体书评与报道不断的当天(1 月 8 日,国内时间 1 月 9 日),上海《文汇报》头版刊出同济大学汪品先院士的公开信,加以发起了一场关于"创新障碍在哪里"的讨论。汪院士的信中发出了一系列的问题:"中国创新的障碍到底在哪里?""我们离创新型国家还有多远?"自提出创新型国家"这 5 年来我们是更创新了,还是更倒退了?"两相对照,更发人深思。这次讨论,更多地涉及创新的社会文化氛围、环境的缺失问题,汪院士为此讨论还再次撰文《直面科学创新的文化障碍》,强调要把文化反思与科学创新结合起来思考。

科技创新是离不开文化自觉的,而文化自觉应该是包括文化自信和文化反思两者的统一。一讲起文化反思,人们往往总是把中国近代科学的落后("李约瑟问题")归结于传统文化的制约,而文明的更新是离不开文化的传承的,我们既要时刻反思传统文化中的负面影响,但又不能把所有问题都归咎于老祖宗,这不是一种严肃的负责任的科学态度,也是一种缺乏文化自信的表现。其实,我们悠久的文化传统中,有着丰富的强调务实求真、切问慎思的理性精神,只是长期的封建统治的思想专制和官本位体制压抑束缚了人们的独立思考和自由表达的空间,也窒息了思想自由和创造精神。如今我国已经确定了建设创新型国家的目标,创新型国家有赖于创新型人才的辈出,这就必须解决"如何办好中国的大学,培养大批杰出的创新型人才"("钱学森问题")的问题。关于创新人才培养的社会文化环境的障碍,我以为更多的还是现实的教育与科技的领导管理及考核评价体制问题。这也是我们多年来不断努力推进高教改革包括强调加强高校的文化素质教育的重要目标之一,我们揭示音乐与数学的同构、美术与物理的结合,倡导"开发右脑"的学习革命,促进科技教育与人文教育的协调发展,归根结底不就是为了培养创新型人才吗?中国教育何以能为创新人才的成长提供厚实的基础和肥沃的土壤? 不仅需要教育内容的更新、教育方法及手段的改进,更为重要的还有从教育哲学源头上的反思,这就是——"快乐学习"何以可能?

我们历来鼓励勤奋治学,这本无什么不对。读书是要下苦功夫的,"书山有路勤登攀",马克思也说过,只有在那崎岖山路的攀登中不畏劳苦的人才有希望到达光辉的顶点,这是对的。但是过分强调读书的苦,老是鼓吹"学海无边苦作舟",则把我们的孩子害苦了。总是训斥孩子要有"颈悬梁,锥刺股"的准备,则造成了孩子从小产生一种对学习的畏惧和厌学情绪。在所谓的"不能输在起跑线上"口号的误导下,我们的社会把孩子过早地推上了人生竞争的跑道,有些家长更把自己未能圆的梦寄托到下一代身上。殊不知,学习本是蕴藏有无穷乐趣的事。就是那些被宣传为了学习研究而放弃了许多人生乐趣或牺牲了许多业余时间的成功的专家学者,人们只是从常人的眼光在看问题。其实,专注于神学研究并从中获得的人生乐趣及其发现未知的喜悦,远不是常人所能体验的。也许这恰是一种"燕雀安知鸿鹄之志"。因此我想大声疾呼,应该回归教育、学习的本真态,回归孔夫子的教育哲学——"快乐学习":"学而时习之,不亦说乎?"这是孔夫子留给我们的《论语》开篇第一章的第一句话,也是他之所以"学而不厌""诲人不倦"的出发点。当年孔夫子带领"贤人七十二"游学四方(有时也不免有颠沛流离之苦,甚至曾惶惶然如丧家之犬),但弦歌互答,其乐融融,何"苦"来着?其实,读书学习本是人生的一大乐事,至于那种把读书当作追名逐利的"敲门砖",刻意追逐"书中自有黄金屋,书中自有颜如玉"的功名利禄,则成了一种学习的"异化"。人生本该 happy(快乐),但殊不知 Study(学习、研究)就是最大的 happy,学生阶段本是人生中最快乐的时期,当我们结束学业之际,我们才会真正感到,大学可真是人生的一个大 party 呀,读书是多么令人兴奋的事啊!

"创新"何以可能?自由、快乐的读书才能启发我们创新的思维。我喜欢欣赏印象派莫奈的画,因为读他的画,常常会在斑驳陆离的光色变换中发现一种独特的意味和激发出一种变幻离奇的想象,如他的"睡莲"系列,是那样的安神静气,却会使人在"宁静致远"中排除杂念,聚精会神,从而令人豁然开朗,心旷神怡。为此,我曾经多次以他的"睡莲"为题图作过关于"创新人才的培养何以可能"的专题演讲,颇获听众共鸣。兴趣是最大的原动力。少一点急功近利的"浮躁",多一点学习钻研的激情,就会多一份创造发现的机遇。把教育和学习作为一种智慧的会餐(symposium)和人生最大的快乐来享受,那么我们的教育就将能更多地激发思维创新的花朵的开放。

结语:"教而得天下之英才"——中国大学改革期待新的"破冰"

33 年前面对结束"文革"后百废待兴之困局,再次复出后的邓小平自告奋勇抓教育与科技,倡导全党要"尊重知识,尊重人才",毅然做出恢复高考的战略决策,旨在早出人才,快出人才。而"统一考试,择优录取"的教育公平原则也正合广大群众的共同要求和高等教育界"得天下英才而教之"的迫切希望。而后高考的指挥棒却不幸成了批判"应试教育"的第一靶子。一切政策的生命在于依照变化了的时空背景做出适时的调整（具体情况具体分析被誉为马克思主义的活的灵魂）。已经进入高等教育大众化阶段的中国高教改革，不能再停留在以"抢生源"为标志的"精英教育"的指导思想，大众化乃至普及化时代的高等教育，教育者更应该有一种"教而得天下之英才"的宏图大愿。同样，精英教育阶段的大学实行的是"严进宽出"的毕业率，也是计划经济的必然，而市场经济下的大众化高等教育，则应该也完全可以建立起一种"宽进严出"的质量观。这也是保障大学文凭"含金量"、提升大学教育声誉的不二法门（这方面倒可以借鉴"虎妈式家教"的严格，一味迁就于泡沫式的"就业率"而对学生的学业要求不断让步只能导致中国高教质量的大踏步滑坡）。我想，当前围绕高考招生制度改革展开的讨论，如果有助于我们的精英高校也来认真反思一下自己的教育思想与理念，重在切实提高高等教育的教育质量，更多地实际地承担起培养造就大批杰出创新人才的"高水平大学"的使命和社会责任。想要"得天下英才而教之"，无可厚非，但若能"教而使天下产英才"，则才是真正众望所归、当之无愧的"顶尖大学"!

岁月荏苒，一晃33年过去，当年被高考改变了命运的一代的后代也大多已经完成了大学学业，然而，恢复高考的意义仍然未有过时。当我们纪念这一改变中国走向的伟大决策时，面对尽管成就斐然，但依然争议颇巨的高等教育改革路径，最好的纪念就是如何聚焦于当下的任务。与其绞尽脑汁为抢生源在高考招生方法上求"创新"，还不如切切实实在深化教改上"下真功"；与其不断要求扩大各种"自主权"，还不如认认真真在建立现代大学的制度规范上"动真格"。今天，当围绕创新障碍的讨论一波接一波，与其坐而论道，不断埋怨种种外在的环境制约、条件限制，不如起而实施，切实地为打破"官本位"的文化氛围和社会环境"大胆地试，大胆地闯"。哪怕能迈出实实在在的一小步。

记得30多年前，在深圳特区刚刚开始艰难拓荒之初、百废待兴之际，深圳人没忘记要办起一所特区的大学，时至今日，深圳大学的发展成绩斐然，已毫不逊色于许多历史远为悠久的大学，但恕我直言，问题恰恰是今天的深大，已很难看到当年深圳创业者那种勇往直前的"拓荒牛"精神了，可以说，今天它已完全雷同于、从而也淹没于世界最大的高教大国的大学之林中了。值得庆幸的是，在全面贯彻落实国家中长期教育发展规划的第一个年头，又一所具有特区性质的新大学——南方科技大学在深圳诞生了。朱清时校长承继了以当年特区人敢闯敢试的"拓荒牛"精神，大胆打破被不少校长称之为能维护或提升大学地位的"行政化"的大学体制,不要任何"副部级""正厅级"之类的行政级别,从所谓的"去行政化"——我更愿称之为"去官本位化"——开始改造中国大学体制,不可谓不是一次勇敢的拓荒之举,南科大的这一小步,相信将成为中国大学改革中具有里程碑式的一大步。值此南科大第一批学生开学之际,朱校长称之为"如履薄冰",我倒愿衷心祝愿他的改革能成为一次大刀阔斧的"破冰之旅"!又悉笔者的复旦哲学系系友丁学良教授将担纲起南科大的社会科学重构之职,直言将推行哈佛式的"全面教育",公开以"拿来主义"整合中国大学的社会科学——记得约6年前丁教授应笔者之邀出席在同济大学校庆期间举行的"新综合性大学文科学院院长论坛"(这是笔者创造的一个新词,意指经过世纪之交的一轮中国大学体制改革后所诞生的一批新的综合性大学,依笔者分析,1952年的"院系调整"后中国内地可以说没有一所真正意义的综合性大学了,只有"文理科大学""理工科大学",以及师范类、财经类、外语类、农林类等的大学)发言时,丁教授就提出过一个中国争创世界一流大学的"捷径":在学科专业课程设置上,是否可以直接从世界一流大学"拿来"?——祝愿南科大能在中国大学改革中闯出一条新路(未必真要"杀出一条血路"方可成功不是)!

笔者以为,尽管历经33年的中国高教新生之路,依然"荆棘密布":

  再回首,恍然如梦;再回首,我心依旧,只有那无尽的长路伴着我……

有人戏称,但愿南科大不要成为"南柯一梦"!我想,只要还有梦,我们就会有"仰望星空"之期许,只要敢于拓荒,坚持"独立的思考,自由的表达",筚路蓝缕,披荆斩棘,具有自己独特灵魂的中国大学就一定能跻身世界一流大学的行列,中国的世界高教强国之梦,也就一定能圆!

转识成智、化性为德，以业为志、由技入道①
——大学文化素质教育之我见暨教育哲学的反思

高校倡导文化素质教育已经多年，值得总结和反思，以利深入和可持续发展。文化素质教育内容广泛而多彩，大约主要有三个层面：一是校园文化氛围的塑造，音乐诗歌戏剧艺术等校园文化既轰轰烈烈又注重内涵；二是通识课程菜单丰富，公共选修文理互补、某种程度上这是对我们高中阶段文理分班、"学有专攻"模式的补课（主要是高考指挥棒在主导，"应试教育"积习难改，中学校长清楚"素质教育必须天天讲，应试教育不可须臾松"）；三是注重人文弘扬大学精神。也许这三个层面都是需要的。但我认为进一步深化大学文化素质教育要重在精神育人，前两者易于热热闹闹、色彩缤纷（乃至于风水、炒股、"厚黑"皆成"学"），但恰恰是其第三层面才是文化素质教育之本——守护大学之道，创新大学使命。大学绝非只是知识传授与能力培养的专业训练，更非一切围绕"就业率"转的职业培训所！据此分析，我的观点很清楚："通识教育"也只是文化素质教育的一个不可与缺的有机组成部分，而非素质教育的全部内涵之所在。所以，多年来我一直借它国古人之言"转识成智""化性为德"这八个字来表达我对教育、特别是对素质教育的理解。

"转识成智"语出佛教唯识宗。是讲要把"有漏"即有烦恼的"八识"——眼耳鼻舌身五官即"五识"（视、听、嗅、味、触五"觉"）加意识（此"六识"又统称为"六根"），再加末那识（"我识""我执"）、阿赖耶识（"藏识""种子识"）——通过修行悟道而转化成"无漏"即没有烦恼的"四智"（前五识转化为"作事智"，后三识分别转化为"妙观智""平等智"和"大圆境智"）。借此说明教育旨在"化理论为方法"，从而化知识为智慧（冯契）。我认为，"通识教育"作为素质教育的重要组成部分。更要重在"转识成智"，即通过扩展的"知识"的传授而挖掘知识背后的"智慧"，从

---

① 本文为提交教育部高校文化素质教指委于2014年召开的"高校文化素质教育专题研讨会"上的书面发言。

举一反三地开发学生的创新创造的潜能。

"化性为德"源自荀子的"化性起伪"和"积善成德"。荀子不同意孟子的先验的"性善说",而认为"人之性恶,其善其伪也"("伪"之本义即"人为")。"故圣人化性而起伪,伪起而生礼义,礼义生而制法度。"而"今使涂(途)之人伏术为学,专心一志,思索孰察,加日县久,积善而不息,则通于神明,参于天地矣。故圣人者,人之所积而致矣。"(《荀子·性恶》)通过"化性起伪",终能"积善成德":"积土成山,风雨兴焉;积水成渊,蛟龙生焉;积善成德,而神明自得,圣心备焉。"(《荀子·劝学》)这也就是强调经后天的人为教化,改造本能,日积月累,就能"化理论为德性"(冯契),变自然人为社会人,变生物之人为德性之人。

上述"开发潜能"与"改造本能"两者的结合,本是教育的双重本质属性与基本功能的体现,所谓"教育"总是既要"教",又要"育":"教"者,启蒙教化,"因材施教","格物致知","有教无类";"育"者,给养哺育,固本培元。启迪良知,激发创新。既非拔苗助长,亦非守株待兔,而要如"郭橐驼种树",尊重个性,育人为本,才有健康身心之成长。这也是中国文化传统所强调的"问学之道"和"成人之道"的统一。我想,这也应是当今大力倡导的素质教育的应有之义。

当然,高等教育首先是专业教育,培养的是高级专业人才,不能光讲通识。所以我认为高等学校的素质教育更广义的应该是重在将其宗旨更多地融入和渗透于"学有专攻,术有分工"的专业教育之中。但专业教育不能等同于职业教育,就是职业教育也不能等同于职业培训,因为"教育"(education)在任何时候都不能简约为"训练"(training),后者只是前者的部分。就像专业教育不能仅停留于专业知识的传授,职业教育也不能只是职业技能的培训——从教育的视角看,专业与职业都不能仅视为为谋生的"饭碗",而同时是一种"事业"与"志业"的"承诺",而专业或职业技能也同时是一种"艺术"和"道心"的显现——所以,对于高等学校的素质教育不仅要"转识成智""化性为德",还得另加八个字,就是"以业为志""由技入道"。

"以业为志"受启于西方语言中之"专业"(profession)与"职业"(vocation)概念的多义性。这两者各有侧重,前者更重视学术性的分工,后者偏重于行业的分工。但两者都既是所谓"专(职)业、行业",又是"志业(志向、事业)"和"誓言(信念、承诺、欲愿)",还有"使命"与"天职"(含"神召,天命"之意)。其实,中文中也有"敬业如敬神"之说,当然对于今天的大学生来说,这并非要求所有学生对所读专业只能"从一而终",就业取向只能专注一业,不能旁骛选择(窃以为毕业求职时不必过分强调"专业对头",倒甚欣赏杨福家院士在任复旦校长时所言"复旦毕业生词典中不该存在'专业不对头'这个概念")。更不能自命不凡,"凤鸣朝阳,非梧不栖"。而是指应该在任何岗位上都要有恪尽职守、精益求精的职(专)业精神,以证明自己的能力和实力,因为"是金子总会发光的"!比起岗位技能的"应知应会"来,专业操守和职业精神更为重要。

"由技入道"取自庄子寓言"庖丁解牛":解牛之技之所以能"手舞足蹈""莫不中音""依乎天理""因其固然",故能"以无厚入有间"而"游刃有余",乃至于"动刀甚微,謋然已解,如土委地",从而能"提刀而立,为之四顾,为之踌躇满志,善刀而藏之",何也?是因为娴熟的技术操作已转化为一种精湛的艺术创作,给人一种赏心悦目的审美愉悦和随心所欲的挥洒自如,转"技"为"艺",进而入"道",正如庖丁所言:"所好者道也,进乎技矣。"这对于所有的专业学习中的知识创新和大众创业中的技能跨行都可谓是启迪隽永的至理名言!

至于素质教育包括文化素质教育中究竟是突出"知识-能力-素质"KAQ三者并重还是强调"知识+能力+人格"KAP三位一体的素质要求?这两者并不矛盾。前者实际上也是自恢复高考以来我国高等教育改革走过的从"拨乱反正"到不断深化历程的反映:从70年代末"尊重知识、尊重人才"到20世纪80年代中针对"高分低能"提出重视实践能力的培养,再到20世纪90年代中提出文化素质教育,正是对高等教育内涵的认识的不断提升。而我同济大学之所以提出所谓"知识、能力、人格"三位一体的KAP人才培养模式,实际上是基于对现代人才之多维素质要求中最为重要的综合素质的归纳和把握,以凸显为高等学校素质教育中最为基本的使命与目标的理解。当然还有其他如政治、专业、身体、心理等素质,都是教育不可须臾偏弃的,但有些素质的提高并非由教育机构自身所能决定的。因为高校教育不是教育的全部,而教育本身也不是万能的。有些素质(如身体心理)则更受到某些先天因素的影响与制约,即使是残疾人,我们也不能剥夺他受教育——包括高等教育——的权利(我一直以为以往因高考体验某些指标的不达标而被剥夺进高校学习的机会,在某种程度上是对受教育人权的侵犯)。但知识与能力是高等教育所应该、也能够给予学生以提升的最重要内容,也是现代人才为可偏废的基本素质,试想没有知识和把理论转化为实践的能力,空头的政治和文化素质又何以体现?而之所以强调人格素质的造就,恰恰是现代教育要培养的创新人才所最为重要的——注意,没有健全的人格素质的基础和制约,知识和能力都可能是危险的——值此"高科技、低情感"(High Tech, Low Touch)和"高效率、高风险"并存的"全球化"时代,健全人格的建立尤为重要。当然,这里应该是传统理想价格教育中强调的道德、理想、信念、情操和现代人格所重视的独立、自由、诚信、问责意识的统一。

我们曾经将现代大学的功能归纳为 TRSC 四大功能（即教学、研究、服务、交往），其中于 20 世纪 90 年代首倡的文化与文明"交往"功能，值此凸显人类命运共同体时代的 21 世纪，已逐渐为一些大学所接受并自觉地加以弘扬，这是本人觉得可以与我为之服务的同济大学共感欣慰和自豪的一点。在 2007 年的同济大学百年校庆中又提出了大学教育的四个统一：文化传承与科技创新的统一，适应需求与导引变革的统一，学术自由与社会责任和统一，民族认同与全球意识的统一。我想，这四个统一也正是同济大学的通识教育推进中所建构的一个所要达臻的目标，其打头字母可缩写为英语单词 CIRCLE（圆环，旋转，周期，循环）的核心通识课程 6 大系列的模块，即 Culture：文化传承与人格塑造；Internation：国际视野与文明对话；Responsibility：社会责任与生命关怀；Critic：批判思维与哲学智慧；Leadership：领导素质与协同能力；Ecology：生态文明与科技革命。这 6 大块也可以大体对应于下述 6 个教育理念和大学精神："化性为德，兼容并包，以业为志，转识成智，协同创新，由技入道。"

最后我想补充一点，关于著名的"钱学森之问"，即"如何办好中国的大学，培养大批杰出的创新型人才"。这也是我们多年来努力推进高校文化素质教育的根本目标之一，我们揭示音乐与数学的同构、美术与物理的结合，倡导"开发右脑"的学习革命，促进科技教育与人文教育的协调发展，归根结底不就是为了培养创新型人才吗？中国教育何以能为创新人才的成长提供厚实的基础和肥沃的土壤？不仅需要教育内容的更新、教育方法及手段的改进，更为重要的还有从教育哲学源头上的反思，这就是——"快乐学习"何以可能？

我们历来鼓励勤奋治学，这本无错。读书总是要花苦功夫的，"书山有路勤登攀"，我赞成。马克思也说，只有在那崎岖山路的攀登中不畏劳苦的人才有希望到达光辉的顶点，这是对的。教育也包含有训诫和操练的成分，特别是各种知识技能的熟练掌握和运用自如，都是离不开"拳不离手曲不离口""冬练三九夏练三伏"的艰苦训练过程的，都必须有吃苦耐劳的精神。但是因此一味鼓吹"学海无边苦作舟"，我不敢苟同。动辄要准备"颈悬梁，锥刺股"式的"体罚"（所谓"虎妈""鹰爸"式家教）则既有违现代人权意识，也往往易适得其反导致孩子产生厌学情绪。有些媒体在宣传成功的科学或事业"达人"时，往往过分渲染了成功者为此付出的牺牲休息和娱乐时间的"痛苦"，也许这种从世俗的苦乐观出发看问题的方法只是一种"燕雀安知鸿鹄之志"的无知？其实，学者与科学家们从发现未知、创建新知中获得的喜悦和感受到的人生乐趣，远非旁人所能体验。因此，我想大声疾呼,应该回归教育、学习的本真态,回归孔夫子"学而时习之,不亦说乎"的"快乐学习"的教育哲学——这是孔夫子《论语》开篇的第一句话,也是他之所以"学而不厌""诲人不倦"的出发点。当年孔夫子带领"贤人七十二"游学四方(有时也不免有颠沛流离之苦,甚至曾惶惶然如丧家之犬),但弦歌互答,其乐融融,何"苦"来着?殊不知,学习本是蕴藏有无穷乐趣的事。其实,读书学习本是人生的一大乐事,至于那种把读书当作追名逐利的"敲门砖",刻意追逐"书中自有黄金屋,书中自有颜如玉"的功名利禄,则成了一种学习的"异化"。人生本该 happy(快乐),但殊不知 Study(学习、研究)就是最大的 happy,学生阶段本是人生中最快乐的时期。当我们离结束学业开学校之际,我们才会真正感到,大学可真是人生的一个大 party(聚会)呀,读书是多么令人兴奋和愉悦的事啊!

我想,我们的教育工作者能否共同为此再作一些更深入的探讨呢?教育哲学的反思是中国教育健康发展的关键之一,也是总结高校文化素质教育成功的经验和进一步推进此项工作的一个重要的维度,我们义不容辞、责无旁贷!高校之文化素质教育何往何为?要在回归大学之道:明德新民、止于至善,是谓"大学之道";重在弘扬大学之魂:万物并育,化成天下,是谓大爱之魂!

"创新"何以可能?自由、快乐的读书才能激发我们创新的思维。这也正是我们欣赏印象派莫奈的画时会有的一种启示,我们要像"睡莲"那样安神静气,"宁静致远";排除杂念,专心致志;心旷神怡,豁然开朗。兴趣是最大的原动力。少一点急功近利的"浮躁",多一点学习钻研的激情,就会多一份创造发现的机遇。把教育和学习作为一种智慧的会餐(symposium)和人生最大的快乐来享受,那么我们的教育就将能更多地激发思维创新的花朵的开放。2003 年,当我在首次作"转识成智:创新人才培养何以可能"的演讲时,我是在因特网(Internet)上看到莫奈(Monet)的《睡莲》(Water Lilies)的。没想到的是 2014 年,我竟有幸在上海直接赏析了莫奈的这幅价值连城的原作:在熙熙攘攘的穿流人群中,我时而悄悄走近张大瞳孔逐行观摩画作的每一个细节,力图捕捉画家的每一笔笔触中蕴藏的巨大能量,时而又慢慢退后眯缝双眸以静观其光与色闪闪烁烁出的智慧灵光,感悟其恍恍惚惚的印象中投射出来的神奇启迪……

"全球共同善业":
人类命运共同体时代的教育反思①

——读 UNESCO《反思教育》报告兼论现代大学的文化使命

摘要：当代全球化的基本特征是市场经济的全球扩张,高新科技的全球同步,生态环境的全球联动。经济一体化与文化多元化的矛盾同时带来全球意识与民族认同的抵牾,推动文明对话需要以承认和尊重差异为前提,追求统一真理离不开学会宽容共处,现代大学要有高度的文化自觉肩负起化解冲突、促进人类沟通交流相互理解的重任。

关键词：命运共同体;全球共同善业;自我认同;文化交往/传播

引言:"命运共同体"时代的"全球共同善业"何以可能

由于在现代交通技术与快速发展的现代信息技术的推动下,跨国家和地区的人员、资金、商品、服务、技术的相互流动和相互依赖正在日益增长,世界的相互影响、相互依赖空前紧密,人类已经无可避免地进入了一个"全球化"的时代(乃至于各种各样的"反全球化"运动也因"网络化"的联动而此起彼伏、相互呼应成为另一面相的"全球化")。作为事实判断的"全球化"已毋庸置疑,尽管对其内涵外延的理解仍有歧义,但笔者坚持认为,市场经济的全球扩张、科学技术的全球同趋、生态环境的全球互动已成为"全球化"的三大基本特征。而这三者都是利弊并存。对于价值判断的"全球化"则争议更炽,即"全球化"究竟是提供了"站在同一起跑线"上的发展机遇？还是正在成为撕裂自我认同、扩大贫富差距的新

---

① 本文原系根据作者 2009 年 10 月在美国俄亥俄州立大学举办的《中美高教研究高层论坛上的英语演讲 National Identity and Cultural Communication in the Age of globalization —— the challenges of Higher Education and Mission of University 和在中国高教学会主办的 2012 年高等教育国际论坛(北京)大会上所作"全球化时代的民族认同与文化传播——兼论高等教育面临的挑战和大学的文化使命"的演讲录音整理而成,并作为研究成果收入于"高等教育国际化背景下的文化育人与卓越工程师培养"(上海市教育科学 2012 年度重点项目)的结题报告中,现结合 UNESCO 的最新报告略作补充修改而成。

的鸿沟？是天上掉下的美味馅饼？抑或是人间自酿的苦涩陷阱？人类必须对"全球化"的"双刃剑"本质保持清醒的认识。不管怎样，全球化已经把全世界带进了一个必须"同舟共济"的"命运共同体"时代，人类必须对基于民族国家与多元文化背景下的教育进行深刻的反思，以提供通向明天的锁钥。

为此，联合国教科文组织（UNESCO）在 2015 年提交了《反思教育：向"全球共同利益"的理念转变？》（*Rethinking Education: Towards a global common good?*）的研究报告，明确指出：我们生活在一个多变、复杂而矛盾的世界里。经济的增长和财富的创造降低了全球贫穷率，但世界各地的社会内部以及不同社会之间，脆弱性、不平等、排斥和暴力却有增无减。不可持续的经济生产和消费模式导致全球气候变暖、环境恶化和自然灾害频发。技术发展增进了人们之间的相互关联，为彼此交流、合作与团结提供了新的渠道，但我们也发现，文化和宗教不宽容、基于身份的政治鼓动和冲突日益增多。教育必须为找到应对这类挑战的办法。

该报告建议，应将人类的教育与知识视作"全球共同利益"（good，又可译为善业），以便在复杂的世界中协调作为社会集体努力的教育目的和学习的组织方式。

其实，这并不是 UNESCO 第一次发出这个呼吁。实际上早在 20 年前，由雅克·德洛尔任主席的国际 21 世纪教育委员会向 UNESCO 提交的报告《学习：内在的财富》（*Learning: The Treasure within*）中，就已经明确指出：

> 现代人有一种头晕目眩的感觉，一方面是全球化，他们看到而且有时承受这种全球化的各种表现；另一方面是他们在寻根，寻找参照点和归属感。他们在这两者之间左右为难。
>
> 教育应当面对这个问题，因为在一个全球性社会将在阵痛中诞生的时候，教育比任何时候都更处于人和社会发展的关键位置。

为此，现代大学必须以高度的文化自觉承担起"命运共同体"时代教育的历史使命。

一、教育何以帮助现代人走出自我认同的两难？

UNESCO 从 20 年前提出将"学会共处"（learning to live together）与"学会认知""学会做事"以及"学会生存（to be）"一起，作为 21 世纪人类教育理念的 4 大支柱之一，到今天提出"全球共同利益/善业"（a global common good），表明已经进入21世纪的人类面对的此类挑战不仅依然严峻,而且更为急迫。不论是当下世界仍未完全摆脱的金融危机及其带来的全球经济衰退,还是人类共同面对的生态环境气候问题,乃至于各种形式的暴恐袭击与欧洲面临的规模空前的"移民潮",都需要人类通过共同思考与对话,以达成对这一系列"剪不断,理还乱"的"全球问题"的最大共识,从而构建基于教育和知识为"全球共同善业/利益"的理念,"同舟共济"去实现人类文明的可持续发展?

教育是人类特有的最古老而又常新的基本生存实践活动,其本质上是通过知识与技能的传授以实现对人的本能的教化改造和潜能的开发培育,在形塑个体的健全人格和自我认同的基础上促进族类文化的传承与文明的创新。但是,身处现代化的迅猛变革之中,传统的自我认同受到多种挑战,正如提出结构化社会理论的英国思想家安东尼·吉登斯在20世纪90年代初出版的《现代性与自我认同》(*Modernity and Self-identity*)中所指出的:

> 现代性的显著特征之一在于外延性(extensionality)和意向性(intentionality)这两"极"之间不断增长的交互关联:一极是全球化的诸多影响,另一极是个人素质的改变。①

随着商品、技术、知识、资本(包括人力资本)流动的全球化,人们的教育、就业、生活都可能突破传统的民族国家地域的分界,跨国公司与各种形式的非政府组织(Non-Governmental Organizations,NGO)已经与民族国家一起共同成为影响全球化的三大力量。但民族国家依然是其最基本的主干。不仅跨国公司皆有其母国提供的各种保护为后盾,各种NGO也或多或少受到不同民族国家或明或暗的支持与抵制。全球化趋势也带来了区域与民族(nation)和各种族群(ethnic)意识的反弹。因而现代人的自我认同(self-identity)也面临着往往顾此失彼的两难抉择的困惑。现代人面对的不仅是物质文化与精神文化的两难、传统文化与现代文化的冲突,也还有全球化与本土化的矛盾,包括个体日常生活利益的抉择与适应问题及其可能带来的与固有的民族与文化的认同的冲突。

自我认同实质上是一种生活方式或生存方式的认同,所谓的"寻根"与"乡愁"皆与此相关。而这种归属感的本质上是一种文化的认同,因为人是文化的存在,文化之根是根植于每个个体生命的血脉之中的。而文化认同,又总是与一定的群体的历史与风俗习惯联系在一起的。因而在全球化的背景下,民族认同则

---

① 安东尼·吉登斯.现代性与自我认同[M].赵旭东,方文,译.北京:三联书店,1998.

经常成为自我认同的关键之维。曾经因为提出"文明的冲突"而备受争议的美国政治学家塞缪尔·亨廷顿在其生前最后出版的《我们是谁?》(Who Are We?)一书(2004年)的副标题正是"对美国民族认同的挑战(The Challenges to America's National Identity)"(新华出版社的中文版译作"美国国家特性面临的挑战")。实际上这种担忧已经困惑曾经被称为"民族大熔炉"的美国多年,当年小施莱辛格就惊呼过美利坚有"合众国"之不再的警告。而美国哈佛大学教授罗伯特·赖克于1994年出版的《国家的作用》(The Work of Nations)一书也曾经指出,全球化正带给民族国家一种"离心力"的挑战,"每个国家的基本资产将是其公民的技能与洞察力。每个国家的基本政治使命将是应对割断公民联系纽带的全球经济的离心力……"①该书的最后一节的题目也正是"'我们'是谁?",他提出了超越"此胜彼败"的民族主义和消极无为的世界主义的所谓的"积极的经济民族主义"的对策。值得注意的是,中国近年来也有人提出以"文化民族主义"来应对全球化的挑战。看来,越是经济趋向全球一体化,越是会激起各种形式的"民族主义"的反弹,这也正是现代人自我认同陷于两难之惑的突出表现。我们应该警惕以民族主义抵御全球主义的思潮的潜在风险。民族主义有时可以培养一种具有强烈责任心的良性的公民的爱国主义,但也有可能导致一种极端排外的狭隘民族主义乃至种族主义的危险。当前,还值得警惕的是,某些分离主义者以一种更为偏激的"族裔主义"作为破坏民族国家统一和地区稳定的恐怖主义活动的掩护。因此,任何一种自我认同必须包含有尊重"他者"的自我认同的这一维度在内:不仅应提倡"己所不欲,勿施于人"之宽容厚德,亦要反对"己所欲者,强施与人"的霸权逻辑。此乃当代教育应有之自觉。而由中国文化传统中的"家国天下观"传承延伸扩展而来的"命运共同体"意识,更可为全球化时代人类教育之共同价值。

二、正视在"民族"、"国家"、宗教问题上的中西文化差异

要杜绝与化解多元文明与文化的冲突,必须大力倡导文明与文化的对话交往(communication),而这离不开以承认和尊重差异为前提。世界文化的多样性,各种文明的特殊性的存在,从根本上可以说是一种有利于推动人类历史的进步与发展的积极因素。只有"赤橙黄绿青蓝紫"的多彩缤纷,才有"彩练当空舞"的壮观美丽。因此,如果以全球的经济一体化为例而鼓吹文化的趋同则将是人

---

① 罗伯特·赖克.国家的作用:21世纪的资本主义前景[M].上海市政协编译组,东方编译所编译.上海:上海译文出版社,1994.

类的灾难。实际上,各国文化与文明之多样性及其特殊性乃至其中某些"不可通约性"的存在,恰恰是文明对话的必要性的根据——否则,一切都是"人同此心,心同此理",没有个性,又何必需要沟通交流呢?但个性鲜明的不同文明与文化之间又总是异中有同,有相同性、同一性的共性,这也正是文明对话的可能性之所在——否则,"鸡叫鸭叫",没有共性,又何以能够有效沟通理解呢?故个性与共性之并存,只是文化交往的必要性与可能性之根据。

在全球化进程中,中西文化差异往往首先凸显在对"民族"、国家、宗教等问题的理解差异上。这里也许会有一种语言翻译中的"互文性"(intertextuality)所引起的差异。比如,在"民族"问题上,除了别有用心的反华和分裂主义势力的挑唆与蛊惑外,西方普通民众也的确存在着因对中国多民族国家形成历史的无知而产生对"藏独""东突"等的同情。他们往往不懂组成"多元一体"的中华民族(Chinese nation)的"56个民族"(56 Ethnic Groups)实际上是指由56个"族裔"或"族群"。这与有着长期的封建割据历史,而在经历了17世纪30年战争后才确立了"民族国家"(national-state)独立的威斯特法利亚体系的欧洲不同。因为汉语中的"民族"一词其原意更近于西语中的"族裔"(Ethnic)或"族群"(Ethnic Group);而当西方近代语义上作为"国家"之谓的nation传入中国时,有识之士就曾经主张应翻译成"国族"以区别于汉语本来语义中的"民族"。特别是在19世纪末、20世纪初推翻一家一姓之王朝、建立共和体制的过程中,汉满蒙回藏的"五族共和"就已经成为中华民族共同的国家认同(也就是西方意义上的National Identity)(毋庸讳言的是由于文化背景差异,也曾经有过将中华人民共和国成立后的"国家民委"中的"民族"错译成"nations"之误,现在已纠正为"ethnic"。而中央民族大学则被批准直接以汉语拼音"minzu"表述英语校名中的"民族")。今天,中国多民族的共同的国家认同(即西方语义上的National Identity)就是对"China"的认同,即"Chinese National Identity"[①]

关于"国家"概念也同样有翻译与解读中的文化差异问题存在。在西方,一般说的"国家"(State)是一个指与"社会"(Society)二元对立的概念,而在中国传统文化里则是"家—国"一体,国是家的扩大,家是国的基础,二字合一词即谓"国家"(在古希腊亚里士多德那里,"城邦"即"政治"也曾经是个人、家庭、村落存在

[①] 笔者曾在一次美国大学主办的高教高峰论坛的演说中以亨廷顿所言受到挑战的"Americas National Identity"为例,指出既然亨廷顿可以认为美国人的"民族认同"应是"Americas",而不是"民族大熔炉"中各自的族群(裔)认同。那么各位也一定能够理解我们中国人的"Chinese National Identity"了——这一类比获得在场美方听众的理解与认可。

的最高目的）。所以中文中的"国家"更多的是指作为生存共同体意义的 nation（民族）和地理意义上的 country，所谓"家国一体"的"国"即"祖国"（motherland）之谓。所谓汉语中的"中国"早期的确是以汉族聚居的区域的一种带有明显的地理意义兼及族群的称呼。但大约五千年前华夏文明在协和万邦共同治水中，也逐步形成了一个对"普天之下，莫非王土；率土之滨，莫非王臣"的"天下共主"的"王"的意识，即对一统天下的"天子"的认同。所以历史上"中国"既有过专以"中原""九州"的汉族文化区的地理概念之谓，亦有扩及西戎、北狄、"南蛮"乃至"东夷"等多族"边民"的广阔"边疆"区域的共同体的统一的"天下"之谓，其间也包括有过非汉族的中央政权统治时期（由于中国历史上主要是一个以农耕为主的大陆国家，故后来"东夷"之"夷"成为有别于中国的外国之代称，即所谓的"夷夏之别"）。但"中国"从来不是居于一隅的"小国寡民"的宗亲"邦国"之谓（如历史上的"春秋五霸""战国七雄"之谓的"列国"，或《三国志》中魏、蜀、吴等"国"，或南北朝、五代十六国的割据时的历代小朝廷大都未曾能以区区一域之地妄称"中国"）。因此在中国所谓"爱国主义"是指对中华民族的认同与对主权领土疆域的维护，而非只是对某一宗姓王朝的忠诚（当然也包括了在特定的战乱时期的"忠君报国"之谓，也被民间称为"民族英雄"）。这也已经成为世界各地的华夏后裔的一种共同情怀，这里面也寄托着"剪不断、理还乱"的祭奠祖宗的"寻根"意识和去国怀乡的"乡愁"思念等复杂感情在内。

此外，中西社会还存在对于宗教认知上的差异。中国历史上未曾有过统一的"国教"，也未曾有过西方意义上的宗教战争（当然也发生过几次打着某种"教"的名义的起义造反包括规模巨大、历时十多年的"太平天国"运动），更多的是儒道释"三教合流"，相互共存互补的宽容（严格意义上儒道都未必是名副其实的宗教，佛教影响和渗透于日常生活习俗之中的所谓"菩萨"信仰，也主要是更具世俗性的避灾祛病、化解苦难、祈求平安等）。因此，西方语境中"宗教是人民的鸦片"的说法传到中国也同样会产生歧义，"鸦片"在西方认知中是指一种麻醉剂、"镇痛药"，具有灵魂慰藉和精神寄托的价值。而在中国近现代语境中，从"罂粟"到"鸦片"，则已跟"吸毒"相关联，并与帝国主义侵华的"鸦片战争"这一民族的集体记忆联系在一起了，所以大多数中国人对宗教的态度远不如西方人那么虔诚。

同样，本是富有多种喜庆祈福寓意的作为中华文化的图腾的"龙"，被译作西方语言中的"dragon"时，龙凤呈祥的美好象征就被异化为张牙舞爪的恶龙形象，这不也是一种文化差异所导致的误读吗？故笔者一直建议应该将中华文化图腾的"龙"直接音译为"Loong"，就像"功夫"（Kung fu 或 Gongfu）"太极"（Tai Chi

或 Taiji）那样成为中国文化符号的专用译名，而避免被 Dragon 的外语原意相混淆。

历史表明，人类文明的发展在于各个民族、国家间文明互补通融，避免由此导致的误解、紧张、冲突乃至战争。世界的持久和平与持续发展有赖于人与人之间、民族与民族之间、国家与国家之间文明的对话，只有对话、沟通才能认知异己文明，才能达到文明和谐，也才能维护世界文明的多样性，真正地维护世界和平。

三、拒绝傲慢：现代大学应有文化"交往/传播"的功能自觉

当前，值得警惕的是，在全球化的挤压下，各种宗教激进主义的极端主义乃至暴力主义思潮在年青一代人中有所蔓延。不论是几年前发生在英美的"伦敦骚乱"与"占领华尔街"等被舆论惊呼为"全球愤怒之年"的不期而至，还是这两年中东战乱引发的以青年为主体的"难民潮"对欧罗巴的汹涌冲击，"愤怒的一代"再次崛起。同样，多个国家也有各种民族主义和民粹主义思潮的泛起。在各种谴责之余，我们是否应该反思一下人们特别是青年人的"愤怒"从何而来又因何而起？这不由得使人想起古希腊的荷马史诗《伊利亚特》的开篇之语："……帕琉斯之子阿喀琉斯的愤怒，是希腊人一切悲哀不幸的渊薮……"[①]这却是始于"伟大的人间王阿伽门农与威名显赫的阿喀琉斯的冲突与决裂……"，而正是因为"阿伽门农（的）傲慢"（占有了阿喀琉斯认为本该属于自己战利品的女俘）引起了后者的"愤怒"，由此导致了血流成河的战争与曝尸旷野的杀戮……或许，盛气凌人的傲慢与自以为是的偏见，往往正是激起"他者"无法克制的愤怒与铤而走险的绝望的反抗的原因。这种基于仇恨而起的冲突更为难解。

应该说，傲慢与偏见，乃至愤怒与绝望，在某种程度上也是一种极端主义的教育的产物啊！这是否也应该视作"反思教育"的重要内容之一呢？因为任何教育本质上都是对人的自我认同的一种形塑。当某种"认同"的灌输成为恶意的"洗脑"时，对于青少年的人格之扭曲，其害莫大矣！君不见，所谓"伊斯兰国"（Islamic State，IS）的极端主义教育几乎正是"从娃娃抓起"而播下仇恨与暴力的种子的。毋庸讳言，我们对于教育中这个最为核心和最为根本的问题缺乏严肃、认真、深入、细致的研究（如在中国"文革"期间，大张旗鼓地批判"爱的教育"、极力张扬"阶级仇恨"的所谓"斗争哲学"，差点使整整一代青少年成为"喝狼奶"长

[①] 荷马.罗念生，荷马史诗伊利亚特[M].王焕生译.北京：人民文学出版社，1994.

大的一代)。尤其是在此全球化时代,随着人类全球性的流动与交往广度与深度都空前扩大,不同文明与文化之间的碰撞与摩擦难以避免。现代大学不应该仅仅是知识技能的传授所,更应该把具有健全的自我认同的人格培育建立在尊重多元差异的基础上。为此,近 20 年来笔者一直不遗余力地倡导,现代大学应超越经济利益的竞争和某些政治偏见的文化自觉,自觉地以沟通和促进不同文明与文化间的交往/传播(Communication)为使命,并提出了现代大学应兼具 TRSC(教学、研究、服务、交往)四大功能的理念,自觉把文化(包括人文与科技"两种文化")与文明的沟通"交往"作为自己的自觉使命与重要功能,倡导不同文化背景下的对话论辩沟通交流,以促进相互间的理解互补交融。① 这不仅是一般意义上的跨国校际的学术交流活动,而应该在更广阔的界面上进行更深层次上的争取"美美与共"的"跨文化间"(intercultural)的交往。

此外,对于大学所肩负的这种无可替代的文化传承与文明创新功能的强调还有更为广阔与深远的意义与价值,比如在对大学的"服务"功能的理解与阐释中,也要警惕表面化与短期化。大学不能堕落为只是为"适应"社会需要而成为即兴式应急服务的"服务站"②,而应担当起"引领"社会发展的先导者。比如,当华尔街的金融高管们以花样翻新的"金融衍生品"引发全球金融海啸时,我们还能为这种所谓"金融创新"沾沾自喜吗?今天,大学"智库"作用得到空前的重视与强调,我们同样应该警惕那种急功近利式的"服务"欲望的异化!所谓的"经济学的帝国主义"的扩张(消费主义与 GDP 主义)曾经导致了"伦理学的犬儒主义"的退缩(所谓"经济学不讲道德")乃至于"政治学的丛林法则"(有权就任性)的盛行,正在腐蚀着真正的大学精神,从"失去灵魂的卓越"到"精致的利己主义",只有"知识",没有文化的大学将何去何从?何往何为?

因此,大学"交往/传播"功能的强调正是对大学理念和文化使命的回归,大学的"交往"不仅是对不同文明之间对话沟通的重要性的凸显,也是对人文科技"两种文化"的沟通协调的强调,还包括对现代人自我认同迷失的导引,对正确处理"灵"与"肉"、"我"与"你"、自我与他人、个体与整体等种种关系上的困惑的疏解。现代大学应该坚持文化传承与文明创新的统一、适应需求与导引变革的统一、学术自由与社会责任的统一、民族认同和全球意识的统一。这也是大学的文化自觉与自信的重要体现。

---

① 参见笔者:《文明交往:"全球化"时代大学的第四大功能》,《上海教育》2001 年 16 期。
② 亚伯拉罕·弗莱克斯纳.现代大学论[M].徐辉等译.撕江教育出版社,2001.

结语：超越单纯"竞争"："全球共同善业"何以可能

笔者认为 UNESCO《反思教育》报告之发表正当其时。所提出的通过对话，秉承人文主义教育观和发展观，立足于尊重生命和人类尊严、权利平等、社会正义、文化多样性、国际团结等精神，以为创造人类可持续的未来承担共同责任的呼吁，可谓正中当下教育之时弊。这是一份力图超越功利主义与经济主义，以"全球共同善业/利益"为目标，以命运共同体意识反思和重构人类教育理念的历史性报告，对"全球化"时代的中国教育、特别是对于亟待全面深化改革而又难以摆脱急于提升"竞争实力"、早日建成"世界一流"的中国高等教育，无疑具有醍醐灌顶的巨大警示与积极的启示意义。其实，就"竞争力"而言，科技的"硬实力"的确重要，师资、资金、设备等固然是基础，但对于大学而言，文化的"软实力"更为关键，文化的传承阐释与创新转化能力，即"话语权"与传播力，都是一所大学最核心的竞争力之展现。作为人类文明史上最具悠长历史文化传承而又不断与时俱进创新的组织机构的大学，需要超越传统的实力"竞争"思维，而自觉通过更多的国际间的良性互动以建立一种全新的"竞合"关系，将是高等教育的国际化的更深远之价值所在，这就是笔者应邀在同济大学 2015 年教育国际化论坛所作总结发言之要旨。故大学之交往/传播也是大学未来发展的重要理念之一（笔者以为，这也对于正致力于伟大复兴的中华民族倡导的"命运共同体"意识的传播和世界避免所谓大国关系的"修昔底德陷阱"甚有启发）。

大学是文化的传承，也是科学的殿堂。从古老的哲学到现代的科学，人类文明始终在追求万物统一之原理。但追求真理的统一性与守护文化的多样性的协调，恰是大学存在与发展的最重要价值所在。"宇宙万物归一"，这正是大学之本意所在。而正视世界之"杂多"，尊重并自觉守护文化与文明的多样性却是人类生生不息创新之源泉。"己所不欲，勿施于人"曾经是古老的中华文化贡献人类的"黄金律"，窃以为，"己所欲者"亦不能"强施于人"应该成为今日"命运共同体"时代人类的共识（特别是居于强势地位的民族、文明应该率先示范之）。已故中国著名学者费孝通先生的名言"各美其美，美人之美，美美与共，天下大同"，这正是"全球共同善业/利益"之所在，也是命运共同体时代教育的根本宗旨所在。"天下大同"也应是"和而不同"的"天下大美"呀！所有的大学人应该肩负起此重任！因为，尽管"恶"有时正是人类历史的动力，但何以超越"强权即是公理"的"丛林法则"，走向命运共同体的"全球治理"之"善"，终究是人类历史进步的目的。

校园文化篇

理性与诗意
《同济教育研究》卷首语及主编手记集

"宁静以致远,淡泊以明志",教育总是理性的,严谨而务实,博学而审问,慎思明辨以笃行;校园却总是浪漫的,是"仰望星空"、憧憬"诗与远方"、呵护美丽心灵、放飞青春梦想的自由空间。故多年筑梦、逐梦在课堂,每每徜徉于绿草如茵、树影婆娑的校园中,耳边常似有晨钟暮鼓在叩问心扉,激荡思绪,故自2002年起借主编《同济教育研究》掩卷之际写下若干随感,既针砭时弊,又建言献策,颇得读者青睐,曾有校领导称读之能启思,因而每期必读并鼓励我坚持为之。 现辑此以飨读者见证时代,阅思历史,"却顾所来径,苍苍横翠微"……

2002 年卷首语

　　斗转星移又一春。曾经两度全球狂欢、姗姗来迟的"千禧年"已匆匆逝去。作为"文化的动物"的人类又免不了要在"新桃换旧符"之际来一番回溯前瞻、反思感怀：巨变频生、悲喜交错的 2001 年中，美国遭袭和中国"入世"无疑是最具历史意味的两件大事。前者预示了人类对新千年的和平祈祷并非那么容易如愿以偿，联合国确定的"文明对话年"几成一枕黄粱，"文明冲突论"的噩梦却险成现实；后者标志着占世界五分之一人口的中国正全面融入世界，为似处于强弩之末的全球"新经济"带来巨大的活力和机遇。两者一悲一喜、一西一东，然而其共同的背景是经济全球化和政治多极化的并存、信息网络化和文化多元化的共进；共同的主题则是世界的未来走向：文明何往？人类何为？教育又该当何任？大学又能有何作为？

　　教育本是人的本能改造和潜能开发两者的统一，知识的传授和能力的培训代替不了人格的塑造；教育更是文化的传承和创新的统一，肩负着人类文明对话和沟通的重任。值此"全球化"时代，大学更在人类的交往中具有任何其他机构和组织所不可替代的作用。文化的认同和交往恰是人类生生不息、文明姹紫嫣红的根本保障。20 世纪的后 30 年，UNESCO 曾经一再提出有关 21 世纪教育的使命和任务的报告，一再强调"全球化"对教育的影响。但是，今天的人类才比任何时候都更深切地感悟到文明的对话与交往的重要。在这个高速变化的时代，在这个高科技和高风险的时代，不但是各种不同文明间的对话至关重要，而且科技与人文这"两种文化"之间的对话也同样将对人类的未来生死攸关，"电脑黑客"、网络"黄毒"、基因犯罪、生态危机、"克隆"困惑，等等，无不引发着人类一种挥之不去的"现代性焦虑"。被预言为"信息时代""生物世纪"的 21 世纪将是对人类的理性和良知的巨大考验！而面对这一挑战，首先面对的不正是教育吗？如何正确培养和处理全球意识和文化认同之间的张力？如何正确把握和驾驭科技效用和人类伦理之间可能出现的冲突？没有什么比人类共同战胜邪恶、携手缔造未来更为重要的了。在人类能够影响和塑造未来的各种手段中也没有什么比教育更为基本和更为重要的了。但愿我们会切记:"教育"(education)是绝不能简单等同于职业"训练"(training)的,文化的传承与创新、文明的对话与沟通,将始终是人类教育的最基本使命。

在过去的这一年里,同济大学制订了"十五"期间的发展规划,进一步确定了学校的办学理念和发展目标。为了建设一所真正意义上的综合性、研究型、国际化的多功能现代大学,同济大学将坚持推进自己的TRSC(教学、研究、服务、交往)四大功能并举、KAP(知识、能力、人格)三位一体、科技教育与人文教育协调发展的办学理念。我们相信,诞生于20世纪初东西方文化与文明的碰撞、交融中的同济大学,在新的世纪之交将这一理念完善起来,将是中国文化传统中"大学之道在明明德,在新民,在止于至善"理念的继承和创新;同时也将是现代大学推进21世纪东西方文明对话与沟通的一种积极姿态的表征,"大学"(university)将不仅是"新经济"的发动机,也应是"全球化"健康发展的"方向盘"和"制动器"。

本刊将始终牢记教育的根本使命,继续致力于同济大学办学理念的研究、阐释与宣传,努力为21世纪中华文化的伟大复兴和人类文明的繁荣昌盛而摇旗呐喊、添砖加瓦。希望在新的一年里继续得到校内外作者和读者的支持。

文明何往，教育何为①

——"全球化"与中国高教的国际化

中国"入世"和美国遭袭，对"全球化"影响深远。文明何往？教育何为？加入WTO，挑战与机遇并存，已为国人共识。中国"入世"，教育何以应对？作为世界最大的教育市场和人力资源"富矿"，中国教育的国际竞争早已"烽火连天"，"狼来了"的呼声早已耳熟能详，"与狼共舞"的誓言亦不绝于耳。但中国政府为"入世"进行了近15年的漫长谈判历程而矢志不渝，"入世"与"球籍"并无必然联系，至今世界上仍有重要国家尚未"入世"，就像人们曾说的那样，中华民族不照样能自立于世界民族之林吗？但我认为，中国政府的"入世"决策的确是出于中国人民的长远的根本利益而选择的一种"以外促内"的战略，"入世"将是推进中国的市场经济取向的改革开放的强有力的促进剂。固然，"守土有责"，理该如此，中国教育敢当重任，精神可嘉。但中国教育何以借此而大踏步走向世界，以真正到世界舞台上去"与'狼'共舞"呢？我以为还当拿出充分的勇气与足够的智慧，并以一种远为积极的态势和高位的战略去主动出击才是正道（对此本人曾在《中外合作办学之我见》一文中多有评论，参见《中国高等教育》2001年第2期）。包括对于有争议的"高教国际化"问题的思考：高教的国际化是否必要？高教的国际化又何以可能？"国际化"是否等于"全球化"？教育的"全球-本土化"是否可能？"全球化"时代的人格塑造和文化认同又该如何推进？"入世"后我们的教育质量何以"国际接轨"……诚然，教育涉及国家主权、民族文化及道德风俗等各国生存和发展的多方面，因而教育市场的开放只能是有限的，教育的"国际接轨"应是有选择的，我国对"入世"后开放教育服务的承诺也是部分的（项目上不包括军、警、政等特殊领域和义务教育。在服务方式上，对"跨境交付"未作承诺；对"境外消费"未作限制；允许合作办学式的"商业存在"，但不一定给国民待遇；在"自然人流动"上允许有一定资格的境外人士应聘应邀来华提供教育服务）。但如果只是消

---

① 本文为《同济教育研究》2002年第1期末的"主编手记"。

极地以防范心理对待教育的"国际化"则大可不必。为此,本期特刊发吴启迪校长在中国高教学会于 2001 年 10 月在长沙召开的"2001 年高等教育国际论坛"上的发言的原稿(据悉该文已引起有关部门的较大关注),以期引起进一步的思考。同时,"国际接轨"先得"知己知彼",本期毕家驹教授关于美国高教质量评估体系的探讨可供参考。

开发人力资源和提升综合国力,教育重任在肩。任何忽视本土国情的教育都将是难以承担起此重任的,更何况教育还承担着继往开来传承民族文化、创新现代人格的使命。随着中国进一步全面融入世界,中国教育的这一使命将愈加突出。所谓现代人格即指符合于现代社会行为规范、接受现代文明"游戏规则"的人格。比如:我国公民道德规范中的"明礼诚信"不仅仅是一种一般的道德要求,实际上也是现代人安身立命、为人处世的基本行为准则。除了理想、信念、品德、情操等传统人格理想外,独立、创新、敬业、诚信应该成为现代人格的基本构架。其次,具有"全球意识"也应该是现代人的基本素质要求之一,但这种"全球意识"又是离不开世界多极化和文化多元化的现实的。而强化民族文化的认同以传承民族文化精华不仅历来是教育的根本任务,更是当今"全球化"日盛之际维护和发展文化多样性以促进人类文明丰富多彩的必然选择。对于发展中国家来说,这还是维护民族独立、增强民族凝聚力的关键。

其实,尽管跨国公司的经济和贸易活动早已跨越了民族国界,但被称为"经济联合国"的 WTO 仍然是以承认国家(和地区)的分界为基本单位组成的一种世界性组织。可以说,WTO 的存在也是以民族国家的存在为前提的。事实上,号称最强调贸易自由化的美国,也同样是以其国家利益至上的。美国政府口口声声以保护自己的国民利益为第一承诺,在国际贸易战中屡屡动用所谓的"特别 301 条款"就是一个最明显的例证。因此,维系民族文化的延续性也是维护民族国家独立性的根本保证。这方面,各国教育肩负的使命都是十分明确的。但是,当"只有一个地球"的呼声已经成为人类在告别 20 世纪时的最大共识之时,保护地球上物种的多样性难道能离得开守护人类文化的多样性这一基本前提吗?教育在塑造人格的同时也在塑造着人类未来。高等教育在传承人类的文化与科技的同时也在全面创新着世界的未来。因此,高等教育的全球责任和人类使命感更为显著。

曼哈顿上空的浓烟已渐渐散去,但恐怖袭击给刚刚迎来"千禧年"的人类的和平凤愿笼罩上了难以抹去的阴影。"9·11"事件留给人类文明史的启示甚多,高等教育又何以作为呢?据说策划袭击的"基地"组织是通过举办学校的方式灌输极端的宗教激进主义的,而恐怖袭击的实施者还是注册于德国高校的大学生呢! 当然,这只是一种身份伪装。(不知道认识他们的老师和同学会有何感触?)但难道不值得引起教育界的反思吗? 对人道责任的"敬畏"和对生命价值的尊重是健全人格塑造中不可忽视的重要组成部分。文化认同则切不可异变为一种偏狭的民族主义和极端主义。教育不仅要培养受教育者一种文化国格的自重,还应该包括对异文化的尊重和对异宗教的宽容。21世纪的人类是在"文明的冲突"中走向毁灭还是在文化的交流和文明的融合中获取共赢? 加强全球意识的培养和多种文明和文化间的对话和沟通是关键。在这方面,高等教育义不容辞、责无可贷,现代大学得天独厚、游刃有余(参阅拙文《文明交往:"全球化"时代大学的第四大功能》,载《上海教育》2001年第16期)。相信经历了"9·11"事件后教育界会对此有新的认识。但大学何以能对此有更大作为? 切盼有更多的仁人志士贡献真知灼见。

总之,正如人们呼唤教育更多一些个性化一样,"守护多样性"将是当今"经济全球化"日盛之际最重要的时代精神。我们的教育应该关注于这种精神的培养。恐怖主义、霸权主义都是对这种时代精神的反动(值得警惕的是"市场原教旨主义"也可能正在成为一种损害人类健全理性的偏执狂)。"赤橙黄绿青蓝紫",才有彩练舞当空。文明的绚丽多彩将是人类永葆生命活力之象征。"9·11"事件凸显了"全球化"和"现代性"带来的巨大风险。中国"入世"标示着中国进一步的开放和融入世界。中国教育在接受现代科技文明的冲击和洗礼的同时,须臾不可忽视教育在人格塑造和文化认同上承担的责任。而将具有悠久历史和光荣传统的中国文化和文明进一步推向全球、融入世界,不仅是中国高教"全球-本土化"战略的题中应有之义,也将是对保障"全球化"的健康方向和人类可持续发展的重要贡献。越具民族特色的文化越具世界历史性的意义,这是人类在经历了20世纪沧桑巨变后获得的深切教训与经验。越具民族特色的将越具全球意义,这一格言将同样适合于"全球化"时代的高等教育。兼具全球视野和民族特色、人类责任和爱国信念的现代高级人才将是21世纪人类的希望之所在——教育,任重而道远。

校庆随感：学会感恩①

五月的鲜花分外鲜艳，五月的校园春意盎然，同济大学迎来了95周年校庆。当然，纪念节日最好的办法是投身于当前的事业，为此本期特刊发了周家伦书记的文章以明确任务。然而，庆祝仍是有意义的。同济德文医学堂的确切建校日已难于确证，故以1924年民国政府教育部颁布的"应准改为大学，以宏造就"的训令日——5月20日为校庆。考虑到校友们的方便，故一般选定于周末庆祝。今年以5月18日为校庆日。那天，灿烂的阳光一扫连日阴霾，经春雨洗涤后的校园，空气格外清新。跨进校门，但见一条大红的充气标语，如彩虹般横跨校园，一下子把人们带进了浓浓的节日氛围中，上千面彩旗的点缀更使得校园姹紫嫣红，分外妖娆。校庆大会的主会场设在半球状的校本部大礼堂里，这座学校自行设计并落成于20世纪60年代初、拥有4 000多座位、曾经是远东最大的无立柱礼堂，今天嘉宾云集、座无虚席，吴启迪校长的主题致辞（全文见本刊）和国内外朋友以及有关领导的贺词不时激起全场的阵阵掌声。

迈出礼堂，校园里到处荡漾着校友们的欢声笑语。礼堂边的"黑松林"今天格外热闹，这本是一个象征重视东西文化对话的同济传统的好景观：希腊罗马式的廊柱和中国式的园林和谐相处。如今一尊新落成的孔夫子塑像呈现在人们眼前：交叉胸前的双手和微风拂动的衣裙，一静一动之中，把这位中国古代大思想家、大教育家作为诲人不倦的智慧与仁爱的长者的形象塑造得栩栩如生，是在弦歌互答的课堂里娓娓道来？还是在游学四方的风尘中循循善诱？今日在听学的可远不止"弟子三千，贤人七十"哟！

礼堂前的林荫道上，有一群年逾古稀的老人正在相互搀扶着慢慢散步，有的已经满脸沧桑，有的却仍鹤发童颜，他们的表情时而洋溢出的是重逢的喜悦、时而又似乎沉浸在回忆的怅茫之中……"章老师，您好！还认识我们吗？"突然，一群年轻的姑娘们的问好打断了我的遐思，望着这些似曾相识、略感陌生的面孔我

---

① 本文为《同济教育研究》2002年第2期末的"主编手记"。

愣了一下,是在读的学子?还是已经毕业的校友?哦,想起来了,是以前教过的文法学院学生,青春的脸庞依然如花季少女般活力四射,略施的粉黛却给人以多了一份成熟的自信……同学们对校园景色的美丽赞不绝口,对母校的眷恋和感激之情溢于言表。

漫步在经过近年来的大力度基建投入改造后焕然一新的花园式"文明校园"里(一年来完成的3个主要校区的163个房屋修缮、环境整治工程的总投资为12 717万元),的确感到心旷神怡,浓郁的节日气氛更为其增添了几许魅力。望着景色诱人的美丽校园,我突然想起一句话:"要学会感恩!"那是应邀担任沪东校区管委会发起的"论做人之道"征文比赛的评委时所读到的一篇征文的题目。我真想向今日的同济学子们道一声祝福:要爱护环境,要学会感恩,要珍惜生命,要乐于奉献!

下午的中外校长圆桌论坛在学术沙龙式的氛围中进行,来自四大洲的大学校长们共话"新世纪大学使命",智慧的火花在轻松随意中闪烁。谈到高教的国际化,来自欧洲的校长谈起了欧盟的高教一体化计划,本期正好刊发了有关此事的一篇稿件(毕家驹《2010欧洲高等教育区》),可供窥一斑以览全豹。由于安排了同声翻译,交流甚为通畅,不知不觉中已经过了预定时间,言犹未尽,吴启迪校长与大家"相约2007——同济大学百年校庆再聚首",并提醒大家别忘了晚上的校庆音乐会,那可是一场由享誉世界的著名钢琴家等领衔演出的古今荟萃、中外合璧的精彩华章啊。

步出举行校长论坛的"科学苑"已近暮色,校园内仍然熙熙攘攘、人头攒动。办公楼前有同事正送一位耄耋老人上车,她告知我老人是来参加半世纪前毕业的同学聚会的。我忽然想起,就是今天下午,南京大学的"科学馆"正在为仍健在的同济大学最早的校友张威廉教授举行"百岁华诞庆贺会"。前几天我曾在网上看到过这位百岁老人手持南大百年校庆火炬的一张照片。据说,如果不是时间冲突,他还要来参加同济的校庆呢!(几天后,代表学校参加威廉老百岁寿庆回来的赵其昌教授带回了老寿星手迹"祝贺同济大学95周年校庆——百岁校友张威廉",赵先生还带回了老人的口信:期待着参加母校的百年校庆。我们衷心祝愿老学长健康长寿!)这位曾经先后获得过"洪堡纪念章""歌德奖章"和"德国大十字勋章"等褒奖的中国德语界的一代宗师,从来没有忘记母校同济大学,在其98岁高龄出版的《德语教学随笔》中,还不忘提及是在1914到1918年的同济学习期间打下的德语基础。呵,这就是一种懂得"感恩"的情怀!试问,今日的同济人所能取得的各种成功、收获乃至于财富,固然是个人不懈奋斗,用自己的智慧和汗水换来的应得酬报。但是,扪心自问,这当中难道没有母校的声誉和前人的浇灌打下的基础吗?记得几年前为教育部直属办做一个调研,得出的"人才断层可弥补,大师辈出欠火候"的结论时,强调过当今脱颖而出的中青年优秀人才千万不能忘记当年经历"文革"后重返讲台的老教师们的辛勤执教时的专注敬业和"红烛"精神。我们还是应该要"学会感恩"!

校庆之夜的音乐本人会因故未能聆听到,甚是遗憾。音乐是不需翻译的人类共通的语言,她最能激发人心灵的沟通与共鸣。"关关雎鸠,在河之洲,""嘤其鸣矣,求其友声",人类总是渴望交流。为了超越"巴比伦"(混乱),走向国际化("英特纳雄耐尔"),人类需要更广泛更深入的对话与"交往"——科学与技术(理工结合)、科技与人文(文理渗透)、东方与西方(中外交融)——这方面现代大学义不容辞、责无旁贷、得天独厚、任重道远!改革开放之初,同济即强调理工结合基础上的多科性和对德"窗口"的开放性;5年前的90周年校庆时倡导以"科技教育与人文教育的协调发展"为目标,近年已渐成共识,笔者专文在清华大学举行的"促进科学与人文融合高级研讨会"上发言后索要者众,特发于本刊;1998年初起同济正式提出以"交往"为现代大学第四大功能时颇有异议,相信经历了刻骨铭心的2001年,人们会对此更有共鸣。校庆实际上不也是一种交往吗?一种跨越时空间隔的交往。95年,对于一所大学来说算不得"高寿"。人类的大学已经有了上千年的历史。这千年中,多少"巨无霸"轰然倒塌,不管是号称"帝国"还是冠名"无敌",都难敌"时间之镰",唯有"大学"长存,"大学之道"永恒——这就是大学校庆最弥足珍贵的价值之所在!

教师节话师德：立我同济志，扬我同济魂[①]

"一年一度秋风劲，不似春光，胜似春光"。

金秋送爽时节，迎来了第18届教师节：江总书记在北京师大百年校庆大会上发表重要讲话，向全国教师祝贺节日，强调要大力推进教育创新。上海市以一台颂扬从事特殊教育的老师们的默默耕耘、无私奉献精神的音乐诗剧《走进艳阳天》表达了人民教师的高尚师德与美好心灵。今年教师节恰逢我校的新学年开学，各校区的校园里都迎来了不少新面孔：沪东校区迎来了新一届的研究生，一个个幸运而自信的"天娇（天之'娇'子）"们正踌躇满志于"更上一层楼"的憧憬之中；校本部那处处可见的晒得黝黑的脸庞则是从沪西校区高高兴兴搬来的2年级大学生，由于刚刚结束了为期3周的军训，这些学弟学妹们似乎老成了不少；沪西校区的迎新活动缤纷多彩，后勤社会化也为各商家带来了机遇，供应生活用品的店商纷纷早早来到校园内设起摊位、扯起广告，车水马龙间，平日里安静的校园内顿添了几分熙熙攘攘的商业氛围（据说自行车商更是喜从天降，由于联合相关部门采取"一条龙"服务，生意特别兴隆，几天间卖出的新车量超过数月甚至一年）……当然，新生们更关心的是何以能在人才济济的名校里早日见识名师的风采和多多聆听到智慧的声音，因此，有学校主要领导亲自参加的新闻发布会气氛最为热烈，同济的办学理念和"知识、能力、人格"协调发展的培养模式介绍给了新生和家长们很大的鼓舞。

暑假期间，曾与几位同人参与讨论一份反映同济师德建设的汇报材料。当时据说今年教师节的主题是师德建设。是啊，教师节话师德，名正言顺。但年年讲尊师、年年话师德，何以出新意？记得开始那些年的教师节，往往是一年一度的教师们享受商家"优惠"之际，但商旗招展之下，鱼龙混杂，难免有个别假"尊师重教"之名、行推销假冒伪劣之实的，故久而久之教师们也就不为"节日优惠"而折腰了。遂改为发节日礼品，"羊毛出在羊身上"，教育工会的费用本是为教师们

[①] 本文为《同济教育研究》2002年第3期的"主编手记"。

谋福利的,只不过增添一些节日气氛罢了。但"学高为师,身正为范",崇高的师德则是教师节教师们赖以自豪、自我庆祝和反躬自问、自我反思的永恒主题。窃以为,一个民族、一个国家的师德和医德将是其社会风尚、文明水平的最基本标志。它是一种"底线伦理",无可退却。正因为如此,它也许是关系国家兴亡、民族未来的最基础也是最重要的道德根基。"医生拒收红包"之所以要紧,就是如此。教师要为人师表,亦应该成为为师者之第一要义。实际上,早在古希腊的希拉多德医生誓言和中国古代伟大的教育家孔夫子那里,这些已经是不言自明的职业道德的基本准则了。然世事沧桑,检点今日之四周,常感许多最简单的道理也须经常重复,"学而时习之"才能"温故而知新"啊!好在榜样的力量是无穷的,每年的教师节表彰的一批批优秀教师的事迹,总是那么的感人泪下、催人奋进。

  今年暑假期间,教育部特地举办了一次为期整整 11 天的规模空前的中外大学校长论坛,各位校长还分工接受了课题研究。我校吴启迪校长领衔主持的是有关高质量师资建设的专题。记得 3 年前,在受命为教育部直属高校工作办公室做一个有关高校师资队伍是否存在"断层"问题的课题调研时,某报曾经采访报道了我提出的"断层可弥补,大师欠火候"的观点,我呼吁,年轻一代人才在迅速成长,"自我成材"中千万不要忘记老一代教师的"红烛"精神,而现在的莘莘学子亦需要这一代"园丁"们的刻苦耕耘和继往开来。我想,在今日大学承担了越来越多的使命时(本期特不吝篇幅刊登"新世纪大学使命"校长圆桌论坛的全部发言,就是为了共同探讨大学的责任和不辜负时代的使命),我们该何以面对我们的学生和告慰我们当年的老师?

  今年是恢复高考招生制度后的首两届(77、78 级)大学生毕业 20 周年的纪念年,这是两届特殊的大学生,这也许是人类教育史上的奇观:十几届的考生站在同一个起跑线、应答同一张考卷,两代人共住一个宿舍、同读一个班级,最后各奔前程时似乎唱着也是同一首歌:"再过二十年,我们再相会……"如今,20 年过去,"弹指一挥间",奋斗在各行各业的这两届学生大多已经成为社会的"精英"和中坚。母校重聚首,谈笑话当年:事业(或"学业")或有成,可忘育苗人?也许谁都不会忘记曾经经历的风雨坎坷和人生辉煌,当然也不会忘记那些引领我们叩开成功之门的造诣精湛的"大师"级的恩师。但是,我们是否还记得当年那些穿着素朴得几近寒酸、知识也难免有些陈旧的普通老师们呢?正是他们的无私奉献为我们搭就了成功的"人梯"!"师德"本是一种最起码的职业精神和职业道德。"职业"(profession)不仅是一个"饭碗",而且是一项事业和"志业",更是一种信仰和"誓言"。为师者要有一种"敬业如敬神"般的虔诚和专致,更要有一种淡泊名利、甘为"人梯"的"园丁"精神和大智大德、大彻大悟的人格魅力。

开学之际，彩旗招展的沪西校区内迎新的标语夺人"眼球"："喜进同济门，荣为同济人；立我同济志，扬我同济魂！"军歌嘹亮的校本部里军训正如火如荼，国防绿、迷彩服，校园如兵营。新生们也许会问，何为同济志？何为同济魂？教师们也许会感叹"铁打的营盘流水的兵"，年年岁岁花相似，岁岁年年人不同。教师节话师德，师德建设何以开创新境界？教育创新中，"师德"建设何以能与时俱进、继往又开来？

沐浴在秋阳下的校园，有时是那么的喧哗热闹，因为那是青春的灵气在跃动；有时又是那么的清宁静谧，因为那是智者的精灵在凝思。在那些令人流连忘返的同济园景中，我总对教学南楼东侧那块为原同济附中校长叶懋英老师所立的纪念碑情有独钟，那里似乎总有着一缕淡淡的金色在浮动："捧着一颗心来，不带半根草去"；总有一个轻轻的声音在叩问：师者何谓？师者何为？……今年在那块掩映在鲜花绿草丛中印有两个坚实的脚印的"师魂石"旁，又增加了一个造型为一本打开的书本样的"师魂苑志"，格外醒目。我想，我们是否也需要一点"吾日三省吾身"的"慎独"精神呢？"默而识之，学而不厌，诲人不倦，何有于我哉？"是否应该经常检点回顾自己留在身后的每一个"脚印"，写好我们人生"大书"的每一页，以无悔于崇高的职业选择，无愧于"教师"的神圣称号？师者，责任重如山。

为同济走向世界喝彩，为大学回归本色祝福[①]

——年终小点评

又到辞旧迎新之际。岁岁暖冬，年终之际终于飘起了一场纷纷扬扬的小雪，虽然来去匆匆，却也给申城披上了一层银白色的冬装。气温骤然下降了许多，但总算是告别了连绵的阴雨，迎来了和丽的冬日的阳光。

党的十六大的胜利召开，平稳实现了中央领导层的交接，可谓是中国政治生活中值得大书特书的一大喜事。"春江水暖鸭先知"，从当年北大学生在天安门前自发打出"小平您好！"的标语到今日同济学子开展的寄语十六大"向党说句心里话"活动，时间跨度十八年，两代青年表达的都是同样的信任和信念、同样的憧憬和向往。与时俱进、继往开来，中国的未来充满阳光！

如果说，庆贺十六大活动展示的是同济学子一往情深的政治情愫，那么积极投入"中国如有一份幸运，世界将多一份精彩"的"申博"（上海申办2010世博会）活动，则是一次充分展示同济人的智慧（知识的积累为的是点燃智慧的火光）、能力和人格魅力的倾情奉献：面对世界展览局的全面而严格的审核考察，3位同济教授不负众望，担纲起主要陈述人的角色；为了"申博"的成功，7名同济才俊入选"申博办"的志愿者，参与了长达几个月的"申博"奋斗——其中2人还担任了负责一个片的"洲长"的重任——他们活跃于台前幕后，穿梭于五洲四海，度过了多少个不眠之夜，历经了多少次甜酸苦辣，终于和全国人民一起迎来了难忘的"一二•三"（12月3日），成功的喜讯传来时，狂喜的泪水终于止不住地肆意挥洒……当我们听着他们的故事时，也不禁心潮澎湃、热泪盈眶：啊，同济人，我为你祝福！我为你骄傲！

"一二•三"，终难忘！齐加油，再奋进！不吃老本，自强不息，成绩只说明过去，目光永指向未来。世博会是上海的机遇，也将是同济的机遇。在各级领导的一片表扬和感谢声中，同济人马不停蹄，再接再厉，同济大学"上海世博会"研究

---

① 本文系《同济教育研究》2002年第4期的"主编手记"。

中心率先成立,弘扬"申博精神",为把2010年的上海世博会办成一次"最成功、最精彩、最难忘"的世博会,为把上海真正建设成具有鲜明时代特征、民族特色的"世界城市",打造起具有高度现代文明的"城市精神",同济人将义不容辞、责无旁贷地为世博会多做贡献:"城市,使生活更美好!""同济,让城市更精彩!"

笔者是在随时任校长出访欧洲期间经历了这激动人心的"一二·三"的,那是在从剑桥到伦敦的火车上获此喜讯的——几乎是在最快的第一时间,却是从遥远的北京,是同行的校长助理伍江教授从正出差北京的夫人发来的短信息中获知的——"再别康桥"的一丝憾意刹那间被一种巨大的兴奋所淹没、为"申博"的成功而骄傲,为祖国的强盛而自豪!祖国的繁荣兴盛强大,是所有炎黄子孙的福荫,这也是此次欧行的最大感触:不论是与海外学人的几次座谈还是与国际友人的随意交谈,中国,已经成为世人瞩目的焦点。全球,聚焦中国,"风景这边独好";中国,振奋世界,人类大有希望!少一点猜忌与仇恨,多一点理解和沟通,教育大有可为,大学得天独厚——这正是我同济大学的理念:"诺亚方舟"何处觅?文明交往最为要!

年终,是数点收获的日子。今年的同济,在坚持科技教育与人文教育的协调发展,建设综合性、研究型、国际化的现代大学的道路上又跨进了一大步。就是在这2002年年底,校园金桂飘香,书院枫林正红(研究生院一年一度的"枫林节"),十六大引动的春潮滚涌,"百人书长卷",青春映旗辉;同济艺术节更如"冬天里的一把火",烧得校园热气蒸腾,中外音乐会、全校歌咏赛,高潮迭起,真是"众人拾柴火焰高""长风破浪会有时"!

在这2002年的末季,同济大学在实践现代大学"交往"理念、向世界展示风采方面,又迈出了踏实的新步伐:中美工程教育峰会在沪京召开,同济的声音引起广泛的共鸣与关注(见本期首文);"上海—昆士兰教育论坛"在同济举行,教育国际化问题讨论渐趋深入;与台湾成功大学合作主办的"2002海峡两岸科技教育创新研讨会"在台南隆重召开(见本期简讯),两岸高教界的交流再掀热潮,特别是有幸会见在台同济老学长,其中最年长者为百岁人瑞张象贤老校友依然矍铄,一口一声"我是标准的同济人",感人至深。11月下旬,吴校长率中国教育代表团出访德国,庆祝中德建交30周年,出席大学校长论坛发表德语演讲,并接受德国电视台采访,介绍同济大学的国际化办学理念,欢迎德国和欧洲学生来同济求学,继在与德国学术交流中心(DAAD)的会谈中,双方就将签署的中德学院项目后续合作协议作了深入讨论,获得积极的成果;拜访德国联邦政府科技教育部,就同济大学在加强中德科教合作中如何发挥更大作用交换了看法,并取得了不少共识;紧接着赴法国访问汉斯商学院,看望了在此学习的三届同济学生,这也是较早开展的一项通过双方交换学生进行中外合作教育的试点,此项合作进展顺利,第一届交换合作培养的中法学生即将毕业,曾经为此项合作作出了重要贡献的即将卸任的汉斯商学院院长认为双方的合作非常成功,并代表学院表示将会继续进行此项合作;同济大学中法工程与管理学院(IFCI)的学术委员会和董事会这次在法国国立路桥大学举行,标示着同济大学与法国巴黎高科大学集团的合作的健康发展,而相关的法国的一些大公司董事单位盛情邀请中方参观,同济大学代表团还应邀访问了有关的法国环保集团公司与著名的全球跨国公司阿尔卡特的总部;吴校长一行接下来访问了英国的诺丁汉大学并签署了双方的校际合作协议,还到剑桥大学考察了英国老牌大学的学院制度,然后到伦敦会见并招待了我国留英学者……

尽管此次欧行匆匆,无暇饱览异国风光,特别是英国行,每天换一个地方,其中伦敦停留只有短短的十余个小时,留下的印象只有那暮色中的白金汉宫、夜色中的大本钟和晨霭中的海德公园。但在诺丁汉姆被招待入住有五百年历史的旅馆还是值得令人回味再三的(建筑历史理论专家伍江教授连连称道:"有味道,有味道!"),而剑桥的河流、小桥、草地、宫殿式的古老学院,乃至于剑桥人的敬业精神(接待我们的副校长是一位和蔼可亲的老太太,她还兼任着一个学院的"院长",晚上10点多还在学院里呢!)以及剑桥到处洋溢着的那种高贵而儒雅的学院味,那股时时能感觉到的、处处蔓延、浸透着的、毫无一丝张狂却又"润物细无声"的书卷气,更是给我们留下了无法泯灭的印象。我想,这也许就是该大学世界级的学术大师层出不穷、问鼎诺奖数独占鳌头的原因之所在!剑桥真是读书做学问的好地方,怪不得来自我校的留学生说,到了剑桥,再不好好读书简直就会觉得无地自容、无颜自对;同行中开玩笑,一生中要能在此被"熏陶"一年,那将是一种无可替代的享受!……

徜徉在剑河边,耳边似乎又响起了徐志摩的名诗:"轻轻的我走了,正如我轻轻的来;我轻轻的招手,作别西天的云彩。……我挥一挥衣袖,不带走一片云彩……"轻轻地,不要喧哗,小草正在构思,小鸟正在劳作;静静地,少一点浮躁,多一份祥宁;悄悄地,少一点功利心,多一份敬业情;岁月洗净铅华,时光不蚀真金,回归学问之道,也许,这正是一流大学的本色……

同济,当我们尽情地向世界展示时,何以让我们美丽的校园也像剑桥那样更多一些潜心静读、埋头钻研的氛围?大学应以为大师"搭台"、助青年成材为本分。祝福同济,以成就更多的大师为豪、以塑造更多"美丽的心灵"为荣!

2003年卷首语

春回大地,生机勃勃。"两会"召开,国家及其各级领导机构新老更替、顺利交接,形势大好。"两会"议题众多,但教育仍为中心话题之一。"科教兴国",万众聚集,代表、委员不负众望,评点发展,有褒有贬,言之谆谆,期之殷殷。特别是高教发展,投入加大,速度空前,提前完成由"精英教育"向"高教大众化"过渡,举国欢欣,赞之谓充分体现"三个代表"思想。据主管部门高层人士称,为全面建设小康社会,满足广大人民群众需要,高教发展仍将保持必要速度。但也坦陈,自大规模扩招以来,一直是"兢兢业业,战战兢兢",总算是未出大乱,皆大欢喜。但隐忧尚存,特别是教育质量问题已日益引起各方关注,须警钟长鸣。教育乃百年树人,质量为本。中国高教,长期来是精英教育,高考被民间视为是改写人生的"考状元""跳龙(农)门",一人参考,全家动员,千淘万汰。能跨进大学校门者被称为"天之骄子"。再加上历来有尊师重教、师道尊严之传统,为师者亦无他忧,皆能全心全意专注于教书育人。所以尽管有人说是"严进宽出",但教育质量基本无虞。我国大学生出国留学走遍世界皆受欢迎即可为证。但如今大众化后的高教质量该如何保障呢?实应为教育工作者和研究者们的当务之急。本刊今年将更多关注于此,欢迎赐稿。

此外,今年的世界仍不安宁。恐怖主义固然是人类社会机体上的一个毒瘤,似已是"老鼠过街,人人喊打",但产生恐怖主义的土壤和原因何在呢?另外,霸权主义亦是当今世界不得安宁的重要原因。当霸权主义充当"世界警察"时所推行的单边主义,与恐怖主义以"人体炸弹"制造无辜者的牺牲惨剧时的宗教激进主义其实是一样的逻辑:唯我独"革"、唯我独尊,听不得异见甚至容不得一切异声。对此,我们教育界有何反思呢?诚然,教育不是万能的。但是教育工作者作为人类文化的传承和文明的沟通者,我们的责任和使命又使我们不能不反躬自问:在进行知识和技能的传授的同时,有关人类的良知良能的传授又进行了多少呢?高科技时代现代人格的健康培育我们又研究了多少呢?全球化时代下的教育应该如何为培养现代人正确的文化认同(包括文化宽容、文化交流)给予更多的关注呢？这也是本刊一直予以倡导和高度关注的。毕竟，21世纪人类的全球性交往将越来越普遍.文化与文明的沟通与对话也越来越重要。别忘了，这是一个高效率和高风险并存的时代，教育，应该为人类的未来和福祉提供一个更为广阔的视野并做好准备。

知识、科技、"转识为技"与"转识为智"①

教育集"传道、授业、解惑"三位一体,倡"问学之道"与"成人之道"的统一,但毫无疑问的是,总是以知识的传授为基础(这也许就是不管是兄弟院校关于"知识、能力、素质"的 KAQ 提法还是我校倡导的"知识、能力、人格"的 KAP 模式都以"知识"打头的原因吧)。"教学研究(含外语教改)"的很大部分正是通过对知识传授方法的研究而期提高教学效果的。本期刊载的有关同济师生问卷调查实际上也是试图通过答卷者对问题的认知来分析其知识结构和旨趣所在的。所以,"知识越多越反动"之荒谬显而易见。记得当年恢复高考时,上海语文试卷中一道论文的题目是"知识越多越反动吗?",可见这曾经也是需要"拨乱反正"才能"以正视听"的。因为在那个时代,知识越多越不"革命"真是完全可能的。但是,"知识越多越进步"的逆命题是否成立呢?或者用时髦的词语改一下:"科技越高越进步吗?"这也许是在某种程度上重复了 18 世纪法国启蒙运动中卢梭对于"文明进步"的质疑和抨击。卢梭作出的关于文明进步与风俗敦化背道而驰的惊世骇俗之论尽管使人类处于尴尬的两难之境,但不啻是一醒世良言。"重视知识、尊重人才"曾经是"科学的春天"到来的标志,也无疑是教育的春天的象征。但是,高科技与低情感的交织,高效率与高风险的并存,却使人类不得不重温卢梭的警示。在这个春天里,我们尤感如此。

编完本期稿件,正值全球注目的伊拉克战争如火如荼之际。现代高科技的传媒正把全世界的眼球聚焦于伊拉克,因特网和电视荧屏上的"战争直击"远比网吧的游戏逼真而又残酷,高科技武器的"精确制导"似乎是百发百中,但那受伤的伊拉克儿童的泪脸和哭声却更揪心!曾经孕育了人类最古老的文明之一的两河流域在流血,凄厉的警报、隆隆的爆炸、红红的火光、黑黑的浓烟,巴比伦的空中花园今何在?……画面的另一面,失踪的 19 岁美国女兵的笑脸曾经是那么灿烂,而如今很可能这已经成了凝固在亲人们痛苦的回忆中的永恒……而他们本

---

① 本文系《同济教育研究》2003 年第 1 期的"主编手记"。

应该都可以尽情无忧地享受着幸福的童年和美丽的青春的呀！作为一个教育工作者，看到这些画面，又岂能不为已跨进21世纪的人类文明的这一幕而感伤悲？作为"人类灵魂的工程师"，我们更为那些该为这场悲剧的导演者们的灵魂而感到愤怒！

所以，在信息时代，信息量的掌握是重要的，但未经处理的信息并不等于知识，信息的辨别与取舍涉及的不只是能力，更重要的是价值取向。当今时代，"话语权"也是一种力量，信息的发布权极为重要（伊拉克战争中的新闻战愈演愈烈，终于导致英美联军不顾世界舆论之大哗而轰炸伊拉克电视台，"封喉"以垄断"话语权"）。

同时，知识经济时代，"知识就是力量"也许已经更直接地转化为"技术就是力量"（如现代战争已越来越成为一种高科技的较量，君不见，当今美国特种兵肩上庞大的背包里装的是价值上万美元的高科技装备）。"转识为技"十分重要，现代大学应该是现代高科技的"孵化器"（据说是否有国家级的大学科技园已经成了中国研究型大学的标识之一，去年本刊刊发过有关大学科技园的文章）。但是，同样重要的是，现代教育更应该把"转识为智"视作根本的使命。这里所说的"智"并不是指现代人所喜好的"智能"之"智"（这种"智"按照德国哲学的分类只是一种处于"感性"与"理性"之间的"知性"而已，也许还及不上"感性"之丰富直接，只是指具可计算可模拟的逻辑性而已），而是指人所无法被替代的"智慧"之"智"。因为知识并不直接等同于智慧。的确，现代知识转化为技术的周期在缩短，现代技术产生力量的创造性和毁灭性的指数递进态都是史无前例的，而人类的知识转化为真正的智慧的规律却难以把握，教育界对此又有何良策呢？难道这不应该引起我们的重视吗？本期特稿吴启迪校长在教育部直属高校咨询工作会上的发言再三言之谆谆的正是教育对于人格塑造、民族精神和文化认同、文化交流的责任。弘扬中华文化的"和而不同"传统对于当今时代尤为重要。这里凸显的正是一种"转识为智"的大教育观。

对于国内舆论界纷纷扬扬的"大学排名榜"暂不作评论（笔者以前曾发表过几次意见，赞同由社会中介机构而非政府部门发布此类"排行榜"，但不应进行商业炒作），本期刊发对美国大学排名榜的解读为的是提供一些最新的信息。依样画葫芦是没出息的，任何"拿来主义"都需要一番思考和选择。

又到了一年一度的职称评聘时间，本刊尽管是内刊，来稿还是比较拥挤的，因为教育教学研究的成果还是应该被重视的——各院系的教学评估中，这也是一项必要的指标。当然，我相信大多数投稿者还是希望通过对经验的不断总结和分享来提高教育和教学的效果的,要不然,我们怎么会不断收到已经具有高级职称者的来稿呢?

走过校园,张贴着不少醒目的海报:"首届创新精英人才赛,英才不问出处,唯才是举。"据说,此次大赛之所以为人重视,是因为要按照新的人才观试验一种新的人才选拔机制。是啊,"赛马场上选良骏","不拘一格降人才",将是真正的创新人才脱颖而出的根本保障,要不然,比尔·盖茨的学历岂不至多只是"大学肄业"?

灾难、危机与大学的责任[①]

一场突如其来的灾难——SARS，中文名为"严重急性呼吸系统综合征"——在 2003 年的春夏之交袭击了猝不及防的世界，其来势汹汹，"攻城略地"，大有横扫全球之势，但终于在人类的顽强抗击与协同合作下被遏制住了曾经似乎是不可一世的凶焰。然其去时悄悄，销声匿迹，难免留下种种疑团，继续考验着人类的智慧与科学。生活似乎又恢复了常态，街头巷尾摩肩接踵，饭店酒肆杯盏交错，"后非时代"（SARS，又称"非典"）本是文人骚客、先锋前卫们的新兴话语，却成了商家的促销口号与百姓的遗忘理由。于是"疲软"后的"复苏"演变成了一场全民的报复性的消费狂欢和各种祝捷庆典的歌舞。的确，一场全民族的"抗非战役"既检验了公共卫生和防疫系统，检验了各级政府及各种机构，也检验了人性，检验了习俗，检验了教育：我们的师德师风、我们的校风校纪、我们的思想品德教育和我们的管理。比起那些战斗在第一线的白衣卫士和白衣天使们可歌可泣的英雄事迹来，我们并未真正体会得到那种生命与死神搏斗的壮烈，但是我们的校园也曾经历了一次"隔离"的考验，人们的精神也都经历了一次"自我"与"他人"、个体与集体的洗礼。俗话说，疾风知劲草，烈火识真金，在"非典"面前我们的世界观、道德观得到了一次严峻的考验。"非典"过后，我们的反思才刚刚开始：我们社会防灾抗灾的意识和能力、我们的危机管理体制和机制增强了多少？我们的生活习俗又改进了多少？更深的反思还将继续：比如在"非典"期间自己有头疼脑热感觉不适时，首先想到的是负责任的自觉检查诊治还是因害怕被隔离而采取不负责的逃避？当戴上厚厚的口罩时，我们想到的只是自我的保护，还是社会的责任？

此外，SARS 病源至今还是个谜，人类抗疫战斗远未有穷期。在反思这场灾难之际，我们的教育又该何以作为呢？除了知识的传授和科学的探索外，人类如何应对危机是否应该被纳入为教育的内容？本刊曾经介绍和探讨过高校的防灾

[①] 本文系《同济教育研究》2003 年第 2 期的"主编手记"。

教育问题,我们是否还应该健全一种更为广义的防灾教育体系呢?这是在抗击"非典"期间我与学校防灾所负责人一次邂逅时的话题。从"9·11"事件到这次的"非典"流行,新世纪之首,人类已经两度经历了世界性的危机,前一次纯粹是人为的灾难,这一次似乎是自然的报复——其实,新发现的某些疾病也许归根结底是源于人类自己的行为方式,如疯牛病的出现、艾滋病的蔓延都在一定程度上与人类自身的贪婪与放纵有关,记得西方曾有人写过一本名为《人道主义的僭妄》的书,我想,"僭妄"的也许就是人自己——两次危机凸显的正是人与人、人与自然关系的紧张。

  SARS过后,亚欧大陆又遭遇了百年罕见的酷热,这里面不也同样有人类生活方式所带来的温室效应在起作用吗?"环球同此凉热"也许正应该是"全球化"的题中应有之义吧!可是,贫富不均的世界里,又何以能同此悲喜呢?人类在大量使用能源来调节舒适的环境温度时(其中发达国家的人均能耗又是多少倍于发展中国家啊),实际上已经破坏了大自然的生态平衡,如今的酷热中不也是一种大自然的报复吗?Only One Earth,地球的资源本该人类共享,"可持续发展"可不能成为个别国家或民族争夺他国资源、以利本族后代活的更舒服或者更奢侈的借口——这是笔者访问澳洲时曾经在一次与当地的一些校长们共进午餐时讨论中澳的国土面积与人口之比时,以轻松随意的口气讨论过的一个实际上十分严肃的话题。我想,我们在促进教育与科技的国际交流时,这也是一个值得讨论的问题。预防灾难、克服危机不仅需要借助科学技术之力,还需要人类的责任与良知,而这不也正是教育的责任、大学的责任吗?

  致力于推进中国高教的国际化,一直是本刊的宗旨之一。本期的"国际化——提高本科教育质量的有效途径"一文是毕家驹教授作为专家组成员参加学校本科教育评估后应邀为本刊提供的,虽然对于国际化与提高教育质量这两者间是否有必然的或直接的因果关系有异议,但不失为一种值得重视的观点,尤其是在现阶段。在各地大兴土木建"大学城"、上海正把启动"杨浦大学城"建设作为科教兴市、走通"华山天险一条路"的重要步骤之际,上海财经大学杨大楷教授等的赐作无疑是颇为及时的。赵娟、孔德懿关于大学博物馆建设的文章提出的是一个十分有意义的话题,长期来,高校在图书馆的建设上肯下功夫,这是完全应该的,但对博物馆建设却不够重视,也许是还从来没有列入过各种考核评估的指标中。笔者以为"博物馆"与"大学"应该是属于同一类范畴的,也是传承文化与文明的重要场所,记得在欧洲时,各式各样或大或小、或公立或私人的博物馆简直多如牛毛,其名目繁多、千奇百怪,有些甚至还是匪夷所思的,但的确令人大开眼界,这种

"博物馆文化"不论是对于人类认识自然还是认识自我都受益匪浅。好在近来国人也开始有所重视了，笔者近期应邀参加闵行区政协组织的一个文化建设的专家咨询会，会前参观了位于莘庄地铁站的闵行博物馆也获益匪浅，特别是有关马桥文化遗迹和民族乐器馆，很有特色。笔者参观过的中国的大学博物馆中印象颇深的有上海师大的历史博物馆、台湾淡水大学的舰船博物馆。实际上在大学里只要有心，就有不少好题材，记得我校陆敬俨教授搞中国古代机械研究，就曾经有过一个相当有价值的陈列室。笔者访问台湾成功大学时也看过一个有关中国古代木牛流马的研究室，他们还饶有兴味地谈起在同济参观时的惊喜呢，可惜现在不知散落在哪个角落里了！但愿同济的博物馆能早日建起来、多多建起来！

本期刊物延缓至假期发行，并非全是"非典"影响，而是与近期的一些变动有关。笔者由于接任文法学院院长，忙于履新，诸事纷杂。而本期编辑阶段恰逢吴启迪校长调任教育部，本刊多年来一直得到吴校长的大力支持和热情鼓励，因为作为内刊，不少高校已经或停刊或归并了教育研究杂志，本刊也曾经萌发退意，之所以得以坚持至今是与吴校长本人的支持与鼓励有关，因此本刊想最后刊载一次她作为同济大学校长的文稿，这就是本期作为特稿刊发的她的离任讲话："我永远是同济人！"吴校长在这篇讲话中以一种十分平静的口气谈体会谈感想、谈理念谈愿景，言之谆谆、情之切切，娓娓道来中蕴含着对高教事业和同济发展的满腔热情。此稿根据录音整理，基本上是口语化的，对其8年多的校长任内经历的甜酸苦辣、风风雨雨及所取得的成绩只字未提（作为这8年来学校发展中的一些重大事项的旁观者，或者也应该说是部分参与者，笔者也知之不少），却表示这些年的工作应该让给时间与历史去评判。朴实的语言，真挚的情感，让我们又一次感受到了她的人格魅力。在我校倡导的"知识、能力、人格"三位一体的人才模式中，李国豪名誉校长与吴启迪校长的身体力行是弥足珍贵的榜样。铁打的营盘流水的兵，博物馆将能为我们留住历史，学术大师和优秀校长将永远是名牌大学的骄傲！

编完吴校长的离任讲话，眼前又浮现出那天现场的热烈情景。不善激动的吴校长在最后再次讲到"同济情结"并表达衷心的感谢和祝福时，人们还是能感觉到在她依然平静的语气后，涌动着一种真挚的激情："我永远是同济人！"——此情此景，令我想起了一首赞美大学城海德堡的德国诗歌："我的心已失落在海德堡！"当年，我漫步在古老的海德堡大学中那条著名的"哲学之路"上低吟这首诗时，我最深切地感受就是：大学，不仅是人们向往的知识象牙塔，更永远是人类精神的伊甸园！因为这个世界不仅需要扩展人类体能、智能的科学技术，更需要引领人类发展、社会进步方向的理想之光！

科技人文两相兼　续脉传薪奔一流[①]

秋风萧瑟,斜阳淡淡地洒在望不见尽头的楼宇间——尽管城市几年来"造绿"不断,绿地扩容迅速,但要绿树成荫尚有待时日,都市风光还是"开门见楼",满目皆楼——今年冬天看来又是姗姗来迟,是"温室效应"?抑或是人世间热力四散蒸腾所致?

大学总是热土中的沸点之一:扩容热、扩招热、招聘热、"大学城"热、"二级学院"热……众多热点中的"一流大学"热尤为热闹持久。暑假至今,断断续续参加了好几次与大学办学理念、目标定位、战略规划有关的研讨会等(先后两次直属高校发展战略规划研讨会及一次直属高校发展规划咨询专家组会议,还参加了高校本科教育水平评估专家集训和一所高校实际评估),各高校争创一流的热情和决心都很感人。然何谓"一流大学"?标准何在?见仁见智。从"世界一流"到"国内一流""省内一流"(是否还有"市内一流"乃至"区内一流"?)皆称"一流",未尝不可(是否有些滥?可以斟酌)。但我认为,追求一流总是好的。试问,有哪个校长愿以"二流""三流"为标榜?就是心有自知之明也不敢以此招摇过市。当然,故步自封不行,好高骛远也不行,"一流"非自封,亦非钦定,"一流"需要同行评价、社会承认、公众认可。窃以为,凡提出"一流"目标者,首先自己要对何谓"一流"有所界定,做到心知肚明,才能有所趋附、有所奋斗。我倒同意这样一种"一流观":"立足本职、坚持特色,做到最好就是一流。"各校历史传统不同、办学特色有异,只有续得"文脉"传薪火,才能返本开新创一流。本期所刊两篇特稿正是一种结合本校实际对"一流大学"的具体阐释,读来颇有启迪。

高校教改近几年来好戏连台、高潮迭起,但教学改革是核心。科技教育与人文教育的协调发展何以落实?尽管还不止是课堂教学的事,但课程体系改革还是十分重要的。素质教育应该是通识教育与专业教育的统筹,本期所发的几篇有关课程体系与课程设置改革讨论的文章,反映了近来学校有关方面对此问题

[①] 本文系《同济教育研究》2003年第3期的"主编手记"。

的思考和下一步的改革,值得关注。

作为一所曾经长期以理工科为主的新综合性大学(严格地说,同济大学是一所很老牌的综合性大学,不仅是医科,文科也曾经有过昔日的辉煌),文科的发展也是魂牵梦绕同济数十载的一个夙愿,"心香一瓣话文科"是作者黄昌勇教授参加学校有关文科建设专题研究后的一点感触,相信也是许多同济人的共同心声。

找回并续接有悠久历史的同济文科的"文脉"一直是笔者多年来的一个心愿。不知是否真能有"心想事成"的感应,鬼使神差中今年竟两度去到浙江南北湖风景区开会,从而有幸两度参观了位于观音山南麓的"陈从周艺术馆"。我以为,从周先生可以被视作最能体现同济"文脉"绵延未断的一个代表。在名师荟萃的同济建筑系,学文科出身的他竟能卓然兀立,且名扬四海,足可见同济精神博大绵长。坐落在山清水秀、眺海傍山中的小小南北湖"梓园"(先生晚年自称"梓翁"),比起先生生前保护和发掘的许多历史名园来说,实在是名不见经传,但徜徉在这充满中国文化与艺术意味的小楼里,览物思情,不禁感慨良多。从周先生生前在大师众多的同济园内未必是最显眼的,但在社会上却是最负盛名的大教授。记得20世纪80年代末曾经有一次和陈先生一同去看望访美期间正值国内政局动荡而终于顶住多种诱惑如期归国的我校兼职教授、著名昆曲表演艺术家梁谷音先生的经历,一路上陈先生谈笑风生的情景,至今仍历历在目,印象颇深。其间还发生了一个小插曲,就是陈先生半路临时下车到他题名的"小茅屋"花店取花时,司机不知这是不能停车的路段而险遭交警查处,我只得耐心为司机作些辩解并如实告知原委,并在肯定交警认真履职的同时,顺便说起陈先生身为人大代表曾非常关心交警值勤辛苦而在人代会上呼吁增加道口红绿灯设置的事迹,这时正好警察看到陈先生捧着花出来并反复为自己的失误道歉时,或许是看到大名鼎鼎的陈先生竟是如此颔首低眉的谦谦君子,一下子态度和缓了许多,结果就教育了几句放行了,可见陈先生的名望之大。艺术园里有一块展板格外引起我的关注,那就是反映从周先生生前与诸多学者共同为促进文理交融而作的众多努力,特别是与著名数学家苏步青院士的诗画交融,给人印象尤为深刻。

两人携手提倡文理相通培养优秀人才的教学方向,苏老为从周先生写下:

巨著园林天下闻,廉青读集更超群。
从知科学加文笔,艺术花开代代春。

苏老是笔者就读复旦大学时的校长,从周先生是我工作的同济的师长。记得多年前国内刚开始酝酿并校时曾经与一位复旦大学的主要领导闲聊,我戏称应该把复旦与同济合并,亦可成为国内之最强,当时该领导说,那不造成校名无形资产的巨大损失了吗?我说,那可以叫"复旦同济"或"同济复旦"嘛!虽是戏言,但我一直觉得,文理交融应该是中国大学奔一流的关键,而不是任何其他因素:规模的巨大、学科的齐全、院士的多少、设备的先进……从周先生曾赞美南北湖为"淡妆西子",认为其正合了"风景之美在山在水,两者相兼,必成佳景"且是"比瘦西湖幽深,比西湖玲珑,能兼两者之长。"是啊,智者乐水,仁者乐山。两者相兼,仁智统一,此乃大学之道旨在"问学""成人"相协调也!

教育质量、"大学城"与"大学经营"漫议[①]

进入"高教大众化"时期的中国高教,数量与质量的发展不平衡(为免误解,这里就不用"矛盾"一词)正日益为人们重视。一边是"风景这边独好"的欢呼,一边是"教育质量滑坡"的惊叫。的确,从"教育产业化"的高调口号到"教育拉动内需"的虚假命题,人们更多关注的是教育的经济属性和经济效益,而对于教育的生命线——教育质量又曾给予过多少实实在在的关注?"创一流大学"诱人口号下,"研究型大学"异化为"研究生大学",本科教育的重要性相形见绌。为此,教育部出台了5年一评的本科教学水平评估规定,尽管各校均感压力巨大,间或还闻"劳民伤财"的抱怨,但普遍认为还是很有必要和及时的,因为"以评促建、以评促改"的效果还是显著的,特别是学校的教学主管部门和负责人都比较兴奋:虽然工作量很大,但一次评估对于教学质量的促进远远高于平时的千呼万唤——这也是笔者作为专家组成员实际参加高校本科教学水平评估的实际感受。本期编发了学校本科教学工作会议的特稿,再次肯定和强调了本科教育的主体地位和"立校之本",强调了以质量为本的教改指导思想和建构以学生为中心的教育质量保证体系的重要性。相信这将对保持和进一步提升本科教育质量具有重大意义。

曾几何时,伴随"高教大众化"而起的是各地正兴师动众的"大学城"热。"大学城"的概念原来也是外来的,但一般并不是像国内这样在政府主导下、通过所谓的"市场运作"而人为建立起来的,往往是一种因大学的发展而逐渐地形成的一种公共的知识社区。只是南橘北枳,概念又一次被"异化"罢了。君不见,国内的"大学城"建设成了继轰轰烈烈的"开发区"热后又一场新的"圈地运动"。百年大计,教育为本,礼仪之邦,办学兴教,传统醇厚,无可厚非,后继者众,本是好事,然一旦纳入"政绩工程",各地"诸侯"为"拉动经济"而不惜大兴土木之际,又何惧劳民伤财?殊不知,农民以土地为本,大片农田的被"圈走"(还远不是传统意义

[①] 本文系《同济教育研究》2003年第4期的"主编手记"。

上的被"蚕食"),对于农民又意味着什么呢?雪上加霜的"三农"问题难道是为大学生宿舍多安排几个"保安""清洁工"(或是否干脆就为大学生配上"保姆"?)就能解决的吗?好在中央教育主管部门已经及时喊停"大学城"。本期所发笔者的一篇演讲稿,该论坛的主题原定为"杨浦大学城",临时改了会标。但笔者以为,从"大学城"的本义上看,杨浦大学城倒真是可以好好规划和建设成为一个人才集聚、知识辐射的真正意义上的崭新的东方大学城的。

与此同时,我们也不得不看到,随着"高教大众化"的快速发展,大学,这古老而常青的"象牙塔",似乎正在演变为一个现代的超级"大市场",人群簇拥,熙熙攘攘。不管人们对此持何评价,然而大学所发生的变化却是不争的事实。随着多功能的"巨型大学"(Multiversity,笔者认为应该译作"多元大学"更合原义)的出现,现代大学管理中的"经营"问题必须提到议事日程上来。近年学校领导在新校区的建设运作中屡屡提到要有"经营"意识,我以为这的确是现代大学管理中的一个重要问题,即大学管理中如何树立"经营"理念。当然,这也是当今世界性的潮流所趋,从"新公共管理"思潮的公开引进到"大学市场化"提法的暗中舶来,人们对大学管理的理念正在发生悄悄的变化。尽管笔者一直对"教育产业化"和"教育拉动内需"说持有异议,但同时也认为,现代大学的管理已经不再是传统的单一的行政管理(Administration)范畴所能囊括的,而似乎更多地向经营管理(Management)的转换也是不可避免和必要的。当然,新兴的"治理(Governance)"概念的出现正在模糊并融化着传统两者间的界限。笔者以为,这也应该视为对简单的"公共管理私营化"趋向的反拨,教育的管理也应该借助"治理"概念而获得新的启示。

提到"大学经营"问题,笔者想起近几年屡闻的一个新概念:"企业家式大学"(Enterpreneurial University),国内学者把它意译为"自主创新型大学"。有学者将具有卓越的领导核心、多样化的资金来源、灵活性的发展领域与外界合作、有活力的学术管理机构和师生自治与共治结合的创业理念概括为自主创新型大学的5大特征。这种源于欧洲、成型于美国的既坚持独立自治传统又适应市场变化的新型"自主创业型大学"也许是大学的现代转型的一种成功的探索,国内高教研究界已经给予很多的关注,而关键还在于大学的领导层是否能真正予以足够的重视并付诸实践。对于政府而言,教育始终是一种公益型事业,必须保证财政主渠道的投入,但作为学校管理者,则必须具有"面向社会自主办学"的理念与能力。同济大学从嘉定新校区的管理中引进"经营"意识,无疑是一种有意义的探索和有活力的实践。我相信,这一探索的意义将会是远远超出嘉定校区的建设与管理的有限领域而获得更为深远的影响。同济大学曾在前几年的实践中率先提出"多功能的现代大学"理念,我想,"大学经营"意识也应该是这一理念的组成部分。期待着它的成功。本刊将关注和跟踪这一探索。

2004年卷首语

新春伊始,春风频动,新一届中央领导"情为民所系,利为民所谋,权为民所用",除再次以农业问题为1号文件外,又专门发出了一份繁荣哲学社会科学的3号中央"红头文件",可见对此之重视程度前所未有。高等学校历来是繁荣发展哲学社会科学的重要基地,一流大学要有一流的文科,科技教育与人文教育协调发展的理念正逐步为大家所认同。这不仅涉及教育理念之根本,也是教育学本身健康发展之关键:教育学无疑也是哲学社会科学的重要组成部分,尽管在国家哲学社会科学规划立项中,教育与艺术、军事三类单列,但同样是国家级哲学社会科学规划的组成部分。所以,繁荣哲学社会科学的春天也同样是教育科学繁荣昌盛的春天,尤其是在"科教兴国"战略日益深入人心、教育发展突飞猛进之际。但光有对教育政策的诠释是无法达到繁荣教育科学的目的。

高等教育的发展要不要贯彻全面、协调、可持续的科学发展观?也许有人会说这是"多此一问":大学本来就是搞科学的!但是,正像人们最熟悉的概念往往同时是最未经思考过的——"耳熟能详"的同时是"熟视无睹"!综观多年来的高教发展历程,同样有个正确的发展观问题。近年来高等教育超常规发展,成绩巨大,有目共睹,皆大欢喜,不必多言。但问题不少,也同样是众说纷纭,七嘴八舌。教育之所以常常成为众矢之的实属难免,这是因为教育乃关系千家万户之大事,人人都曾经当过学生,家家又都有孩子要上学,所以都有资格对教育品头论足;现在又家家希望孩子上大学、上好大学,"僧多粥少",难以满足,也会引来众多抱怨——殊不知未必是人人都能适应重点大学的学习进度和要求的呀!再说,世上本只有什么事也不干的人才会没有错(其实这恰恰犯了一个最大的错误:用现代行政法的用语是"不作为"),何论教育正处在快速大发展中?但关键在于不要重复那种违背教育规律、贻误"国之根本"的低级错误!——而这正需要有真正科学的教育研究。

的确,今日之大学将何去何从?这已是全球性的难题。国际上先后有人提出"多元大学"(Multiversity)、"综合性大学"(Omniversity)、"创业型大学"

（Entrepreneurial University）、"无边界大学"（Unboardness University）等多种新型大学模式，当然亦有坚持"为学术而学术"者如法国哲学家德里达提出的坚守独立、自由的"无条件大学"（Unconditional University），同济大学也已陆续提出了 TRSC 多功能现代大学理念、KAP 素质教育模式、现代大学中心化、学科发展的新兴化、强势化、集约化，以及大学之"形""神""魂"等问题，这些都反映出今日大学面临之变化，也标志着高等教育研究的活跃与繁荣。"适应"与"导引"也许是大学应该肩负的双重责任。我们期待着有更深入的思考和切磋。尽管本刊至今仍是"内刊"，只是教育研究百花园中的一棵"没有花香，没有树高"的"小草"，但也已并非一棵无人知晓的"野草"。许多同行的厚爱和器重，乃是本刊同仁坚持至今的力量和信心之源泉。衷心感谢校内外众多热心赐稿者！"随风潜入夜，润物细无声。"但愿我们的耕耘能为教育科学春天的繁荣多培一抔土、多浇一点水。

文科发展何谓繁荣,何以评价,何以规划[①]

迎接哲学社会科学繁荣之春天,联想今日大学文科之发展,意犹未尽,再谈几点看法(但愿不是画蛇添足、狗尾续貂)。

发展哲学社会科学,要由中央发文倡导"繁荣",这是很有意味的。首先,何谓繁荣?其前提和标志何在?一言以蔽之,笔者以为应该是多样性,也就是"百花齐放、百家争鸣"。但"双百"方针提出已快半个世纪了,"往事并不如烟"之余,我们要问:保护和倡导学术多样性的氛围是否已经真正形成?哲学社会科学园地里草木葱翠、繁花似锦,这才可谓繁荣;既有主旋律的激昂响亮,又有众和弦的丰富多彩,"大弦嘈嘈""小弦切切",这才谈得上真正的繁荣。当然,这里就有一个指导思想的一元化和学术发展的多样性问题。我想,也许最值得反思的是我们的哲学教育:世界的统一性本是多样性的统一,但我们多年来是否过多强调了统一性而对多样性有所忽略?大自然中"赤橙黄绿青蓝紫",方有彩练舞当空。"追求统一性"和"守护多样性"的并重,应是当代哲学思维最重要的辩证法,没有多样性又何以谈创新?

其次,要繁荣就有一个何以评价的问题:一是对哲学社会科学工作者劳动的评价。近年来一谈评价就要搞指标体系,是"数字化时代"的进步?还是"数字化崇拜"的作祟?既要看到评价指标量化的有效性,也要认识这种量化的有限性,特别是对于"精神生产"(马克思用语)的评价,除了为了向广大群众宣传普及相关知识的需要外,真正的哲学社会科学研究应该是"观点"的生产,即应该强调的是 New Idea 的创造,而不应该是单纯的篇数(据统计中国的论文总数世界第一)加和所造就的"著作等身",甚至于文字垃圾的泛滥。二是对研究成果价值的评价,一谈重视就要评奖,但日益"时尚化"的评奖往往会诱导研究的短期化、功利化,特别是哲学社会科学成果的价值需要经得起社会实践的检验,真理历来是时间的女儿而不是权威的钦定(也不是多数的"看好")。因此,如果要评奖也应

[①] 本文系《同济教育研究》2004 年第 1 期的"主编手记"。

该借鉴诺贝尔奖的评法,拉大"时间差",比如是否可以规定,至少须有三到五年的"冷藏期"(如"五年陈"),而不是短平快的"热炒"就可以参加评奖。这样既可以鼓励"板凳甘坐十年冷"的潜心研究学问者,也可以避免某些成果才获奖就"过期"的尴尬。当然,某些具有鲜明时间特征的研究可另当别论,如决策咨询研究奖(严格讲也需要经过时间检验)。

再次,要繁荣又有一个何以规划的问题。规划是一种导向,但规划要建立在规律基础上。我认为哲学社会科学发展规划应该兼顾两个方面:一类是哲学人文以及社会科学的基础理论的原创性研究,这里也许不是"课题指南"所能越俎代庖的,而是应该由专家学者的自由选题为主,最具原创性的研究绝不是由"规划办"设计出来的,否则就根本不需要学术"大师"了。其实,真正能够提得出问题(我指的是"真问题")的难度远大于给出若干种解答,这就是真正的做"学问",而非应景的"学答"之别,古今中外皆可为证。另一类则是现实社会实践中遇到的问题,或者说是"问题域"的研究,当然也需要基础理论的不断创新和多学科的交叉,但更主要是应用类研究,这倒是需要我们认真研究规划的,尤其是在发挥哲学社会科学的"资政育人"功能上。最近国家的"十一五"计划已经改为"规划",加强宏观指导而不是具体的指令性指标的下达,我想对于哲学社会科学领域的规划也是如此。学校的文科发展规划是否也要尊重这一规律呢?

最后,在繁荣哲学社会科学方面,政府职能也应该逐步实现从"全能政府"向"有限政府"的过渡。可供借鉴的中国传统智慧中不但有儒家的"修齐治平"之说,还有道家的"无为而治"之道。只要在宪政和法制的框架内,政府对哲学社会科学的繁荣既可多多"有为":如制定各种有利繁荣的政策法规鼓励支持,不断加大对哲学社会科学研究经费和奖项的投入,不断推出各种"基地""平台"的建设项目。但是否也可适当来一些"无为而治":如少一点名目繁多的"申报""评估"类的繁琐,也许反而会多一些"百花齐放、百家争鸣"的繁荣。我以为,老子所言的"圣人处无为之事,行不言之教",就是要以"无为"之形,达"有治"之实。非"不为",更非"无治"也——皆因"道法自然",故才能"无为而无不为"也!

以上议论,乃一家之言,权当引玉之"砖",期望凤凰来栖。知我?罪我?任之由之。实践"双百"、师法自然,促进"繁荣",此乃本刊主旨所在。

同济文科何以"突出重围"[1]

五月的鲜花，六月的艳阳。春夏之交的校园姹紫嫣红，分外妖娆。不是逢五逢十的"中庆大庆"，97周年的校庆活动以弘扬学术、激发创新为主题，虽少了些大喜大庆欢聚一堂的隆重热闹，却多了一份浓浓的学术味、勃勃的青春情。从"百年航空回顾与展望"到"轨道交通装备成果展"，展示的是同济人驰骋广阔科技领域，上天入地的宏大视野和严谨求实的科学精神；从大礼堂内"校园音乐先锋"全国邀请赛的激越旋律和雷动掌声，到大草坪上"星光璀璨约明天"文艺会演的欢歌笑语和翩翩起舞，展示的是同济人热爱艺术、充满朝气的多才多艺那一面。尤为兴奋的是校园里的大学生们，除了那么多大名鼎鼎的专家学者得以一睹风采，那么多精彩绝伦的学术报告得以亲耳聆听，还有那名目繁多的校庆节目单也是令人怦然心动的：校园话剧、"社团风采"、"清音雅乐"（民乐）等专场，再加上腰鼓队、拉拉操表演，以及"大学生创业设计大赛"……今年的校庆不仅检阅了校园文化建设的成效斐然，更为令人兴奋的是莘莘学子真正成了今年校庆的主体。

今年校庆期间，开展了以"科技人文协调发展，综合大学再铸辉煌"为主题的校庆系列活动，我校文法学院组织了可以说是同济大学有史以来规模最大的文科校庆。其中最为火爆的当然是"同济大学作家周"，由于一些著名的大陆当红作家和台湾诗人的加盟，结果出现了一票难求，场场爆满的局面，每每是已经开讲，场外仍然是人头攒动，哪怕是蒙蒙细雨已逐渐变为淅淅冷雨仍迟迟不散，其拳拳之心最终令保卫人员也为之动容，而破例同意放进礼堂，席地而坐于走廊乃至于舞台上。与此对应的是校庆期间的哲学与社会学系复系暨同济德意志文化丛书首发式，尽管场面未见火爆（哲学本需沉思，最忌全民起哄），却影响不小，除了上海哲学界的重量级人物几乎悉数到场外，出人意料的是，还有两位从西北远道赶来致贺的"不速之客"，大家在重温同济文科历史的辉煌、怀念前辈哲人、呼

---

[1] 本文系《同济教育研究》2004年第2期的"主编手记"。

唤哲学社会科学的繁荣的同时,纷纷表达了对同济大学恢复哲学及社科发展寄予的厚望,诚挚的祝贺、热情的鼓励、殷殷的寄语、谆谆的指导等,无不感人至深。而国内一流的哲学、经济、法学、政治学、社会学专家也纷纷来到同济园就学术前沿问题开设讲座,在他们为同济师生带来哲学社会科学的大量新鲜知识的同时,亦对同济学子具有的人文素养和强烈的人文兴趣留下了深刻的印象。

正是在这一片浓郁的人文氛围的烘托下,盼望已久的我校文科大会终于召开了,这将是同济大学发展史上的一个新的里程碑。本期特刊发了校领导在文科大会上的讲话稿。重读经整理过的讲话稿,仍然是富有启迪的,特别是万钢校长当时讲到的同济文科要"冲出重围"的话语很令人鼓舞,这是一个生动而形象的比喻,既反映同济文科面临的艰巨使命,也表达了同济人敢于迎接挑战的勇气与决心。与其主题是一脉相承的:"抓住机遇"才能"突出重围"。作为学校文科专业与人才最集中的学院的院长,我在大会上的讲话的主题则正是由此引出的:文法学院何以"突出重围"?尽管各兄弟学院的领导在会上的讲话很鼓舞人心,展现了我校文科发展的广阔空间和美好前景,我们大可不必妄自菲薄。但同济大学的"综合性大学"地位至今还是一个有待于真正被社会所认可的问题。这就是我们不得不看到的同济文科发展任重而道远的基本背景。

同济大学文法学院目前可以说是上海各高校中同类学院中的最大一个学院(当然清华的人文社会科学学院人员规模比我们还大,因为外语没有独立建院,但学科门类还没有我们多),尽管复院已逾十年,但是长期来是一个以公共课教学为主的学院(试想在一个研究型大学里,一个总人数不到全校师资二十分之一的学院竟长期完成全校近十分之一的教学课时,其教学任务的重压是可想而知的)。去年以来,学院确立了从教学型学院向以学科建设为中心的教学研究型学院转型的办院目标,要求全体教师既要继续义不容辞地承担起提高全体同济学子文化素质的重要使命(作为学校进行人文素质教育和通识教育的主力军),又要责无旁贷承担起发展文科专业、把同济大学真正办成综合性、研究型、国际化的高水平现代大学的学科建设重任(为加强学科建设的主线,学院已按照各系都要同时分担本科、研究生和公共课教育的三大任务的原则进行了系所结构调整,目前学院设有5个系、9个本科专业、17个硕士点)。根据学校规划,文科的布局结构还将会有所调整,但抓住目前学科门类众多的优势推进多学科的综合交叉应是我院的一个着眼长远的战略。学院设立的跨专业跨学科的"博思论坛"(旨在倡导一种"博学而慎思"的学风)目的就在于广泛进行多学科的学术对话,以努力营造多学科交叉的学术氛围,从第一次关于"知识分子与公共理性"的讨论到第二次"当代'治理'理论探讨",参加的教师有很大的增长,这也是实践学院提出的同时担当起专业知识分子和公共知识分子的双重责任的理念的一种探索。我们期待着更多同济人的参与。

总之,文法学院的"突出重围"将是同济大学文科"突出重围"的关键一环,而文法学院的真正"突出重围"又有待于同济大学文科整体的"突出重围"。多学科之间的相互交融、结合、理解、支持将是同济大学文科重振雄威、再创辉煌的基本保证和强大动力(学校在"985"二期建设规划中强调了"以哲学社会科学为基础"的学科建设理念,正在大力谋划国家级哲学社会科学创新基地的建设将是一个很好的抓手)。作为一所在工科领域具有鲜明特色和优势学科的大学,文科的振兴究竟有何意义呢?是否只是一种必要的点缀?没有文科是否也并不妨碍同济大学成为一所知名大学?对此的歧议仍然是存在的(这里的关键之一还涉及如何评价文科的价值与成效)。但正如周家伦同志在这次文科大会上所说的:"没有文科与理工科的协调发展,就谈不上综合性;没有文科与理工科的协调发展,就谈不上研究型;没有文科与理工科的协调发展,就谈不上国际化;没有文科与理工科的协调发展,就难以培养出兼备'知识、能力、人格'的人才;没有文科与理工科的协调发展,科技教育与人文教育的协调发展就成为一句空话。"但愿此能真正成为全体同济人的共识! 此次文科大会有5个学院参加,我衷心希望,下一次的文科大会将会有更多的同济人来关心和参与! 为此我建议,下一次召开的应该是一次"同济大学科技教育与人文教育协调发展大会",而不再只是单纯的文科大会。

大学理念、大学功能与大学责任[①]

其他行业的朋友们对学校工作的最大羡慕之一就是一年有两个假期,那是多么的惬意啊!殊不知,大学的暑假实际上许多人还是非常忙碌的,只是假期的生活不像学期中那么有规律,至少不像学期内每周的上课时间是固定的(当然值此终身学习时代,假期中还有不少老师在上课)。然而许多平时积累下的事情都会被安排在假期:科研项目、学术会议……一放假就赶着把一个课题给结了,好在课题的基础较好:大学理念与大学功能问题是近几年来一直在研究的问题,甚至可以说这些年有关高等教育的所有思考都是与此相关的,或者说是本人一直萦绕在心的。只是真到了结题之时,却感到还是有些茫然:大学理念与功能究竟是指什么呢?读过、写过不少此类话题,可是总觉得要么是很不过瘾,要么是言犹未尽。于是,另辟蹊径,从概念入手,"所指""能指"何谓?试着来一番条分缕析,也算是"而今迈步从头越"——为继续研究清扫一下基础吧!同时也是对几年来的思考与研究作一个小结。成也?否也?还待读者诸君的评说。

其实这个暑假对于教育界尤其是高教界来说并不轻松。纷纷扬扬的大学招生丑闻使得一直被视为"清水衙门"的高校的水给搅浑了,社会各界对"教育反腐"的关注一下子似乎成了舆论焦点。暑假期间正好参加中国高教管理研究会的年会,应邀作大会发言,我提交了一篇成于三年前的关于"大学市场化"的论文(真正的科学研究的成果必须经得起时间的考验),虽所论是国外的思潮,而真正的矛头所指实际上是国内的"教育产业化"口号。之所以旧话重提,只因"教育产业化"口号叫停易,"流毒"清除难。近期揭露的高教界的一些问题是具有一定倾向性,其实质还是"教育产业化"的影响仍在起作用。我在发言中关于"办学自主必须要落实学术责任"的呼吁激起了会上许多代表的共鸣。9月初,第三届国际工程教育大会在北京召开,我在就"工程教育的国际认证"主题发表的关于构建高校工程教育保障体系的演讲中,也专门提出了"教育质量与'责任政府'""非政

[①] 本文系《同济教育研究》2004年第3期的"主编手记"。

府组织、非营利组织（NGO、NPO）参与教育评估和建立'问责制'"以及"校本管理中加强学术权力制约"等建议。

教学质量的保障关键在教师。近几期我们一直在关注同济大学本科教学质保体系的构建，该体系的最大特点就是突破了将教学质量保障仅仅视为教务部门的工作。本科教育是立校之本，这是同济大学办学理念的重要组成部分，近几年来学校出台过不少重视本科教学工作的管理政策，然中国大学发展中重科研、轻教学的倾向依然很顽固，"科研硬指标、教学软任务"的观念还很难根本扭转，这就造成教师们很难把主要精力集中到教学上来，而如果没有广大教师的积极参与，纸上的体系是很难真正落实的。与国外高教界朋友交谈时，他们往往非常惊讶于我们国内司空见惯的"教授不教，讲师不讲"而热衷于搞"横向"、忙"走穴"现象。近日读到一则报道："印度教授为什么不兼职？"谓此乃有制度安排与薪酬保障，我想，同样作为发展中的大国，为什么人家做得到我们却不行呢？看来问题是非不能也，乃不为也。各行各业在正常职责外忙"创收"始于何时大家都是心知肚明的，也许是"初级阶段"的一种特色，只是利大？弊大？该作何处置？应该是到时候了，就像曾几何时"教育产业化"铺天盖地似乎成了不容置疑的真理一样。好在大多数教师还是恪尽职守的，本刊长期来一直致力于发表教学第一线的老师们的教学经验，反映的正是一种兢兢业业的教师"红烛"精神，值此我国第20届教师节之际，我们特向长期来关心和支持我刊的作者们表示衷心感谢！

高等教育的国际化一直是本刊关注的热点，本期继续发表毕家驹教授有关国外高等教育发展动向的文章，以供大家阅读。他山之石，可以攻玉。本期刊载了一篇教育部办公厅林晓青同志发来的有关美国高校研究生院排行榜的一个最新版本的介绍和评析，作者结合北京第二届中外大学校长论坛的相关话题的讨论还是很有启发的。本刊曾经是国内最早呼吁参与国际大学排行以寻找差距、正确引导的，至于排行榜的指标体系的确定，本人也认为应该更多地体现学科与学校类型的差异；此外，大学排行榜本来是民间的事，其权威性如何自有市场检验。政府既不必直接出面予以禁止，更不要自己去搞什么"权威排名"，而应该始终保持距离就是了，除了公布相关的数据。至于媒体的炒作，高校大可不必过于紧张，政府则应该负责进行监督与引导，特别是应该提醒广大民众不要中了一些商业性机构的圈套。

"后象牙塔"时代的大学……[①]

10月底到11月初和12月中旬,连续两次奉命作为教育部专家组成员赴武汉进行高校本科教学工作水平评估,两所高校,专业、特色迥异,一个毗邻东湖风景区,眺望湖面,烟波荡漾,天水相连,"极目楚天舒";一个位于长江边(新校区已经接连临江路),登楼俯视,大江浩荡……"逝者如斯夫"!伟人留下的这两句话,不正表达了人类对无限时空的感慨?自然的时间是一维的,"人不能两次踏入同一条河流";心理的时间是可逆的,"穿越时间隧道的旅行"尽管更多具有的是一种象征的意味,但总会给人以无穷的乐趣。人类思维的时空同样是既有限——受限于特定的时空,又无限——能超越任何有限时空的束缚的,任何研究不都是这样吗?本文题目所涉"后象牙塔"不也需要一个新的时空定位吗?

岁月如烟,时光似水,人类的大学已经有了近千年的历史。现代大学"走出象牙塔"也已经有了近半个世纪的历史了。但中国的大学也许生来就注定难以享受到"象牙塔"的宁静与安详,而始终处于各种社会变动的激荡之中(作为政治变法的一个副产品而诞生,"实业救国"的夙愿难遂,"救亡图存"的风云激荡,"思想改造"的风波不止,"文化革命"的磨难多多……)所以,对于中国的大学来讲,改革开放以来的二十多年才是真正的黄金时代。当然,从另一个角度讲,长期处于"精英教育"的中国的大学,直到近年来才真正有了"走出象牙塔"的新考验,那就是在市场经济背景下高等教育快速进入"大众化"阶段所面临的诸多挑战和机遇(高校本科教学工作水平评估正是在此背景下的一种应对)。然而,"走出象牙塔"后的大学究竟该何去何从呢?

上期刊发的有关大学理念与功能研究的一个结题报告,提出了"守护与创新"并重的现代大学理念与功能观,实际上也是想为"走出象牙塔"后的现代大学提出的一条前行的路径。而这实际上也是一次"穿越时空的精神之旅":既承接历史,又开创未来;既放眼全球,又立足本土。本期刊发的几篇专论就是为了使

[①] 本文系《同济教育研究》2004年第4期的"主编手记"。

讨论继续深化。万钢校长提出的"再认识"正是对快速进入"后象牙塔"时代大学使命的一种新理解，着眼于未来的综合国力竞争的大趋势，特别强调大学要以国家发展的战略方向为导向，并提出了以民族文化底蕴为基础、以自主知识产权为后盾的大学国际交流新视野等，无疑是一种具有"全球-本土"视域的现代大学观的"创新"，或曰是一种创新中的守护。上次的结题报告主要是对一些概念或曰"关键词"所做的一些分析。人们经常以为，某些最熟悉的概念几乎都是约定俗成、路人皆知，因此可以无须证明、"存而不论"的。但在学术讨论中，这种"常识"有时是一个误区：学术争论已久，蓦然回首，原来说的可能完全是两码事，因为对同一概念的理解存在巨大差异。于是不得不重新回到"原点"，共同来审视概念自身的定义域，以求得继续深入讨论的出发点。这不能仅仅责怪概念自身的模糊性或学者对概念把握的误差性，主要是因为生活本身的多样性，或者说是实践自身的丰富性，归根结底也是由于时空迁移带来的变易性所决定的。特别是大量现代学术科学规范、概念都是一种国际化交流的产物，不同民族的不同文化背景会对概念的翻译、理解带来巨大的挑战。有关大学理念与功能的讨论也是这样，为此，本刊特发了德国哲学研究专家孙周兴教授的《洪堡大学理念》一文（这是孙教授应邀在上海市哲学学会与我校文法学院联合举办的、作为第三届上海市哲学社会科学普及周活动之一"大学精神与教育哲学的反思"专题报告会上的演讲），对人们所津津乐道但实际上又语焉不详的洪堡大学理念作了一个更为全面的介绍和诠释，这里更多的或许是一种"守护"，或者能否说是一种以守护姿态尝试的创新？

　　源于中世纪的大学曾经与宗教有着千丝万缕的联系，也是宗教世俗化的重要推动力，在一个信仰缺失和匮乏的时代，大学该何为？本刊有幸约到陈家琪教授谈大学理念的专稿，正是通过一个与通常教育学界不同的视角，在西方中世纪宗教与同业公会背景下讨论大学的理念与性质，揭示了近代以来个体主义与社会共同体之间的关系，把我们拉到了大学理念理解的另一维视域，这对我们把握现代大学与社会的关系无疑是很有启迪的。大学源于欧洲，本刊曾经约请毕家驹教授介绍过欧洲高教改革的 2010 高教区计划，本期刊发的笔者对欧盟一个新的关于大学使命的研究项目所作的评论（本是应邀为《上海教育》所作），实际上也是关于现代大学功能研究的一个继续，该项目提出的"大学第三使命"对源于美国的"大学第三功用"即"服务"功用做了新的诠释（或者是颠覆），希望获得国内同行的关注——我想，欧盟的这一项目所聚焦的"科学（技）传播"也是一种"守护与创新"的兼容。看来，"走出象牙塔"后的大学理念与功能讨论在欧洲也并没有结束,我的课题研究也还远未到真正的结束之时。

年终岁暮,"圣诞大餐""元旦狂欢"等各种商业促销广告铺天盖地。为何在中国也开始流行一些本具有鲜明宗教色彩的节日?这也许是"全球化"的产物,抑或是宗教世俗化的结果?蓦然想起,今天的一代年轻人是否知道在"造神时代"中国也曾经有过自己的"圣诞日"(12.26)?在我12月中第二次赴武汉参加本科教学评估工作正式开始前的例行省府拜访、省长接见前,主人安排了一档参观东湖招待所的节目,尽管当时由于离沪前的紧张加班,到武汉后甚感劳累,略有小恙,但对此还是兴趣盎然:这是毛主席于中华人民共和国成立后在京城外居住过次数最多、时间最长的一个招待所。近几年来虽已经多次差旅武汉,却一直没有参观过这个略带神秘(以前只是隔湖远眺过)又颇感亲切——早就知道这是我校建筑系教授、著名抗日将领戴安澜将军的儿子戴复东院士设计的作品——的地方。走出这个被命名为"梅岭一号别墅"的大平房(实话说,相比起古代宫殿的豪华与今天众多别墅的嚣张,这个别墅给人的印象还是十分朴实的,一如它曾经接待的领袖),面对烟波浩渺的东湖,心头油然而起的是一种沧桑怅然之感。想起一首多年前的流行歌曲,好像是姜育恒唱的"驿动的心":"曾经以为我的家,是一张张的票根,撕开后展开旅程,投入另外一个陌生……终点又回到起点……"

人类总是在进行着各种各样"穿越时空的旅行",大学正在受到各种各样的"诱惑",市场的逻辑与教育的逻辑何以统一?大学"驿动的心"何以回归平静?所以大学理念的思考将与大学的历史同存。任何研究的"结题"也只能是新的"开题",即更为深入的研究的开始。"终结"总是一个新的开始。我在主持一所高校的本科教学评估结束大会时,正是在此意义上宣布大会结束的:这次的评估工作获得圆满成功,但评估的结束并不意味教学质量和水平的提高的结束,而恰恰是一个新的开始,就像德语中的"终结"(Ausgang)同时也是"出口"一样,当我们散会走出会场时,一个新的空间正在向我们打开……

对于大学来说,"走出"不也意味着一种新的开始与"进入"吗?"走出象牙塔"后的大学毕竟正在"进入"或曰"重返""回归"社会的中心。大学该何为何往呢?

2005 年卷首语

爆竹声中一岁除,春风杨柳万千条。虽说日月如梭,周而复始,但人却生性爱玩,不仅喜欢摆弄各种自然的或人造的"玩物"或"宠物",还爱把玩各种抽象的符号与概念,寻觅微言大义,编织意义之网——几乎成了"织网的动物"? 于是乎,太阳每天都成为新的,"苟日新,日日新,又日新";人类每年都要送旧迎新,"新桃换旧符"之际的"瞻前顾后"也已约定俗成。本刊的"卷首语"似乎也成了这么一种年复一年的游戏:不得不说? 可又似无话可说;重复套话? 总有些于心不忍。"织网"的游戏何以成了"作茧自缚"式的自陷图圄? 可又为何乐此不疲? 真是"无穷乐趣在游戏"。不加掩饰的"游戏情结"常使"童真"愈觉可爱。人类的智慧——从自由自在的创造潜能到应对变化的即时灵感——往往在游戏中得到最为淋漓尽致的展现:理性的运筹帷幄和感性的激情澎湃,"捉迷藏"时的紧张与惊奇,猜中谜底时的"顿悟"与狂喜……无怪乎一些哲学家爱把"游戏"看作是人的自由天性发挥的理想状态,这与马克思把"劳动"视作人的本质可谓是异曲同工:只有当摆脱了作为"谋生的手段"时的劳动才会有创造的乐趣,从而真正成为人的本质力量的显现。何时我们的教育也能摆脱仅仅为了考场的竞争与职场的搏杀、归根结底是为"谋生"的需要而不得不发愤苦读的窘境,真正回归"学而时习之,不亦说乎"的愉悦、回归为人类游戏本性(nature)的展示,那该有多好! 真正的大学的使命(mission)、大学的愿景(vision)不也本该如此吗? 学术之自由、自治、自主不也就因此而成为可能吗? 人类作为"文化的存在",意义的寻觅实质上总是一种理想的憧憬与文化的寻根的结合:"大学的理念"同时总是一种大学的理想,"走出象牙塔"后的大学是否也该常常回眸一下"象牙塔"的精神传统——"学而时习之""温故而知新"呢?

本刊新年宗旨不变,继续旨在大学理念与制度的"守护与创新"。在实用(利/惠)主义盛行之际,"内刊"何为? 不能成为升等晋职的阶梯或"敲门砖",也许只能是"闲话大学""戏说教育"了(我们的作者大都不是教育专业的,也只能算是"游"而偶"戏"之)。可是,有关"象牙塔"的讨论有时不正需要一种更为宽松自由的游戏氛围和非功利的游戏心态吗？记得前几年在一次高教讨论会上邀请的汪品先院士就是以"也说大学"为题发表了一场既轻松自如又回味无穷的精彩演讲。当然，大学的"游戏"并不在不食人间烟火的"虚拟世界"中，任何有关大学与教育的讨论已经成为我们的生活世界的一部分。同时，作为学校的刊物，本刊也将继续紧密结合学校的工作中心办刊：今年是学校建设的"内涵年"，"直面挑战，共谋发展"是校内正在进行的大讨论，欢迎赐稿；大学"内涵"的关键是"质量"，作为研究型大学的同济大学正在探索新的本科教学质量保证体系的构建与实施，这些无疑将是本刊今年关注的重点，相信也是心系大学改革的人们所最为关切的。"无用"之中能否寓"大用"？一切还待读者、编者、作者们共同努力。欢迎新老作者继续关心、共同参与。我们的事业（可不只是"游戏"）不图彪炳显赫，但求有所裨益。

缅怀名誉校长,弘扬同济之魂[①]

正月十五元宵夜,乌云遮月朔风寒。这一天,对于同济人来说,是一个悲伤的日子,同济人所敬爱的名誉校长李国豪院士因病医治无效,逝世于华东医院,走完了他91年坎坷而不凡的人生。李校长的辞世,不仅是同济大学无可挽回的损失,也是中国教育和科技界的损失。"桥梁泰斗"李国豪的名字是中国桥梁界的光荣,更是同济大学的骄傲。李校长作为两院院士,不仅是一个早在年轻时就以被誉为"悬索桥李"的博士论文而闻名学界、"文革"身陷囹圄还为南京长江大桥解决关键难题的学有专长的技术专家,更是一位远见卓识的战略科学家,从"宝钢"的选址到洋山深水港的关键决策,李校长的重要作用都远远超出了一个科技专家的范围,可以说为中国的现代化事业作出了卓越贡献。

但是李国豪的名字首先是与同济大学相连在一起的。从1929年考入同济,1936年任教土木系,1946年学成回国后再回母校执教,历任系主任、院长、教务长、副校长,并于拨乱反正中出任校长、名誉校长。他为同济的服务超过了60年。从学校的学科优势专业特长享誉于世到学校在几次战略转折中夺得先机,都离不开李校长的学识与智慧。直到晚年,他对高教改革与发展的走向与趋势的准确判断,他的把握大局的能力和引导发展的智慧都是同济大学理清发展思路、把握发展机遇的重要财富和决策智慧的组成部分。正如教育部副部长吴启迪教授所题,李校长是当之无愧的"同济之魂"。

"一位校长和一所大学"一直是教育研究界所关注的现象,校长的学识风范与人格魅力会对一所学校产生长久的影响。至今关注中国高教改革的人们经常喜欢谈论"蔡元培和北京大学"的话题。而一个人能直接影响一所大学的风格和精神几近整整一甲子都是罕见的,这也是与李校长历来坚持以身作则、身教重于言教的人格魅力分不开的。学高为师、身正为范,重视人格教育历来是李校长教育思想中的重要组成部分。今天,当具有同济特色的素质教育的KAP(知识、能

[①] 本文系《同济教育研究》2005年第1期的"主编手记"。

力、人格)模式之所以能为大家所接受,很大程度上也是与李校长的充分肯定与热情支持分不开的。记得当时提出这一个有同济特色的素质教育模式后,也有过异议,主要是认为与教育部有关官员所肯定的 KAQ(知识、能力、素质)模式有异,但李校长却明确表示支持,并且还特别强调"人格"的重要,在近几年的教师节大会上,他曾多次强调人格养成的重要性,为同济大学红红火火的人格教育奠定牢实的基础。斯人已逝,风范长存。那天参观完李校长的生平图片展后,当我提笔思考该在留言簿上写些什么时,脑海里第一想到的就是李校长的"人格风范":"李校长的学识风范与人格魅力永存在同济人心中!"

"大学非大楼乃大师也!"李校长的去世,绝对是同济大学不可挽回的损失,这已经是不争的事实。但我以为一所大学的魂魄是会有一个脉统相系的。就拿重视人格教育而言,早在 1919 年,"养成健全人格"就和"发展共和精神"一起被列为学校的教育宗旨。就在近年来推进学校的人格教育中,同济人都不会忘记项海帆、郭重庆等院士的鼎力支持和参与。这里我还想提及一件让我难忘的小事,那就是另一位我一直仰慕其学识与风范的老教授对我的支持。在一次校妇委召开的女教师座谈会上,当我在发言中谈到酝酿中的 KAP 模式中的"Personality"(人格)时,引发了曾担任上海市建筑学会理事长的著名建筑学家罗小未教授的共鸣,她深情地回忆了年轻时在教会学校听校长讲解此英语单词的情景,即把此词拆解成这 11 个字母打头的新单词,以揭示"人格"的丰富内涵。更令我感动的是,会后,罗教授还专门将这 11 个英语单词一一抄下托人捎给了我,这就是:perseverance(毅力,坚忍不拔),enthusiasm(热心,积极性),reliability(可信,可靠),service(服务,贡献),open-mindedness(心胸开阔,无偏见,虚怀若谷),nobility(高贵,崇高),alacrity(活泼,敏捷爽快),loyalty(忠诚),initiative(主动,首创精神),truthfulness(诚实),youth(青春活力)。今天,我在此与大家共享,既是借花献佛以追思大师,激励后学,也是为了与同贤共勉。我想,这些也正是以李校长等为代表的同济人的人格精神的主要特征。

当然,"一个人和一所大学"的联系如此重要,这也是大学这种特殊的人类组织系统所具有的一种共性。当我们在缅怀李校长时,我还有几点愿望提出:一是期待李校长的身影永远留在校园内——建议在百年校庆前能落成一尊李校长的塑像;二是期待能用李校长的精神永远鼓舞同济人思考——建议整理出版有关李校长教育思想的文集,不只是已经公开发表过的文稿,还应该整理出体现李校长的办学思想和治校理念的内部讲话、专题谈话等(比如实现"两个转变"时的理念,比如关于"有心栽花"与"无意插柳"的辩证谈话,再比如关于对"在读研究生发表论文"问题上的精辟之见等），这些无不闪烁着校长的真知灼见和智者的远见卓识；三是希望能让李校长所代表的同济人的人格魅力代代相传——建议参照将"PERSONALITY"分解成 11 种个性特征的方式概括出同济人的健全人格应具备的基本方面，以丰富和完善 KAP 的人才培养模式。"形""神""魂"三位一体，让"同济之魂"代代相传！

  纪念已逝的先驱的最好办法，永远是瞄准未来与投身当下的结合。本期有关教育质量评估的集中发文既是全国教育规划重点课题研究的进展的需要，也是为同济大学今年工作的重点——全面推进实施本科教学质量保证体系——做的准备。

"艰难困苦,玉汝于成"的"李庄精神"[①]

——读《国难时期的"李庄精神"》

编完本期,已近暑假。郁郁葱葱的校园里,一派祥和。世界正在庆祝反法西斯战争胜利60周年,各国都在举行各种各样的系列纪念活动。但是,热烈的庆祝活动的背景却似乎并不只是祥和:奥斯威辛集中营解放60周年的纪念日朔风凛冽,大雪纷飞,是为悼念罹难者抛洒的"天泪"? 抑或是对反犹主义乃至各种形式的种族主义复活的"谴告"? 尽管5月9日欧战"胜利日",各国首脑聚会莫斯科,当年的战败国领导人也第一次全数参加,但是,当这些当年战败国的现今领导者与作为当年胜利者的"五巨头"领导人及"同盟国"的各反法西斯国家领导人站在一起时,毋庸讳言的是,他们对历史的反省的深度与广度还是存在明显的差异的,特别是这些曾经的加害国是否真正获得了被害国人民的原谅了呢? 就拿各国对他们在有关联合国改革中"争常(安理会常务理事国)"的民意反映来看,就是颇具启示的:如为何会有亚洲多国爆发的抗议活动以及遍及五大洲的网上抗议签名? 值得当事者反省,只有"以史为鉴",才能"开创未来"!

其实,世界反法西斯战争的完全胜利并不是在5月9日,而应该是8月15日的最后一个法西斯"轴心国"日本的投降。就像把"二战"的开始定在1939年9月1日的德国入侵波兰带有欧洲的烙印一样,实际上如果不算1931年的"九一八事变"乃至第二年爆发的"一二八"淞沪抗战的话,至少1937年的卢沟桥"七七事变"就掀开了中国人民全面抗战,也是世界反法西斯战争的重要一页。今年,在纪念"二战"胜利60周年之际,西方的主流舆论是第一次开始正视并如实肯定当年中国与苏联战场对于反法西斯战争胜利的重要贡献,这也许可以看作是"冷战"结束的一个积极成果。反法西斯战争胜利的纪念至少应该持续到9月2日日本正式签署投降书这一天。

对于同济人,纪念抗战胜利,在"不忘国耻"的同时有一个"不忘校难"的"集

[①] 本文系《同济教育研究》2005年第2期的"主编手记"。

体记忆"需要保存,当年同济刚完工的吴淞新校园就是毁于1937年"八一三"的日寇炮火中,而后,开始了同济人颠沛流离的流亡生涯,而同济精神却正是在这"国难"兼"校难"期间得到进一步的砥砺磨炼而就的……

今年5月的校庆,虽未见轰轰烈烈,但也缤纷多彩。"诺贝尔奖"获得者的精彩演讲每每为深怀"诺奖"情结的国人带来憧憬和希望,以"城市的文学和城市的人"为主题的第二届"同济作家周"又一次激起同济人的人文热情和思考……特别有意义的是,在此全球同庆"二战"胜利60周年之际的今年同济校庆,发掘和弘扬抗战时期同济人历经辗转、六次迁校,自强不息、百折不挠的精神成了一个新的主题。其中尤为难能可贵的是其中5年的"李庄"时期,校史志中记载:

> 1940年秋,昆明物价飞涨,日机不断侵扰。于是学校决定迁往四川李庄和宜宾。10月,大学部先停课,开始了第六次迁校,1940年底至1941年初迁校完毕。医学院后期与附属医院驻宜宾,其余驻李庄。
>
> 李庄镇位于宜宾以东25千米的长江南岸,水陆交通便捷,同济师生在这里过了5年没有敌机骚扰、比较安定的教学生活。

其实,同济师生的这5年"比较安定的教学生活"的确是来之不易的。而这又是与李庄人的热情相邀和大力支持分不开的。年初我读到一则相关的史料:"同大迁川,李庄欢迎。一切需要,李庄供给。"在当时物质极为匮乏的时期,这一纸盛情相邀的电文,充满了小镇对文化知识人的信任和尊敬。这是摘自刊于今年第一期《随笔》开篇之首的"国难时期的'李庄精神'"一文,该文开篇直言:

> 喜欢翻阅现当代学人自述、回忆录一类史料的有心人,常常会邂逅"李庄"这个看上去再普通不过了的字眼。这个在自然地理意义上几乎可以忽略不计的川东小镇,因为日寇侵华所导致的中国知识界一次群体性的南渡西迁,使得她一度凸显为现代学说史上一个与重庆、昆明、成都并列为中国四大抗战文化中心的人文学术重镇。

这是我所读到过的对李庄的最高评价。此谓"人文学术重镇"并非一般溢美之词,且听作者娓娓道来:

> 1940年至1945年的六年间,在这个小小边镇的官观庙宇、会馆祠堂、民家小院里,集聚了中央研究院所有的人文社科研究所、中央博物院筹备处、中国营造学社、同济大学和金陵大学文学研究所等重要的学术机构。……一大批在当时就已蜚声中外的一流学者,都曾经在小镇上经历过一段

难忘的战时学术生涯。而当年在这个小镇上经受战火淬砺的后起之秀数十年后大多成为中国现当代人文社科学术史无法绕过的重要人物。至于自然科学界,在李庄时期的同济学生中,走出了吴旻、唐有祺等十余位两院院士。可以说20世纪后半期几乎所有的国家重大科技项目,都有李庄同济人的身影。

读到此,作为一个同济人,岂不热血偾张,壮哉,李庄镇!壮哉,同济人!

当年李庄的知识界群体的确表现了前所未有的自觉担当,"为国难而牺牲,为文化而奋斗"(王云五)。尽管时有专家学者投笔从戎赴战地服务和同济学子慷慨从军等悲壮之举,但视学术为生命,专学问为本职乃是李庄知识群体之首选,"忧道不忧贫",造就有用之学问人才乃是救国图强、济贫解困之首要。梁思成"体重只有四十七公斤,每天和徽因工作到夜半,写完十一万字的中国建筑史,他已透支过度,但他和往常一样精力充沛和雄心勃勃,并维持着在任何情况下都像贵族一样的高贵和斯文",美国史学家费正清做客李庄,住宿好友梁思成家,目睹梁氏一家艰难困厄中献身学术的热情,不禁由衷赞叹。而"童第周在同济大学'点菜油灯,没有仪器,只能利用下雪天的光线或太阳光在显微镜下做实验',却做出了与国外权威学者不谋而合的胚胎学实验"。

李庄同济虽无"大楼",却能成就"大师"。尽管环境极为简陋,但同济人始终矢志于科学与民主而不渝,不仅造就了一大批卓越的科教人才,而且奠定了作为综合性大学的基础。真可谓是也应对了一句格言:"艰难困苦,玉汝于成。"战乱岁月中,中华文心学脉何以能天行以健、弦歌不辍?小小古镇李庄何以能树起一道高山仰止、景行行止的精神标杆?正如文章作者所云:

> 如果说要用一个字眼来概括李庄精神,那就是旧年中国知识分子"忧道不忧贫"的追求——之所以加上了"旧年"的限定语,是因为对比今昔,我们很难确定,今天的知识界是否还有像当年那样的理想主义情怀。

作者所问,切中时弊。当今之时,"知识经济"使知识群体同样热血翻腾,弄潮时代,如鱼得水;市场经济,红尘滚滚,财富几乎成为衡量知识多寡、才能高低之尺度,使得"君子爱财,取之有道"成为"忧贫"之金科玉律。人们理直气壮地把孟子的"民无恒产则无恒心"当作至理名言,却忘记了孟子另一断语"无恒产而有恒心者,唯士为能"的至尊教诲。理想主义的式微,"忧贫不忧道"恰恰已经成为时代最大之"忧患"!这不能不使人想起了孔子"道不行,吾将乘桴浮于海"的担忧。

古人曰,"宁静以致远,淡泊以明志"。当年时值"中原之大,放不下一张平静的课桌"之际,古镇李庄却在长江边为读书人热情铺就另一张素朴而不失温情的书案,实显中华民间重教化、讲斯文之传统源远流长、根深蒂固。鸣呼哉,相信吾道不孤,吾统不绝,不必"乘桴浮于海"也!然时至今日,书桌仍需平静,学问切忌浮躁。教育重在教化,大学止于至善。本期所刊学校本科教学工作会议的特稿,反复重申"把心放在教学上""把心扑进去",正是为了坚持"本科教育为立校之本"的办学理念和"知识、能力、人格"三位一体的育人模式,塑同济之"形""神""魂"于一体。当年李庄同济何以能人才辈出?其根本就在于师生同心、教学相长,专心致志于教育。今日之现代大学,功能不断拓展,全面介入社会,但其本职首在育人则是万变中之不变。质量乃教育永恒之生命线,各项教改,皆旨在提高教育质量,故关键之关键,还是在于"把心扑进去"。

我憧憬李庄,向往着踏访古镇石阶,寻觅前辈足迹,续我中华文脉;我景仰李庄,期待着拜谒先贤故居,聆听历史回声,寻梦同济神魂。想当年,"人文荟,歌壮烈。清弦诵,声未绝。念李庄父老,萍水扶协",守望相助。看今朝,科技兴,势盛恢;天行健,气如虹;感同济精神,百年和衷,自强不息。

"生均成本":一个引人注目的"关键词"[①]

夏秋之际,各种学术活动特别频繁,暑假对于高校来讲,总是一个学术交流研讨的黄金时节,各种高教研讨会的通知纷至沓来,一片兴旺。然而,高教理论界的繁荣(自我亢奋?)与社会对高教改革实践的异议形成了明显的反差,这不能不引起学界的反思。当然,"发展中的问题"还得靠发展来解决。发展是硬道理,"硬"发展没道理,但不发展将更没道理。"走出象牙塔"后的大学,在"适应"社会与市场的过程中,是否会陷入目迷五色的困惑?"全球化"背景下的中国高教该何去何从?

随着"科学发展""以人为本""和谐社会"这些概念正以最高的"点击率"频频亮相于新闻、文件、报告、会议上,也为人们回顾、检点、展望各项改革提供了新的坐标系,如最为人们关注的卫生、教育、住房制度改革正在被重新审视,除关注房价的高居不下外,医疗改革的否定性判断也已成定论,于是,教育特别是高教的改革是否成功也已经成为大家议论的中心话题。而随着新学年的到来,高校的学费又成了热门话题:既然市场经济下接受高教已经具有一定的"投资(人力资本?)"意义,学费的个人分担也就理所当然了,但是大学的学费究竟应该收多少?议论纷纷中本人也接受过记者关于"大学的生均培养成本究竟是多少?"的专题采访;而笔者恰恰给出的是这个问题的"无解"论:争论中国高校的生均成本在当前是一个无法得到准确答案的"伪问题",即按照我国的现行高教体制与机制,是无法计算出高校的庞大开销中究竟多少应该是打入"生均成本"的? 目前所谓生均成本1.5万(文科)到2万元(理工)的数字实际上是一个"倒轧账"的产物,即按照目前的收费标准和设定的个人承担学费比例算出来的,无非是为了证明目前的收费标准是合适的!但奇怪的是不少高校都把扩招当作办学的重要"财源",特别是对于近年来大量新办的民办高校来讲,充足的生源更是生存之本。就拿上海来说吧,目前被正式批准招生的民办高校的收费标准不能超过1万元,

---

[①] 本文系《同济教育研究》2005年第3期的"主编手记"。

这就意味着,民办高校每招一个学生将至少"亏本"5 000到10 000元(按照"生均成本"1.5万~2万元的算法计算)!而事实上是大部分民办高校都想要更多的招生指标,用扩招的学费来还建校贷款,这似乎是不言而喻的秘密。当然,规模效应是会降低生均成本的,但这不就与前面设定的"生均成本"矛盾了吗?说破"皇帝的新衣"也许是惹人嫌的,但重要的是,教育的公益性和公平性必须得到维护。学费的标准必须与国民的收入水平相适应(照此标准,现阶段我国高教学费已经是世界最昂贵的了)。按照国民人均收入确定学费的个人承担部分,这才是符合国情的政策,这也是社会主义的政策!

当然,我的上述分析并不等于我赞同对高教改革的否定评价。今年5月,笔者在主持"新综合性大学的文科学院院长论坛"时,就对这一轮高教改革包括高校合并作出过一个积极的评价:即这一轮改革纠正了50年代初"全盘苏化"的"院系调整"中取消综合性大学的失误,从而在中国恢复和重建了一批真正意义上的综合性大学(笔者以为经过50年代初的"院系调整"后余下的"综合院校"实际上已经只是一种"文理院校"),这将对21世纪的中国高等教育事业发展和人才培养产生深远的影响。暑假期间,两次赴京参与"2020中国教育发展纲要"起草特邀专家讨论会,本人都认为对这一轮的高教改革与发展的成就必须给予高度的肯定,同时对于未来应该建构一个更具"全球-本土化"的发展框架。

继复旦大学的百年大庆后,同济大学的百年纪念活动也开始启动。大学的校庆越搞越豪华(甚至开始奢华)也是招来对高教批评的一个方面。校庆究竟应该庆什么?今年我校海洋学院将同济海洋学科30年回顾与庆祝的重点放在总结同济的"海洋精神"上倒是颇有启发的,同济海洋学科重要开创者汪品先院士欣然答应将其发言稿赐予本刊发表,特此致谢。学科建设、教育质量始终是高教健康发展的基础与根本。而"学生为本"的办学理念亟须对高校学生工作进行系统反思与研究,这也是本期讨论的重点。

"空间"的跨接——从地理到文化心理[①]

又是初冬时节出访欧洲。巨大的A380型"空中客车"展翅腾飞,划破夜空,犹如那"九万里风鹏正举",经过11小时的翱翔,在薄薄的晨曦中稳稳地降落在巴黎戴高乐国际机场。访问巴黎,对我来说已经少有新鲜感了(屈指算来,这应该是第4次踏访巴黎了,尽管每次都是来去匆匆,且距离上次也已经时隔3年了)。但这次到来的时机有些微妙,这个美丽的花都正在经历着又一场动荡:巴黎郊区的骚乱尚在蔓延,戴高乐机场通往市内的通行列车也曾遭到袭击,法国政府已经宣布宵禁,骚乱还在波及欧盟多国……临行前不少人表示出关心和担忧:巴黎安全吗? 我却不以为然,巴士底狱的烽火、蒙马特尔的枪声,这座富于革命传统的伟大城市,总能度过一次又一次磨难的洗礼而愈益光彩挺立。作为一个人文社科学者,我倒很想看看这个表面极尽风花雪月、内里永远热血沸腾的城市及其大学,将如何经历这又一次的社会震荡? 此外,这次的震荡除了有社会-经济层面的原因外,显然更多地带有不同族裔的文化-心理层面的印痕,这将会给正致力于社会主义和谐社会建设的我们以何种启迪与警示呢?

同时这次访问对我来讲,更多一些不同寻常的意味的是:这次学校代表团首访的是著名的先贤祠——索邦大学,即耳熟能详的巴黎大学(又叫巴黎第一大学)。作为高教研究者,对这所大学总是怀有一种特殊的亲切和崇敬,因为这是人类大学史上最古老的大学之一,也是最早开启"教授治校"传统、又是1968年震惊世界的"五月风暴"学生造反的策源地。同时,作为文法学院的院长,这次访问更多一份期待与兴奋,因为这所大学是一所纯文科大学,两校校长将签署的校际合作框架协议,将是我校与世界名牌大学正式签署的第一个以人文社会科学为主的合作交流协议。巴黎一大不仅以其无与伦比的悠久历史也以其一流的人文社会科学学科而享誉世界的名牌大学。我想,两校在哲学、法学、经济学、环境和城市研究等领域的合作将是同济大学真正恢复为综合性大学,并跻身于世界

[①] 本文系《同济教育研究》2005年第4期的"主编手记"。

著名大学行列推进文科学科发展的一个标志。这也是继同济大学与巴黎高科技大学集团共建中法工程与管理学院以来,同济大学在中法文化教育合作方面迈出的新的步伐。

期待更多的文化交流,这是双方共同的愿望。(这也许就是在拜访巴黎市政厅时,尽管主要谈的是筹建中的法式工程师大学事宜,但市长在交换礼品时特意给我这个文法学院院长赠送一本印刷精良的巴黎画册的原因吧!)当然,人文社会科学领域的国际化问题历来是一个敏感的话题,由于文化的民族性与不少社会科学具有的意识形态功能,使得我们文科的国际交流受到不少制约。但是人类文明发展面临的许多共同问题恰恰需要更多的国际对话与合作,"全球化""现代化(性)"这些共同的"语境"提供了文科学界国际交流的舞台:我们遇到的许多现代化进程中的问题,正需要借鉴包括发达国家在内的各国的经验与教训,中国发展的经验也正受到世界学界的关注和研究(如"北京共识"),这都为文科学者的国际交流提供了巨大的机遇,我们应该在多样化的交流合作中学会"倾听"和"诉说"的智慧。此次访法期间,个人应邀访问雷恩第二大学的社会学与人类学研究所和总部在巴黎的欧洲梅耶人类进步基金会,就是为了"倾听"与"诉说":就城市规划与旧城改造、现代治理与教育改革等共同感兴趣的问题交流意见。我想,坚持"全球化视野"与"本土化实践"的统一应该是中国人文社会科学学者的一种基本立场,也是本刊近年来所大力倡导的。

离开巴黎后,应邀回访斯特拉斯堡大学和德国的弗莱堡大学。斯特拉斯堡是一座带有明显德国风味的城市,作为阿尔萨斯的首府,曾经在历史上几次在法德之间易手。她见证了德法两国历史上的恩恩怨怨和欧洲文化本身具有的多样性。著名法国作家都德的《最后一课》表达了法国人一种刻骨铭心的记忆;而作为今天的欧洲议会所在地,现代玻璃钢结构的大厦已经成为正在走向一体化的新欧洲的象征。而位于黑森林南麓、掩映在青山绿水中的德国西南小城弗莱堡则以一座建立于1457年的古老大学而举世闻名,这也是一所在人文社会科学领域具有卓越声誉的大学,与该校哲学系主任和法律系主任的会见和交谈是愉快而印象深刻的。而这既是一座具有深厚文化底蕴的"大学城",也是一座真正具有"诗意栖居"韵味的绿色宜居城市。我希望她能成为我校人文社会科学研究学者合作交流的最佳对象。

此次访德的重要任务之一是与位于德国中部的爱尔福特大学签署一个交换学生的备忘录。值此全球化时代,实施学生国际交流计划,对于培养具有国际竞争能力的现代人才是十分重要的。为学生提供一种接触了解异域文化的机会和亲身积累一些跨文化交际的经验,已经成为高等教育现代化的一种惯常做法和成功经验。当然,我们的教育不能仅仅停留在知识的传授,更重要的是提供一种文化浸润的环境,以陶冶身心,造就健全人格。因此,爱尔福特大学是一个不错的选择。因为这也曾经是一所德国最古老的大学之一,著名的宗教改革家马丁·路德就曾就读于这所大学。作为图林根州的首府,被称为"花城"的爱尔福特是一个静谧洁净的小城市,而不是一个商业味充斥的大城市。爱尔福特也是一个著名的历史建筑艺术的博物馆,古老的贵族房舍和多种风格的教堂、修道院处处蕴涵着丰富的历史文化,那一个位于市中心的古老的水磨房是多么富于"充满劳绩"的历史记痕,还有那条与众不同的集市"街坊"实际上却是一座跨水而建的匠心独具的见天不见水的"廊桥"。该州曾经是近代德国和欧洲精神生活的中心,两德统一后开发的"图林根古典之路",连接起大量的城堡与宫殿、博物馆和纪念馆,仿佛又把人们带回那一个激动人心的"狂飙突进"时代或魏玛共和国的风风雨雨之中。而图林根森林的广阔草原、美丽河谷,使她成为名副其实的德国的"绿色心脏"和著名的徒步漫游之路。我相信有幸成为交换计划的我院学生将会在此留下终生难忘的美好回忆……呵,大学本是人类最杰出的文化创造,但是,她又何尝不也是与自然生息与共的存在?"文化"源于对"自然"的耕耘,但又何以能脱离大自然的馈赠与怀抱?教育最大的作用不仅仅在于对人的本能的改造,更应该着力的是对人的潜能的开发,这才真正是教育的本性;亚里士多德提出的 Liberal education 被今人译成"博雅教育"是一种美好的迻译,实际上更为贴切的还是"自由教育",真正的自由应该是源于自然而又能回归自然的——不是矫揉,不是作秀,不是"拔苗助长",而是"郭橐驼种树",培土浇水,自然自在,自信"天生我材必有用",自觉自愿即自由。

经巴黎回国的那天遇到了一场交通系统法国式罢工(这种罢工是工会的权利,一般都是有选择的,如减少班次、部分停驶等,无非是一种力量的显示,而并不会如美国纽约这次公交罢工造成完全的瘫痪。记得3年前的那次欧洲行,也遇到过一次因巴黎机场员工的有限罢工使得我们预定的航班被取消,我和校长只能坐德国教育与科学部派的车,花了5个半小时从波恩赶到法国的兰斯,而国内的同事们却顺利飞到巴黎);铁路罢工使得巴黎的交通陷入混乱,这使来机场送行的巴黎的朋友在路上多花了2个小时(庆幸的是我们是从德国科隆坐飞机直接到巴黎机场的)。

坐在巨大的现代化的喷气机里夜航,难以入梦,浮想联翩:今日的科技,使得远隔万里的空间不再是不可逾越的障碍,地球的确变小了。怪不得人文社会科学更关注的是时间的跨越,历史成为各门人文社会科学最多研究的领域("历史"有时几乎等于"社会",如社会规律通常也被称为历史规律),沧桑巨变的历史感往往是对人类最具诱惑力和震撼力的,因为生命的量度正是通过时间表现的。然而空间呢? 全球化、高科技带来的是人员、商品、资金、技术、信息的跨空间流动、交通的便利,导致人们所说的空间的"贬值"。但人类的生存方式包括发展空间的需求是多向度、多样化的,"空间"正在重新成为人们思考的问题。今日地球上的"南北问题"当然不仅仅是一个单纯的地理空间问题,而同样是在繁华的巴黎,弥补本地人与"外省人"、法兰西人与非裔之间的隔阂与距离也依然是需要时间的。在中国社会的巨变中,地域差距、城乡差距等等的不平衡在很大程度上正是由于空间的差异带来的。中国的城市化战略与社会主义新农村建设也都涉及一种新的空间布局的调整。但我感到,城市化进程中将涉及的空间变化将不仅是一个传统以为的物质-地理的空间变迁,也还不只是今天我们关注的社会-经济的空间变迁,还有一个目前还关注不够的文化-心理空间的变化。而这三个空间所产生的"距离"感都是不可忽视的。严格地讲,这需要一种新的空间观,或者说,是一种新的多维时-空观,就像这次远程飞行带来的巨大的空间距离会产生"时差"一样,时空的交织、压缩、延宕等都将对现代人产生新的挑战。已经进入改革开放新阶段的中国正在出现一场如何看待改革走向的争论,之所以出现不满和怀疑,并不是人们看不见改革以来的巨大成就与进步,也许更多的是因为人们的文化-心理需求发生了新的变化……回到上海的当天下午,我赶往正在举行的"城市管理世纪论坛 2005 会议",以巴黎的骚乱为引子,就"和谐目标下的城乡共治"的会议主题谈了我的上述感想:我们也许不会有欧美发达国家的族裔冲突问题,但是快速城市化进程中的城乡文化(市民与进城务工人员)、地域文化(流动人口)、或者说"籍裔"(籍贯)间的摩擦难道不应该尽早纳入我们研究的视域吗?

　　全球化扩大了人类的交往领域和交流机会,但也同样增加了不同文化与文明碰撞和冲突的可能。在"鸡犬之声相闻,老死不相往来"的时代,人们的闭塞与愚昧是可怕的,在一个更多流动与开放的状态下,人与人之间的差距凸显、欲望释放、价值多元间的碰撞也是难免的,这是我们无法回避的,这也是和谐社会建设的重要意义之所在。……沉思之际,又想到了教育的责任、大学的使命。教育总是克服人际距离、文化差异的最佳方法,大学应该肩负起人类沟通与交往的神圣使命，这就是除了教学、研究、服务外，现代大学应自觉以"交往"为第四大功能的理由。"交往"（Communication）更多含有"体会""理解"乃至"领悟"，而不只是一种"知性"的算计、单向的"传播"，她应该更多地兼有"感性"的丰富和"理性"的超越，否则只能永远是："子非鱼，子安知鱼之乐也？""子非我，安知我不知鱼之乐也？"

2006 年卷首语

"年年岁岁花相似,岁岁年年人不同。"过去的 2005 年,国家中长期科技发展规划完成,各路科技大军正摩拳擦掌,跃跃欲试,期待着为建设创新型国家而大展身手。大学何为?科教兴国,本如鸟之两翼,缺一不可(一强一弱亦难飞)。自 20 世纪末提出构建国家创新体系(National Innovation Systems, NIS)以来,大学应该成为 NIS 的重要组成部分,在理论上几无疑义。然"科"字打头,声高气壮,"教"字紧跟,总慢半拍:中长期教育规划何时能问世?每年"两会",科技出彩多,高教"曝光"勤。人们在问:"大学怎么了?"历经百年风云,中国高教仍多歧义:一方面是高等教育的"超常规发展"成绩巨大,短短几年中完成了从"精英化"到"大众化"的飞跃,规模跃居全球第一;另一方面是围绕着近十年的高教改革成败之争疑虑重重,就业难题压力巨大。乃至于有人当头棒喝:"大学有病!"竟成畅销书名,一时"洛阳纸贵"。批者痛批,辩者自辩,然"走出象牙塔"后的大学究竟该何为何往?作为知识创新的源头,大学究竟有多少"原创性"呢?看看全国高校那么多雷同的"校训",就可知创造力的匮乏(近年来倒听闻不少变相"创收"的歪门邪道频频出镜)!教育主管部门与其被动挨批,屡屡重申自辩从未同意过"教育产业化",何不另辟蹊径,真正放手让各大学自主办学,闯出创新之道?

大楼易建,大师难造。大学的创新,包括大学理念和制度的创新,也包括大学功能和机制的创新。大学何以能成为创新之源?阅尽千年沧桑,古典大学依然能常青,这首先得归功于大学文化本质的独立、自由、宽容等基本元素。"为有源头活水来"。大学创新的前提就是要积极营造一种坚持"双百"、鼓励探索、有利发现(Discovery)、发明(Invention)、创造(Creativity)、创新(Innovation)的文化氛围。所以,这需要"创新",也需要"守护":守护大学独立自主、追求卓越之道——此乃大学真正的创新之源。

总之,值此"创新"大盛之际,大学理应成为创新文化的缔造者和创新教育的示范者,而不该自我放逐于自主创新体系之外;要积极地从事原创性的科技"攻关"，而不是对追名逐利的项目"公关"；要切切实实地为国家创新体系做一些源头性、基础性、前沿性的知识准备和技术服务，而不是急功近利地制造和炒作假借"创新"之名的"学术泡沫"。"全民创新"，最忌"一窝蜂"，千校一面，定于一尊，必然是对创新的窒息。法无定法，不拘一格，才有真正的自主原创。不管是"全民炼钢"还是"全民经商"，乃至于"全民炒股"（炒地？炒房？）、"全民选秀（超女？俊男？）"均非常态，各就其位、各尽所能、各得其所才是和谐社会的基本特征，大学又何尝不是如此！

新跨入的 2006 年。相信期待已久的《2020 中国教育发展纲要》的出台将会令人耳目一新，与科技规划共同绘就落实科教兴国战略、建设创新型国家的宏伟蓝图。也相信经过十年落实办学自主权改革的中国高教界，将在中国现代大学的第三个 50 年中开创一个真正的自主创新的发展阶段，从而形成一大批既有自身特色又保持大学理想，真正能跻身于世界大学之林的名牌大学。这个行列中将不仅有多功能的研究型的"巨型大学"（Multiversity），而且将有一大批个性鲜明的更适应市场经济环境的"创业型大学"（Entrepreneurial University）。今年本刊期待着更为深入的讨论，"学者当自树其帜"，"独留巧思传千古"。

建设创新型国家：创新何谓，大学何为[①]

全国科技战略已定，决心用15年时间建设创新型国家，令人振奋。一时引来群英争雄，新闻舆论间，各种"创新"铺天盖地，标榜"原创性"的成果如雨后春笋，"创新"成功的经验总结亦已大量见诸报刊传媒，大有"全民创新"之势。诚然，"创新"不能成少数人之专利。"全民创新"是我们所期待的。然"创新"何谓？大学何为？却是值得认真思考的。本期刊发的几篇特稿，虽然都是出自高教（校）的有关领导，但均能以一种兼及教育实践和学术探索的态度对此进行思考：从"创意时代"人才培养模式的转换需要艺术与科学的协调，到大学在技术创新体系中的地位和作用的探讨，以及打造创新型学生工作队伍的研究，尽管具体观点上也许还需要深化，或者也还会有争议，但都观点鲜明，颇具创意。常听到一种讲法，说是中国文化传统中缺少鼓励创新的基因，西方文化更有一种探险的精神；中国教育似乎历来只有"应试教育"的模式，而缺少"创造教育"的机制等。我却总怀疑此类简单对比的科学性。中华民族的四大发明举世闻名，这难道不是一种伟大的创造性（Creativity）传统和基因的体现吗？

前些年参加过一次关于创新教育的国际论坛，有一位发言者试图对"创新教育"与"创造教育"作一个区别，显然带有贬低"创造教育"的意味，遭到与会的"创造学会"成员的"抗议"和反驳。一开始我觉得这不过是在玩文字游戏：君不见，该论坛的中文会标显然是新改的"创新教育"，因为英语的会标却还是"Creative Education"（而翻阅发下的会议英语文稿资料中倒见到不少"Innovative Education"的提法）。"创新"真与"创造"会有天壤之别吗？"创新"（Innovation）的本质不就是"创造"（Create）吗？所以我对创造学会的"抗议"表示赞同，但认为也不必大动肝火，不妨也可以视作是一家之言作为参考嘛。但再一想，也难怪创造学会：万事必先"正名"可谓中国传统文化的一个特色，"名不正则言不顺"嘛！早在先秦百家争鸣之际，伴随着赫赫有名的"天人之辩"的不就有名噪一时的"名实之辩"吗？不管是惠施的"合同异"还是公孙龙的"离坚白"，名家的诡辩中仍然充满着智慧之光（西

[①] 本文系《同济教育研究》2006年第1期的"主编手记"。

方经院哲学传统中也有过"唯名论"与"唯实论"的"名实之争",但争论的焦点是"共相"与"殊相"的真实性与重要性)。概念的准确是严肃的论辩的必要前提(当然辩论赛的论辩可以另当别论,下定义时故意的模棱两可、语焉不详,甚至同义反复、自我循环,往往是为了避免处于被动招架之境而预设的伏笔,以暗藏转守为攻的玄机,这是一种辩论的技巧,一种知性算计的"计谋"而已),否则就会因基点不牢而自乱阵脚。所以,实在也怪不得那年"创造学会"的同人要振臂为"创造"辩护"正名"了,否则他们只能是要么"改名易帜",要么偃旗息鼓了。

无独有偶的是,在而后的另一个论坛,由在中国的德国商会举办的第三届上海生产对话专题研讨会的主题词也是"创新":"中国——一个有高度创新潜能的生产场所"。笔者被邀就"创新在中国:怎样筹备和培养创造性?"专题作有关"创新思维(Innovative Think)与人力资本"的主题演讲,引发了我不得不再次思考"创新教育"的问题:究竟"创新"何谓?"创新"与"创造"何以会难缠难分?"创意"与"创业"的关系又当如何?"教育"与"培训"又何异何同?

提起"创新"(Innovation),人们总会想起20世纪初著名经济学家熊彼特的"创新周期论"。熊氏的创新理论的核心是强调一种不断打破既定均衡点的"创造性的破坏"的企业家精神:新的产品或产品的新特性,新的生产或产品处理方法。新的市场开辟,新的材料供应来源,以及新的产业组织。总之,是新的生产要素的发掘和整合。

那么,作为教育的"创新"或"创新教育"又何谓呢?任何教育都应该是传承和创新的统一,在这个意义上也许并不存在一种专门的"创新教育",就像并没有任何一种真正意义上的教育只是以"守旧"为鹄的。同样,"创新教育"也不是一种外在于"素质教育"的又一种新的教育,而是其题中应有之义。任何教育都应该是对受教育者素质的提升,而不仅是一种知识的灌输和技能的训练(Training)。正是在这个意义上,我倒要为那位提出"创新教育"不等于"创造教育"的学者做一个辩护:的确,我们不能把"创新教育"简单等同于侧重于创造技法训练的那种"创造教育"——我并不是否认创造学会长期来在这方面所做的努力,而认为今天所谈的"创新教育"的含义大大超越了传统的"创造学"所研究的范围。所谓"创新教育"或"创新人才"的培养,实质上首先正是一种"创意",即"创新意识"的孵育与激发,同时又是一种"创造力"(Creativity),即创新能力的开发、储备和培植,从而使受教育者不仅成为具有能"适应"人才市场"就业"需求的人力(才)资源,而且具有能"导引"经济社会进步的"创业"人才。而这样的"创新人才"必须首先具有一种独立自主、自信宽厚,既敢于挑战权威、打破常规,又善于宽容"异质"、尊重歧义的现代人格,这需要的不仅是"思维的创新",而且是

"人格的自由"。任何教育都应该是开发潜能与改造本能的统一。所谓的"个性化教育"就是旨在开发人的创造性潜能(值此"后喻文化"时代的教育观更应该关注人的潜能开发);所谓的"社会化教育"就是要改造人的生物性本能,将生物的人"教而化之"为社会的人。所以创新教育最终也同样应该是"转识成智"和"化性为德"相统一的素质教育。这就是我以法国印象派画家莫奈的《睡莲》为背景、以"智慧的觉醒"为引子的那篇演讲"'转识成智':创新人才的培养何以可能?"的主题。我的看法是,提出"创新教育"的实质就是要把"以知识为导向的教育"(knowledge-oriented education)转化成"以创造为导向的教育"(creativity-oriented education),这也同样可以称之为"创造教育"。

所以,许多近义词概念的区别是有限的,"创新"与"创造"在很多时候是可以视为同义词的,所谓在英国兴起的"创意产业"(Creative Industry)也被称为是"创新经济"(Innovative Economy)的象征。中文中"创意"主要作名词用,重在一个新的"主意"或"点子",即一个"New Idea",而"创新"则更为广义,既可以作名词,更多用作动词。但任何"创新"首先有赖于"创意"的灵感:总要先有新"点子",才会有新尝试;其次任何"创新"也必然包括"创造"的产出:创造出原先没有的成果(包括新的结构和新的机制);其三,"创新"也包括任何一种哪怕是细微的改良(或改进);最后,它还可以是一种完全基于现成事物的重组、整合(如流程再造)。其实,任何"创造"或"创新"都是先从"创意"开始的,这种"创意"既可以是"原创性"的,也可以是"继发性(借鉴、习得)"的。有了"创意"才会有"创新",才能开始"创业"。熊彼特的创新理论实质就是对这种不断创造的"企业家精神"的最好诠释。

因此,在"创新性国家"的建设中,制度的创新与技术的创新都不可与缺。但我们更需要一种有利于使各种创新不拘一格、层出不穷的氛围,也就是要培育和形成一种创新文化。"创意时代"的到来实在是高等学校重返社会中心的最好机遇,"创意产业"的兴起正可为广大高校师生提供最好的创业良机。企业是技术创新的主体,高校完全不必越俎代庖包打天下,但大学是知识创新的源头则是义不容辞、责无旁贷的。现代大学应该努力把握好自己在国家创新体系中的地位,自觉融入自主创新的大循环,就完全可以在技术创新体系中找到用武之地。万钢校长的这一观点是很富有创意的。现代大学完全可以在做到这点的同时完成甚至更为出色地完成自己培养创新人才的首要任务,因为这也同样需要"为我们的学生创造一个更好的环境,这个环境使得他们能够获得更加全面的发展,能够更加有力地激发起创造、创业、创意的热情、兴趣和能力"(见本期所刊吴启迪的讲话)。

大学校庆何以成为大众的节日[①]

——兼谈"大学城"及其他

走过初春的阳光,就进入了繁花似锦的五月。今年的5月20日是同济大学99周年的校庆纪念日。从熙熙攘攘、车水马龙的四平路上一跨进校门,顿觉豁然开朗,绿草如茵的大草坪修整一新,令人心旷神怡。而一座"百年同济"倒计时牌的醒目竖立和那不断闪烁着的红色数字,却如"马蹄声声催征人",提醒着人们,紧锣密鼓的百年校庆筹备工作已经接近于最后的冲刺阶段……近年来连绵不绝的大学校庆几乎已经成了各地一道大同小异的风景线:隆重的校庆大会,华盖如云,高朋满座;新楼的奠基剪彩,高官名流,宾客盈门;中外校长论坛,高谈阔论,各抒己见;更有盛大文娱晚会,请来明星大腕捧场客串,俊男俏女,热闹非凡。然而,毋庸讳言的是,近乎千篇一律的校庆格式,已令人难免"审美疲劳",现代传媒的品头论足,更使人徒生尴尬:开销估算,得失褒贬……于是,素以"创新"源头自誉的大学不得不面临"校庆创新"之难题:依样画葫芦?似有不甘;不开庆典大会?是否过于"异类"?又总觉得难脱陈规。能否别出心裁、另辟蹊径,开一个"异类"校庆之先河?笔者在受邀参与出谋划策之际,也常常为此冥思苦索:同济九十校庆首创中外"校长论坛",仿效者群起,几成校庆"必修";九五校庆改为"自由沙龙",以求观点碰撞,智慧"会饮";如今百年大庆,何以出新?殚精竭虑,进退维谷,大有"江郎才尽""黔驴技穷"之感……

在奉命参与校史馆筹备的撰稿工作以来,有机会不断重温同济的百年历史,很想从校史中获得某种启迪,果然在看《中国李庄》之际,注意到李庄同济史中的一细节:当同济医学院装有人体骨骼、头颅骨等实验室的箱子引起当地人惊恐之际,同济人为之举办了一次在当地可能是空前绝后的科学普及展览会,既消除了误会,又普及了科学。由此而获灵感:今日之同济,能否效法前辈,传承薪火,借百年校庆之际,把学校变成一座传播科学与文明的博物馆呢?(记得4年前本

[①] 本文系《同济教育研究》2006年第2期的"主编手记"。

刊曾发表过一篇关于大学博物馆建设的专论,"主编手记"也为此呼吁过。)今日之校庆,能否成为一次普及文化科技的全民节日呢？我想,把一校之庆转化为"倾城之庆",也许是一种校庆所能达之高境界吧(当然如北大百年校庆几成"举国之庆"当为最高境界也)！记得前两年曾作文评介欧盟的一个关于"优化公众理解科技"的项目时,就曾经感到,值此国内高教理论界衮衮诸公皆以奉美国提出的"服务"经济社会发展为大学第三功用为圭臬之际,欧盟的这一项目明确提出以"传播科学"为"大学的第三使命",对于"走出象牙塔"后的现代大学,无疑如一帖清醒剂,发人深省。诚然,我认为大学之传播科学本是大学之"教育(学)""研究",乃至于社会"服务"之题中应有之义,但也确有振聋发聩之效；尽管在今日上海,科技常识的普及程度已远远高于当年偏于西南一隅的李庄,但中央之所以提出的科学发展观,恰恰说明今日科学精神与人文精神的传播与普及仍然是十分必要而关键的。我想,依托同济的强大学科背景,联合上海市的科委、建委、世博局、上图、上博以及上汽集团等大型企业,把明年的 5 月确定为一个集现代科技和人文社科于一体、体现我同济大学科技教育与人文教育协调发展理念的"百年科技文明博览月"展示 100 年来的城市、建筑、交通、汽车、环境、海洋的变迁及其未来……到时的同济校园将成为一个巨大的博物馆(看一看今年德国马普学会在上海科技馆举办的科普展是多么轰动,就可以预测这一种"另类"的校庆将会产生怎样的巨大影响和留给世人以何等深刻的印象)。这甚至可以成为一次微型的 2010"世博会"的演练：通过联络海内外兄弟姊妹高校,进而联络包括德、法、意诸国的博物馆、博览会等来共同参展。(我们不是有同济特色的中德、中法、中意等中外合作举办的学院吗？)记得当年学校成立世博研究中心时,就提出过"同济,让城市更精彩！"的口号。大学本应该是人类文明的博物馆和传习所,更应该是人类文化的传播者和创新源。大学应该是城市灵魂的象征与城市精神的代表。一所大学的校庆能真正成为一座城市的节日、大众的节日！"校庆,让城市更辉煌！"这才是真正体现了"城市的大学、大学的城市"的真谛！

　　讲到"大学与城市"的题目,不禁又想到了有关"大学城"的话题。本期刊发的《知识杨浦：三区联动的同济模式》是杨浦知识创新投资公司与我校高教所联合做的项目,其对"同济现象"的分析,特别是对"赤峰路"和"国康路"两个创新区的比较分析是十分有意义的。同时对于何谓"大学城"及其真正的价值和意义的研究,也是饶有趣味的。自被称为继"开发区"热后又一波近乎疯狂的"圈地运动"的"大学城"热被叫停以来,"大学城"的概念就一下子从"热门"被打入了"冷宫"。各地"大学城"建设中曾竞相攀比、大干快上的"大手笔"的宣传已经销声匿迹，学术界也对"大学城"的概念噤若寒蝉，似乎"大学城"就是近年来国内高教界出现的种种问题之"祸根"。其实，这是一个天大的误解！殊不知，国际上早就有各种闻名遐迩的大学城模式，几年前笔者曾在被聘担任"知识杨浦"人才发展战略顾问时发表过一个有关大学城的"集聚与辐射"的演讲，归纳了国际上"城市因大学而盛名，大学傍城市而兴旺"的两种基本的发展模式，并提出了我对杨浦大学城"三区（大学校区、科技园区、生活社区）联动"发展的期望。只是"圈地运动"加"房产开发"式的畸形"大学城"被叫停后，"真正的'大学城'还是否可能，又何以可能"的问题并没有解决。

各地被叫停的"大学城"有的成了一片晒太阳的杂草地，有的成了不忍卒睹的"烂尾楼"，而已经生米煮成熟饭的"大学城"一方面心存侥幸，另一方面又不得不为被迫停止收取"建校费"后的巨额还贷而忧心忡忡。（笔者几年前曾提出过其合法性问题：所收的"建校费"究竟算是"借款"还是"投资"呢？得到的回答竟然是"这是政府批准的"，难道政府就可以凌驾于法律之上乱收费吗？）当然也有自以为后台硬的有恃无恐者……但是，问题是"大学与城市"究竟该有怎样的一种关系呢？云遮雾障中，"大学城"仍是一个人们三缄其口的概念（也许"高教园区"也一同成了一个被忌讳的概念）。笔者去年承接过一个著名的海滨旅游城市的规划部门的有关高教园区规划研究项目，一开始进展顺利，笔者和同事提出的一系列结合了城市规划与高教发展规律的观点和对策因视角新颖、见解独到而屡屡被叫好，可继续深入却进展缓慢，二期拨款迟迟不动，最终只能不了了之。对方似有难言之隐，其中原因不外是上级领导对大学园区建设最终不敢拍板，干脆停下取消——这是一种最保险没有风险的做法。

其实，笔者当时真是下了一番功夫，有充分的信心，做出一个用"打破围墙"的新理念、新视角来设计的良性互动的高教园区新模式，即政府和大学都应该树立"只求所用，不求所有"的新观念，政府应该将对大学用地的规划纳入城市公共绿地和公共设施建设的规划，把投资大学用地与投资公共用地结合起来，大学则应该打破"人均一分地"的"围墙内办社会"的传统的用地要求，以求高教扩张中的"双赢"。由此又联想到参加到高教研究的这些年的风风雨雨。高教研究这些年不可谓不繁荣，各种理论文章、调研报告几乎可以称之为汗牛充栋，各种评奖也层出不穷，但是总觉得缺少些什么，总是像大风中的陀螺，被各种风鞭抽打着跳舞，缺少些自己的"坐标"。各种理论都拉来登台过，但大都只是在舞台上匆匆而过。往往越是"炒作"得热门的越是短命，犹如过眼烟云，昙花一现，经不起时间的检验。这种"繁荣"值得反思，这是否也证明"高等教育学"这门学科本身的年轻或曰不成熟？抑或更是因为高教研究者自己的不成熟或曰太为急功近利的"浮躁"？也许两者兼而有之。教育任何时候都应该以学生为本，这是不变的根本宗旨。

本期刊发的关于"本科生的创新能力培养与导师制"的研究颇具启发。记得几年前访问英国剑桥大学时，深为传统英式大学住宿制学院里的学生导师们的敬业精神所感动，年过花甲的校长老太太还身先士卒在学院里担任导师(tutor)，这种 tutor 制（导师制）既是古老的英国大学的传统，也是剑桥等今日名牌大学学生的幸运。我想，在大力倡导素质教育和创新意识培养的中国大学，能否有那么一种守护大学理念和传统的坚定和执着呢？因为任何创新是离不开某种执着的。此外，有统计惊报大学生中近三分之一有心理疾患，我想，不管这个数字是否确切，但大学生群体中的心理"亚健康"状况是值得教育界重视的一个事实。而传统的依靠少数教师和专业心理工作者做心理疏导是远远不够的，学生的自我教育与相互关心帮助是十分有效的一种途径，本刊发表的"以学生心理社团为载体开展大学生心理健康教育的探索"还是值得一读的。

"关键是要有定力":从"工程软化"说起①
——兼谈"学时缩水"及高校"就业率"

育人是大学第一使命,质量是教育永恒的生命线。本刊这次转发的万钢校长关于工程教育要面向工程实践的谈话,以其独到的视角,尖锐地指出了当前工程教育中存在的价值取向缺乏工程特色、培养目标上模糊现代工程师的定位,以及不重视工程教育的实践环节,简单地以计算机模拟取代工程实践,把理科实验与工程训练混为一谈等"工程软化"现象。作为国家"863 计划"重大专项首席科学家,作为有着丰富企业工程实践经历的一位资深工程师,同时又作为一所研究型现代大学的校长的这些一针见血的评析,无疑是值得我国的工程教育乃至整个高等教育界思考的。

这些年大学强调素质教育,通识教育的呼声日盛。但"通识教育"并不与"专业教育"构成"对子",素质教育也从来不是对高等教育是"专业教育"性质的否定,而是对教育本质的回归(本人一直认为,任何真正以"育人"而非"制器"为目标的教育——此处借用的是国家文化素质教育指导委员会主任杨叔子院士的提法——都应该是素质教育),所以"专业教育"应该是任何高教改革"存而不论"的既定前提。既然是"专业教育"必须有严格的专业标准要求。比如,工程教育培养的目标当然应该是合格的工程师。但曾几何时,"工程师的摇篮"受到质疑,"工程师的胚胎"成了定论,似乎都有充足的理由,但都又觉得有些结论略显匆忙。当然,"工程师的摇篮"出来的未必就是完全成熟的工程师——其实从没有人责问"摇篮"里"摇"出来的还不是成熟的工程师,但合格的工程教育是成为注册工程师的必要条件,这几乎已是世界性的共识。工程教育需要重视继续教育,真正的优秀的工程师也必须是"活到老,学到老"的。但"工程师的胚胎"并不能成为降低工程教育质量的借口啊!

值此高等教育快速进入大众化时期,各界对高等教育的质量的关心绝不是

---

① 本文系《同济教育研究》2006 年第 3 期的"主编手记"。

多余的,尤其是对于工程教育来说,现代工程的复杂性和综合性需要工程师必须具有严格的专业基础训练和工程实践的积累。现代社会的"高科技与低情感"的冲突要求现代工程技术的专家具有深厚的人文关怀,但现代大型工程的"高效率与高风险"的并存又对现代工程技术专家提出了更高的业务水准素质的要求。

这些年来人们谈论中国高教的历史时,总是对20世纪50年代初的"院系调整"批评甚厉,其实,苏联的高教模式尽管有其严重的弊病,特别是其过细的专业设置有着明显的重"制器"而轻"育人"倾向,但是毋庸讳言的是其对特定条件下国民经济和工业化的快速进程的贡献是巨大的(笔者在应香港凤凰中文台记者之邀谈同济大学的"德式传统"与20世纪50年代接受的"苏式高教"比较时,直言肯定了两者在强调教学—科研结合的一致性)。实际上一定程度上正是因为受到苏联在航天、导弹等领域取得显著的领先优势的刺激下,美国对工程教育进行了深刻的反思,才提出了"回归工程"的理念,从而引发世界各国对工程教育走向的关注。今天,提出警惕"工程软化",对于改革中的中国工程教育无异于醍醐灌顶,振聋发聩。

由此想到,与"工程软化"相伴的、影响工程师培养质量的也许还有"学时缩水"现象。我国在奠定国民经济基础和工业化建设中,工程教育的扎实基础和严格要求、包括曾经在重点大学实行的5年制本科教育模式,都是立下过不可磨灭的贡献的,值得我们认真总结和反思。高教改革一味强调"缩短学制"是否就是培养创新人才的不二法门?"文革"前,明确以"工程师摇篮"为目标的工科教育,几乎都是5年制,严谨的学风,扎实的基础,为我国的社会主义建设事业所急需的大批工程师的造就作出了重要的贡献。而今天社会各界对目前大学本科教育质量的担忧,在一定程度上表现在对学生是否有足够的时间接受到严格的专业训练的担忧。由于就业竞争的压力,许多本科学生的实际专业学习时间不足3年(其中还掺杂着各种"考证"的进修备考时间)——相当于以前的"大专"学时,本科生第四学年很难坚持在"安静的课桌"前攻读学业已经成为公开的秘密(乃至于对是否要写毕业论文都颇有争议),这怎能不影响毕业生的专业水平?

而众所周知,我校的传统优势学科建筑与城市规划类专业至今仍然采用5年的本科教育学制,这不能仅仅认为是为了"接轨"国际上对"注册建筑师""注册规划师"的学历要求,更重要的是提供了学生在本科阶段就得已大量参与工程实践的时间保证(其中不少学生还获得了进行国际交流的机会),从而既巩固了所学的专业知识,又提高了实践能力,而一直成为最具就业竞争力的毕业生。

今天中国拥有的工程师数量也许已经成为世界第一,工程教育规模也许也是世界第一，但工程质量的水平能否达到世界第一呢？这是值得我们工程教育不得不三思的问题：也许在某些专业的人才培养上，其质量标准具有较大的伸缩性，"胚胎"的可塑性大也许是件好事，但工程教育的质量是来不得半点虚假的，工程实践是万万不能给"忽悠"的。

"面向工程实践"就是"回归工程"，也是回归工程教育之本质。在我们的文化传统中，除了有自孔夫子以来两千多年的一直被视为保守性较大的传统外，还有另一个可以说自近代以来尤以为甚的以"反传统"为特征的激进的新传统，似乎只有在否定历史、否定前人的基础上才能有所作为。在今天在深入思考教育改革之际，对此难道不应该警惕吗？有时，"回归"正是一种进步，"守护"也是一种开创："走出象牙塔"后的大学是否还要守护大学理念呢？"关键是要有定力"（万钢）。

谈到大四学年忙着找工作，本期刊发了一篇有关高校毕业生就业政策研究的论文（该研究生曾在校就业指导中心工作过），以供参考。大学生就业已经成为从政府到民间都十分关注的问题，教育部已经三令五申，要以"就业率"为衡量高校办学水平的主要指标和专业设置及下达招生指标的参照系，给各高校带来了巨大的压力。"先就业后择业""自主创业"乃至"隐性就业""灵活就业"等各种"对策"宣传层出不穷，但是似乎还是难解燃眉之急。据说，按照往年的高校毕业生实际的初次就业率70%计算的话，今年就将有120多万名毕业生面临初次就业困难。问题究竟出在哪里？学校的专业设置有问题（专业设置永远会有一定的"滞后性"）？学生的就业观念有问题（比如中西部地区的人力资本饥渴症依然严重）？也许都是。但是我们社会本身对"就业率"的理解也有问题。从宏观上说，大学的扩招是可以"超常规"递进的（不管怎样，这对于提高全民族的人力资源的基本素质是非常有利的），但是，社会就业岗位的递增是受到社会经济发展的速度及规模所制约的（这在正常情况下增长总是一个常数），因此，大学扩招并不能直接带来就业市场的扩张，无非是出现人们所语诉的劳动力市场的"学历高消费"现象（但一定程度上也有利于为产业结构的优化调整提供人才储备）。所以，没有理由把大学生就业难问题的"板子"一股脑儿打到教育部身上，同样也不能把"板子"完全打在高校身上！

此外，现代"就业"的灵活性和多样性也是现代社会发展的必然，就像"专业目录"永远赶不上社会发展对高校专业设置的需求一样，现代就业方式的多样性大大超出了传统"单位"就业方式。据笔者接触的未及时初次就业的毕业生中，相当一部分是另有打算的，如考研、考证、考公务员、司法考试以及各种为就业准备的进修,等等。甚至某些具有相当竞争力的同学也会因为对岗位的期望值较高或选择的机会较多而暂时未签合同的。我倒认为与其统计大有水分的初次"就业率",还不如回归到对社会存在的实际"失业率"(包括"隐形失业")的关注。按照国际惯例,"失业率"统计对象主要是指有就业愿望但找不到工作岗位,从而登记为失业者的劳动力。而在受过高等教育者中,喜欢从事更具弹性的"自由职业"(包括日益庞大的"梭哈族"),或自愿"失业"以尝试干一段自己所喜欢的更富于刺激性的事业的比例往往高于其他人群,这批人一般是不被纳入"失业率"的。在发达国家还有一些大学生(尤其是女性)是"先成家后立业",待子女稍大再出去工作。这种现象在我国也已出现。对此我们并不倡导,但也不必大惊小怪,也许这正是生活水平提高、社会小康和谐的一种表现,不管称为"家政"还是"家务",作为社会分工之一,是否也应该算作是一种"灵活就业"呢?当然,法律应该承认并保护其应有的权益(这在发达国家基本都已有立法保护),因为按照马克思主义"两种生产"的理论,人口生产的重要性不容忽视。而人口质量的提高与父母的受教育程度的提高是密切相关的。

所以,除了那些纯粹的"啃老族"之外,社会也不必对大学生初次就业率的不足而过分鼓噪,从而引发起对大学"扩招"的种种责难。其实,未来"自由职业"种类的高速度增长将正是现代化程度提高的一个标志。正如马克思所预测的,随着人类为了谋生而需要的必要劳动时间的缩短,将是进行自由创造、实现人的本质力量对象化的"自由劳动"时间的增加,而"自由时间"恰恰是共产主义实现人的全面发展的重要标志。大学毕业后,继续一段学习进修或尝试一种"另类"的职业生涯,甚至"北漂""南迁""东闯""西游",乃至于"读世界这本大书"、续修"社会大学"的人生百味课程,也不啻是一种"青春无悔"的自由选择和积累"终身学习"的经验财富。当然"这里的关键是自己要有定力"(万钢)。

教育质量、教育评估与大学精神[①]

诞生于中世纪的大学也许可以视为除教会以外最长寿的一种组织机构。何以也？因为有大学精神！因为人类需要大学精神永恒！然今天的大学所拥有的地位、威望、规模及其所能支配或动用的财产，远非历史上的大学所能比拟（不说美国"常青藤大学"所拥有的基金往往超过上百亿美元，就是国内高校的规模、动用的资金也都是空前的，尽管国家财政中教育经费投入离世界平均值——GDP的4%——还相差近30%）。但同时今天社会对大学的批评也是前所未有的尖锐，不论是大学的教育质量还是大学的融资债务都遭遇到前所未有的激烈抨击。为何素有学术自由，大学自治传统的大学会成为"众矢之的"？为何倾其全力"扩招"、扩容，从而满足了更多的人接受高等教育愿望的高校会受到如此多的诟垢呢？除了纳税人对公立高校财务状况的担忧和巨额资金的滥用的担心外（这是理所当然的公民意识的表现），随着就业市场的竞争日趋紧张，最大的担心还是花费了巨大学费"投资"的收益究竟会怎样（不敢苟同有些专家所做的以学费绝对数而非实际支付能力的"国际比较"，因为与中国的家庭平均收入比，目前的学费标准已经使许多农民家庭罄囊举债了）。而由于高教的大众化的快速实现，从而也把更多的家庭卷进了对高教质量的关注，于是，高教质量就成了一个全社会共同关注的焦点话题了。

质量问题本是一切教育的永恒的生命线，也是构成一切教育机构竞争力的第一要素。所以教育质量的话题也就成了教育界永恒的话题。尽管由于大众化教育阶段与精英化教育时期的质量观不尽相同，不同类型人才的培养目标也应该避免雷同，高等教育应该有多样化的质量标准，但人们还习惯于用传统的眼光看今天的质量，于是就有了更多的对教育质量的质疑。尽管教育主管部门一直坚持"质量是教育永恒的生命线"，提高教育质量的各种红头文件、规定举措、检查评估也不可谓不多，但是教育质量的滑坡已是不争的事实。

[①] 本文系《同济教育研究》2006年第4期的"主编手记"。

然而,令人困惑的是,一方面是人们对提高高教质量的呼声日甚,一方面却是对现行高教评估的批评越来越多。这不能不引起高教界的关注。据笔者所闻,批评主要有两方面:一是被斥为"烧钱"过多而有"奢侈浪费"之嫌。增加对本科教学的投入,包括"硬件"的投入本是好事,也是本科评估的目的之一。但动辄上千万元的"迎评促建"费(含环境整治、设备添置费),对本已捉襟见肘的高校财政无疑是一笔沉重负担,而汗牛充栋、浩如烟海的案卷整理加工、印制包装同样需耗费大量的人力物力,再加上为不落人后而不惜工本的频频取经、观摩学习的差旅劳顿投入等,都是一笔不小的开支;尽管主管部门一直强调勤俭节约搞评估的原则,对被评高校接待专家组的食宿标准都有严格规定,但实际接待中往往通过各种方式打"擦边球"以抬高接待规格,如给每位专家派一辆专车代步以"方便工作"(据说亦有"监视"专家行踪之嫌)等,且有竞相攀比、愈加繁复之势,大大增加了评估成本。此外,按照现有评估指标要求,特别是各种生均数(空间面积、教学设施、图书资料,等等)的指标要求,对于因连年"扩招"而规模迅速递增的高校来讲更是一种难以承受之重,许多高校债台高筑主要就是用于征地盖楼以达标准。笔者认为,现行指标中有些还是计划经济时统包统摄的"精英教育"的标准,如高校"生均一分地"在"打破围墙"和推进后勤社会化的今天是否必要?据我所知,国外大多数高校根本没有围墙,何以统计"生均用地面积"(至多只能是建筑面积的统计)?二是屡屡被揭有"编造"旧档而有"弄虚作假"、败坏学风之嫌,由于对教学档案管理的规范化检查是评估工作的重要内容,案卷的整理准备成为迎评促建中最大量的基础性工作,其中也难免出现了一些心照不宣的"补救"措施,以至于被渲染为高校中最大规模的一次"造假"运动(好在主管部门已经及时发现,把案卷检查的重点放在近年,以防止假造历史案宗和真正体现"以评促建,重在建设"原则)。此外,评估过程往往成了一种检查方与被查方之间的"博弈",专家组进校,表面上热烈欢迎,热情招待,实际上是"贴身紧逼""层层设防",大有"内外有别、同仇敌忾"之势(殊不知,值此高教进入大众化阶段,质量更是学校的生命线呀!通过评估提高教育教学质量其实应该是学校自己的本职呀)。有的高校在专家组进校期间还对师生突击严管,作出"教师坐班""集体自修""周末无休"之种种非常规规定。这对于正值加强诚信教育,强调学术规范的高校来说,"规范"的过程却酿出种种"造假"嫌疑。(甚至动用学生"勤工俭学"来编写假文档,不仅斯文扫地,而且师道尽丧!)这不能不是大学历史上少有的尴尬和巨大的反讽!

其实,在形式与内容的关系中,形式总是服务于内容的,各种过分追求形式的完美的做法,总难免给人有"过度包装"之嫌,难道教育质量评估的诀窍真的是"工夫在诗外"吗?依笔者有限的评估经历而言,一所学校教育质量水平的高下,最主要的表现是在学风和教风上,也就是表现在该校师生的精神风范上,通过与师生的直接的接触,包括听课、座谈、随机的交流(或问卷),再加上对学生作业、试卷(含试题)、毕业论文等的随机抽检阅读分析,就基本能对该校的教育质量(含各个教育环节的管理)作出基本的判断。而案卷形式准备的充分与否并不一定与教育质量直接成正比,有时历史悠久、师资力量雄厚的名牌大学的教学档案也许未必赶得上新建高校来得完整规范,而且教授的自主权愈大,其教学的自由度也愈大。其实,高资历教授的授课水平更体现在其不经意中透露和漫溢出的那一种醇厚的文化底蕴和隽永的智慧魅力,而不是写在纸面的教案或备课笔记。因此,现代工业流程式的"规范"有时最有效的是对新上岗者的一种引导,而不应该成为对真正学者的束缚。"没有规矩,不成方圆",但墨守成规只会窒息创新。"法无定法"才是大师之法。这也是笔者在高教管理体制改革研究中提出的"抓小放大"的同样逻辑,外在的监督管理评估对于还缺乏办学经验和自我约束机制的一般高校不失为一种必要的规制,但对于一流大学教育质量的建设更重要的是靠内在的自律。也许提升高校内的学术权力的地位,真正实现"教授治学"不失为大学健全自我约束机制和保障教育质量的关键。化应对外在的专门的检查评估的"被动防守"为内部的常规的自我评价监督的"主动出击",变教育主管部门的"要我评"为学校自己的"我要评",这才是中国高校提高教育质量的最重要的保障。

实际上近几年来各高校也制定了不少扭转高校本科教育投入不足、提高本科教学质量管理的举措,还探索建立了多种样式的教学评估指标体系,如有些高校参照国际标准化组织的 ISO 质量体系进行评估(我认为这也许更适用于职业教育院校和某些培养职业性标准规范明确的特殊专业人才的院校,如海事高校)。我校就既有已经实施多年的"三风"(教风、学风、管风)测评体系,又有质管办制订的本科教学的质量保证体系,以加强对各教学环节的全程控制和质量管理,还有评估院制定的院系办学绩效考核体系,在人均指标中增加了学校在人员津贴的投入因素的考量(但总体的投入产出比尚未考虑,因为高校的产出效益是无法直接折合成经济指标来评估的,且经济效益与社会效益的权重系数也是难以换算的)。然而,各种评估体系中最大的问题恰恰是重"硬"而轻"软"、用"量"来考核"质"!这也许是教育评估中最大的悖论(本人曾经提出过一个关于反对"数字迷信"的观点,即:任何量化的方法都是既有效又有限的)。

关于大学评估中的"软件"指标取舍方面，最重要的应该是大学的理念和大学的精神。这就是现行的本科教育评估指标体系中打头的"办学指导思想"，包括"学校定位"和"办学思路"(但只是在现成的"教学型""研究型""教学研究型"，或"学术型""应用型"，或"世界一流大学""高水平知名大学"之类的"规定动作"中做选择题？还是真正卓然独立、各具特色的、具有"创新"价值的定位与思路?)但最为遗憾的(或者最难的)恰恰是没有考评其办学理念与大学精神的契合度！学术自由的氛围营造、教授治学的制度安排如何，实质上是影响大学教育质量的最重要的方面之一。不要把"学术自由""大学自治"和"教授治校"等看作是西方的资产阶级(严格的翻译应该是"市民阶层"，因为大学是城市的产儿)的专利，其实，这恰恰是大学理念或大学精神的核心，大学不是市民阶级的产儿，相反，它是市民阶层的抚育者和城市文化的创造者。《高教法》同样肯定了这种大学理念和精神(除了"学术自由"外，另两条的表述是"自主办学"和"民主管理")。这也是前面提出的依靠学术权力制衡行政权力，突出"教授治学"以保障教育质量的思路之来源。当然，目前的高校中也有不少"老板型"教授，他们也许无暇来监管教学的质量问题，这又该另当别论了。提高教育质量，关键还是要"以人为本"，现代学习观以学生为主体，现代教育观中老师的主导作用还是不可轻易废弃的，"教不严，师之惰"呀！正如在年底前举行的校内第三次本科教学检查评估的总结汇报会上，校长讲话中一针见血指出的，"最大的问题是教师精力投入不足"。或者换个更实际些的说法，就是现在的大学老师们究竟还有多少精力可用在学生身上？他们是否愿意又是否可能把主要精力集中在教学上，真正做到"用心去教"(就像本期刊载的一位老教师的教学体会那样)？校长在再次强调"本科教育是立校之本"的时候，饱含激情提出"本科教学同样是一项激动人心的事"，每一个教师都"要有责任""要投入激情去教"，大声呼吁在工资改革、职称评聘上都要向教学倾斜。但是，在一个各种评价体系都视科研为"硬指标"，教学是"软任务"之际，在一个各大"工程""规划"乃至各个"专项"都强调投入"硬件"而不是投向"人头"的时代(据说是为了防止国有资产的流失)，学高何以为师？身正能否为范？"外面的世界真精彩"？还是"外面的世界真无奈"？

"皇帝的新衣"中的童言无忌出于童真的幼稚与直率，巴金《随想录》中"讲真话"捧出的却是一位大彻大悟的智者的赤子之心，也是"止于至善"的大学之道之真谛。大学精神何在？现代大学何为？但愿一切为师者都能保持一颗不泯的童心和教书育人的激情！

2007 年卷首语①

跨入 2007——同济人的元年,感慨万千:回溯 20 世纪之交,西学东渐,新潮迭涌;继戊戌变法铩羽而归,风雨飘摇中的清帝光绪再图革新,于 1905 年颁实学新政,终千年科举,遂遣朝廷重臣赴欧考察,经中德各界协同,始有"同济"发轫于中外文化交汇、碰撞之上海,是年公元 1907 年。

前贤怀实学救国、济世兴邦之志,筚路蓝缕,办学兴教:初建医学,抱的是"医院能救人于一时,学堂能救人于复世"之心,首开了中国大地上非教会背景之新式医学堂之先河;增设工科,医工并举,以"救弱救贫",励精图治,在校"学其所用",毕业"用其所学",固本务实,学以致用,成就国际认同之新型实科大学;继而格致数理,再图拓展文法,学贯中西,学无止境,终成海内外著名之综合性大学,亦为争自由求解放之"民主堡垒"。虽几经存亡分合之变,屡蹈辗转迁徙之险,但栉风沐雨,不畏其艰;鼎新革故,不改其名;卓然独立,不渝其志。心系国计民生,奠基时代建设,铺路架桥造福神州,同济精神,遐迩显彰。

大学千载,弦歌不辍;学府百年,历久弥新。古人谓大学之道,或曰明德新民,止于至善;或曰万物并育,化成天下。今人谓同济之魂,或曰严谨求实,团结创新;或曰同舟共济,自强不息。此皆为大学精神之本。我辈当以史为镜,居安思危,发愤图强,继往开来。

2007 年,同济迎来百年大庆,亦将迎来教育部本科教育评估,机遇与挑战并存。百年校庆,紧锣密鼓,抚今追昔,豪气万丈;迎接评估,亦入"冲刺"关头,两件大事加温,校园处处热气腾腾,如火如荼。然热烈中更需冷静,校庆庆祝什么?当庆大学青春永续;"迎评"意义何在?当评教育育人本位。时值"创新"话语最健,然勿忘:返本才能开新,守护方有创新!教育研究亦当以本固根深,方能枝

---

① 本文原为受命任百年校庆校史馆总撰稿人而草拟的展览"前言",移用于此以为《同济教育研究》2007 年之"卷首语"。

盛叶茂。本刊旨在继续反思大学传统,重温大学精神,守护大学之道,创新大学体制,以为中国大学之第二个百年、世界大学之第二个千年贡献些微思考——愿携手读者诸君共同努力!

百年沧桑,"同济人"何以自豪[①]

百年同济的历史,可圈可点处不少。也许是一种巧合,每遇公元逢"七"亦即校庆逢"十"之年,同济总会面临某种挑战与考验:1907年经中德各界协同努力,顺利诞生于风雨如磐的浦江之畔;1917年即因欧洲"一战"几遭灭顶之灾,校产被法租界当局以"敌产"之名"没收",经华董接管,租借江湾中国公学勉力续办;1927年承国民政府大学院院长蔡元培鼎力支持,同济正式跻身首批民国国立大学之列;1937年全面抗战爆发,宏伟的吴淞同济新校舍在日寇狂轰滥炸中彻底被毁,流离失所的同济师生为求得一张安静的书桌,不得不开始长达3年的多次迁校,万里跋涉,最后才落脚四川李庄;1947年,经8年离乱复员回沪后学校虽然只能暂时分散在十余处校舍上课,但也已基本奠定了医工理法文5大学院的综合性大学框架……但又因内战动荡,几度濒临断炊绝境;1957年的反右风暴、1967年的"文革"动乱,学校在历经共和国的坎坷中度过50、60周年生日;1977年结束动乱,恢复高考,同济大学才迎来改革开放后的"两个转变"的春天……本期特刊发宣传部编写的百年校庆形象片文案以飨读者先睹为快。

高等教育的国际化历来是我刊关注的重点。在同济的历史上,"国际性"并不是而今到处耳熟能详、语焉不详的"国际化"之泛泛而论。早在20世纪30年代初,同济就有了"国际大学"的赞誉,那就是同济以其严谨的学风和卓越的培养质量,而获得德国教育和工程界之首肯,而享有在德国的同等学力和文凭的认可,即具有和德国高校同等的医科和工科的特许文凭。自改革开放提出"两个转变"以来,向国际化大学目标的努力获得中央的批准后,从作为对德科教交流"窗口"扩展到对欧多国交往的"窗口",继中德学院、中法学院到中意学院,从德国研究所到欧盟研究所,再到亚太研究中心、国际政治研究所的建立,同济大学的国际视野不断拓展。国际交流也已经成为学校办学评估中的一个重要方面(相信这也是我校本科教学评估中能获得肯定的办学特色之一)。在教育研究领域,工

[①] 本文系《同济教育研究》2007年第1期的"主编手记"。

程教育的质量评估和资质认证也已经成为同济教育研究的一大特色（学校专门发文成立了国际教育评估和质量认证研究所，与高教所合署）。本期刊发的毕家驹教授关于"国际高等教育质量保证的发展动向"一文，简明扼要地给出了近几十年欧美方面的发展蓝图，与他多年来在本刊发表的系列文章一样，相信会给我们许多新的信息。而徐国兴博士的"日本工程教育课程认证评价制度及其基本特征"一文则介绍分析了日本的相关动向，相信也是颇有启迪的。"他山之石，可以攻玉"，本期刊发的有关"比利时法语区高校土木工程师培养与课程设置调查"则是作者为期10个月的学术研究的副产品。"十五"以来我校每年资助大批中青年教师赴国外高校进修访学，要求带回一门双语教学课程，希望也能兼做一些相关专业与课程设置的调研，相信将会对建设"世界一流大学"和"国际知名的高水平大学"有所裨益（香港科技大学的丁学良教授曾在参加我校举办的新综合性大学文科学院院长研讨会上直截了当提出：要建设世界一流大学首先可以在专业与课程设置上与一流大学"接轨"——直接参照或干脆照抄。这使人不得不又想起当年鲁迅先生的"拿来主义"）。

  这些年大学的门开得大多了——我国已经快速实现了高教从"精英化"到"大众化"的过渡，并且已经成为世界第一高教大国——但是，"考大学"容易了，"上大学"是否对每个人都成为轻而易举的呢？解决了"读书难"问题就意味着不用再"攻读"了吗？日常用语中"上大学"代替了"读大学"似乎真的意味着今天的大学主要已经不是"读书"的圣殿了？上大学似乎就是"上"大课。（殊不知，有些连"上课"也懒得去的学生真正成了"混文凭"，据说现在连"攻读学位"的研究生也不读书了，老师开的书单束之高阁不说，据说有的研究生公开抱怨：哪有时间读那么多书啊？所以写论文从网上"下载"似乎已经是习以为常、司空见惯！）为此，张儒平老师的"引导大学生研读传统文化经典"的呼吁和经验就更显得切中时弊了，而且，更值得我们举一反三、推而广之——"读图时代"真不需要读书了吗（据说不少学生上课不做听课笔记，课后直接要求老师把课件电子版发下以供"读图"）？教育还是得从引导读书开始吧！何以治之？归根结底还得从抓教育质量开始，"宽进"而不"严出"何以能保证教育质量？受教育的权利公平并不等于大家都能轻易获取的大学的毕业文凭，就是人人都有上大学的机会也未见得人人都能戴博士帽呀！

  至于作为校庆重要工作内容的校友工作如何倡导并能真正贯彻"全员意识"的确是值得重视的事。记得每次校庆，总有主席台排位和"杰出校友"的入围标准的难题困扰。我想，校庆最重要的"全员意识"就是在校庆这一天（暂只要求这一天吧),来到母校的每一位校友都共享同一个称号,这就是"我是同济人"!

  学校的管理千头万绪,但人才管理总是最关键的,高校人才工作的特殊性值得研究,本期刊发了两篇相关的文稿。高校人才的流动性近几年似乎尤为频繁,是福是祸?利大弊大?想起多年前的一场名校大学生辩论赛题:"跳槽是否有利于人才发挥作用?"虽然俗语说"树挪死,人挪活",但频频的"跳槽"是否也一定能利大于弊?据传,已经流行有一句这样的见面语:"是否打算动一动?"(偏有好事者要把它改作:"是否准备再'卖'一次?"——看,好端端的"人才流动"怎变味为人才市场上的待价而沽?)堂堂大学,学术圣殿,怎会生出如此"二十年目睹之怪现象"?难道市场经济下学校也该沦为追逐利者的"天堂"?责任、诚信、承诺、敬业……斯文何在?看来真该再次扪心自问一下:"专业"(profession)何谓?

守护大学之道:"仰望天空"才能"止于至善"[①]

——听温家宝总理"对同济大学的祝愿"有感

有机会听一位日理万机的大国总理"谈谈心里话",当然是兴味盎然的。5月14日上午,坐在我最喜欢的——也是我认为最能代表同济精神的——城规学院"明诚楼"的"钟庭"(她那石墙上壁刻的"兼收并蓄"4字,字体取自历史上4位书法家而最终浑然一体,她那象征东西文化不同视域的"双睛图"寓意深远),听一位平时更多精力关注于平民百姓的柴米油盐、以务实作风著称的总理来高等学校谈"大学之道",则更多了几分期许和兴奋——因为我刚刚在这同一个讲台上,就"走出象牙塔"后大学的"功能与责任""守护与创新"作过演讲;也因为曾经在总理母校参加本科评估,亲身感受过那所著名地质大学朴实无华的校风和严谨务实的学风,略带听到过一些对当年总理学生时代的风貌的介绍,所以更多了一分似曾相识的亲切……

果然总理的讲话平实可亲。从对同济大学走过百年沧桑光辉道路的肯定到对同济大学百尺竿头、更进一步的祝愿,从对明德新民、止于至善的"大学之道"的经典引用到对中外大学历史源头的追溯,从同济校名的原典出处、《孙子兵法》的"吴越同舟、风雨共济"讲到大学师生与祖国民族安危与共、命运相系的同舟共济,从千年大学的历史传承讲到现代大学社会服务的办学理念,从同济办学的传统特色到文理相通的全面发展,从对民族文化传统的继承到和世界文明进步的交流学习,从孔子教学相长的"不愤不启,不悱不发"到大学灵魂的独立思考、自由表达——尽管没有稿子,总理的"谈心"娓娓道来,却又逻辑缜密,既旁征博引、融贯中西,又个性鲜明、纵论古今:谈文理相融、创新思维,谈民族命运、大学灵魂,谈文化传统、世界文明,如同一次精神的会饮,给人一种智慧的享受,不时引来阵阵掌声……特别是当听到共和国总理对当代大学生提出了"仰望天空"的寄语时,更感到一种始料未及的惊喜,一种多时少有的震撼!——作为哲学专业出

[①] 原载《同济教育研究》2007年第2~3期,曾被《文汇报》转载。

身的我,总是对"仰望天空"情有独钟,自不待言;然而,作为一位曾经多年踏勘祖国大地的地质工程师出身的总理所理解的"大学之道"竟然是与哲人们"仰望天空"的憧憬联系在一起,这的确是意味深长的……

走出钟庭后的我,久久回味于对"仰望天空"的沉思——遗憾的是,该哲言的出处却在今天的校园里已经鲜为人知(甚至在一个文科研究生的课堂上也没有一个同学能答得出,只是说似有所闻,不得其详)。想想也难怪,在当下功利导向日盛、就业压力沉重的高教氛围下,莘莘学子何尝能有几多"仰望天空"的自由遐想时间呢?在三尺讲台、七尺屏幕上又有几多空间可以让教师们讲讲那些"寓大用于无用之中"的哲理呢?

实际上哲人们之爱"仰望天空"源远流长,哲学本源于惊诧,古今中外概莫能外。而最能引人惊诧的无疑是位于我们头顶的星空!据柏拉图的《泰阿泰德篇》传达,古希腊"七贤"之一的泰勒斯,是西方历史上第一位哲学家和科学家,有一次夜里因为专注于观察星象而不慎跌入一个坑里,其仆人看到后就笑话他能认识天象却看不见脚下。而这则逸闻正反映出哲人们关注的不是自己鼻子下的东西,而是人类更为宏大的旨趣。其实不管是哲学家斯宾诺莎的"自然",还是科学家爱因斯坦的"上帝",其实就是他们的"天空"。18世纪著名的德国哲学家康德则说,有两样东西是他思之越久而越感敬畏的,这就是头上的天空和心中的道德:"位我上者,灿烂星空;道德律令,在我心中。"

当然,真正的"仰望天空"与关注民生本是一脉相系的。仰望天空历来是理想的源泉、希望的象征,而关注民生、"敬德保民"也同样是哲人的天职、永恒的使命。尽管在中国传统中"天道远,人道迩",但哲人们之所以要"立德""立功""立言",还不是要"替天行道""以德配天"?当然,"天"在中文中的意蕴丰富,既是自然之天,天地玄黄、日月星辰;又是"天道"之天,"天行有常"、自然无为;既是万物之母、生命之源,又是正义之基、道德之本;既要"天人相分"、人定胜天,又要"天人合一""物我两忘";既有"天命"之畏、又有"天职"之勇;既有"祈天"之繁琐,更有"问天"之奇丽:

"遂古之初,谁传道之?上下未形,何由考之?冥昭瞢暗,谁能极之?冯翼惟像,何以识之?"

在伟大的爱国诗人屈原这里,借"天问"之名,行"问天"之实,"问天"源于"忧民","路漫漫其修远兮,吾将上下而求索"的实是祖国的命运和民生的安危:

"长太息以掩涕兮,哀民生之多艰。"

所以,业攻"地质"、关注"底层"的总理谈"大学之道"、倡"仰望天空",也绝非偶然。大学何谓?温总理的看法是:

"一所好的大学,不在高楼大厦,不在权威的讲坛,也不在那些张扬的东西,而在有自己独特的灵魂,这就是独立的思考、自由的表达。"

"独立思考""自由表达",这正是大学的灵魂;学术自由,大学自治,这正是大学的不朽精神。

今天的大学又当何为?总理讲话的最后再次提到作为"世界大学之母"的博洛尼亚大学:

"有人告诉我,有一千年历史的博洛尼亚大学,现在的墙壁四周还是断壁残垣,有的地方不得不用水泥柱子把它顶起来,防止它倒掉。当然,它一方面保护了千年的古迹和文化,但我以为更重要的是保护了一种精神,一种美德。"

言之谆谆,语重心长,余音绕梁:精神和美德,将永远是大学的灵魂和生命。今天,"走出象牙塔"后的大学,何以守护与创新大学之道呢?这也正是我近年来大学思考中最难以释怀的一个"情结"……

中国的"大学"传统源远流长,既可追到春秋战国时期的百家争鸣,不论是"稷下学宫"的千人论学还是孔子"论语"之"弟子三千,贤人七十",其规模都远胜雅典"柏拉图学院"鼎盛时期;亦可溯及皇朝一统下之"太学""辟雍""国子监"的至尊至贵;还有各种民间之"书院"香火不绝。真可谓巍巍乎,煌煌哉!但现代意义的大学则只有百余年历史,且与祖国民族命运之跌宕兴衰息息与共,不论是民主革命时期的救亡图存,还是社会主义建设年代的奋发图强,中国的大学从诞生开始,就可以说从未能真正有过"象牙塔"之宁静与独尊。因此,"走出象牙塔"后的大学的确要打破"围墙",创新体制、扩展功能,服务社会、交往世界。但是,大学自由独立的"象牙塔"精神仍然需要呵护与弘扬。就像人类正在进军"氢动力",但也不能忘记"煤油灯"。当然,在一片"走出"呼声日盛之际,我的"守护"之声总是显得那么的微弱无力和不合时宜。但今天,共和国总理的"心里话"却是发自肺腑、切中时弊的。但愿能如黄钟大吕、振聋发聩,以为万众瞩目中的中国高教和大学界所深思。"大学之道"何以守护?也许只有经常"仰望天空"的"宽广胸怀",才能有"止于至善"的日新之德!

那天走出会场,环望四周,沉浸在百年节庆气氛中的校园格外美丽亲切,但当看到那栋高高耸立在蓝天白云下新落成的 21 层、100 米高的教科综合楼（这两个数字的寓意已根本不用解释）时，却蓦然想到总理所言的"一所好的大学，不在高楼大厦，不在权威的讲坛，也不在那些张扬的东西，而在有自己独特的灵魂，……"是啊，大学的校园，本应该是宁静而富有诗意的地方，不需要那些过分张扬的东西，包括建筑，应该是既富有冷静的理性而又能充分激发想象的。身在同济这样一所土木建筑学科享誉海内外的大学，有机会欣赏各种不同建筑风格的作品，不失为是一种乐趣。包括眼前的这座作为百年校庆的标志性建筑的"综合楼"，据说也是同济建设能源节约和环境友好型校园的代表作之一，据说它的通风和空调系统都是节能和环保的（但恕我直言，楼名"综合"实缺点"文"气，笔者曾试提出过"澄衷"之名，以喻现代玻璃大厦之通透澄明，以合校名之"和衷共济"精神实质；还可与"晨钟"谐音。当然，亦可干脆改"综合"为"衷和"，或"中和"：取"致中和，天地位焉，万物育焉"之意，此乃和谐校园之本）。

但校园内我最为欣赏的还是建筑城规学院"明诚楼"里的这个"钟庭"。喜欢"钟庭"的原因倒并不在那座仿唐铜钟，它高高悬挂在钟架上，静穆无声。我更喜欢的是与其对面最高处墙面上的"双睛图"默默对视：一黑一蓝，双目相连，黑眸子内是天圆地方之六十四卦（古人"仰观天象，俯察地理"，始作八卦），蓝眸子内是达·芬奇的"维特鲁威的人"（寓意人体之比例谐和），旁书"东方重理，西方重人。交融互渗，文化昌兴"四句话以为说明。对前两句表达的东西分疏，总略觉牵强，不敢苟同；对后两句所含意蕴，则正合吾意，完全赞同——此正与我多年所倡导之大学的"第四功能说"相合，即现代大学应以自觉推进不同文明对话、两种文化（科技-人文）沟通之"交往"为继"教学、研究、服务"后之自己的神圣使命！——"天何言哉！四时行焉"，然人却是以言传义、言为心声。故对话交流，"囊括大典，网罗众家"，"万物并育而不相害，道并行而不相悖"，兼收并蓄，化育天下，此亦为"大学之道"也！

总理来访，安排在校园观展科技成果、于"钟庭"即席谈心，而不是在新落成的象征新的世纪、新的高度的新大楼，绝对是一个聪明而智慧的选择。要不，何以说"大学非大楼也，乃大师也"！近年来，各大学校园的天际线都有了新的高度，但愿能有"囊括大典"、辈出大师的中国大学的新高度！

大学之道,何以为"大"[①]

——大学校庆有感

"旦复旦兮,日月光华";"同舟共济,继往开来"。自两年前金秋的"复旦百年,梦已成真",到今年五月的"百年同济,诺言如山",大学校庆两度成为上海城市的节日——全城彩旗飘扬,全市共同祝贺。笔者深感:这就是大学的魅力,这也是城市的魅力。大学校庆何以会成为人民共同的节日?这是因为大学走出了"象牙塔",这是因为大学融合于城市中,这是因为高教已进入大众化,这是因为大学回归了社会中心……本期校庆特刊不仅收集了校庆期间有关高教的使命与责任的大量讨论,以为历史之记录;选载了上海教育电视台"世纪讲坛"为同济百年校庆录制的特别节目"城市·文化·生活"的几篇演讲,以示同济人超出传统专业范围的更为广阔的思考;更不惜篇幅摘刊了有关大学的一些经典文选以飨读者,期待其真正成为被高教研究和实践者们认为有价值的珍藏本。同时,也希望由此继续深入探究:大学之道,何以为"大"?

"十年树木,百年树人"。大学千载,学府百岁,意义何在?我曾把同济百年值得纪念之意义归结为三:百年同济浓缩了中国现代大学的百年历程:实学救国,融贯东西;济世兴邦,育人为本。百年同济伴随着祖国民族命运的百年跌宕:救亡图存,奋发图强;历尽沧桑,自强不息。百年同济见证了人类现代文明的百年飞跃:科学民主,矢志不渝;文明交往,造福人类。同济的历史脉络具有中国大学发展的典型意义:初建医学(1907年),再设工科(1912年),格致数理(1936年),拓展文法(1945年),历经沧桑,终成就为一所综合性现代大学。然又经"院系调整",遂成土木单科,则以"工程报国"为志,投身建设大业,为共和国经济复兴铺路修桥、添砖加瓦;改革开放,率先实施"两个转变(从单科向多科、综合,从国内向国际)"……无怪乎共和国总理亲莅校园,褒扬同济人始终与国家民族命运同

[①] 本文原为《同济教育研究》2007年第2~3期合刊末的"主编手记",经修改略删后以《守护与创新:现代大学永恒的追求》为题被刊作《教育发展研究》2007年10A期的"时评"。

舟共济的精神。

百年校庆应该是总结特色,弘扬传统的重要机遇。同济特色何在?这是温家宝总理这次出给同济人做的一篇文章。严谨求实,"学以致用"("在校时学其所用,毕业后用其所学")是其传统特色之一;"融贯东西""学无止境"(欧学中用、格物穷理),可视为其又一显著特色。同济精神又何谓?正如总理所说,"同济,就是同舟共济",大学,不在高楼大厦,也不在权威张扬,而在于"有自己独特的灵魂""独立的思考、自由的表达",师生共进,教学相长,学术氛围不断完善发扬,"这就是大学的精神,也是同济的精神"。同济人回顾历史——百年沧桑、同舟共济,百年奋斗、自强不息;展望未来——大学使命、任重道远,继往开来、再创辉煌!

今天,大学校庆越来越热,冷静思考越显重要。现代大学,"象牙塔"不再,问题恰在,"走出之后",何往何为?百年大学只是大学千年历史的十分之一,但在中国的确可以称为历史悠久的大学了。中国大学的第二个100年,应该怎样承担起历史的职责呢?

人类大学历经千年文明沧桑,中国高教同步百年科技腾飞。但伴随同时的是,人类智慧面临着的新的挑战空前尖锐:高科技与低情感的交错并没有随着20世纪的过去而解决;高效率与高风险的并存却随着21世纪的到来而愈显紧迫。当代最杰出的物理学家霍金教授曾经在互联网上提出一个"世纪之问":"在一个政治、社会、环境都很混乱的世界,人类如何走过下一个100年?"这也正是人类共同的思考。校庆期间亲临同济演讲的德国总统克勒提出的3个"共同体"的观点,试图给出的答案是:"全球化已经不仅使人类成为一个经济的共同体,也使人类成为一个命运的共同体,故而人类也必须进一步成为一个学习的共同体。"因此,我们不应互相指责,而要共同探究哪些错误是不应该重犯或继续的。"因为只有这样,地球的未来才仍会是一个适合居住的星球。"他表示,欧洲的历史就是一个很好的注释,"欧洲曾经历过战争,而在和平地接受和欣赏彼此的差异后,如今逐渐变得美好富足","我们必须学会尊重我们的多样性"。他还引用了3个中国名言来表达人类需要"同舟共济"承载我们整个星球的责任:"己所不欲,勿施于人"(孔子)、"不食嗟来之食"(孟子)、"天下兴亡,匹夫有责"(顾炎武)……

霍金自己也曾试图给出答案:人类得以延续将取决于在宇宙中找到"新家"的能力,因为目前毁灭地球的危机正在不断积聚。霍金说,"如果人类能在未来100年避免自相残杀,就可发展出无需地球供应的太空定居点。"

人类真要逃离地球家园才能获救？科学家的担忧绝非杞人忧天，哲学家的希望同样暧昧而难解："只还有一个上帝能救渡大家！"（海德格尔）谁是此上帝？也许，只能期望人类自己的良知！因为，"从来就没有什么救世主，也不靠神仙皇帝；要创造人类的幸福，全靠我们自己！"

文明何谓？人类何往？学习的共同体何以可能？大学既然是人类智慧最伟大的结晶，就应该勇敢地承担起自己的责任。温家宝总理在同济大学的祝愿的结语中，再次提到被称为世界大学之母的博洛尼亚大学，这所千年大学对断壁残垣的古迹与文化的保护，"更重要的是保护了一种精神、一种美德"。今天，"走出象牙塔"后的现代大学要坚持文化传承和科技创新的统一，坚持适应需求和导引变革的统一，坚持全球意识与民族认同的统一，坚持学术自由与社会责任的统一——这就是同济大学的百年承诺。这也就是要坚持"大学之道"的守护与创新的统一。就像同济大学原校长、新任科技部部长、新能源汽车专家万钢教授办公室里的那盏煤油灯所寓意的：人类正在努力走向"氢动力"时代，然而"煤油灯"的传统仍然是激励我们今天不断奋斗的精神能源！

所以，纪念大学校庆，最重要的是重温大学精神和大学理想。温总理谈"大学之道"、文理交融，倡"仰望天空"、独立思考。正是抓住这大学之本。承继百年文脉，光大百年传统，正是为了弘扬大学精神。"大学之道"何以为"大"？或曰明德新民，止于至善（《大学》）；或曰万物并育，化成天下（《中庸》："万物并育而不相害，道并行而不相悖"）。大学理念何谓？学术自由，大学自治，教研结合，师生共治，（我国《高教法》的表述是"学术自由""面向社会""自主办学""民主管理"等），大学功能何在？坚持育人为本，发挥四大功用：教书育人、研究发现、服务社会、交往沟通（促成不同文明对话理解，沟通科技人文"两种文化"）。大学责任何在？学术责任与社会责任共担：科技教育与人文教育协调发展，适应社会需求与导引社会发展"一身二任"。

走出象牙塔"后"的大学，独立自由的"象牙塔精神"不可丢！与祖国民族共命运，同济大学——也是中国大学——的第一个百年已经脚踏实地地交出了一份令人满意的答卷；与人类文明同进步，同济大学——同样也是中国大学的第二个百年、世界大学的第二个千年必须要"仰望天空"，而不是只关注脚下才能为人类寻找到前进的方向！"诺亚方舟"今何在？和衷共济创未来——"趁着为时不晚！"（Before it is too late!）

本期开印之际，传来英美大学界正为学术与政治之关系发生对峙交锋：为响应巴勒斯坦工会呼吁，英国的高校联合会（University and College Union,

UCU)5月底发出倡议,禁止与以色列的研究人员进行学术交流,以敦促以政府改善与巴勒斯坦的关系,为此,引起学界巨大反响。8月8日,《纽约时报》以整版篇幅刊登哥伦比亚大学校长李·C.博林格尔(Lee C. Bollinger)所写的《制裁以色列大学?那也制裁我们吧!》的抗议信,美国约300所大学的校长在抗议信上签了字。也许英国的同事们想为苦难中的巴勒斯坦人民"铁肩担道义",对以色列当局施加一点压力,而美国的同事们也许还不敢遗忘"麦卡锡主义"的梦魇而要捍卫学术自由的大学传统。见仁见智,孰是孰非?大学的责任与学术的自由何以统一?看来并不是我们想象的那么简单。读者诸君,您以为呢?

大学的理想主义何以必要①

度过了轰轰烈烈的百年校庆热潮的同济大学重又回归平静,遍布世界的校友们似乎还沉浸在节日的喜庆与回味之中,而在校的师生也都已经回到了繁忙的工作和学业中。然而,百尺竿头,何以更上层楼?"同济的未来是美好的!"总理把良好的祝愿给了同济大学,也把明天的思考留给了同济人:同济的特色是什么?"重负"在肩的新任校长(恕我无知,虽然参与过同济百年校史展的修撰工作,但也无法确定现为同济第几任校长,大致可以确定的这是被正式任命的第21位校长——含初创时期的2位德籍"总理"而未含20世纪20年代受命于危难之际的临时校务维持会的两任主席和"文革"中的3位"革委会"主任)正在把下一个百年的开篇酝酿于胸。本期刊发的裴钢校长在教师节座谈会上的讲话虽然简短朴实,但内涵甚为丰富,从"兼容并包"到"仰望星空",所谈三点体会至关重要:大学的主人是师生(校长是"雇员"),大学的发展靠人才(最重要的是让人才"happy"愉快),大学的精神是理想(要有"明知不可为而为之"的理想主义)。大学总是需要一种理想主义精神:"仰望星空"是理想主义,一种超越有限之自我、当下与现实之此岸,而企达无限之宇宙、未来与永恒之彼岸,一种认准目标、心无旁骛的坚韧与执着,乃至于"明知不可为而为之"的充溢人文精神追求的理想主义;"兼容并包"也是理想主义,一种坚持学术自由、为学无涯、学无止境的责任与使命感,一种不断"追求卓越、勇于创新",乃能成就大学之所以为"大"的闪耀科学精神光辉的理想主义!有人说,或许我们这一代是最后的理想主义者。但我相信,生活在大学里的人,绝大部分仍然是理想主义的信仰者!

大学为何要有理想主义?最近参加了两次在上海科学会堂举行的小范围的研讨会,讨论的主题是关于如何办好中国的大学,培养造就杰出科技创新人才的问题。中国要在2020年建成创新型国家,需要大批创新型人才,大学的改革时不我待,这里有体制与投入的问题,但两院院士和企业领袖们也都不约而同地提

---

① 本文系《同济教育研究》2007年第4期的"主编手记",原题为"大学的理想主义何以可能"。

到大学的理念、精神和责任问题，担忧大学理想的失落问题。其实大学从来就是一块不断孕育理想主义的沃土，也许大学本身就是一种理想主义的产儿，是人类培育理想，放飞梦想的摇篮。本期转载了引人注目的新任美国哈佛大学校长（哈佛历史上第一位女性校长）、历史学家德·福斯特在10月12日所作的就职演说，在这篇题为"放飞我们最富挑战性的想象力"的演说中她指出：大学的本性是培养不安宁甚至叛逆文化（a culture of restlessness and unruliness）的地方，因为"它们是创造未来的关键"。她着重强调，大学的精神所在是对历史和未来负责，而不是单单或仅仅对现在负责。因为大学的学问是传承千年和创造未来的学问。"大学是要对永恒做出承诺"。我以为，这也是对大学千年理想的承诺。

大学的理想主义何以可能？理想总是一种对现实的超越。"不安宁"和"叛逆"正是理想的特征。但理想不是空想，理想必须立足于现实的基础上才有可能变为现实，因此，人们在谈论"仰望星空"时常常要与脚踏实地并提，这本无可非议——但别忘了温家宝总理倡导的"仰望星空"恰恰是针对当下人们只是"关注脚下"（再读一读总理对同济大学的祝愿吧，一句一顿的"心里话"何其语重心长）。任何理想首先应该是一种"可能性"，而不是"不可能性"；但理想作为一种可能性，又还不是现实性，因此，人们首先得努力创造条件，使这种可能性成为"现实的可能性"，才能适时地转化为现实。而现实总是过去的理想的产物（或变形），从理想到现实，也就是从可能到现实，现实是实现了的可能，又孕育着新的可能，脱离现实的理想只能是空想，基于现实的理想并经过持之以恒的努力一定能成为明天的现实。因此，我们必须尊重现实，也就是尊重历史。任何创新，都既是一种对传统的突破和超越，又是一种对传统的承继和发扬。大学要不断努力适应社会的变迁和需求，但大学不能失落自己的理想，也就是要守护住大学的精神和灵魂。10月份出席在沈阳召开的第七届中国高教国际论坛，讨论的主题是大学文化与和谐校园建设。我提出，当下和谐校园建设的本质是大学精神文化家园的守护与重建，因此我的发言题目是"守护与创新：大学文化的日新之德"，大学文化的核心仍然是一个大学精神和理想的薪火相传问题。这也是大学的责任之根本。守护传统，也就是守护人类的共同的精神家园。适应社会是大学的责任，但大学更重要的使命是导引社会，这才是大学文化的本质。

人类何以需要理想？需要不断地改革、创新、与时俱进？不正是因为现实总是不近理想，所以人类总要怀抱理想，憧憬未来，以理想为愿景（vision）去改造现实，因而，总会有不同的理想之争，这就是"理想的冲突"——出版于20世

60年代末的美国教授宾克莱的同名著作,描写"西方社会变化着的价值观",不仅在经历了轰轰烈烈的校园造反后的美国大学里成为现代西方文明的教科书而炙手可热,而且也曾经在20世纪80年代中国大学的校园风靡一时——今天,在人类已经跨入21世纪之际,蓦然发现人类正面临着全球性的"文明的冲突"从可能转化为现实的严峻挑战(亨廷顿的预言不幸而言中?我记得当初引起巨大争议的该论文可是标着问号的)。也许,这本质上也是源于不同理想的冲突——联想起从斯宾格勒的"西方的没落"到汤因比的文明兴衰史观,这"文明的冲突"则似乎具有更浓烈的历史宿命论的色彩。联合国原定2001年为"文明对话年",但被突如其来的"9·11"事件弄得虎头蛇尾,匆匆而起的"反恐战争"则使硝烟弥漫至今难息……人类当务之急的不是要求"理想的一统",而是应该尽快展开多种类多形式"文明的对话"。

10月初,一个规模空前的以"全球治理"为主题的"中欧论坛2007"在欧洲8个国家23个城市分46个专题同时拉开帷幕,本人应邀参加高教组的讨论,与4位国内高校校长、专家一起,就中欧高教面临的挑战与来自欧洲8国多名高校工作者进行对话,并在最后的全体大会上就论坛的主题作了关于文明的交往的发言,呼吁为了人类共同的未来,不仅中欧之间、东西文化之间应该保持不间断的对话,而且我们与各种宗教激进主义乃至于恐怖主义的信奉者之间也应该寻求开放对话的途径。宗教激进主义信仰的偏狭与极端是诱发恐怖主义的重要原因,但信仰的问题不是靠战争手段能够解决的,我们同样应该寻找达成某种"底线共识"的可能——就像人类逐步达成的"只有一个地球"的共识——比如,能否达成尊重人的生命权的"底线伦理",保证对平民生命权利的尊重:己所不欲,勿施于人;己所欲者,亦未必能强施于人!也许你可以因为信仰而任意处置乃至抛弃自己的生命,但不能要求其他无辜的生命为了你的信仰/理想而陪葬。此外,要认真思考和分析恐怖主义产生的原因,除了信仰的狂热和偏执,无奈和绝望也是滋生恐怖主义的土壤。弱者选择恐怖主义为抵抗的武器是强加于人。同理,强者也不应该把自己信仰的价值观强加于人。欧洲曾经把自己基于基督教义的价值观看作是"普世性"的,未必能得到全世界的认同,就像今天欧洲也无法完全认同超级大国的"反恐战争"一样。中国"文革"时期也曾经认定自己的理想是"放之四海而皆准"的,但"输出革命"是难以成功的(格瓦拉是20世纪最著名的这样一个悲剧性的英雄)。"输出民主"的效果同样是大打折扣和令人担忧的。世界需要多样性,文化总是多元的。理想也罢,文明也罢,有个性有差异才会有对话、交往的必要性,有共性、愿求同才能有对话交往的可能性。欧洲文明有宗教宽容传统,有"我不同意你的观点,但我捍卫你发表你的观点的权利"的传世名言;中国哲人认为"和实生物,同则不继",倡导"天人合一""和而不同"的理想,这应该是今天我们能相聚一堂中欧对话的基础理念,也应该是人类共建和谐世界的共同理想——这也是我对北京奥运"One World, One Dream"(同一个世界,同一个梦想)的诠释——但是,在文化多元、价值多元的今天,我们是否也应该允许"同一个世界,不一样梦想"的存在呢?只是千万不能因"理想的冲突"而导致"文明的冲突"!本刊特选刊了被誉为"世界公民"的著名哲学家雅斯贝尔斯关于大学的一些论述以助我们思考。

因此,"兼容并包"是大学的理想,也应该是人类的共同理想——允许每个人有自己的梦想,但请不要妨碍他人拥有自己梦想的权利。其实,要真正毫无保留地彻底贯彻"兼容并包"又谈何容易!而何以实现"兼容并包"更是颇多坎坷与歧义的。就拿上期"手记"末尾提到的美国哥伦比亚大学现任校长博林格尔来说吧,这位以研究"言论自由"而著名的法学家,不仅因为敢于顶住压力,毅然支持邀请被西方广受批评的伊朗总统内贾德到哥大演讲而备受争议,而且因为在介绍"嘉宾"时使用的"挑衅性"语言(历数对方6大"罪状",当面称伊朗总统"表现出了一位狭隘的、残酷的独裁者的所有特征")而饱受质疑,民调显示50%以上的受访者认为其做法欠妥。看来研究"言论自由"专家本人也受制于美国式PC(政治上正确)而有显"急吼"失礼,而内贾德的回应倒更显大度从容。7位伊朗大学校长为此联名邀请美国总统到伊朗的大学去演讲,并保证有两千年历史的文明古国一定将给予客人以充分的礼遇。余波未息的是,11月中更有100多位哥大教授在联名发表的"忧虑的声明"中就此对博林格尔提出批评。

看来,正如哈佛大学新任校长就职演说中说的,大学的校长椅是现世中最不舒服的一把椅子。不是嘛,她的前任、杰出的经济学家萨默斯(曾先后出任世行的首席经济学家兼副行长和克林顿政府的财长)就是因为出言不慎(谓女性不适于从事科学研究)而引咎辞职,成为哈佛历史上任期最短的校长之一(5年半不到,另一位在任2年去世。当然,那位"二战"英雄、后来当选美国总统的艾森豪威尔的哥伦比亚大学第13任校长任期更短,大约只有两年半,就又受命重返军界,出任北约欧洲盟军最高司令官。但据说他在任期间虚心好学,频频到院系班级听课,还为哥大拉到大量捐款并筹建了著名的战争与和平研究所等研究机构)。哈佛创办已经371年,现任校长是第28任,哥大建于1754年,现任校长是第19任。我算了下,巧得很,这两所名校历任校长的平均任期都达13.7年。而相比之下,中国大学校长的任期却明显过短。也许这正是一些中国的大学里会冒出一些匪夷所思、急功近利的短期行为的诸多影响因子之一,也是常使真正怀抱理想主义的校长们感到痛苦的因素——大学工作的规律刚有所感悟,真正想清楚了要干的事刚开头,任期已终结。每每看到离任的校长在倾吐肺腑之言时热泪盈眶的感人情景,真心希望能让时光暂停一下匆匆的脚步……今天的大学扩张很快,实在是肩负了太多的责任和任务(令人担心的是,这些五光十色的种类繁多的"任务"很可能遮蔽了大学对自己首要任务"育人"的关注)。大学是"仰望星空"、塑造未来,还是仅仅"关注脚下"、应付眼前(总是忙碌于课题立项?评估检查?评职定级?获奖申报?就业订单?);是坚持"独立的思考,自由的表达"的大学灵魂的独特,还是追求"权威的讲台""张扬的东西"(参见温家宝《对同济大学的祝愿》)等华而不实的玄虚?这不仅是作为大学"雇员"的校长"尽职奉公""不负重托"所应该思考的问题,也是作为大学"主人"的全体师生共同应该思考的问题。

当前,学校正在向全球招聘各种人才,有愿加盟同济之舟,共搏时代之涛的冲浪者、弄潮儿们,你们是否准备回答上述这些问题呢?是否还应该先问一下自己:要来坐大学的"椅子",胸中的理想主义风帆是否已经升起?还有,"板凳甘坐十年冷"的思想准备是否也已充足?

2008年卷首语

斗换星移万象新。站在岁首,总令人充满希望:2008年,"奥运"梦圆北京;2008年,世界瞩目中国。2008年,中国将隆重纪念改革开放30周年,这30年也无疑是中国高教界最值得总结和纪念的30年:1978年,是恢复高考后的77级、78级两届本科新生入学之年,"得天下英才而教育之"的中国高校,是何等的英姿勃发、万众瞩目啊!也正是在那一年,李国豪校长在拨乱反正中提出的同济大学恢复对德联系、恢复多科性办学,实现向国际化、综合性大学发展的"两个转变"战略,获得了邓小平、方毅等中央领导的高度肯定和积极支持,不仅奠定了同济大学历史性的转折之基,也开始了中国高校迈向世界一流大学的进军步伐。

跻身于世界一流大学行列,是几代中国大学人的共同夙愿。今天,为了建设创新型国家,正需要有一大批能培育创新型人才的创新型大学;值此"全球化"时代,作为一个正致力于伟大文化复兴、实现科学发展、沟通人类文明、建设和谐世界的高等教育规模第一大国,更须努力建设一批能引领时代、塑造未来的世界一流大学,才能真正为人类作出较大的贡献。然何以夯实建设一流大学之根基、营造培育创新人才之氛围?这30年,大学始终处于时代之风口浪尖:知识社会,机遇难得,"细推物理须行乐",但何以耐得"板凳甘坐十年冷"?市场经济,诱惑无限,"弄潮儿向涛头立",又何以才能"手把红旗旗不湿"?曾几何时,多闻诫语:现在的大学多"浮躁"、缺"定力",多"专家"、缺"良师",尽管"成果"鉴定、"项目"获奖众多,但真正经得起历史检验的原创性成果却不多……真可谓"大楼"易树而"大师"难出,无怪乎有人戏称:现在的大学是有"知识"没"文化"!历来作为人类文化传承和创新的首善之地的大学,何以会遭如此语垢讥讽?看来现代大学何以文化自觉,实当今日大学人三思。

2008年,挟百年校庆之盛势和30年改革开放之经验,同济大学在第二个百年之首站在了新的起点:何以早日建成科技教育与人文教育协调发展的综合性、研究型、国际化的现代大学?如何才能在世界一流大学的建设中"入主流、具特色"?即何以处理好现代大学发展的共性规律和个性特色之间的关系?不入主流何以谓"世界一流"？没有特色何以能以"独特的灵魂"（温家宝）彰显个性？……学校正力推今年为"人才年、学术年、质量年"，何也？大学本是人才荟萃之地，"囊括大典，网罗众家"（蔡元培），惟"才"是举，兼收并蓄，方能造就英才，纷呈硕果；然何以才能使各类人才既"近悦远来，归如流水"，又各展其才，各得其所（很难说高校已能杜绝"黄钟毁弃，瓦釜雷鸣"之现象）？大学本是研究高深学问之机构，学术乃社会之公器、文明之精粹，只有"无所不思，无所不言"（梅贻琦）之自由和"穷且益坚，不坠青云之志"之坚毅的结合，方能春华秋实，厚积薄发，成就学术精进之伟业；然何以营造独立思考、自由表达之氛围和弘扬锲而不舍、金石可镂之精神？学术公器，贵在创新，功在千秋，岂能急功近利、作假造伪？故学以致用，何谓"大用"？学无止境，何以"至善"？教育既是问学之道，更是成人之道，百年树人，质量为本，然"育人"而非"制器"，质量标准决然多异，传统圭臬何以规矩？何以才能因材施教、由技入道，不拘一格育人才？何以才能把开发潜能、"转识成智"，明德新民、化性为德亦纳入教育质量之标准？古人谓天地人为"三材"，天地位焉，万物育焉。大学当以学术为天、质量为基、人才为本。故此三者实乃回归大学理念之道，亦为追求教育卓越之本。今年本刊当以此为主题，孜孜以探：现代大学何以顶天立地？相比以知识传授为导向的传统教育，欲以创新为导向之现代教育，其人才观、学术观、质量观当何以推陈出新，改革评鉴？

曾记得，2007年，同济百年，诺言如山。但"百丈竿头不动人，虽然得入未为真，百尺竿头须进步，十方世界是全身。"抬望眼，2008年，同济之舟，再扬风帆，"大舟难乘而可以致重济深""多歧路，今安在？长风破浪会有时，直挂云帆济沧海。"

大学，何以能"教而得天下之英才"[①]

尽管民谚说"瑞雪兆丰年"，却不料春节前南方出现了罕见的大雪成灾，不由得又使人想起沸沸扬扬的全球气候之争：自然乎？人为乎？敬畏乎？僭妄乎？……但不管怎样，春天依然是一个万物复苏、生命萌动的季节，一个充满憧憬、播种希望的季节。"一年之计在于春"，春天也总是人们算计未来的日子：尽管"朝花夕拾"带来的是一丝生命的美艳与短暂并存的隐忧，但"春华秋实"的期待依然是令人欣喜和欢慰的。

教育，本质上是一种春天的事业，她更像是在播种和耕耘（故而教师被称为"园丁"），所以，"培养一流的学生要有一流的教师"仍然是教育界不变的真理。当然，选种和育种是紧密相系的。传统的中国高等教育是精英教育，故高校总能期待"得天下英才而育之"，于是每年的招生成为高校显示实力的关键时刻：谁能招到更多的高质量的生源（学生），就是一个占得先机、拔得头筹的胜利。但现代高教正在转换为一个大众化乃至更进一步将是迈向普及化的时代，生源的竞争尽管依然激烈，但谁更能"教而得天下之英才"，谁就更证明自己把握了"大学之道"之精粹。因而，一所大学的师资质量（教师）将是最好的招生广告：谁拥有一流的师资，谁就拥有最大的感召力，就能招收到最多的最优秀学生——也许这已经是一个最为显著的"教学相长"效应。但是"教"不再是一个简单的技术和手段，更是一门艺术。这也是本年度同济大学在寒假第一天召开的本科教学工作研讨会传出的一个重要信息：加强教师队伍建设是提高教育质量的重要保证，全员师资培训将成为学校的一项重要工作。我想，在"教学的艺术"中，教育学的纬度是不可或缺的基本背景。

中国大学的国际化口号已经喊了多年，可是什么是国际化？怎样国际化？笔者以前已经多次谈过高教的国际化——包括高教的国际化的必要性与可能性，国际化与全球化的区别，为什么教育只能"国际化"而不可"全球化"，以及何

[①] 本文系《同济教育研究》2008年第1期的"主编手记"。

谓"国际接轨"、怎样"国际接轨"等。实际上早在 20 世纪 30 年代,同济就因其高质量教学水准而获得被国际公认为最严谨的德国科教界的特许工程师文凭的认可,因而获得了"国际大学"的美称。本期继续刊登的以我校土木学院院长领衔并实际参与的一个教改项目的系列成果值得一读。同济的土木工程专业可以说是国内水平最高并早已获得包括英国土木工程师学会等国际教育机构的认可,但就是这样的专业,还是在继续努力探索通过"国际接轨"的比较对照而提升自己,这才正是高水平大学的办学态度。而相反,一些水平一般的专业,却常常自诩"国内一流、国际先进",或者动辄以"国情特色"为由拒绝进行国际比较的学习借鉴。土木学院的经验和精神是值得其他学院和其他专业认真学习的。值此"全球化"时代,没有国际化的视野,是不可能建设真正的世界一流大学的。当然,没有本土化的实践,也是难以走出自己的发展路径的。就如中国的发展道路,我们没必要追求什么与"华盛顿共识"PK 的"北京共识"("文革"时期曾经以"世界革命的根据地"自誉显然是一种"乌托邦"式的"左派幼稚病"),而完全可以取他人之经,走自己的路。所以,"全球-本土化"(Glocal)应是我们基本的发展战略。

　　读者可能会纳闷,何以在一份教育研究刊物上刊载一篇"关于陆地、海洋与天空的对话"?其实对于同济大学来讲。陆地、海洋和天空都不应该是陌生的,以土木建筑等学科著名的同济大学当然是以扎根大地为基的,而海洋学科则是同济大学改革开放新时期以来发展最快的学科之一(其实同济最享有国际声誉的桥梁专业——项海帆院士是国际桥梁学会的副主席——也是与大海有关的,多座跨海大桥的建设中都离不开同济的桥梁专家),海洋学院的老师们也曾经多次在我刊发表过文章,而近年来新组建的航空航天学院则标志着同济人向天空的拓展(历史上,同济就兴办过航空飞机制造专业。要知道,20 世纪三四十年代,同济大学就已经是一所货真价实的海内外著名的综合性大学了,并不是当下人们经常在语诟的所谓单科性高校都要扩张为综合性大学的时髦)。当然,触发本刊刊载该文的直接诱因是来自海洋:1 月 28 日,学校召开了海洋科技中心筹备论坛研讨会,2 月 18 日,中国大洋矿产资源研究开发协会在我校举行揭牌仪式,宣告中国大洋地球与环境科学研究中心的成立。海洋,蕴藏着人类未来发展中的最重要的资源来源,而天空、特别是外层空间更是人类可能的第二家园,要不然,何以理解著名科学家霍金关于人类将在另外的星球上找到避免灭亡的定居点的预言?

　　学校召开海洋科技中心筹备论坛那天,正是今年上海最大的一场冬雪下得纷纷扬扬之际，走出学校海洋楼，雪仍在淅淅沥沥地下着，尽管已是假期，银装素裹的校园里依然穿行着忙碌的师生。灰蒙蒙的雪霾中，天空是那么的肃穆，又是那么的宁静，踏着积雪，想着海洋，望着天空，我想，今天的教育和科技工作者应该有更广阔的眼界与视域……

比大地更宽广的是辽阔的海洋，而无垠的天空更为深邃远大，然而，人类的胸怀无疑应该装得下更为博大的世界和宇宙，教育，难道不正是从事这样的开拓吗？

同舟共济,多难兴邦;扬善抑恶,教育之本[①]

——写于抗震救灾中的同济校庆101周年

五月的中国,本是鲜花盛开的最美好的季节,五月的同济也是鲜花遍地校庆的节日。但是,今年的五月,一场震惊世界的8.0级大地震却使这最美好的季节蒙上了沉重的尘雾:汶川、北川、青川……还有映秀,这些充满灵气而美丽的陌生地名一下子成了家喻户晓和亿万人牵挂与关注的中心,而这块美丽的地方也正是曾经令无数旅游者梦牵神绕的都江堰、九寨沟、黄龙洞等风景名胜的所在地啊!一时山崩地裂,房倒楼坍,数万生灵涂炭……亿万华夏子女夜以继日焦虑地守在电视机前,揪紧的心与灾区人民呼吸与共,守望相助,成千上万的志愿者马不停蹄地从四面八方奔向灾区。同济儿女除了踊跃捐款捐物支援灾区外,也同样义不容辞地在第一时间组织了医疗队和专业技术志愿队奔赴灾区……同舟共济抗震救灾,同济人以特殊的方式度过了母校101周年的校庆,以实际行动践履了百年同济矢志不渝的"学术自由与社会责任相统一"的传统美德,也再次表达了新一代同济人对"仰望星空、止于至善"时代精神的弘扬光大。本期特此转发周祖翼教授写在温总理来同济即席演讲一周年之际的一篇散文。总理力倡大学生要"仰望星空",而不能光"关注脚下"是寓意深长的。而在担任繁忙的行政事务和专业教研的同时,写一些个性化的感悟体会也不失为一种值得提倡的学风。俗话说"君子之交淡如水",但笔者更以为"人无真情不可交",一个无以表达真情实感的人剩下的只是一个符号——我们的各种身份不都是一种符号吗?总理爱听真话,自己讲的也是实实在在的心里话,我们的各级领导不也应该学学这样一种为政之风吗?当然,我们并不希望读到的是附庸风雅的捉刀代笔之作。

5.12汶川大地震是对人类智慧与能力的挑战,也是对人类灵魂和良心的拷问。地崩山裂,但神州不会陆沉。"多难兴邦"的中国人民在空前的大灾面前表现出了空前的团结和中华民族厚德载物、自强不息的奋斗精神以及坚忍不屈的

[①] 本文系《同济教育研究》2008年第2期的"主编手记"。

顽强意志。这次大地震也是对新一代中华儿女精神状态的一次检验。曾几何时，人们对作为独生子女一代的"80后""90后"存有疑虑：曾经被诟垢的所谓"个人主义的一代"能否担得起承前启后的民族重任？然而，这一次正是年轻一代成为百万抗震救灾志愿者的主体，他们自发自觉、义无反顾地投入抗震救灾的志愿行动再次证明："长江后浪推前浪"，在中国历史上最伟大而深入的30年改革开放背景下成长起来的这一代青年人，同样是具有社会责任心的可以信赖的中华好儿女！

值得反思的倒是我们教育界自己，怎么看待现代年轻人中的某种非传统的"异类"行为乃至于"个人主义"（individualism）的倾向？作为一种有别于传统意义上等同于利己主义（egoism，或 egotism）的现代"个人主义"，更强调的是一种人格独立、个人权利与义务统一、个人责任不可推卸的个性主义的个人主义（这一点其实早在法国思想家托克维尔首创用"个人主义"这个词描述有别于欧洲传统的"利己主义"的"美国的民主"的价值观时就有所强调），所以今天我们的主流话语强调的也是反对"极端个人主义"，而不是笼统的反对一般意义上的个性主义、个人主义（当然这种个人主义可能也很容易导致极端个人主义的利己主义，值得警惕），强调的集体主义也不是马克思所明确予以否定的那种动辄以集体的名义抹杀个性、侵占个人权益的"虚假的集体主义"。对每一个个体生命的尊重，这是现代"以人为本"思想的体现，而对自我个体生命权利的体悟同样可以折射为、或合乎逻辑地转化为对他人个体生命权利的尊重（本期正好刊发了一篇研究生写的关于生命教育研究的综述，也许正当其时）。在汶川大地震面前，我们看到的正是这样一种对每个生命权利的神圣性的关爱和尊崇，以及人性中的"恻隐之心"（西方话语中的 sympathy"同情心"）的发扬和升华，而我们的"80后""90后"出生的志愿者的行动也正是体现出了这种真正"以人为本"的人性精神的光彩。这样的分析和判断，也许比一般意义的针砭和歌颂更符合实际。

在抗灾救灾中，我们的思想政治工作和思想品德教育都可以从中获得许多很好的"样本"和具有深远意义的反思与启迪。思想品德教育最大的忌讳在"伪善"：盲目地鼓吹超现实的神性化的"人性"，从而把正常的人性中的"善"任意拔高为可望而不可及的"神性"，于是"善"就异化为"伪善"。过去我们对传统理学"伪善"一面的批判并非完全是空穴来风。人性中始终存在善与恶的抗争，就人是从动物进化而来，人性中也许永远不可能完全清除掉动物性一面，但是我们的教育、我们的制度设计最重要的就是要倡导和形成一种"扬善抑恶"的氛围和体制，而不要滋生或助长那种使"老实人吃亏"的"扬恶抑善"的环境。教育的"伪善"（不说真话）和"伪善"的教育（假话、套话、空话）只能是助纣为虐，其结果必然是使得"高尚是高尚者的墓志铭，卑鄙是卑鄙者的通行证"的现象蔓延成为一种社会生活的"潜规则"而贻害无穷！"扬善抑恶"，教育之本，也正是"仰望星空"的核心——"敬畏"：敬仰崇高，畏忌卑鄙。人总要在内心深处存有某种"图腾"（totem）和"塔布"（taboo）：前者使人仰慕、振奋、趋附，后者激人警惕、鄙视、远避。人必有所"敬畏"，才能化外在的"他律"为内在的"自律"，"行己有耻"乃是教育的最高境界。

2008 年，曾经是中国人民翘首企盼的激动人心的奥运年，"北京欢迎你"的歌声早已在华夏大地传唱，憧憬着"同一个世界，同一个梦想"的中国人民期待着奉献一届既秉承"团结、友谊、进步"的奥运精神、又体现中华文化博大宽厚、倡导和谐传统的最美好的奥运盛会。然而，今年的春天并不平静，先是"藏独"分子在拉萨制造了一幕打砸抢的骚乱，接着是少数国际反华分子联合"藏独"势力在欧洲上演了一场干扰奥运火炬传递的丑剧。伦敦和巴黎的"倒春寒"阻挡不了中国人民办好奥运的热情，倒更激起了全球华人世界的空前团结，终于在旧金山成功地打胜了一场捍卫北京奥运火炬的保卫战。但是，少数反华分子何以能迷惑和煽动起不少不明真相的欧洲民众的参与呢？这是不能不引起我们深思的。除了所谓"中国威胁论"的蛊惑人心外（注意，无须讳言的是我们一些学者的"中国崛起论"无意中也为此起了推波助澜的作用），还有更为深层的东西方历史文化差异所带来的一些障碍和误解。本期刊发的笔者在 4 月的一次研讨会上的发言整理稿试图对此做一些解读，以为抛砖引玉，也是为大学亟待更多地担负起文化沟通和文明对话的"第四功能（使命）"而再次发出呼吁。

在担任了 5 年的文法-法政学院院长后，终于卸下了这一副担子——要知道，在我们这样一所已被改造为理工科大学达半个世纪之久的大学里发展文科并不是那么简单的（3 年前与清华人文社科学院联合发起的新综合性大学文科院长论坛时各位院长都有同感），当时被赋予此重任时真有些寝食不安、如履薄冰，但既然自己曾经提出的同济文科发展打好"两张牌（欧洲与城市）"的战略获得了校领导的肯定和支持，那又有何理由临阵退缩呢？当然，作为"谋士"纸上谈兵、出谋划策是一回事，作为"责任人"实际操作是另一回事。好在在领导的支持和同事们的团结合作下，终于取得了文科创新基地（"985 工程"国家哲学社会科学城市研究创新基地）和学科建设博士授予权的双重突破，同济的文科也同时在社会上获得了更多的认可，在此允许我向所有给过我支持和帮助的朋友们表示衷心的感谢！也祝愿以"科技教育与人文教育协调发展"为办学理念的同济大学在文科方面有更快的发展。

　　回到高教所的工作得到了许多同行的欢迎,尽管我所继荣获首届全国优秀高教机构称号后,今年又荣获了第二届全国优秀的奖牌。但平心而论,前几年我的"所长"工作几乎是徒有虚名,但愿以后能多作贡献。今年初,学校作出调整,高教所与校评估院一起划归新成立的同济大学发展规划研究中心管理,我想,同济大学的高教研究一定会有更快的发展。也望本刊继续获得全校同事和高教界朋友们的多多支持和帮助。本期教学研究着重于本科教育的分析,包括对"双语教学"的探讨。笔者曾对引进洋教材提出过异议,认为双语教学的关键是要注意专业术语上的"双语"表述的准确性(特别是现代科技的发展日新月异,专业术语更需与"国际接轨"以利学习交流)。此外,本期转载了原哈佛大学校长德雷克·博克的新作《回归大学之道》的导言,该书的副标题正是"对美国大学本科教育的反思与展望",我想,这对于热衷于"研究型大学"建设的国内同行们也会有所启迪,"回归"也是一种发展,大学精神的创新与守护也应该是一体两面的。

奥运竞技：游戏、运动何以谓"体育"[①]

——从"狂欢体育"到"快乐教育"的梦想

国人期盼多年、世人瞩目的北京奥运终于在"你与我"的悠扬歌声和徐徐展开的巨幅山水画中拉开了帷幕，从8月8日开幕式上气势磅礴、眼花缭乱的声光色影的视觉盛宴所营造的绚丽梦幻，到9月17日残奥会闭幕式上余音缭绕、动人心扉的那一封"寄往未来的信"所放飞的美好希望——当然，其间是扣人心弦的紧张而激烈的竞技、对抗，交织着胜利的喜悦、失利的感伤——两个奥运终于以其"无与伦比的"精彩（国际奥委会主席语）和"史无前例"的伟大（国际残奥会主席语）在现代奥运史上留下了难忘的一页，也圆满交出了一份中国举办"科技奥运、绿色奥运、人文奥运"承诺的答卷。"鸟巢"的火炬渐渐熄灭了，"同一个世界、同一个梦想"的主题却留下了更多的启迪——

我们谓之的奥运体育盛会本名是"奥林匹克竞技"（Olympic games）或"奥赛"，始于古希腊的一种庆典，希腊的体育概念源于"竞赛"（game），即带有"对抗"的一种"奋斗"，包含拳击、摔跤、赛跑、跳远、投掷等"角力""格斗"。这种运动会产生于仪式，最初是各城邦自己的全民节日，如荷马史诗的《伊利亚特》之23篇就是献给为希腊英雄阿喀琉斯（又译阿基里斯）的朋友帕特洛克罗斯（在穿阿喀琉斯盔甲参战时被杀）举行的葬礼运动会。后来作为城邦间一种和平竞赛的仪式兴盛起来，共同体之间的第一次泛希腊的奥林匹克运动会是在公元前776年举行的，据说这是为庆祝赫拉克勒斯引阿尔甫斯河水冲洗干净奥吉亚斯牛圈从而战而胜之的仪式，开始时只是一天的庆典，每4年一次，在公元前472年开始扩展为5天，以表彰胜利者的宴会和对神的献祭为终结。自从雅典的伟大立法者梭伦规定了优胜者的奖金限额后，为优胜者树立雕像成为最大的褒赏和家乡的荣耀，这也许是造就代代相续的各种"fans"（粉丝）现象的源头，同时也是希腊艺术擅长于裸体人像雕塑传统的缘起。而对诸神与胜利者的赞颂也极大

[①] 本文系《同济教育研究》2008年第3期的"主编手记"。

地丰富和发展了希腊的音乐和诗歌艺术,古希腊最著名的抒情诗人品达(Pindar)曾写下过多篇著名的体育优胜者的颂歌,如他热情为公元前476年少年拳击赛的胜利者讴歌:"……因你的拳术/我要唱一首甜美的歌/让它成为你金色橄榄冠上的一颗宝石……"尽管奥运庆典本是一种和平的象征,橄榄枝是对胜利者荣光的奖勉。但希腊人竞技锻炼的直接目的却是为了造就勇猛强壮的战士,以保卫自己的城邦祖国。这不只是斯巴达的理想和"马拉松"长跑的缘起,也是各城邦共同的体育的理想。据说苏格拉底就强调:"就体育锻炼而言,公民没有任何当一名业余爱好者的权利。保持身体健康,随时准备为祖国服务,是公民职责的一个组成部分。自卫的本能同样有这样的要求:以为在战争或危险中,一个拥有身体欠佳的年轻人的国家会多么无依无靠!最后,对一个正在变老的人来说,从没看到他的身体所具有的那种美与力,这是多么耻辱的现象啊!"

希腊人热衷的奥运传统一直延续到公元393年,信奉基督教的罗马皇帝狄奥多西一世以其为"异教"的遗风而下令废除。现代奥运重启于1894年,接续古希腊的历史传统而演变为世界性的体育盛会。现代奥运的体育观也承继了古罗马大竞技场观众运动的传统,体育活动也是满足罗马民众的一种"游戏"、娱乐(源于 ludere,玩耍),而随着技术的进步,在大型竞技场中进行的"玩耍"和娱乐也能进入起居室和日常生活之中来了,于是,体育成了"运动"(源于 disport,消遣和解闷)。"娱乐奥运"已经成为当代世界最大的一个"派对"(party),看看闭幕式上的各国运动员的表现,这不活生生的是一场大狂欢吗?奥运本也是一种集体游戏(game 又谓"游戏",今天电脑、手机上不都有多种多样的 game 吗?)——当然,不同的文化传统带来风格迥异的游戏模式,瞧瞧围绕公共巴士(omnibus)的"伦敦八分钟"吧,个性十足的"群魔乱舞"与我们的开闭幕式整齐壮观的团体表演真可谓有天壤之别!而笔者以为,这正是奥运的魅力所在:"同一个世界",多样的文化;"同一个梦想"却可以有不同的理解与表达!

但在中文中我们更爱把奥运称之为是"体育盛会",这的确是对奥林匹克精神的回归。中文中的"体育"一词与许多现代汉语中的名词(如科学、哲学、干部等)一样来自日文中的汉字片假名(可以戏称为"出口转内销"),顾名思义就是一种通过运动锻炼身体(体格与体魄)的教育,最早见于20世纪初,通过留学日本"体育"科的学生传入。希腊语中指谓体育的词是"Gymnastic",本意是指"裸体进行的运动"(gumnos naked),由于这个词现在主要用于指体操、健身,因此,作为各种运动形式的统称的广义的"体育"所对应的英语表述一般是"physical culture"(身体的文化与培育)和"physical training"(身体锻炼),后者更确切的中文也许应该是"体育训练/锻炼",所以英汉辞典中以此来翻译与"德育""智育"相并列的"体育"一词。至于与中文更直接对应的"physical education"则主要用于学校的体育课和体育教育。在英语中最常用的还是"sports",即"运动"。比如,所谓的"体育学院"就是"sports college"(现国内的体院已有不少改名为"体育大学",即"sports university",而这是否合乎"university"之本义另当别论),而未曾听说有以"physical culture"或"physical education"命名的体院或大学。"体育＝运动"? 也许在中文语境中难以苟同,"体育"概念毕竟就其本意来说,在其外延和内涵上都要大于"运动"。翻查国外词典,德语中倒有更接近中文意义上的"体育"概念,那就是"Koerpererzichung"(身体培育,身体教育),但对应的英语中却似乎没有"body education"这样的用法。对应于英语"physical culture"的德语是"Koerperkulture"(身体文化),而不是"Physicalkulture"(尽管德语中同样有Physical这个词)。也许,中德文化之接近似乎又多一旁证也!

所以,将锻炼身体、强健体魄的拳操等运动称作"体育"实在是很有意思的,这是一种教育! 而教育就不只是个人的事了,而是关乎民族国家之大事,这也正是古希腊源于"竞赛"的体育理念。特别是在近代中西文化相遇、碰撞之际,"鸦片战争"留给国人以极大的耻辱和激愤,直至今日,一谈及"鸦片"国人之第一反应必是"毒药"(欧人所言"宗教是人民的鸦片"本是指鸦片作为麻醉剂之镇痛、安慰之功效),此乃民族集体无意识中无法抹去之记忆。面对"东亚病夫"的蔑称,面临亡国灭种的威胁,炎黄子孙、华夏儿女何以能麻木不仁、束手待毙? 故青年毛泽东曾以"二十八画生"署名在《新青年》上发表《体育之研究》,大声疾呼要"文明其精神,野蛮其体魄",实因目睹"国力荼弱,武风不振,民族之体质日趋轻细,此甚可忧之现象也。"痛斥"吾国学制,课程密如牛毛,虽成年之人,顽强之身,犹莫能举,况未成年者乎? 况弱者乎? 观其意,教者若特设此繁重之课以困学生,蹂躏其身而残贼其生,有不受者则罚之。智力过人者,则令加读某种某种之书,甘言以餂之,厚赏以诱之。嗟乎,此所谓贼夫人之子欤! 学者亦若恶此生之永年,必欲摧折之,以身为殉而不悔。何其梦梦如是也!"提出"善其身无过于体育。体育于吾人实占第一之位置,体强壮而后学问道德之进修勇而收效远"。

也许今天的体育,已不必承载如此沉重的民族责任和救亡使命,今天的奥运作为人类和平的象征的意义更加凸显。本届奥运开幕前,联合国就发出了奥运期间实现世界停火的倡议,这也是历来的惯例。但令人遗憾的是,正是在开幕当天,格鲁吉亚和俄罗斯在南奥塞梯开战,是谁在玩火? 这是对奥运精神的挑衅,抑或也是对人类和平理想的挑战? 看来"同一个世界"不容置疑,"同一个梦想"

旅途漫漫。好在全世界最大的"游戏"仍在接续,"竞技"尽管激烈而拒绝血腥。格俄两国的运动员也仍在北京同台竞技,最感人的镜头是,双方运动员同登奖台时手拉手紧紧相依在一起,这恰与千里之外生灵涂炭的战场形成鲜明对比!北京奥运再次见证了体育精神的伟大,见证了人类希望的永恒,因为"团结、友谊、进步"的奥运精神不朽;而北京残奥会则再次见证了人类生命的顽强,汶川地震中失去一条腿的芭蕾女孩的单只红舞鞋是那样的耀眼,因为它象征的正是生命的坚忍、尊严和理想的不灭。"你和我,手拉手,同住地球村;你和我,心连心,共圆未来梦!"(请原谅我对奥运主题歌的小小篡改)

也许,人类的梦想总是多姿多彩的,但又都有着共同的美好的希望,这就是"同一个梦想"的根据和理由;但在暂时还未能达成一致时,能否允许保留"你"和"我""(自)我"和"他(者)",也包括"你"和"他"各自不同的梦想的权利?这也是人类不可剥夺的"天赋人权"吧,宗教激进主义的褊狭往往正出在这里——不允许任何"异教""异端"的存在。而这个世界的多彩正依赖于具有不同理想的人们之间的求同存异——或者,我更喜欢强调的是"存异求同",在"存异"基础上的"求同"。这也正是北京奥运除了体现出"更快、更高、更强"的奥运竞技精神外,还充分展示了"和平、和睦、和谐"的中国元素,其核心就是"和而不同",我相信,这将日益成为 21 世纪人类的共识:同舟共济,和而不同。奥运,这一人类大家庭的狂欢大"派对"之所以不仅是"竞技""运动",而更是"体育"(physical culture),就是因为奥运给予人类的是一种超越民族国家的政治歧见和经济利益竞争的和平大竞赛,这是真正的通过运动竞技而实施的体育教育(physical education),一种包含心理的、灵魂的、精神的"培养"的身心健康的教育。

作为一本教育研究刊物,体育研究一直是我们所关注的。本刊本期特此全文转载青年毛泽东发表于 91 年前的《体育之研究》这一檄文,尽管文中挥斥着的是"恰同学少年,风华正茂"的书生意气,大有"粪土当年万户侯"的"少年中国"之激愤,和"到中流击水,浪遏飞舟"的豪情,但当年的激情声讨和理性剖析,实乃对今日之中国犹有教益也。值此奥运中国之际,反思当下学生之体质乃至于今日中国之教育,仍不失为是一种值得深思的巨大警示。"读书苦,苦读书"乃至不惜"颈悬梁,锥刺股"式的苦役仍然是悬在莘莘学子头上挥之不去的阴霾,折磨着疲惫的身心!对照奥运体育的狂欢和教育的沉重,我们可否有所启示呢?

"有朋自远方来不亦乐乎?"北京奥运已经使这句古老的孔子名言为各国朋友所熟悉和传诵,奥运全程带来的欢乐远远超越了赛场—北京—中国的空间。那天,望着"鸟巢"天幕上的这行字时,蓦然想起《论语》开篇的第一句话:"学而时习之,不亦说乎?"体育的确是一种"寓教于乐"的教育:对于竞技者,这应是一种超越成败功利的"游戏",对于观看者,这又何尝不是一种赏心悦目的审美?我们其他的教育能否也是一种"快乐教育"呢?进入21世纪以来,以知识传承为导向的教育(knowledge-oriented education)正在让位给以创造力开发培育为导向的教育(creativity-oriented education),这是基于每个人的独特个性与潜力基础上的教育观。而这样的教育当然是能带来无穷乐趣的教育,"学而时习之,不亦悦乎?"习而时思之,乐莫大矣乎? 今天,人类的文化交流空前活跃,"孔子学院"遍及五大洲,然作为孔子故乡的中国,何时才能真正实现孔子的这一教育哲学的理想呢? 这也是作为教育工作者的我的一个梦!

"日新之德"：大学文化的自觉与自信①

刚才看了一个同济大学形象专题短片《一日之"济"》，身为同济人已30年，看此片当然是很感亲切的。只是再一想，如果一位非同济人，他的观感印象如何呢？不是指看到的光影交错的"映像"，而是指刻录于心中的"印象"。"形象"是主体（编导者）通过技术与艺术的手段来努力塑造、表现、传递某种意愿的手段，"印象"则主要是客体（观者）通过阅读、观赏、品味所获得的感受，两者间是否能完全"重叠"而非"叠影"茫茫？是否会出现"错位"乃至"倒错"？这实际涉及当下文化讨论中的一个"软实力"问题，软实力不仅是一种内在的凝聚力和向心力，而且是外射的吸引力和影响力。它需要有一种强大的话语感召力，就像我们今天讲的大力发展文化产业，影视产品要进入国际市场，不仅需要声光色电的高科技高投入，而且需要会"讲故事"，讲能打动人心、能触到"软软的、暖暖的"心田的故事，就像"搔痒痒"要搔到痒处，而不是"隔靴搔痒"。这也就要求在形式的喜闻乐见的同时要能带来心灵情感的震撼，在点缀各种"文化元素"的同时要能恰如其分地"煽情"（这也就是3D版《泰坦尼克》能在中国斩获全球票房超半的原因，把阔小姐和穷小子的爱情故事拍得如此煽情）。当然，真正能给人留下刻骨铭心"印象"的却总是同时能提升文化格调和价值品位的作品。否则，就像目前的影视产业，一方面是大量"烧钱"的高产多产，一方面是真正受欢迎者寥寥。大学文化的自觉与自信，也同样要重在"软实力"的提升。自觉是理性的品格，即对"自我"与"他者"的处境有准确的判断和把握；而自信更多涉及意志的自愿与情感的认同，即"心的向往"与"魂的皈依"。所以，昨天我受邀在另一所大学演讲大学文化时，用了一个这样的题目——"教育的理性与校园的诗意"。这也是我对大学文化的一种理解和诠释：大学是理性的科学的思想的殿堂，让我们冷静地探索

---

① 根据2012年5月同济大学校庆105周年庆时正式宣布"大学文化研究会"成立会上发言整理而成，《同济报》曾刊摘要。略有压缩后曾被作为《教育发展研究》2012年19期的"时评"刊发。原文为《同济教育研究》2012年第3期的《大学文化"反思四章》中的"一"和"二"。本人亦已从高教的院长岗位退下，并卸任了《同济教育研究》的主编。谨以此文为大学文化履思之《校园文化篇》之收尾。

未知,求真务实;大学同时是诗意的生命的创造的天空,让我们热情地挥洒青春,放飞梦想!

大学文化何谓?首先要问文化何谓?"观乎天文以察时变,观乎人文以化天下"。文化是人化,即人类活动留下的印记、痕迹("文"者"纹"也)。文化定义无数,一般将文化"三分法",即器物、制度、精神。同理,大学文化也需要这三个层面的建设。三者之间又互相渗透交融。我以为,大学文化还可以"五分法",即夹于"器物"与"制度"间的"环境文化"不可余缺,即校园的景观与氛围,比如校园之"绿色"不只是观光"养眼"需要,而应该是一种公共交往的"属人"的空间,即大学要有"大师""大楼"与"大爱",还要有学生们可坐可躺的"大草坪"——否则熙熙攘攘的大学里何以能安静地"仰望星空"?再者,夹于"制度"与"精神"之间还可加进"行为文化"一层,言行举止皆为文化,"文明以止,人文也"。举手投足,非礼勿行,"行己有耻",知耻乃"格",文化育人,润物无声。此五端皆能"文"而"化"之,则大学乃能明德新民,"止于至善"。

今天的大学之所以被语垢为正在培育"精致的利己主义者"的温床,其根本乃是大学精神文化的迷失,因为现在的大学正在被种种我称之为"短视的功利主义"和"浮躁的实用主义"文化所侵袭。缺少大学文化的自觉与自信乃是其祸根。教育需要理性,所谓自觉是一种清醒的理性精神。值此"全球化"时代,教育特别是高等教育乃是国家综合竞争力的重要组成部分,我国已经成为世界规模第一的"高教大国",但还不是"高教强国",特别是高等教育的人才质量问题亟须高度重视,著名的"钱学森问题"就是一种清醒的理性自觉,去年(2011年)春我校汪品先院士倡导的"创新的文化障碍在哪里"的大讨论也同样是一种大学文化自觉的努力。中国高教必须有全球视野和本土实践相结合的深化改革和大胆开放。但我们也必须看到,目前的高教国际化探索中的各类"引进",已经出现唯"洋"是举、良莠不分的浅薄,类似《围城》中的"克里登大学"的假文凭骗局屡屡被揭,前不久又有曝某重点大学重金引进的重点实验室主任竟然涉嫌骗取巨额国家基金。甚至个别国外正规大学也为中国量身定制变相"金钱换文凭"的"合作办学",如前不久被揭露的美国北达科他州的狄克森州立大学对未修满学分的中国留学生照样颁发毕业文凭的丑剧,其国内合作者竟然也都是正规的公立大学,甚至有名牌大学也被卷入其中。虽是个别现象,但也暴露出大学追求"国际化"饥不择食心态的"浮躁"。目前高校在补充师资时一味看重"洋文凭",非国外大学博士不收几乎成了"高水平大学"的"潜规则",这不是明显把自己培养的博士学位的"含金量"打了折?这样缺乏自信的大学何以能"创世界一流"?我们追求的是创建中国的(of China)世界一流大学,而不能满足于"引进"一些外国的大学在中国(in China)办个"分校"(20 世纪上半叶在中国也曾经出现过不少外国投资办的优秀大学,但中国人自己办的少量国立大学也并不逊色)。而大学一味追求"适应"需求(needs)而忘记"导引"变革的文化使命,结果很可能成了满足各种"欲望"(wants)的工具,这样急功近利的大学最多只能是"失去灵魂的卓越"!

其实,中国大学也应该有自己的文化自信。正因为中国文化曾经为人类文明创造过许多项世界级的贡献,所以才有"李约瑟难题"的提出。中国的文化包括大学文化完全没有必要妄自菲薄。我国先秦文化的"百家争鸣"充满智慧,儒家最早提出的"大学之道"意蕴深远,就是在开创现代科技文明源头的传统工程文化中,中国的都江堰水利工程历经两千多年的沧桑巨变乃至大地震之考验而仍能造福于今人,堪称是最伟大的人类工程(我一直呼吁中国工程院应给李冰父子树碑以为工程师之"图腾"),就是在现代大学的历史中,抗战时期以西南联大为代表的一批中国大学在战火离乱中仍能坚守文化传承、科技创新使命,培养出包括诺奖获得者和新中国"两弹一星"的群英为代表的一大批杰出人才,这不都是中国大学的荣光吗?就是我们同济大学在一百多年的办学实践中,不也有着许多融合了中西文化碰撞而成就的优秀办学传统薪火传承吗?关于高等教育的"国际化"包括工程教育的"国际接轨",同济大学也有过宝贵的历史经验和多样化的当代实践可供借鉴。包括今天讨论的大学的"第四功能"问题,作为最早提出 TRSC 四大功能的现代大学理念的我们,所强调的文明和文化交往不只是"国际交往",还包括"两种文化"(科技与人文)的对话与传播。"交往"的英语单词 Communication 也是"传播"如"传播学",而"科技教育与人文教育的协调发展"这样的现代高教观念也曾经明确地写进我们的办学理念中,这些也正是我们要有足够的自信加以守护与坚持的同济文化。当然,继承传统的最好办法是奋斗当下、创造未来。文化创新期待着我们不断地"扬弃旧义,创立新知",这也就是大学文化的"日新之德"。我想,我们的大学文化应该是一种孕育理想(Ideal)的文化、一种释放想象力(Imaginations)的文化、一种培育创新(Innovations)意识的文化,这就是我想说的大学应是"理性的教育与诗意的校园"的统一,是挥洒青春,放飞理想的地方,我们能不能给这种大学文化以更多一些的认同(Identity)呢?这不也是一种文化的自觉与自信吗?

附　录

文化随笔三篇

  大学文化虽是人类文化中独有特色之奇葩，绚丽多彩，但文化之本即在"人化"，而教育则是最重要之"人化"功夫与途径，故大学文化之履思离不开对文化与文明、自然与人生及生命与死亡的审视，特选录溢出教育研究之文化随笔三篇，选自写于《哲学导论新编》（同济大学出版社，1998年初版，2005年第2版）中相关章节后的"主编手记"，皆因教育与哲学本是同源于人类生存实践之"人学"也。难忘当年在德国大学访学期间，突然惊诧于教学与教育学竟属于同一个系统（德文Fakultaet），不料回国后第二年就跨界到大学与教育研究领域了……

文化与文明：人的本质力量的对象化①

"未来的复兴只能是文化的复兴"——曾经以《增长的极限》而敲响警钟，从而使20世纪下半叶人类重新思考人与自然的关系的罗马俱乐部的创始人贝恰依博士，在其最后一本书《未来一百页——罗马俱乐部主席的思考》中留给我们的遗言却是如此充满自信。的确，罗马俱乐部历来被视为未来学中的"悲观派"之主要代表，相比之下，似乎总是"乐观派"们以对科技文化的无限信赖而描绘出的玫瑰色的未来更具诱惑力……

然而，"文化"究竟将把人类带向何方呢？自从"人猿相揖别"，就开始"文化"的跋涉和"文明"的创造，说不尽道不完的这一对姐妹词却曾引发过多少人类美好的遐思和悲惨的铁血！卢梭的成名作以对"技术和工艺的进步是否有助于风俗的教化"作出断然否定的答案而惊世骇俗，以至于引出伏尔泰对"重新回到四足着地"的恐惧，而陶醉于科学与技术崇拜中的欧人亦未能被叔本华、尼采的悲剧意识所唤醒，唯有在"弘扬德意志文化"和"捍卫法兰西文明"的旗帜下兵戈相见的"一战"的惨祸，才使得施宾格勒《西方的没落》的挽歌更具惊心动魄之奇效。但执迷于对工业文明的狂热，血与火的"二战"之后又是近半个世纪的世界性的"冷战"（中间交织的是从未止息过的局部的"热战"）而使文明与文化饱受嘲弄。《理想的冲突》（L.J.宾克莱）反映的不仅是西方价值观的困惑，更是文化与文明的新的思索……但曾几何时，《历史的终结》（福山）迫不及待地宣告资本主义胜利的余音未了，却未曾料到《文明的冲突？》（S.P.亨廷顿）再次勾起人们对文化与文明的警惕……

文化源于开发自然的耕耘与栽培，文明则标志着告别野蛮的启蒙与工艺，孰先孰后？争论难休。文明是文化的结晶，抑或是"文化的宿命"（施宾格勒）？文化是无形的精神传承？文明则是可见的物质成就？是耶非耶？见仁见智，难分难解，真是"本是同根生，相'煎'何太急？"不仅如此，文化或文明，自身亦多歧：

---

① 原系本人主编的《哲学导论新编》第11章后的"主编手记"，同济大学出版社，2005年第2版。

东西文化之争(亦即国人谓之中西之争,又常转化为新旧之争,"传统与现代"之争)由来已久,未有穷期,东亚金融危机再次引发对此思索:是东亚文化乃至价值观的破产?还是某种西方霸权的横行?随着危机阴影的全球性扩张,很快使得"西化"派们的自鸣得意戛然而止。"文明的冲突"?似乎是危言耸听;但文化的趋同,又谁能断定是福而非祸呢?

世界本是多色的,"赤橙黄绿青蓝紫",才有彩练当空舞。"地球村"中"鸡犬之声相闻,老死不相往来"只能是某种逝去的遥远,而千人一面,万声归寂,岂不更令人单调乏味乃至窒息!无怪乎"麦当劳""好莱坞"代表的"美式文化"横扫全欧之际,"高卢雄鸡"又再一次要为"捍卫法兰西语言(文明)"而高鸣起《马赛曲》了!"西方文化"自身都未成一统,又何论西优东劣呢?(君不见,在文化的族谱学日益时髦之际,"黑色的雅典娜"乃至"黑色的莎士比亚"之论似乎正从根本上动摇了白种人文化的自信与傲慢!)所以,文化的"不可通约性"(incommensurability)是对任何一种文化的自我中心主义的解蔽,20 世纪人类的实践更是彻底颠覆了这种自恋症、霸权欲。泛谈所谓的"普世文化"(universal world culture)只会导致文化的死寂,而实际上这往往只是企图掩饰强势文化帝国主义逻辑的借口,因而"多元文化"(multiculture)的意义则正在于文化在多样性竞艳中自强不息、生机盎然。文化以对话求沟通,文明以交流促互补,将是新世纪的主流。正如甘地所言:"我不想让我的房屋密不通风,窗户全被堵死。我希望世界各地的文化之风自由自在地吹入我的家园,不过我不会成为任何一种文化的俘虏。"

其二是另一类"两种文化"之争正引起世纪之交的兴奋:那就是近代以降(抑或可追溯至卢梭?),科技文化与人文文化之争(这里似乎仍有着文明与文化之争的投影)日见显隆。英国的查尔斯,斯诺的"两种文化"论到 20 世纪末更为炫目:《科学美国人》杂志社编内科学作家约翰·霍根在皈依科学 20 余年之后,一次偶然的入静忘我冥思后,突发奇想,在遍访了多位世界级科学家后,于 1996 年出版了一本惊世之作《科学的终结》,明言宣告"科学已经终结,伟大而又激动人心的科学发现时代已一去不复返了"。这本书的畅销是否反映了相当部分的人类已经开始告别对科学的乐观信仰了呢?尚需拭目以待。尽管此书已被有的科学家斥为"坏书",但它毕竟以对十多位声誉卓著的当代科学家的采访材料为基础的呀!

人类告别科学主义的迷信绝不是对科学精神的遗弃。无独有偶(反面之"偶"),纽约大学的理论物理学家阿兰·索卡尔则在临近 20 世纪末导演了一幕对自奉为"人文文化"传道者的"后现代派"的讽刺剧:他给文化批评的先锋刊物《社会文本》投寄了一篇题为《越过边界,迈向量子引力的变革性诠释学》的奇文,满篇是后现代派头面人物的时髦货和最新"现代科学"的名词概念的互相印证,大有以科学家身份支持后现代主义之势,果然一举中的,立即被后现代派引以为同道而予全文发表。而与此同时,这位玩世不恭的索卡尔又在另一刊物上发表谈话,表明投寄《社会文本》的稿件是随意编造的无稽之作,此举无非是要提醒后现代派们从否定科学、鼓吹相对主义和怀疑论的迷魂阵中摆脱出来。索卡尔的这一玩笑开得不大不小,掩卷窃笑之余,蓦然回首,西风东渐中,此种"理论文章"似乎在华土亦颇得编辑们好感。(窃以为,也许是人文编辑们大多不太懂自然科学,每每让那些似通非通的新名词新术语给唬住了,怕被人瞧出破绽,故也只得在"皇帝的新衣"前装出一副慧眼能识真金的架势来,结果呢? 又一次上当了——上了科学或文学名词时髦的当!)

科学乎? 人文乎? 文明乎? 文化乎? 20世纪末终点似乎又回到起点:19世纪末尼采的惊世骇俗之警告余音未了,20世纪初梁德公(启超)先生在欧游心录言犹在耳,东西文化究竟是泾渭分明还是混沌难解? "科玄之战"究竟是盖棺定论还是仲伯未分? (20世纪90年代的人文精神讨论不正是其再续吗?);而西方科学大本营内,"两种科学(文化)"之争亦精彩纷呈:AB之战(爱因斯坦与玻尔为代表的哥布哈根学派之争)曾历时三十年尚难分胜负,双方继承人上演的续集RS之争(罗杰斯·彭罗斯与斯蒂芬·霍金之辩)又激战正酣。而"克隆"掀起的轩然大波又一次把人类推到哈姆雷特的永恒难题面前:存在还是毁灭?

何谓文化? "观乎天文,以察时变。观乎人文,以化成天下。"(《周易》)人是符号的动物、文化的存在,自人类远祖踏上地面,就给大自然打下了自己意志的烙印(前一些年据说在东非发现了最古老的人类足迹)。"文"者,纹也,印记也;"化"者,变也,教也。文化的实质岂不正是人类本质力量的对象化即"人化"吗? 何谓文明? "经天纬地曰文,照耀四方曰明",明者,亮也,照也,别原始而入文明,解蒙昧而启明智。钻木取火,人类成功地驾驭了第一种最重要的自然力,岂不正是文明之发轫? 然时至今日,文化还是"腐化"(人化抑或兽化)? 文明还是野蛮(和合还是冲突)? 仍是值得思考的问题,一切取决于人类自己的选择和创造——这也许正是文化(或文明)的根本之所在!

  To be or not to be?(生存还是毁灭?)
  Before it is too late.(趁着为时不晚。)

"从来就没有什么救世主,也不靠神仙皇帝。要创造人类的幸福,全靠我们自己! ……"

"道法自然"：人，诗意地栖居在大地上

1999仲春，应邀随校长一行四人，赴法德工作访问，十来日中分别访问了十多所高校，行程匆匆，无暇以思。那天，在贝多芬故乡波恩拜访了德意志研究联合会（DFG），德国学术交流中心（DAAD）和洪堡基金会（AvHS）后，匆匆踏上了南下卡尔斯鲁厄的旅程，列车沿着莱茵河轻吟着急驶，窗外河光山色如诗如画，旧地重游，不禁又想起五年前在这块土地上的哲学漫游……

一

深秋时节，暮色将临，我徜徉在美丽的南德历史与文化小城蒂宾根的卵石路上。脚畔是静静流淌着的内卡河，眼前就是那作为德国浪漫精神的重要发源地的蒂宾根大学，错落有致的校舍正沐浴在秋日的斜阳中，略显神秘而庄严。小城是那么的古朴而宁静，我的耳畔似乎又响起了当年活跃于此并最后终老于此的德国浪漫派诗人荷尔德林那不朽的名句：

> 充满劳绩，人诗意地
> 栖居在大地上……

这首诗因海德格尔着力阐释而广为流传，独放异彩（我赴德研修哲学解释学，鲁尔大学哲学所舒尔茨教授的研究班上专门讨论过海氏的名篇《荷尔德林和诗的本质》）。此刻，我漫步着的这座世外桃源般的小城不正充满了一种静谧的"诗意"吗？自由自在，无拘无束，诗情画意尽在不言之中。呵，"栖居"何以能"诗意"盎然？不正是因为有"劳绩"在先吗？何谓"诗意"？诗意的本质就是自由：诗无定规，"大江东去""古道瘦马"，皆可入诗，抒情言志；"诗无达诂"，探幽索微，钩深致远，皆可解诗，见仁见智。如"一篇《锦瑟》解人难"，千年绝唱终无定：

> 锦瑟无端五十弦，一弦一柱思华年。

> 庄生晓梦迷蝴蝶，望帝春心托杜鹃。
> 沧海月明珠有泪，蓝田日暖玉生烟。
> 此情可待成追忆，只是当时已惘然。
>
> （唐·李商隐《无题》）

是悼亡？是怨情？唱闺房艳情？寄政坛失意？……商隐《无题》迷后学，彩章有断思无涯。我曾试以此诗为例，比较西方的解释学与中国的训诂学之异同。其实，何止中国的"小学"说文解字重训诂是一种解释学，中国的"大学"讲经注典释儒道又何尝不是一门解释学呢？自然、历史、社会……无不都是有待不断解读的硕大"文本"(Text)。所以，从"释义"到"诗意"，人类在永续的实践中丰富着多彩的文化和文明，赋予大自然以无穷的意义，也使得生活的劳作成为充满诗情画意的创造。

"充满劳绩"的自然是一种"人化的自然"，是人的自由自觉的活动的产物。从自在的自然到人化的自然，正是人的本质力量的对象化，也是人的自由的实现过程。"自由"，这个伟大而崇高的字眼，曾令多少人怦然心动、热血沸腾、"怒发冲冠"！亦曾导演过多少壮怀激越的宏伟史诗。然而，面对大自然的恬静，此时的我却感到一种出奇的宁和；人们为之前赴后继、奋斗不息的"自由"，不就包含着那种在大自然的怀抱中自在自适的自由散步和"充满劳绩"的"诗意栖居"吗？……怅寥廓，望苍茫大地，"鹰击长空，鱼翔浅底；万类霜天竞自由"，正因为有此自然天地之广阔，万物才得以自由生长而不悖：生存竞争并非只有你死我活、优胜劣汰之一途，大自然中的和谐之美远胜凶残之丑。这就是大科学家爱因斯坦所景仰的"上帝"——"和谐统一的宇宙"，这就是庄子"有大美而不言"之天地。当然，大自然中不时会有急风暴雨、排山倒海之壮美，然而更多的是天高云舒、风和日丽之柔美，让人领略那种"平平淡淡却是真"的美好意境！自然为真，矫作乃伪。"自然"一词既是实词，谓世界、宇宙之本真，又是副词，喻万物自在自适之天然（其实，德语中从名词 Natur 到形容词 natürlich 不也是如此吗？）自然，本是自由的起点，亦是自由的归宿，而"诗意"恰是两者间的永恒通道：源于生命之泉，依于大地之母，通向永恒之途，复归存在之根。上升之道与回归之途本是同一条路：自然而然，才有自由自在的"诗意"！

何谓自由？何种自由？"积极自由"？"消极自由"？谁之自由？……关于"自由"的讨论何其多也——这也许正是"自由"的必然：只此一家的"自由"岂不是对自由的最大"反讽"？当然，自由，可以做哲学上的不同探讨：自由是"对必然的认识"和"对世界的改造"——认识论加实践论是否等于本体论？"自觉自愿即自由"——理性品格加意志品格是否就是人格的自由？"无功利性而生愉悦，无目的性却生目的"——审美上的自由是否才是真正的自由？……因为哲学本是最无外在功利目的的完全"自由的学问"（亚里士多德），谁想垄断对"自由"的解释恰是对自由的根本背叛！

自由，也可作政治、法律、社会意义上的多种界定，如"人生而自由，却无所不在枷锁中"，"法无禁止即自由"，"自由意味着始终存在着一个人按自己的决定和计划行事的可能性"……也许《人权宣言》的定义较为经典："自由就是指有权从事一切无害于他人的行为。"各种定义，不一而足，翻译的语言总不及本真的母语更感精炼简明，说到底不就是我们古人的道德金律"己所不欲，勿施于人"吗？其实，孔夫子的"七十而随心所欲不逾矩"恰是自由与必然关系的形象化的绝妙界说：既能"随心所欲"而又"不逾矩"。但尽管如此，我总觉得对庄子寓言中的那种"自由"更加情有独钟，不只是《逍遥游》那种鲲鹏展翅九万里，"乘天地之正而御六气之变以游无穷"的自由自在的令人神往，也不是那种庄生梦蝶"栩栩然蝴蝶也，自喻适志"的自足自乐令人羡慕，最是那"庖丁解牛"中的自由："技"进"艺"而入"道"，"游刃有余""踌躇满志"的创造性劳作的自由令人回味。

庄子的寓言与荷尔德林的诗作有异曲同工之妙。"庖丁解牛"的故事每每为人津津乐道、传诵再三，正在于其"所好者道也"。人何以能"充满劳绩"而又"诗意地栖居于大地之上"？"劳绩"必有所"作"，"栖居"乃为居"息"，有"息"有"作"，人之故能安身立命，乃至于神天圣地。解牛之"技"如"手舞足蹈""莫不中音"，"美"哉！而"依乎天理""因其固然"，所以能以"无厚"入"有间"，"真"也！而"游刃有余"，使牛"謋然而解"于浑然未觉之中，"善"哉！庖丁之所以能"提刀而立""踌躇满志"，不正是因为其已使"解牛"的过程成为一种由"技"入"艺"的诗意创作和出神入化为一种生存之道了吗？庖丁解牛，贵在自然，自然而然，也就能入自由自在之境，从而艺术地、诗化地、生动形象地为我们解读了"自由"的奥秘，这不远远胜过那些抽象而晦涩、激愤或冷漠的理论阐释吗？庄子寓言之脍炙人口可谓以此为最高之经典也！

从"混沌之死"到"臭椿之活"，庄子寓言崇尚自然无为之精神一以贯之，亦为中国哲学对自由之一解。是的，"自然"和"自由"，中文中的一字之差，对人类可谓是世世代代的跋涉和劳作。自然乃是一切自由的永恒基础，自由则是自然（大地）的真理。自然（大地）养育了人，人"作息"于大地也养护了自然，特别是当人"栖居"于大地时，让自然"自在"，自然就能向人而在，显现其无穷的"诗意"，而

"自由"不首先也是一种"自在"吗？"自然而然"，"诗意"盎然，矫揉造作，"诗兴"顿失，"自由自在，其乐无穷"；每每当我们躺卧于大自然怀抱之中，仰望着蓝天上自由飘动的白云时，绵绵不绝的诗情画意总会如春泉般喷涌而出。而"为赋新词强说愁"的虚情假意远不如"却道天凉好个秋"的平和更值得回味，因为那才是真情实感的自然流露与表达。自由总是与自然不可分。今天，当人类终于认识到"可持续发展"之无限意义并愿为之而努力劳作时，不也是为了我们的子孙万代永远能"诗意地栖居在大地之上"吗？这是理性的自觉，意志的自愿，这也是自由的本意！

二

蒂宾根城的轻轻一瞥，暮色苍茫中依依惜别、匆匆离去。海德堡的古堡、老桥则似乎更令人神往，内卡河边的宁静令人流连忘返，我曾几次驻足凝视……那条斜坡上的著名的"哲人之路"，常使人思绪万千，沿着常春藤攀缘的小路，我细细寻觅黑格尔、海德格尔的足迹；那断壁残垣的古堡诉说着历史沧桑，那老街旁的现代商厦则又象征着另一种世事变迁……闲暇时间里漫不经心、漫无目的的自由漫步也许最适合哲学的沉思。鲁尔大学学生宿舍旁有一片茂盛的小森林，多少次的晨雾暮霭中，我独自散步于林中路上，脚踩在厚厚的落叶上悄然无声，正好让思维信马由缰地自由驰骋，读天地之书，听无音之乐，此时无声胜有声……而周末假日的远足，我更爱和朋友们作亲近大自然的"浪漫之旅"：莱茵河上倾听"罗累莱"的永恒歌声那是一种享受，黑森林中眺望蓝天上翱翔的雄鹰更能体会"鸟鸣山更幽"的意境；大西洋岸凭吊昔日战场，物是人非今何在？阿尔萨斯聆听晨钟暮鼓，星换斗移阅沧桑……尽管身处异国他乡，但每每移情大自然；心中总会油然而生一种如游子回归母亲怀抱般的欣喜。想起中国田园派诗人陶渊明曾有诗云：

> 少无适俗韵，性本爱丘山。
> 误落尘网中，一去三十年。
> 羁鸟恋旧林，池鱼思故渊。
> ……
> 久在樊笼里，复得返自然。

看来"回归自然"（Zurück in die Natur），并不是饱尝人间辛酸冷漠的卢梭的一时感愤之词，而是人类存之已久的共同夙愿。但是，"丘山"之爱、"旧林"之恋，无不因为其所寄存的人之情意之真切。所返之自然,亦已为人之劳作所化之"人化自然"。如果说欧罗巴的青山绿水显现的是人类"劳作"后"栖居"的诗意回归("后工业社会""后冷战""后现代"……),而亚细亚的黄土蓝天则更令人心恋神思、魂牵梦绕!那里繁衍着人类最众多的子孙,那里是我炎黄儿女世世代代劳作不倦、自强不息的故乡,"日出而作,日没而息",物我两忘,天人合一,显现的是另一种"栖居"的"诗意"和生命的顽强……那天,当我站在贝多芬家乡波恩市中心那用音符塑就的音乐家的头像前时;心头遽然奏鸣起的《命运交响曲》的激昂旋律,似乎一下子把我带回到了艰苦的知青时代:曾经在东海之滨度过的整整4年的"绣(修)地球"生涯,不啻是一种人生的炼狱。赤日炎炎下的水田如蒸笼般闷热,挥汗如雨的劳作之后,濯足沟渠,击浪大海,无疑成了一种享受,痛快淋漓之下,顿消满身疲乏,重振年少精神,晚饭后还喜欢聚坐在夜晚星空下谈古论今,海阔天空。真有种"自信人生二百年,会当水击三千里"的豪情。如此艰辛的劳作之后,何来如此旺盛的精力?……如今的年轻一代常常会百思不得其解:你们也许是一种"青春无悔"的无奈与自欺吧?其实,蹉跎岁月,青春岂能无悔?但是人生又怎能耽于后悔之中?这是大海给了我们力量,这是大地给了我们勇气,去挑战无情的命运,搏击人生的急流。这里也许有保尔·柯察金的榜样?但在我的体验中不会忘却的则是罗曼·罗兰以贝多芬为原型创作的《约翰·克利斯朵夫》的激励,贝多芬的《第五交响曲》(即《命运交响曲》)经常是我们搏击命运的精神力量,"紧扼住命运的咽喉",音乐的语言无须翻译,就能激起人类心灵的共鸣。今天,我又从荷尔德林的诗歌中得到一种解释:

> 如果生活纯属劳累,
> 人还能举目仰望说
> 我也甘于存在?是的!
> 只要善良、纯真尚与人心同在,
> 人就不无欣喜
> 以神性度量自身。

如果说,旅德的哲游提供了多年来少有的一段闲暇时间,得以静静地欣赏大地之绿和云天之阔,使我深深地感受"闲暇时间"的宝贵正在于它能真正提供人类自由所需的一种心理空间(无怪乎马克思曾对"自由时间"寄予了相当的厚望,视之为人类解放程度的象征)。那么,1998年初秋曾有幸一睹祖国新疆的广漠旷野时,我更深深地感受到的是那自然空间的天高地远正是一种自由所需的物理相度：那一望无际的大戈壁是那么坦荡荡、平展展，无丘无壑、无草无叶，无拘无束、无羁无绊，我曾特意让司机在途中把车停下，亲"脚"踩一踩这神秘的大地。环顾四周，大漠无垠，孤烟何在？"羡宇宙之无穷，感人生之须臾"，我聆听到的分明是一曲无声的"天籁"……那天，当从乌鲁木齐起飞的飞机一路西行，终于越过那终年银冠素戴的雪山群巅复见那伊犁绿洲的北疆沃土时，机舱里骤然响起一片不约而同的欢腾赞美声，那不正是一种对生命的敬意？当漫步在天山上清澈见底的赛里木湖畔之时，那蓝天、白云、雪山、碧波浑然一体、生机勃然，钟天地之灵气，毓造化之神秀，野趣盎然，又是别样一种美。更难忘的是当在哈萨克草原上突然发现那一簇如火的蒙古包、捕捉到那一阵深山的驼铃声时，会顿觉"天地有大美而不言"之无穷诗意——美，大自然的自在之美尽在不言中！"天何言哉！天何言哉！"孔子的感叹油然而响起在耳畔；而庄子的豪情与直言似乎更能撼人心弦：

  天地与我并生，而万物与我为一，既已为一矣，且得有言乎；既已谓之一矣，且得无言乎？

（《庄子·齐物论》）

  自由既得以与自然同在，自由自在又何须言乎？是啊，人类对自由确已言之太多，行（"践"）之太少，何不止言？何不"诗意""栖居"？"思""史""诗"同出一源、同归一宗，皆为人之"作息"（生命需要创造而不畏劳作之苦，智慧需要闲暇而得以自由驰骋），记得海德格尔曾借诗人里尔克之言反复诘问：诗人何为？

  诗人何为？
  在真理之中吟唱，乃另一种气息。
  此气息无所为。它是神灵，是风……

里尔克《致俄尔甫斯的十四行诗》

  诗人是"在真理之中吟唱"，的确是"另一种气息"，一种"无为"之言，也许可以说是近乎"无言"。但真理之"无言"并非不"说"，乃是另一种"道说"。道—逻各斯—语言，皆为同源。"语言乃存在之家"（海德格尔），"能被理解的存在就是语言"（伽达默尔），"语言破碎处，无物（复）存在"（格奥尔格），人居于语言中而生存，但语言并非仅指有声之说。不同的民族语种所发之声迥然相异，据说这是上帝为了中止人类建造"巴比伦"通天塔的僭狂而故意为之。但人类仍然不屈于神的权威,劳作不息,通过"思"与"诗",当然还有"史"——人类共同的实践的逻辑,架构各种沟通的桥梁以超越有声语言的隔阂。当然,不同的语种间也可以通过互相翻译而交往。语言使存在由"隐"到"显",人总是存在之真理的道说者,人同时又为存在之真理的守护者,故"说不可说之神秘"乃是"诗(人)"和"思(者)"共同之天职:"大道之说"乃在于"解蔽",以显"在之澄明",亦即真理之"澄明",而"大道之说"更在于"聚集",因"语言崩解处,存在(复)出现",此为"寂静之音"(海德格尔),由"显"入"隐",真可谓是"大巧若拙,大辩若纳",乃至于"大音希声,大象无形,道隐无名"(《老子》)——此时一切皆"尽在不言中",自然而然,自由自在,复归于"天人合一""物我两忘"的"诗意"境界中。"诗言志",真正的"自由境界""自在境界",是"物化"?是"人化"?是"天言"?是"无言"?海德格尔曾经感叹:

<blockquote>
运思者越稀少
写诗者越寂寞
</blockquote>

其实,海德格尔是不会寂寞的,东西方哲人之"运思"完全可以沟通,东西方诗人之"诗作"亦可以交流:"诗"必须"作"而成,"思"必须"感"而"运"(动),此两者异出而同源,殊途而同归,"身无彩凤双飞翼,心有灵犀一点通"。无怪乎海德格尔晚年知难而进,试译《老子》原知"不可译"而偏要"译",是否也是为了"译不可译之神秘"呢?(德语中的"翻译"übersetzen,作为分离动词时,不正是一种"运载"或"摆渡"过河之意吗?)老子曰:

<blockquote>
道可道,非常道;名可名,非常名;无名天地之始,有名万物之母。故常无,欲以观其妙;常有,欲以观起徼。此两者同出而异名,同谓之玄。玄之又玄,众妙之门。

圣人处无为之事,行不言之教,万物作而不辞,生而不有,为而不恃,功成而不居。……

道常无为而无不为……

人法地,地法天,天法道,道法自然。
</blockquote>

老子的"道"是最难译的,"译"还是"不译"?译成"路"?译成"说"?译作"逻辑"?最聪明的、也是最偷懒的就是音译或干脆讲就是"不译"。据说,海德格尔倾向与译成"路",这是完全可以理解的,从《林中路》到《通往语言之途》,海德格尔一直对"路"情有独钟。其实,"无为"的翻译也是易生歧义的。"无为"乃是"自

在"之别名,而"无不为"则显"自为"之实存,"无为而无不为"正是人类出于自然,经过"劳作"而最终得以回归自然、"以自然之道还治自然之身"的历史过程,看似无为实有为,看似"自在"实"自为",然"自为"并非要强扭自然,拔苗助长,欲速则不达;而"道法自然"不正是"郭橐驼种树",任其自然而助其生长,无为而无不为。我们所说的"发展"(英语 development,德语 Entwicklung)不都包含着一种内在本质的展示、发育、显现、显影吗?这是"有为"还是"无为"呢?

还是让我们把荷尔德林关于"诗意的栖居"的诗作通读一下以解"老海"们如此如痴如醉之谜吧:

> 如果生活纯属劳累,/人还能举目仰望说/我也甘于存在?是的!/只要善良、纯真尚与人心同在,/人就不无欣喜/以神性度量自身。/神莫测而不可知?/神如苍天昭然显明?我愿信奉后者。/神本是人之尺度。充满劳绩,然而人诗意地/栖居在大地上。我要说/星光璀璨的夜色/也难与人的纯洁相匹。/人乃神性之形象。/大地上可有尺度?绝无。

神固不可知,"隐"而不显,但"天空"乃神之"显"现,大地乃人之所栖。(其实,大地又何尝不是神之所居呢?赫西俄德的《神谱》不是把具有宽阔胸脯的地母盖娅称之为诸神之永恒居住的根基吗?)神乃人之尺度,人乃神之形象,即可以以"形"通"神"、以"象"度"性";"诗"乃"神—人"之中介? 神于天,圣于地,"天地合一""出神入化"正乃"诗"之最高意境!故诗之自由离不开"神"。诗是自由的呼唤,亦是自由的使者。

人创造了"神",正是为了寄予人的期待和对自由的渴望。而人类的终极关怀不也是一种"神"吗?"大地"既是人"劳(作)"之所,又是人"居(息)"之所,故"大地"即为人之"神(意)"所在,"诗"与"思"同为通向自由神之路。求真向善爱美至圣的统一不就是最高境界的自由吗?记得鲁尔大学有一座中国园林名"潜园",每每独游,总会情不自禁咏吟陶诗:

> 结庐在人境,而无车马喧。
> 问君何能尔?心远地自偏。
> 采菊东篱下,悠然见南山。
> ……
> 此中有真意,欲辩已忘言。

此诗之美,无须多言,每每读来,心旷神怡。归隐之美?飘逸之美?超脱之美？自由之美？"无功利而生愉悦，无目的而合目的"，康德的美学揭示的正是一种令人神往的真正自由境界。然而，无论是"结庐在人境"，抑或是"采菊东篱下"，岂不都是一种"人化自然"之美？诗之美，在于真；思之美，在于诚；人之贵，在于纯；理之贵，在于澄。正如海德格尔所言：

> 把真理道出：澄明，
>
> 恬然于不居所成。

诗人何为？"在真理中吟唱"；哲人无为？却要"把真理道出"。"不居所成"，是"有为"还是"无为"呢？"道常无为而无不为"，自由原是对自在的超越，但又何尝不是对自然的复归？"复归于婴儿""复归于朴"（老子）——"澄明"，乃是真理之本性："充满劳绩"，恬然于不居所成；"道法自然"，人诗意地栖居于大地上……

三

孔夫子曾云"三十而立，四十而不惑"。然目睹人间沉浮、世事沧桑，却常有"四十而大惑"之感。我之所以于四十岁而对解释学产生兴趣，某种意义上正是想借此反思、整理一下自己的思路历程而求"解惑"之道。历史、世界、宇宙、人生、社会、文化……多少"文本"有待于人去不断做出新的解读。想起康德当年困于经验论和唯理论之两种"独断论"之际，被休谟的怀疑论所唤醒，而大胆发起一场哲学上的"哥白尼式革命"：当上述两家争执不休于认识中经验与理性何者可靠时，正是康德独具慧眼、另辟蹊径，首开对人的认知能力的考察，虽然曾被黑格尔讥讽为是"不下水学游泳"，但毕竟是开辟了一条新的认识论研究的途径。解释学能否为哲学另辟新路呢？马克思曾说过，哲学家们只是用不同的方式解释世界，而问题在于改变这个世界。停留在"解释"中是不够的，但这并不等于不要解释。先解释？还是先理解？"解释学的循环"揭示的正是解释和理解的缠绕及其不可分割。"解释世界"与"改造世界"之间不也存在着某种类似的关系吗？……为此，我也曾经尝试提出过一个建构"马克思主义的解释学"的可能性。上述"自然"与"自由""诗"与"思""言"与"道"的探讨也正是这一研究的组成部分之一。这或许也是一种自我"解惑"的探索。

其实，人类总是处于"惑"与"不惑"之间的。"生也有涯知无涯"决定了"存惑"的必然、"解惑"的永恒。但庄子因而断定"以有涯随无涯，殆矣。"则太为消极了，所以被判为"不可知论"并不冤枉。但是，对庄子与惠子的"濠上辩"我则始终视之为可与"庖丁解牛"相媲美的、充满智慧的精彩华章：

"子非鱼，子安知鱼之乐也？"
"子非我，子安知我不知鱼之乐也？"
"我非子，固不知子；子固非鱼也，子不知鱼之乐，全矣。"
"请循其本。子曰：'汝安知鱼之乐'之者，既已知之而问我，我知之濠上也。……"

（《庄子·秋水》）

记得恢复高考刚进大学不久，当时的法国总统德斯坦访问复旦大学，在相辉堂发表演讲，至今仍然记忆犹新的是总统先生的开场白就是庄子的这篇"濠上辩"，以喻东西方隔离已久，急需交流。庄子的这篇"濠上辩"是诡辩论？还是怀疑论？是不可知论？抑或只是一种智慧的游戏？其实，怀疑论历来有两种，积极的怀疑是求知的前提，马克思选择"怀疑一切"作为座右铭是蕴意深邃的；而消极的怀疑则只会自闭解惑的大门。

在马克思的故乡读哲学，是不会忘记去拜谒伟人的故居的。1994年，我在上述欧洲诗哲的故乡研读荷尔德林、海德格尔、伽达默尔之暇，亦曾于"五一"前夕专程去有2 000多年历史的罗马古城特里尔踏访马克思故居。青年马克思曾是一位热情浪漫的诗人，而成年马克思却是一位思维严谨的学者和目标始终如一的战士。参观完毕，翻阅着留言簿上各种文字的留言，蓦地有一行中文字跃入眼帘："老马，我们看你来了！"看来，国人也会来一些幽默了……哲人已逝，哲思永存，"诗人何为？"人类何往？……据说，哲学解释学的泰斗伽达默尔在海德堡大学为他举行90大寿的庆典上即兴演讲的主题是：

也许哲学并不像所有已有的哲学所说的那样……

这是智者的"大惑"？或是人类的"不惑"？读了多年马克思之后，我还有惑，原以为大概是自己的"愚不可及"，读到伽达默尔此言，似乎又闻庄子之言："生也有涯，知也无涯；以有涯随无涯……"何也？"殆矣"？不，应是"学也"："学而不厌，诲人不倦"不正是"终身教育"时代的格言吗？

记得当时我在马克思故居博物馆稍许沉思后挥笔留下了我心中的马克思是：

马克思的科学精神和人道情怀永远活在人类的理想追求之中……

迈出故居博物馆，四月的阳光居然是那么的热烈，咖啡馆已把遮阳伞撑到了步行街的马路中央上,可见人们似乎更愿直接享受这仲春的艳阳的自由拂照,街心广场上玩耍的孩子们是多么自由自在啊!(游戏,不正是一种最为自由的人类活动吗?)

返回波鸿的途中,汽车一直穿行在山光水色中,蜿蜒多折的摩泽河诱使公路建造者为其筑起了多姿多彩的桥梁,陡峭的山坡上栽满了葡萄,根部盖满了瓦片般的石板而独成一景——为防水土流失,勤劳智慧的德国农人付出了多少辛苦的劳作啊!劳动本是人的本质力量的对象化,德国的这条著名的"葡萄园之路"之所以几乎到处都浸沁在葡萄酒的浓香之中,不正是"充满劳绩"而"诗意栖居"的写照吗?……进入莱茵河流域,青山翠谷更加浓郁欲滴,遥想当年青年马克思沿着这条被称为全德国最美丽的河谷顺流而下赴波恩上大学时的情景,这两岸如诗如画的美丽风景一定诱发过青年诗人勃发的诗情,要不,怎会有马克思上大学期间源源不断的众多诗作呢?也一定激起了马克思为全人类的幸福而劳作的博大情怀。……此时,汽车正迎着穿林而过的道道晚霞,急驰在起伏的丘陵中,饱览着如此美景不禁使人遐思万千。想起100年前恩格斯应邀为即将出版的《新纪元》周刊题词,以别于但丁曾经说过的"一些人统治一些人受难"的旧纪元时,恩格斯的回答是:

> 马克思是当代唯一能够和伟大的佛罗伦萨人相提并论的社会主义者。但是,除了从《共产党宣言》中摘出下列一段话外,却再也找不出合适的了:"代替那存在着阶级和阶级对立的资产阶级旧社会的,将是这样一个联合体,在那里,每个人的自由发展是一切人的自由发展的条件。"

教堂里晚祷的钟声正在敲响,暮色苍茫中,新纪元的脚步声不是越来越清晰了吗?

……坐在列车中,凭窗眺望,莱茵河谷如长卷国画渐次展开,美不胜收。我又想起前天在德累斯顿大学访问时,主人热心安排我们抽空浏览了一下这"易北河畔的佛罗伦萨",被誉为"巴罗克明珠"的这座美丽城市:曾在1945年的大轰炸中几乎被毁之殆尽,如今不少古迹又在修缮之中,当走过一座正在重修的大教堂时,我看到一块铭牌,记载着当年挤满祷告者的教堂被夷平的惨祸……我悄悄问担任陪同的女大学生:德累斯顿的昨天会否在今日的南斯拉夫重演呢?难道巴尔干的炮声真能成为新世纪的礼炮吗?……她未置可否,只是轻声告诉我,她的父亲童年时是在农村躲过那场恐怖的劫难……隆隆列车声把我从回忆中拉

回,耳畔时而如闻北约战机的呼啸,时而又像是那如诉如泣的歌声:

不知道什么缘故,我的心是如此悲伤

一个古老的童话,总是让我难以释怀……

(海涅:《罗累莱》)

呵,自由,自由!多少英雄曾为您捐躯,可又有多少罪恶亦假汝而行!但"不自由毋宁死"仍是时代的最强音:人类还得为自由付出多少血和火的代价?人类还需经多少磨难,才能真正"诗意地栖居在大地上……"达到那"每个人的自由发展是一切人的自由发展的条件"的"自由人的联合体"(马克思)?

感悟"9·11"：生命中不可承受之轻[①]

一、引子：新世纪变奏——"狂欢"与"恐怖"……

新千年伊始，人类期盼已久的新世纪狂想曲即已发生变奏："狂欢"意未尽，"恐怖"复即起……其实，生活中常常如此，原本平常自如的事，一经渲染，便举轻若重，难以承载，如喧闹了好久、又连续两度进行的"迎新世纪"庆典本就是人类自造的全球狂欢而已，却似乎真成了历史的分水岭。时间的流逝本是从容不迫、悄然无声的："世纪"原是人类历史纪元的符号，新世纪的到来如同任何一天的新旧交替一样，本应该在子夜的静悄悄中度过："逝者如斯夫"！但是概念一经流通，就反过来会对人有所制导，有所规范，于是"世纪之交"就有了"微言大义"，或使人自我激奋，"新纪元"充满了诱人的希望与寄托；或令人自寻烦恼，"世纪末"充满了暧昧的惆怅和危机（当然更有人造的麻烦）……也许这就是人生——因为人是"符号的动物"（卡西尔），人不但创造了符号，又情不自禁地受制于符号，"语词霸权"常常使人手足无措。所以，"符号的动物"实际上成了"织网的动物"：通过永不止息的劳作，人类织就了"意义之网"，却同时又被束于此"网"中——如电脑的"千年虫"问题，曾给迎接新世纪的狂欢罩上浓浓的阴影，幸好，有惊无险，炒作甚烈的 Y2K 似乎并不像人们想象的那样演变为一场人为制造的灾难，而更多的像是一场典型的"作茧自缚"的虚惊。但这只是一种"杞人忧天"式的自恼？还是一种人类受制于科技的不祥预兆？

果然，正当人类终于庆幸顺利或者说平安地跨入了新世纪之际，却迎来了一场始料未及的惊天动地的"9·11"大灾祸：弹指间，号称"世界之窗"的纽约曼哈顿双子星塔楼轰然倒地、化为废墟。更可怕的是，现代高科技武装起来的新闻传

[①] 本文发表于《东方文化》2002年第1期，系根据本人主编的《哲学导论新编》中第10章后的"主编手记"修改补充而成。

媒把这一幕数千无辜生灵涂炭、"双子星楼"灰飞烟灭的惨剧直接呈现在全人类面前！——与其说这是现代人的"眼福"，不如说这是现代人的悲哀和现代科技带给人类的一种刻骨铭心的"享受"：无怪乎美国的有关当局要下令禁止电视媒体反复重播这一镜头。这是为了安息罹难者冤死的灵魂？还是为了慰藉现代人脆弱的神经？我想，大概是两者兼而有之，而以后者为重。但不管怎么说，刚刚在两度迎接新世纪狂欢中尽情宣泄了自己的"游戏情结"的人类的骄傲和自信心，在震惊世界的"9·11"恐怖袭击中遭受了沉重的打击：人类对新千年的和平祈祷犹在耳畔，"战争"这一20世纪人类最为惨痛的关于死亡的"集体记忆"的阴影又一次升腾在人类头上⋯⋯所以，难怪在全球异口同声谴责恐怖主义罪孽时，许多国家又同时爆发了各种反战示威。

"新世纪"的钟声余音未了，"世纪末"式的恐慌却已开始蔓延："世贸中心综合征"正从美国向欧洲、大洋洲扩散，神秘的炭疽热菌的传播引发着新一轮的恐惧，美国政府又接二连三发布"狼来了"式的再次遭袭警告。据传，为了抵御恐惧感的侵袭，纽约居然有人想出了以频频的"造爱"来遗忘那可怕的记忆——这可真是一种美国式的"幽默"？——既然生命无常，何不以拼命地寻欢作乐以求逃遁残酷的现实？⋯⋯我不禁想起那些假伊壁鸠鲁们的遁词：假如明天就要死去，请抓紧时间享受吧⋯⋯我又想起魏晋时期文人骚客的诗句："昼短苦夜长，何不秉烛游？"⋯⋯我更想起了米兰·昆德拉的著名小说《生命中不可承受之轻》：面对"华约"军队的入侵，曾对"布拉格之春"抱有极大希望的捷克知识分子的那种混杂着幻灭感的反抗中的人生百态实在是值得回味再三的⋯⋯抚今追昔，人们不禁要问：难道这就是被人称为"第二个美国世纪"的开始？难道这就是新世纪版的"美国梦"？难道这就是人们期盼已久的新世纪的福音？⋯⋯反思人类刚刚翻过的那一页"千禧年"狂欢，重析那20世纪的一幕幕生与死，审视死亡之诡谲、感悟生命之轻重⋯⋯"9·11"能否成为人类新千年的启示录呢？

二、时间与生命：梦醒时分"虚无"亦沉重

生命本是一种在时空中的存在和延续。时间和空间本是宇宙存在的基本方式，古人曰："四方上下曰宇，往古来今曰宙。"但"龟蛇虽寿，犹有尽时"，因而作为理性的存在，人类对时间的流逝十分敏感。自从"人猿相揖别"，人类的记事方式不断改进，从"结绳记事"和"刻木计时"开始，到古老的"黄历"和西洋的"纪元"，历法的逐渐完善，于是才有了孔子修"春秋"的"微言大义"和希罗多德关于希波战争的"历史"鸿篇；人类的计时手段不断精确，从简陋而又智慧的"沙漏"和"日

晷",再到现代的"原子钟"已能准确无误地计算原子乃至于更微小的基本粒子刹那间的嬗变。人类文明的进化更使得现代人对时间的感悟既充满了无限的希望和憧憬,也带来无穷的烦恼和伤感。特别是20世纪以来,人类的时空观发生了巨大的变易,牛顿的与物质无关的"空盒子"式的绝对时空观被扬弃了,从爱因斯坦的相对论时空到霍金的《时间简史》中提出的"虚时间",特别是经历了两次世界大战的浩劫,人类对时间与生命、存在与虚无的感觉却更深切了。如果说,"沧海桑田"的成语反映的是大自然被时间的刻刀雕塑得面目全非的话,那么现代科技,特别是现代的交通、通信和信息技术则更把人生赖以依存的时间推到了一种近乎极致的紧迫感,古人惜时如金,"寸金难买寸光阴",今人爱时如命,珍惜那生命中的分分秒秒。随着空间的相对贬值,时间在不断地增值,"天涯比邻、刹那千里"皆已可能,即时"在线"、"虚拟"现实、"缺场"参与、时空交错……当然,"咫尺天涯、瞬间永恒"的时空脱宕亦为经常。在人类的时间感悟中,由于不断增加着对历史苦难的沉淀和文明进步的经验而日益沉重,于是,日历中值得记忆的日子也日益增多,终于使人的精神负担不堪沉重。当然,人本身抑或是一种爱玩的动物,往事纪念中往往还夹杂有一种乘机"聚一聚、玩一把"的"游戏情结"。然而,岁月无情,人类的这种无邪的"游戏情结"总是一次又一次地被严酷的现实所打破,面对"9·11"的悲剧,回想还萦绕在耳畔、余音袅袅的世纪和平钟声,人类怎会不对曾经以为会充满阳光和鲜花的21世纪平添许多未曾预料的愁绪……恍惚中我不禁想起被西方誉为20世纪"最伟大的历史学家"的汤因比的一段话:

  我一直沉迷在一种幻觉里面,以为我将会在一个理性的、秩序的、和平的世界里度过我的终生。直到1914年8月,我26岁那年,第一次世界大战的爆发,令我突然觉醒过来,开始理解到事实的真相……觉得目前令我震惊的事,早在公元前5世纪的希腊史学家修昔底德,已经有同样的经历。

历史往往会有惊人的相似之处。历史老人总是那么慷慨,倾其所有,馈赠人生,哪怕是一次又一次地重复而不厌其烦。时间老人却又是那么吝啬,逝去的光阴绝不会再复还。从修昔底德到汤因比,人类同样的"美梦"被"噩梦"惊醒又有多少回呢?"战争"总是和死亡联系在一起的,而死亡又总是和末日同义,因此"世纪之末"谈论死亡往往令人惊心动魄,各种邪教也总是借此蛊惑人心,但世纪之初就直接遭遇突如其来的死亡悲剧却更为触目惊心。值此之际,作一番世纪的回顾与前瞻,似乎真令人不寒而栗——

19世纪末,德国哲学家尼采宣布了他的惊世骇俗之见:"上帝已死",死于人类对其无所不在的恐惧,死于人类欲望无边的"强力意志"的谋杀!然而,新世纪到来之际,谁又能宣称"人类永恒"呢?恰恰相反,20世纪倒是有一名法国哲学家福科曾经宣布过一个惊人的发现,那就是"人类已死",死于人类自己发展起来的那无所不能的科学理性!20世纪是一个伟大建构的世纪,科学技术已使这颗星球变得日新月异、面目全非,到处是人类活动的印记和建设的痕迹;但也是一个不断"消解"的世纪,人生的意义、生命的价值,乃至于一切"形而上"的精神世界都在物质的扩张中被挤压、被"解魅"。这是一个人类创造力空前勃发的世纪,也是一个人类毁灭力灾难空前的世纪——20世纪留下了17 000万人被"蓄意谋杀"的记录!同时,还留下了足以毁灭地球几百次的核武库……生存还是毁灭?这的确是无法回避的问题。相信科学吗?科学的发展一方面在不断延长着人的寿命,另一方面却在无情地"肢解"着人的完整(性):知识、情感、信仰……(更不用说现代杀人手段的高科技化);相信未来吗?现实中的一切都如同万花筒般的变幻莫测,更遑论未来?这个时代唯一有效的预言就是未来的不确定性。相信乐观主义吗?缺乏严谨的科学依据亦难进行经验实证,总不免让人觉得底气不足,而一旦误入享乐主义,纵情恣欲更将是乐极生悲。而悲观主义呢?色彩晦暗、令人窒息,可又似难脱其苦海阴影,一旦导向厌世主义则更加前途迷茫;虽说不心存希望是避免失望的最好方式,但以禁欲主义免除一切痛苦,则又总感凡根未尽,尘缘难断,一息尚存,死水微澜,……于是乎虚无主义乘隙而入,西风东来,渐淫华土,然"虚无"并不轻松,诚如捷克当代作家米拉·昆德拉所言:生命中有不可承受之轻:

    如果上帝已经走了,人不再是主人,谁是主人呢?地球没有任何主人,在空无中前进。这就是存在的不可承受之轻。

(昆德拉:《小说的艺术》)

人类用科学填补"上帝"的空缺,几乎能"举重若轻",人类又用精神填补着心灵的空虚,却倍感"举轻若重"。科学的实证固然扎实可靠,然而如果真的一切都得由经验的实证为准,那么"经验之外"我们还能剩下些什么呢?既然经验总是已"经"过的(过去的)、偶然的(谁能断定特定的经验不具有某种偶然性?)、有限的(特定时空中的),那么又怎么能从这当下的直接的有限的感觉经验中把握那普遍的必然的无限的真理呢?(这才是庄子"以有涯随无涯,殆矣"之真正有意义的内涵!)于是,实证主义不也就同虚无主义殊途同归了吗?"跟着感觉走,紧抓住梦的手……"走向的岂不只能是"一无所有"?真的是"一无所有"一身轻吗?

不,我们从中感到的恰恰是生命中不可承受之"重"……

当代非理性主义、虚无主义的蔓延绝非偶然。尽管,这也是一种精神的追求,一种"上穷碧落下黄泉"的寻觅。在西方,它是对人的"异化"的一种反抗,存在主义哲学在 20 世纪之所以影响深远,也许正是因为从海德格尔的《存在与时间》到萨特的《存在与虚无》,直面了生存的艰辛和沉重;在东方,它也是对教条"迷信"的一种反拨,从 70 年代末潘晓的信:"人生的路啊,为什么越走越难走?"到 90 年代首都体育馆中万人合着崔健齐吼"新长征路上的摇滚",虚无主义不正在若隐若现吗?当然,"无"本是一个哲学的大字眼,真正的哲人从不敢轻易说"有"道"无",因为既然有"存在之轻",也就必然会有"虚无之重"……而虚无主义本身并不能导出真正的人生理想,其结果只能是"两处茫茫皆不见"。只有超越世纪末的"浮躁"和虚无才能走向新纪元健康、充实、丰富、全面的人生。回顾世纪之交的那一幕幕"千禧狂欢",尽管完全可以理解为是一种急于摆脱"世纪末"的愁肠、迎接新世纪的真诚期盼心理的自然流露,但也许人类真该多多扬弃那种肤浅的"祝福意识",更多积淀一种更为深沉的"忧患意识",才能迎接明天更灿烂的太阳。"安逸丧国、忧患兴邦"这可是历史的教训,也是"9·11"事件的警示。

噩梦醒来是早晨,梦醒时分多恍惚,人生有梦,醉生梦死?人生需梦,梦孕未来。梦是希望?"日有所思,夜有所梦";梦是"虚拟"?弗洛伊德"释梦"揭示的恰恰是——梦才是"自我"的本真!"美梦成真"虽非常有,亦非几稀。但更多的往往是"梦醒时分"的依稀恋连、举轻若重。然当今时代,"虚拟空间"提供的岂不就是人类的"寄梦"时空?记得有位伟人曾经呼唤"应当幻想"!我辈又何不"保留梦想"?即使"白日梦"又有何妨?那也是人类不可剥夺的权利和享受啊!

三、"向死而生":现代人何以安身立命

"未知生,焉知死。"中华民族素以重人生长于伦理而闻名于世,作为四大文明古国之一的华夏文明之所以能历经五千年沧桑而不衰,其主要原因也许正是炎黄子孙那种"生生不息""自强不息"的生命意识和奋斗精神。当然,重生轻死,在一种"总要活人哪!"式的意识中也孕育了那种"好死不如赖活"的"活命哲学"和大大小小的"阿 Q"精神。但是,中华文化中始终存在着的是一种"民不畏死,奈何以死惧之"和舍生取义、慷慨成仁的大无畏精神。种族之承继必会有个体之牺牲,生命总是在无穷的生死交替中延续的。生命之轻重,有时恰恰在面对死亡时才泾渭分明。也许人并不是唯一知道自己会死的动物,但"向死而生"正是人之存在的特殊性。中华民族亦历来有一种执着生命和超脱死亡并存的人生态

度,如魏晋之际表面陶醉于酒肉声色、浪迹于山林桃源中的"竹林七贤"们,"对酒当歌,人生几何?"是一种对生的迷恋,"老骥伏枥,志在千里"则是一种对死的超越。有人醉生梦死,轻如鸿毛,"粪土当年万户侯";有人死得光荣,重如泰山,"留取丹心照汗青"。有的人在轰轰烈烈中献身,更多的人则在平平淡淡中归土。然而,面对死亡,我们能否问心无愧地回首往事呢?……

中华民族生生不息之原因正在于中华文化传统中理想人格精神之不朽。儒家的"成人之道"是中国的"理想人格"说的主流,亦可视为人类文化传统中不可多得之奇葩。从孔子的"知""廉('不欲')""勇""艺",再加上"文之以礼乐,亦可以为成人矣。"(《论语·宪问》)到孟子的"富贵不能淫,贫贱不能移,威武不能屈"的"大丈夫"舍生取义的"浩然正气",再到荀子的"不全不粹之不足以为美",要"锲而不舍","积善成德"(《荀子·劝学》)。中国传统文化强调"为学"与"为道"的统一,强调"立言""立功""立德"的统一。此外,道家的养生之道中亦非只是荒诞的炼丹术,其"圣人"之道中也充满着一种人生的智慧。而佛学中超脱生死的"涅槃"说经中国式的"参禅"而达"本来无一物,何处惹尘埃"之境界,又何尝不是一种透彻绝伦的"死亡哲学"(或曰"无的哲学")?中国现代哲学家冯友兰先生从中国哲学史传统出发,提出过四种人生境界说,强调从庸俗之人的"自然境界"的饮食男女和"功利境界"的福禄寿禧到"道德境界"的贤人气象及"天地之境"的圣人气象之区别,冯契先生结合现代马克思主义哲学提出的"智慧论"力求"转识为智","化理论(真理)为方法,化理性(智慧)为德性",表达的都是智情意合一、真善美统一的人类最高理想境界的追求。诚然,要化理想为现实,也需要化圣贤为凡人,"德性伦理"离不开"规范伦理"的基础。"涂(途)之人可以为尧舜"还得有"修齐治平"之渐进过程,文明、德性都得从小事做起,从现在做起,从自己做起,方能"积善成德"。"成人之道"离不开"教而化之",教育是关键环节。知识、能力和人格应是现代素质教育中"三位一体"的目标,人格乃为核心。人格何以养成?当从"行己有耻"开始。"知耻为勇",知耻乃"格",人格培育非朝夕之功。何为有耻?知止即为"耻","非礼勿动";何为礼?举手投足、一言一行皆合圭臬也。

  知止而后有定,定而后能静,静而后能安,安而后能虑,虑而后能得。

(《大学》)

  德操然后而能定,能定然后能应。能定能应、夫是之谓成人。天见其明,地见其光,君子贵其全也。

(《荀子》)

古人"得"与"德"相通。举止得礼、言行得法、"行己有耻"才能告别野蛮、弘扬文明；不耻下问、"虚而能得"、"能定能应"，方能是为"成人""止于至善"。文明的历史进程本是如此，道德的光大发扬也是如此。现代教育在弘扬传统理想人格精神的同时，也要重视现代自由独立人格的培养。这包括自主（公民意识）、自律（道德意识）、自觉（理性精神）、自愿（意志品格）的统一，也包括严谨、创新、敬业、诚信等科学精神的养成。"厚德载物、自强不息"的中华文化魂脉是不可分割的。在这其中道德的"自律"尤为重要，化外在的"他律"为内在的"自律"正是人类文明不断进步的标志。这之中，我以为当代中国尤须强调"诚信"意识，使之返本开新，积"信"成德。"诚"即为做人之道，亦为科学之基；"信"则不仅是信念、信仰、信心之谓，也是信用、信誉、信任之和。因为市场经济的全球扩展更需要现代人以"诚"立身，以"信"为本。

比起东方人们对死亡的或拒绝或超脱样式，西方文化对死亡的理解也许更多宗教意味。在欧洲，我曾踏访过不少墓地，有闹市中肃穆的安息地，也有山村中整洁的小墓园；有"一战"中法军阵亡者的陵园，那永不熄的长明火与青山同在；也有"二战"中美军官兵长眠异国他乡的纪念园，那简短的碑文诉说着那一颗颗年轻的灵魂的恩怨与希望，但愿人类的良知将永远阻挡悲剧的再现⋯⋯面对欧洲墓园那各式各样的十字架，总会使人感到遐思无尽，期待永恒。纵观历史，尽管总会存在那种悖论："高尚是高尚者的墓志铭，卑鄙是卑鄙者的通行证"，但毕竟是"有的人死了，却永远活着；有的人活着，但已经死了"。凭吊死亡，更能直面人生，生命苦短，前程多艰，唯有更加珍惜生命的每分每秒，以迸发出更多的火花，以融入那人类的不朽⋯⋯"人生自古谁无死，留取丹心照汗青。"正因为生也有限，人类才格外要苦苦追索安身立命之根基，探究死后灵魂之升华。生与死，永恒的两极相通，正因为人之难免一死，我们才更感受到那"生命中不可承受之轻"的沉重⋯⋯

四、个体与人权："全球伦理"何以可能

根据海德格尔的研究，死亡是最为个体化的一种"在"，尽管人们可以尽情去想象或"体验死亡"，但毕竟无人真正从彼岸世界归来过。死亡的不可替代性也恰恰是生命个体的独一无二性的证明。据说，曾经写下《非此即彼》的存在主义的先驱之一的基尔凯郭尔的墓志铭就只有一个词："这（个）孤独者（The Individual）。"这不仅是这位丹麦神秘主义哲学家的独特个性与经历的准确概括，也是其思想和学说的核心所在。孤魂野鬼独栖荒漠是令人毛骨悚然的，而偌

大的墓地、林立的墓碑尽管也是摄人魂魄的,但毕竟会少一些阴森、多一份慰藉,也许,人类的个体性在此被溶解了,回归大地之母时,人类的整体性复归了。记得在刚过去的世纪之交,人类也并不只是在回顾 20 世纪的科技发展的辉煌,更在反思 20 世纪社会和人性的发展,包括宗教与伦理的价值与误失。20 世纪 90 年代初,素以"个人主义"为价值观基础的"美国精神",在重温当年托克维尔 (C. Tocqueville,1805—1859,法国政治学家) 在《民主在美国》一书中为不同于利己主义 (Egoism) 的美国式的"个人主义" (Individualism) 定义的同时发出的警告:

> 利己主义可使一切美德的幼芽枯死,而个人主义首先会使公德的源泉干涸。但是,久而久之,个人主义也会打击和破坏其他一切美德。最后沦为利己主义。

我认为,Individualism 这个词也许可以译作"个体主义"较为贴切。正如托克维尔早已指出的那样,美国人是最喜欢组织社团的民族。究其原因,大概正是因为那种个体主义的孤独引起的。记得 R. 贝拉等著的《心灵的习性——美国人生活中的个人主义与公共责任》一书中,曾对美国式的个人主义传统作过如此的描述:

> 美国的文化传统,是通过把个人高悬在无比荣耀却又极其恐怖的孤立状态中,来界定个性、成功和人生目的的含义。

是啊,"高处不胜寒",结社抱团御孤独,这就是美国式的个人主义和社团主义的结合。1991 年冬,在批评以罗尔斯的《正义论》为代表的新自由主义过程中发展起来的一种新的"主义"——社群主义 (Communitarianism) 宣告诞生,50 名学者和政治家联名发表了一份题为"负责的社群主义政纲:权利和责任"的宣言,宣布反对在西方社会占统治地位的个人主义的自由主义,宣扬与此相对立的社群主义。其结论是:

> 必须用社群主义的观点处理我们这一时代所有重大的、社会的、道德的和法律的问题。

而几乎与此同时,一个宣告要"走向全球伦理"和促成"世界伦理宣言"的运动在西方方兴未艾,在他们发表的世界宗教议会宣言或责任宣言和世界伦理宣言中,以全人类的代表的名义宣布:

> 我们,世界各族人民,以此方式在此强调已在《人权宣言》中宣布过的那

些承诺,即承认人的尊严,承认他们的不可剥夺的自由和平等,以及它们在利益上的休戚与共……

这无疑是一种善良的愿望。但问题是：只是重复《人权宣言》的承诺,而不去谴责和改变这当今世界存在的种种不公正的既定秩序又有何用？"己所不欲,勿施于人",儒家的"道德金律"已经有了两千多年的历史,何曾为达官贵人们严格信守过？"人人生而自由平等,却无所不在枷锁之中。"卢梭的这一名言也已经不知被人们重复过多少遍,但人间又有多少罪恶假此而行？君不见,"自由、平等、博爱"的口号有多少次不是那么容易地就被"步兵、骑兵、炮兵"的铁蹄所践踏？"共荣""秩序"或"人权"等堂皇的旗帜下,又有过多少炸药、坦克、导弹下的废墟和流离失所、妻离子散的悲剧？人类应达成的任何共识都应以全人类各民族的共同发展的利益为基准,否则就会要么流于一纸空文,要么成为强势者的又一种"话语霸权"。当然,弘扬善、惩戒恶应是人类共同为之努力的最起码的正义,而抑制强权、保护弱小民族应是可以首先多做些的事情。——"全球伦理"何以可能？也许只能存在于人类生生不息的实践和交往之中,但"人同此心、心同此理"的"共通感"加上"全球化"下的互联互依,无疑正在加深和推进着这种可能。当然,化可能为现实还有待于人类的共同努力,为了共同的明天,人类需要多一些宽广而崇高的道德精神,因为毕竟"我们只有一个地球！"正如杰弗逊们起草的美国《独立宣言》所宣示的：

> 我们认为这些真理是不言而喻的：人人生而平等,造物主赋予他们某些不可让渡的权利,其中包括生命、自由和追求幸福的权利。

美国人民有如此的权利,美国政府要"保护美国人民的安全"的确是义正腔圆、不容置疑的"正义"目标。但其他各国的人民呢？"天赋人权"的平等是不以肤色、种族、贫富、贵贱为转移和被"让渡"的,这才是"全球伦理"和"全球正义"的基础和前提,就像人类的"可持续发展"不能只是某些国家和民族为其自己子孙储备未来竞争资源的幌子,而应该是一种"今人活、也让后人活"和"自己活、也让他人活"的统一,这实际上是人类最起码的一种"底线伦理",若非如此,又何来"永恒正义"和"持久自由"呢？我们期待着一切握有一定程度上主宰他人生命权的决策制定者和现场执行者们的自律和自戒——为了每一个生命的权利！

五、守护多样性：呼唤良知与保持"敬畏"

"9·11"事件引发的反恐怖战争之剑已出鞘。值此关键时刻,人类呼唤正义,人类更应呼唤良知。对于这个以其多样化的文明和文化而呈现其丰富多彩的星球来说,战争总是灾难的制造者,战神从来是死神的伴侣,尽管战争也常常是人类荡垢涤污的消毒剂和灵魂洗礼的清洁剂,但战争带来的死亡对于人类灵魂的创伤总是格外残酷而惨烈。正如恩格斯曾经指出的:

> 历史(克莱奥)可以说是所有女神中最残酷的一个,她不仅在战争中,而且在"和平的"经济发展时期中都是在堆积如山的尸体上驰骋的凯旋车。而不幸的是,我们人类却如此愚蠢。如果不是在几乎无法忍受的痛苦逼迫之下,怎么也不能鼓起勇气去实现真正的进步。

(《致丹尼尔逊》)

"9·11"事件是人类的灾难,但愿灾难能够会再次敲响唤醒良知的警示钟。反恐怖战争应该高扬起人类的正义之剑以惩罚罪恶,但战争又往往会带来新的灾难。这次以"自卫"出征的战争的暴力是否能真正充当人类进步的助产婆呢?"以暴抗暴"又何以避免被导入"以恶易恶"的循环中呢?这将取决于人类良知对复仇心理的控制。由于众所周知的原因,这场战争的复杂性是空前微妙的:一句"十字军东征"的失言差一点引发全球性的"文明冲突",军事行动的代号的更改也正是出于一种更为谨慎的考虑就是证明。因为这里涉及人类复杂的宗教分歧,需要人类以冷静的头脑和高度的智慧来加以处置。

对于宗教——人类的一种精神寄托、精神信仰,究竟应该如何看待? 歧见甚多。不仅无神论与有神论立场迥异,就是在不同的宗教之间,也存在着一种难以逾越的鸿沟。所谓"文明的冲突?"的警示中,不同的宗教信仰间的关系是最重要的关键。人类宗教史上有过"十字军东征"的灾难,也有过"宗教宽容"的进步,前者是迷信和愚昧的产物,后者是人类良知的胜利,也是文明历史上的一大进步和宗教发展史上最值得称道的成就之一。对于传播甚广的"宗教是人民的鸦片"这一论点的诠释,也是值得研究的。出自欧洲的这一名言,到了中国人眼中,则完全具有了另一种含义,作为一种曾经引起过民族存亡危机和"毒品"的代名词,"鸦片"已经在国人的"集体无意识"中留下了无法抹去的烙印。而在欧人意识中鸦片作为麻醉剂,首先是一种药,其次才是毒品。这就是同一符号所含的"能指"与"所指"在不同文化中的阐释的差异。其实,宗教曾是被压迫者痛苦的呻吟和解放的期待,也曾是无数善良者灵魂拯救的希望和反抗暴政的精神力量,宗教艺术亦为人类的文化传承留下了不少璀璨的瑰宝,而在一定程度上,宗教精神也曾鼓舞了科学家探究宇宙奥秘时的那一种忘我激情与终极追求。当然,从"十字军东征"的累累白骨到"宗教裁判所"的熊熊烈火,从残酷迫害"异端""异教"的狰狞到极端"原教旨主义"狂热掀起的恐怖,亦有多少罪恶假"神"而行!

记得在欧洲访学时曾与一批参加"华人基督团契"的留学生们讨论过宗教问题,还曾应邀听过两次布道,一次是一位华裔美国院士的圣诞节演讲:"从宇航器上机器臂的设计看上帝之伟大……"另一次是一位来自中国台湾的女传教士的讲道:"通向天国的'绿卡'在哪里?"前者从"科学"出发,后者以"世俗"开头,传道之"现代性"由此可见一斑,宣传的仍是读经唱诗、见证上帝之无可替代。相比之下,也许种种宣扬"世纪末日"的邪教更带有某种"后现代"的意味——当然,后现代的"解构"哲学是大可不必为此承担任何责任的,窃以为后现代主义的种种"解构"并不是要恢复任何中世纪式单一信仰的权威,而恰恰是为了恢复被"单向面"桎梏了的现代人的丰富多样性。我还曾听过一段据说在台湾大学生中引起轰动的传道的录音,这是一场更为传统型的布道,其开头竟是如此:伊壁鸠鲁说,假如明天就要死亡,让我们纵情享乐作恶吧……而神却告诫人类要永远做善……讲道者很有激情,特会煽情,录音中似有大批听众如痴如醉的回应声。是啊,布善止恶,宗教与道德本有可沟通之处,但天国的秘密本就在人间呀!何必舍近求远,先"异化"人的本质,再顶礼自己的影子呢?

自从种种一神论取代了人类早期的多神论以来,人类为信仰曾经付出过多少血火的冲突啊!？献身于信仰的牺牲者也许是幸福的,他们的灵魂会得到神的庇佑。追求唯一的真理亦曾经是人类理性前赴后继的永恒冲动,但是,守护多样性不也是人类生存发展的永恒使命吗?"赤橙黄绿青蓝紫",才有彩练舞当空。"真理"不需要"牢头""狱卒"的看护,也不靠"卫道士"而生存,"天若有情天亦老,人间正道是沧桑"。以唯一真理的宣布者自居是危险的,西方哲圣苏格拉底就是被以"不信神"为罪名而处死的,审判者中应该说也不乏真正的虔诚信仰者,但这正是希腊民主制的一个悲剧!

记得第一次被那幅《苏格拉底之死》的油画所震颤时,我的耳旁首先响起的是哲人最重要的告诫:只有经过思索的生活才是有意义的,而真正的哲学就是一种死亡的练习。继而又仿佛听到了苏格拉底在法庭上的最后申辩:现在我该走了,我去死,你们去活,究竟谁更幸福,只有神知道。……其实,苏氏真正的最后遗言却是十分普通的一项交代:别忘了,我还欠着一只公鸡,千万要替我归还。——这正是真正哲人的正直诚实,苏格拉底直指上苍的手指,象征的不正是这种永恒的人类良知吗?

有一名非洲留学生曾问过我:你们中国人怎么会没有"上帝",这可怎么活啊？是啊，十字架上或许有真理，《圣经》是人类文化的经典，但《可兰经》亦是人类文化的瑰宝，卷帙浩瀚的佛学又何尝不是人类智慧的结晶呢？……而人生（包括死亡）、世界、宇宙之真理难道真只有在宗教中才存在吗？不进教堂并不等于不是教徒，不是教徒也并不等于没有信仰。不是早有泛神论者，敢于面对死亡，挑战教皇，坚信烈火征服不了科学的真理；更有现代无神论者，慷慨就义，庄严宣称：我们信仰的主义，乃是宇宙之真理！死亡是肉体生命的终结，但也可以是精神生命的延续，更可能是生命之永恒的开始。

六、感悟"9·11"：毋忘历史、共向未来……

记得在《随笔》上读到过一篇文笔优美、思考隽永的散文:《感悟珍珠港》，作者以其女性所特有的细腻，在凭吊遭突然袭击中丧生的亡灵时审视了战争这一宏大的历史主题，揭示了人性的奇诡叵测，寄寓了人类的美好希冀。2001年，正是太平洋战争爆发60周年的纪念年。曾几何时，好莱坞大片《珍珠港》炒得火爆：立体声、高科技，"战争"如身临其境；生与死、血与火，战地情爱有点"腻"——战争片加点"糖"，虽"甜"也"酷"，惊险刺激又浪漫，"美国精神"栩栩如生。虽说少了些血腥的恐怖，但总令人感到有些空荡的轻无。因此我更喜欢看的却是同期电视台"神奇的地球"专栏中播出的解读珍珠港历史之谜的系列电视片，因为那里有更多一些历史的真实。当然，为何美国当时会疏于防范，但又碰巧太平洋舰队的所有航母都能因不在港内而幸免于难？根据确切史料，盟国方面的情报机关是预先获得过准确的情报的。同样，人们一直在追问，在希特勒发动侵苏战争的"巴巴罗夫计划"时，斯大林的统帅部也曾获得过准确的情报而却为何不采取更有效的防范举措呢？难道只有用无辜生命的陨落才足以唤醒人们麻木的良知和奋起的抗争吗？人们期待着随着历史档案的解密能够得到确切的答案，但这些也许会成为永远的谜团。不管怎么说，死去的生灵是无法复活的，但人们同样有理由追问，有多少冤死的生命是曾经可以避免的？

在纪念"珍珠港事变"时，善良的人们千万别忘了，"靖国神社"的香火正旺，"神风突击队"的亡灵不散。记得另一部描述珍珠港事件的电影名为《虎！虎！虎！》，据说这是日军发动袭击时的命令代号。我觉得，这倒是一个发人深省的片名：从珍珠港到曼哈顿，人类的教训多多，但养虎为患，切切要记。君不见，被称为是第二次"珍珠港事变"的"9·11"美国本土遭袭事件后，中央情报局、联邦调查局几成众矢之的，情报失灵、贻误防患，失职之责莫不大矣。然被铁定为罪魁祸首的魔头却曾受训于中情局，此咎岂不更大焉？不知有关当局作何感想？其实,这也不是第一回了,当年美国兴师动众,出动三军跨国抓捕的巴拿马强人毒枭不也曾由中情局所豢养过吗?这不正可怕地印证了"养虎为患"这一成语吗?"9·11"遭袭事件在美国引起的心理震荡绝不亚于当年的"珍珠港事件",其所带给人们的警示也不应该次于珍珠港。恐怖主义之罪,危及全人类,全球共讨之,全民共诛之,罪不容赦,自不待言,反对恐怖主义可以说正在成为全人类的共识。当年"珍珠港事件"曾经成为促成全球反法西斯同盟的最后建立的催化剂,毋庸讳言,如今的"9·11"事件也正在促成全球反恐怖主义统一战线的形成,这也是"冷战"结束之后联合国或人类达成的最大共识之一。也许正应对上了一句名言:坏事也可以转变为好事。但人类不能因此而高枕无忧,坏事变好事关键在于人类自己的良知,这里也包括对于其他有害于全人类共同发展的"主义"的反思,如霸权主义之害,亦是背时代而动,又当何以制止呢?单边主义的外交思维是否也应该反思呢?宗教激进主义的偏狭很容易形成危险的极端主义行为,但复仇主义的怒火同样可能是导致暴力主义成灾的原因,更遑论那种鼓吹再次"十字军东征"式的狂热之危险了。反恐怖主义行动决不能被误导为宗教的歧争和"文明的冲突",否则,必然导致 21 世纪世界的"大失控"和"大混乱"。我们但愿这次灾难不要仅仅被视作唯一的超级大国摆脱"孤独的警长"之窘境的良机,而应真正成为改变单边主义外交、放弃"强权政治"的转机——我想,这也是新世纪一切爱好和平人们共同的呼声和期待。

自从人猿揖别,几千年,流遍了荒原血。反恐怖主义的战争已经打响,当呼啸的炸弹投向恐怖主义的巢穴及其庇护者的头上时,人类应该祝贺正义的胜利。但是,人类也不得不担忧的是,"精确制导"的"灵巧炸弹"的"误炸"何以避免?"9·11"事件中的冤死灵魂是无辜的,阿富汗的平民和孩童们也是无罪的……让我们继续对新千年的和平祈祷吧,但愿和平早日赐福给这块饱经战火、多灾多难的土地吧!也但愿和平早日降临中东的巴勒斯坦和以色列的土地上,降临我们这颗"蓝精灵"般可爱的星球的所有大地上!

记得《圣经》中记载,当人们争先恐后于当街惩罚犯奸作科者时,耶稣说道:你们检点自身,谁是真正无罪者才有行使惩戒罪人之权,众人散去……《王子复仇记》中可怜的哈姆雷特遭遇的是同一种困惑:To be or not to be, this is a question……人类当常常自省,以免堕入无穷之轮回!"双子坍崩"的浓雾逐渐散去,反恐怖战争的硝烟还在升腾。国人有言"毋忘9·18",警钟须长鸣!世人亦应"牢记9·11",掩卷当长思!

七、未结语：生命当承担起拯救之责任

有人说，"9·11"击碎了不少人的"美国梦"，一时美国似乎成了世界上最不安全的地方，这是"孤独的帝国"霸权衰落的象征？还是人类良知新的觉醒的开始？"9·11"无疑将成为新世纪第一年的头号新闻载入史册——载入人类的灾难史。灾难制造者的心理是什么？是信仰的迷狂？是复仇的残酷？……也许这只是心理学家们值得研究的课题。但美国（包括那些一直宣扬"中国威胁论"和"黄祸"论者）的教训何在？人类的教训又何在呢？21世纪的美国还会是引领时代风骚的"世纪幸运儿"吗？我希望，放弃单边主义外交、改弦更张霸权主义，不再希图以一己的价值观为标准去充当"世界警察"的美国将是未来和平和持久正义的重要保证。我相信，美国是一个伟大的"民族的大熔炉"，美国人民的伟大正在于它所创造的"多元文化"激发了人类创造伟力的空前高扬和提供了人类文明发展的广阔空间。曼哈顿的"世界之窗"被毁了，人们谈"恐"色变。纽约的"自由女神"仍高高耸立着，人类的自由之梦是不朽的，这也就是伟大的美国民权领袖小马丁·路德·金的那个"美国梦"：

> 我有一个梦：每一处低谷都升为高地；每一座大山都将降为平川。这一天，上帝的所有子民都能够用新的意义歌唱：……当我们让自由震响的时候。当我们让自由在每一个山庄、村落，在每一个河川、每一个城市震响的时候，我们就能加速这一天的到来：上帝的所有子民，无论是黑人白人、犹太人非犹太人，新教徒天主教徒，都将携起手来，放声歌唱那首古老的黑人圣歌："终于自由了！终于自由了！感谢全能的上帝，我们终于自由了！"

当然，无神论者是没有上帝的："从来就没有什么救世主，也不靠神仙皇帝，要创造人类的幸福，全靠我们自己……"。《圣经》上说，"上帝说要有光，于是就有了光……"今天的人类不也同样能使我们的星球彻夜通明吗？但是，人类也是否应该自充造物主呢？对于生命的秘密，是否应该有所保留呢？据说，现代基因技术的突破前景无限。"9·11"事件发生后，人们曾借助基因测定以确认死者的身份，但我想，也许人们更希望的是借助"克隆"寻回失去的亲人。相信科技的发展也许早晚能够做到这一点。但人类是否应该这样做呢？人类不必追求不死，生命正因为有死才更为精彩，坦然面对死亡，正是生命之最后的辉煌！古今中外，曾经有过多少寻找长生不老的企图，最后都不得不向死神屈服，又何必用"克隆"去制造永恒呢？人类自有超越有限和有死的途径，那就是曾经被一个60年

代的普通战士所道出过的真理：让有限的生命投入到无限的为人民服务之中去。人类之永恒正是通过个体生命之有限而成就的，从这个意义上说，庄子面对死亡，"鼓盆而歌"倒不失为一种真正的睿智。但更要紧的是，人类将从生命的轮回中不断提升对生命之不可替代价值之认识。因此，人类千万不要让现代科技的胜利冲昏了头脑，生命的意义和精神的价值，绝不是基因和"克隆"所能解答和替代的——轻乎？重乎？

蓦然想起海德格尔晚年与德国《明镜》杂志记者谈话中留下的遗言："只还有一个上帝能救渡我们……"谁是当今之"上帝"？我想，这个上帝只能是我们自己，不是现代人赖以生存的金钱和科技，而就是人类自己不泯的良知：拒绝杀戮，超越歧争，拒绝沉沦，超越自我，生命必须承担起拯救之责任——重乎？轻乎？

代　　跋

我和国庆有个约：与共和国一起成长……
——一个新中国同代人的祖国恋曲①

题记：

  我的祖国我的爱，大音希声；我的大学我的梦，追梦不息：梦起少年志，梦碎"文革"潮，十年一觉"社大"梦？圆梦"七八"赖邓公；筑梦在校园，杏坛卅载情，转识成智育英才，化性为德济天下……打从记事起"与祖国一起成长"就是我与国庆的一个约。谨以写于中华人民共和国成立 70 周年之际的"共和国之恋"三部曲为本书代跋。

    我如果爱你——绝不像攀援的凌霄花，借你的高枝炫耀自己；
    我如果爱你——绝不学痴情的鸟儿，为绿荫重复单调的歌曲……

——舒婷《致橡树》

与新中国同成长——我的共和国之恋（上）

引子：我的国庆我的歌……

"五星红旗迎风飘扬，胜利歌声多么响亮，
歌唱我们伟大的祖国，从今走向繁荣富强……"
这首与我同龄的《歌唱祖国》，是永恒的青春之歌，

---

① 自 1960 年起，国庆为"五年一小庆，十年一大庆"，故以五年之间隔检点成长脚印。

每当听到旋律响起,顿感生机勃勃,自豪满满;
这也是我心中的国庆之歌:
"十一"清晨的起床号,百听不厌的背景乐,
伴同响彻中华的"祖国万岁！和平万岁！"的欢呼声,
是深深植根在我脑海中的国庆印象……

一 少儿时的国庆记忆:红旗白鸽花海歌潮

懵懂的孩提时代,国庆就是那无尽的红旗、鲜花与歌声的交汇,
还有伴随那五彩气球而漫天飞舞的鸽群——
那时,最爱唱的儿歌是"我们的祖国是花园,花园的花朵真美丽,
和煦的阳光照耀着我们,每个人脸上都笑开颜,娃哈哈……"
那时,最难忘的彩图是"我们热爱和平"的大招贴:
快乐娃娃,怀抱白鸽,向往未来,幸福无比,
洁白的和平鸽是儿童心目中最美丽的图腾,
几回回梦境中飞到我胸前,温柔美丽又可爱……
1954,第一个五年之庆,恰逢第一部共和国宪法的诞生,
"一切权力属于人民"的巨幅标语第一次自信地出现在天安门前！

刚戴上红领巾的少年则更多了一份对快快长大的期盼,
"我们新中国的儿童,我们新少年的先锋,
团结起来继承着我们的父兄,不怕困难不怕担子重……"
红旗的一角把我们和祖国命运紧紧相系,
敬礼,为了新中国的建设而奋斗——"时刻准备着"！
虽然童音稚嫩,却是发自肺腑的铿锵誓言。
难忘1959,第一次分组发行的成套国庆邮票丰富多彩,
纪念新中国邦交10周年邮票展示的异国风光绚丽夺目,
由此开启了我们这一代邮迷终身雅趣之源头……
那年,国庆之夜漫天绽放的礼花,
时而如灿烂的钢花四溅,时而似丰收的麦浪翻滚……
之后每每成为少年郎作文寄情祖国前程似锦的最佳镜像。

那时,中苏友好还沉浸在"牢不可破"的蜜月中,

我特羡慕我哥能与苏联学生交友结伴互赠照片通鸿雁……
然而来年春父亲突接调令紧急赴京，惊喜获悉
国防部欢迎宴上竟有多位赫赫有名的开国元帅与大将共出席！
更新奇的是父亲的地址只是神秘的数字代号邮箱？
而数月后即突闻发生了苏东专家的全撤离……
一时间"雪压冬云白絮飞，万花纷谢一时稀"，
国际形势的风谲云诡吸引了我的好奇与关注，
小小年纪已成了反修檄文的"钢铁粉"，
难忘曾为第一时间读到《人民日报》而早早到邮局等开门！
"胸怀祖国放眼世界"的热血少年意气风发，
憧憬着"全世界无产者联合起来"埋葬"帝修反"的大决战……

1964，当如愿以偿接到心仪的中学录取通知时，
另一个梦寐以求的惊喜从天而降：
我们有幸入选国庆15周年的上海大游行！
这是我第一次——也是唯一一次参加的国庆大"派对"，
不论是在广场外静候庆典的茫茫人海中迎来旭日东升之际，
还是在欢呼雀跃通过检阅台放飞手中的缤纷气球的那一刻，
多少光荣与梦想，骄傲与幸福，
久久回荡在少年踌躇满志的心头……

二 青涩的青春梦：我的"社会大学"十年记

也许是儿童时已播下的"向科学进军"的种子早早发了芽，
也许是记事起就被早出晚归痴迷于技术革新的父亲所熏染，
尽管儿时唱过"等我长大了，要把农民当……"的美好理想，
但"吾十有五而志于学"之所"志"者，依然是"要把大学上"！
为争取早一年跨进大学门，曾执拗地选择五年制中学为第一志愿，
这是我这个"优秀少先队员"唯一一次对老师的"抗命不从"！
然而1966"文革"狂潮突起，疾风暴雨摧花折枝，
"废除高考"夭折了学兄学姐的高考梦，也破碎了我的大学梦……
1968年春，我犹豫再三放弃了当时人人求之不得的参军良机，
仍是对元旦社论许诺的"全面胜利"后继续学业的希望一息尚存！

没有侥幸,只是幻想,我与祖国共命运——
1969,当原先殷殷期待的大学"元年"到来之际,
我却已成了广阔天地的一名下乡知青,
农场滩涂上开始了我的"社会大学"第一课——
"滔滔东海边,战斗着五七连,毛主席挥手我们前进……"
理想很丰满:挖鱼塘,植果蔬,欲把芦荡变乐园。
青春如火战盐碱,少年壮志不言愁!
现实多骨感:多梦时节别校园,杭州湾畔逐新梦。
洋山虽近蓬山远,芦潮瑟瑟伴涛声……①
蹉跎岁月,青春无奈岂能无悔?直面人生,"艰难困苦玉汝于成"!

尽管天安门前的"红海洋"依然波涛汹涌,但时局多蹇——,
珍宝岛上炮声响,铁列克提鲜血红,"要准备打仗"
俨然成为20周年国庆最令人热血偾张的口号,
东海之滨亦"前线",屯垦戍边责无贷:
掘壕构堑防突袭,全副武装练泅渡,
夜半响警抓"敌特",曙光旭升演兵场,
"备战备荒为人民",赴汤蹈火何所惧!
操场上领袖巨像旁加矗起两幅大型宣传画:
"提高警惕,保卫祖国","生命不息,冲锋不止",
拙嫩的笔触融进了我对卫国军人的致敬和祖国母亲的承诺!

杭州湾畔结束了战天斗地四年整的海滩"农业-劳动大学",
东南丘陵开始了"我的大学"第二程——"兵营-军事大学",
翻检日记,1974的"十一"是我军营中度过的第二个国庆,
却是紧张军旅生涯中难得的舒心假日:
同室战友准假探亲兴高采烈回家乡,
我尽情享受静悄悄的"悦读"之喜乐无穷,
按计划认真啃读马列经典,忙里偷闲浏览小说重温"文青梦":
雨果的《悲惨世界》揭露资本狂欢下底层社会的贫困交加,

---

① 所在的上海五四农场五七连队位于南汇芦潮港,能望见大小洋山。

柯切托夫的《叶尔绍夫兄弟》再现"老大哥""解冻"时的迷茫悸动……
然掩卷之际,常浮想联翩,远眺江帆,思绪滚滚似长江……

兵营大学的最后一年恰逢"军队要整顿",
却给了我这超期服役年未曾料到的多彩机会与历练——
被选作战士代表参加大军区举办的高干读书班,
和身经百战的将军同桌学理论,感觉真新鲜!
与鹤发童颜的老兵同场竞球技,更有新惊喜:
奋勇争抢中突闻"司令加油!"顿时惊我汗一身……
转瞬间相拥而抱敞怀笑,官兵同乐齐喝彩;
读书班后突接令,将军政委点名我去教导队讲次课,
课间休息才惊觉,满堂绿军衣唯独我是"两口袋"的士兵装!
这一年,请缨执笔的理论文章被省级刊物公开发表,
《保持革命战争年代的那么一股劲》成了我的论文处女秀;
新一轮的大练兵中回连队摸爬滚打当先行,
身为示范班副班长与全班战友一起荣立集体三等功①,
也算是为自己即将结束的军人生涯画上了圆满的句号。

终于到了恋恋不舍摘下红领章红帽徽的时刻了,
欢送大会上我代表退伍老兵强忍热泪致辞感恩,
几度哽咽一吐衷肠:再见吧,亲爱的首长和战友!
再见吧,我生命中永志难忘的人民军队大熔炉!
军装上摘下的红星红旗永远珍藏在身边,
只要祖国一声令,随时准备再着戎袍保家卫国上战场!
军人日记的最后一天记下的是我《别战友》的深情絮叨……
当隆隆的列车送我回到故乡大上海时,
我的"社会大学"又翻开了新一页——
人民公安为人民,力争当好"霓虹灯下的哨兵",
为家乡父老值勤守夜保平安,为国家安全站岗放哨不懈怠,

---

① 难忘其中一次"破障"训练中,我掉落了一只鞋仍冲锋不息的一幕,正巧被远处的部队长收入望远镜:"这个上海兵还真不简单!"——极简一句话,一直激励着我任何时候都克艰排难永向前!

心中的军歌依然嘹亮,

"向前向前向前,我们的队伍向太阳,

脚踏着祖国的大地,肩负着民族的希望……"

上下求索为国酬——我的共和国之恋(中)

三 "减去十岁":"而立"圆梦与"不惑"之惑

经历了惊涛骇浪的 1976,迎来了峰回路转的 1978,

当思想解放的春风乍起时,共和国同代人的命运翻开了新一页:

1977,恢复高考——邓公拨乱反正的第一声春雷,

唤醒了我沉睡已久的大学梦,十年追梦多坎坷,终于圆梦在"七八"!

"日月光华,旦复旦兮",重返课堂,争分夺秒,

废寝忘食,埋头书海,通宵达旦,上下"求索"[①];

天下兴亡,匹夫有责,为振兴中华而发愤苦读,

"黑夜给了我黑色的眼睛,我却用它寻找光明"——

1979,我开始思索"恶"的历史动力与"善"的伦理尺度之悖论,

欲以"实践唯物论"解谜人类发展合规律性与合目的性之统一[②],

这是"减去十岁"追回青春的最佳选择,

更是纪念共和国"而立之庆"的最好献礼!

复旦毕业,辗转同济,杏坛执鞭,"书到用时方恨少",

1984,有幸考取教育部首届助教进修班,丽娃河畔再深耕,

哲海遨游,冲浪拾贝,心驰神往,学海无边"趣"作舟,

国庆来临,无暇以顾琳琅满目的节日游憩多彩景观,

但曾为军人,当然关注那时隔 25 年威武回归的国庆大阅兵,

---

① 时大学生学生社团兴起,笔者与哲学系同学组织《求索》社并参与编辑了由胡曲园先生题刊名的油印刊物《求索》。

② 拙文《马克思主义伦理学与论共产党员的修养》后被发于《红旗》1981(4);毕业论文选题即为历史发展中的合规律性与合目的性的统一,初生牛犊,旨趣恢宏,好在得到辛敬良教授的热情鼓励和悉心指导。

特别是大劈枪的刀刺闪亮杀气盖世空前绝后荡气回肠,
既勾起我对曾经金戈铁甲军旅生涯的火热回忆梦绕神牵,
更激起我对尚在南疆浴血卫国战友的深切思念,"理解万岁!"
然而,在我的国庆记忆中,卅五之庆,
最难忘的是游行队伍中那突然亮出的"小平您好!"
天安门前的惊鸿一瞥,短暂瞬间定格为历史永恒——
北大学子的自发问候,道出的是亿万国民的共同心声……

1989,没有喧腾游行和烂漫焰火的 40 大庆,静悄悄地来到——
就如徜徉在鲜花团簇的天安门广场上民众的闲庭信步,
更多的是一份风波之后的淡定与从容,
"冷眼向洋看世界,热风吹雨洒江天",我更听到的是——
西方在惊呼:"妈妈,可曾记得,你给我的草帽久已失落在浓雾山谷……"
东方在反思:"中国",曾经丢了的"钥匙"是否还会得而复失?①
面对风云变幻,"不惑"之年几多苦恋几多沉思:
马克思晚年的东方社会理论有何启迪?
哲学解释学的"视域融合"可否借鉴?②
既为祖国改革开放的征途漫漫祈祷祝福,
亦为世界社会主义的命运多舛忧心忡忡,
"才下眉梢却上心头"……直到迎来"春江水暖鸭先知"③!

1994,共和国 45 周年的生日,却是我第一次在异邦他乡过国庆——
年前,带着"马克思主义的解释学何以可能?"之问,
我负笈远游来到这曾诞生"一个冬天的童话"的德国,
意欲寻觅解锁"中-西-马(克思)"哲学汇通之密钥。
洪堡式的大学不仅讲座课程、研讨小班等教与学多姿多彩,印象深刻,
更有博物馆、音乐厅、植物园、游泳馆、涂鸦墙可览可赏,缤纷多奇。

---

① 日本电影《人证》有主题歌《草帽歌》,中国诗人梁小斌曾作《中国,我的钥匙丢了》,异曲同工。
② 拙文《关于马克思东方社会理论的方法论思考》获上海市社联优秀论文奖,《理解与解释:"本文"的创造性解读——试对解释学的解释》载《上海社会科学院学术季刊》2013 年 1 期。
③ 1992 年春邓小平同志的南方讲话拉开了新一轮解放思想改革开放的大潮。《深圳特区报》发表邓小平同志视察南方的长篇报道《东方风来满眼春》。

几次与合作导师课余品茗把盏话"解释的循环",意趣盎然,
亦曾和德国同行"会饮"小餐馆论辩中西"自然"观,启发多多……
尽管有"潜园"可享"结庐在人境,而无车马喧"之"诗意栖居"①,
然独在异乡为异客,海涅的名句时不时荡漾在我胸中:
"异国的风浪将我东飘西荡,故国迢迢,我心悠悠……"
诗人何为?哲思何往?我心中的恋曲常油然而起——
"在歌里在梦里,生死相依我苦恋着你,
纵然是凄风苦雨,我也不会离你而去……"

五一前夕,春花烂漫,远道拜谒科学共产主义创始人的故居,
我翻阅着博物馆留言本中的多种文字,提笔直抒胸臆——
"马克思的人道情怀与科学精神永远活在人类的理想追求之中!"
金色秋日,国庆将临,我常独自在大学旁的林中路上踱步,
那是我的哲思小道,树影婆娑,曲径通幽,
脚踏在厚厚的落叶上,悄然无声,耳畔却似闻莱茵涛声如诉如泣,
"不知道什么缘故,我是如此哀伤;一个古老的童话,总是难以忘怀",
罗蕾莱的歌声魅惑销魂,我心中的乡愁渐起波澜,
驻足停步,远眺东方,故国万里,望穿秋水:
"青青子衿,悠悠我心。……青青子佩,悠悠我思。……"
"我思肥泉,兹之永叹。……驾言出游,以写我忧。"
故乡情牵,游子思切,衷心遥祝祖国民富国强,繁荣昌盛!

留德归来,飞越欧罗巴的郁郁青山、西伯利亚的茫茫白雪,
又见祖国黄土高坡的崇山峻岭,峰谷沟壑,
脑海里蓦然跳出了一首记忆中的俄罗斯诗歌:
"俄罗斯母亲呵,你又贫穷又富饶,你又强大又软弱!"……
心中响起的却是那熟悉的《我的祖国》:
"一条大河波浪宽,风吹稻花香两岸,我家就在岸边住,
听惯了艄公的号子,看惯了船上的白帆……"

---

① 邀我访学的波鸿鲁尔大学校园里建有中国式园林,本人曾作《"道法自然":人诗意地栖居在大地上——旅德哲游散记》刊于《德国研究》2000 年第 2 期。

如果说当初选择哲乡访学原是为解读历史-世界"文本"先利其器，
那么回国途中念兹在兹的则是何以为报效祖国母亲多尽绵薄之力？
舷窗外，白云奉献给蓝天，星光奉献给长夜，
机翼下，长路奉献给远方，江河奉献给海洋，
"拿什么奉献给你，我的祖国！我不停地问，不停地找，不停地想……"

四 庆五十华诞：世纪之交衔新命，著述且为同济谋

在迎国庆五十华诞之际，祖国儿女正为科教兴国奋力拼搏，
世纪之交，高教改革如火如荼，大学研究风生水起，
关键时刻衔新命，改革发展担新职，
"同舟共济迎挑战，乘风破浪跨世纪"！①
这是我和同济人共度的一段最为难忘之"激情燃烧的岁月"：
从并校改革到自主办学，何以为中国高教管理体制改革探新路？
从功能拓展到理念守护，何以为人类大学文化传承创新开新篇？
我只能放下原定的中西诠释学比较研究，著述且为校务谋——

"同济模式"试创新制："共同目标团结人，事业发展凝聚人"，
划转、共建、并入、合并，"弄潮儿向涛头立，手把红旗旗不湿"，
我呼吁新综合大学要科技教育与人文教育协调发展比翼齐飞，
研究型大学重在"研究性学习"蔚然成风而非光顾"本-研"比；
现代大学应以"教学-研究-服务-交往"（TRSC）四大功能为己任，
素质教育要"知识-能力-人格"（KAP）三位一体育人才……
"同济高教"时发新论：初生牛犊不怕虎，"雏凤清于老凤声"——
"校名无形资产亟待重视"：试为高校知识产权保护鸣初啼；
"参与国际大学排行榜利大于弊"：力倡开放办学跻身世界创一流；
职业教育莫小觑，强国急需大批"思考型实践者"和"现场工程师"；
"人才断层可弥补，造就'大师'欠火候"：百年树人最忌急功近利；
依法治教须守护学术自由、自主办学、面向社会、民主管理四要素。

---

① 此为1997年同济大学90周年校庆主题（参见吴启迪《我的大学工作》中同题校庆大会讲话）。本人1995年在校长办公室兼职，1996年被任命为学校新成立的改革与发展研究室主任。

殚精竭虑,新见屡被媒体转,抛砖引玉激层浪,
再接再厉,大胆质疑发异声,批判思维相与析——
"辨析'大学市场化'":后勤可以"社会化",教育不能"产业化";
"中外合作办学之我见":切莫良莠不分妄自菲薄缺自信;
"大学生'就业率'统计有猫腻",教育部不必越俎代庖升虚火?
"高校间人才争夺多乱象",正常流动不能罔顾敬业诚信荣辱观;
"洋教材引进要慎重",学科有别防止简单"一刀切",
"'教育拉动内需'是个伪命题",莫当消费"拦路虎"①;
事关国家主权文化传承,教育需要国际化,且慢奢谈"全球化";
大学不是"职介所",既要适应需求谋当下,更要导引变革向未来……
同济帮我搭台立梯升云帆,我为同济出谋划策增光彩——
"战略思维、战略时空和战略规划"三合一:未雨绸缪抓机遇②,
"和衷共济,追求卓越,自强不息,止于至善":矢志不渝促创新,
爱国荣校相得益彰,同济人永远与祖国唇齿相依,休戚与共……

1999 共和国 50 大庆前夕,我正轮值在医院大楼接待络绎不绝的宾客,
夜深人静时,鸟瞰窗外节日灯火流光溢彩璀璨夺目,
衷心祝福伟大祖国久治长安,国运昌盛,
也默默祈祷重症监护中的校长早日康复!
四年来亲眼看见身为新同济人的校长呕心沥血为校谋的一幕一幕——
校园文明建设中身先士卒,力争"211""国家队"时百折不挠,
央地"共建"时毅然坚守"创一流",并校中推心置腹聚人心……③
次日清晨,推窗远眺,但见晨曦中一轮红日冉冉升起,
触景生情,蓦然想起另一首脍炙人口的祖国颂歌诞生记——
面对旭日东升的刹那间作者灵感勃发,诗性盎然,喷涌而就:
"我和我的祖国,一刻也不能分割,无论我走到哪里,都流出一首赞歌……"

---

① 《文汇报》资深记者采访成稿 2 篇,"洋教材"篇头版刊出,"拉内需"篇最后未能刊出。
② 此系 2003 年在教育部直属高校发展战略规划研讨会上所作专题报告,与下篇"和衷共济……"同载于《谋划发展规划未来》一书,厦门大学出版社,2003 年 12 月出版。
③ 国家启动高校"211 工程"时未把同济列入中央财政资助行列,经校长多次奔波争取,终获成功。央地"共建"直属高校时,上海市初定支持"一到两所"大学争创世界一流,经同济大学校长力陈利弊,终于改为上海要努力建设"若干所"世界一流大学的目标。

此刻的我,感同身受,情不自禁,轻吟低唱,迎来"世纪之庆"的明媚早晨……

秋高气爽,北京"'99工程教育国际学术论坛"在香山饭店举行,
满山红叶风景如画,高朋如云群贤毕至,"遍插茱萸少一人",
作为发起者之一的同济校长因病缺席,但"同济声音"不可或缺,
《"全球化"与中国高等工程教育论纲》①高屋建瓴,反响热烈:
面对全球化的"离心力"和现代性的"高风险"之双重挑战,
中国工程教育必须有自己的"全球-本土"(GLOCAL)战略——
工业经济与知识经济"一仆二主",交流引进与自主创新"一身二任",
适应就业与导引创业"一箭双雕",学会做事与学会做人"双管齐下";
分享现代大学TRSC多功能理念与现代人才KAP协调发展观,
同济人的办学新思想引来海内外同行齐关注、共商榷……

会后参观天安门城楼,秋日登高,金风送爽,凭栏远望,极目天舒,
恰见一队大雁南飞,不禁想起唐代诗人刘禹锡的《秋词》赋:
"自古逢秋悲寂寥,我言秋日胜春朝。晴空一鹤排云上,便引诗情到碧霄。"
真是"登斯楼也,则有心旷神怡,宠辱皆忘,把酒临风,其喜洋洋者矣……"
回瞻半世纪前开国大典时千疮百孔一穷二白的祖国,
目睹今日神州日新月异气象万千的沧桑巨变,
怎不令人心潮澎湃,引吭高歌——
"……宽广美丽的土地,是我们亲爱的家乡,英雄的人民站起来了!"

"我以我血荐轩辕"——我的共和国之恋(下)

五 "全球-本土化":同寅协恭报家国,大洋彼岸话认同

2001,历经两度狂欢的新世纪终于姗姗来迟,
千禧年的和平钟声余音未了,曼哈顿的双子塔楼轰然成灰,

---

① 此文系吴启迪校长与我合作之作,曾多次反复讨论修改而成,她因病未能与会,而由我在大会上代表同济发言。2006年此文荣获全国第三届教育科学研究优秀成果奖。

反恐"十字军东征"之"口误",无意中为本·拉登的"圣战"正了名?
联合国发起的"文明对话年"险成"文明冲突论"噩梦成真元年!
暑期刚曾发问:"全球化"语境下之哲人何为? 发言提纲尚未成文,
秋日抚案深思:《感悟911:生命中不可承受之轻……》①;
国事家事天下事,"心事浩茫连广宇",
风声雨声读书声,踏石抓铁留印痕……

有名人言,对节日的最好纪念,就是去努力完成未竟之事业,
2004,新中国的55周年,亦是同济文科复兴关键年:
年前走马上任文法院长,重组学系复哲-社,学术立院闯新途②;
当年加盟同济即视复兴文科为己任,"匹夫有责",
此刻更多一份沉甸甸的使命难却,"舍我其谁",
"有所为有所不为""入主流有特色"打好"欧洲、城市"两张牌,
"路线图"本是抒宏愿,但"纸上得来终觉浅,绝知此事要躬行":
星夜赴京赶"会审",城市研究获批同济首个国家级文科基地,
聚精会神再"申博",哲法文3门类博士点齐"破零"③!
"恢复综合性"梦圆时刻,同济人喝水难忘挖井人:
深切怀念始创恢复综合性国际化"两个转变"的老校长李国豪,
——先生回眸应笑慰,半世夙愿终成真;我亦因之梦寥廓,同济园里祭先贤。

初步完成同济文科复兴"双突破",如释重负,
充分发挥大学"交往"功能促互鉴,适逢其时——
"反恐"中的世界亟须更多文明对话解隔阂化冲突,
"入世"后的中国亦需打破"夏夷之别"扩开放促改革,
何以变"中国和世界"之话语为"世界中的中国"观,道阻且长……
几度飞越关山万里,力推扩大文科师生交流,任重途远,

---

① 2001年暑假,《"全球化"语境下的马克思主义哲学——全国高校第20届哲学教学与学术研讨会》在同济大学举行,我代表东道主做了主题发言,揭示"全球化"与"现代性"之"双刃剑"本质,不料当年突发"911"事件,拙文《感悟911:生命中不可承受之轻》被刊于《东方文化》2002年1期之首。

② 因发拙文《"有所为有所不为":试论新综合性大学的文科发展战略》,突然接令出任校文法学院院。以实施"入主流有特色"的文科复兴战略。

③ 城市研究获批引入国家"985"项目,哲学社科创新基地行列,而刚恢复的哲学系招收的首届本科生尚未毕业,但因德法哲学研究特色鲜明硕果盈枝而"申博"一举成功。

积极参与中欧论坛,共话高教改革、城市治理,启发良多;
迎上海"世博"期间,谈环境责任直言不讳,忆圆明之劫唇枪舌剑……
虽未遇"文化休克"之困,但仍心有忐忑之惑,
深知语言既是沟通之桥梁,也易成误解之陷阱,
何以用更能促进理解的话语和逻辑讲好"中国故事"?
学者的使命,思者的责任:"风物长宜放眼量",同寅协恭报家国!

难忘 2009 共和国六十大庆,我正在大洋彼岸话"认同"(Identity):
国庆前夕应邀抵美出席一个高教研究高层论坛,
对话教育的机遇挑战与使命,友好而坦诚,
我的论题是"全球化时代的民族认同与文化交往(Communication)",
既是教育学话题的讨论共识多多,亦含政治学视域之论辩分歧难免——
以美国政治学家亨廷顿身前最后一书为例,①
我首次尝试直接用英语演讲以利理解与沟通,
阐释论证我中华民族的国家认同理直气壮:
既然亨廷顿可大声疾呼警惕美国的国家认同受挑战
那何以总要对我中华民族的自我认同说三道四?
藏族和维吾尔族都只是中华民族大家庭中之"族群"(ethnic group),
为何总有人愿为分离主义的"藏独""疆独"闹剧鼓舌摇唇?
维护"多元一体"中华民族的国家统一,
既是中国人民的共同意志与决心,也是历史的选择和既定的目标!

从暑假的巴黎中欧论坛组长会到国庆的美中高教对话屈指行程九万,
如此长途颠簸为哪般?"八千里路云和月"只为身体力行促"交往"——
我呼吁世界各种不同文明之间更多地交往与对话,以臻理解与互鉴,
也呼吁科技人文"两种文化"更多沟通与合作,共创人类明日更美好。
中华古训"己所不欲勿施于人"早已成文明共识之"金句"
切忌"己所欲者强施于人",理应成为今日世界交往之"铁律"——
人类要勿忘西贤警言"自由自由,多少罪恶假汝之名",
亦应力戒为"输出革命"重蹈盲目喋血异国的青春悲剧乌托邦!

---

① 亨廷顿:《我们是谁?》(Who Are We? The Challenges to America's National Identity)。

"同则不继"实是防范各种宗教激进主义走极端之中国智慧的警示,
"和而不同"才能有赤橙黄绿青蓝紫,美丽彩练当空舞之愿景成真!

首次美国之行匆匆,除与计划中的托莱多、哥伦比亚等大学的学术交流,
还专门踏访了密歇根、罗切斯特、普林斯顿等大学校园,
寻觅科学大师留下之足迹萍踪,思考创新人才何以能层出不穷?
最难忘那次细雨迷蒙中与留美同学几经周折寻寻觅觅,
终于在绿荫深深中找到那著名的"普林斯顿高等研究院"之欣喜,
呵,中国高校与其为"得天下英才而教之"(孟)拔苗揠尖抢生源,
不如多多探索何以能"育而使天下多英才"①?
创新型国家何时成就?实有赖于"美丽心灵"泉涌不竭波宽流长……

六 回归师道:"转识成智"育英才,弦歌不辍传薪火

"捧着一颗心来,不带半根草走",校园的"师魂"石常萦绕心间②,
2009"花甲"国庆过后,我终于卸下最后一个行政兼职(高教所长),
屈指十五年间,教学管理双肩挑,心有戚戚,时感"荷戟独彷徨",
回归师道初心,专心致志登讲台,再无旁骛,顿觉轻装无牵挂。
潜心治学,"青灯黄卷伴更长",宁静致远思无涯,
笃志育人,传道授业释疑惑,弦歌不辍乐融融……
"转识成智,化性为德,以业为志,由技入道",
荟萃古今中外慧智箴言的这 16 字诀③,
系我多年力倡的素质教育之理念,也是我每学期开堂明义的第一课;
亦是我践履笃行的问学成人之道,更是我教学-科研结合育人之道。

早在1998,中国城镇化进入加速期,风起云涌举世瞩目,
上海面临城市何以从"重建轻管"向"建管并重、重在管理"转变?
中国需要回答能否为新世纪人类城市化另辟蹊径贡献"中国经验"?

---

① 这些思考后成文《中国高校,何以能"教而得天下之英才"?》整版刊发于《深圳特区报》2011 年 6 月 6 日(高考日)理论版之整版。
② 同济四平路校园中有一纪念"文革"中罹难的附中校长叶懋英的"师魂苑","师魂"两字系园林大师陈从周所题。
③ 分别借用自佛学唯识宗、儒学《荀子》、西学韦伯和道学老庄《庄子》篇而集成。

这是素以多学科致力于城市建设的同济大学责无旁贷的使命与机遇，
在成功策划跨院系组建城管研究团队的同时,借助哲学之"慧眼",
我亦以"后建设"与"全球化"之新视角试水城市研究新天地,
探索从人口集聚之"量变"到文明扩散之"质变"的城市化定义重建,
尝试构建"三市"协同,"三生"和谐,"三城"三位一体的综合城管新论①……
积极探索从"全能政府"到"无为而治"②的现代城市治理观,
恣意纵论"城市,何以让生活更美好",大声疾呼人类应当
——超越技术中心,回归以人为本；
——扬弃消费主义,实现可续发展；
——化解文化冲突,构建和谐世界。
"三大原则"中外论坛获共鸣,"诗意栖居"之城市哲学③显雏形……

多年来跨界于高教与城市研究两域"间",转识成智,以业为志,
身兼着哲学-政治-法学多学科研究生导师,化性为德,由技入道,
尽管学有专攻,术有所长,但知识有分门智慧皆相通——
"多频道转换"思维训练我融会贯通巧综合,
"全球本土化"视野教会我高瞻远瞩观全局；
"世-界""宇-宙""天-地""现-在"无不兼谓"时-空""间"？
运用辩证思维,我以"时空重组"解读这变幻莫测之世界——
跨接时空"压缩"和"延宕"：千古一刹、天涯比邻,瞬间永恒、咫尺天涯,
融合哲学之"时代-历史观"与政治学之"公共-空间论"——
以"社会存在"为基石,以"人化自然"和"自由时间"为经纬,
建构历史唯物论与社会唯物论相统一的"政治-哲学"新语境——

---

① 其雏形可见于 1998 上海市决策咨询重大课题"城市管理规划目标与法规研究"和'99 上海跨世纪发展战略国际研讨会,2005 年本人建议的"城市化理论重构与城市化发展战略研究"被采纳为教育部公开招标的重大攻关项。有关"市府-市场-市民","生产-生活-生态"和"城规-城建-城管"3 个三位一体论后欣见被纳入 2015 年中央城市工作会议的"五大统筹"中。

② 此观点 2001 年被首发于《中国经济快讯（周刊）》,2002 年正式成文发表于同济大学学报并于 2004 年获上海市理论研究优秀成果奖,关于"城市何以让生活更美好"之诠释曾被发表于《南方都市报》"大家"、《新华日报》"论坛"、《解放日报》"思想者"等栏目。

③ 有关"城市-空间哲学"酝酿提出于 1998—1999,基于城市化理论重构而提出的"物理-地理""经济-社会""心理-文化"三大空间变迁及其应对之"三大原则"等亦曾先后在上海（东方论坛）、广州（岭南大讲坛·公众论坛）、深圳（中欧社会论坛·中国直播室）及香港、巴黎、布鲁塞尔等地多次阐述展开而引发热议。

弘扬社会主义核心价值观,助力马克思主义学科建设开新篇①。

多少次咖啡馆里摆讲坛,师生切磋忘夜深,仰望星空话理想,
探讨"民族性与世界性"关系之历史渊薮与现实演变,
深究"国际化背景下的卓越教育何以文化育人?"②
几回回师生同程翱长空,国际论坛共论剑,海外频发中国声……,
虽说是为人师者只问耕耘不求回报,但功夫不负有心人,
教学互长启心智,耳濡目染下众门生春华秋实结硕果——
《马克思的社会空间理论研究》喜获同济优秀博士论文首届文科篇:
再释"地理-物理""经济-政治""文化-心理"三空间论,
"全球化""城市化""网络(虚拟)化"三大空间实践得新解;
解读"生活政治""世界交往""空间正义"等新论迭出雏音有余韵……
甚可慰多名学子承吾志,执教鞭传薪火,以青春之我创青春之中国,
更有弟子甘当红烛照后贤,继获全国"十佳"奖,又享殊荣冠"最美"!
我亦因之喜沾光③,呵!"每当大海在微笑,我就是笑的漩涡,
我分担着海的忧愁,分享海的快乐……"

记得2014的国庆65周年之际,
正为组建参加巴黎气候大会中欧论坛的同济团而紧张忙碌,
我带几位博士生共同与会,分头参与不同分论坛的讨论,
在面对面的论辩中拓视域锤思辨,体悟可续发展的挑战与使命。
那次的欧洲之行中,我第一次飞越比利牛斯山,
踏访了亚欧大陆最西端的罗卡角,观海天一色,闻惊涛拍岸,
暮色苍茫中站在"陆止于此,海始于斯"的峭壁上,
真可谓"登山则情满于山,观海则意溢于海"!
大西洋的海风吹拂着我的脸与身,

---

① 拙文《"全球-本土化":马克思主义中国化与时代性》首发于2006年度的上海市社科学界学术年会,2012年获上海市第11届哲学社会科学优秀成果奖。
② 此系本人主持的2项科研项目,前为教育部人文社科2010年专项(亦为朱哲恒博士学位论文主题),后为上海教育科学2012年度重点课题(主要参与完成者李睿等)。
③ 因获"全国最美辅导员"后在回答何以能被多届大学生交口赞誉称"睿哥"时,李睿冲口而出一句"因为老师对我好"而引来央视记者执意登寒舍拍了个"睿哥老师的老师"镜头上央视荧屏。

我的心却紧系在万里之遥太平洋西岸的祖国故乡……
"你恋着我,我恋着你,是山是海我拥抱着你。
你就是我,我就是你……
纵然是扑倒在地,一颗心依然举着你,
晨曦中你拔地而起,我就在你的形象里!"

尾声:"天空没有留下翅膀的痕迹,但鸟儿已飞过"

"我的祖国和我,像海和浪花一朵,浪是那海的赤子,海是那浪的依托……"
伴随着永恒的青春之歌,我的国庆记忆犹如大江大海波涛汹涌……
少年时曾为自己的"练笔本"取名"小小水花",愿悄悄滴入涓涓细流,
翻腾跳跃,唱着笑着,汇入江河湖泊,奔向瀚海汪洋。
那时,"小小少年,很少烦恼,眼望四周,阳光照耀……"
我和国庆有个约,相期年年共举杯,我和祖国同成长,岁岁新歌入梦来。
如今"满目青山夕照明",我和祖国永相依,
人生七十古来稀,鹤发回首百感集;共和七秩正青春,"会当水击三千里"!
我为生态文明建设鼓与呼,祝捷祖国蓝天保卫战,
歌颂绿水青山乡愁有寄,"美丽中国"发展永可续;
我为人类命运与共促"交往",祈盼"一带一路"通世界,"环球同此凉热",
共建"各美其美,美人之美,美美与共,天下大同"之大美……

"诗言志,歌咏言";史为镜,照殷鉴;哲启思,思无邪……
哲学原非屠龙术,大用寓于无用中,"心同野鹤与尘远,诗似冰壶见底清",
我本一"思者"(Thinker),"凌云健笔意纵横,著书岂为稻粱谋?"
"醒客"爱智亦爱诗,"但写真情并实境,任他埋没与流传"——
2018,庆祝改开40周年,与伏枥老骥慷慨忆峥嵘,有感而发:
思想解放无止境,改革开放不停步,万水千山卌载情,跋山涉水再飞渡!
2018,纪念下乡50年,感怀青春,寄语后辈,拒绝遗忘:
东海滔滔浪拍堤,濯我青春梦如漪。芳华易逝梦难忘,谢幕"背影"启长思。
五千年文明古国旧邦新命,我心悠悠,"位卑未敢忘忧国"
七十载共和新史伟业复兴,此思绵绵,诗无达诂思无涯……
秉承"自由之思想,独立之精神","苟利国家生死以,岂因祸福避趋之!"
守护"独立的思考,自由的表达"之大学灵魂,"立德立言,无问西东"……

曾记得，四十年前起春潮，朦胧诗兴随春到，
北岛顾城梁小斌，最爱舒婷"致橡树"——
"我如果爱你——绝不像攀援的凌霄花　借你的高枝炫耀自己；
我如果爱你——绝不学痴情的鸟儿　为绿荫重复单调的歌曲；
也不止像泉源　成年送来清凉的慰藉；
也不止像险峰　增加你的高度，衬托你的威仪。……
我必须是你近旁的一株木棉，作为树的形象和你站在一起……
我们分担寒潮、风雷、霹雳；
我们共享雾霭、流岚、虹霓。
仿佛永远分离，却又终身相依。……"
诗人之"爱"，大爱无疆，情到深处人孤独？
"醒客"之思，反思无穷，爱之愈深忧之切！
"知我者谓我心忧，不知者谓我何求？""寄意寒星荃不察，我以我血荐轩辕"，
"我最亲爱的祖国，你是大海永不干涸，永远给我，碧浪清波，心中的歌……"

己亥年端午完稿于同济新村闻天阁

后　记

岁月匆匆,自年前重启本书的编辑工作以来,转眼又是一年。春华秋实,终于完成了原稿校阅与出处的补注,并加写了各分篇的引言,而对原文只作了个别的文字勘误而不作内容观点的修改以尊重史实。特别感谢编辑尚来彬博士为本书付出的辛勤劳作。

翻阅旧文,真有"醉里挑灯看剑,梦回吹角连营"之恍惚感,那真是一段令中国大学人难忘的"激情燃烧的岁月",那是一场规模空前、影响深远的高教改革。阴差阳错间,我这位原一心只想躲进"象牙塔",以当好教书匠为终身志业者,也被卷进了这场中华人民共和国成立以来最大规模的高等教育体制改革的大潮中,成了一名高教改革的"弄潮儿"。而在层出不穷的各种新名词、新概念、新口号的偾张中,何以能"手把红旗旗不湿"？实是一个难以回避的挑战。

严格地说,这本文集的内容大多是与我担任同济大学改革与发展研究室主任和高等教育研究所所长的工作相关(是否应该属于"职务发明"？现代知识产权意义上的"群己权界",在高度重视集体主义精神的中华家国天下文化传统中常难以泾渭分明——相信这也是利弊并存的)。此书能够得以诞生,源于吴启迪教授的信任与鼓励。我们相识于她留学归来任教于电气工程系时的一次校园邂逅,因交谈中发现她对我的哲学专业背景颇有兴趣,如获知音的愉悦油然而生(这也与她所从事的自动控制研究有关,她在苏黎世理工学院自动化研究所完成的博士论文题目是《具有饱和特性的非线性系统稳定性分析》,这无疑是一项需要具备相当的哲学思维才能驾驭的课题,无怪乎她从教育部副部长岗位退下来后能出任中国自然辩证法研究会理事长),继而得知我们还是同一个中学的校友而倍感亲切。所以当她于 1995 年初经民主推荐而被国家教委任命为同济大学校长后不久即托人向我发出到校长办公室工作的邀约时,实在令我陷入难以推卸的困窘(因这之前我已几次婉拒了兼职校部机关的邀约)。好在她尽管在行政上成了我的顶头上司和直接领导,但其平易近人的人格魅力、虚怀若谷的好学精神,给了我很大的鼓舞,因而也成了我可以毫无忌讳、坦率直言交流乃至"争执"的良师益友。故本书所论述的高等教育观大都受启并形成于和她的工作研究商讨中，不少观点是我们反复切磋后形成的共识，可参见她在《我的大学工作》的 2 万多字长"跋"中的相关阐释。

作为一位跨界的研究者，多年来在参与如火如荼的高教改革的实践中亦被称为该领域"专家"之名——尽管本人始终自嘲至多只是一位非专业的"思者"而已，偶有能获业内同行击掌肯定之新见大多是得益于高教改革与发展的实践所启和所受的哲学思维训练的结合，感谢复旦哲学系老师们当年的言传身教、熏陶感染，不敢称已掌握多少这门"寓大用于无用中"的大学问，唯一可以告慰母校老师的是，学生我确实一直在努力尝试运用哲学思维于"他域"之研究，不管是高校教育还是城市研究，以学无止境、身体力行"转识成智，化性为德，以业为志，由技入道"之可行性，亦为坚守"自由而（可能）无用的灵魂"……

在审校本书样稿期间，正好手边在"悦读"一本 2022 年诺贝尔文学奖获得者安妮·艾尔诺的代表作《悠悠岁月》……呵，见此书名耳边悠然响起的是那首曾经家喻户的歌声："悠悠岁月，欲说当年好困惑，亦真亦幻难取舍……"而前不久热播的《人世间》也是一长篇的"悠悠岁月"的故事，该书中作者说的是"在个人记忆里发现集体记忆的部分的同时，恢复历史的真实意义"。或许，这也是原原本本集旧稿成新书之意义所在？唤起某种"集体记忆"既是为了"恢复历史的真实意义"，更是旨在鉴往寄来、复兴文化与创新文明。本书特以一篇基于"个人记忆"的国庆回顾以为"代跋"即意在此。

唐代诗圣杜甫晚年曾作有《偶题》，以"文章千古事，得失寸心知"为开篇，而终以"不敢要佳句，愁来赋别离"自嘲，道尽历代诗人骚客忧国忧民忧天下之沧桑心结。此刻本人亦有些诚惶诚恐，无意觅佳句，只望留实录，知我罪我任评说。

搁笔之际，惊闻在中国高校大力倡导推进大学文化素质教育的杨叔子院士因病去世，甚感悲痛（本人曾连任两届由他当主任的教育部高校文化素质教育教指委委员，多有相会相叙、促膝请教），先师虽逝，音容宛在：大学的目标是"育人"而非"制器"！曾多次亲聆这位精通"制器"之道的中科院院士大声鼓呼此箴言，如黄钟大吕，余音绕梁，此乃一切大学人须每日三省吾身之，亦当天天践履笃行之！又及。

壬寅年立冬于沪根云间